DIREITO E COMIDA

DO CAMPO À MESA: CIDADANIA, CONSUMO, SAÚDE E EXCLUSÃO SOCIAL

FLAVIA TRENTINI
PATRÍCIA BRANCO
MARCOS CATALAN
Coordenadores

Prólogo
Ana Carretero García

DIREITO E COMIDA

DO CAMPO À MESA: CIDADANIA, CONSUMO, SAÚDE E EXCLUSÃO SOCIAL

Belo Horizonte

FÓRUM SOCIAL

2023

© 2023 Editora Fórum Ltda.

É proibida a reprodução total ou parcial desta obra, por qualquer meio eletrônico, inclusive por processos xerográficos, sem autorização expressa do Editor.

FÓRUM SOCIAL

Luís Cláudio Rodrigues Ferreira
Presidente e Editor

Coordenação editorial: Leonardo Eustáquio Siqueira Araújo
Aline Sobreira de Oliveira

Rua Paulo Ribeiro Bastos, 211 – Jardim Atlântico – CEP 31710-430
Belo Horizonte – Minas Gerais – Tel.: (31) 99412.0131
www.editoraforum.com.br – editoraforum@editoraforum.com.br

Capa: Almoço na Relva. Edouard Manet. Técnica: Óleo sobre tela. Tamanho: 208cm × 264,5cm. Ano: 1887.

Técnica. Empenho. Zelo. Esses foram alguns dos cuidados aplicados na edição desta obra. No entanto, podem ocorrer erros de impressão, digitação ou mesmo restar alguma dúvida conceitual. Caso se constate algo assim, solicitamos a gentileza de nos comunicar através do *e-mail* editorial@editoraforum.com.br para que possamos esclarecer, no que couber. A sua contribuição é muito importante para mantermos a excelência editorial. A Editora Fórum agradece a sua contribuição.

Dados Internacionais de Catalogação na Publicação (CIP) de acordo com ISBD

D598	Direito e comida: do campo à mesa: cidadania, consumo, saúde e exclusão social / coordenado por Flavia Trentini, Patrícia Branco, Marcos Catalan. - Belo Horizonte : Fórum Social, 2023. 482 p. ; 14,5cm x 21,5cm. ISBN: 978-65-5518-511-9
2022-2696	1. 2. Direito à Saúde. 3. Direito Agrário. 4. Direito Ambiental. 5. Sociologia. 6. Direito do Consumidor. 7. Alimentação. 8. Comida. 9. Cidadania. 10. Consumo. 11. Saúde. 12. Exclusão social. I. Trentini, Flavia. II. Branco, Patrícia. III. Catalan, Marcos. IV. Título.
	CDD 333 CDU 634.41

Elaborado por Vagner Rodolfo da Silva - CRB-8/9410

Informação bibliográfica deste livro, conforme a NBR 6023:2018 da Associação Brasileira de Normas Técnicas (ABNT):

TRENTINI, Flavia; BRANCO, Patrícia; CATALAN, Marcos (coord.). *Direito e comida*: do campo à mesa: cidadania, consumo, saúde e exclusão social. Belo Horizonte: Fórum Social, 2023. 482 p. ISBN 978-65-5518-511-9.

Àqueles que passam fome, que sofrem com ela.

Que esta obra ajude a tornar vossos fardos mais leves.

A *Edda* nórdica relata que Odin "não bebia nada além de vinho", destacando, ademais, que ele se alimentava, exclusivamente, da bebida produzida na fermentação dos frutos da *vitis vinifera*, fato que pode soar deveras estranho, pois, salvo melhor juízo, não havia produção de vinhos que fosse digna de nota ao norte do paralelo 60° ao tempo em que os *vikings* buscavam alcançar os prazeres ocultos em Asgard, morrendo com bravura em *Midgard*.

Hoje, proporcionalmente, sabe-se que muito menos pessoas morrem de fome, o que não quer dizer que a humanidade não deva se preocupar com isso e, evidentemente, havendo interesse, a política encontrará no Direito seu instrumental mais adequado.

São, sem dúvida, muitas as conexões entre Direito e Comida; conexões exploradas com muito tempero e carinho ao largo deste livro.

SUMÁRIO

PRÓLOGO
Ana Carretero García 17

APRESENTAÇÃO
ISSO RENDE UM BOM CALDO
Flavia Trentini, Patrícia Branco, Marcos Catalan 21

CIDADANIAS E IDENTIDADES: UMA QUESTÃO DE COMIDAS?
Patrícia Branco 25
1   Introdução 25
2   Cidadania? 27
3   A construção do sentimento de pertença 29
4   O bom migrante *versus* o mau migrante 34
5   Cidadãos sem cidadania? As questões da fome, da agência e da soberania alimentar 37
6   Conclusões: a multiplicidade e dinamicidade das identidades e da cidadania 41
     Referências 43

DERECHO A LA ALIMENTACIÓN DE LAS INFANCIAS EN EL MARCO DE NACIONES UNIDAS Y EL SISTEMA INTERAMERICANO DE DERECHOS HUMANOS
María Adriana Victoria 47
1   Introducción 47
2   Acerca de las infancias 48
2.1 Pobreza en la infancia 50
2.2 Necesidad de sistemas alimentarios pro infancia 53
3   Derecho a la alimentación 55
3.1 Características 56
3.2 *Corpus iuris* 56
3.3 *Soft law* 56

3.4 *Hard law* 61
4 Reflexión 68
Referencias 68

ASPECTOS JURÍDICOS INTERNACIONAIS DO DIREITO HUMANO À ALIMENTAÇÃO E À NUTRIÇÃO ADEQUADAS
Míriam Villamil Balestro Floriano 73
1 Introdução 73
2 Breve histórico 76
3 Proteção jurídica internacional do DHANA 80
3.1 Obrigações dos Estados à luz do Pacto Internacional dos Direitos Econômicos, Sociais e Culturais (1966) 90
3.2 Formas de exigibilidade do DHANA 93
4 Noções de obrigações extraterritoriais relativas aos DESC 98
5 Conclusão 103
Referências 105

EL DERECHO A UNA ALIMENTACIÓN SALUDABLE EN ARGENTINA: INFORMACIÓN, ETIQUETADO FRONTAL DE ALIMENTOS, *MARKETING* ALIMENTARIO Y EDUCACIÓN AL CONSUMIDOR
Julieta Trivisonno 109
1 Alimentación y derecho del consumidor 109
2 El derecho a una alimentación adecuada y saludable en el sistema internacional de derechos humanos y en el derecho argentino 111
3 La noción de alimento como producto elaborado y su visión desde el derecho del consumidor 116
4 La información proporcionada al consumidor alimentario y el etiquetado frontal de alimentos 120
4.1 El etiquetado frontal de alimentos: los diversos sistemas 124
4.2 El contexto latinoamericano y la decisión de Argentina en la Ley 27.642 126
5 *Marketing* alimentario y prácticas comerciales prohibidas: limitaciones en materia de productos alimenticios en la Ley 27.642 129
5.1 Prácticas prohibidas vinculadas al rotulado de alimentos que deban llevar un sello de advertencia 131
5.2 La publicidad, promoción y patrocinio de alimentos que contengan un sello de advertencia 133

6	Formación para una alimentación saludable y entornos educativos	135
7	Reflexiones finales	137
	Referencias	139

O NOVO MODELO DE ROTULAGEM ALIMENTÍCIA APROVADO NO BRASIL: NOTAS GESTADAS ENTREMEIO À FRAGMENTAÇÃO DO DIREITO E A PROTEÇÃO NORMATIVAMENTE PROMETIDA AOS CONSUMIDORES

Marcos Catalan 143

1	Ambientando a discussão	143
2	Rótulos, embalagens e impulsos tanatológicos	146
3	Notas críticas à Resolução de Diretoria Colegiada nº 429	149
	Referências	158

APRIMORAMENTO DA ROTULAGEM NUTRICIONAL DE ALIMENTOS COMO INSTRUMENTO DE INFORMAÇÃO AO CONSUMIDOR

Simone Magalhães, Amanda Mattos Dias Martins 161

1	Introdução	161
2	Vulnerabilidade do consumidor e seu direito básico à informação na rotulagem de alimentos	163
3	Histórico da regulamentação da rotulagem nutricional no Brasil	167
3.1	Processo regulatório e as principais causas para a mudança da rotulagem nutricional dos alimentos	174
4	Modificações promovidas com a nova rotulagem nutricional	179
5	Conclusão	184
	Referências	186

(RE)ESCREVENDO A HISTÓRIA DA (IN)SEGURANÇA ALIMENTAR DO CONSUMIDOR CELÍACO NO BRASIL

Cléa Mara Coutinho Bento 191

1	Introdução	191
2	Construção de um conceito jurídico de segurança alimentar para o consumidor celíaco	194
2.1	Risco alimentar do consumidor celíaco na sociedade global de alimentação	195
2.2	Controle do risco sanitário dos alimentos pela Agência Nacional de Vigilância Sanitária	196

2.3	Contaminação cruzada dos alimentos "sem glúten" e insegurança alimentar do consumidor celíaco	199
3	Caminhos para a acessibilidade alimentar do consumidor celíaco e 'cidadania empresarial'	201
3.1	O problema da rotulagem "contém glúten" e "não contém glúten" no Brasil	203
3.2	Busca de um modelo de ampliação da acessibilidade alimentar aos consumidores celíacos	205
3.3	Modelos e propostas de ampliação da segurança alimentar do consumidor celíaco	207
4	Considerações finais	211
	Referências	212

OS DESAFIOS REGULATÓRIOS E SOCIOAMBIENTAIS NO ATUAL CONTEXTO ALIMENTAR: UM ENSAIO SOBRE COMO ENFRENTAR UM PAÍS OBESO E FAMINTO
Eleonora Jotz Fortin, Raquel Von Hohendorff 217

1	Introdução	218
2	Os impulsores do sistema alimentar e seus impactos socioambientais	219
3	O papel regulatório na promoção do consumo consciente, seguro e sustentável	222
4	Comentários finais: "Em que pé anda" o Brasil?	229
	Referências	233

A ALIMENTAÇÃO ESCOLAR COMO OBJETO DE POLÍTICA PÚBLICA PARA A PROMOÇÃO DE SEGURANÇA E SOBERANIA ALIMENTAR
Luciana de Almeida Gomes, Rabah Belaidi 237

1	Introdução	237
2	A segurança alimentar	241
2.1	A Segurança Alimentar e Nutricional (SAN)	244
3	A soberania alimentar	246
4	O Programa Nacional de Alimentação Escolar (PNAE)	250
5	A contribuição do PNAE para a segurança e a soberania alimentar	252
6	Conclusão	255
	Referências	256

COMPETÊNCIA DA AGÊNCIA NACIONAL DE VIGILÂNCIA
SANITÁRIA PARA REGULAR A PUBLICIDADE DE ALIMENTOS
NA VISÃO DOS TRIBUNAIS SUPERIORES: UMA ANÁLISE DA
JURISPRUDÊNCIA DO SUPERIOR TRIBUNAL DE JUSTIÇA E DO
SUPREMO TRIBUNAL FEDERAL
Maria Cecília Cury Chaddad 259

1	Introdução	259
2	Marco normativo	260
2.1	Direito à saúde	260
2.2	Direito à alimentação adequada	262
2.3	Direito à livre-iniciativa	263
2.4	Considerações sobre a competência reguladora da Anvisa	266
3	A visão dos tribunais superiores acerca da competência da Anvisa em matéria de publicidade de alimentos	269
3.1	Recorte metodológico	269
3.2	Casos identificados no Supremo Tribunal Federal	270
3.3	Casos identificados no Superior Tribunal de Justiça	272
3.4	Discussão	275
4	Considerações finais	277
	Referências	280

CERTIFICAÇÃO DE ALIMENTOS ORGÂNICOS BRASILEIROS
E O MODELO DA AGRICULTURA SUSTENTÁVEL
Flavia Trentini, Teresa Gomes Cafolla 281

1	Introdução	281
2	Agricultura sustentável	282
3	Agricultura orgânica	288
4	Certificação dos orgânicos	295
5	Conclusão	305
	Referências	306

SOBERANIA ALIMENTAR E AUTONOMIA
NA TEIA DOS POVOS
Paulo Dimas Rocha de Menezes, Joelson Ferreira de Oliveira 309

1	Abertura – Contexto	309
2	Povos – Autonomia e soberania	312
3	A caminhada para a autonomia: soberanias	321

4	A concluir	327
	Referências	329

PRIMAVERA PÚRPURA: UM BREVE OLHAR SOBRE ECOFEMINISMO, AGROECOLOGIA E A LUTA PELA BOA COMIDA

Silvana Beline Tavares, Sofia Alves Valle Ornelas 333

1	Introdução	333
2	Ecofeminismo: desconstruindo as opressões ecológicas e de gênero	336
3	Conclusão	348
	Referências	349

DE CAMPONESES A TRABALHADORES E VICE-VERSA? DEBATENDO A CENTRALIDADE DO TRABALHO NA ALIMENTAÇÃO EM PORTUGAL E NA ROMÊNIA

Irina Velicu, Irina Castro, Rita Calvário, Anastasia Oprea, Andreea Ogrezeanu 351

1	Introdução	352
2	Os estudos sobre alimentação na Europa: o elo perdido da justiça	356
3	Os camponeses reivindicam o seu papel como produtores essenciais de alimentos e sementes	360
3.1	"Não temos mais autorização para produzir alimentos"	361
3.2	"A comida é algo que nos mantém vivos"	362
3.3	"O campesinato como Guardiões da Natureza"	363
3.4	"A associação tornou-me mais forte"	364
4	Conclusão: trabalhadores essenciais ou produtores essenciais?	366
	Referências	369

COMIDA E REFUGIADOS: ENTRE *ENTITLEMENT* E *EMPOWERMENT*, PARA UMA MIGRAÇÃO FORÇADA SUSTENTÁVEL. O POTENCIAL DA EDUCAÇÃO GASTRONÔMICA NO SISTEMA DE ACOLHIMENTO ITALIANO

Maria Giovanna Onorati 371

1	Introdução	372
2	A "migração forçada" nas gramáticas da mobilidade	373

3	A comida na "migração forçada": as raízes de um êxodo	376
4	As trajetórias da comida na "migração forçada": de *entitlement* a capital	378
5	A cozinha recuperada no acolhimento: as *food skills* e a educação gastronômica como fatores de *empowerment* regenerativo	385
6	Conclusões	393
	Referências	394

DAS MARGENS AO CENTRO: A PREOCUPAÇÃO PÚBLICA COM O DESPERDÍCIO ALIMENTAR EM PORTUGAL, 2008-2021
Andrés Spognardi, Ana Raquel Matos 399

1	Introdução	399
2	As primeiras iniciativas contra o desperdício alimentar	401
2.1	A mobilização da sociedade civil e a resposta das autoridades políticas	402
2.1.1	As primeiras organizações dedicadas à distribuição de excedentes alimentares	404
2.2	As sinergias com os setores público e privado na etapa de expansão inicial	406
3	A institucionalização do combate ao desperdício alimentar	408
3.1	O desperdício alimentar na estratégia da União Europeia	408
3.2	O contexto português	410
4	O atual contexto da luta contra o desperdício alimentar	413
4.1	Os vínculos institucionais e sinergias das principais iniciativas	414
4.2	A pandemia de covid-19 e o novo marco regulatório	415
5	Observações conclusivas	417
	Referências	417

QUANDO TODO O RESTO DESAPARECE: SOBRE A LIBERDADE RELIGIOSA ALIMENTAR NA PRISÃO
Giovanni Blando 421

1	Introdução	421
2	A dimensão 'prática' da liberdade religiosa	423
3	As regras alimentares de tipo religioso	428
4	A liberdade religiosa alimentar do recluso	431
5	Conclusões	438
	Referências	440

CRIME E COMIDA EM PORTUGAL: DA DESCRIMINALIZAÇÃO DO "FURTO DE FORMIGUEIRO" À CRIMINALIZAÇÃO DA "SEGURANÇA ALIMENTAR"
João Pedroso, Rui Caria 443

1 Introdução 443
2 Do direito penal de proteção da propriedade ao direito penal de proteção da vulnerabilidade: o movimento de descriminalização e o furto formigueiro 445
3 Do direito penal da moral à proteção do desenvolvimento das crianças e da economia 449
3.1 O consumo de álcool por menores 450
3.2 O crime de açambarcamento 453
4 O direito penal enquanto regulador do risco: a neocriminalização e a segurança alimentar 454
4.1 Cresce o mercado, cresce o risco – A segurança alimentar como epicentro dos crimes alimentares 454
4.2 A tutela da segurança alimentar 456
4.3 O fundamento da tutela da segurança alimentar 459
5 Conclusões 460
Referências 460

O CREME COMPENSA
Eroulths Cortiano Junior 463
Referências 476

SOBRE OS AUTORES 479

PRÓLOGO

Presentar este libro supone una gran satisfacción por varios motivos. En primer lugar, porque son pocos los trabajos que exploran las intersecciones entre Derecho y Alimentación de manera amplia y desde una perspectiva poliédrica. De esa carencia surge la idea de crear una obra cuyo objetivo es explorar distintos temas vinculados entre sí a través de un análisis que incluye aportaciones procedentes no sólo del ámbito del derecho, sino también de la sociología jurídica, la ecología, la economía política o el feminismo, y que a su vez suma puntos de vista procedentes de diferentes contextos geográficos, promoviendo así el diálogo entre distintos países de América Latina y Europa.

En segundo lugar, porque nos encontramos ante una materia compleja y en constante desarrollo que requiere un enfoque interdisciplinar con el fin de tener en cuenta la conexión entre distintos aspectos y de llevar a cabo un análisis lo más completo posible. Esa aproximación interdisciplinar era el reto y también, sin duda, una de las contribuciones fundamentales de esta obra.

En tercer lugar, porque es esencial destacar las aportaciones del elenco de investigadores e investigadoras participantes que, a través de sus trabajos, ponen a nuestro servicio sus conocimientos, análisis y reflexiones. Lógicamente, cada capítulo cuenta con la impronta personal de cada autor o autora, pero hay que tener en cuenta que, a veces, el conjunto es mucho más que la suma de las partes, de modo que el contenido de cada uno de los distintos capítulos constituye un punto de referencia que contribuye al pensamiento crítico, al debate y a la búsqueda de soluciones a los problemas expuestos.

Y, en cuarto lugar, porque considero imprescindible resaltar tanto la formación y la capacidad docente e investigadora de las personas que han llevado a cabo la coordinación de esta obra, como su calidad humana. Mi felicitación y admiración por sus trayectorias profesionales, su compromiso y sus constantes esfuerzos de apoyo a la difusión del conocimiento.

En el documento "De los compromisos a la práctica", surgido de la Segunda Conferencia Internacional sobre Nutrición, la Organización de las Naciones Unidas para la Alimentación y la Agricultura (FAO) y la Organización Mundial de la Salud (OMS) plantean una serie de recomendaciones que subrayan la importancia de incrementar los ingresos de las poblaciones más vulnerables creando empleo digno; de potenciar una agricultura que garantice la seguridad alimentaria; de desarrollar prácticas sostenibles tanto en la producción alimentaria como en la gestión de los recursos naturales; de mejorar las tecnologías e infraestructuras de almacenamiento, conservación, transporte y distribución para evitar la pérdida y el desperdicio de alimentos a lo largo de toda la cadena alimentaria; de reforzar la viabilidad del cultivo y la elaboración de alimentos a escala local, especialmente por parte de los pequeños agricultores y los agricultores familiares; de diseñar sistemas agroalimentarios que posibiliten dietas sanas con el objetivo de garantizar la seguridad nutricional; de mejorar el contenido nutritivo de los alimentos, fomentando la reducción gradual del consumo de grasas saturadas, azúcar, sal y grasas trans para prevenir una ingesta excesiva por parte de los consumidores; y de mejorar la información y educación nutricional con el fin de promover el consumo de dietas saludables.

La propuesta que nos ofrece el libro que el lector o lectora tiene en sus manos resulta de interés al enlazar con algunas de esas claves y abordar cuestiones relativas a la seguridad de los alimentos, la información, educación y protección del consumidor, los sistemas de etiquetado y certificación, así como aspectos relacionados con la pérdida y el desperdicio de alimentos. Por supuesto, el derecho humano a una alimentación y una nutrición adecuadas también es objeto de ineludible análisis, siendo examinado desde distintas ópticas. También se afrontan aspectos relacionados con los derechos de las mujeres campesinas y su importancia en la creación de sistemas alimentarios justos; la libertad religiosa alimentaria de las personas privadas de libertad y la agencia alimentaria de los refugiados o personas en situación de protección humanitaria, que necesariamente se vinculan con el tema de la ciudadanía y la identidad; o la devastadora asignatura pendiente de la vulneración del derecho a la alimentación de la infancia.

Desde esa perspectiva de conjunto que constituye el punto de partida y la razón de ser de esta obra, se analiza, por tanto, una serie de elementos interrelacionados entre sí con el fin de ofrecer una visión lo más amplia posible que nos sitúe de una forma clara ante algunos de los retos que como sociedad tenemos que afrontar en el ámbito de la soberanía alimentaria, la seguridad alimentaria y nutricional, las condiciones de trabajo, la protección medioambiental, la importancia del etiquetado, la publicidad y la educación nutricional o las graves causas y consecuencias del desperdicio de alimentos.

Conviene no olvidar que un sistema alimentario que sobreexplota recursos naturales, que produce más de lo que se necesita, que propicia pérdidas y desperdicios de alimentos, que genera residuos que afectan al medio ambiente, que promueve el consumo de productos alimenticios hipercalóricos y que no es capaz de nutrir a todos los seres humanos del planeta no sólo es indignante, sino también insostenible.

Por ello es necesario buscar estrategias que doten a la sociedad de instrumentos útiles y adecuados para resolver los problemas planteados. Esperamos que esta publicación sirva de estímulo y reflexión tanto a investigadores y especialistas como a todas aquellas personas interesadas de una u otra manera en el estudio, la evolución y el cumplimiento en toda su dimensión del Derecho Humano a la Alimentación.

Ana Carretero García
Profesora Titular de Derecho Civil. Investigadora del Centro de Estudios de Consumo Universidad de Castilla-La Mancha (España)

APRESENTAÇÃO

ISSO RENDE UM BOM CALDO

Inspirando-se na *Edda* nórdica, Mark Forsyth relatou que Odin "não bebia nada além de vinho", destacando, ademais, que Odin alimentava-se, exclusivamente, da bebida produzida na fermentação dos frutos da *vitis vinifera*, fato que pode soar deveras estranho, pois, salvo melhor juízo, não havia produção de vinhos que fosse digna de nota ao norte do paralelo $60°$[1] ao tempo em que os Vikings buscavam alcançar os prazeres ocultos em Asgard, morrendo com bravura em Midgard. Quer-se crer que um número maior de Vikings morreu por conta de problemas ligados à má ou à falta de alimentação que aqueles que pereceram em batalha; elucubração que talvez venha a ser desmentida por algum(a) leitor(a). Hoje, proporcionalmente, sabe-se que muito menos pessoas morrem de fome,[2] o que não quer dizer que a humanidade não deva se preocupar com isso, afinal, não é preciso esperar pelo cavaleiro apocalíptico montado em seu corcel negro para agir. Havendo interesse, a Política encontrará no Direito seu instrumental mais adequado. E são, sem dúvida, muitas as conexões entre Direito e Comida; ou, como antecipado, a falta dela.

O direito do consumidor, por exemplo, veda a comercialização de produtos considerados impróprios ao consumo. De outra banda, impõe a observância de diversos deveres jurídicos, dentre os quais podem ser aleatoriamente destacados o dever de informar as características nutricionais ou a obrigação de advertir sobre eventuais restrições de

---

[1] FORSYTH, M. *Uma breve história da bebedeira*: como, onde e por que a humanidade tomou umas da Idade da Pedra até hoje. Trad. Lígia Azevedo. São Paulo: Companhia das Letras, 2018. p. 109-118.

[2] POPKIN, B. *O mundo está gordo*: modismos, tendências, produtos e políticas que estão engordando a humanidade. Trad. Ana Beatriz Rodrigues. Rio de Janeiro: Elsevier, 2009.

uso. E claro, pode-se resgatar aqui, ainda, a ligação entre o direito do consumidor, o direito à alimentação e o exercício de liberdades religiosas quando se tem em mente a comunidade judaica e a islâmica. O direito civil e o empresarial, por sua vez, se propõem a solucionar problemas havidos no âmbito de mútuos pactuados visando à produção agropastoril ou contratação de seguros, que, de alguma forma, tutelam as *quebras* nas safras. Um dos pilares de sustentação do direito civil, o direito das famílias, permite pensar o exercício das responsabilidades parentais em contextos envolvendo questões dietárias, como a opção pela alimentação vegana. O sofisticado direito agrário estimula a aparentemente utópica busca da soberania alimentar, preocupa-se com o justo uso das terras – mesmo revelando-se incapaz, aliás, na esteira do direito privado legado pelas codificações decimonônicas, de lidar com a injusta apropriação imobiliária – e, iluminado por ondas que emanam dos direitos humanos, alcança temas como alimentação e nutrição adequadas e suas relações com a infância e (ou) com a pobreza.

Aliás, ao pensar nos muitos cruzamentos induzidos pelo avanço teórico na seara dos direitos humanos, parece impossível não lembrar da fome que assola tanto os refugiados, como os apátridas e os bilhões de cidadãos esquecidos por seus governos em toda a Terra. Pensando em transversalidades, o direito ambiental também parece possuir relevante papel ao impor limitações ao uso da terra, mormente quando se percebe que as pessoas que aqui estão são não mais que meros utentes dos recursos do planeta, impondo-se a elas o dever de agir com moderação. Os direitos tributário, laboral, penal também poderiam ser citados aqui ante as possíveis conexões que possuem com os alimentos. O primeiro pode ser usado em perspectiva extrafiscal, com *nudges* que fomentem uma alimentação mais saudável; o segundo ajuda a combater o trabalho escravo, evitando assim que aquilo que comemos carregue consigo o sangue dos explorados; o terceiro, para evitar que crimes famélicos levem famintos às cadeias.

Ainda que não se olvide que "cada vez mais, pesquisadores e acadêmicos, em disciplinas como a sociologia, a antropologia jurídica ou nos estudos sociojurídicos, procuram situar o direito nos seus contextos sociais, políticos, históricos, geográficos e culturais",[3] ao menos até o momento, no Brasil, raras são as obras que exploraram as intersecções

---

[3] BRANCO, P. Direito e comida: algumas reflexões sobre o papel da comida no direito e justiça da família. *Revista Eletrônica Direito e Sociedade*, Canoas, v. 6, n. 2, p. 171-186, set. 2018.

entre Direito e Comida de forma ampla e multitemática. Dessa lacuna, surgiu a ideia, e o desejo comum, de organizar um livro que buscou dar conta e relacionar, de forma ampla e sem perder a necessária verticalização, temas afetos a ligações entre Comida e Direito, por meio de análises abrangentes e interdisciplinares que conjugam o direito, a sociologia jurídica, os estudos feministas, os estudos de ecologia e de economia política, entre outros, e que surgem de diferentes contextos geográficos, como Argentina, Brasil, Portugal, Itália ou Romênia, e que promovem um diálogo orgânico entre América Latina e Europa.

Esse diálogo foi fruto de uma relação de alguns anos entre os três organizadores deste livro e, em particular, de colaborações, por meio de seminários conjuntos nos quais vários dos temas aqui abordados foram tratados. Foi natural querer passar de registros orais para um registro escrito que mapeasse e registrasse, para a posteridade, o estado da arte no tratamento das muitas possibilidades afetas ao tema.

O livro explora problemáticas no âmbito da segurança e seguridade alimentares, informação, educação e proteção do consumidor, sistemas de rotulagem e de certificação, e, ainda, aspectos relacionados com o desperdício alimentar. O direito humano à alimentação e nutrição adequadas foi também objeto de análise incontornável, sendo examinado de vários ângulos: jurídico, ecofeminismo, agroecologia popular, saberes indígenas e soberania alimentar, transição ecológica. Abordaram-se, também, questões ligadas aos direitos dos e das camponesas, e a sua importância na criação de sistemas alimentares justos. A liberdade religiosa alimentar de pessoas detidas em prisão e a agência alimentar de pessoas refugiadas ou em situação de proteção humanitária, que se ligam necessariamente à questão da cidadania e da identidade, assim como o tema do direito à alimentação das crianças foram outras das abordagens que ligam comida e direito.

De coração, esperamos que se deliciem com os textos deste livro. Por isso, a brevidade desta apresentação. Uma informação parece ser importante: os textos não têm relação necessária entre si, daí ser possível começar do fim para o início, ler os artigos ímpares e depois os pares ou pensar em ordenar o caminho literário de outra forma qualquer.

Antes de terminarmos este mui breve exórdio, não podemos deixar de agradecer as pessoas que acreditaram nesta obra. Obrigado Ana Carretero Garcia, pelas belas palavras que inauguram este livro. Registramos, igualmente, nossa mais profunda gratidão a Amanda Mattos Dias Martins, Ana Raquel Matos, Anastasia Oprea, Andreea Ogrezeanu, Andrés Spognardi, Cléa Mara Coutinho Bento, Eleonora

Jotz Fortin, Eroulths Cortiano Junior, Giovanni Blando, Irina Castro, Irina Velicu, João Pedroso, Joelson Ferreira de Oliveira, Julieta Trivisonno, Luciana de Almeida Gomes, María Adriana Victoria, Maria Cecília Cury Chaddad, Maria Giovanna Onorati, Míriam Villamil Balestro Floriano, Paulo Dimas Rocha de Menezes, Rabah Belaidi, Raquel Von Hohendorff, Rita Calvario, Rui Caria, Silvana Beline, Simone Magalhães e Sofia Valle Ornelas, por tão belos textos, prenhes de preciosas provocações, inferências e desenlaces. É preciso agradecer, ainda, aos pesquisadores que nos ajudaram com a revisão dos originais, Terese Gomes Cafolla, Sarah Araújo Ravagnani e, é evidente, à Editora Fórum, que desde o início acreditou em nosso projeto.

Inverno, no Hemisfério Sul
Verão, no Hemisfério Norte

Que haja mais cor e menos fome no mundo...

Flavia Trentini
Patrícia Branco
Marcos Catalan

CIDADANIAS E IDENTIDADES: UMA QUESTÃO DE COMIDAS?

Patrícia Branco

1 Introdução

Começo este texto com uma interrogação: por que razão ligar comida a questões de cidadania e/ou identidade? A comida é um bom ponto de observação, seja de nós mesmos, seja da sociedade em que vivemos, e serve, pois, para analisar as nossas relações com os outros, como nos entendemos e como construímos o nosso eu, a nossa identidade, o nosso sentimento de pertença ou de identificação com certa comunidade, e como somos identificados pelos outros a partir do que comemos, do que não comemos, e como comemos.

A ideia de pensar sobre cidadanias e identidades a partir da comida parte da minha identificação como cidadã portuguesa por pessoas não portuguesas como sendo apreciadora, conhecedora e comedora de bacalhau, nas suas variadas receitas. Ou seja, como se a minha portuguesidade (ou o que quer que isso signifique), o meu laço de pertença a essa comunidade jurídico-política, a minha identidade como nacional de Portugal, estivessem intrinsecamente ligados ao consumo desse alimento visto como típico da gastronomia portuguesa. Isso levanta questões acerca da noção ou noções de cidadania, mas também acerca do que é uma gastronomia típica nacional, ou que consumos de alimentos e de receitas são identificados como sinal de pertença, ou de exclusão, dessa gramática.

Também Igiaba Scego, uma escritora italiana filha de pais somali, se colocou perante essas interrogações. No seu conto *Salsicce* (ou *Salsichas* em língua portuguesa), a narradora, que se assume como sendo muçulmana sunita, decide, de forma totalmente imprevista (sobretudo para a própria), comprar um quilo de salsichas, que são feitas de carne de porco – um alimento não *halal*, ou seja um alimento proibido na religião muçulmana, mas bastante presente na gastronomia italiana. Como escreve no seu conto:[1] "Se engolir estas salsichas uma a uma, a gente vai perceber que sou italiana como eles? Idêntica a eles? (...) Talvez comendo uma salsicha deixarei de ter impressões digitais neutras para passar a ter verdadeiras impressões digitais *Made in Italy*, mas é isto que quero?".

Partindo desse conto de Igiaba Scego (e das minhas próprias considerações sobre a minha cidadania e identidade, muitas associadas ao consumo de bacalhau), irei, neste texto, analisar se a questão das cidadanias e das identidades está, também, intrinsecamente ligada a uma questão de comidas, atendendo a que certos alimentos, pratos ou receitas são vistos como símbolos ou marcadores da identidade nacional da sociedade em que se integram (talvez de forma até mais forte do que os tradicionais marcadores, como o passaporte, o cartão de identidade ou o cartão de eleitor), tendo em atenção que as identidades gastronômicas nacionais são muito fortes e, por isso, também conflituosas devido à forma como incluem e excluem.[2] Para isso, irei, na primeira parte, discutir a questão ou noção de cidadania a partir de diferentes autores/as. Na segunda parte irei discutir a construção do sentimento de pertença a certa comunidade, e na terceira parte irei discutir o bom *versus* o mau migrante, tendo como base de tais discussões algumas experiências e pesquisas em que a comida foi identificada como uma constante no processo de construção das identidades nacionais e no sentir comum de identificação com uma determinada comunidade. Na quarta parte irei analisar a cidadania, e a sua desconfiguração, a partir da questão da ausência de comida (ou da fome), da ausência de soberania alimentar e da ausência de agência, para terminar com uma consideração sobre a necessidade de

---

[1] SCEGO, I. Salsicce. *In:* CAPITANI, F.; COEN, E. (ed.). *Pecore nere*. Racconti. Bari: Laterza, 2005. O conto foi publicado na Coletânea Pecore Nere em 2005, pela editora Laterza. A tradução é da minha responsabilidade.

[2] JOHNSTON, J.; CAIRNS, K.; BAUMAN, S. *Introducing Sociology using the stuff of everyday life*. Nova Iorque e Londres: Routledge, 2017, p. 38.

entender e analisar a comida como uma parte substancial dos vários atos de cidadania que performamos quotidianamente,[3] e através dos quais a comida também serve para reconfigurar a nossa cidadania e múltiplas e híbridas identidades.

2 Cidadania?

O conceito de cidadania não é um conceito pacífico ou estabilizado. A cidadania é entendida, sobretudo, e a partir do século XVIII, como um laço de pertença[4] a uma determinada comunidade político-jurídica presente num determinado território,[5] e que, no léxico jurídico tradicional, como refere Pietro Costa, invoca principalmente as questões relativas à perda e à aquisição do estatuto de cidadania. O conceito de cidadania mete, assim, em evidência as expectativas e as pretensões, as modalidades de pertença e os critérios de diferenciação, bem como as estratégias de inclusão e de exclusão, que são assim intrínsecas à própria ideia de cidadania. A atribuição de direitos aos sujeitos é feita de acordo com estratégias retóricas que são tão variáveis quanto são diversas as sociedades e as culturas em análise.[6] Para Rodotà, a cidadania é um dispositivo nacional e puramente identitário, pois autoriza o cidadão a excluir o não cidadão da vida social.[7] Marc Helbling fala ainda que, em uma época de nacionalismos, a cidadania prende-se com os aspetos emocionais e simbólicos de uma pertença plena.[8] O conceito de cidadania é visto como tendo um caráter ambíguo ou ambivalente, na medida em que as pessoas são consideradas formalmente iguais enquanto portadoras de direitos, mas

---

[3] Este texto surgiu de um convite que me foi endereçado pela Professora Silvana Beline Tavares (Universidade Federal de Goiás), no âmbito do projeto ConfrontArt (cf. https://inpodderales.com.br/extensao/projeto-de-extensao-confrontart-dialogos-entre-a-arte-e-o-direito/). A quarta parte deste texto muito lhe deve pelos generosos comentários que me fez aquando da discussão do tema.

[4] Sobre a questão do laço de pertença, veja-se o Seminário Avançado que o Professor Boaventura de Sousa Santos fez em 2012, com o título "A Cidadania a partir dos que não são cidadãos". Disponível aqui: https://alice.ces.uc.pt/en/index.php/santos-work/a-cidadania-a-partir-dos-que-nao-sao-cidadaos/?lang=pt Acesso em: 28 out. 2021.

[5] Relativamente a esta questão, veja-se que existe toda uma teorização, de que não vou tratar aqui, acerca da ideia de cidadania sem comunidade, isto é, de pensar a cidadania para lá da sua associação histórica ao conceito de estado-nação.

[6] COSTA, P. *Cittadinanza*. Bari: Laterza, 2005.

[7] RODOTÀ, S. *Il diritto di avere diritti*. Bari: Laterza, 2012.

[8] HELBLING, M. *Practising citizenship and heterogeneous nationhood*. Amsterdão: Amsterdam University, 2008.

na realidade existe uma profunda desigualdade material entre diversos grupos, onde os critérios de diferenciação manifestam uma dimensão não emancipatória da cidadania.[9]

Claire Harris apresenta uma análise mais ampla, já que entende que o conceito de cidadania está associado ao papel social que cada um de nós desempenha na respetiva sociedade, quotidianamente, e no qual fomos socializados, e que enforma certo julgamento acerca de como é, parece e age um/a cidadã/o.[10] É uma espécie de guião cultural e material de cidadania, que induz a determinados comportamentos e obriga a certa normatividade, sendo, assim, uma ferramenta de vigilância e de controlo, pois determina a validação de certos comportamentos e atitudes ao mesmo tempo que invalida outros tantos.[11]

Engin Isin, por sua vez, apresenta uma análise da questão da cidadania que é, em minha opinião, muito mais interessante e que amplia a ideia de Harris.[12] Para Isin, a cidadania pode ser considerada a partir de três dimensões: como estatuto (que se liga à ideia inicial: quem tem e quem não tem direitos, quem está incluído e excluído), como *habitus* (os modos como os cidadãos, mas também os não cidadãos, praticam os direitos que têm), e como atos (isto é, os modos como as pessoas se constituem como sujeitos políticos através do que fazem, das suas ações).[13] A ideia dos atos de cidadania[14] liga-se à questão do papel social de Harris[15] e ao guião de Lee, mas aprofunda-o, na medida em que nos permite perceber a cidadania não apenas através do que as pessoas fazem, mas também a partir do modo como as coisas que

---

[9] CORRÊA, D.; BORTOLOTI, J.C.K. O desenvolvimento e as perspectivas da cidadania no Brasil. *Revista Direito em Debate*, Ijuí, a. 17, n. 29, p. 147-170, 2008.

[10] HARRIS, C. Postcolonial citizenship and identity in the Netherlands and France. *WWU honors program senior projects*, 50. Disponível em: https://cedar.wwu.edu/cgi/viewcontent.cgi?article=1049&context=wwu_honors. Acesso em: 22 nov. 2021.

[11] LEE, C. *Ingenious citizenship*: Recrafting democracy for social change. Durham: Duke University, 2016.

[12] HARRIS, C. Postcolonial citizenship and identity in the Netherlands and France. *WWU honors program senior projects*, 50. Disponível em: https://cedar.wwu.edu/cgi/viewcontent.cgi?article=1049&context=wwu_honors. Acesso em: 22 nov. 2021.

[13] ISIN, E.F. *Citizens without frontiers*. Londres/Nova Iorque: Continuum International, 2012, p. 109-111.

[14] Para uma elaboração dos atos de cidadania no quotidiano, v. AMBROSINI, M. Cittadinanza formale e cittadinanza dal basso. Un rapporto dinamico. *Società Mutamento Politica*, Florença, n. 7, a. 13, p. 83-102, 2016.

[15] HARRIS, C. Postcolonial citizenship and identity in the Netherlands and France. *WWU honors program senior projects*, 50. Disponível em: https://cedar.wwu.edu/cgi/viewcontent.cgi?article=1049&context=wwu_honors. Acesso em: 22 nov. 2021.

fazem podem ir contra as normas, as expectativas, ou quebrar com as rotinas, com certos rituais. Para Isin, as pessoas não se limitam a seguir um mero guião, mas performam a cidadania de forma criativa (o que implica contestação e reconstrução).[16]

No que se refere à noção de identidade, Serena Guidobaldi diz-nos que essa é uma espécie de limiar através do qual acolhemos ou recusamos tudo aquilo que nos parece útil para nos autorrepresentarmos e exprimirmos um conjunto de valores.[17] Nesta incorporamos, muitas vezes de forma indistinta, seja a identidade individual seja a coletiva, que é feita de real e de ideal, de memória e de nostalgia quanto a um passado que é, muitas vezes, fabricado; bem como da representação de certas práticas e costumes que se perderam na quotidianidade, mas que nos são devolvidas a partir do exterior, e às quais aderimos como forma de nos orientarmos no ambiente que nos circunda. A identidade não deve ser vista como fixa e imutável, mas como adaptável, que vai mudando ao longo da vida e de acordo com o contexto em que nos inserimos.[18]

Parece existir, assim, uma ligação entre cidadania e identidade, por muito ténue que seja, que nos leva a performar uma espécie de guião cultural, ainda que de forma inconsciente, e muitas vezes recriando e reconfigurando tal guião como forma de criação de um sentimento de pertença, ou de validação, de uma certa comunidade.

Então, onde entra a comida?

3 A construção do sentimento de pertença

Montanari identifica a dimensão política dessa linguagem que é a comida nos seguintes termos: por um lado, a comida serve como sinal de pertença a uma comunidade (que se transforma no espaço e no tempo) e que identifica uma forma de ser e sentir-se cidadão dessa determinada *polis*; por outro lado, cabe também nessa dimensão política as políticas públicas que gerem e definem a relação entre poder político e cidadãos no que respeita às ações alimentares dentro da *polis* (pense-se nas várias

---

[16] ISIN, E.F. Performative Citizenship. *In:* SHACHAR, A. et al. (ed.). *The Oxford handbook of citizenship*. Oxford: Oxford University, 2017.
[17] GUIDOBALDI, S. *Cibo e identità*. L'identità nell'epoca della sua riproducibilità gastronomica. Turim: Eris, 2021, p. 14.
[18] ALTOÉ, I.; AZEVEDO, E. Comida migratória: a cultura alimentar e as identidades de refugiados. *Revista del CESLA*, Varsóvia, n. 22, p. 247-264, 2018.

legislações que ao longo dos tempos[19] têm regulado aspectos como fraude alimentar e riscos alimentares, ou mais recentemente questões ligadas aos direitos dos consumidores ou à prevenção da obesidade infantil).[20] Nesse sentido, os comportamentos e atos alimentares – seja um certo alimento, uma determinada receita, um modo de cozinhar e de combinar alimentos, a recusa de alguns alimentos ou um modo de comer – definem quem a ingere, marcam identidades pessoais e grupais, estilos regionais e nacionais de ser, de fazer, de estar e de viver, servem para perpetuar o sentimento de pertença a uma determinada comunidade.[21] A comida encarna, assim, a história, a geografia, os contatos culturais, as relações de classe, de gênero e de identidade.[22] Faz, assim, parte daquele guião cultural e material anteriormente referido. Para Ilaria Porciani, a comida, a cozinha, e as memórias a elas associadas, assinalam aquele limiar a que se refere Guidobaldi, aquela ténue linha que cruza a intimidade da família nuclear e leva à comunidade, real e imaginada, da nação.[23]

  Voltemos a Igiaba Scego. A certa altura, no seu conto, a narradora interroga-se: "um belo problema, a identidade, e se a abolíssemos? Serei mais italiana com uma salsicha no estômago? E serei menos somali?".[24] A sua interrogação sobre a pertença a um ou outro guião identitário – cultural, político e normativo – remete para as seguintes questões: quem é cidadão e quem não o é? Quem são os bons cidadãos? E há também maus cidadãos?

---

[19] FRECKELTON, I. Food law: challenges and future directions. *Deakin Law Review*, Melbourne, a. 14, n. 2, p. 219-232, 2009.

[20] MONTANARI, M. Il linguaggio del cibo. *In*: MONTANARI, M. (ed.). *Cucina politica*. Il linguaggio del cibo fra pratiche sociali e rappresentazioni ideologiche. Bari: Laterza, 2021.

[21] ALTOÉ, I.; AZEVEDO, E. Comida migratória: a cultura alimentar e as identidades de refugiados. *Revista del CESLA*, Varsóvia, n. 22, p. 247-264, 2018. GIORDANI, L. *A alimentação como mecanismo de construção da identidade*: o caso dos imigrantes italianos no RS. Tese (Mestrado em Antropologia Social) – Universidade Federal do Rio Grande do Sul, 2020. Orientação: Profa. Dra. Maria Eunice de Souza Maciel. 174 fl. GRAHAM, R.; HODGETTS, D.; STOLTE, O. Dual-heritage households: Food, culture, and remembering in Hamilton, New Zealand. *International Review of Social Research*, Bucareste, a. 6, n. 1, p. 4-14, 2016.

[22] MENESES, M.P. Ampliando las epistemologías del sur a partir de los sabores: diálogos desde los saberes de las mujeres de Mozambique. *Revista Andaluza de Antropología*, Sevilha, a. 10, p. 10-28, 2016.

[23] GUIDOBALDI, S. *Cibo e identità*. L'identità nell'epoca della sua riproducibilità gastronomica. Turim: Eris, 2021. PORCIANI, I. Mappe mentali, confini e politiche: tra nazionalismo e sovranismo. *In*: MONTANARI, M. (ed.). *Cucina politica*. Il linguaggio del cibo fra pratiche sociali e rappresentazioni ideologiche. Bari: Laterza, 2021.

[24] SCEGO, I. Salsicce. *In*: CAPITANI, F.; COEN, E. (ed.). *Pecore nere*. Racconti. Bari: Laterza, 2005.

Penso no meu próprio guião identitário, na minha 'identidade portuguesa': a construção de tal identidade passará por identificar, escolher, cozinhar e comer uma receita de... bacalhau? Mas... E se eu não comer bacalhau: não sou boa cidadã?

José Sobral, na pesquisa que elaborou, liga o bacalhau à construção de uma gastronomia nacional portuguesa e, assim, à ideia do bacalhau como marcador de uma identidade nacional portuguesa. Gostar de bacalhau, em termos essencialistas, representaria a ideia de portuguesidade. Se é certo que portugueses e portuguesas são os maiores consumidores de bacalhau salgado em termos mundiais, há que ter em conta, como adverte o autor, o papel que uma ideologia nacionalista teve, durante o período do Estado-Novo, na construção de uma gastronomia nacional, e os motivos que levaram à consagração do bacalhau como símbolo da ideia de nação portuguesa, papel que manteve até a atualidade, em detrimento de outros alimentos e práticas gastronômicas, que foram relegadas para um plano inferior.[25]

No estudo que fez sobre o processo de descolonização holandesa na Indonésia, e o caso dos indo-europeus que optaram pela cidadania holandesa, indo viver para a Holanda, Claire Harris revela o processo de assimilação forçada a que aqueles foram submetidos através de programas educacionais. Com base nesses programas, as mulheres indo-europeias foram educadas a cozinhar receitas identificadas como pertencendo à gastronomia holandesa, usando batatas e deixando de usar um alimento como o arroz, típico das receitas indonésias e ao qual estavam habituadas. Os costumes indonésios foram abandonados e a comida indonésia tornou-se um tabu. Mas a prática de assimilação viu nesses indo-europeus uma espécie de cidadãos-modelo, ainda que estes tenham adotado uma máscara – que no caso passou pelo consumo de batata – como estratégia de integração naquela comunidade jurídico-política.[26] Tal vai ao encontro do que defendem Polese e colegas, ou

---

[25] SOBRAL, J.M. Salt cod and the making of a portuguese national cuisine. *In*: ICHIJO, A.; JOHANNES, V.; RANTA, R. (ed). *The emergence of national food*. The dynamics of food and nationalism. Londres: Bloomsbury Academic, 2019.

[26] HARRIS, C. Postcolonial citizenship and identity in the Netherlands and France. *WWU honors program senior projects*, 50. Disponível em: https://cedar.wwu.edu/cgi/viewcontent. cgi?article=1049&context=wwu_honors. Acesso em: 22 nov. 2021. Posso aqui fazer uma comparação com o consumo de alheira em Portugal. A alheira é uma linguiça que não é feita de porco, mas de carne de aves, e é vista como a 'linguiça de resistência', pois foi inventada para se parecer com o chouriço. Era uma prática de resistência que, durante a Inquisição, permitiu que judeus recém-convertidos à força não comessem carne de porco, mas sim uma linguiça que parecia chouriço. Foi uma estratégia de integração que lhes permitiu sobreviver.

seja, que a formação da identidade nacional não depende apenas das medidas políticas propostas pelas elites políticas, mas depende também de outro tipo de dinâmicas, entre as quais os significados e valor identitário atribuídos a certos alimentos, e como tal é potenciado e promovido recorrendo a diversas estratégias.[27]

Martha Karrebaek,[28] por sua vez, analisou o contexto dinamarquês atual. Em 2016, o Ministro da Cultura de então convidou os cidadãos a manifestarem-se sobre o que consideravam ser os valores dinamarqueses fundamentais. Muitas das respostas enunciaram o consumo de carne de porco como algo tipicamente dinamarquês. O porco, como o bacalhau em Portugal, foi proclamado como um símbolo do que significa ser dinamarquês, denotando assim o sentimento de pertencimento a um coletivo (a sociedade dinamarquesa), permitindo que essa mesma comunidade se reconheça através dos seus hábitos alimentares.[29]

Abel Polese e colegas analisaram o recente contexto na Estónia, e a formação de uma identidade nacional, no seio do Báltico. A construção dessa identidade, dessa pertença à comunidade político-jurídica estónia, faz-se também por meio da identificação daquilo que é considerado, e construído, como receita típica e genuína ou como produto autêntico, encorajando aquilo a que os autores chamam de 'consumo patriótico'. A própria indústria alimentar, bem como o mercado promovem esse consumo, ao decorar os pacotes desses produtos recorrendo às cores e símbolos ditos nacionais, ou identificando-os como produtos autênticos estónios. Uma comida definida como patriótica, que define identidades e pertenças.[30]

Porciani aprofunda essa ideia: na medida em que determinados sabores começaram ou começam a fazer parte da nação, as práticas quotidianas abraçam a ideia de pratos tradicionais (mesmo que inventados ou recriados), pelo que os próprios cidadãos se reconhecem

---

[27] POLESE, A. *et al.* National identity for breakfast: food consumprion and the everyday construction of national narratives in Estonia. *Nationalities Papers*, Cambridge, a. 48, n. 6, p. 1015-1035, 2020.

[28] BROWN, J. The hidden significance of what we eat. *BBC*, 25.02.2019. Disponível em: https://www.bbc.com/future/article/20190222-the-hidden-significance-of-what-we-eat. Acesso em: 21 nov. 2021.

[29] ALTOÉ, I.; AZEVEDO, E. Comida migratória: a cultura alimentar e as identidades de refugiados. *Revista del CESLA*, Varsóvia, n. 22, p. 247-264, 2018.

[30] POLESE, A. *et al.* National identity for breakfast: food consumprion and the everyday construction of national narratives in Estonia. *Nationalities Papers*, Cambridge, a. 48, n. 6, p. 1015-1035, 2020.

e se identificam através do consumo de tais alimentos.³¹ Práticas que se mantêm na atualidade, como os estudos anteriores confirmam, e com as quais as populações se identificam no tal sentir comum, nesse sentimento de pertencer a uma determinada cidadania, associada a certos valores, a uma determinada compreensão das tradições e do passado, onde o consumo de certos alimentos ou receitas amplia o círculo de pessoas que demonstra apoio político por aquela comunidade feita de vizinhos.³² Marcadores que as pessoas levam consigo também quando emigram e que servem a reproduzir o sentimento de pertença à comunidade de origem, a reconhecerem-se e a serem reconhecidas.³³

A questão da pertença e da definição de identidades também foi analisada, no contexto brasileiro, por Luíza Giordani, que estudou a alimentação como mecanismo de construção de identidades analisando o caso dos imigrantes italianos no estado do Rio Grande do Sul.³⁴ Aqui, algumas receitas, transplantadas da Itália para o Brasil, como a polenta (que não se come em toda a Itália, mas é proveniente de certa zona), servem como forma de representação dos indivíduos, que se enxergam entre si e no seio do grupo como sendo italianos. A construção da italianidade³⁵ fora da Itália busca na polenta um símbolo tangível dessa sua identidade, que passou para as gerações seguintes (como no caso do *Ius Sanguinis*), e que os identifica e diferencia de outros indivíduos.

---

[31] PORCIANI, I. Mappe mentali, confini e politiche: tra nazionalismo e sovranismo. *In:* MONTANARI, M. (ed.). *Cucina politica*. Il linguaggio del cibo fra pratiche sociali e rappresentazioni ideologiche. Bari: Laterza, 2021, p. 104.

[32] POLESE, A. *et al.* National identity for breakfast: food consumprion and the everyday construction of national narratives in Estonia. *Nationalities Papers*, Cambridge, a. 48, n. 6, p. 1015-1035, 2020.

[33] GRAHAM, R.; HODGETTS, D.; STOLTE, O. Dual-heritage households: Food, culture, and remembering in Hamilton, New Zealand. *International Review of Social Research*, Bucareste, a. 6, n. 1, p. 4-14, 2016. ONORATI, M.G. Il cibo come risorsa simbolica e materiale nel processo di resilienza e inclusione sociale dei rifugiati. *Le Stagioni del Cibo*. Disponível em: https://www.spiweb.it/dossier/le-stagioni-del-cibo-aprile-2019/maria-giovanna-onorati-integrazione-gastronomia-grazie-daniela-bonomo-alla-universita-gastronomica-pollenzo-allunhcr/. Acesso em: 22 nov. 2021.

[34] GIORDANI, L. *A alimentação como mecanismo de construção da identidade*: o caso dos imigrantes italianos no RS. Tese (Mestrado em Antropologia Social) – Universidade Federal do Rio Grande do Sul, 2020. Orientação: Profa. Dra. Maria Eunice de Souza Maciel. 174 fl.

[35] Sobre a construção da italianidade dentro de Itália v. GUIDOBALDI, S. *Cibo e identità*. L'identità nell'epoca della sua riproducibilità gastronomica. Turim: Eris, 2021. Para a autora a representação da italianidade ligada a determinadas práticas, sejam elas fazer pasta fresca ou polenta, foram restituídas às/aos italianas/os a partir do exterior, das visões de estrangeiras/os, e às quais as/os próprias/os italianas/os aderiram, contribuíndo, por sua vez, à difusão dessa visão reconstruída.

Mas que busca uma ligação, por via daquilo a que poderíamos chamar de *Ius Cibus*, ao *Ius Sanguinis* que os liga a Itália, essa marca jurídica da cidadania.

4 O bom migrante *versus* o mau migrante

Esse estudo de Giordani[36] permite-me fazer a ligação com outro tema: aquele da comida migratória, como identificado por Altoé e Azevedo.[37] A alimentação é, assim, vista como uma ferramenta que permite manter a identidade na sociedade de inserção – o paladar que liga a uma terra e a um grupo. A comida tem também uma função essencial no que se refere ao processo de resiliência e de reconstrução identitária das pessoas em mobilidade, sobretudo quando o processo de migração é forçado.[38]

Interessante é, também, a visão dos próprios emigrantes sobre a sua comida e a comida do país de acolhimento. Marilda da Silva analisou a questão da identidade na alimentação em relação aos migrantes brasileiros em Barcelona, Espanha. Nesse contexto, a comida brasileira foi identificada como a 'melhor do mundo', contrastando-se etnocentricamente quanto à espanhola, ainda que tenha sido adaptada aos ingredientes que conseguem encontrar em Espanha. Um fato que Silva revela como curioso é que os imigrantes indocumentados que entrevistou nunca mencionaram a presença da feijoada no seu quotidiano alimentar. Quanto aos emigrantes de classe média entrevistados, uma das pessoas indicou que a preparação da feijoada acontece apenas quando se convidam não brasileiros para jantar, já que essa comida é que é esperada nessas situações – aliás, e como refere Silva, num programa televisivo espanhol sobre comida brasileira foram apresentados como pratos típicos a moqueca baiana e a feijoada.[39]

---

[36] GIORDANI, L. *A alimentação como mecanismo de construção da identidade*: o caso dos imigrantes italianos no RS. Tese (Mestrado em Antropologia Social) – Universidade Federal do Rio Grande do Sul, 2020. Orientação: Profa. Dra. Maria Eunice de Souza Maciel. 174 fl.

[37] ALTOÉ, I.; AZEVEDO, E. Comida migratória: a cultura alimentar e as identidades de refugiados. *Revista del CESLA*, Varsóvia, n. 22, p. 247-264, 2018.

[38] ONORATI, M.G. Il cibo come risorsa simbolica e materiale nel processo di resilienza e inclusione sociale dei rifugiati. *Le Stagioni del Cibo*. Disponível em: https://www.spiweb.it/dossier/le-stagioni-del-cibo-aprile-2019/maria-giovanna-onorati-integrazione-gastronomia-grazie-daniela-bonomo-alla-universita-gastronomica-pollenzo-allunhcr/. Acesso em: 22 nov. 2021.

[39] SILVA, M.C.G. Mistura, identidade e memória na alimentação de imigrantes brasileiros em Barcelona. *Habitus Goiânia*, Goiânia, a. 11, n. 1, p. 65-76, 2013.

Há, aqui, uma indicação do que é esperado do bom migrante: que se adapte, por um lado, ao guião alimentar de acolhimento; e que, por outro lado, cumpra com o guião alimentar da comunidade de origem quando esse é o comportamento esperado, assim como a expectativa é a de oferecer uma refeição que é vista como definidora de uma identidade em particular – no caso, a feijoada como prato típico da gastronomia brasileira e tido como símbolo dessa identidade/cidadania nacional.

Para Altoé e Azevedo, a associação entre indivíduos e pratos típicos ocorre frequentemente, o que permite que determinada cultura alimentar seja percebida como um "marcador étnico", e mesmo que uma pessoa não aprecie determinado prato típico do seu país ou terra de origem, esse alimento ou receita continua a ser encarado como definidor de uma determinada identidade social e cultural, isto é, de uma determinada cidadania.[40] Exatamente o que acontece comigo, com o bacalhau e com a minha cidadania portuguesa. Ou, inversamente, com Scego, com as salsichas e a sua cidadania italiana.[41]

De novo, a ideia de pertença. Mas também a ideia do bom migrante, que se adapta à maneira de comer da sociedade para onde se mudou. Ou, por reflexo, como num jogo de espelhos, a do mau migrante, que não reconhece a suposta superioridade do guião alimentar da sociedade de inserção.

Voltando a Martha Karrebaek e à sociedade dinamarquesa: a autora analisou também a inserção de crianças migrantes nos infantários dinamarqueses, onde é prática comum as crianças levarem o almoço de casa. Tal prática revela-se particularmente difícil para as crianças migrantes, sobretudo quando a sua cultura alimentar não está de acordo com a cultura alimentar dita tradicional dinamarquesa. Um dos alimentos conflituosos é o pão: as crianças eram obrigadas a levar pão de centeio para o almoço, caso contrário as educadoras diziam-lhes que o seu almoço não era saudável. Para Karrebaek a questão não é nutricional, como aparenta, mas sim a demonstração de um preconceito perante a comida dos outros, dos não dinamarqueses, dos que ainda não se conformaram com tal guião alimentar.[42]

---

[40] ALTOÉ, I.; AZEVEDO, E. Comida migratória: a cultura alimentar e as identidades de refugiados. *Revista del CESLA*, Varsóvia, n. 22, p. 247-264, 2018.
[41] SCEGO, I. Salsicce. In: CAPITANI, F.; COEN, E. (ed.). *Pecore nere*. Racconti. Bari: Laterza, 2005.
[42] BROWN, J. The hidden significance of what we eat. *BBC*, 25.02.2019. Disponível em: https://www.bbc.com/future/article/20190222-the-hidden-significance-of-what-we-eat. Acesso em: 21 nov. 2021.

Mich Page identificou essa mesma questão, mas de forma autobiográfica. Ao analisar a sua infância no Reino Unido, sendo filho de mãe francesa e de pai polaco, concluiu que a comida é uma forma de exibir estatuto social e etnicidade/identidade social.[43] Nada disso tem a ver com a comida em si mesma (a questão da nutrição), mas como lemos a comida, como a percebemos e avaliamos (linguagem política). Existe aqui o que Boaventura de Sousa Santos apelida de ideologia sensorial,[44] que se vê como intimamente ligada a uma ideologia nacionalista, que implica uma oposição entre o nós da família nacional e os outros, percebidos como estranhos e perigosos,[45] e que justifica a subalternização dos grupos sociais vistos como diferentes porque os seus gostos alimentares são entendidos como inferiores,[46] o que se justifica ao apelidá-los de pouco saudáveis.

Page refere que, enquanto criança que não provinha de uma família inglesa, foi obrigado a integrar-se na cultura *mainstream* também através do consumo de um certo guião normativo-alimentar, que visava suprir aquilo que a sociedade inglesa entendia serem os déficits alimentares dos não ingleses, pelo que "as políticas do Reino Unido falavam de integração, mas na prática isso era homogeneização radical, remodelando as minorias étnicas para serem assimiladas pela sociedade mainstream".[47] De forma semelhante ao que aconteceu na Holanda, como analisado por Harris.[48] Mas Page é ainda mais enfático quando descreve o que acontecia na cantina da escola, onde era evidente uma política de integração estrutural, que tinha como "objetivo deixar de ser o que eu era (estrangeiro e errado) para me transformar no que eles queriam que eu fosse (inglês e obediente)"[49] – tal como analisado por

---

[43] PAGE, M. Eating your life-script: anchoring identity. *Academia Letters*. Article 2694, p. 1-6, 2021.
[44] SANTOS, B.S. *The end of the cognitive empire*. Durham: Duke University, 2018, p. 181.
[45] PORCIANI, I. Mappe mentali, confini e politiche: tra nazionalismo e sovranismo. In: MONTANARI, M. (ed.). *Cucina politica. Il linguaggio del cibo fra pratiche sociali e rappresentazioni ideologiche*. Bari: Laterza, 2021, p. 96.
[46] Tais entendimentos são aproveitados pelas crescentes ondas de populismo e por alguns partidos de direita ou de extrema-direita numa hostilidade que é, também, alimentar.
[47] PAGE, M. Eating your life-script: anchoring identity. *Academia Letters*. Article 2694, p. 1-6, 2021.
[48] HARRIS, C. Postcolonial citizenship and identity in the Netherlands and France. *WWU honors program senior projects*, 50. Disponível em: https://cedar.wwu.edu/cgi/viewcontent.cgi?article=1049&context=wwu_honors. Acesso em: 22 nov. 2021.
[49] PAGE, M. Eating your life-script: anchoring identity. *Academia Letters*. Article 2694, p. 1-6, 2021.

Karrebaek.⁵⁰ E, por isso, ao comerem comida que é julgada como não saudável, pode dizer-se que são vistos como maus migrantes.

5 Cidadãos sem cidadania? As questões da fome, da agência e da soberania alimentar

Começo estsa seção por referir o estudo de Laura Terragni e colegas, que analisaram as experiências alimentares dos requerentes de asilo a viverem, ainda que de forma temporária, em centros de acolhimento na Noruega. Revelou essa pesquisa, tal como no contexto das escolas referido nos casos anteriores, que as relações de poder e a reprodução de valores socioculturais são também muito evidentes em termos das práticas alimentares em contexto de centros de acolhimento de migrantes e refugiados. A comida oferecida nesses centros revelou ainda, para os requerentes de asilo, um forte sentimento de exclusão, um desrespeito pelas suas tradições alimentares, culturais ou religiosas,⁵¹ mostrando-lhes assim que o seu futuro é incerto e que o seu estatuto é precário – são corpos subalternos que não têm outra escolha senão a de serem recipientes passivos/obedientes de um regime alimentar que não é conforme, e que, portanto, invisibiliza as próprias práticas alimentares.⁵²

Mas não é apenas a questão da comida que é oferecida: é também a falta de acesso a condições que permitam ter controlo sobre aquilo que comem, ou seja, não ter forma de conseguir os alimentos que fazem parte das suas gastronomias, nem ter forma de cozinhá-los (condições materiais, como acesso a cozinha, acessórios de cozinha, etc.).⁵³ Como os próprios referem, os requerentes de asilo são vistos apenas e só

---

⁵⁰ BROWN, J. The hidden significance of what we eat. *BBC*, 25.02.2019. Disponível em: https://www.bbc.com/future/article/20190222-the-hidden-significance-of-what-we-eat. Acesso em: 21 nov. 2021.

⁵¹ Veja-se, a este propósito, a jurisprudência do Tribunal Europeu dos Direitos Humanos quanto a casos relativos a comida, nutrição, dietas – por motivos éticos ou religiosos – envolvendo pessoas reclusas. Cf. COUNCIL OF EUROPE. European Court of Human Rights. *Guide on the case-law of the European Convention on Human Rights. Prisoners' rights*. Estrasburgo: Council of Europe/European Court of Human Rights, 2021, p. 16.

⁵² ONORATI, M.G. Il cibo come risorsa simbolica e materiale nel processo di resilienza e inclusione sociale dei rifugiati. *Le Stagioni del Cibo*. Disponível em: https://www.spiweb.it/dossier/le-stagioni-del-cibo-aprile-2019/maria-giovanna-onorati-integrazione-gastronomia-grazie-daniela-bonomo-alla-universita-gastronomica-pollenzo-allunhcr/. Acesso em: 22 nov. 2021.

⁵³ ONORATI, M.G. Enhancing food-related agency in refugees and asylum seekers: A driver to resilience and regenerative power. *Mondi Migranti*, Milão, n. 2, p. 89-104, 2021.

como requerentes de asilo, isto é, como populações descartáveis, o que indica uma fragilização, e mesmo desvalorização, das suas cidadanias e, portanto, dos seus direitos, até mesmo o direito de acesso a uma alimentação digna e identitária.[54]

Um contexto de certa maneira semelhante, mas ainda mais precário, é o dos campos de refugiados (que fogem da guerra, de conflitos armados, muitas vezes potenciados pelas alterações climáticas e, assim, pela própria escassez de comida e de água potável), como os que existem em vários países europeus, como no caso da Grécia, ou, mais recentemente, na fronteira entre a Polónia e a Bielorrússia; ou em países africanos, como Uganda ou Quénia. Também aí a comida que é oferecida não respeita as práticas alimentares das pessoas refugiadas, muitas delas relacionadas com práticas culturais e religiosas[55] que determinam a identidade dessas pessoas. Mas vai para lá disso. Como refere Holzer, as pessoas que vivem em campos de refugiados não são tratadas como adultos competentes em circunstâncias difíceis, mas são vistas como potencialmente beligerantes, capazes de mentir e de maltratar os próprios pares vulneráveis para obter acesso a determinados bens, como a comida.[56] Está em causa, sobretudo, uma questão de dignidade, de reconhecimento do outro, e não de um tratamento que chega a roçar o sub-humano, já que uma das exigências constantes dos refugiados é que não sejam tratados como animais.

Há uma inferiorização dessas pessoas, que desconfigura por completo a sua cidadania, o seu laço de pertença à própria humanidade. E que acaba por ter efeitos nefastos: pensemos nas crianças[57] que já nasceram em campos de refugiados e que perderam a ligação com o guião cultural-alimentar, com as gastronomias dos países dos seus ancestrais, com os saberes originados nos sabores,[58] sem outras

---

[54] TERRAGNI, L. et al. "Meagre hospitality". Experiences with food among asylum seekers living in Norwegian reception centres. *Anthropology of food*, Bordéus, s. 12, p. 1-16, 2018, p. 7.

[55] V. HELM, T. Campos de refugiados, las precarias comidas de quienes lo han perdido todo, *La Vanguardia*, 13 dez. 2016. Disponível em: https://www.lavanguardia.com/comer/al-dia/20161212/412457978840/campos-refugiados-comidas-precariedad-voluntarios-katsikas-grecia-guerra.html. Acesso em: 21 nov. 2021.

[56] HOLZER, E. What happens to law in a refugee camp?. *Law & Society Review*, Amherst, a. 47, n. 4, p. 837-872, 2013.

[57] Claro que não podemos ignorar as práticas de resiliência e as lutas encetadas, até mesmo pelas próprias crianças, no sentido de reivindicar o acesso a uma comida digna.

[58] MENESES, M.P. Ampliando las epistemologías del sur a partir de los sabores: diálogos desde los saberes de las mujeres de Mozambique. *Revista Andaluza de Antropología*, Sevilha, a. 10, p. 10-28, 2016.

memórias que não sejam as das refeições pré-confecionadas e embaladas por serviços de *catering*, perdendo, assim, um marcador simbólico essencial das suas identidades, experienciando quotidianamente a vida num limbo de cidadania.

Mas não é só nesses não lugares que assistimos a uma desconfiguração da cidadania através da desconsideração das práticas alimentares. Dentro dos confins do estado-nação, esse espaço simbólico ao qual se liga a noção canônica de cidadania, assiste-se também à fragilização da cidadania dos que são entendidos, em termos jurídico-formais, como cidadãos, quando estamos perante a ausência de comida, isto é, a fome. Quando estamos perante a ausência de comida, estamos perante a ausência de cidadania, na medida em que o conteúdo substancial desse direito básico, que é o de ter acesso à alimentação, se esvazia, dado que deixa de haver autonomia e agência sobre o próprio corpo, não havendo autonomia nem agência sobre o que comer, porque não há nem o que comer. É como se houvesse uma exclusão do contrato social.

É o que acontece atualmente no Brasil, onde 19 milhões de pessoas passam fome e 116 milhões estão em situação de insegurança alimentar.[59] Num recente estudo sobre a pobreza em Portugal, que apresenta uma taxa de pobreza de cerca de 20%, as pessoas entrevistadas indicaram que uma das estratégias mais utilizadas para fazer face à falta de rendimento passa pela privação em nível alimentar (de sublinhar que a dimensão da alimentação surgiu de forma preponderante nas várias entrevistas efetuadas ao longo do estudo), havendo uma procura constante pelos produtos mais baratos, eliminando-se, na maioria das vezes, alimentos como fruta ou legumes frescos.[60] Se a comida serve como sinal de pertença a uma comunidade e identifica uma forma de ser e sentir-se cidadão dessa determinada *polis*, que sentimento

---

[59] Sobre a questão da insegurança alimentar e o que provoca em termos de identidade, v. GRAHAM, R.; HODGETTS, D.; STOLTE, O. Dual-heritagehouseholds: Food, culture, and remembering in Hamilton, New Zealand. *International Review of Social Research*, Bucareste, a. 6, n. 1, p. 4-14, 2016. A narrativa descreve o caso de Katarina, cujas memórias vívidas das privações alimentares que sofreu impactam o seu sentido de identidade, não só enquanto pessoa, mas também enquanto mãe. Daí que, para se reencontrar e reconhecer, Katarina precisa de se afastar de alguns tipos de alimentos e práticas alimentares, que lhe lembram pobreza, dificuldades e insegurança, e recriar outras práticas e consumir outros alimentos, que lhe permitem recriar uma nova identidade, um novo laço de pertença.

[60] DIOGO, F. et al. (ed.). *A pobreza em Portugal*: trajetos e quotidianos. Lisboa: Fundação Francisco Manuel dos Santos, 2021, p. 92.

de pertença e de identificação existirá quando a ausência de comida é responsabilidade das políticas encetadas dentro da própria *polis*?[61]

Como argumenta Dowbor, a fome, no Brasil em particular, não é causada pela escassez de alimentos, mas pela escassez de democracia, assente num sistema de discriminação institucionalizada contra os seus próprios cidadãos,[62] e que compromete o próprio futuro do país.[63] Ferrajoli amplia o discurso de Dowbor, no seu manifesto por uma Constituição da Terra: são mais de 820 milhões as pessoas que passam fome no planeta, e tal não é resultado de catástrofes naturais, mas sim da falta de atuação das garantias consagradas em tantos tratados internacionais de direitos humanos.[64] Ou seja, estamos a falar de milhões de pessoas extirpadas dos seus direitos de cidadania, e que talvez nunca tenham sido pensados como estando incluídos naquele contrato social formado entre iguais, porque os vários governos não promovem as necessárias políticas, que passam pelos direitos à terra, ao trabalho,[65] a uma agricultura sustentável e que ajude a manter os ecossistemas e permita alcançar a segurança alimentar (como preconizado nos Objetivos de Desenvolvimento Sustentável[66]), à saúde, às

---

[61] MONTANARI, M. Il linguaggio del cibo. *In*: MONTANARI, M. (ed.). *Cucina politica*. Il linguaggio del cibo fra pratiche sociali e rappresentazioni ideologiche. Bari: Laterza, 2021. A este propósito, pense-se na afirmação de Jair Bolsonaro, em agosto de 2021, quando disse que "quem precisa comprar feijão é 'idiota'", e que o que era necessário era "comprar fuzil". Há, nesta afirmação, uma desvalorização da condição de cidadania, onde quem tem fome é visto como idiota e, assim, como sub-human. Cf. GALVANI, G. Bolsonaro chama de 'idiota' quem defende comprar feijão em vez de fuzil, e fala repercute, *CNN Brasil*, 27 ago. 2021.

[62] AZEVEDO, E. Comer: ato político. *Piseagrama*, Secção Extra!, p. 1-5, 2019.

[63] DOWBOR, L. *Fome*: não é falta de alimentos, Carta Maior, 10 out. 2021. Disponível em: https://www.cartamaior.com.br/?/Editoria/Direitos-Humanos/Fome-nao-e-falta-de-alimentos/5/51824. Acesso em: 30.03.2022.

[64] FERRAJOLI, L. Per una Costituzione della Terra. *Teoria politica*, Nuova serie, Turim, a. 10, p. 39-57, 2020. Veja-se que o direito à alimentação foi consagrado na Declaração Universal dos Direitos Humanos.

[65] Temos de considerar também a cidadania de todas e todos que trabalham na produção de alimentos. Em especial as pessoas migrantes que trabalham na produção agrícola, a maior parte das vezes em condições sub-humanas. Sobre as condições dos trabalhadores migrantes em Itália, v. SOUMAHORO, A. *Umanità in rivolta*. Milão: Feltrinelli, 2019. Mas também as imposições top-down que dificultam cada vez mais a vida das/os camponesas/es, como no caso das regulamentações sobre sementes. Cf., por exemplo, o projeto de investigação "Just Food", coordenado por Irina VELICU, a decorrer no Centro de Estudos Sociais da Universidade de Coimbra: https://ces.uc.pt/projetos/justfood/pt/publica%C3%A7%C3%B5es. Acesso em: 21 nov. 2021.

[66] NAÇÕES UNIDAS. Centro Regional de Informação para a Europa Ocidental. *Objetivos de desenvolvimento sustentável*. Disponível em: https://unric.org/pt/objetivos-de-desenvolvimento-sustentavel/. Acesso em: 21 nov. 2021.

culturas identitárias, também definidas a partir das práticas alimentares associadas a valores que contribuem para uma imagem completa dos indivíduos e da comunidade,[67] entre outros. Falar em comida e cidadania implica, assim, refletir sobre modelos de produção, de exploração de recursos,[68] de sustentabilidade (há que considerar também os conhecimentos ancestrais acerca das sementes, agricultura e pastorícia), sobre políticas de urbanização, questões de soberania alimentar, e também sobre alterações dos hábitos alimentares, muitas vezes induzidas pelo mercado.

6 Conclusões: a multiplicidade e dinamicidade das identidades e da cidadania

Como escreveu Igiaba Scego no seu conto: "Às vezes sinto-me tudo [italiana e somali], e às vezes não me sinto nada". No texto, a narradora diz que se sente somali quando bebe chá com cardamomo, cravinho e canela; quando come banana e arroz, no mesmo prato; ou quando cozinha carne com arroz ou com *angeelo*. Sente-se italiana, por sua vez, quando toma um pequeno-almoço doce ou quando come um gelado com *stracciatella*, *pistachio* e coco sem chantilly.[69] Vemos, aqui, que as suas identidades/cidadanias se compõem de alimentos, mas também de certos hábitos e combinações de alimentos, que diferem de tradição para tradição, e que se projetam num certo contexto geográfico, mas que se misturam, de forma dinâmica, no seu processo identitário. As nossas cidadanias e identidades são dinâmicas, assim como as comidas que comemos, que refletem os nossos encontros e contatos.[70] Surge, pois, uma necessidade de entender e analisar a comida como uma parte substancial dos vários atos de cidadania que performamos quotidianamente, e através dos quais a comida serve também para

---

[67] MICARELLI, G. Soberanía alimentar y otras soberanías: el valor de los bienes comunes. *Revista Colombiana de Antropología*, Bogotá, a. 54, n. 2, p. 119-142, 2018.

[68] V. LIBERTI, S. *I signori del cibo*. Roma: Minimum Fax, 2016. Este jornalista italiano denuncia, de forma crua, os jogos de poder que regulam o mercado da alimentação, dominado por alguns colossos que controlam, cada vez mais, aquilo que todas comemos, tendo como escopo final a obtenção de lucros gigantescos, à custa não só da destruição da biodiversidade, mas também de uma progressiva destruição dos direitos das/os pequenas/os agricultoras/es, pescadoras/es, entre outras pessoas, em várias partes do planeta.

[69] SCEGO, I. Salsicce. *In*: CAPITANI, F.; COEN, E. (ed.). *Pecore nere*. Racconti. Bari: Laterza, 2005.

[70] MENESES, M.P. Ampliando las epistemologías del sur a partir de los sabores: diálogos desde los saberes de las mujeres de Mozambique. *Revista Andaluza de Antropología*, Sevilha, a. 10, p. 10-28, 2016.

contestar e reconfigurar as nossas cidadanias, e constituir múltiplas e híbridas identidades.[71]

Uma forma de dar conteúdo à cidadania é a de resgatar, através da comida, as lutas por direitos, por uma agência alimentar, que são também lutas por processos identitários. É o caso das lutas de camponeses em todo o mundo, como demonstram o movimento internacional da Via Campesina,[72] ou os movimentos locais, como no Brasil[73] ou em Portugal,[74] que reclamam o direito a uma comida justa e sustentável, sobre a qual tenham controle. É o caso das manifestações de mulheres e crianças nos campos de refugiados, como analisado por Holzer, que reivindicam o acesso a uma comida digna, que é também a possibilidade de cozinharem as suas refeições e terem autodeterminação alimentar.[75] Ou as trajetórias de sociabilidade regenerada, potenciadas por projetos de integração de pessoas requerentes de asilo com base na sua capacitação em programas envolvendo culinária e gastronomia, através dos quais recuperam a sua agência alimentar e as suas identidades.[76] Ou a reivindicação do acesso a uma comida boa, mas que não seja cara por parte de quem tem mais dificuldades econômicas.[77]

Comer é, e pode tornar-se, um ato político ainda mais proeminente quando, conscientemente, integramos processos que vão da produção à refeição. Todos esses processos promovem uma regeneração da cidadania *from below*, onde os que são vistos como descartáveis, como apolíticos, como não cidadãos reivindicam direitos, filiação e pertença, e a serem sujeitos políticos por meio dessas lutas e movimentos sociais. Essas lutas e resistências transformam, assim, as fronteiras do que é entendido como comunidade política, como pertença e como subjetividade política e contribuem para a justiça social, que é também cultural, ambiental, urbana, laboral e alimentar.[78]

---

[71] ISIN, E. F. *Citizens without frontiers*. Londres/Nova Iorque: Continuum International, 2012.
[72] LA VIA CAMPESINA. *International Peasants' Movement*. Disponível em: https://viacampesina.org/en/. Acesso em: 21 nov. 2021.
[73] MOVIMENTO DOS PEQUENOS AGRICULTORES. Lutas Camponesas. Disponível em: https://mpabrasil.org.br/lutas-camponesas/. Acesso em: 21 nov. 2021.
[74] A CONFEDERAÇÃO Nacional da Agricultura, Disponível em https://www.cna.pt/news/index.html?item_per_page=16&page=2. Acesso em: 21 nov. 2021.
[75] HOLZER, E. What happens to law in a refugee camp?. *Law & Society Review*, Amherst, a. 47, n. 4, p. 837-872, 2013.
[76] ONORATI, M.G. Enhancing food-related agency in refugees and asylum seekers: A driver to resilience and regenerative power. *Mondi Migranti*, Milão, n. 2, p. 89-104, 2021.
[77] AZEVEDO, E. Comer: ato político. *Piseagrama*, Secção Extra!, p. 1-5, 2019.
[78] RYGIEL, K. *et al*. Governing through citizenship and citizenship from below. An interview with Kim Rygiel. *Movements*. Munique, a. 1, n. 2, p. 1-19, 2015.

A comida viaja, transforma-se, adapta-se e evolui. A noção de tradicional, genuíno, típico ou étnico é uma construção social e cultural, e também colonial,[79] e deveria ser constantemente questionada, tal como a noção de cidadania, que, como adverte Pietro Costa, muda de acordo com o contexto histórico, com as leis do estado e com os hábitos sociais.[80] A cidadania não é um dado, mas um processo; não é constituída só a partir de cima, mas é praticada e constituída todos os dias também a partir de baixo; não é apenas uma instituição política, mas é também um conjunto de práticas sociais.[81] Nesse conjunto de práticas sociais, os tais atos de cidadania, a comida – que ingerimos e que não queremos ingerir, a que temos acesso, ou que é inacessível, que preparamos, ou que queremos preparar, mas não podemos – tem um papel preponderante na construção, contestação e reconfiguração das cidadanias e das identidades.

Referências

A CONFEDERAÇÃO Nacional da Agricultura, Disponível em https://www.cna.pt/news/index.html?item_per_page=16&page=2. Acesso em: 21 nov. 2021.

ALTOÉ, I.; AZEVEDO, E. Comida migratória: a cultura alimentar e as identidades de refugiados. *Revista del CESLA*, Varsóvia, n. 22, p. 247-264, 2018.

AMBROSINI, M. Cittadinanza formale e cittadinanza dal basso. Un rapporto dinamico. *Società Mutamento Politica*, Florença, n. 7, a. 13, p. 83-102, 2016.

AZEVEDO, E. Comer: ato político. *Piseagrama*, Secção Extra!, p. 1-5, 2019.

BROWN, J. The hidden significance of what we eat. *BBC*, 25.02.2019. Disponível em: https://www.bbc.com/future/article/20190222-the-hidden-significance-of-what-we-eat. Acesso em: 21 nov. 2021.

CORRÊA, D.; BORTOLOTI, J.C.K. O desenvolvimento e as perspectivas da cidadania no Brasil. *Revista Direito em Debate*, Ijuí, a. 17, n. 29, p. 147-170, 2008.

COSTA, P. *Cittadinanza*. Bari: Laterza, 2005.

COUNCIL OF EUROPE. European Court of Human Rights. *Guide on the case-law of the European Convention on Human Rights. Prisoners' rights*. Estrasburgo: Council of Europe/European Court of Human Rights, 2021.

---

[79] GUIDOBALDI, S. *Cibo e identità. L'identità nell'epoca della sua riproducibilità gastronomica*. Turim: Eris, 2021. MENESES, M.P. Ampliando las epistemologías del sur a partir de los sabores: diálogos desde los saberes de las mujeres de Mozambique. *Revista Andaluza de Antropología*, Sevilha, a. 10, p. 10-28, 2016.

[80] COSTA, P. *Cittadinanza*. Bari: Laterza, 2005.

[81] AMBROSINI, M. Cittadinanza formale e cittadinanza dal basso. Un rapporto dinamico. *Società Mutamento Politica*, Florença, n. 7, a. 13, p. 83-102, 2016, p. 92.

DIOGO, F. et al. (ed.). *A pobreza em Portugal*: trajetos e quotidianos. Lisboa: Fundação Francisco Manuel dos Santos, 2021.

DOWBOR, L. *Fome*: não é falta de alimentos, Carta Maior, 10 out. 2021. Disponível em: https://www.cartamaior.com.br/?/Editoria/Direitos-Humanos/Fome-nao-e-falta-de-alimentos/5/51824. Acesso em: 30.03.2022.

FERRAJOLI, L. Per una Costituzione della Terra. *Teoria politica*, Nuova serie, Turim, a. 10, p. 39-57, 2020.

FRECKELTON, I. Food law: challenges and future directions. *Deakin Law Review*, Melbourne, a. 14, n. 2, p. 219-232, 2009.

GALVANI, G. Bolsonaro chama de 'idiota' quem defende comprar feijão em vez de fuzil, e fala repercute, *CNN Brasil*, 27 ago. 2021.

GIORDANI, L. *A alimentação como mecanismo de construção da identidade:* o caso dos imigrantes italianos no RS. Tese (Mestrado em Antropologia Social) – Universidade Federal do Rio Grande do Sul, 2020. Orientação: Profa. Dra. Maria Eunice de Souza Maciel. 174 fl.

GRAHAM, R.; HODGETTS, D.; STOLTE, O. Dual-heritage households: Food, culture, and remembering in Hamilton, New Zealand. *International Review of Social Research*, Bucareste, a. 6, n. 1, p. 4-14, 2016.

GUIDOBALDI, S. *Cibo e identità*. L'identità nell'epoca della sua riproducibilità gastronomica. Turim: Eris, 2021.

HARRIS, C. Postcolonial citizenship and identity in the Netherlands and France. *WWU honors program senior projects*, 50. Disponível em: https://cedar.wwu.edu/cgi/viewcontent.cgi?article=1049&context=wwu_honors. Acesso em: 22 nov. 2021.

HELBLING, M. *Practising citizenship and heterogeneous nationhood*. Amsterdão: Amsterdam University, 2008.

HELM, T. Campos de refugiados, las precarias comidas de quienes lo han perdido todo. *La Vanguardia*, 13 dez. 2016. Disponível em: https://www.lavanguardia.com/comer/al-dia/20161212/412457978840/campos-refugiados-comidas-precariedad-voluntarios-katsikas-grecia-guerra.html. Acesso em: 21 nov. 2021.

HOLZER, E. What happens to law in a refugee camp?. *Law & Society Review*, Amherst, a. 47, n. 4, p. 837-872, 2013.

ISIN, E.F. *Citizens without frontiers*. Londres/Nova Iorque: Continuum International, 2012.

ISIN, E.F. Performative Citizenship. *In:* SHACHAR, A. *et al.* (ed.). *The Oxford handbook of citizenship*. Oxford: Oxford University, 2017.

JOHNSTON, J.; CAIRNS, K.; BAUMAN, S. *Introducing Sociology using the stuff of everyday life*. Nova Iorque e Londres: Routledge, 2017.

LA VIA CAMPESINA: International Peasants' Movement. Disponível em: https://viacampesina.org/en/. Acesso em: 21 nov. 2021.

LEE, C. *Ingenious citizenship*: Recrafting democracy for social change. Durham: Duke University, 2016.

MENESES, M.P. Ampliando las epistemologías del sur a partir de los sabores: diálogos desde los saberes de las mujeres de Mozambique. *Revista Andaluza de Antropología*, Sevilha, a. 10, p. 10-28, 2016.

MICARELLI, G. Soberanía alimentar y otras soberanías: el valor de los bienes comunes. *Revista Colombiana de Antropología*, Bogotá, a. 54, n. 2, p. 119-142, 2018.

MONTANARI, M. Il linguaggio del cibo. *In:* MONTANARI, M. (ed.). *Cucina politica*. Il linguaggio del cibo fra pratiche sociali e rappresentazioni ideologiche. Bari: Laterza, 2021.

MOVIMENTO DOS PEQUENOS AGRICULTORES. Lutas Camponesas. Disponível em: https://mpabrasil.org.br/lutas-camponesas/. Acesso em: 21 nov. 2021.

NAÇÕES UNIDAS. Centro Regional de Informação para a Europa Ocidental. Objetivos de desenvolvimento sustentável. Disponível em: https://unric.org/pt/objetivos-de-desenvolvimento-sustentavel/. Acesso em: 21 nov. 2021.

ONORATI, M.G. Enhancing food-related agency in refugees and asylum seekers: A driver to resilience and regenerative power. *Mondi Migranti*, Milão, n. 2, p. 89-104, 2021.

ONORATI, M.G. Il cibo come risorsa simbolica e materiale nel processo di resilienza e inclusione sociale dei rifugiati. *Le Stagioni del Cibo*. Disponível em: https://www.spiweb.it/dossier/le-stagioni-del-cibo-aprile-2019/maria-giovanna-onorati-integrazione-gastronomia-grazie-daniela-bonomo-alla-universita-gastronomica-pollenzo-allunhcr/. Acesso em: 22 nov. 2021.

PAGE, M. Eating your life-script: anchoring identity. *Academia Letters*. Article 2694, p. 1-6, 2021.

POLESE, A. et al. National identity for breakfast: food consumprion and the everyday construction of national narratives in Estonia. *Nationalities Papers*, Cambridge, a. 48, n. 6, p. 1015-1035, 2020.

PORCIANI, I. Mappe mentali, confini e politiche: tra nazionalismo e sovranismo. *In:* MONTANARI, M. (ed.). *Cucina politica*. Il linguaggio del cibo fra pratiche sociali e rappresentazioni ideologiche. Bari: Laterza, 2021.

RODOTÀ, S. *Il diritto di avere diritti*. Bari: Laterza, 2012.

RYGIEL, K. et al. Governing through citizenship and citizenship from below. An interview with Kim Rygiel. *Movements*. Munique, a. 1, n. 2, p. 1-19, 2015.

SANTOS, B.S. *The end of the cognitive empire*. Durham: Duke University, 2018.

SCEGO, I. Salsicce. *In:* CAPITANI, F.; COEN, E. (ed.). *Pecore nere*. Racconti. Bari: Laterza, 2005.

SILVA, M.C.G. Mistura, identidade e memória na alimentação de imigrantes brasileiros em Barcelona. *Habitus Goiânia*, Goiânia, a. 11, n. 1, p. 65-76, 2013.

SOBRAL, J.M. Salt cod and the making of a portuguese national cuisine. *In:* ICHIJO, A.; JOHANNES, V.; RANTA, R. (ed.). *The emergence of national food*. The dynamics of food and nationalism. Londres: Bloomsbury Academic, 2019.

SOUMAHORO, A. *Umanità in rivolta*. Milão: Feltrinelli, 2019.

TERRAGNI, L. et al. Meagre hospitality. Experiences with food among asylum seekers living in Norwegian reception centres. *Anthropology of food*, Bordéus, s. 12, p. 1-16, 2018.

V. LIBERTI, S. *I signori del cibo*. Roma: Minimum Fax, 2016.

Informação bibliográfica desse texto, conforme a NBR 6023:2018 da Associação Brasileira de Normas Técnicas (ABNT):

BRANCO, Patrícia. Cidadanias e identidades: uma questão de comidas?. *In*: TRENTINI, Flavia; BRANCO, Patrícia; CATALAN, Marcos (coord.). *Direito e comida*: do campo à mesa: cidadania, consumo, saúde e exclusão social. Belo Horizonte: Fórum Social, 2023. p. 25-46. ISBN 978-65-5518-511-9.

DERECHO A LA ALIMENTACIÓN DE LAS INFANCIAS EN EL MARCO DE NACIONES UNIDAS Y EL SISTEMA INTERAMERICANO DE DERECHOS HUMANOS

María Adriana Victoria

1 Introducción

El hambre y la desnutrición constituyen la violación de un derecho humano asociado directamente a la vida y la superación de la pobreza. El derecho a la alimentación está recogido en tratados internacionales y regionales jurídicamente vinculantes, reconocidos en constituciones nacionales y principios generales del derecho.

La comida y la nutrición adecuadas no solo conforman la base de la salud de los niños y del desarrollo de la sociedad en general, sino que además son un derecho humano básico de las infancias.

La globalización ha cambiado nuestra forma de comer. Ha transformado rápidamente los sistemas que llevan la comida del campo a la mesa y lo ha cambiado todo, desde la cosecha de los cultivos hasta la forma en que los alimentos se exhiben en los supermercados. Hoy en día, numerosas comunidades de todo el mundo cuentan con acceso a una mayor disponibilidad y variedad de alimentos. Sin embargo, la globalización y el comercio también han ampliado el mercado de la comida rápida y la comida basura, y han impulsado la comercialización de los alimentos dirigidos a los niños.[1] Reviste importancia el derecho

---

[1] LA NATURALEZA cambiante de la malnutrición. Estado mundial de la infancia 2019. UNICEF, [s.d.]. Disponible en: https://features.unicef.org/estado-mundial-de-la-infancia-2019-nutricion/#group-Pobreza-y-malnutricion-vYUwUmq4OB. Consultado el: 18 mar. 2022.

a la alimentación de las infancias, el que se puede considerar es transversal.

2 Acerca de las infancias

Como categoría y como construcción social e histórica, las infancias han cambiado y han sido entendidas de distinta manera a lo largo del tiempo. Incluso, en la mayoría de los casos la definición de infancia ha sido asociada a una cuestión de rango etario. Sin embargo, y a la luz de estos tiempos es necesario dejar de pensar en un modelo universal, único y homogéneo de infancia. Por eso, emplear el plural de "las infancias" nos permite dar cuenta de la diversidad que contienen, de las distintas dimensiones y de sus muchas complejidades.[2]

El Día Universal del Niño, se celebra todos los años el 20 de noviembre. Es un día dedicado a todos los niños y niñas del mundo. La Organización de Naciones Unidas (ONU) estableció dicha fecha, pero permitió que cada país seleccione un día, el que prefiera, para celebrar.[3] A partir de dicha fecha se pasó a nombrar "Día de las infancias" en lugar de llamarla "Día del niño".

Desde diciembre de 1946, el Fondo de las Naciones Unidas para la Infancia (UNICEF) defiende los derechos y el bienestar de todos los niños del mundo.[4] Según la Convención de los derechos del niño de 1989 (CDN),[5] se entiende por niño "a toda persona menor de 18 años" (art. 1). El niño gozará de una protección especial y dispondrá de oportunidades y servicios, dispensado todo ello por la ley y por otros medios, para que pueda desarrollarse física, mental, moral, espiritual y socialmente en forma saludable y normal, así como en condiciones de libertad y dignidad. Al promulgar leyes con este

---

[2] MÉNDEZ, N.; RODRÍGUEZ, V. 15 de agosto ¿Por qué se celebra el Día de las infancias?. *La Izquierda*, 15.08.2021. Disponible en: https://www.laizquierdadiario.com/Por-que-se-celebra-el-dia-de-las-infancias. Consultado el: 18 mar. 2022.
[3] DÍA universal del niño. *UNICEF*, [s.d.]. Disponible en: https://www.unicef.es/causas/derechos-ninos/dia-internacional-nino. Consultado el: 18 mar. 2022.
[4] ACERCA de UNICEF. UNICEF desempeña su labor en más de 190 países y territorios para proteger los derechos de todos los niños. *UNICEF*, [s.d.]. Disponible en: https://www.unicef.org/es/acerca-de-unicef. Consultado el: 18 mar. 2022.
[5] UNICEF. *Convención sobre los Derechos del Niño*. Adoptada y abierta a la firma y ratificación por la Asamblea General en su resolución 44/25, de 20 de noviembre de 1989, Nova York, 20 nov. 1989.

fin, la consideración fundamental a que se atenderá será el "interés superior del niño".[6]

El Comité de los Derechos del Niño de Naciones Unidas (CRC) ha emitido observaciones, entre éstas las atinentes al tema objeto de tratamiento la n° 14 y la n° 15. Se destaca la Observación General n° 14: El derecho del niño a que su interés superior sea una consideración primordial[7] (art. 3, párr. 1 de la CDN de 1989). La finalidad del concepto ISN consiste en garantizar el disfrute pleno y efectivo de todos los derechos reconocidos en la Convención, así como el desarrollo holístico del niño. Según el CRC, la Convención no se estructura en torno a una jerarquía de derechos, dado que todos éstos responden al ISN, por lo que ningún derecho debe verse perjudicado por una interpretación negativa de dicho concepto.[8]

Los Estados Partes reconocen que todo niño tiene el derecho intrínseco a la vida; garantizarán en la máxima medida posible la supervivencia y su desarrollo (art. 6 de la CDN de 1989). Asimismo, los Estados deben crear un entorno que respete la dignidad humana y asegure el desarrollo holístico de todos los niños. Por su parte, la Observación General n° 15 establece: El derecho del niño al disfrute del más alto nivel posible de salud (2013),[9] alude al art. 24 de la CDN de 1989. En la Observación se afirma su carácter fundamental e indispensable para la realización de los otros derechos. El derecho a la alimentación de los niños y niñas es una problemática fuertemente transversal de importancia fundamental.

---

[6] ONU. *Declaración de los Derechos del Niño*. Proclama la presente Declaración de los Derechos del Niño a fin de que éste pueda tener una infancia feliz y gozar, en su propio bien y en bien de la sociedad, de los derechos y libertades que en ella se enuncian e insta a los padres, a los hombres y mujeres individualmente y a las organizaciones particulares, autoridades locales y gobiernos nacionales a que reconozcan esos derechos y luchen por su observancia con medidas legislativas y de otra índole adoptadas progresivamente [...], Nova York, 20. nov. 1959.

[7] ONU. Comité de los Derechos del Niño. *Observación general n° 14 (2013) sobre el derecho del niño a que su interés superior sea una consideración primordial*, 2013. p. 22. Disponible en: https://www.observatoriodelainfancia.es/ficherosoia/documentos/3990_d_CRC.C.GC.14_sp.pdf. Consultado el: 18 mar. 2022.

[8] *Id*. Mediante esta observación general se exponen el contenido, fundamento y alcance del derecho del niño a que su interés superior sea una consideración primordial al momento de adoptar las decisiones que los afecten. El Comité afirma que el ISN es un concepto triple: a) derecho sustantivo, estableciendo la Convención una obligación intrínseca para los Estados, de aplicación directa (aplicabilidad inmediata), e invocable ante los tribunales; b) principio jurídico interpretativo fundamental; c) norma de procedimiento.

[9] ONU. Comité de los Derechos del Niño. *Observación general n° 15 (2013) sobre el derecho del niño al disfrute del más alto nivel posible de salud (artículo 24)*, 2013. p. 27. Disponible en: https://www.refworld.org.es/type,GENERAL,,,51ef9e5b4,0.html. Consultado el: 18 mar. 2022.

2.1 Pobreza en la infancia

La pobreza es una causa importante de la inseguridad alimentaria, y el progreso sostenible en su erradicación es fundamental para mejorar el acceso a los alimentos. Ésta, se expresa de múltiples formas: carencias de recursos de los hogares y pobres estructuras de oportunidades para el desarrollo de capacidades.

Cada día, millones de niños sufren los flagelos de la pobreza y la crisis econômica, el hambre y la falta de vivienda, las epidemias y el analfabetismo, la degradación del medio ambiente. Por día, 40.000 niños mueren a causa de la desnutrición y la enfermedad, incluido el SIDA, la falta de agua potable y el saneamiento inadecuado y los efectos del problema de las drogas.[10]

Según datos de la FAO, en general, entre 720 y 811 millones de personas enfrentaron hambre en 2020,[11] entre los que se incluyen las infancias y sus padres. El "hambre" es una sensación física incómoda o dolorosa, causada por un consumo insuficiente de energía alimentaria. Se vuelve crónica cuando la persona no consume una cantidad suficiente de calorías (energía alimentaria) de forma regular para llevar una vida normal, activa y saludable.

Durante décadas, la FAO ha utilizado el indicador de "prevalencia de la subalimentación" para estimar el alcance del hambre en el mundo, por lo que el término hambre también suele denominarse "subalimentación".[12]

Según el "Informe la Seguridad alimentaria y la nutrición en el mundo en 2020" (FAO, FIDA, UNICEF), la seguridad alimentaria y la nutrición están estrechamente interrelacionadas.[13]

La "inseguridad alimentaria" puede dar lugar a diferentes manifestaciones de la malnutrición. Un elemento fundamental que

---

[10] ONU. Cumbre mundial a favor de la infancia. *Declaración sobre la supervivencia, la protección y el desarrollo del niño*, 30 set. 1990. Disponible en: http://www.iin.oea.org/Cursos_a_distancia/CursosProder2004/Bibliografia_genero/UT2/Lectura.2.11.pdf. Consultado el: 18 mar. 2022.

[11] HAMBRE e inseguridad alimentaria. *FAO*, 2022. Disponible en: https://www.fao.org/hunger/es/. Consultado el: 9 nov. 2021.

[12] *Id.*

[13] ORGANIZACIÓN DE LAS NACIONES UNIDAS PARA LA ALIMENTACIÓN Y LA AGRICULTURA. *El estado de la seguridad alimentaria y la nutrición en el mundo*: transformación de los sistemas alimentarios para que promuevan dietas asequibles y saludables. Roma: FAO, 2020. Disponible en: https://www.fao.org/3/ca9692es/ca9692es.pdf. Consultado el: 9 nov. 2021.

explica esa conexión son los alimentos que consumen las personas; concretamente la calidad de sus dietas. Dicha inseguridad puede afectar a la calidad de la dieta de diferentes maneras, lo que puede conducir a la desnutrición, el sobrepeso y la obesidad.

En el año 2015, la Asamblea General adopta la "Agenda 2030 para el Desarrollo Sostenible",[14] en la que se señala que garantizar el acceso a dietas saludables es un requisito previo para lograr la meta del Objetivo 2 de los de Objetivos de Desarrollo sostenible (ODS). "Poner fin al hambre" (Hambre cero), que consiste en "erradicar todas las formas de malnutrición".

El mundo no está bien encaminado para alcanzar el objetivo de hambre cero para 2030. Si continúan las tendencias recientes, el número de personas afectadas por el hambre, en general, superará los 840 millones para 2030, es decir, el 9,8% de la población. Este es un panorama preocupante, incluso si no se tienen en cuenta los posibles efectos de la pandemia de la COVID-19, situación que puede empeorarlas. Respecto a los niños, en el referido Objetivo, se ha señalado desde perspectivas globales que la pobre nutrición causa cerca de la mitad (45 por ciento) de las muertes en los niños menores de 5 años – 3.1 mil niños cada año. Uno de cuatro niños en el mundo sufre de retraso en el crecimiento. En los países en desarrollo, la proporción puede elevarse a uno de cada tres.[15]

El "Programa de ayuda alimentaria" del "Programa Mundial de Alimentos", en general, proporcionan un sustento vital a 87 millones de personas vulnerables en todo el mundo.[16] Su análisis de las implicaciones econômicas y relativas a la seguridad alimentaria de la pandemia destaca el posible efecto de la COVID-19 sobre las personas más pobres y vulnerables del mundo necesitándose medidas urgentes para garantizar que las cadenas de suministro alimentario se mantengan en funcionamiento óptimo.

En el referido informe SOFI 2020, se examinan varios temas relacionados con la calidad de las dietas, entre ellos: los desafíos de

---

[14] LA ASAMBLEA general adopta la agenda 2030 para el desarrollo sostenible, *ONU*, 25 set. 2015. Disponible en: https://www.un.org/sustainabledevelopment/es/2015/09/la-asamblea-general-adopta-la-agenda-2030-para-el-desarrollo-sostenible/. Consultado el: 9 nov. 2021.

[15] OBJETIVO 2: Poner fin al hambre, *ONU*, 25. set. 2015. Disponible en: https://www.un.org/sustainabledevelopment/es/hunger/. Consultado el: 9 nov. 2021.

[16] *Id.*

evaluar y controlar el consumo de alimentos y la calidad de las dietas a escala mundial; los progresos hacia las metas relativas al hambre y la inseguridad alimentaria.

Las tendencias de la inseguridad alimentaria pueden tener consecuencias en el plano nutricional, que pueden dar lugar a diferentes manifestaciones de la malnutrición.[17] El "Informe de la Nutrición Mundial niños, alimentos y nutrición" (Estado mundial de la infancia 2019),[18] destaca que más de 340 millones de niños sufren carencias de micronutrientes esenciales (vitaminas y minerales). Para hacer frente a los desafíos del siglo XXI, se debe reconocer las repercusiones que tienen fuerzas como la urbanización y la globalización sobre la nutrición, y centrarnos cada vez más en el uso de los sistemas alimentarios locales y mundiales para mejorar la alimentación de los niños, los jóvenes y las mujeres.

Esta triple carga de la "malnutrición": desnutrición, hambre oculta y sobrepeso, impone un alto costo a los niños, al socavar su salud y su desarrollo físico y cognitivo.[19] Por ello, son fundamentales los sistemas alimentarios los que tienen que proporcionar a los niños y jóvenes dietas que sean nutritivas, asequibles y sostenibles.

La "malnutrición", una palabra que antes estaba inextricablemente ligada a las imágenes del hambre y la hambruna, ahora debe utilizarse para describir a una franja mucho más amplia de niños: niños con retraso en el crecimiento y emaciación, pero también aquellos que padecen el "hambre oculta", es decir, carencias de vitaminas y minerales esenciales, así como el creciente número de niños y jóvenes con problemas de sobrepeso o de obesidad. Estos son los niños que no están creciendo bien. Las cifras son preocupantes.[20] Para comprender

---

[17] LA INSEGURIDAD alimentaria y la nutricipon en el mundo en 2020, *FAO et al*, [s.d.]. Disponible en: http://www.fao.org/3/ca9692es/online/ca9692es.html#chapter-1_1. Consultado el: 22 mar. 2022.

[18] UNICEF. *Estado mundial de la infancia 2019*. Niños, alimentos y nutrición: crecer bien en un mundo en transformación. Nova York: UNICEF, 2019. Al menos 1 de cada 2 niños sufre de hambre oculta 149 millones de niños menores de 5 años sufren de retraso en el crecimiento. Casi 50 millones de niños menores de 5 años sufren de emaciación, 40 millones de niños menores de 5 años padecen sobrepeso. Más de 1 de cada 3 niños no crece bien. Aunque cada vez hay más niños y jóvenes que sobreviven, debido a la malnutrición son muy pocos los que prosperan.

[19] Id.

[20] Uno de cada tres niños menores de 5 años presenta retraso en el crecimiento, emaciación o sobrepeso y, en algunos casos, sufre una combinación de dos de estas formas de malnutrición. A este número hay que añadir los niños que padecen hambre oculta, que puede perjudicar su supervivencia, su crecimiento y su desarrollo en todas las etapas de la vida.

la malnutrición, cada vez es más necesario centrarse en la alimentación y en la dieta, así como en todas las etapas de la vida de los niños y los jóvenes. El panorama que surge es preocupante, demasiados niños y jóvenes están comiendo muy pocos alimentos sanos y demasiados alimentos poco saludables.[21]

El hambre y la desnutrición constituyen la violación de un derecho humano asociado directamente a la vida y la superación de la pobreza. El "riesgo alimentario", en sí mismo representa una necesidad no satisfecha, vulnera el ejercicio de otros derechos, tan básicos como la vida, la salud, la educación, a jugar, entre otros.

El mundo está rezagado en el cumplimiento de las metas de nutrición acordadas internacionalmente. A nivel mundial, cada año, alrededor de tres millones de niños mueren a causa de malnutrición. Para mejorar el acceso a los alimentos es imprescindible erradicar la pobreza. La gran mayoría de las personas desnutridas, bien no pueden producir alimentos suficientes o bien no pueden permitirse comprarlos. No tienen suficiente acceso a medios de producción como la tierra, el agua, los insumos, las semillas y las plantas mejoradas, la tecnología adecuada y el crédito agrícola. Además, las guerras, los conflictos civiles, las catástrofes naturales, los cambios ecológicos relacionados con el clima y la degradación del medio ambiente han tenido efectos negativos sobre millones de personas.[22]

El desarrollo económico y social del sector rural es un requisito decisivo para alcanzar la seguridad alimentaria para todos. La pobreza rural es un fenómeno complejo que varía considerablemente de un país a otro y dentro de cada país.

2.2 Necesidad de sistemas alimentarios pro infancia

Es necesario poner a la infancia en el centro de los sistemas alimentarios y para que éstos funcionen mejor, se necesita comprender: las necesidades nutricionales únicas de la misma en todas las etapas de sus vidas.

---

[21] UNICEF. *Estado mundial de la infancia 2019*. Niños, alimentos y nutrición: crecer bien en un mundo en transformación. Nova York: UNICEF, 2019.

[22] LA INSEGURIDAD alimentaria y la nutricipon en el mundo en 2020, *FAO et al*, [s.d.]. Disponible en: http://www.fao.org/3/ca9692es/online/ca9692es.html#chapter-1_1. Consultado el: 22 mar. 2022.

Una buena nutrición puede romper el círculo vicioso intergeneracional a través del cual la malnutrición perpetúa la pobreza, y viceversa, especialmente en los primeros 1.000 días, pero también en el día 1.001, y luego durante los años escolares. Cuando un niño está bien alimentado puede concentrarse mejor y aprender más en el aula, y a lo largo de los años vitales de la adolescencia, cuando se acelera de nuevo el desarrollo físico y mental, y cuando se establecen los hábitos alimentarios de por vida.

Para que los sistemas alimentarios funcionen mejor para los niños, se necesita comprender los contextos en rápida evolución que están configurando y remodelando las dietas de los niños. El cambio climático, la urbanización y la globalización están alterando profundamente la forma en que los niños comen y lo que comen, así como los valores sociales y culturales que se asignan a los alimentos.[23] Se debe abordar el escándalo del trabajo infantil en la agricultura y en la producción; asegurar de que estos sistemas cooperen con todos los demás sistemas que afectan a las vidas de los niños, y que estos últimos no socaven a los primeros.

Los sistemas de salud, agua y saneamiento, educación y protección social deben colaborar para proporcionar a los niños y a sus familias los conocimientos, el apoyo y los servicios que necesitan para garantizar que las dietas nutritivas se traduzcan en un mejor crecimiento y desarrollo. Cuando los sistemas alimentarios funcionan mejor para los niños, hay beneficios para todos.

Los niños que están bien alimentados disponen de una base sólida a partir de la cual pueden desarrollar todo su potencial, con esto las sociedades y las economías también se desarrollan mejor. El objetivo debe ser proporcionar a los niños una alimentación nutritiva, segura, asequible y sostenible.

Si bien las fuerzas de la oferta y la demanda determinan el entorno alimentario, la adopción de medidas adecuadas al contexto, como el etiquetado obligatorio en la parte delantera del envase y la protección contra la comercialización con fines de explotación, pueden

---

[23] Se debe responder a los desafíos que los niños, los jóvenes, las mujeres y las familias afrontan en todo el mundo: los desiertos alimentarios, el alto costo de los alimentos saludables, las presiones del tiempo, la limitada disponibilidad de frutas y verduras frescas en muchas comunidades, y la presión que muchos niños, adolescentes y familias sienten a causa de la comercialización y la publicidad.

ayudar a crear entornos alimentarios que favorezcan la alimentación nutritiva de los niños.

Un "enfoque sistémico" puede colaborar para garantizar que los niños y las familias tengan acceso a dietas saludables y que los niños reciban los servicios de nutrición que necesitan para desarrollar todo su potencial.[24]

3 Derecho a la alimentación

La alimentación es el derecho más vulnerado del mundo. Atentan contra el "derecho a la alimentación" los desastres naturales, guerras y conflictos devastadores, la evolución del comercio mundial. el impacto de los acuerdos de la Organización Mundial del Comercio (OMC), la deuda externa de los países en desarrollo, la corrupción, la utilización energética de recursos bióticos, la desigual distribución de los alimentos.

Todos los niños tienen derechos a alimentarse según la Declaración de los Derechos del niño (1959).[25] Pero, la realidad dista mucho de la teoría y hoy en día este derecho de los niños a la alimentación es vulnerado cada día en todo el mundo.

La malnutrición y la desnutrición en el mundo son consecuencia de un problema generalizado de acceso a los alimentos lo que a su vez se encuentra estrechamente relacionado con el medio. En términos generales, la malnutrición y la desnutrición no son un problema de escasez de alimentos.

La falta de acceso a una alimentación óptima por un desigual reparto de los recursos agrícolas en el espacio desigualdades econômicas y sociales. La solución más inmediata a dichos problemas de acceso pasa por un reparto equitativo de los recursos y el respeto al derecho de propiedad.

Un niño bien nutrido tiene tres veces más posibilidades de salir de la pobreza, aprenden mejor en la escuela, son más sanos y se convierten

---

[24] UNICEF. *Estado mundial de la infancia 2019*. Niños, alimentos y nutrición: crecer bien en un mundo en transformación. Nova York: UNICEF, 2019.

[25] ONU. *Declaración de los Derechos del Niño*. Proclama la presente Declaración de los Derechos del Niño a fin de que éste pueda tener una infancia feliz y gozar, en su propio bien y en bien de la sociedad, de los derechos y libertades que en ella se enuncian e insta a los padres, a los hombres y mujeres individualmente y a las organizaciones particulares, autoridades locales y gobiernos nacionales a que reconozcan esos derechos y luchen por su observancia con medidas legislativas y de otra índole adoptadas progresivamente [...], Nova York, 20. nov. 1959.

en miembros productivos de sus economías. Una buena nutrición proporciona la capacidad cerebral, la infraestructura de materia gris para construir las economías del futuro.

3.1 Características

Es un derecho humano, incluyente, a todos los elementos nutritivos que una persona necesita para vivir una vida sana y activa, y a los medios para tener acceso a ellos. No es simplemente un derecho a una ración mínima de calorías, proteínas y otros elementos nutritivos concretos.

3.2 *Corpus iuris*

El "Corpus iuris" referido a los derechos del niño se compone de declaraciones, directrices, convenciones, pactos, protocolos, etc. asimismo. Hay un "soft law" o derecho blando: Declaraciones, directrices, sirven como guías de acción; no son obligatorias. Asimismo, hay un "hard law" o derecho duro: convenciones, pactos, protocolos. Se trata de instrumentos vinculantes de los cuales emanan obligaciones para las partes que los firman.

Además, en los estados hay normas generales que aluden al derecho a la alimentación y que por ende abarcan a los niños y normas específicas para los mismos y que comprenden dicho derecho.

3.3 *Soft law*

Respecto al derecho a la alimentación hay declaraciones de carácter general y que por cierto incluyen a los niños mientras otras son específicas. Entre las de carácter general se destacan: la Declaración Universal de los Derechos Humanos (1948),[26] "toda persona tiene derecho a un nivel de vida adecuado que le asegure, así como a su familia, la salud y el bienestar, y en especial la alimentación, el vestido, la vivienda, la asistencia médica y los servicios sociales necesarios ..." (art. 25 pto. 1).

---

[26] ONU. *Declaración Universal de Derechos Humanos*, París, 10 dic. 1948.

Según la "Declaración Universal sobre la erradicación del hambre y la malnutrición" (1974),[27] todos los hombres, mujeres y niños tienen el derecho inalienable a no padecer de hambre y malnutrición a fin de poder desarrollarse plenamente y conservar sus capacidades físicas y mentales. La sociedad posee en la actualidad recursos, capacidad organizadora y tecnología suficientes y, por tanto, la capacidad para alcanzar esta finalidad.

En la "Declaración de Roma sobre la seguridad alimentaria mundial" (1996)[28] y el "Plan de Acción de la Cumbre Mundial sobre la Alimentación", se establecen las bases de diversas trayectorias hacia un objetivo común: la seguridad alimentaria a nivel individual, familiar, nacional, regional y mundial.

Existe "seguridad alimentaria" cuando todas las personas tienen en todo momento acceso físico y económico a suficientes alimentos inocuos y nutritivos para satisfacer sus necesidades alimenticias y sus preferencias en cuanto a los alimentos a fin de llevar una vida activa y sana. Aquí se enuncian algunos de los elementos del derecho humano a la alimentación.

El acceso garantizado a una alimentación nutricionalmente adecuada e inocua es esencial tanto para el bienestar individual como para el desarrollo social y económico nacional, de conformidad con la "Declaración Mundial sobre Nutrición" (Conferencia Internacional sobre Nutrición (CIN), Roma, 1992.[29] A su vez, en la "Segunda Conferencia Internacional sobre Nutrición",[30] Roma (2014), se plantea

---

[27] ONU. *Declaración Universal sobre la Erradicación del Hambre y la Malnutrición*, Roma, 16 nov. 1974.

[28] CUMBRE mundial a favor de la infancia, *ONU*, 1996. Disponible en: http://www.fao.org/wfs/index_es.htm#:~:text=En%20este%20contexto%2C%20la%20 Cumbre,reuni%C3%B3%20a%20unos%2010%20000. Consultado el: 18 mar. 2022. Lograr la seguridad alimentaria es una tarea compleja que incumbe en primer lugar a los gobiernos. Estos han de crear un entorno favorable y aplicar políticas que garanticen la paz, así como la estabilidad social, política y económica, y la equidad y la igualdad entre los sexos. Existe profunda preocupación por la persistencia del hambre que, en tal escala, constituye una amenaza para las sociedades nacionales y, por distintas vías para la estabilidad de la propia comunidad internacional. Los alimentos no deberían utilizarse como instrumento de presión política y económica.

[29] OMS. *Conferência internacional sobre nutrición*. Informe del director general. Disponible en: https://apps.who.int/iris/bitstream/handle/10665/202894/WHA46_6_spa.pdf?sequence =1&isAllowed=y. Consultado el: 18 mar. 2022.

[30] OMS. *Segunda conferência internacional sobre nutrición*. Nota de las Copresidentas de acompañamiento de los documentos finales de la Conferencia. Disponible en: http://www.fao.org/3/mm222s/mm222s.pdf. Consultado el: 18 mar. 2022.

un proyecto común de acción mundial para poner fin a todas las formas de malnutrición.

De FAO es el "Programa especial para la seguridad alimentaria" (PESA),[31] orientado a los países de bajos ingresos y con déficit de alimentos (PBIDA). Su finalidad es aumentar la producción y disponibilidad de alimentos en dichos países, acrecentando rápidamente la productividad y la producción de alimentos.

Entre los "Objetivos de desarrollo del milenio de Naciones Unidas" (2000)[32] se destacan los Objetivos nº 1: Erradicar la pobreza extrema y el hambre y nº 4: Reducir la mortalidad de los niños. FAO ha establecido las "Directrices voluntarias del Consejo" (2005),[33] en apoyo de la realización progresiva del derecho a una alimentación adecuada en el contexto de la seguridad alimentaria nacional

La "Declaración de pueblos indígenas" (2006),[34] en su aplicación, dispone que se prestará particular atención a los derechos y necesidades especiales de los ancianos, las mujeres, los jóvenes, los niños y las personas con discapacidad indígenas [...] (art. 22.1).

La "Cumbre mundial sobre la seguridad alimentaria" (2009),[35] recomendó la necesidad de disponer de alimentos nutricionalmente

---

[31] RESPUESTAS coherentes a la seguridad alimentaria: incorporación del derecho a la alimentación en las iniciativas globales y regionales de seguridad alimentaria, *FAO*, [s.d.]. Disponible en: http://www.fao.org/in-action/right-to-food-global/regional-level/pesa/es/. Consultado el: 18 mar. 2022.

[32] OBJETIVOS de Desarrollo del Milenio, *PNUD*, [s.d.]. Disponible en: https://www1.undp.org/content/undp/es/home/sdgoverview/mdg_goals/. Consultado el: 18 mar. 2022.

[33] DIOUF, J. (dir.). *Directrices voluntarias en apoyo de la realización progresiva del derecho a una alimentación adecuada en el contexto de la seguridad alimentaria nacional*. Roma: FAO, 2005. La Directriz 2 estipula: Promover una disponibilidad sostenible de suministros suficientes de alimentos nutricionalmente adecuados e inocuos y un desarrollo económico sostenible para favorecer la seguridad alimentaria (pto. 2.1). La Directriz 3 señala: Los Estados, según convenga y en consulta con los interesados directos y de conformidad con su legislación nacional, deberían considerar la posibilidad de adoptar una estrategia nacional basada en los derechos humanos para la realización progresiva del derecho a una alimentación adecuada en el contexto de la seguridad alimentaria nacional como parte de una estrategia nacional general de desarrollo, incluidas estrategias de reducción de la pobreza, si las hubiere (pto. 3.1). Cuando sea necesario, los Estados deberían considerar la posibilidad de adoptar y, según el caso, revisar una estrategia nacional de reducción de la pobreza en la que se aborde de forma específica el acceso a una alimentación adecuada (pto. 3.4).

[34] ONU. *Declaración de las Naciones Unidas sobre los derechos de los pueblos indígenas*. Aprueba la Declaración de las Naciones Unidas sobre los derechos de los pueblos indígenas que figura en el anexo de la presente resolución, Nova York, 13. set. 2007.

[35] CUMBRE mundial a favor de la infancia, *ONU*, 1996. Disponible en: http://www.fao.org/3/k6050s/k6050s.pdf. Consultado el: 18 mar. 2022.

adecuados e inocuos y prestar atención a las cuestiones nutricionales para el logro de la seguridad alimentaria.[36] Ya fueron reseñados, de la "Agenda 2030" (2015)[37] los Objetivos de Desarrollo sostenible, el Objetivo 2: "hambre cero".[38] La "Cumbre parlamentaria mundial contra el hambre y malnutrición" (2018),[39] buscó construir una alianza parlamentaria global para la generación de estrategias vinculadas al logro del Derecho Humano a la Alimentación.

En especial, referido a la infancia se estacan: La "Declaración de los derechos del niño" (1924), Ginebra,[40] en la que se dispone que el niño debe poder desarrollarse de manera normal, material y espiritualmente (art. 1); el niño hambriento debe ser alimentado (art. 2).

A su vez, el principio 4 de la "Declaración de los derechos del niño" ONU de 1959,[41] dispone que el niño tendrá derecho a disfrutar de alimentación, vivienda, recreo y servicios médicos adecuados.

Resulta de importancia el rol de UNICEF,[42] conforme se señaló, como así también las "Directrices sobre las Modalidades Alternativas de

---

[36] Como así también: la elaboración de un conjunto de directrices voluntarias para apoyar los esfuerzos de los Estados miembros encaminados a reducir la variabilidad interanual de la producción alcanzar la realización progresiva del derecho a una alimentación adecuada en el contexto de la seguridad alimentaria nacional; la responsabilidad de garantizar la seguridad alimentaria nacional a cargo de los gobiernos nacionales en cooperación con la sociedad civil el sector privado y con el apoyo de la comunidad internacional.

[37] LA ASAMBLEA general adopta la agenda 2030 para el desarrollo sostenible, ONU, 25 set. 2015. Disponible en: https://www.un.org/sustainabledevelopment/es/2015/09/la-asamblea-general-adopta-la-agenda-2030-para-el-desarrollo-sostenible/. Consultado el: 18 mar. 2022. Se abordaron cuestiones relativas a cómo acabar con el hambre y sus causas, el reto de la nutrición y los medios para alcanzar el objetivo Hambre cero.

[38] Los Objetivos buscan terminar con todas las formas de hambre y desnutrición para 2030 y velar por el acceso de todas las personas, en especial los niños, a una alimentación suficiente y nutritiva durante todo el año.

[39] CUMBRE parlamentaria mundial contra el hambre y la malnutrición, FAO, [s.d.]. Disponible en: http://www.fao.org/about/meetings/global-parliamentary-summit/about/context/es/. Consultado el: 18 mar. 2022.

[40] DECLARACIÓN de Ginebra sobre los Derechos del Niño, 1924, HUMANIUM, [s.d.]. Disponible en: https://www.humanium.org/es/ginebra-1924/. Consultado el: 18 mar. 2022.

[41] ONU. *Declaración de los Derechos del Niño*. Proclama la presente Declaración de los Derechos del Niño a fin de que éste pueda tener una infancia feliz y gozar, en su propio bien y en bien de la sociedad, de los derechos y libertades que en ella se enuncian e insta a los padres, a los hombres y mujeres individualmente y a las organizaciones particulares, autoridades locales y gobiernos nacionales a que reconozcan esos derechos y luchen por su observancia con medidas legislativas y de otra índole adoptadas progresivamente […], Nova York, 20. nov. 1959.

[42] ACERCA de UNICEF, UNICEF, [s.d.]. Disponible en: https://www.unicef.org/es/acerca-de-unicef. Consultado el: 18 mar. 2022.

Cuidado de los Niños" (2009).[43] También reviste importancia el rol del CRC, de acuerdo a lo indicado. Según la "Declaración de los Derechos del Niño" (1959).

> El niño tendrá derecho a crecer y desarrollarse en buena salud; [...] a disfrutar de alimentación, vivienda, recreo y servicios médicos adecuados,[44] con este fin deberán proporcionarse, tanto a él como a su madre, cuidados especiales, incluso atención prenatal y postnatal[...] disfrutar de alimentación, vivienda, recreo y servicios médicos adecuados.

De relevancia es el rol que cumple el "Comité de Seguridad Alimentaria Mundial" (CFS),[45] como así también el "Grupo de alto nivel de expertos en seguridad alimentaria y nutrición" (HLPE);[46] el "Foro Global sobre Seguridad Alimentaria y Nutrición" (Foro FSN).[47]

---

[43] POSCH, C. *Directrices sobre las modalidades alternativas de cuidado de los niños*: un marco de Naciones Unidas. Innsbruck: Aldeas Infantiles SOS Internacional. 2009. Directriz 83: los acogedores deberían velar por que los niños que tienen a su cargo reciban una alimentación sana y nutritiva en cantidad suficiente según los hábitos alimentarios locales y las normas alimentarias correspondientes y de acuerdo con las creencias religiosas del niño. Cuando sea necesario se aportarán también los suplementos nutricionales apropiados.

[44] ONU. *Declaración de los Derechos del Niño*. Proclama la presente Declaración de los Derechos del Niño a fin de que éste pueda tener una infancia feliz y gozar, en su propio bien y en bien de la sociedad, de los derechos y libertades que en ella se enuncian e insta a los padres, a los hombres y mujeres individualmente y a las organizaciones particulares, autoridades locales y gobiernos nacionales a que reconozcan esos derechos y luchen por su observancia con medidas legislativas y de otra índole adoptadas progresivamente [...], Nova York, 20. nov. 1959.

[45] COMITÉ de seguridad alimentaria mundial. Respuestas coherentes a la seguridad alimentaria: incorporación del derecho a la alimentación en las iniciativas globales y regionales de seguridad alimentaria, *FAO*, [s.d.]. Disponible en: http://www.fao.org/in-action/right-to-food-global/global-level/cfs/es/. Consultado el: 18 mar. 2022. Es una entidad intergubernamental que sirve como foro en el sistema de Naciones Unidas para revisar y hacer un seguimiento de las políticas que se refieren a la seguridad alimentaria mundial, que incluyen producción y acceso, tanto físico como económico a la alimentación.

[46] GRUPO de alto nivel de expertos en seguridad alimentaria y nutrición. Respuestas coherentes a la seguridad alimentaria: incorporación del derecho a la alimentación en las iniciativas globales y regionales de seguridad alimentaria, *FAO*, [s.d.]. Disponible en: http://www.fao.org/in-action/right-to-food-global/global-level/hlpe/es/. Consultado el: 18 mar. 2022. Funciona mantiene actualizado al CFS sobre los conocimientos mundiales y al día sobre las tendencias emergentes en seguridad alimentaria.

[47] FORO global sobre seguridad alimentaria y nutrición. Respuestas coherentes a la seguridad alimentaria: incorporación del derecho a la alimentación en las iniciativas globales y regionales de seguridad alimentaria, *FAO*, [s.d.]. Disponible en: http://www.fao.org/in-action/right-to-food-global/global-level/fsnforum/es/. Consultado el: 18 mar. 2022. Es una comunidad de expertos, que actualmente tiene más de 4000 miembros principales de los cinco continentes, para interactuar e intercambiar conocimiento sobre seguridad alimentaria y nutrición a través de discusiones en línea.

No se puede olvidar el aporte de la "Alianza contra el Hambre y la Malnutrición" (ACHM)[48] y la "Red Mundial del Derecho a la Alimentación y la Nutrición de las organizaciones de la sociedad civil".[49]

3.4 Hard law

La "Convención internacional sobre los derechos del niño" de Naciones Unidas (1989),[50] tiene cumplimiento obligatorio para todos los países que la ratificaron. Según dicha Convención, los Estados Partes reconocen el derecho del niño al disfrute del más alto nivel posible de salud y a servicios para el tratamiento de las enfermedades y la rehabilitación de la salud asegurarán la plena aplicación de este derecho y, en particular, adoptarán las medidas apropiadas.[51]

En igual sentido, obligan a las partes firmantes el "Pacto Internacional de Derechos Econômicos, Sociales y Culturales" (PIDESC),[52] el cual establece que: Los Estados Partes reconocen el

---

[48] ALIANZA contra el hambre y la malnutrición. Respuestas coherentes a la seguridad alimentaria: incorporación del derecho a la alimentación en las iniciativas globales y regionales de seguridad alimentaria, FAO, [s.d.]. Disponible en: http://www.fao.org/in-action/right-to-food-global/global-level/aahm/es/. Consultado el: 18 mar. 2022. La función principal de ACHM es servir como un vehículo para realizar una promoción conjunta a nivel internacional y nacional por un mundo libre de hambre, malnutrición y pobreza.

[49] RED mundial del derecho a la alimentación y la nutrición de las organizaciones de la sociedad civil. Respuestas coherentes a la seguridad alimentaria: incorporación del derecho a la alimentación en las iniciativas globales y regionales de seguridad alimentaria, FAO, [s.d.]. Disponible en: http://www.fao.org/in-action/right-to-food-global/global-level/grtfn/es/. Consultado el: 18 mar. 2022. Articula varios actores de la sociedad civil que trabajan por el derecho a la alimentación en África, Asia, Europa y América Latina. El objetivo es fortalecer las organizaciones de la sociedad civil para integrar el derecho humano a la alimentación al trabajo del CFS y de sus miembros.

[50] UNICEF. *Convención sobre los Derechos del Niño*. Adoptada y abierta a la firma y ratificación por la Asamblea General en su resolución 44/25, de 20 de noviembre de 1989, Nova York, 20 nov. 1989.

[51] Para: a) Reducir la mortalidad infantil y en la niñez; ...c) Combatir las enfermedades y la malnutrición en el marco de la atención primaria de la salud mediante, entre otras cosas, la aplicación de la tecnología disponible y el suministro de alimentos nutritivos adecuados y agua potable salubre, teniendo en cuenta los peligros y riesgos de contaminación del medio ambiente; e) Asegurar que todos los sectores de la sociedad, y en particular los padres y los niños, conozcan los principios básicos de la salud y la nutrición de los niños... (art. 24 ptos. 1, 2). Además, los Estados Partes reconocen el derecho de todo niño a un nivel de vida adecuado para su desarrollo físico, mental, espiritual, moral y social (art. 27 pto. 1).

[52] ONU. *Pacto Internacional de Derechos Económicos, Sociales y Culturales*. Establece conforme a los principios de la Carta de la ONU que la libertad, la justicia y la paz tienen como base el reconocimiento de la dignidad de todos los seres humanos y de sus derechos inalienables, es decir, de sus derechos humanos. Retoma la Declaración Universal de Derechos Humanos al establecer que el ideal del ser humano libre y liberado del temor y

derecho de toda persona a un nivel de vida adecuado para sí y su familia, incluso alimentación, vestido y vivienda adecuados, y a una mejora continua de las condiciones de existencia tomarán medidas apropiadas para asegurar la efectividad de este derecho, reconociendo a este efecto la importancia esencial de la cooperación internacional fundada en el libre consentimiento (art. 11 pto. 1). Asimismo, los Estados Partes reconocen el derecho fundamental de toda persona a estar protegida contra el hambre, adoptarán, individualmente y mediante la cooperación internacional, las medidas, incluidos los programas concretos, que se necesitan... (art. 11 pto. 2),[53]

El Comité de Derechos Económicos, sociales y culturales (CDESC) del PIDESC formula Observaciones Generales, las que consisten en un análisis y una explicación práctica de las obligaciones en virtud del tratado y pueden servir de orientación para determinadas cuestiones.[54] Precisamente, el contenido del derecho de acceso a la alimentación se recoge en la Observación general 12 del Comité[55] conforme a la cual se destaca que el derecho a una alimentación adecuada es de importancia fundamental para el disfrute de todos los derechos. Ese derecho se aplica a todas las personas; por ello la frase del párr. 1 del art. 11 "para sí y su familia", no entraña ninguna limitación en cuanto a la aplicabilidad de este derecho a los individuos o a los hogares dirigidos por una mujer.

Posiblemente "deberán adoptarse medidas más inmediatas y urgentes para garantizar el derecho fundamental de toda persona a estar protegida contra el hambre y la malnutrición" (párr. 2 del art. 11 del PIDESC). Dicho Comité afirma que el derecho a una alimentación

---

de la miseria no puede ser realizado salvo que se creen las condiciones que permitan que toda persona goce tanto de los DESC como de los derechos civiles y políticos, y alude a la obligación de los Estados de promover el respeto universal y efectivo de los derechos y libertades humanas, así como la de los individuos de procurar el mantenimiento y respeto de los derechos del Pacto, Nova York, 16 dic. 1966.

[53] Id. Para: a) Mejorar los métodos de producción, conservación y distribución de alimentos mediante la plena utilización de los conocimientos técnicos y científicos, la divulgación de principios sobre nutrición y el perfeccionamiento o la reforma de los regímenes agrarios de modo que se logren la explotación y la utilización más eficaces de las riquezas naturales; b) Asegurar una distribución equitativa de los alimentos mundiales en relación con las necesidades, teniendo en cuenta los problemas que se plantean tanto a los países que importan productos alimenticios como a los que los exportan (art. 11 pto. 2).

[54] CDESC. *Observaciones generales adoptadas por el comité de derechos económicos, sociales y culturales*. Disponible en: http://www.derechoshumanos.unlp.edu.ar/assets/files/documentos/obsevaciones-generales-2.pdf. Consultado el: 18 mar. 2022.

[55] EL DERECHO a una alimentación adecuada (art. 11), ONU, Comité de Derechos Económicos, Sociales y Culturales, 12 mayo 1999. Disponible en: https://www.acnur.org/fileadmin/Documentos/BDL/2001/1450.pdf. Consultado el: 18 mar. 2022.

adecuada está inseparablemente vinculado a la dignidad inherente de la persona humana. Es también inseparable de la justicia social, pues requiere la adopción de políticas econômicas, ambientales y sociales adecuadas, en los planos nacional e internacional, orientadas a la erradicación de la pobreza y al disfrute de todos los derechos humanos por todos.

La referida observación general 12 del CDESC,[56] establece que el "contenido" del derecho de acceso a la alimentación, abarca la disponibilidad (suficiente y adecuada), la accesibilidad física y econômica, la sostenibilidad, la inocuidad y el respeto a las culturas. De este modo señala los elementos de dicho derecho humano.

La "disponibilidad de alimentos" son las posibilidades que tiene el individuo de alimentarse ya sea directamente, explotando la tierra productiva u otras fuentes naturales de alimentos o mediante sistemas de distribución, elaboración y de comercialización que funcionen adecuadamente y que puedan trasladar los alimentos desde el lugar de producción a donde sea necesario según la demanda.

El significado de la "adecuación" está sujeto a condiciones sociales, econômicas, culturales, climáticas, ecológicas y de otro tipo imperantes en un espacio y en un tiempo determinado.

El Comité considera que el contenido básico del derecho a la "alimentación adecuada" comprende la disponibilidad de alimentos en cantidad y calidad suficientes para satisfacer las necesidades alimentarias de los individuos sin sustancias nocivas.[57] La accesibilidad de esos alimentos en formas que sean "sostenibles" y que no dificulten el goce de otros derechos humanos.

Los alimentos deben ser adecuados es decir que la alimentación debe satisfacer las necesidades de dieta teniendo en cuenta la edad de la persona, sus condiciones de vida, salud, ocupación, sexo, etc. No es adecuada si la alimentación de los niños no contiene los nutrientes necesarios para su desarrollo físico y mental.

---

[56] *Id.*
[57] Al decir sin sustancias nocivas se fijan los requisitos de la "inocuidad" de los alimentos y una gama de medidas de protección, tanto por medios públicos como privados, para evitar la contaminación de los productos alimenticios debido a la adulteración y/o la mala higiene ambiental o la manipulación incorrecta en distintas etapas de la cadena alimentaria. Debe también procurarse determinar y evitar o destruir las toxinas que se producen naturalmente. Los alimentos deben ser seguros para el consumo humano, libres de sustancias nocivas, como los contaminantes de los procesos industriales o agrícolas incluidos los residuos de los plaguicidas, las hormonas o las drogas veterinarias.

La "accesibilidad" comprende la accesibilidad econômica y física. La "accesibilidad física" implica que la alimentación adecuada debe ser accesible a todos, incluidos los individuos físicamente vulnerables, tales como los lactantes y los niños pequeños, las personas de edad, los discapacitados físicos, los moribundos y las personas con problemas médicos persistentes, tales como los enfermos mentales. Será necesario prestar especial atención y, a veces, conceder prioridad con respecto a la accesibilidad de los alimentos a las personas que viven en zonas propensas a los desastres y a otros grupos particularmente desfavorecidos. Son especialmente vulnerables muchos grupos de pueblos indígenas cuyo acceso a las tierras ancestrales puede verse amenazado.

La "accesibilidad econômica" implica que los costos financieros personales o familiares asociados con la adquisición de los alimentos necesarios para un régimen de alimentación adecuado deben estar a un nivel tal que no se vean amenazados o en peligro la provisión y la satisfacción de otras necesidades básicas.[58] Además, los alimentos deben ser "aceptables" para una cultura o unos consumidores determinados.

Hay que tener también en cuenta los "valores" no relacionados con la nutrición que se asocian a los alimentos y el consumo de alimentos, las preocupaciones fundamentadas de los consumidores acerca de la naturaleza de los alimentos disponibles.

La "sostenibilidad" es un concepto íntimamente vinculado al concepto de alimentación adecuada o de seguridad alimentaria, que entraña la posibilidad de acceso a los alimentos por parte de las generaciones presentes y futuras.

El derecho a la alimentación es un derecho fundamental de todos los seres humanos, ya que el alimento es un elemento esencial sin el que los seres humanos no pueden vivir. Pese a que la comunidad internacional ha reafirmado con frecuencia la importancia del pleno respeto del derecho a una alimentación adecuada, se advierte una disparidad inquietante entre las formas que se fijan en el art.11 del Pacto y la situación que existe en muchas partes del mundo. Básicamente, las raíces del problema del hambre y la malnutrición no están en la falta

---

[58] Dicha accesibilidad se aplica a cualquier tipo o derecho de adquisición por el que las personas obtienen sus alimentos y es una medida del grado en que es satisfatorio para el disfrute del derecho a la alimentación adecuada. Los grupos socialmente vulnerables como las personas sin tierra y otros segmentos particularmente empobrecidos de la población pueden requerir la atención de programas especiales.

de alimento sino en la falta de acceso a los alimentos disponibles, por parte de grandes segmentos de la población del mundo entre otras razones, a causa de la pobreza.

El derecho a la alimentación adecuada no debe interpretarse, por consiguiente, en forma estrecha o restrictiva asimilándolo a un conjunto de calorías, proteínas y otros elementos nutritivos concretos. Dicho derecho tendrá que alcanzarse progresivamente. No obstante, los Estados tienen la obligación básica de adoptar las medidas necesarias para mitigar y aliviar el hambre tal como se dispone en el párr. 2 del art. 11, incluso en caso de desastre natural o de otra índole.

El concepto de "sostenibilidad" está íntimamente vinculado al concepto de alimentación adecuada o de seguridad alimentaria, que entraña la posibilidad de acceso a los alimentos por parte de las generaciones presentes y futuras.

Los alimentos deben ser "aceptables para una cultura o unos consumidores determinados". Es decir que hay que tener también en cuenta, en la medida de lo posible, los valores no relacionados con la nutrición que se asocian a los alimentos y el consumo de alimentos, así como las preocupaciones fundamentadas de los consumidores acerca de la naturaleza de los alimentos disponibles.

Por "necesidades alimentarias" se entiende que el régimen de alimentación en conjunto aporta una combinación de productos nutritivos para el crecimiento físico y mental, el desarrollo y el mantenimiento, y la actividad física que sea suficiente para satisfacer las necesidades fisiológicas humanas en todas las etapas del ciclo vital, y según el sexo y la ocupación.[59] El art. 12 del PIDESC establece que: Los Estados Partes reconocen el derecho de toda persona al disfrute del más alto nivel posible de salud física y mental (pto. 1).[60] El concepto de progresiva efectividad constituye un reconocimiento del hecho de que la plena efectividad de todos los derechos económicos, sociales y culturales en general no podrá lograrse en un breve período de tiempo.

---

[59] Por consiguiente, será preciso adoptar medidas para mantener, adaptar o fortalecer la diversidad del régimen y las pautas de alimentación y consumo adecuadas, incluida la lactancia materna, al tiempo que se garantiza que los cambios en la disponibilidad y acceso a los alimentos mínimos no afectan negativamente a la composición y la ingesta de alimentos.

[60] Se estipulan medidas que deberán adoptar los Estados Partes en el Pacto a fin de asegurar la plena efectividad de este derecho, figurarán las necesarias para: a) La reducción de la mortinatalidad y de la mortalidad infantil, y el sano desarrollo de los niños.

Además, del PIDESC emanan "obligaciones jurídicas" de los Estados Partes enunciadas en su art. 2 y que se ha tratado en la Observación general nº 3 (1990)[61] del Comité. La principal obligación es la de adoptar medidas para lograr progresivamente el pleno ejercicio del derecho a una alimentación adecuada.[62] El derecho a la alimentación adecuada, al igual que cualquier otro derecho humano, impone tres tipos o niveles de obligaciones a los Estados Partes: las obligaciones de respetar, proteger y realizar. A su vez, la obligación de realizar entraña tanto la obligación de facilitar como la obligación de hacer efectivo.

La "obligación de respetar" el acceso existente a una alimentación adecuada requiere que los Estados no adopten medidas de ningún tipo que tengan por resultado impedir ese acceso. La "obligación de proteger" requiere que el Estado Parte adopte medidas para velar por que las empresas o los particulares no priven a las personas del acceso a una alimentación adecuada. La "obligación de realizar" (facilitar) significa que el Estado debe procurar iniciar actividades con el fin de fortalecer el acceso y la utilización por parte de la población de los recursos y medios que aseguren sus medios de vida, incluida la seguridad alimentaria. Además, cuando un individuo o un grupo sea incapaz, por razones que escapen a su control, de disfrutar el derecho a una alimentación adecuada por los medios a su alcance los Estados tienen la obligación de realizar (hacer efectivo) ese derecho directamente. Esta obligación también se aplica a las personas que son víctimas de catástrofes naturales o de otra índole.

Algunas de las medidas de las obligaciones de los Estados Partes tienen un carácter más inmediato, mientras que otras tienen un carácter de más largo plazo, para lograr gradualmente el pleno ejercicio del derecho a la alimentación.

El Pacto se viola cuando un Estado no garantiza la satisfacción de al menos, el nivel mínimo esencial necesario para estar protegido contra el hambre. Al determinar qué medidas u omisiones constituyen

---

[61] CDESC. *Observaciones generales adoptadas por el comité de derechos económicos, sociales y culturales.* Disponible en: http://www.derechoshumanos.unlp.edu.ar/assets/files/documentos/obsevaciones-generales-2.pdf. Consultado el: 18 mar. 2022.

[62] Ello impone la obligación de avanzar lo más rápidamente posible para alcanzar ese objetivo. Cada uno de los Estados Partes se compromete a adoptar medidas para garantizar que toda persona que se encuentre bajo su jurisdicción tenga acceso al mínimo de alimentos esenciales suficientes inocuos y nutritivamente adecuados para protegerla contra el hambre.

una violación del derecho a la alimentación, es importante distinguir entre la falta de capacidad y la falta de voluntad de un Estado para cumplir sus obligaciones.[63] Por otra parte, toda discriminación en el acceso a los alimentos, así como a los medios y derechos para obtenerlos, por motivos de raza, color, sexo, idioma, edad, religión, opinión política o de otra índole, origen nacional o social, posición econômica, nacimiento o cualquier otra condición social, con el fin o efecto de anular u obstaculizar la igualdad en el disfrute o ejercicio de los derechos econômicos, sociales y culturales constituye una violación del Pacto.

La temática del derecho a la alimentación ha sido abordada también por la "Corte Interamericana de Derechos Humanos" (Corte IDH).[64] Conteste con ello, la Corte se ha pronunciado en relación a la importancia del derecho a la alimentación refiriéndose a la cantidad, variedad y calidad de los alimentos como condición para asegurar que los niños y las niñas tengan las condiciones mínimas para una vida digna en el Fallo Comunidad Indígena Yakye Axa vs el Estado Paraguayo.[65]

En 2006 la Corte IDH decidió que el Gobierno del Paraguay había violado el derecho a la vida de miembros de la comunidad indígena sawhoyamaxa[66] al dejar de asegurar su acceso a sus tierras ancestrales,

---

[63] En el caso de que un Estado Parte aduzca que la limitación de sus recursos le impiden facilitar el acceso a la alimentación a aquellas personas que no son capaces de obtenerla por sí mismas, el Estado ha de demostrar que ha hecho todos los esfuerzos posibles por utilizar todos los recursos de que dispone con el fin de cumplir, con carácter prioritario, esas obligaciones mínimas. Esta obligación dimana del párr. 1 del art. 2 del Pacto en el que se obliga a cada Estado Parte a tomar las medidas necesarias hasta el máximo de los recursos de que disponga, tal como señaló el Comité en el párr. 10 en su Observación general nº 3. El Estado que aduzca que es incapaz de cumplir esta obligación por razones que están fuera de su control, tiene, por tanto, la obligación de probar que ello es cierto y que no ha logrado recabar apoyo internacional para garantizar la disponibilidad y accesibilidad de los alimentos necesarios.

[64] Órgano regional de supervisión de los derechos humanos, que ha reconocido la violación del derecho a la alimentación mediante la interpretación de otros derechos pertinentes, como el derecho a la vida, y ha previsto formas de remediar esas violaciones.

[65] CIDH. *Caso de la Comunidad Indígena Yakye Axa vs. Paraguay*. j. 17.06.2005. Disponible en: https://www.corteidh.or.cr/docs/casos/articulos/seriec_214_por.pdf. Consultado el 23 mar. 2022. En dicho fallo la Corte IDH consideró que Paraguay había violado los derechos a la propiedad y a la protección judicial, así como el derecho a la vida, ya que privó a la comunidad del acceso a sus medios de subsistencia tradicionales y ordenó proveer los bienes y servicios básicos para su subsistencia hasta tanto les restituyan sus tierras.

[66] CIDH. *Caso Comunidad Indígena Sawhoyamaxa vs. Paraguay*. j. 29.03.2006. Disponible en: https://www.corteidh.or.cr/docs/casos/articulos/seriec_146_esp2.pdf. Consultado el 23 mar. 2022.

que les suministraban los recursos naturales directamente relacionados con su capacidad de supervivencia y la preservación de su modo de vida.[67]

En el caso "Niños de la Calle" (Villagrán Morales y otros) vs. Guatemala,[68] la Corte IDH ha advertido de la obligación de los Estados, a los que se les ha encomendado estos menores, de procurarles una alimentación adecuada y de calidad, además de la protección a su salud y las condiciones necesarias para desarrollar una vida digna. El Caso "Instituto de Reeducación del Menor" vs. Paraguay[69] es paradigmático de esta situación, pues la Corte IDH estableció que los menores recluidos en este Centro Penitenciario tenían desnutrición y gozaban de una mala salud en virtud de las deficiencias alimentarias y una mala ventilación, condiciones salubres de las celdas, entre otros.

4 Reflexión

El derecho a la alimentación adecuada de las infancias como derecho humano, aún es una deuda pendiente en nuestra sociedad, a pesar de los compromisos asumidos por los Estados.

Referencias

ACERCA de UNICEF, *UNICEF*, [s.d.]. Disponible en: https://www.unicef.org/es/acerca-de-unicef. Consultado el: 18 mar. 2022.

ALIANZA contra el hambre y la malnutrición. Respuestas coherentes a la seguridad alimentaria: incorporación del derecho a la alimentación en las iniciativas globales y regionales de seguridad alimentaria, *FAO*, [s.d.]. Disponible en: http://www.fao.org/in-action/right-to-food-global/global-level/aahm/es/. Consultado el: 18 mar. 2022.

---

[67] Se reconoció que la denegación del acceso a la tierra y a los medios tradicionales de subsistencia había empujado a la comunidad a la extrema pobreza, incluida la privación del acceso a una cantidad mínima de alimentos, con lo que se amenazaba el derecho a la vida de sus miembros. La Corte IDH ordenó al Paraguay que adoptara las medidas necesarias, dentro del plazo de tres años, para garantizar a los miembros de la comunidad la tenencia de sus tierras tradicionales o, si ello resultara imposible, que les entregara otras tierras. Además, ordenó que, mientras la comunidad no tuviera tierras, el Estado adoptara medidas para entregar servicios básicos a sus miembros, incluidas cantidades suficientes de alimentos de buena calidad.

[68] CIDH. *"Niños de la Calle" (Villagrán Morales y otros) vs. Guatemala*. j. 26.05.2001. Disponible en: https://www.corteidh.or.cr/CF/jurisprudencia2/ficha_tecnica.cfm?nId_Ficha=321. Consultado el 23 mar. 2022.

[69] CIDH. *"Instituto de Reeducación del Menor" Vs. Paraguay*. j. 02.09.2004. Disponible en: https://www.corteidh.or.cr/docs/casos/articulos/seriec_112_esp.pdf. Consultado el 23 mar. 2022.

CDESC. *Observaciones generales adoptadas por el comité de derechos econômicos, sociales y culturales*. Disponible en: http://www.derechoshumanos.unlp.edu.ar/assets/files/documentos/obsevaciones-generales-2.pdf. Consultado el: 18 mar. 2022.

CIDH. *"Instituto de Reeducación del Menor" Vs. Paraguay*. j. 02.09.2004. Disponible en: https://www.corteidh.or.cr/docs/casos/articulos/seriec_112_esp.pdf. Consultado el 23 mar. 2022.

CIDH. *"Niños de la Calle" (Villagrán Morales y otros) vs. Guatemala*. j. 26.05.2001. Disponible en: https://www.corteidh.or.cr/CF/jurisprudencia2/ficha_tecnica.cfm?nId_Ficha=321. Consultado el 23 mar. 2022.

CIDH. *Caso Comunidad Indígena Sawhoyamaxa vs. Paraguay*. j. 29.03.2006. Disponible en: https://www.corteidh.or.cr/docs/casos/articulos/seriec_146_esp2.pdf. Consultado el 23 mar. 2022.

CIDH. *Caso de la Comunidad Indígena Yakye Axa vs. Paraguay*. j. 17.06.2005. Disponible en: https://www.corteidh.or.cr/docs/casos/articulos/seriec_214_por.pdf. Consultado el 23 mar. 2022.

COMITÉ de seguridad alimentaria mundial. Respuestas coherentes a la seguridad alimentaria: incorporación del derecho a la alimentación en las iniciativas globales y regionales de seguridad alimentaria, *FAO*, [s.d.]. Disponible en: http://www.fao.org/in-action/right-to-food-global/global-level/cfs/es/. Consultado el: 18 mar. 2022.

CUMBRE mundial a favor de la infancia, *ONU*, 1996. Disponible en: http://www.fao.org/wfs/index_es.htm#:~:text=En%20este%20contexto%2C%20la%20Cumbre,reuni%C3%B3%20a%20unos%2010%20000. Consultado el: 18 mar. 2022.

CUMBRE parlamentaria mundial contra el hambre y la malnutrición, *FAO*, [s.d.]. Disponible en: http://www.fao.org/about/meetings/global-parliamentary-summit/about/context/es/. Consultado el: 18 mar. 2022.

DECLARACIÓN de Ginebra sobre los Derechos del Niño, 1924, *HUMANIUM*, [s.d.]. Disponible en: https://www.humanium.org/es/ginebra-1924/. Consultado el: 18 mar. 2022.

DÍA universal del niño. *UNICEF*, [s.d.]. Disponible en: https://www.unicef.es/causas/derechos-ninos/dia-internacional-nino. Consultado el: 18 mar. 2022.

DIOUF, J. (dir.). *Directrices voluntarias en apoyo de la realización progresiva del derecho a una alimentación adecuada en el contexto de la seguridad alimentaria nacional*. Roma: FAO, 2005.

EL DERECHO a una alimentación adecuada (art. 11), *ONU*, Comité de Derechos Econômicos, Sociales y Culturales, 12 mayo 1999. Disponible en: https://www.acnur.org/fileadmin/Documentos/BDL/2001/1450.pdf. Consultado el: 18 mar. 2022.

FORO global sobre seguridad alimentaria y nutrición. Respuestas coherentes a la seguridad alimentaria: incorporación del derecho a la alimentación en las iniciativas globales y regionales de seguridad alimentaria, *FAO*, [s.d.]. Disponible en: http://www.fao.org/in-action/right-to-food-global/global-level/fsnforum/es/. Consultado el: 18 mar. 2022.

GRUPO de alto nivel de expertos en seguridad alimentaria y nutrición. Respuestas coherentes a la seguridad alimentaria: incorporación del derecho a la alimentación en las iniciativas globales y regionales de seguridad alimentaria, *FAO*, [s.d.]. Disponible en: http://www.fao.org/in-action/right-to-food-global/global-level/hlpe/es/. Consultado el: 18 mar. 2022.

HAMBRE e inseguridad alimentaria. *FAO*, 2022. Disponible en: https://www.fao.org/hunger/es/. Consultado el: 9 nov. 2021.

LA ASAMBLEA general adopta la agenda 2030 para el desarrollo sostenible, *ONU*, 25 set. 2015. Disponible en: https://www.un.org/sustainabledevelopment/es/2015/09/la-asamblea-general-adopta-la-agenda-2030-para-el-desarrollo-sostenible/. Consultado el: 9 nov. 2021.

LA INSEGURIDAD alimentaria y la nutricipon en el mundo en 2020, *FAO et al*, [s.d.]. Disponible en: http://www.fao.org/3/ca9692es/online/ca9692es.html#chapter-1_1. Consultado el: 22 mar. 2022.

LA NATURALEZA cambiante de la malnutrición. Estado mundial de la infancia 2019. *UNICEF*, [s.d.]. Disponible en: https://features.unicef.org/estado-mundial-de-la-infancia-2019-nutricion/#group-Pobreza-y-malnutricion-vYUwUmq4OB. Consultado el: 18 mar. 2022.

MÉNDEZ, N.; RODRÍGUEZ, V. 15 de agosto ¿Por qué se celebra el Día de las infancias?. *La Izquierda*, 15.08.2021. Disponible en: https://www.laizquierdadiario.com/Por-que-se-celebra-el-dia-de-las-infancias. Consultado el: 18 mar. 2022.

OBJETIVO 2: Poner fin al hambre, *ONU*, 25. set. 2015. Disponible en: https://www.un.org/sustainabledevelopment/es/hunger/. Consultado el: 9 nov. 2021.

OBJETIVOS de Desarrollo del Milenio, *PNUD*, [s.d.]. Disponible en: https://www1.undp.org/content/undp/es/home/sdgoverview/mdg_goals/. Consultado el: 18 mar. 2022.

OMS. *Conferência internacional sobre nutrición*. Informe del director general. Disponible en: https://apps.who.int/iris/bitstream/handle/10665/202894/WHA46_6_spa.pdf?sequence=1&isAllowed=y. Consultado el: 18 mar. 2022.

OMS. *Segunda conferência internacional sobre nutrición*. Nota de las Copresidentas de acompañamiento de los documentos finales de la Conferencia. Disponible en: http://www.fao.org/3/mm222s/mm222s.pdf. Consultado el: 18 mar. 2022.

ONU. Comité de los Derechos del Niño. *Observación general nº 14 (2013) sobre el derecho del niño a que su interés superior sea una consideración primordial*, 2013. p. 22. Disponible en: https://www.observatoriodelainfancia.es/ficherosoia/documentos/3990_d_CRC.C.GC.14_sp.pdf. Consultado el: 18 mar. 2022.

ONU. Comité de los Derechos del Niño. *Observación general nº 15 (2013) sobre el derecho del niño al disfrute del más alto nivel posible de salud (artículo 24)*, 2013. p. 27. Disponible en: https://www.refworld.org.es/type,GENERAL,,,51ef9e5b4,0.html. Consultado el: 18 mar. 2022.

ONU. Cumbre mundial a favor de la infancia. *Declaración sobre la supervivencia, la protección y el desarrollo del niño*, 30 set. 1990. Disponible en: http://www.iin.oea.org/Cursos_a_distancia/CursosProder2004/Bibliografia_genero/UT2/Lectura.2.11.pdf. Consultado el: 18 mar. 2022.

ONU. *Declaración de las Naciones Unidas sobre los derechos de los pueblos indígenas*. Aprueba la Declaración de las Naciones Unidas sobre los derechos de los pueblos indígenas que figura en el anexo de la presente resolución, Nova York, 13. set. 2007.

ONU. *Declaración de los Derechos del Niño*. Proclama la presente Declaración de los Derechos del Niño a fin de que éste pueda tener una infancia feliz y gozar, en su propio bien y en bien de la sociedad, de los derechos y libertades que en ella se enuncian e insta a los padres, a los hombres y mujeres individualmente y a las organizaciones particulares, autoridades locales y gobiernos nacionales a que reconozcan esos derechos y luchen por su observancia con medidas legislativas y de otra índole adoptadas progresivamente […], Nova York, 20. nov. 1959.

ONU. *Declaración Universal de Derechos Humanos*, París, 10 dic. 1948.

ONU. *Declaración Universal sobre la Erradicación del Hambre y la Malnutrición*, Roma, 16 nov. 1974.

ONU. *Pacto Internacional de Derechos Econômicos, Sociales y Culturales*. Establece conforme a los principios de la Carta de la ONU que la libertad, la justicia y la paz tienen como base el reconocimiento de la dignidad de todos los seres humanos y de sus derechos inalienables, es decir, de sus derechos humanos. Retoma la Declaración Universal de Derechos Humanos al establecer que el ideal del ser humano libre y liberado del temor y de la miseria no puede ser realizado salvo que se creen las condiciones que permitan que toda persona goce tanto de los DESC como de los derechos civiles y políticos, y alude a la obligación de los Estados de promover el respeto universal y efectivo de los derechos y libertades humanas, así como la de los individuos de procurar el mantenimiento y respeto de los derechos del Pacto, Nova York, 16 dic. 1966.

ORGANIZACIÓN DE LAS NACIONES UNIDAS PARA LA ALIMENTACIÓN Y LA AGRICULTURA. *El estado de la seguridad alimentaria y la nutrición en el mundo*: transformación de los sistemas alimentarios para que promuevan dietas asequibles y saludables. Roma: FAO, 2020. Disponible en: https://www.fao.org/3/ca9692es/ca9692es.pdf. Consultado el: 9 nov. 2021.

POSCH, C. *Directrices sobre las modalidades alternativas de cuidado de los niños*: un marco de Naciones Unidas. Innsbruck: Aldeas Infantiles SOS Internacional. 2009.

RED mundial del derecho a la alimentación y la nutrición de las organizaciones de la sociedad civil. Respuestas coherentes a la seguridad alimentaria: incorporación del derecho a la alimentación en las iniciativas globales y regionales de seguridad alimentaria, *FAO*, [s.d.]. Disponible en: http://www.fao.org/in-action/right-to-food-global/global-level/grtfn/es/. Consultado el: 18 mar. 2022.

RESPUESTAS coherentes a la seguridad alimentaria: incorporación del derecho a la alimentación en las iniciativas globales y regionales de seguridad alimentaria, *FAO*, [s.d.]. Disponible en: http://www.fao.org/in-action/right-to-food-global/regional-level/pesa/es/. Consultado el: 18 mar. 2022.

UNICEF. *Convención sobre los Derechos del Niño*. Adoptada y abierta a la firma y ratificación por la Asamblea General en su resolución 44/25, de 20 de noviembre de 1989, Nova York, 20 nov. 1989.

UNICEF. *Estado mundial de la infancia 2019*. Niños, alimentos y nutrición: crecer bien en un mundo en transformación. Nova York: UNICEF, 2019.

Informação bibliográfica deste texto, conforme a NBR 6023:2018 da Associação Brasileira de Normas Técnicas (ABNT):

VICTORIA, María Adriana. Derecho a la alimentación de las infancias en el marco de Naciones Unidas y el sistema interamericano de derechos humanos. *In*: TRENTINI, Flavia; BRANCO, Patrícia; CATALAN, Marcos (coord.). *Direito e comida*: do campo à mesa: cidadania, consumo, saúde e exclusão social. Belo Horizonte: Fórum Social, 2023. p. 47-71. ISBN 978-65-5518-511-9.

ASPECTOS JURÍDICOS INTERNACIONAIS DO DIREITO HUMANO À ALIMENTAÇÃO E À NUTRIÇÃO ADEQUADAS

Míriam Villamil Balestro Floriano

Que tempos são estes que temos de defender o óbvio?

(Bertold Brecht)

1 Introdução

Nos tempos atuais não há naturalidade no sofrimento físico e psíquico decorrente da fome, imposto a milhares de seres humanos em razão de um modelo de desenvolvimento que, dada a sua natureza acumulatório-financeira, é incapaz de prover a segurança alimentar de todos. Ainda hoje a fome não é uma questão de falta de alimentos, mas da desigualdade no acesso aos alimentos, principalmente em razão da pobreza e extrema pobreza a que se encontra exposta grande parte da população mundial. Segundo o Estado da Segurança Alimentar e Nutricional no Mundo (SOFI 2021),[1] mais de 811 milhões de pessoas sofrem as dramáticas consequências da fome, a forma mais grave de

---

[1] FAO. *The state of food security and nutrition in the world 2021*: transforming food systems for food security, improved nutrition and affordable healthy diets for all Roma: Fao, 2021.

insegurança alimentar e nutricional. O aumento mais importante dessa violação de direitos registrou-se na África, mas milhares de outras pessoas, de todos os continentes, foram "arrastadas" para a insegurança alimentar e nutricional, majorando os dados que já vinham dando sinais crescentes de alarme. Não obstante este tenha sido o primeiro relatório realizado no período da pandemia de covid-19, a fome, repita-se, já vinha apresentando índices que apontavam significativo aumento. A título de exemplificação, na região da América Latina e Caribe, entre os anos de 2014 e 2020, a fome aumentou em torno de 79%, sendo 30% no ano de 2020,[2] correspondente ao período pandêmico. Atualmente, mais de 59 milhões de seres humanos encontram-se em situação de fome nessa região do hemisfério sul.

Além da gravíssima violação de direitos acima relatada, inúmeras outras situações atingem frontalmente o conteúdo do Direito Humano à Alimentação e à Nutrição Adequadas (DHANA). O Sistema Deter, do Instituto Nacional de Pesquisas Espaciais (INPE) (Brasil), detectou que entre os meses de agosto e julho de 2021 foram desmatados 8.712 km2 de floresta Amazônica. Considerável parte desse desmatamento relaciona-se a empresas transnacionais agroalimentares e seu modo insustentável de produção de alimentos. As principais atividades responsáveis por essa devastação são a pecuária, a monocultura de soja e a mineração. Conforme o Painel Intergovernamental Sobre Mudanças Climáticas (IPCC), com o aumento da temperatura planetária acima de 1,5 graus, até 2030 a Amazônia poderá transformar-se em uma "floresta seca", com influência direta em todo o clima planetário. Ainda, vale lembrar que a Conferência sobre o Clima COP26, embora tenha representado na prática pouca determinação de avanços relativamente às emergências climáticas, teve como um dos eixos centrais a discussão sobre os sistemas alimentares. Soma-se ao desalento com os frutos efetivos da COP 26 a realização da Cúpula dos Sistemas Alimentares 2021, capturada em sua essência pelo poder corporativo, o que culminou na retirada em massa de grandes representações da sociedade civil organizada.

Diante de uma realidade que tem se mostrado avassaladora para milhares de seres humanos e para o meio ambiente, urge a consolidação da discussão jurídica acerca das violações verificadas, uma vez que, do ponto de vista legislativo, muito já se avançou nas construções

---

[2] ONU News, *ONU*, [s.d.]. Disponível em: news.un.org/pt/tags/fome. Acesso em: 27 nov. 2021.

normativas de proteção e garantia do Direito Humano à Alimentação e à Nutrição Adequadas (DHANA). Ante a observação dos dados referentes à situação fática verificada em várias regiões do planeta, que colocam em evidência o padecimento indescritível de seres humanos, inclusive crianças, e o avanço devastador da natureza produzido por sistemas alimentares insustentáveis, que coloca em questão as condições de habitabilidade planetária para as pessoas e outras formas de vida contempladas pela diversidade de espécies, é possível inferir-se a incipiente participação do Sistema Judiciário quanto ao cumprimento de seu dever, da parte que lhe toca quanto ao respeito, proteção e garantia desse Direito Humano.

A construção do arcabouço jurídico internacional existente, já solidificado em sua essência, seguramente foi tarefa árdua para os atores de todas as etapas desse processo. Do ponto de vista das violações, as aviltantes informações quase que diárias sobre a fome, desmatamentos, utilização de agrotóxicos que envenenam a comida e o planeta, despejo de populações tradicionais da posse de terras ancestrais, entre inúmeras outras, demonstram uma lacuna, um espaço subutilizado no necessário processo de defesa dos Direitos Humanos à luz dos princípios regentes do direito enquanto promotor da almejada paz social. Importante assinalar-se que também a atual crise migratória possui conexão direta com a realização do DHANA. A história e o fenômeno das guerras não cessam, alijando milhares de pessoas de seus países, suas casas, seus modos de vida e seus alimentos referenciais. A pobreza e a desigualdade cronificadas nesse modelo de desenvolvimento neoliberal continuam a levar ao êxodo milhares de seres humanos, muitos deles querendo abrigar-se exclusivamente da fome e da miséria, assim como de catástrofes ambientais. Suas identidades, forjadas no contraste com o seu meio social, são abruptamente alteradas.

A ausência de intervenção eficaz de grande parte dos sistemas judiciários dos Estados nacionais (os dados da realidade estão a mostrar) na garantia do DHANA aponta para a premente necessidade de repensar-se o papel do Poder Judiciário – e das demais instituições que compõe o denominado sistema – na afirmação dos Direitos Humanos. Na relação entre o direito e a comida, é preciso estimular-se a produção acadêmico-doutrinária segundo os preceitos regentes do Direito. Com essa proposta, este artigo tem por enfoque principal a questão jurídica relativamente ao DHANA, com a disseminação de aspectos técnicos-jurídicos, com vistas à afirmação desse direito, que reivindica seu assento no mundo jurídico sem "senões" reducionistas de seu reconhecimento e implementação, que não subsistem a uma análise de coerente acuidade jurídica.

A garantia do acesso a alimentos adequados e não padecer de fome e desnutrição é um Direito Humano, entendido pela Organização das Nações Unidas, de forma retórica, como um direito prioritário. Cabe aos Estados nacionais signatários dos Tratados Internacionais que regem o DHANA o cumprimento de obrigações jurídicas que transcendem em muito os diplomáticos acordos de "protocolo de intenções". Em nível de Sistema Internacional dos Direitos Humanos é preciso avançar-se na busca da efetividade do Direito à Alimentação.

Nesse sentido discorrer-se-á sobre a trajetória desse direito a partir de outros direitos sociais, a proteção jurídica internacional conferida ao DHANA, o acesso à justiça, a exigibilidade e a justiciabilidade, bem como sobre a necessidade premente da incorporação oficial das Obrigações Extraterritoriais pelo Sistema Internacional dos Direitos Humanos.

2 Breve histórico

As primeiras inferências acerca do Direito Humano à Alimentação Adequada surgiram a partir de disposições jurídicas que procuravam assegurar aos cidadãos um nível de vida adequado. Assim como outros direitos sociais inerentes à dignidade da pessoa humana, o DHANA encontra-se inserido no patamar de um *standard* de vida adequado. O Direito Humanitário (Convenção de Genebra de 1864) apresentou valorosa contribuição ao identificar, no âmbito dos conflitos armados e das guerras, a utilização do alimento como instrumento de poder e dominação, detectando, assim, que as necessidades humanas pertinentes à alimentação e nutrição deveriam ser percebidas como direitos dos seres humanos. No início do século XX, na Europa, a ideia de segurança alimentar encontrava-se associada à produção suficiente de alimentos, de maneira que cada país não restasse vulnerável a intervenções políticas e militares que poderiam repercutir no abastecimento interno de alimentos, atrelando-a à segurança nacional. A atenção mundial a essa matéria começou a esboçar-se timidamente como questão de interesse global a partir de 1928, quando a Liga das Nações Unidas incluiu a questão da alimentação em sua agenda de trabalho.

No cerne dos direitos sociais repousa o embrião do posterior reconhecimento expresso do DHANA. Assim, a título de ilustração, enumeram-se algumas constituições que foram pioneiras no acolhimento desses direitos, que iniciaram sua trajetória de forma mais sistematizada a partir do início do século XX. Sob a influência dos movimentos liberalizantes que ensejaram a revolução de 1910, exsurge a Constituição Política do México (1917), também conhecida como Constituição de Querétaro, constituindo-se no primeiro texto a reconhecer direitos sociais em seus artigos 27 e 123. Após, a Constituição socialista da URSS de 1918 e a Constituição Alemã de Weimar, aprovada em 1919, incluem direitos sociais, então entendidos como normas programáticas. No período entre guerras,[3] nas constituições da República Espanhola de 1931 e da URSS de 1936, igualmente encontram-se importantes referências aos direitos sociais.

Não obstante os importantes passos assinalados, a "conspiração de silêncio em torno da fome", terminologia referida por Josué de Castro,[4] somente seria quebrada no período pós-guerra, com o advento da Conferência de Alimentação de Hot Springs, em 1943, que apontou as "manchas" da fome mundial.[5] Essa conferência, a primeira do gênero e marco das conferências internacionais que se seguiram, cujos objetivos centravam-se na reparação dos estragos produzidos no mundo pelo conflito bélico findo, deu origem à Organização de Alimentação e Agricultura das Nações Unidas (FAO). Castro[6] sopesou a influência

---

[3] V. MARTINEZ DE PISÓN, J. *Políticas de bienestar*: un estudio sobre los derechos sociales. Madrid: Tecnos, 1998. p. 86.

[4] É oportuno destacar o pioneirismo de Josué de Castro no enfrentamento científico e sistemático do tema da fome no Brasil e no mundo. Ele preconizava que não passar fome deveria ser o primeiro direito do homem. Ele foi Presidente do Conselho da FAO, de 1952 a 1956, em Roma e em 1960 coordenou a Campanha de Defesa Contra a Fome, promovida pela Organização das Nações Unidas.

[5] CASTRO, J. *Geografia da fome*. 16. ed. Rio de Janeiro: Civilização Brasileira, 2003. p. 53. Na oportunidade "[...] quarenta e quatro nações, através dos depoimentos de eminentes técnicos no assunto, confessaram, sem constrangimento, quais as condições reais de alimentação dos seus respectivos povos e planejaram as medidas conjuntas a serem levadas a efeito para que sejam apagadas ou pelo menos clareadas, nos mapas mundi da demografia qualitativa, estas manchas negras, que representam núcleos de populações subnutridas e famintas, populações que exteriorizam, em suas características de inferioridade antropológica, em seus alarmantes índices de mortalidade e em seus quadros nosológicos de carências alimentares [...] a penúria orgânica, a fome global ou específica de um, de vários e, às vezes, de todos os elementos indispensáveis à nutrição humana".

[6] *Id*. Castro menciona: "Quanto à fome, foram necessárias duas terríveis guerras mundiais e uma tremenda revolução social – a revolução russa – nas quais pereceram 17 milhões de criaturas, das quais doze milhões de fome, para que a civilização acordasse do seu cômodo sonho e se apercebesse de que a fome é uma realidade demasiado gritante e extensa, para ser tapada como uma peneira aos olhos do mundo. Ao lado dos preconceitos morais, os interesses econômicos das minorias dominantes também trabalhavam para

de fatores socioeconômicos e políticos, relacionando-os com a fome e a subnutrição. Tal trabalho ainda hoje é considerado de alta relevância para os estudos sobre o Direito Humano à Alimentação e à Nutrição Adequadas.

No período posterior à Segunda Guerra Mundial, diversos países europeus incluíram direitos sociais em suas constituições. Nesse sentido, cabe mencionar a Constituição Francesa de 1946, a Italiana de 1948, a Lei Fundamental da República da Alemanha de 1949 e as Constituições Portuguesa, de 1976, e Espanhola, de 1978.

Ainda sob o impacto do período pós-guerra, o advento da Carta das Nações Unidas (1945)[7] é um importante passo para a internacionalização dos Direitos Humanos e liberdades fundamentais. Traduzindo os propósitos pacifistas que nortearam a Carta das Nações Unidas, a Declaração Universal dos Direitos Humanos (1948) exsurge como verdadeiro marco referencial, colocando todos os Direitos Humanos em um mesmo patamar.[8] O artigo 25 da declaração consigna o direito a um nível de vida adequado, incluindo expressamente a alimentação como integrante deste. A temática da fome e da desnutrição foi considerada aspecto substancial quando da elaboração da Declaração Universal dos Direitos Humanos (1948).

A legislação humanitária internacional, ressaltando-se as quatro Convenções de Genebra de 1949 (e os dois protocolos adicionais de 1977),[9] fornece importantes subsídios ao Direito Humano à Alimentação ao proibir que a população civil seja submetida à fome e à destruição dos bens indispensáveis à subsistência, como gêneros alimentícios, zonas

---

escamotear a fome do panorama espiritual moderno. É que ao imperialismo econômico e ao comércio internacional ao serviço do mesmo interessava que a produção, a distribuição e o consumo dos produtos alimentares continuassem a se processar indefinidamente como fenômenos exclusivamente econômicos – dirigidos e estimulados dentro dos seus interesses econômicos – e não como fatos intimamente ligados aos interesses da saúde pública".

[7] A Carta das Nações Unidas foi adotada e aberta à assinatura pela Conferência da São Francisco, em 26 de junho de 1945, por ocasião da Conferência e Organização Internacional das Nações Unidas. A Carta funciona como instrumento de internacionalização dos Direitos Humanos e liberdades fundamentais, representando o intento das organizações internacionais, as quais buscavam a cooperação internacional no que pertine à manutenção da paz mundial e proteção dos Direitos Humanos.

[8] ONU. *Declaração Universal dos Direitos Humanos*, Paris, 10 dez. 1948.

[9] ONU. *Estudo Atualizado sobre o Direito à Alimentação*. Submetido por Asbjorn Eide, de acordo com a decisão 1998/106 da Subcomissão de Prevenção à Discriminação e de Proteção às Minorias da Comissão de Direitos Humanos. Trad. José Fernandes Valente. 51a Sessão, item 4 da Agenda.

agrícolas, colheitas, gado, instalações de água potável e sistemas de irrigação.[10] O Direito Humanitário tem como eixo central a ideia de que os Direitos Humanos seguem sendo aplicáveis em que pese a existência de conflitos armados, inclusive o direito a não padecer de fome. A Carta Social Europeia[11] é também elencada como um importante documento internacional, de âmbito regional, a reconhecer e proteger os direitos sociais. Na mesma esteira está a Carta dos Direitos Fundamentais da União Europeia, de 2000. Ainda em âmbito regional, citam-se a Carta Africana de Direitos dos Homens e dos Povos[12] (1981), o Protocolo Adicional à Convenção Americana Sobre os Direitos Econômicos Sociais e Culturais (San Salvador, 1988).[13] Nestes e em numerosas constituições, o Direito Humano à Alimentação Adequada é reconhecido expressamente ou por meio de dispositivos que asseguram um nível de vida adequado, protegendo a saúde, o recebimento de salário mínimo que garanta as necessidades de subsistência, seguridade social e regramento das relações de consumo.

Outrossim, inúmeras reuniões e cúpulas internacionais – em especial a Cúpula Mundial da Alimentação de 1996 – em seus documentos finais mencionam o Direito Humano à Alimentação e à Nutrição Adequadas. O Pacto Internacional dos Direitos Econômicos, Sociais e Culturais (PIDESC) (1966), que contempla expressamente o Direito à Alimentação e o Direito a Estar Livre da Fome, a Convenção sobre os Direitos da Criança (1989) e a Convenção para a Eliminação de Todas as Formas de Discriminação Contra a Mulher (1979) são considerados os instrumentos jurídicos de maior relevância internacional no que se refere ao DHANA. Por sua importância, este artigo tratará de forma

---

[10] *Id.*
[11] CONSELHO DA EUROPA. *Carta Social Europeia*, 1961. Disponível em: www.gddc.pt/direitos-humanos/. Acesso em: 2 dez. 2021.
[12] PARLAMENTO EUROPEU. *Carta dos Direitos Fundamentais da União Europeia*. Disponível em: www.europarl.europa.eu/charter/pdf/text_pt.pdf. Acesso em: 2 dez. 2021.
[13] COMISSÃO INTERAMERICANA DE DIREITOS HUMANOS. *Protocolo Adicional à Convenção Americana Sobre Direitos Humanos em Matéria de Direitos Econômicos, Sociais e Culturais.* Protocolo de San Salvador. 1988. Disponível em: www.cidh.org/Basicos/Portugues/e.Protocolo_de_San_Salvador.htm. Acesso em: 2 dez. 2021. O Protocolo reconhece expressamente o Direito Humano à Alimentação em seu artigo 12, o qual dispõe que: "1. Toda persona tiene derecho a una nutrición adecuada que le asegure la posibilidad de gozar del más alto nivel de desarrollo físico, emocional e intelectual. 2. Con el objeto de hacer efectivo este derecho y a erradicar la desnutrición, los Estados partes se comprometen a perfeccionar los métodos de producción, aprovisionamiento y distribución de alimentos, para lo cual se comprometen a promover una mayor cooperación internacional en apoyo de las políticas nacionales sobre la materia".

minuciosa sobre PIDESC, documento referencial sobre o direito à alimentação.

3 Proteção jurídica internacional do DHANA

Posteriormente à Segunda Guerra Mundial, com a consequente constatação dos horrores e atrocidades perpetrados nesse período, em que inclusive a fome foi largamente utilizada como arma de guerra,[14] nasceu a ideia de concepção de um Sistema Internacional de Direitos Humanos, no qual se assenta a proposta de uma jurisdição internacional voltada à proteção dos direitos das pessoas.

Um dos efeitos sentidos pela Europa com o avanço do nazismo foi a fome generalizada que atingiu quase indiscriminadamente as comunidades europeias. Segundo Josué de Castro, à medida que a Alemanha invadia os diferentes países da Europa, aplicava sua seletiva e organizada política da fome. Para Castro, a ideia central dessa política consistia em determinar o nível das restrições alimentares das populações europeias, repartindo entre elas – conforme os objetivos políticos e militares alemães – as parcas rações que as necessidades prioritárias do Reich deixavam disponíveis.[15]

A denominação Nações Unidas surgiu pela primeira vez em 1941, atrelada ao enfrentamento da fome.[16] Quando da preparação da Declaração Universal dos Direitos Humanos, Franklin Roosevelt proferiu o discurso intitulado As Quatro Liberdades, referindo ser

---

[14] A fome foi utilizada em larga escala durante a Segunda Guerra, não como uma consequência subsidiária, não desejada pelas empreitadas militares nazistas. Ao contrário, conforme Jean Ziegler: "Paralelamente à discriminação racial, eles instauraram uma discriminação também detalhada em matéria de alimentação. Dividiram, assim, as populações submetidas a seu jugo em quatro categorias: Grupos de população 'bem alimentados': compostos por populações que assumiam, para a máquina de guerra alemã uma função auxiliar; Grupos de população 'insuficientemente alimentados': englobando populações que, dadas as requisições de alimentos pelos nazistas, deveriam satisfazer-se com rações diárias de mil calorias por adulto; Grupos de 'famintos': constituídos por populações que os nazistas decidiram reduzir, mantendo o acesso à alimentação abaixo do nível de sobrevivência. Faziam parte desta rubrica os guetos judeus da Polônia, da Lituânia, da Ucrânia etc., mas também os povos ciganos da Romênia e dos Balcãs; Grupos destinados a serem 'exterminados pela fome': em alguns campos de extermínio, a 'dieta negra' era utilizada como arma de destruição. Adolf Hitler investiu tanta energia criminosa para esfaimar os povos europeus quanto na afirmação da superioridade racial dos alemães. Sua estratégia da fome tinha um duplo objetivo: assegurar a autossuficiência alimentar da Alemanha e subjugar as populações ao Reich."

[15] CASTRO, J. *Geopolítica da fome*. Rio de Janeiro: Casa do Estudante, 1951.

[16] ZIEGLER, J. *Destruição em massa*: geopolítica da fome. São Paulo: Cortez, 2013. p. 137.

a libertação da miséria um Direito Humano. Em 1944, Roosevelt propunha a aprovação de uma Carta de Direitos Econômicos, assinalando a compreensão de que a liberdade individual não pode existir sem segurança e independência econômicas. Para Roosevelt os homens necessitados não eram livres, e com pessoas famintas e sem trabalho se construíam as ditaduras.[17] Um ano após a fundação da ONU, em 1946, em Quebec, foi criada a Organização das Nações Unidas para Alimentação e Agricultura (FAO), primeira instituição especializada da ONU.

Com a aprovação da Declaração, em 10 de dezembro de 1948, iniciou-se a criação do Sistema Internacional de Direitos Humanos contemporâneo, o qual pauta-se de forma especial pela garantia dos direitos inerentes à dignidade da pessoa humana, que se constitui no fundamento maior dos Direitos Humanos. Opera-se uma clara restrição à soberania nacional dos Estados,[18] sedimentando-se a concepção de assistir um direito individual de proteção dos Direitos Humanos a ser assegurado no âmbito internacional.

Em seu artigo 25, a Declaração Universal dos Direitos Humanos preconiza o direito de toda a pessoa a um nível de vida adequado ao dispor que o padrão a ser desfrutado deve assegurar ao indivíduo e à sua família saúde, bem-estar, inclusive alimentação, vestuário e habitação. Para Asbjorn Eide, o direito a um nível de vida adequado resume a preocupação primeira dos direitos econômicos e sociais, cuja função consiste em integrar a todos em uma sociedade mais humana.[19]

Não obstante não se constitua em um tratado ou convenção internacional, é inegável a força e o impacto da Declaração Universal no sistema jurídico internacional. O direito internacional constitui-se igualmente pelos princípios gerais de direito e pelos costumes, sendo que estes são interpretados como normas imperativas de direito internacional geral. Inúmeros juristas[20] externam sua convicção acerca

---

[17] ALSTON apud EIDE, A. In: FAO. El derecho a la alimentación en la teoría y en la práctica. Roma: FAO, 2000. p. 2.

[18] A clássica orientação dominante de soberania absoluta dos Estados frente às questões de Direitos Humanos passa a sujeitar-se à possibilidade de controle e responsabilização internacional.

[19] EIDE, A. El derecho humano a una alimentación adecuada y a no padecer de hambre. In: El derecho a la alimentación en la teoría y en la práctica. 50 años de la Declaración Universal de Los Derechos Humanos. Roma: FAO, 2000. p. 3.

[20] PIOVESAN, F. Direitos humanos e o direito constitucional internacional. São Paulo: Saraiva, 2009. p. 149. Dentre os quais, Piovesan discorre que "[...] ainda que não assuma a forma de tratado internacional, apresenta força jurídica obrigatória e vinculante, na medida

da força jurídica da Declaração, destacando suas características de princípio geral de direito e elemento de direito costumeiro internacional.

O Pacto Internacional dos Direitos Econômicos, Sociais e Culturais (1966) constituiu-se no documento jurídico referencial do DHANA e, por tal motivação, merecerá abordagem mais minudentemente detalhada.

O PIDESC (1966) entrou em vigor em 1976 e, assim como o Pacto Internacional dos Direitos Civis e Políticos (PIDCP) (1966), surgiu com a finalidade de consagrar os direitos contidos na Declaração Universal dos Direitos Humanos. Cuida-se de um Tratado internacional que consigna obrigações jurídicas aos Estados ratificantes. Os principais obrigados relativamente ao conteúdo do PIDESC são os Estados nacionais, aos quais incumbe zelar pelo cumprimento do avençado dentro de seus territórios e, ainda, extraterritorialmente.

Evidenciada a necessidade de maiores esclarecimentos acerca do conteúdo do DHANA e a elaboração de estratégia planejada para a implementação desse direito, o Comitê dos Direitos Econômicos Sociais e Culturais (CEDESC), no ano de 1999, adotou o Comentário Geral nº 12,[21] o qual define o conteúdo legal do DHANA e as obrigações dos Estados-Partes em relação a esse direito. Segundo Golay, o Comitê inspirou-se "[...] amplamente nos relatórios de Eide, nas reuniões de especialistas e nas reflexões da sociedade civil".[22] Para Abramovich y Courtis,[23] as orientações constantes no Comentário Geral nº 12 são equiparáveis à jurisprudência acerca do conteúdo do Pacto.

Conforme o Comentário Geral nº 12, o conteúdo dos artigos 11.1 e 11.2 do PIDESC possui duas dimensões. A primeira refere-se ao

---

em que constitui a interpretação autorizada da expressão 'direitos humanos' constante dos artigos 1º (3) e 55 da Carta das Nações Unidas. Ressalte-se que, à luz da Carta, os estados assumem o compromisso de assegurar o respeito efetivo e universal aos direitos humanos. Ademais, a natureza jurídica vinculante da Declaração Universal é reforçada pelo fato de – na qualidade de um dos mais influentes instrumentos jurídicos e políticos do século XX – ter-se transformado, ao longo dos mais de cinquenta anos de sua adoção, em direito costumeiro internacional e princípio geral do direito internacional".

[21] Em 1999 a Comissão de Direitos Humanos das Nações Unidas nomeou um Relator Especial para o Direito à Alimentação. Entre suas funções destacam-se a investigação de qualquer tema que possua impacto sobre o DHAA, visitas a países para verificar as diferentes realidades nacionais e interagir com os governos, comunicando-os acerca de violações do Direito à Alimentação.

[22] GOLAY, C. *Direito à alimentação e acesso à justiça*: Exemplos em nível nacional, regional e internacional. Roma: FAO, 2010. p. 11.

[23] ABRAMOVICH, V.; COURTIS C. *Los derechos sociales como derechos exigibles*. Madrid: Trotta, 2002.

direito fundamental de toda pessoa a estar livre da fome e a segunda refere-se ao Direito Humano à Alimentação Adequada, em quantidade e qualidade suficientes para todos os seres humanos, estejam estes ou não em situação extrema de fome. Entre todos os Direitos Humanos consagrados no direito internacional, este é o único expressamente reconhecido como fundamental, dada a urgência que a fome impõe.

O direito fundamental a estar livre da fome obriga os Estados ao cumprimento imediato desse direito, não podendo se escusar sob a alegação de limites orçamentários ou, ainda, que se trata de direito de obrigação progressiva. Esse direito não admite ser postergado. Dessa forma, os países devem adotar providências imediatas e urgentes no sentido da implementação do direito a estar livre da fome.[24]

O compromisso dos Estados com referência ao PIDESC menciona a adoção de providências, com o emprego do máximo dos recursos disponíveis para atingir, de forma progressiva,[25] a realização plena dos direitos econômicos, sociais e culturais. Devem ser envidados esforços por todos os meios apropriados, tanto os adotados separadamente pelos Estados como mediante solicitação de auxílio internacional, assistência ou cooperação, em especial econômica e técnica. Ainda, o Pacto menciona de maneira especial a adoção de medidas legislativas com a finalidade de facilitar a aplicação dos direitos nele previstos em nível nacional. O artigo 2.1 do PIDESC (1966) menciona expressamente a necessidade do desenvolvimento legislativo para a melhor aplicação do direito. Conforme preceitos do direito internacional, o conteúdo do Pacto deve ser absorvido pelo direito interno.

O Guia para Legislar sobre o Direito à Alimentação[26] elaborado pela FAO sugere três níveis de medidas legislativas complementares. A incorporação do direito pelas constituições, a criação de uma lei marco facilitadora com a subsequente revisão das legislações setoriais, para que restem alinhadas com demais preceitos relativos ao DHANA.[27]

---

[24] Aplica-se, aqui, o insculpido no artigo 2.2 dos Princípios de Limburgo (1986), o qual dispõe: "Algunas obligaciones del Pacto requieren su aplicación imediata y completa por parte de los Estados Partes, tales como Prohibición de discriminación enunciada en el artículo 2.2 del Pacto".

[25] A progressividade encontra-se elencada no artigo 2º, parágrafo 1º, do PIDESC. Do contrário, o PIDCP não refere à questão da progressividade.

[26] FAO. *Guía para legislar sobre el derecho a la alimentación*. Roma: FAO, 2010.

[27] O Guia acima refere que a partir da década de 1990 muitos países da Europa Central, Oriental e da África passaram a aprovar novas constituições, incluindo Cartas de Direitos. A África do Sul é citada como um dos países que conta com as disposições mais avançadas em termos de Direito Humano à Alimentação Adequada.

Não raro se verificam incongruências entre a legislação infraconstitucional frente ao conteúdo das constituições e do próprio Pacto. A título de exemplificação, legislações referentes à pesca, ao consumidor, à utilização de agrotóxicos, à publicidade de alimentos, rotulagem de produtos e alimentação escolar por vezes encontram-se dissonantes com os preceitos do DHANA.

Acerca da compreensão do direito e suas interfaces, o Comentário Geral nº 12 dispõe:

> O Direito Humano à Alimentação Adequada está inseparavelmente vinculado à dignidade da pessoa humana e é considerado indispensável para o desfrute de outros direitos humanos consagrados na Carta de Direitos Humanos [...]. É também inseparável da justiça social, pois requer a adoção de políticas econômicas, ambientais e sociais adequadas, nos planos nacionais e internacionais, orientadas à erradicação da pobreza e ao desfrute de todos os direitos humanos por todos.
>
> [...] O direito à alimentação (adequada) é realizado quando cada homem, mulher ou criança, só ou em comunidade com outros, tem física e economicamente acesso a uma alimentação suficiente ou aos meios para obtê-la. O conteúdo do direito a uma alimentação (adequada) compreende [...] a disponibilidade de alimentação isenta de substâncias nocivas e aceitável em uma cultura determinada, em quantidade suficiente e de uma qualidade própria para satisfazer as necessidades alimentares do indivíduo, a acessibilidade ou possibilidade de obter essa alimentação de modo duradouro, e que não restrinja o gozo dos outros direitos humanos.[28]

Jean Ziegler, ex-Relator Especial sobre o DHANA da Organização das Nações Unidas, baseando-se no Comentário Geral nº 12, definiu o direito à alimentação como:

> [...] el derecho a tener acesso, de manera regular, permanente y libre, sea directamente, sea mediante compra em dinero, a una alimentación quantitativa y qualitativamente adecuada y suficiente, que corresponda a las tradiciones culturales a la población a que pertenece el consumidor y que garantice una

---

[28] ONU. *Comentário Geral nº 12*. Disponível em: www.pfdc.pgr.mpf.br/. Acesso em: 08 dez. 2021.

vida psíquica y física, individual y colectiva, libre de angustias, satisfatoria y digna.[29]

Ziegler introduz claramente em sua definição o eixo central dos Direitos Humanos, referindo a dignidade humana como integrante do DHANA. Tanto a definição elaborada pelo Comitê dos Direitos Econômicos Sociais e Culturais (CDESC), como a definição de Jean Ziegler sofreram forte influência dos escritos de Amartya Sen, bem como do Plano de Ação da Cúpula de Roma, de 1996.

O embate jurídico a ser travado pela afirmação dos DESC, inclusive para fins de não retrocesso de conquistas asseguradas, é tarefa imprescindível para a garantia de um nível adequado para as presentes e futuras gerações,[30] dizendo respeito com a justiça intergeracional.

O conteúdo básico do DHANA compreende a adequação, a sustentabilidade, a disponibilidade, a aceitabilidade cultural e a disponibilidade dos alimentos, conforme abaixo discriminado:

(a) a *adequação*[31] do alimento vincula-se às *condições sociais, econômicas, culturais, climáticas e ecológicas*, entre outros fatores. O conceito de alimentação adequada constante no Comentário Geral nº 12 é significativo em relação ao DHANA, na medida em que se presta a salientar vários fatores que devem ser tomados em consideração para determinar se os alimentos ou dietas específicas que estão disponíveis podem

---

[29] ZIEGLER, J. *Informe provisional del relator especial sobre el derecho a la alimentación*, de conformidad con la resolución 60/165 de la Asamblea General, Naciones Unidas, A/61/306, 61 período de Sesiones, 01. sept. 2006. p. 4.

[30] A Carta Encíclica LAUDATO SI, Sobre o Cuidado da Casa Comum, do Pontífice Francisco, discorre que os poderes econômicos continuam a justificar o sistema mundial atual, onde predomina uma especulação e uma busca de receitas financeiras que tendem a ignorar todo o contexto sobre a dignidade humana e sobre o meio ambiente, incluindo em suas reflexões o papel desempenhado pela economia de larga escala no setor agrícola, com implicações para os pequenos agricultores, enumerando a questão do acesso a terra e o domínio da venda e transporte de alimentos pelas grandes corporações. Sobre a justiça intergeracional, os ensinamentos discorrem: "A noção de bem comum engloba também as gerações futuras. As crises econômicas internacionais mostraram, de forma atroz, os efeitos nocivos que traz consigo o desconhecimento de um destino comum, do qual não podem ser excluídos aqueles que virão depois de nós. Já não se pode falar em desenvolvimento sustentável sem uma solidariedade intergeracional". Disponível em www.vatican.va. Acesso em 10 dez. 2018.

[31] ONU. *Comentário Geral nº 12*. Disponível em: www.pfdc.pgr.mpf.br/. Acesso em: 07 out. 2015. FAO. *Diretrizes Voluntárias nº 10*. Diretrizes voluntárias em apoio à realização progressiva do direito à alimentação no contexto da segurança alimentar nacional. Adotadas na 127ª Sessão do Conselho da FAO, nov. 2004. Disponível em: www.fao.org/. pdf. Acesso em: 04 ago. 2015.

ser considerados os mais apropriados, segundo os objetivos do PIDESC. O aporte de nutrientes deve ocorrer em quantidade e qualidade necessárias para satisfazer as necessidades das pessoas, considerando os aspectos fisiológicos, profissão e atividades realizadas, de forma a proporcionar *condições de saúde física e mental,* em todas as fases do ciclo da vida. A alimentação deve ser *livre de substâncias tóxicas e adversas,* tendo-se como diretriz a ingestão de alimentos compatíveis com a saúde humana;

(b) a segurança alimentar e nutricional deve ser *sustentável,* isto é, o *alimento adequado* deve restar disponível tanto para a *atual como para as futuras gerações.* A sustentabilidade diz respeito à adoção de *sistemas alimentares ambientalmente sustentáveis, de base agroecológica,* máxime ante a escassez crescente dos recursos ambientais em razão de modelos de produção incompatíveis com a sustentabilidade. A relação entre a produção de alimentos e os ecossistemas deve se dar de maneira harmoniosa, sob pena de comprometimento da própria preservação da espécie humana e de outras formas de vida do planeta. A noção de disponibilidade e acessibilidade em longo prazo são fatores de extrema relevância;

(c) os alimentos devem estar *disponíveis*[32] em quantidade e qualidade suficientes para satisfazer as necessidades dietéticas das pessoas, livres de substâncias adversas e aceitáveis para dada cultura. A *disponibilidade* deve abranger alternativas como alimentar-se diretamente da terra produtiva ou de outros recursos naturais, bem como através de sistemas de abastecimento eficientes;

(d) a *aceitabilidade cultural* diz respeito à necessidade de tomar-se em conta outros valores não ligados diretamente à questão nutricional, vinculados aos aspectos culturais e antropológicos da alimentação. É fator essencial para o sucesso de políticas públicas e projetos que envolvam a segurança alimentar e nutricional;

(e) a *acessibilidade*[33] aos alimentos produzidos de forma *sustentável* não deve interferir na fruição de outros direitos humanos. Essa

---

[32] ONU. *Comentário Geral nº 12.* Disponível em: www.pfdc.pgr.mpf./. Acesso em: 07 out. 2015.
[33] *Id.*

acessibilidade deve dar-se tanto no campo físico quanto no econômico. Os custos financeiros, familiares e pessoais relacionados com a aquisição de alimentos não devem interferir na realização de outras necessidades básicas. Por outro lado, a alimentação adequada deve ser acessível a todos, inclusive aos indivíduos que se encontram em situação de vulnerabilidade física, tais como crianças, pessoas idosas, deficientes físicos, doentes terminais, população em situação de rua e segmentos discriminados por etnia ou extrema pobreza.

A infração ao conteúdo básico do DHANA pode caracterizar-se como violação desse direito, daí a importância de sua correta compreensão. Assim, a produção de alimentos inadequados, ultraprocessados e contendo substâncias adversas à saúde, cujo modelo de produção é insustentável socioambientalmente e interfere na fruição de outros direitos humanos caracteriza-se flagrantemente como violação jurídica ao DHANA a ser cotejada com as obrigações internacionais de respeito e proteção do direito, a depender dos sujeitos diretamente envolvidos na lesão jurídica.

Existe estreita relação entre a satisfação do DHANA e a dignidade humana, a ponto de afirmar-se que a fome e a má-nutrição, dadas suas nefastas consequências, maculam severamente a condição de dignidade do ser humano.[34] Ao observar os efeitos da violação do DHANA no ciclo vital, na saúde, no cerceamento do desenvolvimento físico adequado e cognitivo das pessoas, seu significado na manutenção da pobreza de pessoas e nações, tem-se a dimensão da importância desse direito em nível mundial e da carga de dominação que sua crônica violação impõe.[35]

---

[34] NUSSBAUM, M. Mujeres e igualdad según la tesis de las capacidades. *Revista Internacional del Trabajo*, [S.l.], v. 118, n. 3, p. 253-273, 1999. p. 253. Nussbaum realça que "Los seres humanos poseen una dignidad que merece ser respetada por las leyes y las instituciones sociales. Esta idea, que tiene múltiples orígenes en muchas culturas, es capital actualmente dentro de la teoría y la práctica de la democracia moderna en todo el mundo. Se suele entender que la idea de la dignidad humana implica una idea de valía igual: ricos y pobres, habitantes del campo y de las ciudades, mujeres y hombres, todos son igualmente merecedores de respeto por el simple hecho de ser humanos".

[35] ONU. *Comentário Geral nº 12*. Disponível em: www.fianbrasil.org.br. Acesso em: 15 dez. 2021. O Comentário Geral nº 12, em seu parágrafo 4º consigna que "O Direito Humano à Alimentação Adequada está inseparavelmente vinculado à dignidade da pessoa humana e é considerado indispensável para o desfrute de outros direitos humanos consagrados na Carta de Direitos Humanos [...]. É também inseparável da justiça social, pois requer a adoção de políticas econômicas, ambientais e sociais adequadas, nos planos nacionais

Para o Comitê, não obstante problemas como fome e desnutrição sejam mais frequentes e agudos em países em desenvolvimento, observa-se também sua incidência em alguns dos países economicamente mais desenvolvidos. Assim, tem-se que a atenção ao DHANA é tema que deve integrar a agenda nacional de países indistintamente.

Ademais, o Comentário Geral nº 12 faz menção à aplicação do DHANA no plano nacional, sugerindo estratégias e mecanismos para o enfrentamento de suas violações, dentre os quais preconiza a necessidade de os planos e estratégias observarem plenamente os princípios de responsabilidade, transparência, participação popular, descentralização, capacidade legislativa e independência da Magistratura.

Motivados pela disposição da Cúpula Mundial da Alimentação (1996), no sentido de tornar claro o conteúdo do Direito Humano à Alimentação, organizações como a FIAN International, WANAHR e Instituto Jacques Maritain, após debate intenso com expertos e sociedade civil, a qual externou suas manifestações através de aproximadamente 1000 organizações do mundo inteiro e associações, esboçaram um Código de Conduta sobre o Direito a uma Alimentação Adequada. Essa movimentação foi de fundamental importância para a posterior elaboração das Diretrizes Voluntárias da FAO, de modo a explicitar ainda mais o DHANA e facilitar a observação e implementação desse direito nos países. Em novembro de 2004, após vinte anos de discussões e negociações, foram aprovadas as Diretrizes Voluntárias da FAO.[36] Para fins de estratégias nacionais, estas enfocam áreas como desenvolvimento econômico, sistemas de mercado, agricultura, nutrição, políticas sociais, educação e medidas emergenciais a serem adotadas em casos de crises alimentares.

A abordagem de Direitos Humanos como eixo central no enfrentamento da fome e da desnutrição vincula instituições internacionais e governos a observarem e implementarem o DHANA à luz da

---

e internacionais, orientadas à erradicação da pobreza e ao desfrute de todos os direitos humanos por todos".

[36] VALENTE, F.L.S. Fome zero, política nacional de segurança alimentar e nutricional. *In*: *Relatório Azul 2005* – Garantias e Violações dos Direitos Humanos. Comissão de Cidadania e Direitos Humanos da AL/RS, Porto Alegre: Corag, 2005. p. 124. Conforme Valente, "O Brasil assumiu uma posição de liderança na elaboração e aprovação das Diretrizes Voluntárias para a promoção da realização do Direito à Alimentação Adequada, no Contexto da Segurança Alimentar Nacional, aprovadas em novembro de 2004, no âmbito da FAO, em contraposição aos interesses dos EUA e seus aliados que se negam a reconhecer os Direitos Econômicos, Sociais e Culturais como direitos humanos em pé de igualdade com os civis e políticos".

sistemática que rege os Direitos Humanos. Atende-se, dessa forma, à Declaração Universal dos Direitos Humanos e à Conferência Mundial de Direitos Humanos de Viena, a qual reafirmou a unidade dos Direitos Humanos ao proclamar que todos os direitos humanos são universais, indivisíveis, interdependentes e inter-relacionados.[37]

São ainda fontes de interpretação dos DESC os Princípios de Limburgo,[38] os quais dispõem sobre a aplicação do PIDESC, as Diretrizes de Maastricht, as quais igualmente procuram facilitar o conteúdo do Pacto e aprofundar as disposições constantes nos Princípios de Limburgo e a Convenção de Viena.[39] As Diretrizes de Maastrich contribuem de forma ímpar para a melhor aplicação dos DESC ao consignarem em seu parágrafo 5 a definição de violação desses direitos: "[...] como no caso dos direitos civis e políticos, o não respeito por um Estado de uma obrigação decorrente de um tratado relativo aos direitos econômicos, sociais e culturais constitui, em direito internacional, uma violação desse Tratado".[40]

Em que pese não se constituírem em tratados internacionais, ditas fontes, elaboradas por expertos de vários países, inclusive alguns integrantes do Comitê dos DESC, são utilizadas como forma de auxílio na interpretação do conteúdo e dos objetivos do Pacto.

---

[37] Na esteira da Declaração Universal dos Direitos Humanos, que tratou os direitos civis, políticos, econômicos, sociais e culturais de forma a conectá-los e relacioná-los entre si, o que resultou no reforço destes direitos.

[38] LOS PRINCIPIOS de Limburg sobre la Aplicación del Pacto Internacional de Derechos Económicos, Sociales y Culturales. Disponível em: http://www.derechoshumanos.unlp.edu.ar/assets/files/documentos/los-principios-de-limburg-sobre-la-aplicacion-del-pacto-internacional-de-derechos-economicos-sociales-y-culturales-2.pdf. Acesso em: 15 dez. 2021.

[39] Elaborada por ocasião da Conferência Mundial de Direitos Humanos, em Viena, 1993.

[40] GOLAY, C. *Direito à alimentação e acesso à justiça*: exemplos em nível nacional, regional e internacional. Roma: FAO, 2010. p. 21. Segundo Golay, "[...] o direito à alimentação será violado quando uma das obrigações correlativas dos Estados não for respeitada. As violações do direito à alimentação, como a dos outros direitos humanos, podem ser, portanto, consequência de uma ação ou de uma omissão do Estado".

3.1 Obrigações dos Estados à luz do Pacto Internacional dos Direitos Econômicos, Sociais e Culturais (1966)

Asbjorn Eide e Van Hoof,[41] de forma precursora, detalharam a proposta de divisão das obrigações dimanadas dos Direitos Humanos em determinados níveis, reconhecendo sua aplicabilidade tanto para os direitos civis e políticos quanto para os direitos econômicos, sociais e culturais. O estudo realizado pelos autores foi posteriormente acolhido pelo CEDESC,[42] com diminuta alteração, sendo seu conteúdo considerado quando da elaboração do Comentário Geral nº 12, apenas com a ressalva de que o Comitê entendeu que as obrigações de garantia e promoção, previstas separadamente pelos autores, poderiam ser englobadas em um único item.

A *obrigação de respeitar* o Direito Humano à Alimentação Adequada requer a abstenção do Estado de condutas que possam interferir no desfrute do direito por indivíduos ou grupos em situação de vulnerabilidade. Entre os deveres do Estado pode-se enumerar a obrigação de abstenção de atividades que obstaculizam diretamente o acesso das pessoas aos alimentos ou aos recursos produtivos, bem como a aprovação de medidas administrativas ou leis que impeçam ou restrinjam o acesso das pessoas aos alimentos e recursos produtivos. Exemplificando-se, é obrigação do Estado, consoante o teor do Comentário Geral nº 15, não contaminar fontes hídricas. Ainda, o Estado viola o Pacto quando destrói ou contamina fontes alimentares, desapropria terra de camponeses que dela subsiste para fins de instalação de grandes empreendimentos econômicos, tais como projetos de mineração, barragens ou obras de infraestrutura, sem considerar a existência de alternativas viáveis que evitem o despejo forçado e, em sendo inevitável, sem a adoção de correlata medida compensatória que assegure efetivamente a realização do DHANA das pessoas e grupos. O dever de respeito constitui-se em obrigação de cumprimento imediato, consistente em uma obrigação de não fazer.

A *obrigação estatal de proteger* requer que medidas sejam tomadas pelo Estado para garantir que empresas ou indivíduos não privem

---

[41] EIDE, A.; HOOF, V. apud ABRAMOVICH, V.; COURTIS, C. Hacia la exigibilidad de los derechos económicos, sociales y culturales. Estándares internacionales y criterios de aplicación ante los tribunales locales. *Jura Gentium*. [S.l.], [s.p.], 2005. Disponível em: https://www.juragentium.org/topics/latina/es/courtis.htm. Acesso em: 23 mar. 2022.

[42] Comitê dos Direitos Econômicos, Sociais e Culturais.

outros indivíduos de seu acesso à alimentação adequada ou aos recursos produtivos. Aqui a atividade estatal deve zelar pela proteção desse direito. A obrigação do Estado consiste em impedir que terceiros privem pessoas de seu acesso aos alimentos ou recursos produtivos.

Assim, a título de ilustração, considerando-se a importância do acesso à terra para as comunidades indígenas na realização do DHANA, deve o Estado tomar medidas para evitar que estes sejam expulsos de suas terras ancestrais, atividade frequentemente praticadas por grileiros.[43] Outrossim, é dever do Estado proteger o meio ambiente e as comunidades tradicionais de atividades de empresas transnacionais que interferem diretamente no desfrute do DHANA, situações que ocorrem com frequência em inúmeros países da América Latina e África, dentre outros.

No magistério de Añon, as instituições econômicas, assim como as corporações multinacionais devem estar sujeitas a normativas em nível nacional e internacional para assegurar que suas atividades não afetem de forma adversa o acesso à alimentação, aos meios para sua obtenção ou à produção de alimentos.[44]

Quando o Estado infringe o dever de respeito, está-se diante de uma violação do DHANA por parte desse ente, que, por atitude própria, transgride direito assegurado no Pacto. Na hipótese de ele não proteger de maneira adequada o DHANA, igualmente se está frente a uma violação pelo Estado, que não cumpre o seu dever de proteção, o que enseja responsabilização internacional, já que seu é o dever de tomar medidas adequadas para impedir quaisquer interferências no desfrute dos alimentos.

A obrigação de realizar (garantir) significa que o Estado deve envolver-se de modo proativo em atividades destinadas a fortalecer o acesso de pessoas a recursos e meios para garantir o DHANA. Verificada a incapacidade de realização da segurança alimentar e nutricional por seus titulares, seja quanto à qualidade ou quantidade da ingesta alimentar, cabe ao Estado a satisfação do direito. Ainda, em situações emergenciais, o Estado deve igualmente utilizar o máximo de seus recursos de forma a garantir a realização desse direito.

---

[43] Neste caso, com o sentido de homens que, mediante o uso da força, coagem a população indígena ao abandono de suas terras para apossar-se das referidas.
[44] AÑON, M.J.R. et all. *Lecciones de derechos sociales*. Valencia: Tirant lo Blanch, 2004. p. 183.

Assim, sempre que um indivíduo ou grupo em situação de vulnerabilidade estiver impossibilitado, por razões fora do seu controle, de usufruir do DHANA, os Estados têm a obrigação de prover o direito diretamente. Conforme Künneman,[45] essa obrigação inclui o acesso aos recursos produtivos, entre esses o acesso ao emprego, o compartilhamento de recursos em sistemas de seguridade social, baseados no Estado, na comunidade ou na família.

Dentro da seara das obrigações estipuladas aos Estados encontram-se ainda a obrigação de progressividade e a proibição de regressividade assinaladas no artigo 2º do PIDESC.[46] O Pacto consigna tanto obrigações de aplicação imediata quanto aquelas[47] que, por requererem maiores medidas ou pressupostos orçamentários, hão de ser implementadas de maneira progressiva pelos Estados. Repisa-se que o Direito a Estar Livre da Fome é de aplicabilidade imediata, não podendo ser invocada a progressividade para a sua implementação.

A progressividade encontra-se entrelaçada com a aplicação do máximo dos recursos disponíveis para fins de análise de sua suficiência. Se um Estado não empenha o máximo dos recursos disponíveis para a implementação dos DESC, pode-se inferir que a progressividade não está sendo operada a contento. Ainda, a atenção à progressividade há que demonstrar a existência de planejamento que aponte os avanços gradativos à consecução dos objetivos do Pacto. Assim, é essencial a visão estratégica que demonstra que a situação será revertida em determinado lapso temporal, porque não somente se está alterando a situação de direitos para melhor, como também existe previsão ordenada através de políticas públicas ou programas.

A proibição de regressividade torna inadmissível o retrocesso do gozo dos DESC para um patamar inferior de desfrute uma vez atingida a implementação mais satisfatória. Os Estados-Partes são apontados para um único sentido em termos de cumprimento das

---

[45] FIAN Internacional. ¿Renta básica *alimentária, opción u obligación?* Heidelberg: FIAN Internacional, 2005. p. 9.

[46] ONU. *Pacto Internacional dos Direitos Econômicos Sociais e Culturais*. Disponível em: www.dhnet.org.br/direitos/sip/onu/doc/pacto1.htm. Acesso em: 15 dez. 2021. Conforme o PIDESC, artigo 2º, 1 "Cada um dos Estados Partes no presente Pacto se compromete a adotar medidas, tanto por separado como mediante a assistência e cooperação internacionais, especialmente econômicas e técnicas, até o máximo dos recursos disponíveis, para lograr progressivamente, por todos os meios apropriados, inclusive em particular a adoção de medidas legislativas, a plena efetividade dos direitos aqui reconhecidos".

[47] ONU. *Comentário Geral nº 3*. Disponível em: www.dhnet.org.br/dados/pb/. Acesso em: 15 dez. 2021.

obrigações assinaladas no PIDESC, qual seja, o da progressividade, sob pena de violação do Pacto. Tanto a estagnação quanto a regressividade encontram-se em dissonância com os objetivos estabelecidos. À guisa de ilustração, se o Estado brasileiro resolvesse extinguir o Programa Nacional de Alimentação Escolar (PNAE), sem a subsequente elaboração de qualquer substitutivo à altura ou que estabelecesse melhores condições de gozo desse direito, estaria transgredindo o PIDESC por regressão, uma vez que já havia atingido situação mais benéfica de implementação desse direito.

3.2 Formas de exigibilidade do DHANA

A caminhada de construção jurídica do DHANA, sua historicidade a partir do reconhecimento mais abrangente dos direitos sociais e da posterior caracterização de seu marco legal específico, bem como os esforços por sua conceituação e definição de conteúdo à luz dos princípios internacionais que regem os Direitos Humanos têm como sentido finalístico a realização da segurança alimentar e nutricional para todos e todas. Nesse aspecto, discorre-se a seguir acerca dos mecanismos de exigibilidade, os quais têm como pressuposto para o seu acionamento o reconhecimento prévio das situações de violação do direito, tanto pela sociedade civil, em especial os grupos vulneráveis, quanto pelos gestores públicos e integrantes do sistema judiciário. Não raro a ausência de reconhecimento das violações ao DHANA, enquanto infração jurídica, estende-se aos próprios operadores do direito. Nesses casos, denúncias de segmentos violados esbarram na ausência de prosseguimento adequado pela não realização da equação jurídica de subsunção do fato à norma, por deficiência decorrente da não identificação da violação e por "desconhecimento" desse direito. Tal situação remete a questões de capacitação adequada e de formação acadêmica, a qual exige apreciação específica. A engrenagem sistêmica parte do reconhecimento das violações e do marco legal, do empoderamento da sociedade civil quanto às formas de exigibilidade e, quando não satisfeito o direito pelas vias políticas ou administrativas, do acesso à justiça.

Quanto às violações, o CDESC lança mão dos critérios interpretativos do conteúdo do PIDESC, assegurando de antemão a pronta exigibilidade do núcleo básico do DHANA.[48] Encontra-se uniformizado

---

[48] FRANCO, A.M.S. Los derechos económicos, sociales y culturales. El desarrollo conceptual a nivel de las Naciones Unidas. *In:* FIAN Internacional. *El derecho a la alimentación.*

pelo CDESC o entendimento de que o Estado deve garantir ao menos o nível mínimo essencial necessário para assegurar a proteção contra a fome, sob pena de infringência ao Pacto.[49]

A garantia do conteúdo básico de cada direito deve guiar as medidas estatais adotadas nos âmbitos Executivo, Legislativo e Judiciário.

A partir da constatação das violações, pensar-se na exigibilidade dos DESC comporta um alargamento de horizontes, um olhar que contemple as diversas formas pelas quais um direito possa concretizar-se[50] desde a perspectiva de seus titulares, suas organizações e dos próprios obrigados. Ao observar-se a relação de obrigação do Estado – constituído este pelos Poderes Executivo, Legislativo e Judiciário – frente ao PIDESC, desdobrada essa responsabilidade igualmente nas divisões organizacionais federativas de um país (no Brasil: União,

---

Heidelberg: FIAN Internacional, 2006. p. 27. Franco menciona que o reconhecimento do conteúdo mínimo tem como consectário, "Por uma parte, uma obrigação de não interferência no que se considera como núcleo básico do direito. Assim, dito núcleo essencial fica excluído de qualquer tipo de negociação, e, por outra, uma obrigação positiva de garantia, que implica em que o conteúdo mínimo seja cumprido pelos Estados sem desculpa alguma, com o máximo dos recursos disponíveis e que em caso de serem estes insuficientes devam recorrer inclusive à cooperação internacional".

[49] Conforme o Comentário Geral nº 12, parágrafo 17 "[...] ao determinar que medidas ou omissões constituem uma violação do direito à alimentação, é importante distinguir entre a falta de capacidade e a falta de vontade de um Estado para cumprir suas obrigações. No caso de que o Estado Parte aduza que a limitação de seus recursos o impeça de facilitar o acesso à alimentação daquelas pessoas que não são capazes de obtê-la por si mesmas, o Estado há de demonstrar que fez todos os esforços possíveis e utilizou todos os recursos de que dispõe com o fim de cumprir, com caráter prioritário, estas obrigações mínimas". ONU. *Comentário Geral nº 12*. Disponível em: www.pfdc.pgr.mpf.mp.br/. Acesso em: 07.10.2015. Esta obrigação decorre do parágrafo 1º do artigo 2º do Pacto, o qual obriga cada Estado Parte a tomar as medidas necessárias até o máximo dos recursos de que disponha, tal qual assinalou anteriormente o Comitê no parágrafo 10 do Comentário Geral nº 3. O Estado que aduza que é incapaz de cumprir esta obrigação por razões que estão fora de seu controle, tem, portanto, a obrigação de provar as afirmações de que não logrou receber apoio internacional para garantir a disponibilidade e acessibilidade dos alimentos necessários". ONU. *Comentário Geral nº 3*. Disponível em: www.dhnet.org.br/dados/cursos/dh/br/pb/. Acesso em: 15 dez. 2021.

[50] SAURA ESTAPÁ, J. La exigibilidad jurídica de los derechos humanos: especial referencia a los derechos económicos, sociales y culturales. *Papeles el tiempo de los derechos*, Barcelona, n. 2, p. 1-14, 2011. p. 5. Conforme Saura "[...] la exigibilidad, en un sentido lato, tiene que ver con la concreción del alcance de derecho (su contenido esencial); la identificación de sus titulares, así como del responsable de hacerlo efectivo; y sólo por último, la existencia de vías formales de acceso de los primeros a los segundos para reclamarles en derecho en respeto a los derechos de aquéllos mediante el cumplimiento de las obligaciones de estos. Estas vías de acceso pueden ser jurisdiccionales, pero también administrativas u otras. De hecho, el mismo Martinez de Pisón reconoce que 'cuando hablamos de exigibilidad nos referimos a los procedimientos de reclamación para que los poderes públicos cumplan sus obligaciones de actuar'".

estados e municípios), há que se consolidar as formas de exigibilidade que contemplem essa obrigação estatal também de forma tripartite, pela qual os titulares do direito possam utilizar-se de estratégias próprias da democracia em relação a esses três Poderes, no sentido do objetivo final, que é a realização do direito em causa.

Destarte, o DHANA contempla as formas de exigibilidade administrativa, política, quase-judicial e judicial. A exigibilidade administrativa refere-se à possibilidade de o direito ser pleiteado pelos seus titulares perante os responsáveis imediatos pelas ações diretas de reparação ou prevenção, esta última a ser postulada ante os casos de infração iminente. Nessa perspectiva, a exigibilidade opera-se em uma relação direta entre os titulares do bem jurídico violado e o Poder Executivo por meio de seus braços administrativos, ou seja, diretamente perante os sujeitos responsáveis pela realização imediata de provimento do DHANA.

A exigibilidade política é bastante utilizada pela sociedade civil organizada, com a consagração de estratégias e formas de lutas para a realização do direito. Nessa modalidade, o DHANA (assim como outros DESC) pode ser requerido perante os agentes políticos e instâncias responsáveis pelo gerenciamento das políticas públicas e programas que objetivam a satisfação do direito. O espectro da exigibilidade política admite a perquirição, inclusive quanto ao modo de formulação das políticas públicas, se estas foram elaboradas com ampla participação social, se foram utilizados os recursos orçamentários dentro do máximo dos recursos disponíveis para a efetivação do direito, se as políticas públicas restaram formuladas de modo discriminatório, entre outras situações. A exigibilidade política reverbera a voz da sociedade civil organizada e dos movimentos sociais, conferindo a estes um papel destacado na realização do direito. Nessa via, as estratégias requerem que sejam previamente assegurados direitos civis e políticos como a liberdade de expressão, de manifestação e associação, entre outros ínsitos ao Estado democrático de direito, exsurgindo a importância de se garantir estes inclusive para a luta pela implementação dos DESC, o que ratifica a indivisibilidade e interdependência entre os Direitos Humanos.

A exigibilidade quase-judicial ocorre perante instituições que integram o Sistema de Justiça *lato sensu,* mas se não encontram vinculadas ao Poder Judiciário. A exigibilidade nesse caso decorre de autorização legislativa e opera-se de maneira extrajudicial, não necessitando da intervenção do Poder Judiciário para sua perfectibilização. Em países como o Brasil, instituições como o Ministério Público e a Defensoria Pública possuem atribuições para celebrar Termos de Ajuste de Conduta (TAC), em que são formulados acordos com os violadores, sendo conferida aos TACs força de título executivo extrajudicial, nos termos da legislação processual vigente.

Quanto à justiciabilidade ou exigibilidade judicial, esta se opera mediante a interposição de ações judiciais perante o Poder Judiciário para que este, à luz do ordenamento jurídico nacional e internacional, exerça a função de garantidor do direito. Quando um Estado nacional se compromete com o teor de um tratado internacional, obrigam-se os três poderes de Estado: Executivo, Legislativo e Judiciário. É preciso a internalização do conteúdo dos compromissos assumidos em cada uma das esferas que compõem o ente estatal.

Dentro do sistema da tripartição de poderes que rege o regime democrático de direito nas sociedades modernas, as obrigações decorrentes dos direitos sociais tocam, em um primeiro momento, por sua conformação e vinculação com as políticas públicas, aos poderes Executivo e Legislativo. Não obstante, tal fato não aponta para a omissão do Poder Judiciário nessa questão. O papel do Poder Judiciário é de fundamental importância para a implementação de direitos, uma vez constatada a inoperância ou inefetividade dos demais poderes.[51] Nos termos do Sistema Internacional dos Direitos Humanos a tarefa destinada ao Poder Judiciário enquanto Estado, em nível de obrigação decorrente dos DESC, é a de exercer a função de garantia desses direitos quando os demais poderes não desempenham a contento seu mister. Ao analisar jurisprudência do Tribunal Constitucional Federal Alemão, Krell consignou que

---

[51] LEIVAS, P.G.C. *Teoria dos direitos fundamentais sociais*. Porto Alegre: LAEL, 2006. p. 95. Conforme Leivas "[...] os princípios democráticos e da separação dos poderes, que efetivamente conferem aos Poderes Executivo e Legislativo uma legitimação privilegiada para a conformação e execução dos direitos fundamentais sociais, são princípios constitucionais que restringem amiúde os direitos fundamentais sociais prima facie, porém não funcionam como obstáculo à efetividade destes direitos em caso de omissão ou ação insuficiente, inadequada ou desnecessária dos Poderes Legislativo e Executivo". Ainda, para o autor, faz-se mister submeter-se os princípios constitucionais formais, quais sejam: democrático e da separação de poderes, assim como princípios materiais, exemplificando-se direitos fundamentais de terceiros, ao cotejo da proporcionalidade com os direitos fundamentais sociais. Assim, os primeiros somente restringiriam direitos fundamentais sociais se, no caso concreto, após a devida ponderação, apresentassem maior relevo.

[...] de modo algum um Tribunal Constitucional *é* impotente frente a um legislador inoperante. O espectro de suas possibilidades processuais constitucionais se estende, desde a mera constatação de uma violação da Constituição, através da fixação de um prazo dentro do qual deve levar-se a cabo uma legislação acorde com a Constituição, até a formulação judicial direta do ordenado na Constituição.[52]

Ao proferir julgamento sobre o DHANA, o Poder Judiciário não está interferindo no sistema tripartite de separação de poderes. As Constituições Federais, de regra, impõem obrigações a todos os poderes legalmente constituídos. Ao deixar descobertos direitos dessa ordem por meio de inação ou de políticas públicas ineficientes, estaria o Executivo a violar a Carta Magna de direitos, o que exige, mediante adequada provocação, pronta intervenção do Poder Judiciário.[53]

Com efeito, a discriminação interpretativa entre direitos nesse aspecto fere a sistemática internacional dos Direitos Humanos. O Comitê dos DESC em seu Comentário Geral nº 9 assevera que os custos financeiros para a implementação dos direitos constantes no Pacto não se constituem em óbice a que os juízes se manifestem sobre o direito. Assim, a necessidade de despenderem-se recursos públicos para a realização de um direito não interfere na justiciabilidade deste.

Ainda no que se refere ao Poder Judiciário, o Comentário Geral nº 9, em seu item 14, é enfático ao consignar que

> [...] os Tribunais devem ter em conta os direitos reconhecidos no Pacto quando seja necessário, para garantir que o comportamento do Estado esteja em consonância com as obrigações oriundas do Pacto. A omissão pelos Tribunais desta responsabilidade é incompatível com o Princípio do império do direito, que sempre se há de supor que inclui o respeito às obrigações internacionais em matéria de direitos humanos.[54]

---

[52] KRELL, A. *Direitos sociais e controle judicial no Brasil e na Alemanha*. Porto Alegre: SAFE, 2002. p. 85.

[53] LOPES, J.R. Direito subjetivo e direitos sociais: o dilema do judiciário no estado social de direito. In: FARIA, J. E. *Direitos humanos, direitos sociais e justiça*. São Paulo: Malheiros, 1994. p. 136. Consoante Lopes, "[...] o Poder Judiciário, provocado adequadamente, pode ser um poderoso instrumento de formação de políticas públicas. Exemplo disso é o caso da seguridade social brasileira. Se não fosse pela atitude dos cidadãos de reivindicar judicialmente e em massa seus interesses ou direitos, estaríamos mais ou menos onde sempre estivemos".

[54] ONU. *Comentário Geral nº 9*. Disponível em: www.dhnet.org.br/dados/cursos/dh/br/pb/. Acesso em: 15 dez. 2021.

A tarefa do Poder Judiciário ante a inobservância do conteúdo do Pacto pelo Executivo ou Legislativo é coibir que esses violem o conteúdo do Pacto, zelando, assim, pela unidade de comportamento do Estado em sintonia com suas obrigações internacionais.

Como se pode observar ante o exposto, o DHANA é um direito exigível e justiciável, correspondendo ao Poder Judiciário, na instância que lhe cabe, garantir esse direito. Tendo-se em conta a extrema relevância de assegurar-se a garantia do direito mediante a judicialização, sobressai-se a importância do amplo acesso à justiça por parte da população, em especial no que se refere aos segmentos em situação de vulnerabilidade.

Em que pese o farto arcabouço jurídico internacional já delineado relativamente ao Direito Humano à Alimentação e à Nutrição Adequadas, quando as violações diretas a esse direito partem de empresas transnacionais, cuja expansão de atividades dá-se de maneira transfronteiriça, torna-se imperiosa a análise das infrações sob o enfoque da extraterritorialidade das obrigações.

4 Noções de obrigações extraterritoriais relativas aos DESC

Ao comprometerem-se por meio de instrumentos jurídicos internacionais com relação aos Direitos Humanos, os Estados assumem o compromisso de zelar pela efetividade e implementação destes em seu território, como também a obrigação de os respeitar, de impedir que suas instituições, públicas ou privadas, transgridam essas normas em outros Estados nacionais, de forma extraterritorial, ocasionando violações de direitos de pessoas ou grupos. Por convocação da Universidade de Maastricht e da Comissão Internacional de Juristas, em 2011, expertos em Direitos Humanos e Direito Internacional de várias regiões do mundo, provenientes de organizações e universidades, integrantes e ex-integrantes de relatorias especiais de Direitos Humanos da ONU, entre outros, elaboraram os "Princípios de Maastricht sobre as Obrigações Extraterritoriais dos Estados na área dos Direitos Econômicos, Sociais e Culturais". Estes não criam novas obrigações para os Estados, mas fundamentam a extraterritorialidade em matéria de Direitos Humanos à luz dos preceitos do direito internacional, fornecendo subsídios para a sua interpretação. Consoante os Princípios de Maastricht, as obrigações extraterritoriais são obrigações relativas às ações ou omissões de um estado, levadas a termo dentro ou fora de seu próprio território, que afetem o desfrute dos direitos humanos fora de seu território.[55] Nos 44 princípios elencados no referido documento encontram-se disposições acerca do alcance da jurisdição, das limitações do exercício da jurisdição, da responsabilidade do Estado, a atribuição de responsabilidade ao Estado pela conduta de atores não estatais, dentre vários outros assuntos da maior relevância para a aplicação dos DESC.

À luz do direito internacional, tais princípios pretendem esmiuçar o conteúdo das obrigações extraterritoriais dos Estados referentes aos DESC, tendo por escopo promover e conferir efetividade aos preceitos constantes na Carta das Nações Unidas e aos Direitos Humanos internacionais.

Entre os princípios gerais, o nº 3 consigna que todos os Estados possuem obrigações de respeitar, proteger e cumprir os direitos humanos, incluindo os direitos civis, culturais, econômicos, políticos e sociais, tanto em seu território como extraterritorialmente.[56]

Igualmente oportuna a referência acerca do conteúdo do Princípio nº 17, o qual menciona que, quando da assunção de obrigações outras pelos Estados, tais como as pertinentes ao comércio, investimentos, finanças, tributação, proteção ao meio ambiente, cooperação para o desenvolvimento e segurança internacional, seja observada a coerência dos compromissos assumidos com as obrigações de Direitos Humanos. Dessa forma, as obrigações assumidas pelos Estados-Partes nessa seara devem estar alinhadas aos preceitos regentes dos Direitos Humanos. Outro destaque especial que merece ser referido é o que inclui entre as obrigações de proteção dos Estados a de regular. O item 24 dos denominados Princípios dispõe, de forma sucinta, que todos os Estados devem adotar as medidas necessárias para assegurar que atores não estatais que estejam em condições de regular, incluindo indivíduos e organizações privadas, empresas transnacionais e outras empresas comerciais não anulem ou interfiram no desfrute dos DESC.[57]

Ao aclarar-se o conteúdo das obrigações de proteção dos direitos econômicos, sociais e culturais, exsurge a necessidade de conduta

---

[55] PRINCÍPIOS de Maastrich sobre as obrigações extraterritoriais dos estados na área dos direitos econômicos, sociais e culturais – 2011. *FIAN Internacional. Directrices de Maastricht sobre Violaciones a los Derechos Económicos, Sociales y Culturales,* Maastricht, 22-26 en. 1997. Disponível em: https://www.fidh.org/IMG/pdf/maastricht-eto-principles-es_web.pdf. Acesso em: 02 dez. 2021.
[56] Id.
[57] Id.

proativa dos Estados no sentido de regulação das atividades que, efetiva ou potencialmente, ameacem ou violem os Direitos Humanos. O texto remete à necessidade de ações concretas por parte dos detentores da obrigação, inferindo-se daí que a omissão dos Estados quanto à matéria regulatória pode ensejar violação do Pacto em relação ao dever de proteção dos DESC. Como obrigação geral[58] à proteção dos DESC imposta aos Estados encontra-se a adoção de medidas autônomas ou mediante cooperação internacional, voltadas à proteção das pessoas que se encontram dentro de seu território e extraterritorialmente, conforme teor dos Princípios n°s 24 a 27.

Como se pode observar, relativamente à obrigação de proteção do DHANA, torna-se essencial a interpretação do PIDESC à luz dos presentes Princípios. Considerados os efeitos da globalização negativa[59] sobre a agricultura e o mercado de alimentos, dificilmente logra-se êxito nas investidas de combate à fome e à desnutrição sem a compreensão da extraterritorialidade das obrigações referentes a esse direito.

Para os expertos de Maastricht é juridicamente inadequada a exegese de que o compromisso dos Estados com os Direitos Humanos cinge-se aos limites territoriais do próprio Estado. Essa interpretação restritiva é uma das grandes fontes de "justificação" da violação de direitos na atualidade. É forçoso reconhecer-se que a interpretação que tenta negar a extraterritorialidade vai de encontro aos princípios basilares dos Direitos Humanos, uma vez que condiciona o respeito e a observância dos Direitos Humanos a determinadas fronteiras geográficas, ferindo substancialmente o princípio da igualdade entre as pessoas e o respeito universal à dignidade humana. A vingar tal posicionamento, se estaria operando com a lógica da classificação de seres humanos e grupos em várias categorias (algumas divididas consoante o interesse globalizante do capital financeiro).

Referindo-se às atividades de empresas transnacionais, Saura exara a seguinte compreensão:

---

[58] Id.
[59] BAUMAN, Z. *Medo Líquido*. Trad. Carlos Alberto Medeiros. Rio de Janeiro: Zahar, 2006. p. 126. De acordo Bauman, por ausência de mecanismos de contenção e livre agir, a globalização negativa especializou-se em "[...] quebrar fronteiras demasiado frágeis para aguentar a pressão e em cavar buracos numerosos, enormes e impossíveis de tampar, através das fronteiras que resistiram com sucesso as forças destinadas a rompê-las". O autor salienta como um dos efeitos colaterais deste processo a "[...] globalização altamente seletiva do comércio e do capital, da vigilância e da informação, da coerção e das armas, do crime e do terrorismo, todos os quais agora desdenham a soberania nacional e desrespeitam quaisquer fronteiras entre os Estados".

las obligaciones para los estados derivadas del derecho a la alimentación no se limitan a la esfera interna o nacional. Los gobiernos son también responsables de los efectos transnacionales que puedan tener sus acciones. Esta afirmación no puede sorprendernos cuando el proprio PIDESC, a la diferencia de lo que hace el Pacto de Derechos Civiles y Políticos, insiste en la cooperación internacional para hacer efectivos los derechos sociales. Lo hace, con carácter general, en el artículo 2.1 (cada uno de los Estados Partes en el presente Pacto se compromete a adoptar medidas, tanto por separado como mediante la asistencia y la cooperación internacionales...) y con carácter específico en el artículo 11.[60]

É fato que o direito ao desenvolvimento deve ser cotejado com as garantias inerentes aos Direitos Humanos, inclusive no que se refere à preservação ambiental para as presentes e futuras gerações. Nesse sentido, é de substancial importância o entendimento da extraterritorialidade das obrigações de Direitos Humanos. Os limites impostos à atuação dos Estados e corporações privadas, em âmbito extraterritorial, possuem como rumo a realização da vida com dignidade, a própria preservação humana das demais condições de vida do planeta.[61] Destarte, o desenvolvimento[62] globalizado deve observar a extraterritorialidade das obrigações em matérias afetas aos Direitos Humanos. Trata-se, inclusive, de entendimento de fácil apreensão sob o ponto de vista da exegese: se a expansão dos mercados encontra-se globalizada, não distinguindo fronteiras nacionais, a proteção dos direitos econômicos, sociais, culturais e ambientais das pessoas e outras formas de vida impõe o correlato reconhecimento da extraterritorialidade das obrigações.

---

[60] SAURA ESTAPÁ, J. El derecho humano a la alimentación y su exigibilidad jurídica. *Revista Jurídica de los Derechos Sociales*, Sevilha, v. 3, n. 1, p. 4-24, ene./jun. 2013. p. 12-13.

[61] ONU. *Declaração do Rio sobre Meio Ambiente e Desenvolvimento*. Disponível em: https://www.un.org/esa/dsd/agenda21_spanish/res_riodecl.shtml. Acesso em: 15 dez. 2021.
O artigo 10 da Declaração do Direito ao Desenvolvimento consigna que "Os Estados deverão tomar medidas para assegurar o pleno exercício e fortalecimento progressivo do direito ao desenvolvimento, incluindo a formulação, adoção e implementação de políticas, medidas legislativas e outras em nível nacional e internacional, para enfatizar as disposições constantes na Declaração Universal dos Direitos Humanos, cujos princípios basilares incluem os diretos de todos a uma ordem social e internacional em que os direitos e as liberdades consagrados nesta Declaração possam ser plenamente realizados".

[62] *Id*. O Princípio nº 5 da Declaração do Rio Sobre o Meio Ambiente e Desenvolvimento consigna: "Para todos os Estados e todos os indivíduos, como requisito indispensável para o desenvolvimento sustentável, irão cooperar na tarefa essencial de erradicar a pobreza, a fim de reduzir as disparidades de padrões de vida e melhor atender às necessidades da maioria da população do mundo".

Em pronunciamento realizado por ocasião do Fórum Econômico Mundial, realizado em Davos, em 2012, o então Relator Especial das Nações Unidas para o Direito à Alimentação, Olivier de Schutter,[63] referiu que a globalização deveria estar a serviço dos Direitos Humanos e do desenvolvimento sustentável, e não ser um processo cego e inconsciente que desconsidera os seus efeitos sobre os indivíduos afetados. Aos ministros presentes, Olivier de Schutter referiu que as estratégias de expansão da economia mundial devem pautar-se pelas normas de Direitos Humanos, as quais apontam para a necessidade de um novo enfoque de globalização.

Em nível de Comissão Interamericana de Direitos Humanos, o Informe Empresas e Derechos Humanos: Estándares Interamericanos,[64] aprovado no ano de 2019 pela Comissão Interamericana de Direitos Humanos, consigna elementos importantes acerca da situação de empresas e Direitos Humanos no âmbito da Organização dos Estados Americanos (OEA). Dentre os itens pautados no relatório encontra-se a ideia da centralidade da pessoa e da dignidade humana, o combate à corrupção e a captura do Estado pelo poder econômico, as alterações climáticas, a degradação ambiental e a extraterritorialidade. Em seu item 52, o informe dispõe que dadas as formas complexas de organização e operação dos atores econômicos, como sua relação com a realização dos Direitos Humanos em nível local, regional e global, os mecanismos, políticas ou marcos normativos dirigidos a enfrentar os desafios nesse campo devem incorporar e reconhecer a aplicação extraterritorial das obrigações que se desprendem do direito internacional dos Direitos Humanos, seja no que diz respeito aos Estados e sua responsabilidade sobre as empresas e atores não estatais, para não deixar desprotegidas as pessoas e comunidades envolvidas, seja, por exemplo, regulando, prevenindo ou dispondo de recursos efetivos de investigação e reparação, conforme se apresentam as situações.

Os efeitos da globalização econômica e a ausência de regulação dos mercados acarretam sistemáticas violações dos Direitos Humanos

---

[63] SCHUTTER, O. *La Organización Mundial del Comercio y la agenda posterior a la crisis alimentaria mundial*. Priorizar la seguridad alimentaria en el sistema de comercio internacional. 04 nov. 2011. Disponível em: www.srfood.org. Acesso em: 05.07.2015. Schutter, discorre que "[...] los miembros de la OMC deberían preservar y crear una serie de flexibilidades en las negociaciones de la Ronda de Doha a fin de velar por que el futuro régimen de comercio internacional funcione de manera sincronizada con las iniciativas nacionales y multilaterales para hacer frente la inseguridad alimentaria".

[64] OEA. *Informe empresas y derechos humanos*: estándares interamericanos. Madrid: OEA, 2019.

em todos os recônditos do planeta. Verifica-se a quebra da soberania dos Estados, os quais têm se mostrado incapazes, isoladamente, de regulamentar o grande capital, que se expande de maneira transfronteiriça, com suas instituições financeiras, empresas transacionais, *hedge funds*,[65] etc., provocando abalos aos direitos fundamentais das pessoas. Nesse cenário, torna-se imperioso o reconhecimento da extraterritorialidade das obrigações pelos Tribunais, para que ocorra a correlata responsabilização pelas violações perpetradas.

5 Conclusão

A preocupação dos países em torno da temática da fome e da desnutrição, por motivações variadas, encontra-se há muitas décadas sendo debatida internacionalmente, como pode se observar. A própria construção do DHANA remonta de considerável lapso temporal, exemplificando-se a inserção da alimentação como integrante do direito a um nível adequado disposto no artigo 25 da Declaração Universal dos Direitos Humanos, desde o ano de 1948. O Pacto Internacional dos Direitos Econômicos, Sociais e Culturais foi aprovado no ano de 1966, não obstante a ratificação por muitos países poucas décadas após a aprovação. Foram prestados inúmeros esclarecimentos sobre o teor do direito por meio de comentários gerais ao Pacto e das Diretrizes Voluntárias da FAO. Igualmente, a sociedade civil, por meio de suas organizações, historicamente vem impulsionando os reconhecimentos legislativos e depositando esperanças a cada novo instrumento jurídico aprovado. As obrigações dos Estados de respeitar, proteger e garantir o direito à alimentação no plano internacional encontram-se estabelecidas e suficientemente detalhadas. Existe doutrina abalizada a fundamentar a possibilidade de responsabilização pelas violações extraterritoriais, especialmente de empresas transacionais, quando estas praticam as violações do direito em solo de outros países.

Faz-se necessário que, além dos entes que compõem Estado (Poderes Executivo, Legislativo e Judiciário), outros atores envolvidos direta ou indiretamente com as questões que permeiam a segurança

---

[65] ZIEGLER, J. *Destruição em massa:* geopolítica da fome. São Paulo: Cortez, 2013. p. 24. Segundo Ziegler, "Trata-se de instrumento financeiro que opera especulativamente (donde o seu alto risco) para 'Proteger' – oferecendo superganhos – vultosos investimentos (donde seu acesso somente para grandes capitalistas rentistas) em títulos das mais variadas espécies".

alimentar e nutricional sejam igualmente esclarecidos e empoderados quanto ao reconhecimento das violações e exigibilidade do DHANA. Trata-se de direito que diz respeito a toda a coletividade, uma vez intrinsecamente vinculado às necessidades básicas do ser humano.

Considerando as implicações sistêmicas do ato de alimentar-se, sua transversalidade com os direitos à saúde, à educação e ao meio ambiente sadio e equilibrado para as presentes e futuras gerações, evidencia-se a propriedade da cunhada expressão "comer é um ato político". Nossas escolhas alimentares podem ou não salvaguardar direitos de ordem coletiva. Dessa forma, não é demasiado dizer-se que os principais aspectos desse direito devem ser compartidos desde tenra idade, por meio da correlata educação alimentar, até os bancos universitários, atingindo igualmente as formas de educação não formal, organizações da sociedade civil e movimentos sociais.

Para o aprimoramento das garantias relativas ao DHANA torna-se importante que as vítimas da violação do direito, em especial as populações em situação de vulnerabilidade, encaminhem demandas ao sistema de justiça e pressionem o referido pela reparação das infrações. O salutar controle social deve incidir sobre as condutas-deveres dos poderes indistintamente, inclusive sobre as demais instituições que compõem esse sistema. O acompanhamento dos casos submetidos ao sistema judiciário é de vital importância para o aprimoramento do estado democrático de direito, máxime em países com democracias não consolidadas.

Ademais, é preciso valorar-se toda a trajetória de construção do DHANA, conferindo ao "império do direito" sua inerente função de garantia dos Direitos Humanos. Para tal, faz-se mister que o sistema judiciário como um todo incorpore o papel que lhe é atribuído, sob pena de faticamente invalidar-se o ordenamento jurídico estabelecido, retirando-lhe o *enforcement*.

Por derradeiro, recorda-se que os Objetivos do Desenvolvimento Sustentável, da Agenda 2030 da ONU colocam entre suas metas o enfrentamento da fome e outros temas que, embora consolidados como direitos em inúmeras nações, para a correta persecução de sua realização, não prescindem de um judiciário forte e comprometido com a transformação social. No caso do Direito Humano à Alimentação e à Nutrição Adequada, o que se espera é o legítimo: a aplicação da lei no sentido *lato sensu*.

Referências

ABRAMOVICH, V.; COURTIS, C. Hacia la exigibilidad de los derechos econômicos, sociales y culturales. Estándares internacionales y criterios de aplicación ante los tribunales locales. *Jura Gentium.* [S.l.], [s.p.], 2005. Disponível em: https://www.juragentium.org/topics/latina/es/courtis.htm. Acesso em: 23 mar. 2022.

ABRAMOVICH, V.; COURTIS C. *Los derechos sociales como derechos exigibles.* Madrid: Trotta, 2002.

AÑON, M.J.R. et al. *Lecciones de derechos sociales.* Valencia: Tirant no Blanch, 2004.

BAUMAN, Z. *Medo Líquido.* Trad. Carlos Alberto Medeiros. Rio de Janeiro: Zahar, 2006.

CASTRO, J. *Geografia da fome.* 16. ed. Rio de Janeiro: Civilização Brasileira, 2003.

COMISSÃO INTERAMERICANA DE DIREITOS HUMANOS. *Protocolo Adicional à Convenção Americana Sobre Direitos Humanos em Matéria de Direitos Econômicos, Sociais e Culturais.* Protocolo de San Salvador. 1988. Disponível em: www.cidh.org/Basicos/Portugues/e.Protocolo_de_San_Salvador.htm. Acesso em: 2 dez. 2021.

CONSELHO DA EUROPA. *Carta Social Europeia*, 1961. Disponível em: www.gddc.pt/direitos-humanos/. Acesso em: 2 dez. 2021.

FAO. *Diretrizes Voluntárias nº 10.* Diretrizes voluntárias em apoio à realização progressiva do direito à alimentação no contexto da segurança alimentar nacional. Adotadas na 127ª Sessão do Conselho da FAO, nov. 2004. Disponível em: www.fao.org/.pdf. Acesso em: 04 ago. 2015.

EIDE, A. In: FAO. *El derecho a la alimentación en la teoría y en la práctica.* Roma: FAO, 2000.

EIDE, A. El derecho humano a una alimentación adecuada y a no padecer de hambre. *In: El derecho a la alimentación en la teoría y en la práctica.* 50 años de la Declaración Universal de Los Derechos Humanos. Roma: FAO, 2000.

FAO. *Guía para legislar sobre el derecho a la alimentación.* Roma: FAO, 2010.

FAO. *The state of food security and nutrition in the world 2021*: transforming food systems for food security, improved nutrition and affordable healthy diets for all Roma: Fao, 2021.

FIAN Internacional. ¿*Renta básica alimentária, opción o obligación?* Heidelberg: FIAN Internacional, 2005.

FRANCO, A.M.S. Los derechos economicos, sociales y culturales. El desarollo conceptual a nivel de las Naciones Unidas. *In:* FIAN Internacional. *El derecho a la alimentación.* Heidelberg: FIAN Internacional, 2006.

GOLAY, C. *Direito* à *alimentação e acesso* à *justiça:* Exemplos em nível nacional, regional e internacional. Roma: FAO, 2010. p. 11.

KRELL, A. *Direitos sociais e controle judicial no Brasil e na Alemanha.* Porto Alegre: SAFE, 2002.

LAUDATO SI`. Disponível em: www.vatican.va. Acesso em: 10 dez. 2018.

LEIVAS, P.G.C. *Teoria dos direitos fundamentais sociais.* Porto Alegre: LAEL, 2006.

LOPES, J.R. Direito subjetivo e direitos sociais: o dilema do judiciário no estado social de direito. *In:* FARIA, J. E. *Direitos humanos, direitos sociais e justiça.* São Paulo: Malheiros, 1994.

LOS PRINCIPIOS de Limburg sobre la Aplicación del Pacto Internacional de Derechos Econômicos, Sociales y Culturales. Disponível em: http://www.derechoshumanos.unlp.edu.ar/assets/files/documentos/los-principios-de-limburg-sobre-la-aplicacion-del-pacto-internacional-de-derechos-economicos-sociales-y-culturales-2.pdf. Acesso em: 15 dez. 2021.

NUSSBAUM, M. Mujeres e igualdad según la tesis de las capacidades. *Revista Internacional del Trabajo*, [S.l.], v. 118, n. 3, p. 253-273, 1999.

OEA. *Informe empresas y derechos humanos*: estándares intermericanos. Madrid: OEA, 2019.

ONU News, *ONU*, [s.d.]. Disponível em: news.un.org/pt/tags/fome. Acesso em: 27.11.2021.

ONU. *Comentário Geral nº 3*. Disponível em: www.dhnet.org.br/dados/cursos/dh/br/pb/. Acesso em: 15 dez. 2021.

ONU. *Comentário Geral nº 9*. Disponível em: www.dhnet.org.br/dados/cursos/dh/br/pb/. Acesso em: 15 dez. 2021.

ONU. *Comentário Geral nº 12*. Disponível em: www.pfdc.pgr.mpfbr/. Acesso em: 07.10.2015.

ONU. *Declaração do Rio sobre Meio Ambiente e Desenvolvimento*. Disponível em: https://www.un.org/esa/dsd/agenda21_spanish/res_riodecl.shtml. Acesso em: 15 dez. 2021.

ONU. *Declaração Universal dos Direitos Humanos*, Paris, 10 dez. 1948.

ONU. *Estudo Atualizado sobre o Direito à Alimentação*.

ONU. *Pacto Internacional dos Direitos Econômicos Sociais e Culturais*. Disponível em: www.dhnet.org.br/direitos/sip/onu/doc/pacto1.htm. Acesso em: 15 dez. 2021.

PARLAMENTO EUROPEU. *Carta dos Direitos Fundamentais da União Europeia*. Disponível em: www.europarl.europa.eu/charter/pdf/text_pt.pdf. Acesso em: 2 dez. 2021.

PIOVESAN, F. *Direitos humanos e o direito constitucional internacional*. São Paulo: Saraiva, 2009.

PRINCÍPIOS de Maastrich sobre as obrigações extraterritoriais dos estados na área dos direitos econômicos, sociais e culturais – 2011. *FIAN Internacional. Directrices de Maastricht sobre Violaciones a los Derechos Econômicos, Sociales y Culturales*, Maastricht, 22-26 en. 1997. Disponível em: https://www.fidh.org/IMG/pdf/maastricht-eto-principles-es_web.pdf. Acesso em: 02 dez. 2021.

SAURA ESTAPÁ, J. La exigibilidad jurídica de los derechos humanos: especial referencia a los derechos econômicos, sociales y culturales. *Papeles el tiempo de los derechos*, Barcelona, n. 2, p. 1-14, 2011.

SAURA ESTAPÁ, J. El derecho humano a la alimentación y su exigibilidad jurídica. *Revista Jurídica de los Derechos Sociales*, Sevilha, v. 3, n. 1, p. 4-24, ene./jun. 2013.

SCHUTTER, O. *La Organización Mundial del Comercio y la agenda posterior a la crisis alimentaria mundial*. Priorizar la seguridad alimentaria en el sistema de comercio internacional. 04 nov. 2011. Disponível em: www.srfood.org. Acesso em: 05.07.2015.

MARTINEZ DE PISÓN, J. *Políticas de bienestar*: un estudio sobre los derechos sociales. Madrid: Tecnos, 1998.

VALENTE, F.L.S. Fome zero, política nacional de segurança alimentar e nutricional. *In: Relatório Azul 2005* – Garantias e Violações dos Direitos Humanos. Comissão de Cidadania e Direitos Humanos da AL/RS, Porto Alegre: Corag, 2005.

ZIEGLER, J. *Destruição em massa:* geopolítica da fome. São Paulo: Cortez, 2013. p. 137.

ZIEGLER, J. *Informe provisional del relator especial sobre el derecho a la alimentación*, de conformidad con la resolución 60/165 de la Asamblea General, Naciones Unidas, A/61/306, 61 período de Sesiones, 01. sept. 2006.

Informação bibliográfica deste texto, conforme a NBR 6023:2018 da Associação Brasileira de Normas Técnicas (ABNT):

FLORIANO, Míriam Villamil Balestro. Aspectos jurídicos internacionais do Direito Humano à Alimentação e à Nutrição Adequadas. *In:* TRENTINI, Flavia; BRANCO, Patrícia; CATALAN, Marcos (coord.). *Direito e comida*: do campo à mesa: cidadania, consumo, saúde e exclusão social. Belo Horizonte: Fórum Social, 2023. p. 73-107. ISBN 978-65-5518-511-9.

EL DERECHO A UNA ALIMENTACIÓN SALUDABLE EN ARGENTINA: INFORMACIÓN, ETIQUETADO FRONTAL DE ALIMENTOS, *MARKETING* ALIMENTARIO Y EDUCACIÓN AL CONSUMIDOR

Julieta Trivisonno

1 Alimentación y derecho del consumidor[1]

En los últimos tiempos se ha incrementado la preocupación en torno a diversas cuestiones vinculadas a la alimentación, entre ellas, el acceso a una alimentación adecuada y saludable, la seguridad y soberanía alimentarias, el consumo y producción sustentable de alimentos. A nivel internacional, diversos instrumentos y acciones en el marco de la ONU dan cuenta de lo afirmado. En especial, cabe mencionar a la "Declaración de Roma sobre la Nutrición"[2] y la Agenda

---

[1] El presente trabajo se retoman algunas reflexiones realizadas en dos aportes precedentes: TRIVISONNO, J.B. Derecho a la alimentación adecuada y derecho del consumidor. *Revista del Instituto Argentino de Derecho del Consumidor*, Buenos Aires, n. 10, [s.p.], abr. 2021 y TRIVISONNO, J.B. El derecho a la alimentación saludable: información al consumidor y etiquetado frontal de alimentos. *JA*, Buenos Aires, n. 3, p. 76-89, jul./set. 2021.

[2] ORGANIZACIÓN MUNDIAL DE LA SALUD. *Declaración de Roma sobre la Nutrición*. Roma, 2014. Disponible en: https://www.fao.org/3/ml542s/ml542s.pdf. Consultado el 30.11.2021.

2030 para el Desarrollo Sostenible (2015),[3] en cuyo marco se estableció el "Decenio de las Naciones Unidas de Acción sobre la Nutrición".[4]

La Agenda 2030 para el Desarrollo Sostenible dedica su segundo núcleo de objetivos a lograr el "hambre cero", alcanzar mayores niveles de seguridad alimentaria, mejorar la nutrición y promover una agricultura sostenible. A pocos años de fijadas estas metas, el informe acerca del "Estado de la seguridad alimentaria y la nutrición en el mundo" (2020)[5] releva el estado actual de situación y advierte que no se han registrado progresos suficientes para alcanzar el objetivo fijado para el 2030. Así, propone una serie de recomendaciones y políticas públicas orientadas hacia la transformación de los sistemas alimentarios a fin de promover dietas asequibles y saludables. Estos lineamientos se reafirmaron recientemente en la "Cumbre sobre los sistemas alimentarios" (septiembre 2021).[6]

Se habla, en el contexto actual, de la existencia de una crisis estructural en materia alimentaria, en tanto se encuentran comprometidas todas las áreas centrales vinculadas a la alimentación: una crisis de sustentabilidad en la producción alimentaria, una crisis de equidad en la distribución de alimentos y una crisis en el consumo. En suma: modelos de producción de alimentos que resultan agresivos para el ambiente, falta de acceso a la alimentación –a pesar de la gran disponibilidad de alimentos– y fuerte afectación de la comensalidad –del qué, por qué y con quién comemos, como conjunto de valores que dan sentido al consumo alimentario–; fatores que confluyen en una crisis del derecho a la alimentación.[7]

El panorama descripto interpela al Derecho en general como disciplina, y requiere de un compromiso en la realización de los aportes que resulten necesarios en miras a enfrentar el escenario crítico. En perspectiva de teoría general del derecho, se ha señalado que la consideración de los derechos humanos requiere el desarrollo de nuevas

---

[3] *V.* https://sdgs.un.org/2030agenda y en https://www.un.org/sustainabledevelopment/es/hunger/. Consultado el 30.11.2021.

[4] *V.* https://www.un.org/nutrition/es/about. Consultado el 30.11.2021.

[5] ORGANIZACIÓN DE LAS NACIONES UNIDAS PARA LA ALIMENTACIÓN Y LA AGRICULTURA. *El estado de la seguridad alimentaria y la nutrición en el mundo*: Transformación de los sistemas alimentarios para que promuevan dietas asequibles y saludables (versión resumida). Roma: FAO, 2020.

[6] *V.* https://foodsystems.community/es/commitment-registry/#commitments. Consultado el 30.11.2021.

[7] Respecto a esta perspectiva puede verse: AGUIRRE, P. *Una historia social de la comida*. Buenos Aires: Lugar, 2017. p. 281 y ss.

ramas del mundo jurídico con carácter transversal, que enriquezcan a las ramas tradicionales con las problemáticas propias de esos derechos y que evidencien la medida en la cual son satisfechos. Entre estas ramas, se ubica al Derecho de la Salud, dentro del cual se propone construir al Derecho de la Alimentación como una especificidad.[8]

El enfoque transversal que exige el fenómeno de la alimentación en el ámbito jurídico requiere de los aportes que se realizan desde el sistema internacional de derechos humanos, así como también de aquellos que puede realizar el Derecho del Consumidor, no sólo desde el prisma de los principios de acceso al consumo, consumo sustentable, dignidad, tutela de la vulnerabilidad agravada, la prevención y la precaución y la transparencia de los mercados,[9] sino también desde los derechos fundamentales como la información, la seguridad, la salud y el trato digno debido a los consumidores (art. 42 de la Constitución argentina).

2 El derecho a una alimentación adecuada y saludable en el sistema internacional de derechos humanos y en el derecho argentino

El derecho a la alimentación encuentra amparo en diversos tratados internacionales, entre ellos, la Declaración Universal de Derechos Humanos (art. 25), en el Pacto Internacional de Derechos Econômicos, Sociales y Culturales (en adelante PIDESC, art. 11), la Convención de los Derechos del Niño (arts. 24 y 27) y Convención para la Eliminación de toda Forma de Discriminación contra la Mujer

---

[8] CIURO CALDANI, M.Á. El derecho de la alimentación, despliegue relevante del derecho de la salud. *JA*, Buenos Aires, n. 5, p. 14-32, 2016. p. 14 y ss.

[9] Como toda rama que posee un grado de autonomía en el mundo jurídico, el Derecho del Consumidor cuenta con principios propios que lo nutren y orientan en su funcionamiento. En el ordenamiento jurídico argentino, tales principios surgen del art. 42 de la Constitución Nacional, del Código Civil y Comercial argentino (en particular de los artículos 1094, 1097 y 1098) y la ley 24.240 de Defensa del Consumidor. Asimismo, cabe destacar la reciente Resolución 310/2020 de la Secretaría de Comercio Interior argentina que incorpora al ordenamiento jurídico nacional la Resolución Nº 36/19 del Mercosur relativa al reconocimiento de los principios que tienen por objeto tutelar al consumidor, cuyo antecedente directo es el Proyecto de Ley de Defensa del Consumidor (S–2576/19), elaborado por una comisión de destacados juristas argentinos especialistas en la materia, entre ellos, Gabriel Stiglitz, Carlos A. Hernández (también coordinador de la comisión), Gonzalo Sozzo, Belén Japaze, Carlos Tambussi, Fernando Blanco Muiño, Sebastián Picasso, Roberto Vázquez Ferreyra, Federico Ossola, Javier Wajntraub, María Eugenia D'Archivio, Leonardo Lepiscopo.

(Prólogo). Entre estas normas, cumple un rol protagónico el artículo 11 del PIDESC que reconoce el "derecho de toda persona a un nivel de vida adecuado para sí y su familia, incluso alimentación, vestido y vivienda adecuados, y a una mejora continua de las condiciones de existencia" así como también "el derecho fundamental de toda persona a estar protegida contra el hambre".

El contenido de esta prerrogativa es desarrollado en la Observación General Nro. 12 del Comité de Derechos Econômicos, Sociales y Culturales relativa al derecho a la alimentación adecuada, en la que se proporciona una definición y se delimitan sus alcances, incluyendo a la seguridad y la sostenibilidad alimentarias. Así, el Comité señala que "el derecho a una alimentación adecuada está inseparablemente vinculado a la dignidad inherente de la persona humana y es indispensable para el disfrute de otros derechos humanos consagrados en la Carta Internacional de Derechos Humanos. Es también inseparable de la justicia social, pues requiere la adopción de políticas econômicas, ambientales y sociales adecuadas, en los planos nacional e internacional, orientadas a la erradicación de la pobreza y al disfrute de todos los derechos humanos por todos" (punto 4).

Por su parte, la Observación citada, advierte que el contenido básico del derecho a la alimentación adecuada comprende, por un lado, la disponibilidad de alimentos en cantidad y calidad suficientes para satisfacer las necesidades alimentarias de los individuos, sin sustancias nocivas, y aceptables para una cultura determinada y, por otro, la accesibilidad a esos alimentos en formas que sean sostenibles y que no dificulten el goce de otros derechos humanos.

Asimismo, el derecho a la alimentación se vincula en forma estrecha al derecho a la salud de los consumidores, en tanto el alimento es un tipo muy especial de producto que se encuentra destinado a ingresar en el cuerpo humano.[10] Esta íntima relación es reconocida por el Codex Alimentarius, punto de referencia a nivel internacional en la materia,[11] y el Reglamento 178/2002 de la Unión Europea. Aquí se

---

[10] SOZZO, G. La prevención de los daños al consumidor. En: STIGLITZ, G.; HERNÁNDEZ, C.A. (dir.). *Tratado de derecho del consumidor*. Buenos Aires: La Ley, 2015, t. III. p. 160 y ss. y TRIVISONNO, J.B. Derecho a la alimentación adecuada y derecho del consumidor. *Revista del Instituto Argentino de Derecho del Consumidor*, Buenos Aires, n. 10, [s.p.], abr. 2021.

[11] El Codex Alimentarius, creado en el seno de la *Food and Agriculture Organization* (FAO) de la ONU a fin de desarrollar un cuerpo de estándares internacionales uniformes en materia alimentaria, reconoce entre sus objetivos a la tutela de la salud de los consumidores. Para

señala que "La libre circulación de alimentos seguros y saludables es un aspecto esencial del mercado interior y contribuye significativamente a la salud y el bienestar de los ciudadanos, así como a sus intereses sociales y econômicos".

La trascendencia del binomio salud-alimentación también es advertida en el marco de las Directrices de la ONU para la Protección del Consumidor. Así, la regla número 70 establece respecto a los alimentos que

> al formular políticas y planes nacionales relativos a los alimentos, los Estados Miembros deben tener en cuenta la necesidad de seguridad alimentaria de todos los consumidores y apoyar y, en la medida de lo posible, adoptar las normas del Codex Alimentarius de la Organización de las Naciones Unidas para la Alimentación y la Agricultura y la Organización Mundial de la Salud o, en su defecto, otras normas alimentarias internacionales de aceptación general. Los Estados Miembros deben mantener, formular o mejorar las medidas de seguridad alimentaria, incluidos, entre otros, los criterios de seguridad, las normas alimentarias y los requisitos nutricionales y los mecanismos efectivos de vigilancia, inspección y evaluación.

Por su parte, la Organización Mundial de la Salud (en adelante, OMS) viene haciendo énfasis en la necesidad de contar con una alimentación saludable para la protección de la persona, tanto en relación con la malnutrición, como en clave preventiva de las enfermedades no transmisibles, entre ellas, la diabetes, cardiopatías, obesidad, accidentes cardiovasculares y cáncer.[12] En especial, en diversos instrumentos se expresó preocupación respecto a la problemática de la obesidad infantil.[13]

---

más información puede consultarse: ORGANIZACIÓN DE LAS NACIONES UNIDAS PARA LA ALIMENTACIÓN Y LA AGRICULTURA. ¿Qué es el Codex?. 5 ed. Roma: FAO, 2018. Disponible en: http://www.fao.org/3/CA1176ES/ca1176es.pdf. Consultado el 30.11.2021.

[12] V. https://www.who.int/es/news-room/fact-sheets/detail/healthy-diet. Consultado el 30.11.2021.

[13] ORGANIZACIÓN MUNDIAL DE LA SALUD. *Conjunto de recomendaciones sobre la promoción de alimentos y bebidas no alcohólicas dirigida a los niños.* Ginebra: OMS, 2010. Disponible en: https://www.who.int/dietphysicalactivity/childhood/es/. Consultado el 21.11.2020 y ORGANIZACIÓN MUNDIAL DE LA SALUD. *Informe de la Comisión para acabar con la obesidad infantil.* Ginebra: OMS, 2016. Disponible en: https://www.who.int/end-childhood-obesity/publications/echo-report/es/. Consultado el 21.11.2020.

Como puede observarse, los lineamientos provenientes del ámbito internacional indican cómo la profunda vinculación entre alimentación y salud debe ser objeto de políticas públicas específicas y de una legislación adecuada que posibilite a los consumidores la toma de decisiones orientadas hacia la protección de su salud.

En Argentina, diversos tratados y convenciones que poseen jerarquía constitucional comprenden la tutela del derecho a la alimentación adecuada (art. 75 inciso 22), entre ellos se destaca el ya mencionado PIDESC (art. 11). El diálogo entre estas disposiciones con los arts. 41 y 42 de la Constitución, permitiría afirmar que se encuentra amparado por la Carta Magna el derecho de las y los consumidores a acceder a una alimentación saludable, segura y sustentable. La protección de la salud, la seguridad y el ambiente como bienes fundamentales, imponen esta línea hermenéutica.[14]

Esta clave de lectura, que enlaza alimentación y salud, se encuentra presente en la legislación infraconstitucional de los últimos años. Entre otras, y a modo ejemplificativo pueden citarse: a) la ley 25.724, sancionada en un contexto de fuerte crisis econômica, a los fines de crear el "Programa de Nutrición y Alimentación en cumplimiento del deber indelegable del Estado de garantizar el derecho a la alimentación de toda la ciudadanía" (art. 1); con referencia expresa al cuidado de la salud y la educación para a la alimentación saludable (art. 5); b) la ley 26.396 de trastornos alimentarios, entre cuyas disposiciones se encuentran limitaciones relativas a la publicidad de alimentos (v.gr. el art. 10, 12, 14), incorporación de la cobertura integral de los tratamientos por trastornos alimenticios al Programa Médico Obligatorio (art 15), la obligación de ofrecer productos saludables en quioscos y establecimientos de expendio de alimentos dentro de las escuelas (art. 9); c) la ley 26.588 vinculada a la celiaquía, como norma que tutela a personas con necesidades alimentarias especiales, regulando el etiquetado a fin de informar cuáles son los productos que no contienen TACC, la publicidad y a la necesidad de contar en determinados establecimientos y comercios con oferta de productos libres de gluten a fin de desarticular prácticas que puedan resultar discriminatorias.[15]

---

[14] TRIVISONNO, J.B. El derecho a la alimentación saludable: información al consumidor y etiquetado frontal de alimentos. *JA*, Buenos Aires, n. 3, p. 76-89, jul./set. 2021.

[15] Al respecto puede verse: TRIVISONNO, J.B. Derecho a la alimentación adecuada y derecho del consumidor. *Revista del Instituto Argentino de Derecho del Consumidor*, Buenos Aires, n. 10, [s.p.], abr. 2021 y SCHLOTTHAUER, P. Personas con necesidades alimentarias especiales como consumidores hipervulnerables, *Revista de Derecho del Consumidor*, Buenos Aires, n. 5, [s.p.], ago. 2018.

Adicionalmente, se ha expresado preocupación por la alimentación saludable de los niños, niñas y adolescentes debido a un marcado aumento de las cifras vinculadas al sobrepeso y obesidad. Ello resulta visible, por un lado, en la Resolución 564/19 que aprueba la "Guía de entornos escolares saludables: recomendaciones para la implementación de políticas de prevención de sobrepeso y obesidad en niños, niñas y adolescentes en las instituciones educativas". Por otro lado, la Resolución 996/19 creó el "Plan Nacional de Alimentación Saludable en la Infancia y Adolescencia para la Prevención del Sobrepeso y Obesidad en Niños, Niñas y Adolescentes", con el objetivo de detener la epidemia creciente de sobrepeso y obesidad mediante la promoción de un conjunto de políticas públicas dirigidas a la mejora de la nutrición y el desarrollo de actividad física (arts. 1 y 2).[16]

Este horizonte se consolida con la reciente sanción de la ley 27.642 de "Promoción de la alimentación saludable",[17] que pone de manifiesto la estrecha vinculación que existe entre alimentación, salud, información y seguridad como derechos fundamentales del consumidor, así como también con los principios de acceso al consumo sustentable, la transparencia del mercado de productos alimenticios y la dignidad del consumidor.

La ley se propone tres grandes metas que giran en torno a la tutela de la salud en su íntima vinculación con la alimentación, así como también al desarrollo de la advertencia en miras a la prevención, a saber: a) garantizar el derecho a la salud y a una alimentación adecuada a través de la promoción de una alimentación saludable, brindando información nutricional simple y comprensible de los alimentos envasados y bebidas analcohólicas, para promover la toma de decisiones asertivas y activas, y resguardar los derechos de las y los consumidoras/es; b) advertir sobre los excesos de componentes como azúcares, sodio, grasas saturadas, grasas totales y calorías, a partir de información clara, oportuna y veraz en atención a los artículos 4° y 5° de la ley 24.240, de Defensa al Consumidor; y c) promover la prevención de la malnutrición en la población y la reducción de enfermedades crónicas no transmisibles (art. 1).

---

[16] V. https://www.argentina.gob.ar/salud/plan-asi. Consultado el 30.11.2021.
[17] V. http://servicios.infoleg.gob.ar/infolegInternet/anexos/355000-359999/356607/norma.htm. Consultado el 30.11.2021.

Asimismo, la ley proporciona un concepto de "alimentación saludable" como "aquella que basada en criterios de equilibrio y variedad y de acuerdo con las pautas culturales de la población, aporta una cantidad suficiente de nutrientes esenciales y limitada en aquellos nutrientes cuya ingesta en exceso es fator de riesgo de enfermedades crónicas no transmisibles" (art. 2, inciso a). Se pondera especialmente que se haya reconocido la dimensión cultural e identitaria de la alimentación en un contexto en el que la globalización ejerce constante presión para anular las diversidades.[18] En una línea similar, la ley 775 de Bolivia de "Promoción de la alimentación saludable" (2016) refiere a la recuperación y fortalecimiento del sistema alimentario tradicional ancestral de las naciones y pueblos indígena originarios, garantizando que las personas, familias y comunidades alcancen la autosuficiencia de alimentos sanos y culturalmente apropiados. Se trata de referencias muy atinadas dentro de la identidad propia del sistema jurídico latinoamericano.

3 La noción de alimento como producto elaborado y su visión desde el derecho del consumidor

La alimentación adecuada, comprensiva del derecho a una alimentación saludable, presupone la posibilidad de acceder a alimentos y productos alimenticios que resulten adecuados y no atenten contra la salud del consumidor, así como también el acceso a la información que posibilite la toma de mejores elecciones alimentarias. El progresivo desarrollo de estos estándares requiere de una delimitación de la categoría de "alimento" amplia y adecuada a la realidad social.[19]

La noción de alimento desde el punto de vista de lo cotidiano parece no presentar dificultades. Al respecto, el diccionario de la Real Academia Española en sus dos primeras acepciones define al alimento como: a) conjunto de sustancias que los seres vivos comen o beben para subsistir; b) cada una de las sustancias que un ser vivo toma o recibe para su nutrición. No obstante, desde el plano jurídico, la delimitación

---

[18] Al respecto puede verse: PETRILLO, P.L. Diritti culturali e cibo. La tutela giuridica del patrimonio culturale immateriale e il ruolo dell'UNESCO. En: SCAFFARDI, L.; ZENO-ZENCOVICH, V. (ed.). *Cibo e diritto*. Una prospettiva comparata. Roma: Roma Tre, 2020. p. 81 y ss.

[19] TRIVISONNO, J.B. El derecho a la alimentación saludable: información al consumidor y etiquetado frontal de alimentos. *JA*, Buenos Aires, n. 3, p. 76-89, jul./set. 2021.

del concepto resulta necesaria, en tanto se presentan dudas respecto de algunas categorías de bienes con contornos difusos. A modo de ejemplo, resultará preciso determinar si el agua y los medicamentos quedan comprendidos en el concepto o no, así como también qué ocurre, con productos como los complementos alimenticios –que parecen ubicarse en el límite entre los alimentos y los medicamentos–.[20]

El Código Alimentario argentino brinda una definición en su artículo 6, considerando alimento a "toda substancia o mezcla de substancias naturales o elaboradas que ingeridas por el hombre aporten a su organismo los materiales y la energía necesarios para el desarrollo de sus procesos biológicos. La designación "alimento" incluye además las substancias o mezclas de substancias que se ingieren por hábito, costumbres, o como coadyuvantes, tengan o no valor nutritivo".

Como puede observarse, la definición se asocia a la finalidad con la cual los productos son ingeridos y a la función que cumplen en relación con los procesos biológicos.[21]

Desde el *Codex Alimentarius* se propone una definición de mayor amplitud, dado que se entiende por alimento toda sustancia, elaborada, semielaborada o bruta, que se destina al consumo humano, incluyendo las bebidas, el chicle y cualesquiera otras sustancias que se utilicen en la fabricación, preparación o tratamiento de los alimentos, pero no incluye los cosméticos ni el tabaco ni las sustancias utilizadas solamente como medicamentos.[22]

Por su parte, el Reglamento 178/2002[23] de la Unión Europea en oportunidad de brindar una definición de alimento establece:

---

[20] BOUILLOT, P.É. Aliment. *En* : CORNU, M.; ORSI, F.; ROCHFELD, J. (dir.). *Dictionnaire des biens communs*. París: PUF, 2017. p. 44-47.

[21] El *Código Alimentario* – Ley N° 18.284 de 1969, aún vigente con numerosas modificaciones – reunió en su momento las disposiciones higiénico–sanitarias, bromatológicas y de identificación comercial del *Reglamento Alimentario* que se fueron generando en el ámbito del Poder Ejecutivo. Acerca del origen de las normas alimentarias argentinas ver: MARICHAL, M.E. Historia de la regulación del Derecho alimentario en Argentina (1880–1970). *Revista de Historia del Derecho*, Buenos Aires, n. 52, p. 131-166, jul./dic. 2016 y SCHLOTTHAUER, Pablo. Personas con necesidades alimentarias especiales como consumidores hipervulnerables. *Revista de Derecho del Consumidor*, Buenos Aires, n. 5, [s.p.], ago. 2018.

[22] COMISIÓN DEL CODEX ALIMENTARIUS: *Manual de procedimiento*. 10 ed. Roma: FAO, 1997.

[23] El Reglamento 178/2002 de la Unión Europea establece los principios y requisitos generales de la legislación alimentaria, crea la Autoridad Europea de Seguridad Alimentaria y fija procedimientos. Asimismo, representa la síntesis de los principios y reglas para la tutela del consumidor de productos alimenticios. En este sentido puede verse: LANNI, S.; MAGRI, G. Healthy Eating Apps. La salubrità degli alimenti in mano agli algoritmi. *Osservatorio del diritto civile e commerciale*. Bolonia, n. 1, p. 51-78, ene. 2020.

> A efectos del presente Reglamento, se entenderá por «alimento» (o «producto alimenticio») cualquier sustancia o producto destinados a ser ingeridos por los seres humanos o con probabilidad razonable de serlo, tanto si han sido transformados entera o parcialmente como si no. «Alimento» incluye las bebidas, la goma de mascar y cualquier sustancia, incluida el agua, incorporada voluntariamente al alimento durante su fabricación, preparación o tratamiento [...] (art. 2).

En la segunda parte de la norma, se termina de dar forma al concepto por vía de exclusión, apartando a algunas categorías que pueden generar dudas, entre ellas, los medicamentos, los piensos, los cosméticos, etc.

Como puede apreciarse, el Reglamento adopta una definición amplia cuya nota central se encuentra en que el producto está destinado a ser ingerido por el hombre, excluyéndose del concepto algunas categorías particulares que se vinculan a otras especificidades y tienen regímenes jurídicos propios, como los medicamentos.

Asimismo, el alimento, es un tipo muy especial de producto, no sólo porque está destinado a ingresar al cuerpo humano, sino también porque expresa una relación entre el cuerpo y el ambiente.[24]

De acuerdo con lo señalado, un adecuado estudio de la problemática alimentaria desde el Derecho del Consumidor requiere de un acercamiento a la visión amplia propuesta por el Reglamento y de la consideración de la especificidad de la materia alimentaria que se expresa en la relación entre alimento-cuerpo-ambiente.

Esta línea, se ha observado que es preciso dejar de lado la concepción del alimento como una mera "cosa" proveniente de la naturaleza por medio de la actividad del hombre, para emplazarlo como un producto elaborado. En otros términos, como derivación de un sector de la industria que interviene en su elaboración y procesamiento según reglas científicas y técnicas. Este cambio de paradigma permite situar a los alimentos como una problemática específica que afecta al consumidor y que compromete sus derechos fundamentales.[25]

Como se ha señalado, la industrialización generó nuevos formatos de alimentos cuyo consumo se extendió en todas partes del planeta.

---

[24] SOZZO, G. La prevención de los daños al consumidor. *En*: STIGLITZ, G.; HERNÁNDEZ, C.A. (dir.). *Tratado de derecho del consumidor*. Buenos Aires: La Ley, 2015, t. III. p. 160 y ss.
[25] *Id.*

En un primer momento, la intervención mecánica y química en los alimentos permitió su conservación (enlatados, congelados, deshidratados) y luego los alimentos fueron intervenidos en su estructura misma (fortificados, transgénicos, pre y probióticos, etc.).[26] El sistema NOVA de clasificación de los productos alimenticios da cuenta del nivel de industrialización al cual ha llegado el sector. Este sistema categoriza a los alimentos y bebidas según la naturaleza, grado y finalidad del procesamiento al que se someten antes de comprarse o adquirirse. Se habla así de alimentos no procesados o mínimamente procesados, alimentos procesados y ultraprocesados. En esta última categoría, muy prolífica en el mercado alimentario, los productos son formulaciones industriales elaboradas principal o totalmente a partir de sustancias derivadas de componentes de los alimentos, que se valen de aditivos y se basan en diversos procesos industriales que no tienen equivalentes en las viviendas particulares, como la hidrogenación o el preprocesado para freír. Su finalidad es crear productos listos para comer o beber.[27]

Así, la visión del alimento como producto elaborado permite integrar un rasgo que se ha destacado desde la sociología de la alimentación: la artificialización. Producto de esta característica, el consumidor ha ido perdiendo los referentes inmediatos de la producción de los alimentos, desconoce los modos de producción y fabricación, lo cual genera un incremento de la desconfianza hacia ellos.[28]

En otras palabras, la concepción amplia de alimento como producto elaborado permite insertar a la problemática alimentaria en el sistema de defensa del consumidor[29] y proporcionar un mayor nivel

---

[26] AGUIRRE, P. *Una historia social de la comida*. Buenos Aires: Lugar, 2017. p. 259 y 260.
[27] ORGANIZACIÓN PANAMERICANA DE LA SALUD. *Alimentos y bebidas ultraprocesados en América Latina*: ventas, fuentes, perfiles de nutrientes e implicaciones. Washington, DC: OPS, 2019. Disponible en: https://iris.paho.org/handle/10665.2/51523. Consultado el 30.11.2021.
[28] SANZ PORRAS, J. Aportaciones de la sociología al estudio de la nutrición humana: una perspectiva científica emergente en España. *Revista Nutrición Hospitalaria*, Madrid, v. 23, n. 6, p. 531-535, nov./dic. 2008.
[29] Así, el consumidor alimentario quedará amparado por: a) la Ley n° 24.240 de Defensa del Consumidor, b) las normas del Código Civil y Comercial en materia de consumo (arts. 1092 a 1122), c) el DNU 274/2019 de Lealtad Comercial, en especial en cuanto a la información y la identificación de los productos alimenticios, d) la Ley n° 27.442 de Defensa de la Competencia, d) la Ley n° 20.680 de Abastecimiento, e) la Ley n° 27.545 llamada "Ley de Góndolas". Asimismo, existen un número importante de leyes relativas a grupos especialmente vulnerables en materia de alimentación, por ejemplo, la ley 26.396 de trastornos alimentarios.

de protección al consumidor, quien –a ciegas y distante– confía en la multiplicidad de productos alimenticios que se le ofrecen para ser ingeridos, compuestos por gran cantidad de ingredientes y realizados mediante procesos que se desconocen totalmente. En cuanto producto elaborado, el alimento es también una fuente de riesgos que requiere de una aproximación desde la perspectiva de la prevención del daño, la información, la defectuosidad del producto, la educación al consumidor, entre otras cuestiones.[30]

4 La información proporcionada al consumidor alimentario y el etiquetado frontal de alimentos

El derecho a una alimentación saludable en el contexto que presenta el mercado actual de productos alimenticios requiere de la especial tutela del derecho del consumidor al acceso a la información necesaria y a que le sean advertidos los riesgos en miras a la protección de su salud.

El derecho fundamental del consumidor a la información (art. 42 de la Constitución) tiene su contracara en la obligación de informar que pesa sobre los proveedores, consagrada en diversos dispositivos legales en el ordenamiento jurídico argentino (art. 4 de la ley 24.240, art. 1100 del Código Civil y Comercial, entre otras normas específicas). Se trata de uno de los pilares de esta rama que se jerarquiza y expande en las diferentes versiones del Proyectos de Código de Derecho del Consumidor,[31] cuyos textos cuentan con dispositivos efectivos para corregir las asimetrías informativas que se manifiestan entre proveedores y consumidores.[32]

---

[30] SOZZO, G. La prevención de los daños al consumidor. *En*: STIGLITZ, G; HERNÁNDEZ, C.A. (dir.). *Tratado de derecho del consumidor*, Buenos Aires: La Ley, 2015, t. III. p. 160 y ss.

[31] La primera versión fue elevada al PEN, y publicada como "Anteproyecto de Ley de Defensa del Consumidor", en el diario La Ley 17/12/18. El Anteproyecto ingresó como Proyecto de Ley de Defensa del Consumidor (PLDC), al Honorable Senado de la Nación mediante expediente S-2576/19 con el apoyo de diversos sectores políticos. En el año 2020 se presentaron dos nuevas propuestas de Proyecto de Código en la Cámara de Diputados identificados como expedientes 3143-D-2020 y 5156-D-2020, ambos con grandes coincidencias con aquel Proyecto ingresado en el Senado.

[32] STIGLITZ, G.; BLANCO MUIÑO, F.; D'ARCHIVIO, M.E.; HERNÁNDEZ, C.A.; JAPAZE, M.B.; LEPÍSCOPO, L.; OSSOLA, F.A.; PICASSO, S.; SOZZO, G.; TAMBUSSI, C.E.; VÁZQUEZ FERREYRA, R.; WAJNTRAUB, J.H. Sobre algunas claves e innovaciones del Anteproyecto de Ley de Defensa del Consumidor. *En*: *Comentarios al Anteproyecto de Ley de Defensa del Consumidor en Homenaje a Rubén Stiglitz*. Buenos Aires: La Ley, 2019. p. 1 y ss. y BIANCHI, L. La obligación general de informar en el Anteproyecto de Ley de Defensa del

En el ámbito de los productos alimenticios el cumplimiento de la obligación de informar se canaliza en gran medida por medio de la identificación y el etiquetado de los productos que se comercializan. En este sentido, se ha señalado que "en la modernidad alimentaria, la relación cercana y directa entre productor y consumidor se rompe. El consumidor compra productos que son producidos por personas que no conoce y el conocimiento acerca de su origen y calidad procede de las etiquetas o en los establecimientos donde se adquieren".[33]

Asimismo, se ha observado que la etiqueta pone en evidencia una doble perspectiva: desde el punto de vista *jusprivatístico* representa el instrumento por medio del cual se provee a la prevención y al reequilibrio de las asimetrías obstativas de una elección negocial consciente, y desde el punto de vista *juspublicístico* es el instrumento que tutela la seguridad de la generalidad de los consumidores desde la vía preventiva y precautoria, y por ende del mercado en general.[34]

Así, es posible afirmar que las normas sobre rotulado de los productos constituyen un despliegue específico de la obligación de informar que pesa sobre los proveedores, en particular en el ámbito alimentario.[35] Por tal motivo, el etiquetado debe también ser acorde a los estándares establecidos en el art. 42 de la Constitución Nacional y en las cláusulas generales contenidas en los artículos 4 de la ley 24.240 y en el artículo 1100 del Código Civil y Comercial argentino (en adelante CCC). Esta última norma, además de compeler al proveedor a suministrar información cierta y detallada acerca de las características esenciales de los bienes y servicios que provee, las condiciones de su comercialización y toda otra circunstancia relevante para el contrato, establece que la información debe ser "proporcionada con la claridad necesaria que permita su comprensión".

A su vez, en el Derecho argentino, la identificación y etiquetado encuentran regulación en otras fuentes normativas. Entre ellas, el Código

---

Consumidor. En: *Comentarios al Anteproyecto de Ley de Defensa del Consumidor en Homenaje a Rubén Stiglitz*. Buenos Aires: La Ley, 2019. p. 237 y ss.

[33] SANZ PORRAS, J. Aportaciones de la sociología al estudio de la nutrición humana: una perspectiva científica emergente en España. *Revista Nutrición Hospitalaria*, Madrid, v. 23, n. 6, p. 531-535, nov./dic. 2008.

[34] LANNI, S.; MAGRI, G. Healthy Eating Apps. La salubrità degli alimenti in mano agli algoritmi. *Osservatorio del diritto civile e commerciale*. Bolonia, n. 1, p. 51-78, ene. 2020.

[35] ARIAS, M.P.; TRIVISONNO, J.B. La identificación del producto como una manifestación de la obligación de informar. En: CHAMATROPULOS, D.A.; PINO, M. (org.). *Competencia desleal*: análisis del decreto 274/2019. Buenos Aires: La Ley, 2019.

Alimentario, cuyo "Capítulo V" se titula "Normas para la Rotulación y Publicidad de los Alimentos". Allí se establece la información obligatoria que debe figurar en las etiquetas (la denominación de venta del alimento, la lista de ingredientes, contenidos netos, origen, identificación del importador, del lote, fecha de duración, preparación e instrucciones de uso del alimento, cuando corresponda), la necesidad del uso de idioma nacional, el modo de presentación de los contenidos. Por su parte, el Decreto 274/2019 de Lealtad Comercial establece lineamientos básicos sobre identificación y rotulado de productos, referidos principalmente a su nombre, país de fabricación, calidad, pureza, medidas de su contenido, su origen nacional o extranjero, entre otras cuestiones (arts. 16 a 22).

En este entorno normativo, cabe preguntarse si en materia de alimentos las normas resultan eficaces y adecuadas para informar al consumidor acerca de los contenidos o componentes de los productos alimenticios, principalmente los ultraprocesados, y en particular si la información resulta comprensible para el consumidor. La lectura de las etiquetas que actualmente se utilizan en el mercado permite –con gran dificultad– tomar conocimiento de los ingredientes que los productos alimenticios poseen. No obstante, el consumidor carece de las herramientas técnicas para realizar una interpretación que le permita tomar una mejor decisión teniendo en miras la tutela de su salud.

En efecto, el "Manual para la aplicación de las Guías alimentarias para la población argentina" advierte que el actual rotulado presenta serias dificultades para su comprensión, no sólo en virtud de la poca visibilidad y legibilidad de las etiquetas, sino también por la imposibilidad de comprender la idea de porción y porcentaje de nutrientes debido a la utilización de lenguaje técnico.[36]

En una línea similar, el Informe de la Relatora Especial sobre el derecho a la alimentación realizado luego de su visita a la Argentina en septiembre de 2018, señala que

> Las reglamentaciones argentinas sobre etiquetado de alimentos e información nutricional y de salud tampoco parecen cumplir con las normas internacionales. El Código Alimentario Argentino

---

[36] MINISTERIO DE SALUD ARGENTINA. *Manual para la aplicación de las Guías alimentarias para la población argentina*. Buenos Aires: MSA, 2018. Accesible en: https://bancos.salud.gob.ar/recurso/guias-alimentarias-para-la-poblacion-argentina-manual-de-aplicacion. Consultado el 30.11.2021.

establece que los elaboradores de alimentos deben mostrar la información sobre los ingredientes, su origen y la fecha de vencimiento, así como los valores nutritivos, pero no exige que se declare el contenido de azúcares, por lo que a los consumidores les resulta difícil elegir opciones más saludables.[37]

Al estar comprometido el derecho fundamental a la salud del consumidor, en tanto el exceso de peso y la obesidad son fatores que propician la aparición de enfermedades no transmisibles, no basta con la simple descripción de las características del producto. En la intersección entre información y salud, se requiere un plus en la información que consiste en el deber de advertencia, tal como surge de los arts. 5 y 6 de la ley 24.240. El consumidor expone su salud al ingerir los productos alimenticios, siendo necesario optimizar la comprensión y la interpretación de la información a fin de posibilitar el acceso a una alimentación saludable y adecuada.

Por tales motivos, desde diversos organismos internacionales se recomienda la implementación de sistemas de etiquetado frontal de alimentos a fin de facilitar el acceso a la información, permitir que los consumidores puedan realizar elecciones alimentarias más saludables y desalentar el consumo de alimentos de baja calidad nutricional. En este sentido, se han expresado: a) la OMS en su "Informe de la Comisión para acabar con la obesidad infantil",[38] b) la OPS junto a la OMS en el "Plan de acción para la prevención de la obesidad en la niñez y la adolescencia",[39] c) la FAO junto a la OMS y la OPS en el informe "Políticas y programas alimentarios para prevenir el sobrepeso y la obesidad. Lecciones aprendidas",[40] entre otros.

---

[37] Es cierto que al momento de realización del informe no se encontraba vigente el DNU 274/2019, pero sí la ley 22.802 cuyo contenido en materia de identificación de productos era similar.

[38] ORGANIZACIÓN MUNDIAL DE LA SALUD. *Informe de la Comisión para acabar con la obesidad infantil*. Ginebra: OMS, 2016. Disponible en: https://www.who.int/end-childhood-obesity/publications/echo-report/es/. Consultado el 21.11.2020.

[39] ORGANIZACIÓN PANAMERICANA DE LA SALUD. *Plan de acción para la prevención de la obesidad en la niñez y la adolescencia*. Washington, DC: OPS, 2014. Disponible en: https://www.paho.org/es/documentos/plan-accion-para-prevencion-obesidad-ninez-adolescencia. Consultado el 01.06.2021.

[40] ORGANIZACIÓN DE LAS NACIONES UNIDAS PARA LA ALIMENTACIÓN Y LA AGRICULTURA. *Políticas y programas alimentarios para prevenir el sobrepeso y la obesidad. Lecciones aprendidas*. Roma: FAO, 2018. Disponible en: http://www.fao.org/3/i8156es/I8156ES.pdf. Consultado el 30.11.2021.

4.1 El etiquetado frontal de alimentos: los diversos sistemas

El etiquetado frontal de alimentos, como la expresión lo indica, propone que la información acerca del producto sea presentada al consumidor en la cara principal del envase o rótulo por medio de un sistema gráfico, sencillo, rápido de localizar y de comprender, y con la información relevante y útil para que los consumidores puedan tomar decisiones respecto a los alimentos que consumen. Su principal objetivo es promover elecciones más saludables que contribuyan a prevenir el sobrepeso, la obesidad y otras enfermedades no transmisibles vinculadas a una alimentación inadecuada, entre ellas, la diabetes, la hipertensión, las enfermedades cardiovasculares, el cáncer.[41]

Además, el sistema tiene en miras otros objetivos, tales como: a) facilitar el diseño e implementación de otras políticas públicas –por ejemplo, la selección de los alimentos que se ofrezcan en entornos escolares–, b) proporcionar estándares para la regulación de la publicidad, y otras prácticas como el patrocinio, c) alentar a la industria a la reformulación de los productos para hacerlos más saludables.

En la experiencia comparada se han diseñado múltiples sistemas de etiquetado frontal de alimentos que pueden clasificarse según diversos criterios. Uno de ellos distingue entre dos grandes categorías: los sistemas de etiquetado enfocados en nutrientes y los sistemas de etiquetado de resumen.

Los sistemas enfocados en nutrientes proporcionan información sobre ciertos nutrientes críticos para la salud cuyo consumo en exceso aumenta el riesgo de obesidad, hipertensión arterial, diabetes, enfermedad cardiovascular y otras enfermedades crónicas. A su vez, dentro de esta categoría, algunos de los sistemas utilizados son los siguientes:

    a) Guías Diarias de Alimentación (GDA): este sistema proporciona información acerca de los porcentajes recomendados de consumo diario de energía o nutrientes en una porción o en un producto, sin aportar una evaluación de la calidad nutricional del producto. Es decir, que sólo provee información sobre valores absolutos de nutrientes y el porcentaje de consumo diario recomendado. Una variante de este sistema, utilizada

---

[41] *Id.*

en el Reino Unido, propone el uso del GDA junto a los colores del semáforo para comunicar también información sobre si el contenido de nutrientes críticos es alto, medio o bajo.

b) *Semáforo simplificado*: utiliza los colores rojo, amarillo y verde para indicar el alto, medio o bajo contenido de un nutriente crítico. El sistema brinda las herramientas para evaluar las cantidades de nutrientes críticos presentes en los productos, y fue adoptado, por ejemplo, en Ecuador (2014) y Bolivia (2017).

c) *Sistema de advertencias*: utiliza una o más imágenes gráficas a modo de advertencia a través de las cuales se indica que el producto presenta niveles de nutrientes críticos superiores a los recomendados. Dentro de este grupo se ubica el sistema de octógonos negros adoptado en países como Chile (Ley 20.606 de 2016), Uruguay (Decreto 272 de 2018), Perú (Ley 30.021 de 2018) y México (reforma de la Ley General de Salud en 2019), con diversos matices.

Por otro lado, se encuentran los sistemas de etiquetado de resumen, que pueden ser definidos como aquellos que sintetizan con el uso de un solo símbolo, ícono o puntuación, la calidad nutricional general de un producto. Entre ellos, cabe citar:

a) *El ranking de salud a través de estrellas* (o *Health Star Rating*): El sistema utiliza imágenes de estrellas para indicar si el alimento es saludable; cuantas más estrellas posea, más saludable es el alimento.

b) *El sistema de cerradura* (o *Keyhole*): utiliza la imagen de una cerradura de color verde o negro, utilizándose el color verde para designar la opción más saludable.

c) *El 5-Nutri-Score* (5C): el sistema clasifica los alimentos y bebidas de acuerdo con cinco categorías de calidad nutricional. Para clasificar cada producto se ha desarrollado una puntuación que tiene en cuenta, por 100 gramos de producto, el contenido de nutrientes y alimentos cuyo consumo se quiere promover (fibra, proteínas, frutas y verduras) y de los nutrientes cuyo consumo se quiere limitar (la energía, los ácidos grasos saturados, azúcares y sal). El producto más favorable nutricionalmente obtiene una puntuación "A" verde y el producto nutricionalmente menos favorable obtiene una puntuación "E" roja.

d) El *"Choices programme"*: propone el uso de un logotipo positivo en el frente de los envases. El programa consiste en un modelo de perfil de nutrientes con criterios de grupos específicos.

Desde otra clasificación de los sistemas de etiquetado frontal de alimentos, se propone distinguir entre sistemas directivos, semi-directivos y no directivos, teniendo en cuenta el tipo de información que se suministra al consumidor y en qué medida se le facilita la toma de decisiones.[42]

4.2 El contexto latinoamericano y la decisión de Argentina en la Ley 27.642

Tal como se desprende del análisis realizado en el punto anterior, existe en América Latina una marcada tendencia hacia el etiquetado frontal de carácter obligatorio, optándose mayormente por el sistema de advertencias y con modelos iconográficos muy similares (octógonos negros). Estas circunstancias han llevado a sostener con acierto que, en materia de etiquetado frontal, el modelo latinoamericano se presenta como un sistema de referencia autónomo e independiente que propone un cambio de paradigma alejado de las influencias europeas.[43]

La visión de la Organización Panamericana de la Salud (OPS) acompaña y propicia este contexto normativo que se ha ido desarrollando en América Latina. En efecto, la OPS ha señalado que las decisiones de compra en una tienda de alimentos se toman en pocos segundos, motivo por el cual, los sistemas de etiquetado frontal que captan rápidamente la atención de los consumidores y facilitan el procesamiento de la información son preferibles a aquellos que requieren más tiempo y esfuerzo cognoscitivo. Así, los sistemas de advertencias nutricionales se ubican y se leen con más rapidez que los de semáforo codificados por colores y facilitan al consumidor la comprensión del contenido excesivo de ciertos nutrientes.[44]

---

[42] A los fines de reseñar los diversos sistemas de etiquetado frontal utilizados a nivel global, se tomó como base el trabajo realizado en los dos informes del Ministerio de Salud (2018 y 2020) ya citados en el presente aporte.

[43] En este sentido se recomienda consultar el interesante trabajo de: FERRANTE, A. El etiquetado frontal en los alimentos y la iconografía jurídica: un ejemplo para la comprensión del trasplante jurídico y del nuevo paradigma latinoamerican. *Revista de la Facultad de Derecho*, Lima, n. 87, p. 141-181, dec. 2021.

[44] ORGANIZACIÓN PANAMERICANA DE LA SALUD. *El etiquetado frontal como instrumento de política para prevenir enfermedades no transmisibles en la Región de las Américas*. Washington,

En Argentina, los informes y estudios realizados por el Ministerio de Salud se articulan con la tendencia latinoamericana al recomendar la adopción de un sistema de etiquetado frontal de advertencia. En una primera etapa, luego de comparar los diversos sistemas y analizar los resultados y evidencias científicas aportadas por los informes de entidades gubernamentales de países de nuestra región, se concluyó que los sistemas de advertencia son los que se han mostrado más eficaces que el resto para informar al consumidor y favorecer la selección de alimentos más saludables –por ser más claros y comprensibles en un tiempo menor-, incluso para consumidores con vulnerabilidad agravada.[45]

En una segunda etapa se realizó un estudio a nivel nacional a fin de evaluar el desempeño del sistema de advertencia en comparación con dos tipos de GDA (monocromático y con colores). Los resultados de las encuestas demuestran la superioridad del sistema de advertencia por resultar más visible en modo espontáneo, lograr capturar mejor la atención, brindar información más clara, permitir una mejor comprensión y ser más eficiente para la identificación de nutrientes críticos.[46]

En el marco de las tendencias, estudios y recomendaciones reseñadas en los párrafos precedentes, en octubre de 2021 se sancionó en argentina la ley 27.642 que adoptó el sistema de etiquetado nutricional frontal de advertencia (art. 4). La nueva norma dispone que los alimentos y bebidas analcohólicas envasados en ausencia del cliente y comercializados en nuestro país que posean en su composición final contenido de nutrientes críticos y valor energético que exceda los valores establecidos en la ley, deben incluir en la cara principal un sello de advertencia indeleble por cada nutriente crítico en exceso según corresponda: "exceso en azúcares"; "exceso en sodio"; "exceso en grasas saturadas"; "exceso en grasas totales"; "exceso en calorías".[47]

DC: OPS, 2020. Disponibe en: https://iris.paho.org/bitstream/handle/10665.2/53013/OPSNMHRF200033_spa.pdf?sequence=5&isAllowed=y. Consultado el 30.11.2021.

[45] MINISTERIO DE SALUD Y DESARROLLO SOCIAL DE LA NACIÓN. *Etiquetado Nutricional frontal de alimentos*. Buenos Aires: SGB/MSDS, 2018. p. 29. Disponible en: https://bancos.salud.gob.ar/sites/default/files/2020-01/0000001380cnt-2019-06_etiquedatonutricional-frontal-alimentos.pdf. Consultado el 30.11.2021.

[46] MINISTERIO DE SALUD DE LA NACIÓN. *Etiquetado Nutricional Frontal*. Informe de Resultados. Buenos Aires, jun. 2020. p. 27. Disponible en: https://www.argentina.gob.ar/salud. Consultado el 30.11.2021.

[47] Quedan exceptuados de la obligación de colocar los sellos los siguientes productos: azúcar común, aceites vegetales, frutos secos y sal común de mesa (art. 7).

Asimismo, si el producto tuviese entre sus componentes edulcorantes o cafeína, el envase o rótulo deberá contener una leyenda precautoria que lo señale e indique que el producto no es recomendable en niños/as. Cabe advertir que no se hace referencia específica a las grasas trans, como sí lo hace la ley peruana de promoción de la alimentación saludable (Ley 30.021 de 2018).

El sistema de advertencia se establece con carácter de obligatoriedad, descartando su implementación de manera voluntaria, como ocurre en otros países. Así lo sugiere la OPS, en tanto se trata de medidas vinculadas a la salud pública que requieren de una aplicación urgente y rigurosa, y que la evidencia indica que el cumplimiento del etiquetado nutricional voluntario por parte de la industria alimentaria es bajo, en especial si las etiquetas dan una mala impresión de los productos.[48]

Las advertencias que se ordenan en el artículo 4, deben ser materializadas por medio de un sello en forma octogonal de color negro y con borde y letras blancas en mayúsculas.[49] A fin de asegurar su visibilidad: a) el tamaño de cada sello no será nunca inferior al 5% de la superficie de la cara principal del envase (art. 5) y b) el sello no puede estar cubierto de forma parcial o total por ningún otro elemento.[50] Lo mismo se extiende a cajas, cajones, y cualquier otro tipo de empaquetado que contenga los productos en cuestión.

La ley selecciona también el parámetro a tener en cuenta para la determinación de los valores máximos de azúcares, grasas saturadas, grasas totales y sodio, optando por remitir al perfil de nutrientes elaborado por la OPS. Por su parte, la fijación de criterios específicos para la determinación del valor energético se delega en la autoridad de aplicación de la ley (art. 6).

---

[48] ORGANIZACIÓN PANAMERICANA DE LA SALUD. *El etiquetado frontal como instrumento de política para prevenir enfermedades no transmisibles en la Región de las Américas.* Washington, DC: OPS, 2020. Disponible en: https://iris.paho.org/bitstream/handle/10665.2/53013/OPSNMHRF200033_spa.pdf?sequence=5&isAllowed=y. Consultado el 30.11.2021.

[49] Id. p. 11-12. La OPS ha señalado que la psicofísica de la lectura y la mercadotecnia, así como las investigaciones sobre los consumidores, aportan pruebas científicas de que la legibilidad mejora cuando se emplean los colores más contrastantes como blanco y negro, preferibles sobre otros colores que incrementan el apetito del consumidor por otros productos.

[50] El artículo 18 de la ley deja en claro que el sistema de etiquetado de advertencias dispuesto en el artículo 5° debe hacerse en forma separada e independiente a la declaración de ingredientes e información nutricional establecida en el Código Alimentario Argentin

Asimismo, se prevé la implementación progresiva del sistema de etiquetado, en base a un cronograma de etapas que no debe superar los dos años y debe ser improrrogable (art. 6).

La adopción de este sistema resulta, no sólo acorde a los lineamientos internacionales y a la tendencia predominante en el Derecho latinoamericano, sino también a las exigencias derivadas del bloque constitucional argentino en materia de tutela de la salud de los consumidores.

En particular, el sistema adoptado por la ley permite una mejor comprensión de la información acerca del producto, así como también el desarrollo más efectivo de la advertencia o alerta al consumidor, en especial en el caso de consumidores hipervulnerables. Todo ello implica una mejora significativa en el cumplimiento del estándar fijado en el artículo 1100 del CCC y del deber de advertencia (artículos 5 y 6 ley 24.240) en materia de productos alimenticios.[51]

Asimismo, resulta positivo que la misma ley establezca el sistema de etiquetado aplicable y el perfil de nutrientes, sin dejarlo librado a la autoridad de aplicación, en tanto la opción por uno u otro obedece a estudios y valoraciones acerca de su eficiencia e implica un posicionamiento de raíz en relación con una problemática de salud pública que debe estar presente desde el texto legal mismo y no diferirse a una reglamentación.

5 *Marketing* alimentario y prácticas comerciales prohibidas: limitaciones en materia de productos alimenticios en la Ley 27.642

En el ámbito del Derecho del Consumidor, los diversos procedimientos, mecanismos y estrategias desplegados por los proveedores para procurar la promoción, incentivo o sostenimiento del consumo son agrupados bajo la denominación de prácticas comerciales. En principio, se trata de conductas lícitas desarrolladas por los proveedores, a no ser que se encuentren en conflicto con la buena fe, los derechos fundamentales del consumidor, la transparencia y lealtad en las relaciones comerciales. Por este motivo, desde el Derecho se

---

[51] TRIVISONNO, J.B. Derecho a la alimentación adecuada y derecho del consumidor. *Revista del Instituto Argentino de Derecho del Consumidor*, Buenos Aires, n. 10, [s.p.], abr. 2021.

reglamentan y prohíben algunas prácticas a fin de garantizar la plena vigencia de los derechos de los consumidores.[52]

Los productos alimenticios, en particular los ultraprocesados, son objeto de múltiples tipos de prácticas cuyo desarrollo comprometen la salud y la seguridad de los consumidores. En relación con esta problemática, el CCC argentino al regular la publicidad –comprendida dentro de la categoría de prácticas comerciales– veda la realización de toda publicidad que induzca al consumidor a comportarse en forma perjudicial o peligrosa para su salud o seguridad (art. 1101 inciso c)[53]. En la misma línea se encuentran algunas leyes que prohíben o limitan la publicidad de determinados productos, por ejemplo, la ley 24.788 de lucha contra el alcoholismo y la ley 26.396 de prevención y control de los trastornos alimentarios.

En este sentido, los Proyectos de Código de Derecho del Consumidor actualmente en trámite, han identificado con acierto como práctica abusiva a aquella que tienda a *"Estimular la adquisición de bienes o la prestación de servicios que, en un contexto o circunstancias determinadas, expongan o potencien riesgos a la salud o la seguridad del consumidor o usuario"* (art. 26 inciso 5). La norma contiene una directriz de gran valor para la ponderación de la abusividad de las prácticas comerciales en materia de productos alimenticios. El estándar ideado se proyecta no sólo a la publicidad, sino también a otros tipos de prácticas que se lleven a cabo para estimular el consumo, tales como la organización de concursos en los que se premia a quién pueda ingerir más cantidad de comidas, bebidas, o consumo de cualquier otro producto que, de acuerdo con las circunstancias, resulte nocivo para la salud.[54]

En este marco deben ser comprendidas las normas de la ley 27.642, que fieles a su objetivo de tutelar la salud de los consumidores, establecen una serie de limitaciones a las prácticas dirigidas a incentivar

---

[52] FRUSTAGLI, S.; HERNÁNDEZ, C.A. Prácticas comerciales abusivas. *En*: STIGLITZ, G.; HERNÁNDEZ, C.A. (dir.). *Tratado de derecho del consumidor*. Buenos Aires: La Ley, 2015, t. I. p. 593 y ss.

[53] Se sigue la línea del Código brasileño de Defensa del Consumidor, en cuyo art. 37 § 2 considera abusiva la publicidad que pueda inducir al consumidor a comportarse de manera perjudicial o peligrosa para su salud o seguridad.

[54] En relación con el análisis de la norma proyectada puede verse: ARIAS, M.P.; TRIVISONNO, J.B. Las prácticas abusivas del art. 26 del anteproyecto de ley de defensa del consumidor. *En*: SANTARELLI, F.G.; CHAMATROPULOS, D.A. (coord.). *Comentarios al anteproyecto de Ley de Defensa del Consumidor*: homenaje a Rubén Stiglitz. Buenos Aires: La Ley, 2019. p. 305.

el consumo de productos alimenticios que contengan al menos un sello de advertencia, es decir, que contengan un nutriente crítico en exceso. Así, las prohibiciones que se diseñan recaen, por un lado, sobre el uso de la etiqueta como medio de promoción del producto alimenticio (art. 9), y por otro sobre su publicidad, promoción y patrocinio (art. 10).

5.1 Prácticas prohibidas vinculadas al rotulado de alimentos que deban llevar un sello de advertencia

El etiquetado o rotulado de los productos alimenticios es utilizado, no sólo con fines de identificación y conservación del alimento a comercializar, sino que constituye un canal para desplegar diversas prácticas comerciales dirigidas a estimular o incrementar el consumo de los productos. El diseño de la etiqueta, rótulo o envase se emplea como herramienta para captar la atención del consumidor.[55] En consideración de esta circunstancia, el artículo 9 de la ley 27.642 contempla una serie de prohibiciones.

Así, se establece que los productos que deban llevar un sello de advertencia no podrán hacer uso de *"claims"* o información nutricional complementaria. Según el glosario de definiciones contenido en el artículo 2 de la ley 27.642, se trata de "cualquier representación que afirme, sugiera o implique que un alimento o bebida posee propiedades nutricionales particulares, especialmente, pero no sólo, en relación a su valor energético y contenido de proteínas, grasas, carbohidratos y fibra alimentaria, así como con su contenido de nutrientes críticos, vitaminas y minerales (inciso k)".

El término "representación" resulta lo suficientemente amplio como para comprender frases, palabras, imágenes y gráficos, entre otros.

La información complementaria está dirigida a impactar en las conductas de los consumidores, con lo cual la norma pretende limitar su utilización en productos que contengan al menos un ingrediente crítico en exceso. En efecto, se trata de una de las prácticas más frecuentes dentro del llamado "marketing nutricional", entendido como aquel sector específico del marketing alimentario que promueve alimentos o bebidas mediante el uso de información nutricional o relativa a la

---

[55] SEPIURKA, M. Diseño y packaging en la captación del consumidor. *En*: GHERSI, C. (org.). *La responsabilidad de las empresas y la tutela del consumidor de alimentos*. Buenos Aires: EUDEBA, 1998. p. 53 y ss.

salud de los consumidores para influir en las decisiones de compra en materia de alimentos.[56]

Asimismo, se prohíbe la inclusión en los envases de "logos o frases con patrocinio o avales de sociedades científicas" (art. 9 inciso b). Tales referencias también inciden en la decisión de compra del consumidor, en tanto generan un mayor nivel de confianza en el producto. Se trata con frecuencia de entidades vinculadas a algún área o especialidad de la salud que operan como referentes de autoridad, por ejemplo, en el ámbito de una enfermedad, padecimiento o condición determinada.

Se prohíbe también la incorporación en los envases de

> Personajes infantiles, animaciones, dibujos animados, celebridades, deportistas o mascotas, elementos interactivos, la entrega o promesa de entrega de obsequios, premios, regalos, accesorios, adhesivos, juegos visual-espaciales, descargas digitales, o cualquier otro elemento, como así también la participación o promesa de participación en concursos, juegos, eventos deportivos, musicales, teatrales o culturales, junto con la compra de productos con por lo menos un nutriente crítico en exceso, que inciten, promuevan o fomenten el consumo, compra o elección de éste. (art. 9 inciso c)

En especial estas prácticas son utilizadas recurrentemente en productos dirigidos a las infancias, a fin de captar su atención y ejercer peso en la decisión de compra. Se procura emplear personajes simpáticos, colores cuidadosamente seleccionados, entre otras muchas cuestiones que se encuentran analizadas en base a evidencia científica.[57] Nuevamente aquí, la ley se ocupa en forma acertada de la tutela de la vulnerabilidad agravada de las infancias en el mundo del consumo, cuestión que analizaremos en el apartado siguiente.

Por último, más allá de la ley 27.642, y en reconocimiento de la función que cumple la etiqueta o rótulo como medio de promoción, cabe apuntar que la Secretaría de Comercio Interior dictó la resolución

---

[56] CUEVAS-CASADO, I.; ROMERO-FERNÁNDEZ, M.M.; ROYO-BORDONADA, M.Á. Uso del marketing nutricional en productos anunciados por televisión en España. *Revista Nutrición Hospitalaria*, Madrid, v. 27, n. 5 p. 1569-1575, sep./oct. 2012.

[57] MÉNDEZ, M.G.; ALVARADO, S. Hackear los cerebros infantiles. *Bocado*, 13 out. 2021. Disponible en https://bocado.lat/hackear-los-cerebros-infantiles/. Consultado el 30.11.2021.

283/21, en la que dispone la creación del Sistema de Fiscalización de Rótulos y Etiquetas (SiFIRE) con el objetivo principal de prevenir cualquier afectación en la veracidad o precisión de la información contenida en los rótulos o etiquetas como así también en la transparencia y competencia leal entre los distintos oferentes de bienes y servicios en el mercado interno. En los considerandos de la norma se reconoce en forma expresa que resulta necesario extremar los cuidados en la fiscalización de las etiquetas, en tanto la información allí contenida resulta esencial para la decisión del consumidor vinculada a hábitos alimenticios.[58]

5.2 La publicidad, promoción y patrocinio de alimentos que contengan un sello de advertencia

La ley argentina de "Promoción de la alimentación saludable" establece también una serie de limitaciones relativas a la publicidad, promoción y patrocinio de los alimentos que deban llevar al menos un sello de advertencia en miras a que no se estimule indebidamente su consumo, en particular cuando dichos productos están dirigidos a niños, niñas y adolescentes.

En primer lugar, cabe destacar que en el glosario del artículo 2, la ley delimita los contornos de las categorías conceptuales utilizadas. Así, se define como "publicidad y promoción" a "toda forma de comunicación, recomendación o acción comercial con el fin, efecto o posible efecto de dar a conocer, promover directa o indirectamente un producto o su uso" (inciso f). La fórmula empleada resulta amplia, y por ende comprensiva de toda estrategia comunicacional que se utilice, incluso la intervención de *influencers* o de aplicaciones que promuevan el consumo de determinados productos alimenticios.

Así, la primera parte del artículo 10 dispone que "Se prohíbe toda forma de publicidad, promoción y patrocinio de los alimentos y bebidas analcohólicas envasados, que contengan al menos un (1) sello de advertencia, que esté dirigida especialmente a niños, niñas y adolescentes". Como puede apreciarse, la norma se aboca a la tutela de los niños, niñas y adolescentes considerados como consumidores

---

[58] V. http://servicios.infoleg.gob.ar/infolegInternet/anexos/345000-349999/348389/norma.htm. Consultado el 30.11.2021.

hipervulnerables,⁵⁹ a fin de resguardarlos de las influencias que puedan provenir de los mensajes publicitarios y de las demás prácticas dirigidas directamente a ellos en miras a persuadirlos al consumo de alimentos que tengan contenidos críticos en exceso.

En esta línea, la OMS y la OPS han recomendado limitar el efecto negativo de la publicidad y promoción de los alimentos dirigidas a la niñez y la adolescencia con miras a reducir el consumo de comida rápida, las bebidas azucaradas y los productos de alto contenido calórico y bajo valor nutricional, por considerar que "los niños son más vulnerables al poder persuasivo de los mensajes comerciales (por ejemplo, los anuncios en la televisión o por internet, el respaldo de las celebridades, la publicidad en los negocios y las marcas comerciales combinadas en los juguetes)".⁶⁰

La protección de los niños, niñas y adolescentes como consumidores alimentarios mediante la prohibición del art. 10 de la ley, resulta sumamente atinada, en particular en un contexto en el que la familia y la escuela como instituciones tradicionales productoras de normas alimentarias pierden protagonismo en manos de otros agentes sociales –como la publicidad– que no brindan elementos para una correcta alimentación.⁶¹ Se ha hablado en este sentido de "desregulación alimentaria"⁶² o de "gastro-anomia".⁶³

En los demás supuestos de publicidad, promoción y/o patrocinio de los alimentos que contengan al menos un sello de advertencia: a) se prohíbe resaltar declaraciones nutricionales complementarias que destaquen cualidades positivas y/o nutritivas de los productos en cuestión, a fin de no promover la confusión respecto de los aportes

---

[59] El reconocimiento de la categoría de consumidores hipervulnerables, tiene un fuerte anclaje constitucional de acuerdo con la doctrina mayoritaria de nuestro país, y posee hoy recepción expresa en la Resolución 139/2020 de la Secretaría de Comercio Interior del Ministerio de Desarrollo Productivo.

[60] ORGANIZACIÓN PANAMERICANA DE LA SALUD. *Plan de acción para la prevención de la obesidad en la niñez y la adolescencia*. Washington, DC: OPS, 2014. Disponible en: https://www.paho.org/es/documentos/plan-accion-para-prevencion-obesidad-ninez-adolescencia. Consultado el 01.06.2021.

[61] SANZ PORRAS, J. Aportaciones de la sociología al estudio de la nutrición humana: una perspectiva científica emergente en España. *Revista Nutrición Hospitalaria*, Madrid, v. 23, n. 6, p. 531-535, nov./dic. 2008.

[62] *Id.*

[63] FISCHLER, C. Gastro-nomía y gastro-anomía. Sabiduría del cuerpo y crisis biocultural de la alimentación moderna. *Gazeta de Antropología*, Granada, n. 26, [s.p.], ene./jun. 2010. Disponible en: https://www.ugr.es/~pwlac/G26_09Claude_Fischler.html. Consultado el 30.11.2021.

nutricionales; b) deben visibilizarse y/o enunciarse en su totalidad los sellos de advertencia que correspondan al producto en cuestión cada vez que sea expuesto el envase; c) se prohíbe incluir personajes infantiles, animaciones, dibujos animados, celebridades, deportistas o mascotas, elementos interactivos, la entrega o promesa de entrega de obsequios, premios, regalos, accesorios, adhesivos juegos visual– espaciales, descargas digitales, o cualquier otro elemento, como así también la participación o promesa de participación en concursos, juegos, eventos deportivos, musicales, teatrales o culturales, que contengan al menos un sello de advertencia o la leyenda que contiene edulcorantes, según corresponda, que inciten, promuevan o fomenten el consumo, compra o elección de éste, d) se prohíbe la promoción o entrega a título gratuito.

En este segundo párrafo del artículo 10 se identifican como ilícitas algunas prácticas frecuentes en materia de productos alimenticios que atentan contra la transparencia del mercado, tienen por efecto generar confusión en el consumidor o bien limitan o condicionan –en alguna medida– su libertad de contratación.

6 Formación para una alimentación saludable y entornos educativos

El desarrollo de un sistema eficaz de defensa del consumidor supone también el fortalecimiento de la función del Estado a través de políticas activas, en especial dirigidas a la educación, información y prevención.[64] Contemplando este aspecto, el "Capítulo IV" de la ley 27.642 bajo el título "Promoción de la alimentación saludable en los establecimientos educativos", brinda directivas concretas en materia de políticas públicas en miras a la protección de la niñez y la adolescencia.

Así, el artículo 11, bajo el acápite "Hábitos de alimentación saludable" prescribe que: El Consejo Federal de Educación deberá promover la inclusión de actividades didácticas y de políticas que establezcan los contenidos mínimos de educación alimentaria nutricional en los establecimientos educativos de nivel inicial, primario y secundario del país, con el objeto de contribuir al desarrollo de hábitos de alimentación saludable y advertir sobre los efectos nocivos de la alimentación inadecuada".

---

[64] STIGLITZ, G. Políticas de defensa del consumidor *En*: STIGLITZ, G.; HERNÁNDEZ, C.A. (dir.). *Tratado de derecho del consumidor*. Buenos Aires: La Ley, 2015, t. IV. p. 555 y ss.

Como se ha señalado, la educación alimentaria a nivel escolar y familiar resulta imprescindible para generar "formas de comportamiento en el consumo de alimentos sanos, que contrarresten las comunicaciones de masa y sus impactos negativos de hábitos consumistas desaconsejables desde la salud individual y social".[65] En síntesis, es preciso contar con una adecuada formación para la generación de hábitos saludables a fin de ejercer un contrapeso frente a prácticas comerciales que fomentan conductas nocivas para la salud.

Lo previsto en el artículo 11 de la ley de Promoción de la alimentación saludable, se articula con la ley 24.240, que al regular la educación al consumidor ordena incorporar a los currículos de los diversos niveles educativos –comprendidos también el terciario y universitario– contenidos de educación al consumo (art. 60), con referencia expresa a la formación en contenidos atinentes a la alimentación (art. 61).

En una línea similar se encuentran: a) la ley 26.396 de trastornos alimentarios, que ordena incorporar la "Educación Alimentaria Nutricional" en todos los niveles del sistema educativo (art. 6 inciso a) y b) la ley 25.724 que reconoce la necesidad de proveer a la educación alimentaria como herramienta imprescindible para el desarrollo de conductas permanentes que permitan a la población decidir sobre una alimentación saludable desde la producción, selección, compra, manipulación y utilización biológica de los alimentos (art. 5 inciso f).

Por su parte, los Proyectos de Código de Derecho del Consumidor, han propuesto sólidas directrices para el diseño de políticas públicas, entre las que se destaca el deber de las autoridades de tomar medidas apropiadas que promuevan la efectividad de derechos económicos, sociales y culturales, entre ellos la alimentación (art. 32).

Asimismo, las previsiones de la nueva ley se articulan con las Directrices de la ONU para la protección del consumidor (2016), en las que se destaca la necesidad de que los Estados formulen programas de educación e información al consumidor, en especial en materia de salud, nutrición, prevención de las enfermedades transmitidas por los alimentos y adulteración de los alimentos, etiquetado de productos, entre otras cuestiones (G. Programas de educación e información al consumidor, regla 44).

---

[65] GHERSI, C. De los alimentos a la industria alimenticia. *En*: GHERSI, C. (org.). *La responsabilidad de las empresas y la tutela del consumidor de alimentos*. Buenos Aires: EUDEBA, 1998. p. 10.

Por otra parte, el artículo 12 de la ley, establece que los alimentos que contengan al menos un sello de advertencia o bien leyendas precautorias –por ejemplo, contenido de cafeína o de edulcorante– no pueden ser ofrecidos, comercializados, publicitados, promocionados ni patrocinados en establecimientos educativos del nivel inicial, primario y secundario del sistema educativo nacional. Como puede apreciarse, la medida apunta a limitar la disponibilidad de productos con sellos de advertencias o leyendas en los entornos escolares, fomentando el desarrollo de hábitos saludables.

La preocupación por la alimentación en entornos escolares no es nueva, sino que también se expresa en el artículo 9 de la citada ley 26.396, que ordena ofrecer productos saludables en los quioscos y demás establecimientos de expendio de alimentos dentro de los establecimientos escolares y en la Resolución 564/19 que aprueba la "Guía de entornos escolares saludables: recomendaciones para la implementación de políticas de prevención de sobrepeso y obesidad en niños, niñas y adolescentes en las instituciones educativas".

7 Reflexiones finales

La realidad en materia de salud y alimentación, así como también los lineamientos nacionales e internacionales, hacen manifiesta la necesidad de contar con normas y políticas públicas que apunten a hacer efectiva la protección de la salud de los consumidores. Así, por ejemplo, lo ha recomendado la OPS al sostener la necesidad de restringir la mercadotecnia de alimentos y bebidas poco saludables para los niños, reglamentar la venta de alimentos y bebidas en las escuelas, consagrar sistemas de etiquetado frontal de advertencias, diseñar políticas impositivas para limitar el consumo de alimentos y bebidas poco saludables, entre otras medidas.[66]

Con la sanción de la ley 27.642, nuestro país avanza en esta dirección y se inserta en la tendencia latinoamericana sobre la base de un importante nivel de consenso político y el acompañamiento de entidades de la sociedad civil, en especial de entidades no gubernamentales comprometidas con la alimentación y la salud.

---

[66] ORGANIZACIÓN PANAMERICANA DE LA SALUD. *Alimentos y bebidas ultraprocesados en América Latina*: ventas, fuentes, perfiles de nutrientes e implicaciones. Washington, DC: OPS, 2019. Disponible en: https://iris.paho.org/handle/10665.2/51523. Consultado el 30.11.2021.

La adopción del etiquetado frontal de advertencia con carácter obligatorio, reposiciona al consumidor como destinatario principal del contenido del rotulado, resignificando el modo en el que se le presenta la información a fin de que se encuentre en mejores condiciones de interpretarla y advierta lo riesgos que implica, en especial, el consumo de alimentos ultraprocesados.

Si bien la ley ha adquirido notoriedad pública en cuanto regula el etiquetado frontal, resultan de gran importancia las herramientas que se consagran en miras a proteger al consumidor como destinatario de prácticas abusivas, engañosas y que atentan contra la transparencia del mercado en materia de productos alimenticios, ya sea relacionadas directamente con el uso del etiquetado o rotulado (art. 9), así como también con la publicidad, la promoción o patrocinio del producto (art. 10). Se trata de valiosas disposiciones que establecen limitaciones al marketing de alimentos y bebidas, teniendo en cuenta especialmente la tutela de consumidores con vulnerabilidad agravada como los niños, niñas y adolescentes.

A ello se suman las previsiones relativas a la educación y la protección de los entornos escolares, cuestiones que permiten avanzar progresivamente en la consolidación de un derecho de acceso a una alimentación saludable. Su correcta articulación por parte del Estado contribuiría a lograr mayores niveles de tutela del consumidor alimentario. Bien implementada, la educación podría afirmarse como una herramienta que propicie un cambio cultural y permita desarticular las prácticas que fomentan los reduccionismos en materia alimentaria y las opacidades. En suma, la ley 27.642 contempla herramientas concretas dirigidas a la consolidación de mayores niveles de protección de la salud de los consumidores en materia de alimentación, en clave de prevención de enfermedades no transmisibles y teniendo en cuenta situaciones de vulnerabilidad agravada que exigen elevar los niveles de tutela. En adelante, deberá emprenderse el camino hacia una muy cuidada implementación de lo previsto en la ley, y con posterioridad un debido control del cumplimiento de sus disposiciones.

Referencias

AGUIRRE, P. *Una historia social de la comida*. Buenos Aires: Lugar, 2017.

ARIAS, M.P.; TRIVISONNO, J.B. La identificación del producto como una manifestación de la obligación de informar. *En*: CHAMATROPULOS, D.A.; PINO, M. (org.). *Competencia desleal*: análisis del decreto 274/2019. Buenos Aires: La Ley, 2019.

ARIAS, M.P.; TRIVISONNO, J.B. Las prácticas abusivas del art. 26 del anteproyecto de ley de defensa del consumidor. *En*: SANTARELLI, F.G.; CHAMATROPULOS, D.A. (coord.). *Comentarios al anteproyecto de Ley de Defensa del Consumidor*: homenaje a Rubén Stiglitz. Buenos Aires: La Ley, 2019.

BIANCHI, L. La obligación general de informar en el Anteproyecto de Ley de Defensa del Consumidor. *En*: *Comentarios al Anteproyecto de Ley de Defensa del Consumidor en Homenaje a Rubén Stiglitz*. Buenos Aires: La Ley, 2019.

BOUILLOT, P.É. Aliment. *En* : CORNU, M.; ORSI, F.; ROCHFELD, J. (dir.). *Dictionnaire des biens communs*. París: PUF, 2017.

CIURO CALDANI, M.Á. El derecho de la alimentación, despliegue relevante del derecho de la salud. *JA*, Buenos Aires, n. 5, p. 14-32, 2016.

COMISIÓN DEL CODEX ALIMENTARIUS: *Manual de procedimiento*. 10 ed. Roma: FAO, 1997.

CUEVAS-CASADO, I.; ROMERO-FERNÁNDEZ, M.M.; ROYO-BORDONADA, M.Á. Uso del marketing nutricional en productos anunciados por televisión en España. *Revista Nutrición Hospitalaria*, Madrid, v. 27, n. 5 p. 1569-1575, sep./oct. 2012.

FERRANTE, A. El etiquetado frontal en los alimentos y la iconografía jurídica: un ejemplo para la comprensión del trasplante jurídico y del nuevo paradigma latinoamericano. *Revista de la Facultad de Derecho*, Lima, n. 87, p. 141-181, dec. 2021.

FISCHLER, C. Gastro-nomía y gastro-anomía. Sabiduría del cuerpo y crisis biocultural de la alimentación moderna. *Gazeta de Antropología*, Granada, n. 26, [s.p.], ene./jun. 2010. Disponible en https://www.ugr.es/~pwlac/G26_09Claude_Fischler.html. Consultado el 30.11.2021.

FRUSTAGLI, S.; HERNÁNDEZ, C.A. Prácticas comerciales abusivas. *En*: STIGLITZ, G.; HERNÁNDEZ, C.A. (dir.). *Tratado de derecho del consumidor*. Buenos Aires: La Ley, 2015, t. I.

GHERSI, C. De los alimentos a la industria alimenticia. *En*: GHERSI, C. (org.). *La responsabilidad de las empresas y la tutela del consumidor de alimentos*. Buenos Aires: EUDEBA, 1998.

LANNI, S.; MAGRI, G. Healthy Eating Apps. La salubrità degli alimenti in mano agli algoritmi. *Osservatorio del diritto civile e commerciale*. Bolonia, n. 1, p. 51-78, ene. 2020.

MARICHAL, M.E. Historia de la regulación del Derecho alimentario en Argentina (1880–1970). *Revista de Historia del Derecho*, Buenos Aires, n. 52, p. 131-166, jul./dic. 2016.

MÉNDEZ, M.G.; ALVARADO, S. Hackear los cerebros infantiles. *Bocado*, 13 out. 2021. Disponible en https://bocado.lat/hackear-los-cerebros-infantiles/. Consultado el 30.11.2021.

MINISTERIO DE SALUD ARGENTINA. *Manual para la aplicación de las Guías alimentarias para la población argentina*. Buenos Aires: MSA, 2018. Accesible en: https://bancos.salud.gob.ar/recurso/guias-alimentarias-para-la-poblacion-argentina-manual-de-aplicacion. Consultado el 30.11.2021.

MINISTERIO DE SALUD DE LA NACIÓN. *Etiquetado Nutricional Frontal*. Informe de Resultados. Buenos Aires, jun. 2020. p. 27. Disponible en: https://www.argentina.gob.ar/salud. Consultado el 30.11.2021.

MINISTERIO DE SALUD Y DESARROLLO SOCIAL DE LA NACIÓN. *Etiquetado Nutricional frontal de alimentos*. Buenos Aires: SGB/MSDS, 2018. p. 29. Disponible en: https://bancos.salud.gob.ar/sites/default/files/2020-01/0000001380cnt-2019-06_etiquedato-nutricional-frontal-alimentos.pdf. Consultado el 30.11.2021.

ORGANIZACIÓN DE LAS NACIONES UNIDAS PARA LA ALIMENTACIÓN Y LA AGRICULTURA. *¿Qué es el Codex?*. 5 ed. Roma: FAO, 2018. Disponible en: http://www.fao.org/3/CA1176ES/ca1176es.pdf. Consultado el 30.11.2021.

ORGANIZACIÓN DE LAS NACIONES UNIDAS PARA LA ALIMENTACIÓN Y LA AGRICULTURA. *El estado de la seguridad alimentaria y la nutrición en el mundo*: Transformación de los sistemas alimentarios para que promuevan dietas asequibles y saludables (versión resumida). Roma: FAO, 2020.

ORGANIZACIÓN DE LAS NACIONES UNIDAS PARA LA ALIMENTACIÓN Y LA AGRICULTURA. *Políticas y programas alimentarios para prevenir el sobrepeso y la obesidad*. Lecciones aprendidas. Roma: FAO, 2018. Disponible en: http://www.fao.org/3/i8156es/I8156ES.pdf. Consultado el 30.11.2021.

ORGANIZACIÓN MUNDIAL DE LA SALUD. *Conjunto de recomendaciones sobre la promoción de alimentos y bebidas no alcohólicas dirigida a los niños*. Ginebra: OMS, 2010. Disponible en: https://www.who.int/dietphysicalactivity/childhood/es/. Consultado el 21.11.2020.

ORGANIZACIÓN MUNDIAL DE LA SALUD. *Declaración de Roma sobre la Nutrición*. Roma, 2014. Disponible en: https://www.fao.org/3/ml542s/ml542s.pdf. Consultado el 30.11.2021.

ORGANIZACIÓN MUNDIAL DE LA SALUD. *Informe de la Comisión para acabar con la obesidad infantil*. Ginebra: OMS, 2016. Disponible en: https://www.who.int/end-childhood-obesity/publications/echo-report/es/. Consultado el 21.11.2020.

ORGANIZACIÓN PANAMERICANA DE LA SALUD. *Alimentos y bebidas ultraprocesados en América Latina*: ventas, fuentes, perfiles de nutrientes e implicaciones. Washington, DC: OPS, 2019. Disponible en: https://iris.paho.org/handle/10665.2/51523. Consultado el 30.11.2021.

ORGANIZACIÓN PANAMERICANA DE LA SALUD. *El etiquetado frontal como instrumento de política para prevenir enfermedades no transmisibles en la Región de las Américas*. Washington, DC: OPS, 2020. Disponibe en: https://iris.paho.org/bitstream/handle/10665.2/53013/OPSNMHRF200033_spa.pdf?sequence=5&isAllowed=y. Consultado el 30.11.2021.

ORGANIZACIÓN PANAMERICANA DE LA SALUD. *Plan de acción para la prevención de la obesidad en la niñez y la adolescencia*. Washington, DC: OPS, 2014. Disponible en: https://www.paho.org/es/documentos/plan-accion-para-prevencion-obesidad-ninez-adolescencia. Consultado el 01.06.2021.

PETRILLO, P.L. Diritti culturali e cibo. La tutela giuridica del patrimonio culturale immateriale e il ruolo dell'UNESCO. En: SCAFFARDI, L.; ZENO-ZENCOVICH, V. (ed.). *Cibo e diritto*. Una prospettiva comparata. Roma: Roma Tre, 2020.

SANZ PORRAS, J. Aportaciones de la sociología al estudio de la nutrición humana: una perspectiva científica emergente en España. *Revista Nutrición Hospitalaria*, Madrid, v. 23, n. 6, p. 531-535, nov./dic. 2008.

SCHLOTTHAUER, P. Personas con necesidades alimentarias especiales como consumidores hipervulnerables, *Revista de Derecho del Consumidor*, Buenos Aires, n. 5, [s.p.], ago. 2018.

SEPIURKA, M. Diseño y packaging en la captación del consumidor. En: GHERSI, C. (org.). *La responsabilidad de las empresas y la tutela del consumidor de alimentos*. Buenos Aires: EUDEBA, 1998.

SOZZO, G. La prevención de los daños al consumidor. *En*: STIGLITZ, G.; HERNÁNDEZ, C.A. (dir.). *Tratado de derecho del consumidor*. Buenos Aires: La Ley, 2015, t. III.

STIGLITZ, G. Políticas de defensa del consumidor *En*: STIGLITZ, G.; HERNÁNDEZ, C.A. (dir.). *Tratado de derecho del consumidor*. Buenos Aires: La Ley, 2015, t. IV.

STIGLITZ, G.; BLANCO MUIÑO, F.; D'ARCHIVIO, M.E.; HERNÁNDEZ, C.A.; JAPAZE, M.B.; LEPÍSCOPO, L.; OSSOLA, F.A., PICASSO, S., SOZZO, G., TAMBUSSI, C.E.; VÁZQUEZ FERREYRA, R.; WAJNTRAUB, J.H. Sobre algunas claves e innovaciones del Anteproyecto de Ley de Defensa del Consumidor. *En*: *Comentarios al Anteproyecto de Ley de Defensa del Consumidor en Homenaje a Rubén Stiglitz*. Buenos Aires: La Ley, 2019.

TRIVISONNO, J.B. Derecho a la alimentación adecuada y derecho del consumidor. *Revista del Instituto Argentino de Derecho del Consumidor*, Buenos Aires, n. 10, [s.p.], abr. 2021.

TRIVISONNO, J.B. El derecho a la alimentación saludable: información al consumidor y etiquetado frontal de alimentos. *JA*, Buenos Aires, n. 3, p. 76-89, jul./set. 2021.

Informação bibliográfica deste texto, conforme a NBR 6023:2018 da Associação Brasileira de Normas Técnicas (ABNT):

TRIVISONNO, Julieta. El derecho a una alimentación saludable en Argentina: información, etiquetado frontal de alimentos, *marketing* alimentario y educación al consumidor. *In*: TRENTINI, Flavia; BRANCO, Patrícia; CATALAN, Marcos (coord.). *Direito e comida*: do campo à mesa: cidadania, consumo, saúde e exclusão social. Belo Horizonte: Fórum Social, 2023. p. 109-141. ISBN 978-65-5518-511-9.

O NOVO MODELO DE ROTULAGEM ALIMENTÍCIA APROVADO NO BRASIL: NOTAS GESTADAS ENTREMEIO À FRAGMENTAÇÃO DO DIREITO E A PROTEÇÃO NORMATIVAMENTE PROMETIDA AOS CONSUMIDORES

Marcos Catalan

1 Ambientando a discussão

Há pouco mais de um ano, a edição da Resolução de Diretoria Colegiada nº 429[1] estimulou a redação de um texto ligeiro,[2] de um opúsculo cujas primeiras palavras anunciavam que "após vagarosos anos marcados por prolongado debate", a Agência Nacional de Vigilância Sanitária estava a anunciar a forma a ser usada nos rótulos de muitos dos alimentos e bebidas comercializados no Brasil para explicitar, aos consumidores, suas características nutricionais e, ainda, quando fosse o caso, advertir acerca do elevado teor de açúcares adicionados,

---

[1] BRASIL. Agência Nacional de Vigilância Sanitária. *RDC 429/2020*. Dispõe sobre a rotulagem nutricional dos alimentos embalados. Disponível em: https://www.in.gov.br/en/web/dou/-/resolucao-de-diretoria-colegiada-rdc-n-429-de-8-de-outubro-de-2020-282070599. Acesso em: 21 dez. 2021.

[2] CATALAN, M. Uma reflexão frugal acerca do recém-aprovado modelo de rotulagem de alimentos e bebidas no Brasil. *Revista Eletrônica Direito e Sociedade*, Canoas, v. 8, p. 09-15, 2020.

gorduras saturadas e sódio.³ Referida discussão, intimamente ligada à necessidade de fomento à segurança alimentar, ocorreu em um cenário no qual são buscados (a) o "atendimento aos requisitos mínimos de higiene" que engloba "a ausência de qualquer tipo de contaminação", (b) a ausência de alterações genéticas potencialmente nocivas e, ainda, (c) a inexistência de componentes que a despeito de serem em tese lícitos, são desconhecidos do consumidor e prejudiciais à sua saúde.⁴

Tema de inconteste importância, também por conta do tensionamento identificado no entrechoque dos interesses que procura absorver – dentre os quais situam-se (a) a saúde e qualidade de vida dos consumidores, (b) o preço final dos víveres, (c) os lucros licitamente perseguidos por meio do exercício da livre iniciativa, (d) a arrecadação afeta à tributação incidente sobre os gêneros alimentícios, (e) o planejamento e execução de políticas públicas visando combater a fome, a obesidade e outros males crônicos que afligem a sociedade contemporânea etc. –, dita resolução foi antecedida por uma Análise de Impacto Regulatório, processo que, em tese, deveria "garantir transparência e amadurecimento" por meio do fomento à participação de todos os interessados e, ainda, da identificação de alternativas técnicas na regulação do assunto.⁵

Aliás, é fato digno de nota que a Agência Nacional de Vigilância Sanitária reconhecera, pouco antes da edição da Resolução de Diretoria Colegiada nº 429, ao discorrer sobre o sistema de rotulagem existente na ocasião, que "o problema regulatório identificado perpetua a assimetria de informações, prejudica a realização de escolhas alimentares conscientes pelos consumidores, reduz a efetividade da rotulagem nutricional e lesa o direito básico dos consumidores ao acesso a informações sobre a composição dos alimentos".⁶

---

3   AGÊNCIA NACIONAL DE VIGILÂNCIA SANITÁRIA. Rotulagem nutricional de alimentos. 2020. Disponível em: https://www.gov.br/anvisa/pt-br/assuntos/noticias-anvisa/2020/aprovada-norma-sobre-rotulagem-nutricional/apresentacao-rotulagem-nutricional_19a.pdf. Acesso em: 26 out. 2020.
4   TRENTINI, F.; CAÑADA, E.G. Direito alimentar: fundamentos epistemológicos para um ramo jurídico. *Revista Eletrônica Direito e Sociedade*, Canoas, v. 9, n. 1, p. 83-102, abr. 2021. p. 95.
5   MAGALHÃES, S.M.S. *Nova rotulagem nutricional frontal dos alimentos industrializados*: política pública fundamentada no direito básico do consumidor à informação clara e adequada. Dissertação (Mestrado) – IDP, 2019. Orientação: Prof. Dr. Roberto Freitas Filho, 143 fl, p. 85.
6   BRASIL. Agência Nacional de Vigilância Sanitária. *Relatório Preliminar de Análise de Impacto Regulatório sobre Rotulagem Nutricional*. Brasília: ANVISA, 2018. Disponível em: http://antigo.anvisa.gov.br/documents/33880/2977862/An%C3%A1lise+de+Impacto

Em paralelo, não parece excessivo lembrar que

> la etiqueta pone en evidencia una doble perspectiva: desde el punto de vista jusprivatístico representa el instrumento por medio del cual se provee a la prevención y al reequilibrio de las asimetrías obstativas de una elección negocial consciente, y desde el punto de vista juspublicístico es el instrumento que tutela la seguridad de la generalidad de los consumidores desde la vía preventiva y precautoria, y, por ende, del mercado en general.[7]

Cabe ressaltar, aliás, que destacada inquietação parecia reverberar entremeio às preocupações normativas "sobre o consumo adequado dos produtos e serviços",[8] dever notadamente imposto ao Poder Público,[9] em especial, por conta dos diversos estudos publicados ao largo de décadas recentes comprovando que os seres humanos fazem escolhas ruins[10] e, ainda, que isso não é nada incomum.

Tal processo deveria, igualmente, reduzir "a incidência de consequências indesejadas a variados segmentos sociais [atingidos pela] política pública implementada",[11] não fosse a opacidade que parece tê-lo acompanhado, em concreto, durante a fase final de sua tramitação[12] e, a partir daí, de seu questionável resultado, que fez ouvidos moucos para

---

+Regulat%C3%B3rio+sobre+Rotulagem+Nutricional_vers%C3%A3o+final+3.pdf/2c09 4688-aeee-441d-a7f1-218336995337. Acesso em: 21 dez. 2021, p. 13.

[7] TRIVISONNO, J. *Jurisprudência Argentina*, Buenos Aires, v. 3, f. 3, p. 76-89, 14.07.2021, p. 81.

[8] BRASIL. Lei 8.078/1990. *Dispõe sobre a proteção do consumidor e dá outras providências*. Art. 6º, II.

[9] *Id.* Art. 4º, II.

[10] V. KAHNEMAN, D. *Rápido e devagar*: duas formas de pensar. Trad. Cássio de Arantes Leite. Rio de Janeiro: Objetiva, 2012.

[11] BRASIL. Agência Nacional de Vigilância Sanitária. *Relatório Preliminar de Análise de Impacto Regulatório sobre Rotulagem Nutricional*. Brasília: ANVISA, 2018. Disponível em: http://antigo.anvisa.gov.br/documents/33880/2977862/An%C3%A1lise+de+Impacto+ Regulat%C3%B3rio+sobre+Rotulagem+Nutricional_vers%C3%A3o+final+3.pdf/2c09 4688-aeee-441d-a7f1-218336995337. Acesso em: 21 dez. 2021, p. 13.

[12] INSTITUTO BRASILEIRO DE DEFESA DO CONSUMIDOR. Indústria de alimentos interfere em modelo de rotulagem para garantir lucro e prejudica saúde do consumidor. 2021. Disponível em: https://idec.org.br/noticia/industria-de-alimentos-interfere-na-definicao-de-modelo-de-rotulagem-e-nao-prioriza. Acesso em: 20 dez. 2021. "O Idec recebeu com grande indignação as evidências de que a indústria de alimentos ultraprocessados interferiu fortemente no processo para definir as novas regras de rotulagem nutricional com objetivo de garantir seus lucros em detrimento da preservação da saúde dos brasileiros. A revelação foi feita em uma reportagem publicada [...] pelo site The Intercept Brasil, que demonstra que o modelo de lupa aprovado pela ANVISA foi influenciado pelos argumentos e ações da ABIA".

a constatação de que "os rótulos precisam cumprir [a] função essencial de servir ao consumidor de maneira a facilitar sua percepção sobre a presença de nutrientes críticos" e, paralelamente, necessitam "ser mais inclusivos em relação à parcela da população que vive à margem dessas informações cruciais",[13] assertivas justificadas empiricamente na demonstração de "que 70% das pessoas consultam rótulos dos alimentos no momento da compra; no entanto, mais da metade não compreende adequadamente o significado das informações".[14]

É verdade que um sistema de rotulagem ideal, como se pode intuir, deve maximizar o uso da semiótica e da semiologia como ferramentas de estímulo ao processo de tomada de decisões, entre outros aspectos, diante percepção de que no Brasil, "a saúde é direito de todos e dever do Estado" a ser "garantido mediante políticas sociais e econômicas que visem à redução do risco de doença"[15] e, ainda, da identificação do crescente número de problemas provocados pelo consumo de produtos ultraprocessados.[16]

2 Rótulos, embalagens e impulsos tanatológicos

Consoante expressa dicção legal,[17] "rótulos são elementos de comunicação entre produtos e consumidores". Espalhados por sobre envoltórios com formas e tamanhos mais diversos, impressos, pintadas, desenhadas ou fundidos aos referidos invólucros, rótulos são "toda inscrição, legenda, imagem e matéria descritiva ou gráfica escrita, impressa, estampada, gravada, gravada em relevo, litografada ou colada

---

[13] MAGALHÃES, S.M.S. *Nova rotulagem nutricional frontal dos alimentos industrializados*: política pública fundamentada no direito básico do consumidor à informação clara e adequada. Dissertação (Mestrado) – IDP, 2019. Orientação: Prof. Dr. Roberto Freitas Filho, 143 fl, p. 85.

[14] PONTES, T.E. *et al.* Orientação nutricional de crianças e adolescentes e os novos padrões de consumo: propagandas, embalagens e rótulos. *Revista Paulista de Pediatria*, São Paulo, v. 27, n. 1, p. 99-105, 2009, p. 103.

[15] BRASIL. *Constituição da República Federativa do Brasil*. "Art. 196. A saúde é direito de todos e dever do Estado, garantido mediante políticas sociais e econômicas que visem à redução do risco de doença e de outros agravos e ao acesso universal e igualitário às ações e serviços para sua promoção, proteção e recuperação".

[16] POPKIN, B. *O mundo está gordo*: modismos, tendências, produtos e políticas que estão engordando a humanidade. Trad. Ana Beatriz Rodrigues. Rio de Janeiro: Elsevier, 2009.

[17] BRASIL. Agência Nacional de Vigilância Sanitária. *RDC 259/2002*. Aprova o Regulamento Técnico sobre Rotulagem de Alimentos Embalados. Disponível em: https://bvsms.saude.gov.br/bvs/saudelegis/anvisa/2002/rdc0259_20_09_2002.html. Acesso em: 20 dez. 2021.

sobre a embalagem ou contentores do produto destinado ao comércio, com vistas à identificação".[18]

Sem que possa ser confundido conceitualmente com a embalagem que envolve e protege o produto ofertado[19] – embora seja, em incontáveis ocasiões, notável parte dela –, o rótulo atua como um "importante influenciador na avaliação dos consumidores em relação a diversos tipos de produtos".[20]

Agindo "como vendedores mudos", carregando "em seu *design* mensagens visuais diretas, transmitindo significados e imagens que despertam no consumidor a predisposição para aceitação, compra e utilização do produto",[21] há mesmo quem diga – ou, ao menos, quem escreva – que os rótulos florescem como a "peça de comunicação mais relevante no estímulo do comportamento de compra por impulso".[22]

Por tudo isso, somado a elementos dentre os quais, necessariamente, encontram-se "qualidade", atributos como "sabor e cor",[23] "preço, *marketing*, disponibilidade e acessibilidade",[24] as mensagens

---

[18] STRÖHER, J.A.; NUNES, M.R.S.; SANTOS JUNIOR, L.C.O. Avaliação da rotulagem de leites UHT comercializados no Vale do Taquari-RS. *Revista Eletrônica Científica da UERGS*, Porto Alegre, v. 7, n. 2, p. 186-195, 2021, p. 187.

[19] PRUX, O.I.; GONÇALVES, M.W. Rotulagem nutricional de alimentos e sua relação com os direitos da personalidade e com os direitos fundamentais. *Revista de Direito, Globalização e Responsabilidade nas Relações de Consumo*, [s./c.], v. 7, n. 1, p. 20-39, jan./jul. 2021, p. 25. "O que serve de invólucro e proteção para a conservação do produto é a embalagem, que no caso dos alimentos industrializados, a par desse tipo de utilidade, no mercado de consumo atual, também tem sido frequentemente aproveitada como peça de marketing, seja na forma, seja nos desenhos, cores e outros detalhes que apresenta, todos cuidadosamente planejados, muitas vezes até com base em conhecimentos advindos da neurociência, visando atrair os consumidores para a aquisição".

[20] WANG, E. The influence of visual packaging design on perceived food product quality, value, and brand preference *apud* TEIXEIRA, L.V; HOFF, T.M.C. Novo padrão brasileiro de rotulagem de alimentos embalados: modelos, discursos e controvérsias. *ORGANICOM*, São Paulo, a. 18 n. 36, p. 212-224, maio/ago. 2021, p. 214.

[21] PONTES, T.E. *et al*. Orientação nutricional de crianças e adolescentes e os novos padrões de consumo: propagandas, embalagens e rótulos. *Revista Paulista de Pediatria*, São Paulo, v. 27, n. 1, p. 99-105, 2009, p. 102.

[22] KUVYKAITE, R.; DOVALIENE, A.; NAVICKIENE, L. Impact of package elements on consumer's purchase decision *apud* TEIXEIRA, L.V.; HOFF, T.M.C. Novo padrão brasileiro de rotulagem de alimentos embalados: modelos, discursos e controvérsias. *ORGANICOM*, São Paulo, a. 18 n. 36, p. 212-224, maio/ago. 2021, p. 214. Não se olvida que "o desestímulo à compra de produtos com advertências poderia ocasionar queda na rentabilidade das empresas".

[23] MACHADO, S.S. *et al*. Comportamento dos consumidores com relação à leitura de rótulo de produtos alimentícios. *Alimentos e Nutrição*, Araraquara, v. 17, n. 1, p. 97-103, jan./mar. 2006, p. 98.

[24] PEREIRA, A.C.E.S. *et al*. Novos requisitos técnicos para rotulagem nutricional nos alimentos embalados: overview de revisões. *Visa em debate*, Manguinhos, v. 9, n. 2, p. 79-87, 2021, p. 80.

que comunicam nitidamente influenciam a arquitetura de tomada de decisões.²⁵

> Para o consumidor, é a parte visível do alimento, que traduz a identidade do produto e o fabricante, definindo as reações de vinculação, aceitação ou rechaço do produto. Em muitos casos, é o único meio de comunicação entre o produtor e o consumidor do alimento. Dessa forma, as embalagens [leia-se, os rótulos] apresentam-se como o principal elo de comunicação entre o consumidor, o produto e a marca, de modo que através [sic] dela este identifica, escolhe e usa ou não o produto. No segmento alimentício, utilizar a embalagem e o rótulo para atrair a atenção, aumentar o valor da marca entre os consumidores finais e comunicar os benefícios do produto diretamente na prateleira da loja constitui-se, decerto, em fator de vantagem competitiva.²⁶

Daí que, especialmente, ao dirigir os holofotes para o forte poder persuasivo que impregna a publicidade, parece não haver dúvidas quanto ao fato de que sua compreensão jurídica deve ser colorida com os tons dispostos sobre a paleta normativa usada para adequadamente delinear, em concreto, a tutela dos consumidores no Brasil e, com isso, explicitar informações

> sobre diversos aspectos, como a segurança, a qualidade, a informação nutricional e o fabricante do produto, disponíveis ao consumidor de forma a contribuir para que este, ao realizar a leitura do rótulo do produto adquirido, possa no ato da compra ou após, decidir pelo consumo do alimento seguro. Assim, esta prática vai de encontro ao conceito de Qualidade de Vida da Organização Mundial de Saúde (OMS), de 1947, que define que a saúde não é somente a ausência de doença, mas a percepção individual de um completo bem-estar físico, mental e social, estando diretamente relacionada com o que consumimos como alimento.²⁷

---

[25] THALER, R.; SUNSTEIN, C. *Nudge*: o empurrão para a escolha certa. Trad. Marcello Lin. Rio de Janeiro: Elsevier, 2009.

[26] PONTES, T.E. *et al*. Orientação nutricional de crianças e adolescentes e os novos padrões de consumo: propagandas, embalagens e rótulos. *Revista Paulista de Pediatria*, São Paulo, v. 27, n. 1, p. 99-105, 2009, p. 102.

[27] MACHADO, S.S. *et al*. Comportamento dos consumidores com relação à leitura de rótulo de produtos alimentícios. *Alimentos e Nutrição*, Araraquara, v. 17, n. 1, p. 97-103, jan./mar. 2006, p. 98.

Imperioso reconhecer, entretanto, que a atuação do Direito nas últimas décadas não foi capaz de impedir a significativa mudança no padrão alimentar dos brasileiros. Houve "aumento do consumo de alimentos industrializados", açúcares e gorduras, "redução no consumo dos alimentos *in natura* ou minimamente processados", derivando no sobrepeso e obesidade, bem como, em "doenças crônicas não transmissíveis", principais causas "de morbimortalidade entre adultos no Brasil".[28]

Sem ignorar que o quadro descrito poderá ensejar eventual responsabilidade dos fornecedores ante o dever que possuem de "não colocarem no mercado produtos que possam afetar gravosamente a saúde e segurança do consumidor",[29] sem dúvida alguma, políticas públicas bem executadas teriam muito mais êxito em atingir efeitos significativos na promoção da saúde e do bem-estar da população brasileira.

E é aqui que se busca avançar na crítica feita em 2020.[30]

3 Notas críticas à Resolução de Diretoria Colegiada nº 429

A primeira censura que se quer retomar neste texto dirige-se à alteração no formato da tabela hodiernamente utilizada no Brasil contendo as informações nutricionais dos alimentos comercializados, valendo lembrar que a nova regulamentação impõe – excepcionadas as informações a serem disponibilizadas em embalagens com área inferior a 100 cm² – que os quadros nutricionais sejam concebidos, exclusivamente, com a utilização de letras pretas sobre fundo branco.[31]

Em tal contexto, se de um lado o modelo adotado, ao menos em tese, busca afastar a possibilidade de que cores fundidas ou sobrepostas

---

[28] PROCÓPIO, S.P.A.; SILVA, C.L.A.; CARNEIRO, A.C.L. Consumidores e a rotulagem nutricional no formato de alerta em triângulos. *Visa em debate*, Manguinhos, v. 9, n. 4, p. 46-56, 2021. V. ainda: POPKIN, B. *O mundo está gordo*: modismos, tendências, produtos e políticas que estão engordando a humanidade. Trad. Ana Beatriz Rodrigues. Rio de Janeiro: Elsevier, 2009.

[29] PRUX, O.I.; GONÇALVES, M.W. Rotulagem nutricional de alimentos e sua relação com os direitos da personalidade e com os direitos fundamentais. *Revista de Direito, Globalização e Responsabilidade nas Relações de Consumo*, [s./c.], v. 7, n. 1, p. 20-39, jan./jul. 2021, p. 21.

[30] CATALAN, M. Uma reflexão frugal acerca do recém-aprovado modelo de rotulagem de alimentos e bebidas no Brasil. *Revista Eletrônica Direito e Sociedade*, Canoas, v. 8, p. 09-15, 2020.

[31] CONSELHO FEDERAL DE NUTRICIONISTAS. Anvisa aprova normas para a rotulagem frontal de alimentos. 2020. Disponível em: https://www.cfn.org.br/index.php/noticias/anvisa-aprova-normas-para-a-rotulagem-frontal-de-alimentos/. Acesso em: 10 out. 2020.

ou, ainda, a bricolagem de imagens, letras e tabelas confunda os consumidores, obnubilando a decodificação de informações que diante de sua tecnicidade, são de intelecção bastante limitada, mormente, em um universo heterogêneo como o vivenciado no mercado de consumo, de outro, diversos estudos demonstram a baixíssima eficácia das referidas tabelas nas escolhas dos consumidores.

É preciso salientar, ademais, o aparentemente irrefutável impacto negativo provocado pelo *framing effect* gerado com o uso de quantidades inferiores às contidas nas embalagens para noticiar calorias, gorduras etc. contidas no alimento, conduta, aliás, que parece desprezar que a apresentação de produtos deve assegurar informações corretas, claras, precisas sobre suas características, quantidade, composição, bem como sobre os riscos à saúde e segurança dos consumidores brasileiros.[32]

Figura 1 – Uso do % ocupação para definição do tamanho do símbolo, com correlação pela fonte mínima e máxima

Faixa	% ocupação do painel principal de acordo com a quantidade de nutrientes			Limite de fonte	
	1 nutriente	2 nutrientes	3 nutrientes	Mínimo	Máximo
Igual ou maior que 35cm² até 100 cm²	3,5%	5,25%	7%	NA	9 pontos
Acima de 100 cm²	2%	3%	4%	9 pontos	15 pontos

Fonte: ANVISA.

Ademais, referida exceção normativa, tal qual pode ser identificado na Figura 1, balizará o *design* de embalagens que, ao menos em uma primeira leitura, por serem "vistas como alternativas práticas e criativas", não estão na ordem do dia nas discussões havidas na arena

---

[32] BRASIL. Lei 8.078/1990. *Dispõe sobre a proteção do consumidor e dá outras providências*. Art. 31.

pública, pouco sabendo-se, neste contexto, acerca dos efeitos de sua introdução na dieta dos brasileiros.[33]

Aparentemente inofensivas em seu tamanho reduzido, as porções individuais podem apresentar quantidades significativas de calorias e alto teor de carboidratos, gorduras e sódio. Como o indivíduo come uma menor quantidade do produto por embalagem, ele acaba ingerindo mais porções do alimento por dia; isto é, apesar de o consumo de várias unidades poder levar ao desequilíbrio energético e nutricional da dieta diária.[34]

Tendo citada discussão como pano de fundo, resta indagar em que medida tais práticas respeitam o comando dispondo ter o consumidor direito "a informação adequada e clara sobre os diferentes produtos e serviços, com especificação correta de quantidade, características, composição, qualidade [...], bem como sobre os riscos que apresentem"[35] ou, quiçá, consistem em "métodos comerciais desleais",[36] sobretudo, quando se intui ser possível informar e advertir, de forma mais efetiva, acerca do potencial nocivo dos alimentos ricos em açúcares adicionados, gorduras saturadas e sódio etc., garantindo, dessa forma, maior grau de liberdade nas escolhas feitas entremeio ao rodo cotidiano.[37]

Sob outro prisma, vale anotar também que na ocasião a Agência Nacional de Vigilância Sanitária anunciou que a maior novidade em relação ao arquétipo então vigente consistia na introjeção de um sistema de rotulagem frontal com o uso de lupa,[38] que deveria chamar a atenção para o alto teor de três vilões à saúde humana – açúcares adicionados, gorduras saturadas e sódio – consoante a padronização gráfica reproduzida na Figura 2:

---

[33] PONTES, T.E. *et al*. Orientação nutricional de crianças e adolescentes e os novos padrões de consumo: propagandas, embalagens e rótulos. *Revista Paulista de Pediatria*, São Paulo, v. 27, n. 1, p. 99-105, 2009.

[34] Id, p. 102.

[35] BRASIL. Lei 8.078/1990. *Dispõe sobre a proteção do consumidor e dá outras providências*. Art. 6, III.

[36] Sobre o tema, v. MILANEZ, F.C. *Interesses econômicos e as práticas comerciais desleais*: uma abordagem a partir do direito europeu. Belo Horizonte: Arraes, 2021. V. ainda CATALAN, M; PITOL, Y.U. Primeiras linhas acerca do tratamento jurídico do assédio de consumo no Brasil. *Revista Portuguesa de Direito do Consumo*, [s./c.], v. 87, p. 107-130, 2016.

[37] O Rappa. *Rodo cotidian*. Rio de Janeiro: Warner: 2003. CD (06min13seg).

[38] AGÊNCIA NACIONAL DE VIGILÂNCIA SANITÁRIA. *Alimentos embalados*. 2020. Disponível em: https://www.gov.br/anvisa/pt-br/assuntos/noticias-anvisa/2020/aprovada-norma-sobre-rotulagem-nutricional. Acesso em: 08 out. 2020.

Figura 2 – Modelo aprovado pela ANVISA

a) Modelos com alto teor de um nutriente

b) Modelos com alto teor de dois nutrientes

c) Modelos com alto teor de três nutrientes

Fonte: ANVISA.

Apesar do notado avanço quando se compara a iniciativa normativa aqui criticada com o silêncio que, de modo retumbante, ecoa de um modelo que fará parte do cotidiano dos consumidores brasileiros por mais alguns anos,[39] é certo que a lupa está longe de ser o melhor *nudge* possível na hipótese em tela.[40]

---

[39] *Id*. "A norma entrará em vigor 24 meses após a sua publicação. Os produtos que se encontrarem no mercado na data da entrada da norma em vigor terão, ainda, um prazo de adequação de 12 meses. [...] Os alimentos fabricados por empresas de pequeno porte, como agricultores familiares e microempreendedores, também possuem um prazo de adequação, mas de 24 meses após a entrada em vigor, totalizando 48 meses no total. Para as bebidas não alcoólicas em embalagens retornáveis, a adequação não pode exceder 36 meses após a entrada em vigor da resolução".

[40] PROCÓPIO, S.P.A.; SILVA, C.L.A.; CARNEIRO, A.C.L. Consumidores e a rotulagem nutricional no formato de alerta em triângulos. *Visa em debate*, Manguinhos, v. 9, n. 4, p. 46-56, 2021, p. 54.

Figura 3 – Modelo de advertência de rotulagem frontal proposto pelo IDEC e UFPR

Fonte: IDEC.

A denúncia formulada, é preciso percebê-lo, transcende o âmbito puramente estético, pois a alteração no formato do símbolo originalmente sugerido compromete "a legibilidade, clareza e simplicidade gráficas", impactando, ainda, no tamanho das letras e do espaço reservado para advertir os consumidores,[41] fato que influenciará a arquitetura das decisões.[42]

Verticalizando a reflexão, parece oportuno lembrar que as escolhas sobre o que comer, onde comprar, como preparar e mesmo como se come estão todas vinculadas a uma teia de práticas fomentadas pelo acoplamento de regras formais, informais, religiosas e, ainda, em rituais.

---

[41] IDEC reprova decisão da anvisa sobre rotulagem nutricional de alimentos. *IDEC*, Sala de Imprensa, 2020. Disponível em: https://idec.org.br/release/idec-reprova-decisao-da-anvisa-sobre-rotulagem-nutricional-de-alimentos?__dPosclick=PJCoJ.X6b.0560&utm_campaign =rotulagem&utm_content=alerta-rotulagem-2020-10-08&utm_medium=email&utm_ source=dinamize&utm_term=link&fbclid=IwAR2FJMac2lwqVnDJ3rqWw_IDDhf6jbRU YAI90tPy4-wUASZLp_hmtjLWvEQ. Acesso em: 15 out. 2020.

[42] THALER, R.; SUNSTEIN, C. *Nudge*: o empurrão para a escolha certa. Trad. Marcello Lin. Rio de Janeiro: Elsevier, 2009.

Em tal contexto, "qualidade, palato e boas maneiras" raramente serão percebidas em seus fundamentos,[43] sendo factível afirmar que somente em situações excepcionais os consumidores conseguirão entender o que alimenta suas antipatias e predileções, suas paixões e aversões no campo alimentar.

Ora, se assim o é, tendo sido comprovado que políticas públicas dirigidas à melhoria das regras sobre rotulagem "tendem a trazer melhores resultados na prevenção da obesidade" por influenciarem o consumidor "a reduzir o consumo de produtos energéticos com poucos nutrientes",[44] a escolha da lupa, no contexto da Resolução de Diretoria Colegiada nº 429 deve ser qualificada como lamentável. É lamentável porque lupas não são imagens usualmente associadas a advertências,[45] sendo inaptas ao *estímulo comportamental* que deveriam promover, impactando aquém de modelos outros na percepção de saudabilidade e na intenção de compra de produtos menos saudáveis "em comparação às advertências".[46]

Noutras palavras, a ausência de intimidade com o modelo, com o padrão gráfico a ser incorporado às embalagens, afeta a sua funcionalidade, pois, "a familiaridade [em relação] ao símbolo utilizado é essencial para se estabelecer uma comunicação rápida e clara, possibilitando melhor entendimento".[47]

Argumenta o Instituto Brasileiro de Defesa do Consumidor que "as evidências científicas disponíveis demonstram que os modelos de

---

[43] BRANCO, P. Direito e comida: algumas reflexões sobre o papel da comida no direito e justiça da família. *Revista Eletrônica Direito e Sociedade*, Canoas, v. 6, n. 2, p. 171-186, set. 2018, p. 172.

[44] FREUDENBERG N. et al. The state of evaluation research on food policies to reduce obesity and diabetes among adults in the United *apud* PEREIRA, A.C.E.S. et al. Novos requisitos técnicos para rotulagem nutricional nos alimentos embalados: overview de revisões. *Visa em debate*, Manguinhos, v. 9, n. 2, p. 79-87, 2021, p. 82.

[45] PROCÓPIO, S.P.A.; SILVA, C.L.A.; CARNEIRO, A.C.L. Consumidores e a rotulagem nutricional no formato de alerta em triângulos. *Visa em debate*, Manguinhos, v. 9, n. 4, p. 46-56, 2021, p. 54.

[46] Id, p. 09-10. Advirta-se que "o desempenho inferior da lupa pode estar relacionado ao fato deste ser o único modelo que não tem design familiar ao consumidor, exigindo mais esforço de interpretação para o julgamento quanto à saudabilidade do alimento e a decisão de compra, além de não ser um modelo associado ao risco, como as advertências, as quais já se mostraram capazes de reduzir a intenção de compra".

[47] BANDEIRA, L.M. et al. Desempenho e percepção sobre modelos de rotulagem nutricional frontal no Brasil. *Revista de Saúde Pública*, Brasília, n. 55, v. 19, p. 01-12, 2021, p. 9. "De acordo com o modelo de processamento da informação humana, os sinais de alertas familiares e padronizados internacionalmente são o triângulo (sinal mais associado ao risco), o octógono (associado a placa de trânsito pare), o semáforo e o círculo vermelho (utilizados no trânsito)."

advertência nos formatos de octógonos e triângulos (figura 03) são mais efetivos para a compreensão e tomada de decisão de compra dos consumidores", embora, reconheça que a lupa sugerida no ano de 2019 não tenha se mostrado ineficiente, apenas "menos efetiva" que outros padrões semióticos que vêm sendo utilizados para advertir quem tem contato com as embalagens.[48] Referida percepção foi reforçada em estudo recente noticiando que o modelo aprovado no Brasil, quando comparado ao octogonal e ao triangular, demanda mais tempo na identificação dos nutrientes em excesso,[49] um tempo que nem sempre as pessoas desejam investir nessa atividade.

A crítica alcança, ademais, outras importantes questões afetas à segurança alimentar e à adequada e necessária tutela dos consumidores brasileiros, escancarando escolhas políticas que parecem explicitamente afrontar direitos conquistados quando da edição, há três décadas, do Código de Defesa do Consumidor brasileiro.

> Sem justificativa, a Agência aprovou um perfil que deixará muitos alimentos e bebidas, que deveriam ser rotulados por conta da sua composição nutricional inadequada, sem rótulo frontal. Dessa forma, os biscoitos recheados de chocolate Negresco, Oreo e Passatempo, por exemplo, não apresentarão o rótulo 'alto em gordura saturada', mas somente o alerta 'alto em açúcar adicionado' por conta da exclusão do limite mais rigoroso do perfil de nutrientes', afirma Ana Paula Bortoletto, nutricionista do Idec. A nutricionista ainda critica a decisão da ANVISA de deixar de fora da rotulagem nutricional frontal os alertas para adoçantes. 'Esse é um ponto bastante preocupante, uma vez que sua informação na lista de ingredientes não é clara para o consumidor, e pelas diversas evidências científicas demonstrando riscos à saúde relacionados ao consumo de adoçantes, especialmente no caso de produtos destinados ao público infantil', comenta Bortoletto.[50]

---

[48] INSTITUTO BRASILEIRO DE DEFESA DO CONSUMIDOR. IDEC reprova decisão da Anvisa sobre rotulagem nutricional de alimentos. 2020. Disponível em: https://idec.org.br/release/idec-reprova-decisao-da-anvisa-sobre-rotulagem-nutricional-de-alimentos?__dPosclick=PJCoJ.X6b.0560&utm_campaign=rotulagem&utm_content=alerta-rotulagem-2020-10-08&utm_medium=email&utm_source=dinamize&utm_term=link&fbclid=IwAR2FJMac2lwqVnDJ3rqWw_IDDhf6jbRUYAI90tPy4-wUASZLp_hmtjLWvEQ. Acesso em: 15 out. 2020.

[49] DELIZA, R. et al. How do different warning signs compare with the guideline daily amount and traffic-light system? *Food Quality and Preference*, [s./c.], n. 80, p. 01-12, 2020, p. 6.

[50] IDEC reprova decisão da Anvisa sobre rotulagem nutricional de alimentos. *IDEC*, Sala de Imprensa, 2020. Disponível em: https://idec.org.br/release/idec-reprova-

Ainda nesse contexto, é preciso tentar entender que motivos levaram a Agência Nacional de Vigilância Sanitária a não incorporar a necessidade de advertência acerca de percentuais calóricos elevados, afinal, como lembra Barry Popkin, o mundo está gordo,[51] máxima, aliás, que também serve por estas bandas, até porque, além de mais da metade da população brasileira sofrer, hodiernamente, com o excesso de peso, ao menos um quinto dela é classificada como obesa.[52]

E não restam dúvidas quanto ao fato de que a epidemia percebida no contato do olhar com corpos opulentos está intimamente ligada à alteração dos hábitos alimentares outrora denunciada, fenômeno retroalimentado (a) pela industrialização – de parcela substancial dos alimentos produzidos para serem diuturnamente ingeridos –, (b) pelo êxodo, que conduz milhões de brasileiros à procura de dias melhores nas grandes cidades e à correlata impossibilidade de cultivo do próprio alimento ou, ao menos, de boa parte do que se consumia no campo – e, ainda, (c) por conta da aceleração do ritmo em que cada vida é mantida com o consumo de produtos nas redes de *fast food*.[53] Anote-se que a enxúndia rotundidade que marca cada vez mais corpos com medidas crescentes parece derivar, igualmente, (d) do fato de que atualmente os alimentos são mais facilmente encontrados que outrora, (e) da redução da complexidade das propriedades nutricionais dos alimentos (ultra) processados – que são mais facilmente absorvidos pelo organismo humano – quando comparados aos víveres consumidos poucas décadas atrás, ocasião em que saíam do campo direto para a mesa, eventualmente, tendo o quitandeiro, o leiteiro, o merceeiro, o verdureiro ou o açougueiro como intermediários,[54] (f) da sedução publicitária

---

decisao-da-anvisa-sobre-rotulagem-nutricional-de-alimentos?__dPosclick=PJCoJ.X6b.0560&utm_campaign=rotulagem&utm_content=alerta-rotulagem-2020-10-08&utm_medium=email&utm_source=dinamize&utm_term=link&fbclid=IwAR2FJMac2lwqVnDJ3rqWw_IDDhf6jbRUYAI90tPy4-wUASZLp_hmtjLWvEQ. Acesso em: 15 out. 2020.

[51] POPKIN, B. *O mundo está gordo*: modismos, tendências, produtos e políticas que estão engordando a humanidade. Trad. Ana Beatriz Rodrigues. Rio de Janeiro: Elsevier, 2009, p. 21. "Há 50 anos, havia menos de 100 milhões de obesos e [...] bilhões de subnutridos. Hoje, há 1,6 bilhão de pessoas acima do peso e obesas no mundo, muitas [delas] portadoras também de doenças crônicas que contribuem para a maior parte das mortes no mundo".

[52] ASSOCIAÇÃO BRASILEIRA PARA O ESTUDO DA OBESIDADE E SÍNDROME METABÓLICA. Mapa da obesidade. 2020. Disponível em: https://abeso.org.br/obesidade-e-sindrome-metabolica/mapa-da-obesidade/. Acesso em: 27 out. 2020.

[53] COSTA, M. Um fast food em cada esquina. *Estado de São Paulo*. São Paulo, 18.11.2012.

[54] POPKIN, B. *O mundo está gordo*: modismos, tendências, produtos e políticas que estão engordando a humanidade. Trad. Ana Beatriz Rodrigues. Rio de Janeiro: Elsevier, 2009, p. 65-103.

estratégica e minudentemente planejada[55] e, ainda, entre outros aspectos não mapeados, (g) da constatação de que alimentos (ultra)processados são quase sempre mais baratos que produtos considerados saudáveis.[56] Tudo isso faz pensar que a depender do prisma utilizado, pode se dizer que a escolha feita pela Agência Nacional de Vigilância Sanitária passa ao largo da melhor forma de tutelar os consumidores no Brasil, logo, destoa daquilo que constitucionalmente dela se espera, mesmo quando se tem em mente que "dentre os deveres atribuídos aos fornecedores, assume particular destaque, aquele de informar adequadamente, os consumidores quanto às características do produto alimentar exposto à venda ou que seja parte de serviço destinado à alimentação".[57]

Como escrito no opúsculo que inspirou este texto,[58] talvez seja ingênuo ignorar que as escolhas que inspiram os parágrafos precedentes não passam de ações intencionalmente dissimuladas entremeio as sombras da normalidade.[59] O problema é que tais iniciativas seguem a minar os pilares sobre os quais se estruturou o Direito do Consumidor no Brasil, fraturando-o e, com isso, promovem indelével retrocesso, em tese, vedado pela teoria constitucional.

Assim, se de um lado não se pode desprezar o aparente avanço afeto à incorporação de um sistema de rotulagem frontal, modelo recomendado como mais adequado que aquele que *esconde* informações no verso das embalagens, pois, melhor permite a interpretação das características nutricionais dos alimentos a serem consumidos,[60] de outro, o Direito, por meio dos seus muitos fragmentos, deve seguir

---

[55] CATALAN, M. Notas sobre o tratamento jurídico do consumo do açúcar no Brasil. *Revista de Direito do Consumidor*, São Paulo, v. 92, p. 119-135, 2014.
[56] POPKIN, B. *O mundo está gordo:* modismos, tendências, produtos e políticas que estão engordando a humanidade. Trad. Ana Beatriz Rodrigues. Rio de Janeiro: Elsevier, 2009, p. 21.
[57] GRASSI NETO, R. *Segurança alimentar:* da produção agrária a proteção do consumidor. São Paulo: Saraiva, 2013, p. 265.
[58] CATALAN, M. Uma reflexão frugal acerca do recém-aprovado modelo de rotulagem de alimentos e bebidas no Brasil. *Revista Eletrônica Direito e Sociedade*, Canoas, v. 8, p. 09-15, 2020.
[59] STENGERS, I.; PIGNARRE, P. *La brujería capitalista*. Trad. Victor Goldstein. Buenos Aires: Hekht, 2017, p. 66. Os comportamentos que estimulam, raramente, "se imponen inmediatamente a nivel global, sino que son fruto de fabricaciones pacientes en pequeña escala, de experimentaciones precavidas, porque siempre se trata de capturar sin alertar demasiado [...]".
[60] BANDEIRA, L.M. *et al.* Desempenho e percepção sobre modelos de rotulagem nutricional frontal no Brasil. *Revista de Saúde Pública*, Brasília, n. 55, v. 19, p. 01-12, 2021.

atuando junto ao *"marketing* nutricional", impondo o fornecimento de informações sobre os produtos a serem consumidos que de fato permitam "a articulação de escolha consciente de produtos alimentícios condizentes com o estilo de vida que o consumidor pretende adotar".[61]

Referências

AGÊNCIA NACIONAL DE VIGILÂNCIA SANITÁRIA. *Alimentos embalados*. 2020. Disponível em: https://www.gov.br/anvisa/pt-br/assuntos/noticias-anvisa/2020/aprovada-norma-sobre-rotulagem-nutricional. Acesso em: 08 out. 2020.

AGÊNCIA NACIONAL DE VIGILÂNCIA SANITÁRIA. *Rotulagem nutricional de alimentos*. 2020. Disponível em: https://www.gov.br/anvisa/pt-br/assuntos/noticias-anvisa/2020/aprovada-norma-sobre-rotulagem-nutricional/apresentacao-rotulagem-nutricional_19a.pdf. Acesso em: 26 out. 2020.

ASSOCIAÇÃO BRASILEIRA PARA O ESTUDO DA OBESIDADE E SÍNDROME METABÓLICA. Mapa da obesidade. 2020. Disponível em: https://abeso.org.br/obesidade-e-sindrome-metabolica/mapa-da-obesidade/. Acesso em: 27 out. 2020.

BANDEIRA, L.M. *et al*. Desempenho e percepção sobre modelos de rotulagem nutricional frontal no Brasil. *Revista de Saúde Pública*, Brasília, n. 55, v. 19, p. 01-12, 2021.

BRANCO, P. Direito e comida: algumas reflexões sobre o papel da comida no direito e justiça da família. *Revista Eletrônica Direito e Sociedade*, Canoas, v. 6, n. 2, p. 171-186, set. 2018.

BRASIL. Agência Nacional de Vigilância Sanitária. *Relatório Preliminar de Análise de Impacto Regulatório sobre Rotulagem Nutricional*. Brasília: ANVISA, 2018. Disponível em: http://antigo.anvisa.gov.br/documents/33880/2977862/An%C3%A1lise+de+Impacto+Regulat%C3%B3rio+sobre+Rotulagem+Nutricional_vers%C3%A3o+final+3.pdf/2c094688-aeee-441d-a7f1-218336995337. Acesso em: 21 dez. 2021.

BRASIL. Agência Nacional de Vigilância Sanitária. *RDC 259/2002*. Aprova o Regulamento Técnico sobre Rotulagem de Alimentos Embalados. Disponível em: https://bvsms.saude.gov.br/bvs/saudelegis/anvisa/2002/rdc0259_20_09_2002.html. Acesso: em 20 dez. 2021.

BRASIL. Agência Nacional de Vigilância Sanitária. *RDC 429/2020*. Dispõe sobre a rotulagem nutricional dos alimentos embalados. Disponível em: https://www.in.gov.br/en/web/dou/-/resolucao-de-diretoria-colegiada-rdc-n-429-de-8-de-outubro-de-2020-282070599. Acesso em: 21 dez. 2021.

BRASIL. [Constituição (1988)]. *Constituição da República Federativa do Brasil*. Disponível em: http://www.planalto.gov.br/ccivil_03/constituicao/constituicao.htm. Acesso em: 23 out. 2021.

---

[61] MACHADO, S.S. *et al*. Comportamento dos consumidores com relação à leitura de rótulo de produtos alimentícios. *Alimentos e Nutrição*, Araraquara, v. 17, n. 1, p. 97-103, jan./mar. 2006, p. 100.

BRASIL. Lei 8.078/1990. Dispõe sobre a proteção do consumidor e dá outras providências. *Diário Oficial da União*: seção 1, Brasília, DF, ano 128, n. 176, p. 1, 12 set. 1990.

CATALAN, M. Notas sobre o tratamento jurídico do consumo do açúcar no Brasil. *Revista de Direito do Consumidor*, São Paulo, v. 92, p. 119-135, 2014.

CATALAN, M. Uma reflexão frugal acerca do recém-aprovado modelo de rotulagem de alimentos e bebidas no Brasil. *Revista Eletrônica Direito e Sociedade*, Canoas, v. 8, p. 09-15, 2020.

CATALAN, M; PITOL, Y.U. Primeiras linhas acerca do tratamento jurídico do assédio de consumo no Brasil. *Revista Portuguesa de Direito do Consumo, [S.l.]*, v. 87, p. 107-130, 2016.

CONSELHO FEDERAL DE NUTRICIONISTAS. *Anvisa aprova normas para a rotulagem frontal de alimentos*. 2020. Disponível em: https://www.cfn.org.br/index.php/noticias/anvisa-aprova-normas-para-a-rotulagem-frontal-de-alimentos/. Acesso em 10 out. 2020.

COSTA, M. Um fast food em cada esquina. *Estado de São Paulo*. São Paulo, 18.11.2012.

DELIZA, R. *et al.* How do different warning signs compare with the guideline daily amount and traffic-light system? *Food Quality and Preference, [S.l.]*, n. 80, p. 01-12, 2020.

GARCIA, A. C. *La vulneración del derecho humano a la alimentación*: consecuencias de los actuales modelos de producción, distribución y consumo de alimentos. Madrid: Reus, 2018.

GRASSI NETO, R. *Segurança alimentar:* da produção agrária à proteção do consumidor. São Paulo: Saraiva, 2013.

INSTITUTO BRASILEIRO DE DEFESA DO CONSUMIDOR. *IDEC reprova decisão da Anvisa sobre rotulagem nutricional de alimentos*. 2020. Disponível em: https://idec.org.br/release/idec-reprova-decisao-da-anvisa-sobre-rotulagem-nutricional-de-alimentos?__dPosclick=PJCoJ.X6b.0560&utm_campaign=rotulagem&utm_content=alerta-rotulagem-2020-10-08&utm_medium=email&utm_source=dinamize&utm_term=link&fbclid=IwAR2FJMac2lwqVnDJ3rqWw_IDDhf6jbRUYAI90tPy4-wUASZLp_hmtjLWvEQ. Acesso em: 15 out. 2020.

INSTITUTO BRASILEIRO DE DEFESA DO CONSUMIDOR. *Indústria de alimentos interfere em modelo de rotulagem para garantir lucro e prejudica saúde do consumidor*. 2021. Disponível em: https://idec.org.br/noticia/industria-de-alimentos-interfere-na-definicao-de-modelo-de-rotulagem-e-nao-prioriza. Acesso em: 20 dez. 2021.

KAHNEMAN, D. *Rápido e devagar*: duas formas de pensar. Rio de Janeiro: Objetiva, 2012.

MACHADO, S.S. *et al.* Comportamento dos consumidores com relação à leitura de rótulo de produtos alimentícios. *Alimentos e Nutrição*, Araraquara, v. 17, n. 1, p. 97-103, jan./mar. 2006.

MAGALHÃES, S.M.S. *Nova rotulagem nutricional frontal dos alimentos industrializados*: política pública fundamentada no direito básico do consumidor à informação clara e adequada. 2019. Dissertação (Mestrado em Direito) – Escola de Direito de Brasília, Instituto Brasiliense de Direito Público, Brasília, 2019.

MILANEZ, F.C. *Interesses econômicos e as práticas comerciais desleais*: uma abordagem a partir do direito europeu. Belo Horizonte: Arraes, 2021.

O RAPPA. *Rodo cotidiano*. Rio de Janeiro: Warner: 2003. CD (06min13seg).

PEREIRA, A.C.E.S. et al. Novos requisitos técnicos para rotulagem nutricional nos alimentos embalados: overview de revisões. *Visa em debate*, Manguinhos, v. 9, n. 2, p. 79-87, 2021.

PONTES, T.E. *et al*. Orientação nutricional de crianças e adolescentes e os novos padrões de consumo: propagandas, embalagens e rótulos. *Revista Paulista de Pediatria*, São Paulo, v. 27, n. 1, p. 99-105, 2009.

POPKIN, B. *O mundo está gordo*: modismos, tendências, produtos e políticas que estão engordando a humanidade. Rio de Janeiro: Elsevier, 2009.

PROCÓPIO, S.P.A.; SILVA, C.L.A.; CARNEIRO, A.C.L. Consumidores e a rotulagem nutricional no formato de alerta em triângulos. *Visa em debate*, Manguinhos, v. 9, n. 4, p. 46-56, 2021.

PRUX, O.I.; GONÇALVES, M.W. Rotulagem nutricional de alimentos e sua relação com os direitos da personalidade e com os direitos fundamentais. *Revista de Direito, Globalização e Responsabilidade nas Relações de Consumo*, [S.l.], v. 7, n. 1, p. 20-39, jan./jul. 2021.

STENGERS, I.; PIGNARRE, P. *La brujería capitalista*. Buenos Aires: Hekht, 2017.

STRÖHER, J.A.; NUNES, M.R.S.; SANTOS JUNIOR, L.C.O. Avaliação da rotulagem de leites UHT comercializados no Vale do Taquari-RS. *Revista Eletrônica Científica da UERGS*, Porto Alegre, v. 7, n. 2, p. 186-195, 2021.

TEIXEIRA, L.V.; HOFF, T.M.C. Novo padrão brasileiro de rotulagem de alimentos embalados: modelos, discursos e controvérsias. *Organicom*, São Paulo, v. 18 n. 36, p. 212-224, maio/ago. 2021.

THALER, R.; SUNSTEIN, C. *Nudge*: o empurrão para a escolha certa. Rio de Janeiro: Elsevier, 2009.

TRENTINI, F.; CAÑADA, E.G. Direito alimentar: fundamentos epistemológicos para um ramo jurídico. *Revista Eletrônica Direito e Sociedade*, Canoas, v. 9, n. 1, p. 83-102, abr. 2021.

TRIVISONNO, J. *Jurisprudência Argentina*, Buenos Aires, v. 3, n. 3, p. 76-89, 2021.

Informação bibliográfica deste texto, conforme a NBR 6023:2018 da Associação Brasileira de Normas Técnicas (ABNT):

CATALAN, Marcos. O novo modelo de rotulagem alimentícia aprovado no Brasil: notas gestadas entremeio à fragmentação do direito e a proteção normativamente prometida aos consumidores. *In*: TRENTINI, Flavia; BRANCO, Patrícia; CATALAN, Marcos (coord.). *Direito e comida*: do campo à mesa: cidadania, consumo, saúde e exclusão social. Belo Horizonte: Fórum Social, 2023. p. 143-160. ISBN 978-65-5518-511-9.

APRIMORAMENTO DA ROTULAGEM NUTRICIONAL DE ALIMENTOS COMO INSTRUMENTO DE INFORMAÇÃO AO CONSUMIDOR

Simone Magalhães

Amanda Mattos Dias Martins

1 Introdução

É manifesta a ocorrência de alterações nos hábitos alimentares dos brasileiros, que incorporaram ao seu cotidiano o consumo de produtos alimentícios industrializados compostos por quantidades excessivas de açúcares adicionados, sódio e gorduras saturadas.

Como consequência de uma alimentação desequilibrada, dados oficiais mostram um aumento significativo de sobrepeso e obesidade na população em geral. Objetivando promover controle sobre essas enfermidades, que repercutem negativamente na saúde das pessoas, uma das medidas adotadas é a melhoria da informação ao consumidor na rotulagem nutricional dos alimentos embalados.

Ciente do contexto de saúde pública, a Anvisa inseriu em sua Agenda Regulatória (AR) 2017-2020[1] assuntos referentes à temática dos alimentos e sua rotulagem.

---

[1] A Agenda Regulatória 2017-2020 da ANVISA foi composta por 129 temas, organizados em 15 macrotemas, aprovados pela Diretoria Colegiada e publicada no *Diário Oficial*

Com isso, foram realizadas grandes discussões que contaram inclusive com a participação ativa do setor produtivo e da sociedade civil. Foram, então, apresentadas propostas à Anvisa que compuseram o processo regulatório específico sobre o assunto.

A "rotulagem de alimentos" pode ser definida como toda inscrição, imagem ou legenda que é disposta sobre a embalagem com o intuito de identificar as características de um determinado produto.[2] Essa ferramenta possui importante papel social, visto que é o principal meio de comunicação entre o fabricante e os consumidores.

Para que todas as informações sejam apresentadas de forma clara, adequada e compreensível, a rotulagem de alimentos embalados é objeto de regulação específica pela Anvisa[3] e pode ser dividida em dois grandes blocos: "rotulagem geral" e "rotulagem nutricional". A rotulagem geral refere-se a todas as informações relacionadas à denominação de venda do produto, ao conteúdo líquido, à lista de ingredientes, à identificação de origem, ao lote, à validade, ao modo de preparo e conservação do produto,[4] além das declarações sobre glúten,[5] alérgenos[6] e organismos geneticamente modificados.[7] A rotulagem

---

    da União (DOU) de 6/12/17, passando por ajustes corretivos em 11/09/18. No DOU de 23/01/19, foi publicada a atualização da AR 2017-2020 sob a denominação "Atualização Anual 2018-2019 da Lista de Temas da Agenda Regulatória", contando com inclusões, exclusões e alterações de nomes de temas prioritários para a regulação sanitária.

[2] ANVISA. *RDC 259/2002*. Regulamento Técnico sobre Rotulagem de Alimentos Embalados. Disponível em: bvsms.saude.gov.br/bvs/saudelegis/anvisa/2002/rdc0259_20_09_2002.html. Acesso em: 06 dez. 2021.

[3] Para a rotulagem de alimentos também existem normas publicadas pelo Ministério da Agricultura, Pecuária e Abastecimento (MAPA), Instituto Nacional de Metrologia, Qualidade e Tecnologia (Inmetro) e Secretaria Nacional do Consumidor (SENACON).

[4] ANVISA. *RDC 259/2002*. Regulamento Técnico sobre Rotulagem de Alimentos Embalados. Disponível em: bvsms.saude.gov.br/bvs/saudelegis/anvisa/2002/rdc0259_20_09_2002.html. Acesso em: 06 dez. 2021.

[5] BRASIL. *Lei 10.674, de 16 de maio de 2003*. Obriga a que os produtos alimentícios comercializados informem sobre a presença de glúten, como medida preventiva e de controle da doença celíaca. Disponível em: www.planalto.gov.br/ccivil_03/leis/2003/l10.674.htm. Acesso em: 09 dez. 2021.

[6] ANVISA. *RDC 26/2015*. Dispõe sobre os Requisitos para Rotulagem Obrigatória dos Principais Alimentos que Causam Alergias Alimentares. Disponível em: www.gov.br/anvisa/pt-br/assuntos/regulamentacao/legislacao/bibliotecas-tematicas/arquivos/biblioteca-de-alimentos. Acesso em: 09 dez. 2021.

[7] BRASIL. *Decreto 4.680/2003*. Regulamenta o direito à informação, assegurado pela Lei . 8.078, de 11 de setembro de 1990, quanto aos alimentos e ingredientes alimentares destinados ao consumo humano ou animal que contenham ou sejam produzidos a partir de organismos geneticamente modificados. Disponível em: www.gov.br/anvisa/pt-br/assuntos/regulamentacao/legislacao/bibliotecas-tematicas/arquivos/biblioteca-de-alimentos. Acesso em: 09 dez. 2021.

nutricional, por sua vez, abrange a declaração de valor energético e nutrientes (representados pela tabela de informação nutricional) e a declaração de propriedades nutricionais (informação nutricional complementar – INC[8]), que destaca tanto o alto teor de nutrientes positivos como o baixo conteúdo de nutrientes negativos.[9] Segundo a RDC nº 360/2003 da Anvisa, a rotulagem nutricional é toda descrição destinada a informar o consumidor sobre as propriedades nutricionais de um alimento.

Nos últimos 20 anos, as medidas regulatórias relativas às informações nutricionais nos rótulos têm passado por alguns aperfeiçoamentos. Tais ações visam trabalhar diferentes aspectos, como a declaração de nutrientes relacionados ao risco de desenvolvimento de doenças, os atributos de legibilidade e a não indução de consumidores ao erro quanto ao valor nutricional dos alimentos.[10]

A necessidade de se incrementar a transmissão das informações nutricionais contida na rotulagem se deu em decorrência da constatação de que o consumidor tem compreensão reduzida sobre características essenciais dos produtos alimentícios que ingere. Foi, então, identificado um problema regulatório que necessitava de atuação direta da Anvisa a fim de que o direito do consumidor à informação fosse respeitado e que sua saúde e seu poder de escolha fossem protegidos.

2 Vulnerabilidade do consumidor e seu direito básico à informação na rotulagem de alimentos

À medida que o mercado se desenvolve, fica ainda mais evidente que uma das formas de se fazer presente o princípio da boa-fé objetiva,[11]

---

[8] ANVISA. *RDC 360/2003*. Regulamento Técnico sobre Rotulagem Nutricional de Alimentos Embalados. Definições. Informação nutricional complementar (INC): é qualquer representação que afirme, sugira ou implique que um produto possui propriedades nutricionais particulares, especialmente, mas não somente, em relação ao seu valor energético e conteúdo de proteínas, gorduras, carboidratos e fibra alimentar, assim como ao seu conteúdo de vitaminas e minerais. Disponível em: www.gov.br/anvisa/pt-br/assuntos/regulamentacao/legislacao/bibliotecas-tematicas/arquivos/biblioteca-de-alimentos. Acesso em: 07 nov. 2021.

[9] Id.

[10] ANVISA. *Relatório de Análise de Impacto Regulatório sobre Rotulagem Nutricional*. Brasília: ANVISA, 2019. p. 167. Disponível em: www.gov.br/anvisa/pt-br/assuntos/regulamentacao/air/analises-de-impacto-regulatorio/2019/relatorio-de-analise-de-impacto-regulatorio-sobre-rotulagem-nutricional.pdf/view. Acesso em: 18 dez. 2021.

[11] A boa-fé objetiva é princípio estrutural do Código de Defesa do Consumidor, previsto no seu art. 4º, III, e se apresenta por meio de comportamentos éticos, leais e de cooperação que devem ser seguidos pelos sujeitos da relação de consumo em todas as suas fases.

norteador das relações jurídicas de consumo, é pelo respeito ao direito básico do consumidor à informação clara e adequada, crucial para possibilitar decisões mais fundamentadas, amadurecidas e garantir proteção contra riscos à sua saúde, segurança ou vida na utilização de produtos ou serviços.

Referindo-se aos alimentos,[12] a dedicação do fornecedor quanto à qualidade da informação deve ser bem mais expressiva, já que o produto é essencial para a própria existência do sujeito vulnerável – o consumidor.

Os riscos podem ser provenientes de fontes diversas, a exemplo de questões higiênico-sanitárias na fabricação ou no armazenamento dos alimentos, de decisões quanto à seleção da sua composição ou, ainda, decorrente de vício nas informações que devem constar na rotulagem. Neste último caso, as falhas na transmissão de dados podem causar tanto um comprometimento do poder decisório do consumidor quanto sua exposição à ingestão de alimentos ou nutrientes com os quais ele não poderia ter contato em virtude de premissas pessoais ou alguma imposição de saúde atrelada a doenças, intolerâncias ou alergias alimentares. Percebe-se, assim, que a informação ao consumidor ganha relevo de essencialidade para a promoção de sua segurança.

A vulnerabilidade é atributo absoluto e indissociável do consumidor: deflagra sua fragilidade no mercado de consumo e a diferença de forças existente entre ele e o fornecedor. Ela se materializa como um princípio da Política Nacional das Relações de Consumo e justifica a própria existência da Lei nº 8.078/1990 e da atuação estatal no intuito de promover ações regulatórias que consolidam os direitos e deveres previstos na legislação consumerista.

---

[12] BRASIL. *Decreto-Lei 986, de 21 de outubro de 1969*. Institui normas básicas sobre alimentos. Disponível em: www.planalto.gov.br/ccivil_03/decreto-lei/del0986.htm. Acesso em: 25.05.2021. O art. 2º do Decreto Lei 986/1969 conceitua alimento como "substância ou mistura de substâncias, no estado sólido, líquido, pastoso ou qualquer outra forma adequada, destinada a fornecer ao organismo humano os elementos normais à sua formação, manutenção e desenvolvimento". ANVISA. *RDC 259/2002*. Regulamento Técnico sobre Rotulagem de Alimentos Embalados. Disponível em: bvsms.saude.gov.br/bvs/saudelegis/anvisa/2002/rdc0259_20_09_2002.html. Acesso em: 06 dez. 2021. O "Regulamento Técnico sobre Rotulagem de Alimentos Embalados" também define alimento, inserindo mais algumas considerações: é "toda substância que se ingere no estado natural, semielaborada ou elaborada, destinada ao consumo humano, incluídas as bebidas e qualquer outra substância utilizada em sua elaboração, preparo ou tratamento, excluídos os cosméticos, o tabaco e as substâncias utilizadas unicamente como medicamentos".

A própria Anvisa concluiu, no Relatório Preliminar de Análise de Impacto Regulatório sobre Rotulagem Nutricional,[13] que "muitos consumidores são induzidos ao engano quanto às propriedades nutricionais do alimento, especialmente sobre a alta concentração de nutrientes negativos que aumentam o risco de excesso de peso e de doenças crônicas não transmissíveis (DCNT)".[14] Assim, percebeu-se que o aprimoramento da rotulagem nutricional deveria receber atenção especial para contribuir com a efetivação de hábitos alimentares mais saudáveis, já que o objetivo dela é "informar aos consumidores os principais atributos nutricionais dos alimentos que impactam na qualidade da sua alimentação e da sua saúde, de forma a auxiliar na realização de escolhas alimentares conscientes, e que essas escolhas são influenciadas por diversos outros fatores, além da composição nutricional dos alimentos".[15]

Para se garantir liberdade de escolha e segurança ao consumidor, é imperioso que a informação a ele transmitida obedeça aos critérios imponentes de adequação, correção, clareza e precisão expressos no Código de Defesa do Consumidor, inclusive quanto aos riscos que o alimento apresente.

Quando se pensa em riscos relacionados aos alimentos, fica perceptível que o modelo de rotulagem nutricional até então adotado pelo Brasil não promovia a informação de maneira compreensível ao consumidor. Nesse sentido, pesquisa do Instituto Brasileiro de Defesa do Consumidor (IDEC), realizada no ano de 2013, concluiu que quarenta por cento (40%) das mulheres entrevistadas relataram entender parcialmente, muito pouco ou nada a informação nutricional.[16] Da mesma maneira, pesquisa conduzida pelo Instituto Brasileiro de Opinião Pública e Estatística (IBOPE) indicou que setenta e nove por cento (79%) da população brasileira acima de dezesseis (16) anos compreende parcialmente ou não compreende as informações da tabela nutricional.[17]

---

[13] Documento fruto do processo de Análise de Impacto Regulatório promovido pela ANVISA, no intuito de executar seu poder regulatório quanto às novas regras que disciplinam a rotulagem nutricional dos alimentos embalados.
[14] ANVISA. *Relatório preliminar de análise de impacto regulatório sobre rotulagem nutricional*. Brasília: ANVISA, 2018. p. 36-37.
[15] *Id.*, p. 35.
[16] Amostragem da pesquisa: 807 mulheres de todas as faixas de renda, com idade entre 20 e 65 anos, em quatro capitais, IDEC, 2014 apud ANVISA. *Relatório preliminar de análise de impacto regulatório sobre rotulagem nutricional*. Brasília: ANVISA, 2018. p. 36.
[17] IBOPE INTELIGÊNCIA & CONFEDERAÇÃO NACIONAL DAS INDÚSTRIAS, 2017 apud ANVISA. *Relatório preliminar de análise de impacto regulatório sobre rotulagem nutricional*. Brasília: ANVISA, 2018. p. 36.

Como é sabido que a rotulagem atinge os consumidores de forma direta, a discussão sobre seu aperfeiçoamento exigiu, e continua exigindo, comunhão de esforços dos sujeitos interessados, especialmente quanto às informações sobre a presença excessiva de nutrientes críticos.[18]

As competências legais da Anvisa lhe atribuem um papel complexo e crucial, pois a agência produz normas para o setor regulado, fiscaliza sua aplicação e impõe seu poder sancionatório, caso necessário. Notadamente, as atribuições da agência relacionam-se diretamente com a legislação consumerista, já que o fruto das atividades econômicas do setor produtivo – o alimento – se destina aos consumidores.

Para se preservar o direito básico do consumidor à informação, a Anvisa explicita quais elementos devem, em regra, constar nos rótulos. Os exemplos são: lista de ingredientes, denominação de venda do alimento, conteúdos líquidos, identificação da origem, nome ou razão social e endereço do importador, identificação do lote, prazo de validade e, em alguns casos, instruções sobre o preparo e uso do alimento,[19] além da rotulagem nutricional.[20] Somados a esses, existem outros dados de informação obrigatória que também objetivam garantir transparência ao consumidor quanto à composição do alimento no que tange à presença de glúten,[21] alérgenos[22] e lactose.[23]

---

[18] OPAS. *Modelo de perfil nutricional da Organização Pan-Americana da Saúde*. Washington: OPAS, 2016. Os nutrientes críticos (açúcares livres, sódio, gorduras saturadas, gorduras totais e ácidos graxos trans) foram incluídos no "Modelo de Perfil Nutricional" da OPAS por meio de critérios baseados em "metas de ingestão de nutrientes para a população" (MINPs) estabelecidas pela Organização Mundial da Saúde (OMS) para prevenção da obesidade e das DCNTs relacionadas, descritas em "Dieta, Nutrição e Prevenção de Doenças Crônicas" que indica quais nutrientes devem ser analisados e informa os níveis máximos aceitáveis de consumo. Essas MINPs foram formuladas considerando evidências que relacionavam a ingestão de nutrientes críticos a problemas de saúde pública.

[19] Essas informações obrigatórias são previstas em: ANVISA. *RDC 259/2002*. Regulamento Técnico sobre Rotulagem de Alimentos Embalados. Outros itens de informação obrigatória também estão dispostos no art. 11 do Decreto-Lei 986/1969. Disponível em: bvsms.saude.gov.br/bvs/saudelegis/anvisa/2002/rdc0259_20_09_2002.html. Acesso em: 06 dez. 2021.

[20] A RDC nº 429/2020 (dispõe sobre a rotulagem nutricional dos alimentos embalados) entrará em vigor em outubro de 2022, revogando outras disposições legais que tratam sobre rotulagem nutricional.

[21] BRASIL. *Lei 10.674, de 16 de maio de 2003*. Obriga a que os produtos alimentícios comercializados informem sobre a presença de glúten, como medida preventiva e de controle da doença celíaca. Disponível em: www.planalto.gov.br/ccivil_03/leis/2003/l10.674.htm. Acesso em: 09 dez. 2021.

[22] ANVISA. *RDC 26/2015*. Dispõe sobre os requisitos para rotulagem obrigatória dos principais alimentos que causam alergias alimentares. Disponível em: www.gov.br/anvisa/pt-br/assuntos/regulamentacao/legislacao/bibliotecas-tematicas/arquivos/biblioteca-de-alimentos. Acesso em: 09 dez. 2021.

[23] BRASIL. *Lei 13.305, de 04 de julho de 2016*. Acrescenta art. 19-A ao Decreto-Lei 986, de 21 de outubro de 1969, que "institui normas básicas sobre alimentos", para dispor sobre

Especificamente quanto à discussão atual sobre a informação da presença excessiva de alguns nutrientes críticos,[24] a Anvisa desenvolve função decisiva na regulação da política pública de prevenção de riscos sociais por meio da tentativa de controle dos crescentes índices de sobrepeso, obesidade e, consequentemente, doenças crônicas não transmissíveis.

3 Histórico da regulamentação da rotulagem nutricional no Brasil

As primeiras normas relativas à rotulagem nutricional foram publicadas na década de 1980 no *Codex Alimentarius*.[25] Criado em 1962, o *Codex* é um programa conjunto da Organização das Nações Unidas para Agricultura e Alimentação (FAO) e da Organização Mundial da Saúde (OMS), com o objetivo de estabelecer normas internacionais alimentares, incluindo diretrizes sobre rotulagem que visam proteger a saúde do consumidor e garantir práticas justas no comércio internacional de alimentos.[26]

O programa, também conhecido como "código alimentar", é organizado em comitês e conta com assessoria de especialistas que fornecem as bases científicas para orientação e definição dos requisitos na elaboração dos documentos.

O Brasil é membro do *Codex Alimentarius* desde a década de 1970 e utiliza esse programa como referência para a elaboração de

---

a rotulagem de alimentos que contenham lactose. Disponível em: www.planalto.gov.br/ccivil_03/_ato2015-2018/2016/lei/l13305.htm. Acesso em: 18 dez. 2021. ANVISA. *RDC 135/2017*. Altera a Portaria SVS/MS 29, de 13 de janeiro de 1998, que aprova o regulamento técnico referente a alimentos para fins especiais, para dispor sobre os alimentos para dietas com restrição de lactose. Disponível em: www.planalto.gov.br/CCIVIL_03/_Ato2015-2018/2016/Lei/L13305.htm. Acesso em: 09 dez. 2021. ANVISA. *RDC 136/2017*. Estabelece os requisitos para declaração obrigatória da presença de lactose nos rótulos dos alimentos. Disponível em: www.in.gov.br/materia/-/asset_publisher/Kujrw0TZC2Mb/content/id/20794620/do1-2017-02-09-resolucao-rdc-n-136-de-8-de-fevereiro-de-2017-20794494. Acesso em: 09 dez. 2021.

[24] O Brasil aprovou a inserção obrigatória de rotulagem nutricional frontal nos rótulos dos alimentos embalados na ausência do consumidor que tenham quantidades de açúcares adicionados, gorduras saturadas ou sódio iguais ou superiores aos limites definidos pela ANVISA. Esse assunto será tratado à frente, quando da apresentação das principais alterações na rotulagem nutricional trazidas pela RDC 429/2020 e IN 75/2020.

[25] FAO. *Codex Alimentarius*. Guidelines on Nutrition Labelling CAC/GL 2-1985. Revised in 2013, 2015, 2016 and 2017. Disponível em: www.fao.org/fao-who-codexalimentarius/sh-proxy/es/?lnk=1&url=https%253A%252F%252Fworkspace.fao.org%252Fsites%252Fcodex%252FStandards%252FCXG%2B2-1985%252FCXG_002e.pdf. Acesso em: 18 dez. 2021.

[26] *Id.*

regulamentos técnicos na área de alimentos.[27] Embora a implementação das normas propostas pelo *Codex* seja voluntária para os países membros, a Organização Mundial do Comércio (OMC) incentiva que eles harmonizem suas legislações com as normas internacionais de referência a fim de facilitar a comercialização de bens e as disputas comerciais.[28]

Segundo as diretrizes estabelecidas pelo *Codex*, alguns princípios devem ser seguidos para que a rotulagem nutricional seja efetiva. Para isso, as informações presentes nos rótulos não podem induzir o consumidor a erro e devem possibilitar que ele faça escolhas alimentares conscientes. Ademais, sugere-se que todo alimento que possua informação nutricional complementar (INC) tenha obrigatoriamente a declaração da rotulagem nutricional.[29]

Na Tabela 1 estão apresentados o histórico dos atos normativos que instituíram a rotulagem nutricional no Brasil e as principais mudanças que já foram implementadas. Em 16 de janeiro de 1998, foi publicada a Portaria SVS/MS nº 27/1998, que aprovou o primeiro regulamento técnico referente à informação nutricional complementar. Com caráter de aplicação voluntária, o objetivo da declaração da INC nos rótulos é indicar que o alimento possui uma ou mais propriedades nutricionais particulares relativas ao seu valor calórico e ao seu conteúdo de proteínas, gorduras, carboidratos, fibras alimentares, vitaminas e/ou minerais.[30]

Poucos dias depois, publicou-se a Portaria SVS/MS nº 41/1998, que tornava obrigatória a rotulagem nutricional para todos os alimentos que possuíam INC.[31] Além de ter sido um marco importante na regulamentação da rotulagem nutricional no país, a portaria possibilitou a compatibilização com as diretrizes propostas pelo *Codex*

---

[27] ANVISA. *Comitês de Assessoramento Científico da FAO/OMS*. Disponível em: www.gov.br/anvisa/pt-br/assuntos/alimentos/participacao-em-foruns-internacionais/comites-de-assessoramento-cientifico-da-fao-oms. Acesso em: 08 nov. 2021.

[28] OPAS. *HACCP*: Ferramenta Essencial para a Inocuidade dos Alimentos. Disponível em: 2005. Disponível em: https://iris.paho.org/bitstream/handle/10665.2/51873/9507100962_por.pdf?sequence=1&isAllowed=y. Acesso em: 08 nov. 2021.

[29] FAO. *Codex Alimentarius*. Disponível em: www.fao.org/fao-who-codexalimentarius/about-codex/history/pt/. Acesso em: 07 nov. 2021.

[30] ANVISA. *Portaria 27/1998 SVS/MS*. Regulamento Técnico referente à Informação Nutricional Complementar. Disponível em: bvsms.saude.gov.br/bvs/saudelegis/svs1/1998/prt0027_13_01_1998.html. Acesso em: 08 nov. 2021.

[31] ANVISA. *Portaria. 41/1998 SVS/MS*. Regulamento Técnico para Rotulagem Nutricional de Alimentos Embalados. Diário Oficial da União: 21.01.1998f, n. 14E, Seção 1, p. 4.

e tornou obrigatória a declaração do valor calórico e do conteúdo de outros macronutrientes. Mais um ponto importante foi a definição da base de declaração dos valores em cem gramas (100 g) ou em cem mililitros (100 ml) do alimento exposto à venda e, opcionalmente, por porção quantificada, desde que fosse informado o número de porções na embalagem. Contudo, apesar dos avanços promovidos pela portaria, a declaração do conteúdo de nutrientes continuava sendo voluntária para a maioria dos alimentos embalados.

Tabela 1 – Principais diferenças entre os elementos técnicos dos atos normativos que instituíram a rotulagem nutricional no Brasil (1998-2003)

(continua)

Elementos técnicos	Portaria nº 41/1998	RDC nº 94/2000	RDCs nº 39 e 40/2001	RDCs nº 359 e 360/2003
Escopo de aplicação da rotulagem nutricional	Alimentos embalados na ausência do consumidor, com exceção das *águas*.	Alimentos embalados na ausência do consumidor, com exceção das *águas* e bebidas alcoólicas.	Alimentos embalados na ausência do consumidor, com exceção das *águas*, bebidas alcoólicas e embalagens pequenas (80 cm²) sem alegações nutricionais.	Alimentos embalados na ausência do consumidor, com exceção das *águas*, bebidas alcoólicas, sal, vinagre, vegetais e carnes *in natura*, especiarias, café, chá, ervas, aditivos alimentares, coadjuvantes de tecnologia, alimentos de restaurantes e embalagens pequenas (100 cm2) sem alegações nutricionais.
Lista de nutrientes de declaração obrigatória	Valor calórico, glicídios, lipídios, proteínas, fibra alimentar e nutrientes alvo de alegações nutricionais.	Valor calórico, carboidratos, fibras alimentares, proteínas, gorduras totais, gorduras saturadas, colesterol, cálcio, ferro, sódio e nutrientes alvo de alegações nutricionais.	Valor calórico, carboidratos, fibras alimentares, proteínas, gorduras totais, gorduras saturadas, colesterol, cálcio, ferro, sódio e nutrientes alvo de alegações nutricionais.	Valor energético, carboidratos, fibras alimentares, proteínas, gorduras totais, gorduras saturadas, gorduras trans, sódio e nutrientes alvo de alegações nutricionais.

Tabela 1 – Principais diferenças entre os elementos técnicos dos atos normativos que instituíram a rotulagem nutricional no Brasil (1998-2003)

(continua)

Elementos técnicos	Portaria nº 41/1998	RDC nº 94/2000	RDCs nº 39 e 40/2001	RDCs nº 359 e 360/2003
Lista de nutrientes de declaração opcional	Vitaminas A, C, D, E, tiamina e riboflavina, somente se acima de cinco por cento (5%) da Ingestão Diária Recomendada (IDR) em cem gramas/mililitros (100 g/ml) do produto pronto para consumo.	Vitaminas e minerais somente se acima de cinco por cento (5%) da Ingestão Diária Recomendada (IDR) em cem gramas/mililitros (100 g/ml) do produto pronto para consumo.	Vitaminas e minerais somente se acima de cinco por cento (5%) da Ingestão Diária Recomendada (IDR) na porção.	Outros nutrientes. Vitaminas e minerais somente se acima de cinco por cento (5%) da Ingestão Diária Recomendada (IDR) na porção.
Base de declaração dos valores nutricionais	Por cem gramas/mililitros (100 g/ml) do alimento exposto à venda. Opcionalmente, por porção quantificada, desde que informado o número de porções na embalagem.	Por cem gramas/mililitros (100 g/ml) do alimento exposto à venda e, por porção, a ser estabelecida em regulamentação posterior.	Por porção recomendada de consumo. Opcionalmente, por cem gramas/mililitros (100 g/ml) do alimento exposto à venda.	Por porção recomendada de consumo e por medida caseira. Opcionalmente, por cem gramas/mililitros (100 g/ml) do alimento exposto à venda.
Regras para determinação dos valores nutricionais	Valores médios de análises de amostras representativas do produto. Regras específicas para o cálculo do valor energético, carboidratos e proteínas.	Valores médios de análises de amostras representativas do produto ou tabelas de composição de alimentos nacionais e internacionais. Regras específicas para o cálculo do valor energético, carboidratos e proteínas.	Valores médios de análises de amostras representativas do produto ou tabelas de composição de alimentos nacionais e internacionais. Regras específicas para o cálculo do valor energético, carboidratos e proteínas.	Não aponta se os valores nutricionais devem estar baseados em análises ou cálculos de tabelas. Regras específicas para o cálculo do valor energético, carboidratos e proteínas.
Regras para declaração dos valores nutricionais	Declaração obrigatória apenas para alimentos com alegações nutricionais. Declaração dos nutrientes de forma numérica em formato de tabela ou linear, se não houver espaço. Não havia previsão de porcentual de Valor Diário (% VD), mas proteínas e micronutrientes poderiam ser declarados em relação ao porcentual de Ingestão Diária Recomendada (% da IDR).	Declaração obrigatória. Declaração dos nutrientes de forma numérica em formato de tabela ou linear, se não houver espaço. Definição de valores não significativos e regras de arredondamento. Não havia previsão de porcentual de Valor Diário (% VD), mas proteínas e micronutrientes poderiam ser declarados em relação ao porcentual de Ingestão Diária Recomendada (% da IDR).	Declaração obrigatória. Declaração dos nutrientes de forma numérica em formato de tabela ou linear, se não houver espaço. Definição de valores não significativos e regras de arredondamento. Exigência de declaração dos valores nutricionais também por porcentual de Valor Diário (% VD).	Declaração obrigatória. Declaração dos nutrientes de forma numérica em formato de tabela ou linear, se não houver espaço. Definição de valores não significativos e regras de arredondamento. Exigência de declaração dos valores nutricionais também por porcentual de Valor Diário (% VD).

Tabela 1 – Principais diferenças entre os elementos técnicos dos atos normativos que instituíram a rotulagem nutricional no Brasil (1998-2003)

(conclusão)

Elementos técnicos	Portaria nº 41/1998	RDC nº 94/2000	RDCs nº 39 e 40/2001	RDCs nº 359 e 360/2003
Tolerâncias para fins de fiscalização	± 10% para macronutrientes e ± 20% para micronutrientes	Não prevista	± 20% para todos os nutrientes	± 20% para todos os nutrientes
Prazo de adequação	6 meses	6 meses	6 meses (prorrogado até 2003)	31 meses

Fonte: Anvisa. *Relatório preliminar de análise de impacto regulatório sobre rotulagem nutricional*. p. 25-27.

Outros marcos importantes para a rotulagem nutricional no Brasil aconteceram no ano de 1999 com a publicação da Lei nº 9.782,[32] que criou a Agência Nacional de Vigilância Sanitária, e da Portaria nº 710 do Ministério da Saúde, que aprovou a Política Nacional da Alimentação e Nutrição (PNAN).[33]

A PNAN compõe o conjunto de políticas públicas voltadas à concretização do direito humano universal à alimentação e à nutrição. O entendimento seria no sentido de que tornar obrigatória a declaração da rotulagem nutricional em todos os alimentos embalados auxiliaria os consumidores nas escolhas alimentares mais informadas e saudáveis.[34] Além disso, poderia ser uma medida preventiva dos agravos à saúde, visto que o aumento do sobrepeso e da obesidade na população são fatores de risco para o aparecimento de doenças crônicas não transmissíveis (DCNTs).[35]

Assim, seguindo diretrizes da PNAN, foi publicada a RDC nº 94/2000,[36] que instituiu a rotulagem nutricional compulsória

---

[32] BRASIL. *Lei 9.782, de 26 de janeiro de 1999*. Define o Sistema Nacional de Vigilância Sanitária, cria a Agência Nacional de Vigilância Sanitária, e dá outras providências. Disponível em: www.planalto.gov.br/ccivil_03/leis/l9782.htm. Acesso em: 06 dez. 2021.

[33] BRASIL. Ministério da Saúde. *Política Nacional de Alimentação e Nutrição (Pnan)*. Portaria 710/1999. Disponível em: bvsms.saude.gov.br/bvs/publicacoes/politica_nacional_alimentacao_nutricao.pdf. Acesso em: 18 dez. 2021. Revogada pela PRT GM/MS 2.715 de 17 de novembro de 2011.

[34] ANVISA. *Informação nutricional e alegações de saúde*: o cenário global das regulamentações. Tradução de Gladys Quevedo Camargo. Brasília: OPAS, 2006. p. 42.

[35] ZARKIN, G.A. et al. Potential health benefits of nutrition label changes. *American Journal of Public Health*, Washington, v. 83, n. 5, p. 717-724, 1993.

[36] ANVISA. *RDC 94/2000*. Regulamento técnico para rotulagem nutricional obrigatória de alimentos e bebidas embalados. Disponível em: bvsms.saude.gov.br/bvs/saudelegis/anvisa/2000/rdc0094_01_11_2000.html. Acesso em: 08 nov. 2021.

para alimentos e bebidas embalados na ausência do consumidor, revogando a Portaria nº 41/1998. A nova RDC visava padronizar a declaração de nutrientes e garantir o direito do consumidor ao acesso às informações nutricionais. Além disso, seria uma ferramenta de política pública eficiente para a promoção da alimentação equilibrada e no enfrentamento das DCNTs no Brasil.[37]

A Tabela 1 destaca as diferenças entre a RDC nº 94/2000 e a Portaria nº 41/1998. Uma das principais alterações foi a obrigatoriedade da informação de novos nutrientes (gordura saturada, colesterol, cálcio, ferro e sódio) e a definição da base da declaração dos valores por porção e por cem gramas (100 g) ou por cem mililitros (100 ml) do alimento. Contudo, um ano depois, a RDC nº 94/2000 foi revogada pela RDC nº 39/2001[38] e pela RDC nº 40/2001.[39] A revogação pretendeu aperfeiçoar regras e estabelecer novas diretrizes para a rotulagem nutricional obrigatória (Tabela 1).

Enquanto a RDC nº 39/2001 estabeleceu os valores de referência para as porções dos alimentos e bebidas embalados para fins de rotulagem nutricional, a RDC nº 40/2001 aprovou o regulamento técnico para rotulagem nutricional obrigatória de alimentos e bebidas embalados. As contribuições de maior destaque instituídas por elas foram a obrigatoriedade da declaração de nutrientes por porção e, opcionalmente, por cem gramas (100 g) ou por cem mililitros (100 ml) de produto, e a declaração de valores diários de referência (VDRs) com base na Ingestão Diária Recomendada (IDR) em uma dieta de duas mil e quinhentas calorias (2.500 cal).

Todavia, com a necessidade de se compatibilizar a legislação nacional com o Mercado Comum do Sul (Mercosul), foram publicadas duas novas Resoluções, a RDC nº 359/2003[40] e a RDC nº 360/2003,[41] da

---

[37] BRASIL. Ministério da Saúde. *Plano de ações estratégicas para o enfrentamento das Doenças Crônicas não Transmissíveis (DCNT) no Brasil 2011-2022*. Disponível em: bvsms.saude.gov.br/bvs/publicacoes/plano_acoes_enfrent_dcnt_2011.pdf. Acesso em: 08 nov. 2021. ANVISA. *Informação nutricional e alegações de saúde: o cenário global das regulamentações*. Tradução de Gladys Quevedo Camargo. Brasília: OPAS, 2006. Disponível em: www.gov.br/anvisa/pt-br/centraisdeconteudo/publicacoes/alimentos/informacao-nutricional-e-alegacoes-de-saude-o-cenario-global-das-regulamentacoes.pdf. Acesso em: 07 nov. 2021.

[38] ANVISA. *RDC 39/2001*. Tabela de valores de referência para porções de alimentos e bebidas embalados para fins de rotulagem nutricional. Disponível em: bvsms.saude.gov.br/bvs/saudelegis/anvisa/2001/rdc0039_21_03_2001.html. Acesso em: 18 dez. 2021.

[39] ANVISA. *RDC 40/2001*. Regulamento técnico para rotulagem nutricional obrigatória de alimentos e bebidas embalados. Disponível em: bvsms.saude.gov.br/bvs/saudelegis/anvisa/2001/rdc0040_21_03_2001.html. Acesso em: 18 dez. 2021.

[40] ANVISA. *RDC 359/2003*. Regulamento técnico de porções de alimentos embalados para fins de rotulagem nutricional. Disponível em: www.gov.br/anvisa/pt-br/assuntos/

Anvisa, que revogaram as RDCs nºs 39/2001 e 40/2001. Os principais destaques dessas legislações em relação àquelas revogadas foram: a inclusão da obrigatoriedade da declaração da gordura trans na tabela nutricional, a mudança da declaração dos valores diários para uma dieta com duas mil quilocalorias (2.000 kcal) e a remoção da declaração obrigatória do cálcio, ferro e colesterol da tabela nutricional.

Entre os anos de 2006 e 2012, foram publicadas mais seis legislações harmonizadas com o Mercosul com o objetivo de complementar a RDC nº 359/2003 e a RDC nº 360/2003. A RDC nº 163/2006[42] foi publicada para corrigir a declaração do valor de referência para ácido fólico e porções de embalagens individuais, enquanto a RDC nº 48/2010[43] estabeleceu o fator de conversão para o cálculo do valor energético do poliol eritritol. Além dessas, foram publicadas a RDC nº 34/2011[44] e a RDC nº 31/2012[45] com o desígnio de estender o prazo de adequação até o ano de 2014 para embalagens retornáveis de bebidas não alcoólicas.[46] A RDC nº 54/2012,[47]

---

regulamentacao/legislacao/bibliotecas-tematicas/arquivos/biblioteca-de-alimentos. Acesso em: 12 dez. 2021.

[41] ANVISA. *RDC 360/2003*. Regulamento técnico sobre rotulagem nutricional de alimentos embalados. Disponível em: www.gov.br/anvisa/pt-br/assuntos/regulamentacao/legisla cao/bibliotecas-tematicas/arquivos/biblioteca-de-alimentos. Acesso em: 07 nov. 2021.

[42] ANVISA. *RDC 163/2006*. Rotulagem nutricional de alimentos embalados (Complementação das Resoluções- RDC 359 e RDC 360, de 23 de dezembro de 2003), que consta como Anexo da presente Resolução. Disponível em: bvsms.saude.gov.br/bvs/saudelegis/anvisa/2006/rdc0163_17_08_2006.html. Acesso em: 19 dez. 2021.

[43] ANVISA. *RDC 48/2010*. Dispõe sobre o fator de conversão para o cálculo do valor energético do eritritol. Disponível em: www.gov.br/anvisa/pt-br/assuntos/regulamentacao/legislacao/bibliotecas-tematicas/arquivos/biblioteca-de-alimentos. Acesso em: 13 nov. 2021.

[44] ANVISA. *RDC 34/2011*. Dispõe sobre a extensão de prazo estabelecido pela resolução da diretoria colegiada RDC 360/2003 e prorrogado pela Resolução – RDC 36/2007 para adequação da rotulagem nutricional das bebidas não alcoólicas comercializadas em embalagens retornáveis até 1º de março de 2012. Disponível em: www.gov.br/anvisa/pt-br/assuntos/regulamentacao/legislacao/bibliotecas-tematicas/arquivos/biblioteca-de-alimentos. Acesso em: 13 nov. 2021.

[45] ANVISA. *RDC 31/2012*. Incorpora ao ordenamento jurídico nacional a Resolução Gmc Mercosul 40/2011, que dispõe sobre Rotulagem Nutricional de Bebidas Não Alcoólicas Comercializadas em Embalagens Retornáveis e dá outras providências. Disponível em: www.gov.br/anvisa/pt-br/assuntos/regulamentacao/legislacao/bibliotecas-tematicas/arquivos/biblioteca-de-alimentos. Acesso em: 13 nov. 2021.

[46] ANVISA. *RDC 36/2007*. Estende o prazo estabelecido pela resolução da diretoria colegiada – RDC 360/2003, para adequação da rotulagem nutricional das bebidas não alcoólicas comercializadas em embalagens retornáveis até 1º de agosto de 2011. Disponível em: www.gov.br/anvisa/pt-br/assuntos/regulamentacao/legislacao/bibliotecas-tematicas/arquivos/biblioteca-de-alimentos. Acesso em: 13 nov. 2021.

[47] ANVISA. *RDC 54/2012*. Dispõe sobre o Regulamento técnico sobre informação nutricional complementar. Disponível em: www.gov.br/anvisa/pt-br/assuntos/regulamentacao/legis lacao/bibliotecas-tematicas/arquivos/biblioteca-de-alimentos. Acesso em: 13 nov. 2021.

por sua vez, foi publicada visando atualizar as regras para declaração das informações nutricionais complementares (INC).

Percebe-se que a Anvisa vem promovendo o refinamento da rotulagem nutricional de alimentos como uma das estratégias de políticas públicas voltadas à preservação da saúde para que a informação seja mais clara e adequada ao consumidor. Adicionalmente, a agência buscou facilitar a livre circulação dos produtos, evitando barreiras técnicas para o comércio no Mercosul.

Contudo, mesmo sendo o Brasil um dos primeiros países a implementar a rotulagem nutricional obrigatória, estudos realizados por representantes da sociedade civil identificaram que os rótulos apresentavam problemas na transmissão das informações para os consumidores[48] e estavam desatualizados em relação às recomendações internacionais estabelecidas pelo *Codex Alimentarius*;[49] restou imprescindível a intervenção estatal por meio de ações regulatórias.

3.1 Processo regulatório e as principais causas para a mudança da rotulagem nutricional dos alimentos

Em 2011, a Anvisa solicitou ao Mercosul uma revisão do regulamento técnico sobre rotulagem nutricional dos alimentos embalados, pleito que foi aceito em 2012, ficando o Brasil responsável pela apresentação da proposta de melhoria.[50] Em 2014, a Anvisa instituiu um Grupo de Trabalho (GT) composto por especialistas de diversos segmentos da sociedade para auxiliar na identificação dos principais problemas do modelo regulatório atual e sugerir alternativas para solucionar as não conformidades.[51]

---

[48] IDEC. *Rotulagem de alimentos e doenças crônicas:* percepção do consumidor no Brasil. Cadernos IDEC – Série Alimentos, São Paulo: IDEC, 2014, v. 3. MARINS, B.R. *et al.* Avaliação Qualitativa do Hábito de Leitura e Entendimento: recepção das informações de produtos alimentícios. *Food Science and Technology,* São Paulo, v. 28, p. 579-585, 2008. CÂMARA, M.C.C. *et al.* A produção acadêmica sobre a rotulagem de alimentos no Brasil. *Revista Panamericana de Salud Pública,* Washington, v. 23, p. 52-58, 2008.

[49] FAO. *Codex Alimentarius.* Guidelines for Use of Nutrition and Health Claims. CAC/GL. Disponível em: www.fao.org/ag/humannutrition/32444-09f5545b8abe9a0c3baf01a4502ac36e4.pdf. Acesso em: 18 dez. 2021.

[50] MERCOSUL. *MERCOSUR/SGT 3/ACTA 01/12.* XLVI Reunión Ordinaria del Subgrupo de Trabajo 3: Reglamentos Técnicos y Evaluación de la Conformidad. Argentina, 2012. Disponível em: www.alimentosargentinos.gob.ar/contenido/marco/Mercosur/normativa/2012_01_XLVI_CA_Acta.pdf. Acesso em: 06.04.2022.

[51] ANVISA. *Portaria 949/2014.* Institui grupo de trabalho na ANVISA para auxiliar na elaboração de propostas regulatórias relacionadas à rotulagem nutricional. Disponível

Em 2017, foi publicado o Relatório do Grupo de Trabalho sobre Rotulagem Nutricional e realizada uma chamada pública CNPQ/Anvisa nº 17/2017, com o objetivo de contribuir como base científica para melhorias regulatórias da rotulagem nutricional.[52] A inclusão do tema na Agenda Regulatória Quadriênio 2017/2020 respaldou a aprovação da iniciativa regulatória para revisão dos regramentos vigentes.

A Agenda Regulatória (AR) é um instrumento de planejamento sobre temas prioritários para o órgão regulador. O objetivo da AR é promover transparência e previsibilidade para os setores envolvidos e aos consumidores.[53] Dessa forma, durante o período de vigência da agenda, a Anvisa executou diversas ações, como: identificação do problema regulatório e suas principais causas, reunião de subsídios técnicos e científicos, indicação de soluções regulatórias e discussão para melhoria das propostas com o intuito de garantir proteção à saúde, segurança e vida dos consumidores por meio da qualificação das informações nutricionais transmitidas a eles na rotulagem dos alimentos.

Ter acesso à alimentação adequada e saudável é direito humano básico que está relacionado à preservação da saúde e ao menor risco do surgimento de doenças crônicas não transmissíveis.[54] As doenças cardiovasculares, o câncer e a diabetes consistem nas principais responsáveis pela mortalidade de pessoas no Brasil e no mundo.[55] Em nosso país, foram registrados cinquenta e quatro vírgula sete por cento (54,7%) de óbitos causados por DCNTs em 2019.[56] Diversos são os fatores de risco relacionados ao aparecimento dessas doenças, entre eles tabagismo, consumo de álcool, obesidade, sedentarismo, alimentação não saudável e alto consumo refrigerantes e de alimentos ultraprocessados.[57]

---

em: bvsms.saude.gov.br/bvs/saudelegis/anvisa/2014/prt0949_04_06_2014.html. Acesso em: 18 dez. 2021.

[52] BRASIL. *CHAMADA CNPQ/ANVISA 17/2017*. Pesquisa em Vigilância Sanitária. CNPQ e ANVISA. CNPQ e ANVISA. Brasília, 2017.

[53] ANVISA. *Agenda Regulatória do Ciclo Quadrienal 2017-2020*. Disponível em: www.gov.br/anvisa/pt-br/assuntos/regulamentacao/agenda-regulatoria/2017-2020. Acesso em: 18 dez. 2021.

[54] BRASIL. Ministério da Saúde. *Política Nacional de Alimentação e Nutrição (Pnan)*. Brasília: Ministério da Saúde, 2013.

[55] BRASIL. Ministério da Saúde. *Plano de ações estratégicas para o enfrentamento das doenças crônicas e agravos não transmissíveis no Brasil 2021-2030*. Brasília: Ministério da Saúde, 2011.

[56] BRASIL. Ministério da Saúde. *Saúde apresenta atual cenário das doenças não transmissíveis no Brasil*. Brasília: Ministério da Saúde, 2021.

[57] BRASIL. Ministério da Saúde. *Vigitel Brasil 2019*: vigilância de fatores de risco e proteção para doenças crônicas por inquérito telefônico. p. 19. Disponível em: bvsms.saude.gov.

Em menos de trinta anos, os casos de obesidade dobraram, sendo um dos maiores problemas de saúde presentes no mundo.[58] De acordo com o *Codex Alimentarius*, um total de três vírgula quatro (3,4) milhões de pessoas morrem por ano por causas conexas ao sobrepeso e à obesidade.[59] Infelizmente, no Brasil o cenário não é diferente. Conforme dados do Ministério da Saúde, entre os anos de 2006 e 2019 houve aumento de setenta e dois por cento (72%) da prevalência de adultos obesos nas capitais brasileiras: passou de onze vírgula oito por cento (11,8%), em 2006, para vinte vírgula três por cento (20,3%), em 2019.[60] Em função do contexto epidemiológico, políticas públicas de enfrentamento ao aumento da obesidade em adultos, crianças e adolescentes devem ser adotadas para promover a saúde da população.

Dentre as possíveis ações estratégicas para combater problemas desencadeadores de obesidade e sobrepeso, destacam-se: o incentivo à reformulação de produtos industrializados, a redução do consumo de sal e dos açúcares adicionados, a realização de campanhas de educação nutricional e a presença de informações claras e adequadas nos rótulos.[61]

Por meio do aprimoramento da rotulagem nutricional, o Direito do Consumidor pode ser usado como estratégia de política pública para prevenção de obesidade e sobrepeso e ao mesmo tempo contribui para a autonomia do cidadão na escolha de alimentos.[62]

Durante a AR 2017-2020 da Anvisa, houve longos períodos de debates que envolveram diferentes segmentos da sociedade, entre eles o setor produtivo, órgãos da administração pública, academia e

---

br/bvs/publicacoes/vigitel_brasil_2019_vigilancia_fatores_risco.pdf. Acesso em: 18 dez. 2021.

[58] WORLD HEALTH ORGANIZATION. Obesity: preventing and managing the global epidemic. World Health Organization, Geneva, v. 894, p. 1-253, 2000. GBD 2015. VVAA. Health effects of overweight and obesity in 195 countries over 25 years. *The New England Journal of Medicine*, Massachusetts, v. 377, n. 1, p. 13-27, 2017.

[59] FAO. *Codex Alimentarius*. Nutrition and Labelling. Key Facts. Disponível em: www.fao.org/fao-who-codexalimentarius/thematic-areas/nutrition-labelling/jp/. Acesso em: 18 dez. 2021.

[60] BRASIL. Ministério da Saúde. *Vigitel Brasil 2019*: vigilância de fatores de risco e proteção para doenças crônicas por inquérito telefônico. p. 19. Disponível em: bvsms.saude.gov.br/bvs/publicacoes/vigitel_brasil_2019_vigilancia_fatores_risco.pdf. Acesso em: 18 dez. 2021.

[61] BRASIL. Ministério da Saúde. *Plano de ações estratégicas para o enfrentamento das doenças crônicas e agravos não transmissíveis no Brasil 2021-2030*. Brasília: Ministério da Saúde, 2021.

[62] HAWKES, C. et al. Smart food policies for obesity prevention. *The Lancet*, Londres, v. 385, n. 9985, p. 2410-2421, 2015.

representantes da sociedade civil. A promoção das discussões visava identificar alternativas mais efetivas para facilitar a compreensão do consumidor sobre as informações nutricionais dos rótulos dos alimentos.

O problema mais latente identificado foi a dificuldade de utilização da rotulagem nutricional pelos consumidores brasileiros,[63] relacionada ao desajuste na identificação e na comparação do valor nutricional entre os alimentos, baixa legibilidade da tabela nutricional (como tamanho e formato das letras e inadequação de contraste com o fundo da embalagem), ausência de informações nutricionais em diversos alimentos embalados e falta de compatibilização de valores diários de referência em relação ao *Codex*.

Para contribuir com a resolução desse embaraço, realizou-se um levantamento sobre quais eram as propostas regulatórias implementadas em diferentes países. Observou-se que mais de quarenta deles já implementaram modelos de rotulagem nutricional frontal com símbolos e/ou elementos gráficos apresentados no painel principal dos rótulos.[64] Segundo o *Codex Alimentarius*, a rotulagem nutricional frontal auxilia de maneira fácil e rápida a compreensão das informações nutricionais de um alimento.[65]

Em 2018, foram acordados os princípios para a adoção da rotulagem nutricional frontal no âmbito das políticas de saúde pública dos estados do Mercosul. Tais princípios recomendam que o padrão de rotulagem nutricional frontal foque em comunicar apenas as quantidades excessivas de nutrientes críticos associados a um maior risco do aparecimento de DCNT.[66]

---

[63] CAMPOS, S. *et al.* Nutrition labels on pre-packaged foods: a systematic review. *Public Health Nutrition*, Cambridge, n. 14, a. 8, p. 1496-1506, 2011. IDEC. *População não entende rótulos, diz pesquisa*. Disponível em: idec.org.br/idec-na-imprensa/populacao-nao-entende-rotulos-diz-pesquisa. Acesso em: 18 dez. 2021. MANDLE, J. *et al*. Nutrition labelling: a review of research on consumer and industry response in the global South. *Glob Health Action*, Londres, n. 8, a. 1, 2015.

[64] MANDLE, J. *et al*. Nutrition labelling: a review of research on consumer and industry response in the global South. *Glob Health Action*, Londres, n. 8, a. 1, 2015.

[65] ANVISA. *Relatório preliminar de análise de impacto regulatório sobre rotulagem nutricional*. p. 14. Disponível em: www.gov.br/anvisa/pt-br/assuntos/regulamentacao/air/analises-de-impacto-regulatorio/2019/relatorio-de-analise-de-impacto-regulatorio-sobre-rotulagem-nutricional.pdf/view/. Acesso em: 06 dez. 2021.

[66] MERCOSUL. *MERCOSUL/RMS/ACORDO no 03/18*. Princípios no Mercosul para a Rotulagem Frontal de Alimentos com Conteúdo Excessivo de Gorduras, Sódio e Açúcares. 2018. Disponível em: www.gov.br/saude/pt-br/centrais-de-conteudo/arquivos/acuerdo-rotulado-frontal-pdf. Acesso em: 18 dez. 2021.

Concomitantemente à realização de reuniões, painéis e Tomada Pública de Subsídios (TPS), a Anvisa estudou variadas propostas desenvolvidas pelo setor produtivo e pela sociedade civil antes de definir o modelo a ser implementado no Brasil.[67]

Os padrões de rotulagem nutricional frontal mais defendidos durante o processo de Análise de Impacto Regulatório (AIR) foram os semi-interpretativos, como semáforos e alertas.[68] Contudo, pesquisas demonstraram que os alertas possuíam um desempenho superior em relação ao semáforo nutricional, pois facilitavam a identificação da presença de alta concentração de nutrientes críticos e, com isso, reduziam a percepção de saudabilidade desses produtos.

Em 2019, a Anvisa realizou as Consultas Públicas (CPs) nºs 707 e 708 a fim de obter sugestões e críticas sobre as propostas de novas legislações. Durante os três meses em que as consultas ficaram disponíveis para o público, um total de vinte e três mil, quatrocentos e trinta e cinco (23.435) indivíduos ou instituições fizeram suas contribuições, o que marcou positiva e historicamente o processo regulatório.[69]

Em 2020, dezessete anos após as RDCs nºs 359/2003 e 360/2003, foram aprovadas e publicadas as novas regras sobre rotulagem nutricional: a RDC nº 429/2020, que dispõe sobre a rotulagem nutricional dos alimentos embalados, e a Instrução Normativa (IN) nº 75/2020, que estabelece os requisitos técnicos para declaração da rotulagem nutricional nos alimentos embalados.

---

[67] ANVISA. *Memória do Painel Técnico sobre Rotulagem Nutricional Frontal*, 2017. Disponível em: antigo.anvisa.gov.br/en_US/noticias?p_p_id=101_INSTANCE_FXrpx9qY7FbU&p_p_col_id=column-. Acesso em: 19 dez. 2021. ANVISA. *Tomada Pública de Subsídios (TPS) 1/2018*. Disponível em: www.gov.br/anvisa/pt-br/assuntos/regulamentacao/participacao-social/tomada-publica-de-subsidios/tomada-publica-de-subsidios-no-1-de-21-05-2018. Acesso em: 18 dez. 2021.

[68] ANVISA. *Relatório preliminar de análise de impacto regulatório sobre rotulagem nutricional*. p. 101. Disponível em: www.gov.br/anvisa/pt-br/assuntos/regulamentacao/air/analises-de-impacto-regulatorio/2019/relatorio-de-analise-de-impacto-regulatorio-sobre-rotulagem-nutricional.pdf/view/. Acesso em: 06 dez. 2021. LIMA, M.; Ares, G. How do front of pack nutrition labels affect healthfulness perception of foods targeted at children? Insights from brazilian children and parents. *Food Quality and Preference*, Amsterdam, v. 64, p. 111-119, 2018. LIMA, M. *et al*. It is not all about information! Sensory experience overrides the impact of nutrition information on consumers' choice of sugar-reduced drinks. *Food Quality and Preference*, Amsterdam, v. 74, p. 1-9, 2019. LIMA, M. *et al*. Effectiveness of traffic light system on brazilian consumers perception of food healthfulness food science and human wellness. *Science Direct*, Amsterdam, v. 8, n. 4, p. 368-374, 2019.

[69] ANVISA. *Relatório de Consolidação das Consultas Públicas 707 e 708/2019*: rotulagem nutricional de alimentos embalados. p. 5. Disponível em: antigo.anvisa.gov.br/documents/10181/3882585/Relat%C3%B3rio+de+An%C3%A1lise+das+Contribui%C3%A7%C3%B5es+%28RAC%29+-+CP++707+e+708/9097e99f-4090-4196-8f3a-77d12c0830ad. Acesso em: 06 dez. 2021.

4 Modificações promovidas com a nova rotulagem nutricional

Os dizeres da rotulagem têm grande impacto nas escolhas alimentares, pois as inscrições e imagens nela estampadas estimulam a seleção dos produtos alimentícios pelos consumidores. Assim, o cerne da nova rotulagem nutricional é facilitar a compreensão das informações nutricionais para auxiliar o consumidor a agir de maneira mais consciente.

Com a publicação das novas legislações em outubro de 2020, muitas foram as soluções regulatórias delineadas na RDC nº 429/2020 e na IN nº 75/2020, que estão apresentadas de forma resumida na Tabela 2.

Tabela 2 – Principais soluções regulatórias apresentadas pelas novas legislações de rotulagem nutricional

(continua)

Elementos técnicos	Problemas regulatórios identificados	Soluções regulatórias da RDC nº 429/2020 e da IN nº 75/2020
Conceito de rotulagem nutricional	Compreende apenas a tabela nutricional e a informação nutricional complementar (INC). A rotulagem frontal não está inclusa no conceito.	Engloba a tabela nutricional, as alegações nutricionais e a rotulagem nutricional frontal.
Âmbito de aplicação	As resoluções não se aplicam a todos os alimentos embalados na ausência do consumidor.	A obrigatoriedade da declaração da rotulagem nutricional inclui: bebidas, ingredientes, aditivos alimentares e os coadjuvantes de tecnologia, inclusive aqueles destinados exclusivamente ao processamento industrial ou aos serviços de alimentação.
	Não se aplica às águas, bebidas alcoólicas, sal, vinagre, vegetais e carnes *in natura*, especiarias, café, chá, ervas, aditivos alimentares, coadjuvantes de tecnologia, alimentos de restaurantes e embalagens pequenas (100 cm²) sem alegações nutricionais.	Não se aplica à água mineral natural, água natural e água adicionada de sais, água do mar dessalinizada, potável e envasada.
	Não define em quais alimentos a rotulagem nutricional pode ser aplicada de forma voluntária.	O Anexo I da IN nº 75/2020 estabelece a lista de alimentos cuja declaração da tabela de informação nutricional é voluntária, desde que atendidos os requisitos estabelecidos na RDC nº 429/2020.
Definições	Limita-se apenas aos nutrientes e à informação nutricional complementar (INC).	Adota novas definições: açúcares adicionados, açúcares totais, elementos da tabela de informação nutricional, embalagem múltipla, ponto (pt), serviços de alimentação, substância bioativa, rotulagem nutricional frontal e superfície disponível para rotulagem.
	Consumidor: pessoa física que compra ou recebe alimentos com o objetivo de satisfazer suas necessidades alimentares e nutricionais.	Consumidor: toda pessoa física ou jurídica que adquire ou utiliza alimentos.

Tabela 2 – Principais soluções regulatórias apresentadas pelas novas legislações de rotulagem nutricional

(continua)

Elementos técnicos	Problemas regulatórios identificados	Soluções regulatórias da RDC nº 429/2020 e da IN nº 75/2020
Tabela nutricional	Não possui local definido para aplicação.	É aplicada em uma única superfície contínua da embalagem e no mesmo painel da lista de ingredientes.
	Sua localização não ocupa posição de destaque.	Não pode estar em locais encobertos, como áreas de selagem, ou de difícil visualização, como cantos e costuras.
	Letras e números declarados são de pequeno tamanho, com fonte mínima de 1 mm.	Define requisitos de formatação no Anexo X e XII da IN nº 75/2020. As fontes terão um tamanho mínimo de 8 pontos (equivalente a 2,8 mm), podendo ser reduzidas até o limite de 6 pontos (2,2 mm) nos casos de indisponibilidade de painéis em que caiba a forma padrão.
	O nível de contraste entre a informação e o fundo do rótulo não raro é inadequado.	A formatação deve possuir linhas de cor cem por cento (100%) preta, aplicadas em fundo branco.
	Ampla variação das porções declaradas.	Houve a inclusão da declaração do número de porções contidas na embalagem, redução da variabilidade nas porções declaradas e revisão das regras para declaração de embalagens individuais.
	A base de declaração obrigatória não proporciona fácil comparação nutricional entre os alimentos. Deve ser feita por porção, medida caseira e, opcionalmente, por cem gramas ou mililitros (100 g ou ml) do alimento exposto à venda.	A base de declaração obrigatória deve ser feita por porção do alimento (definida no Anexo V) e pela medida caseira correspondente. Além disso, ela deve ser apresentada por cem gramas (100 g) para sólidos ou semissólidos ou por cem mililitros (100 ml) para líquidos, com base no produto tal como exposto à venda.
	Muitos alimentos não possuem porções de referência e medidas caseiras de fácil definição.	O Anexo V da IN nº 75/2020 define o tamanho das porções dos alimentos, enquanto o Anexo VII define os tipos de utensílios domésticos e suas capacidades para declaração da medida caseira.
	Modelo pouco atrativo.	Define cinco novos modelos (Anexo IX da IN nº 75/2020).
	O modelo linear dificulta a leitura.	O modelo linear só poderá ser usado em casos específicos. Além disso, deve seguir o modelo estabelecido no Anexo XIII da IN nº 75/2020 e os requisitos específicos para formatação contemplados no Anexo XIV.
	A declaração dos nutrientes não segue ordem específica.	Os nomes dos constituintes devem seguir uma ordem de declaração, indentação e unidades de medida conforme definidas no Anexo XI da IN nº 75/2020.
	Açúcares não são nutrientes declarados de forma obrigatória.	Modifica a lista de nutrientes de declaração obrigatória incluindo açúcares totais e adicionados.
	Os valores diários de referência estão desatualizados do ponto de vista científico.	Atualiza os valores de referências com base nas recomendações nutricionais e no risco de causar DCNT.
	Alguns nutrientes não possuem valores de referência estabelecidos para cálculo de porcentual de Valor Diário (% VD).	Mantém a declaração de porcentual de Valor Diário (% VD) e atualiza os valores de referência.
	A nota de rodapé "* % Valores Diários com base em uma dieta de 2.000 kcal ou 8400 kJ. Seus valores diários podem ser maiores ou menores dependendo de suas necessidades energéticas" possui excesso de informações.	A nota de rodapé da tabela foi substituída por "*Porcentual de valores diários fornecidos pela porção".

Tabela 2 – Principais soluções regulatórias apresentadas pelas novas legislações de rotulagem nutricional

(conclusão)

Elementos técnicos	Problemas regulatórios identificados	Soluções regulatórias da RDC nº 429/2020 e da IN nº 75/2020
Determinação do conteúdo de constituintes	Há baixa precisão dos valores nutricionais declarados e as regras de arredondamento não são definidas na legislação.	Estabelece critérios nos anexos. O Anexo III da IN nº 75/2020 define as regras para arredondamento. O Anexo IV define as quantidades não significativas de valor energético e de nutrientes. Os Anexos XXII e XXIII definem os fatores de conversão para determinação do valor energético e de nutrientes.
Tolerâncias para fins de fiscalização	A regra de tolerância de +/-20% para qualquer tipo de nutriente é tecnicamente questionável.	Valor energético, carboidratos, açúcares totais, açúcares adicionados, gorduras totais, gorduras saturadas, gorduras trans, sódio e colesterol do alimento não podem ser superiores a vinte por cento (20%) do valor declarado no rótulo. Proteínas, aminoácidos, fibras alimentares, gorduras monoinsaturadas, gorduras poli-insaturadas, vitaminas, minerais e substâncias bioativas do alimento não podem ser inferiores a vinte por cento (20%) do valor declarado.
Alegações nutricionais	A RDC nº 54/2012 proíbe a alegação "não contém lactose".	O fabricante pode declarar a alegação "não contém lactose" desde que atenda integralmente todas as exigências de composição e de rotulagem estabelecidas na legislação.
	A INC deve ser atendida tanto na porção de referência como na porção declarada na tabela de informação nutricional.	A alegação deve ser atendida tanto na porção de referência quanto por cem gramas ou mililitros (100 g ou ml) e por embalagem individual.
	A RDC nº 54/2012 só prevê duas alegações em decorrência da não adição de certo ingrediente. São elas: "sem adição de açúcar" e "sem adição de sal".	Adiciona mais uma nova alegação nutricional: "sem adição de gorduras totais".
	Não existem requisitos definidos sobre o uso de alegações nutricionais e rotulagem frontal.	Alimentos com rotulagem frontal de açúcar adicionado não podem ter alegações para açúcares e açúcares adicionados. Alimentos com rotulagem frontal de sódio não podem ter alegações para sal ou sódio. Alimentos com rotulagem frontal de gordura saturada não podem ter alegações para gorduras totais, saturadas, trans e colesterol.
Rotulagem nutricional frontal	As legislações não possuem uma definição para este conceito.	Deve ser declarada de forma obrigatória e complementar à tabela nutricional nos alimentos que possuam limites definidos no Anexo XV, que são açúcares adicionados (≥ 15 g para sólidos e ≥ 7,5 g para líquidos), gorduras saturadas (≥ 6 g para sólidos e ≥ 3 g para líquidos) e sódio (≥ 600 mg para sólidos e ≥ 300 mg para líquidos). No anexo XVI estão listados os alimentos aos quais é vedada a declaração frontal.

Fonte: Autoria própria.

Além dos apontamentos específicos mostrados na Tabela 2, foram publicadas mudanças expressivas da tabela nutricional, destacando-se sua padronização com letras na cor preta e fundo branco, o aumento do tamanho da fonte e a localização da tabela, que deverá estar no mesmo painel da lista de ingredientes para facilitar a associação entre as informações. Ademais, a tabela nutricional deverá estar localizada em áreas de fácil acesso, sem deformações tampouco encoberta por dobras de selagem das embalagens.[70]

Passarão a ser obrigatórias a apresentação da declaração da quantidade de açúcares totais e açúcares adicionados, a exclusão da declaração em quilojoules (kJ) do valor energético e a apresentação da base de declaração por porção e por cem gramas (100 g) ou por cem mililitros (100 ml) do produto. Outra medida adotada foi a inclusão da declaração do número de porções contidas na embalagem, o que ajudará os consumidores a compreenderem a quantidade de nutrientes ingeridos.

Nas Figuras 1 e 2 podem ser observadas diferenças entre o modelo da tabela nutricional por força da RDC nº 360/2003 e o modelo publicado na IN nº 75/2020.

Figura 1 – Modelo vertical A, apresentado na RDC nº 360/2003 (vigente)

INFORMAÇÃO NUTRICIONAL		
Porção ___ g ou ml (medida caseira)		
Quantidade por porção		% VD (*)
Valor energético	...kcal = ...kJ	
Carboidratos	g	
Proteínas	g	
Gorduras totais	g	
Gorduras saturadas	g	
Gorduras *trans*	g	(Não declarar)
Fibra alimentar	g	
Sódio	mg	

* % Valores Diários com base em uma dieta de 2.000 kcal ou 8400 kJ. Seus valores diários podem ser maiores ou menores dependendo de suas necessidades energéticas.

Fonte: Anvisa.

---

[70] ANVISA. *RDC 429/2020*. Dispõe sobre a rotulagem nutricional dos alimentos embalados. Disponível em: antigo.anvisa.gov.br/documents/10181/3882585/RDC_429_2020_.pdf/9dc15f3a-db4c-4d3f-90d8-ef4b80537380. Acesso em: 06 dez. 2021. ANVISA. *IN 75/2020*. Estabelece os requisitos técnicos para declaração da rotulagem nutricional nos alimentos embalados. Disponível em: antigo.anvisa.gov.br/documents/10181/3882585/IN+75_2020_.pdf/7d74fe2d-e187-4136-9fa2-36a8dcfc0f8f. Acesso em: 06 dez. 2021.

Figura 2 – Modelo vertical apresentado na IN nº 75/2020
(vigência a partir de outubro de 2022)

INFORMAÇÃO NUTRICIONAL			
Porções por embalagem: 000 porções Porção: 000 g (medida caseira)			
	100 g	000 g	%VD*
Valor energético (kcal)			
Carboidratos totais (g)			
Açúcares totais (g)			
Açúcares adicionados (g)			
Proteínas (g)			
Gorduras totais (g)			
Gorduras saturadas (g)			
Gorduras trans (g)			
Fibra alimentar (g)			
Sódio (mg)			
*Percentual de valores diários fornecidos pela porção.			

Fonte: Anvisa.

Somada às mudanças aprovadas pela Anvisa na própria tabela nutricional, uma grande e importante novidade é a instituição da rotulagem nutricional frontal. Ela é definida na RDC nº 429/2020, art. 3º, XXXII, como sendo uma "declaração padronizada simplificada do alto conteúdo de nutrientes específicos no painel principal do rótulo do alimento".

O modelo aprovado como rotulagem nutricional frontal para o Brasil foi o de uma lupa preta em fundo branco (Figura 3) para indicar a presença de três nutrientes que podem causar danos à saúde, caso sejam ingeridos com constância e em excesso. Assim, os alimentos que possuírem teores de açúcares adicionados, gorduras saturadas e sódio, iguais ou superiores aos limites definidos no Anexo XV da IN nº 75/2020 deverão apresentar o símbolo da rotulagem nutricional na parte da frente do produto.

Figura 3 – Modelos de rotulagem nutricional frontal

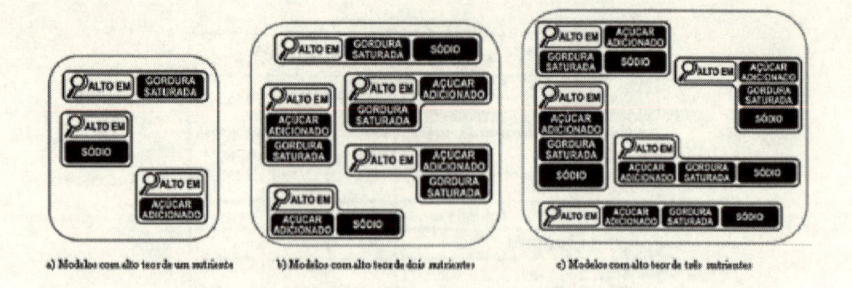

a) Modelos com alto teor de um nutriente   b) Modelos com alto teor de dois nutrientes   c) Modelos com alto teor de três nutrientes

Fonte: Anvisa.

Quanto ao prazo de adequação da indústria a essas novas regras, vale salientar que, embora a RDC nº 429/2020 e a IN nº 75/2020 já tenham sido publicadas, elas só entrarão em vigor no dia 9 de outubro de 2022. É importante salientar que estão previstos prazos especiais para determinados contextos. Para alimentos em geral, o prazo estabelecido é até 9 de outubro de 2023, enquanto para alimentos fabricados por agricultor familiar ou empreendedor familiar rural, empreendimento econômico solidário, microempreendedor individual, agroindústria de pequeno porte, agroindústria artesanal e alimentos produzidos de forma artesanal o prazo previsto é até 9 de outubro de 2024. Para bebidas não alcoólicas em embalagens retornáveis, o prazo é até 9 de outubro de 2025. Os produtos fabricados até o final do prazo de adequação poderão ser comercializados até alcançar seu prazo de validade. Contudo, destaca-se que a revisão da RDC nº 429/2020 "poderá ser motivada antes da sua entrada em vigor, em função dos resultados da negociação de harmonização da rotulagem nutricional no Mercosul".[71]

5 Conclusão

Diante da incontroversa constatação de que a rotulagem nutricional falha ao se mostrar pouco eficiente na comunicação com o

---

[71] ANVISA. *RDC 429/2020*. Dispõe sobre a rotulagem nutricional dos alimentos embalados. Disponível em: antigo.anvisa.gov.br/documents/10181/3882585/RDC_429_2020_.pdf/9dc15f3a-db4c-4d3f-90d8-ef4b80537380. Acesso em: 06 dez. 2021.

consumidor, a Anvisa inseriu em sua Agenda Regulatória 2017-2020 vários temas relacionados aos alimentos, iniciando processo de Análise de Impacto Regulatório para encontrar soluções viáveis para reduzir a assimetria informacional existente no mercado de consumo do Brasil.

Como um dos fatores determinantes para o aumento de sobrepeso e obesidade é a alimentação desequilibrada, com excesso de ingestão de nutrientes críticos, o caminho da agência reguladora foi aprimorar as informações nutricionais. Com isso, a Anvisa estipulou novos elementos e parâmetros para a tabela nutricional e inseriu a rotulagem nutricional frontal em formato de lupa como forma de alertar o consumidor de maneira simples, objetiva e compreensível sobre a presença excessiva de sódio, gorduras saturadas e açúcares adicionados acima dos limites fixados.

Além de realizar campanhas de conscientização e políticas de estímulo à alimentação equilibrada, o poder público deve assegurar que a informação destinada ao consumidor aconteça em harmonia com os ditames legais de adequação e clareza determinados pelo Código de Defesa do Consumidor a fim de se preservarem a saúde, a segurança e a vida das pessoas.

Ante tantas complexidades comuns à rotulagem de produtos alimentícios embalados, é imprescindível que seu aprimoramento atenda ao objetivo de reduzir o problema de saúde pública que o país enfrenta. Assim, espera-se que a nova rotulagem, conforme as regras traçadas na RDC nº 429/2020 e na IN nº 75/2020, atinja finalidades específicas que garantam ao consumidor o acesso às informações padronizadas de forma clara e precisa, permita a comparação nutricional entre os produtos e incentive os fabricantes a reduzirem os teores elevados de nutrientes críticos na reformulação nutricional dos alimentos.

Sabe-se que são múltiplas as causas do crescimento do sobrepeso, da obesidade e das doenças crônicas não transmissíveis. Contudo, um fator fundamental para contribuir com o controle dessas enfermidades é investir em facilitar a compreensão das pessoas sobre os atributos nutricionais dos alimentos, pois isso aumenta as chances de consumo consciente.

Somente quando o consumidor tiver acesso a informações que se comuniquem efetivamente com ele é que lhe será possível exercitar seu poder de escolha, ou seja, poderá analisar e selecionar os alimentos à sua conveniência, conforme suas próprias expectativas e necessidades.

Referências

ANVISA. *Agenda Regulatória do Ciclo Quadrienal 2017-2020*. Disponível em: www.gov.br/ANVISA/pt-br/assuntos/regulamentacao/agenda-regulatoria/2017-2020. Acesso em: 18 dez. 2021.

ANVISA. *Comitês de Assessoramento Científico da FAO/OMS*. Disponível em: www.gov.br/ANVISA/pt-br/assuntos/alimentos/participacao-em-foruns-internacionais/comites-de-assessoramento-cientifico-da-fao-oms. Acesso em: 08 nov. 2021.

ANVISA. *IN 75/2020*. Estabelece os requisitos técnicos para declaração da rotulagem nutricional nos alimentos embalados. Disponível em: antigo.ANVISA.gov.br/documents/10181/3882585/IN+75_2020_.pdf/7d74fe2d-e187-4136-9fa2-36a8dcfc0f8f. Acesso em: 06 dez. 2021.

ANVISA. *Informação Nutricional e Alegações de Saúde*: o cenário global das regulamentações. Tradução de Gladys Quevedo Camargo. Brasília: OPAS, 2006. Disponível em: www.gov.br/ANVISA/pt-br/centraisdeconteudo/publicacoes/alimentos/informacao-nutricional-e-alegacoes-de-saude-o-cenario-global-das-regulamentacoes.pdf. Acesso em: 07 nov. 2021.

ANVISA. *Memória do Painel Técnico sobre Rotulagem Nutricional Frontal*, 2017. Disponível em: antigo.ANVISA.gov.br/en_US/noticias?p_p_id=101_INSTANCE_FXrpx9qY7FbU&p_p_col_id=column-. Acesso em: 19 dez. 2021.

ANVISA. *Portaria 27/1998 SVS/MS*. Regulamento Técnico referente à Informação Nutricional Complementar. Disponível em: bvsms.saude.gov.br/bvs/saudelegis/svs1/1998/prt0027_13_01_1998.html. Acesso em: 08 nov. 2021.

ANVISA. *Portaria 949/2014*. Institui Grupo de Trabalho na ANVISA para Auxiliar na Elaboração de Propostas Regulatórias Relacionadas à Rotulagem Nutricional. Disponível em: bvsms.saude.gov.br/bvs/saudelegis/ANVISA/2014/prt0949_04_06_2014.html. Acesso em: 18 dez. 2021.

ANVISA. *Portaria 41/1998 SVS/MS*. Regulamento Técnico para Rotulagem Nutricional de Alimentos Embalados. Diário Oficial da União: 21.01.1998f, nº 14E, Seção 1.

ANVISA. *RDC 135/2017*. Altera a Portaria SVS/MS nº 29, de 13 de janeiro de 1998, que aprova o regulamento técnico referente a alimentos para fins especiais, para dispor sobre os alimentos para dietas com restrição de lactose. Disponível em: www.planalto.gov.br/CCIVIL_03/_Ato2015-2018/2016/Lei/L13305.htm. Acesso em: 09 dez. 2021.

ANVISA. *RDC 136/2017*. Estabelece os requisitos para declaração obrigatória da presença de lactose nos rótulos dos alimentos. Disponível em: www.in.gov.br/materia/-/asset_publisher/Kujrw0TZC2Mb/content/id/20794620/do1-2017-02-09-resolucao-rdc-n-136-de-8-de-fevereiro-de-2017-20794494. Acesso em: 09 dez. 2021.

ANVISA. *RDC 163/2006*. Rotulagem Nutricional de Alimentos Embalados (Complementação das Resoluções- RDC nº 359 e RDC nº 360, de 23 de dezembro de 2003), que consta como Anexo da presente Resolução. Disponível em: bvsms.saude.gov.br/bvs/saudelegis/ANVISA/2006/rdc0163_17_08_2006.html. Acesso em: 19 dez. 2021.

ANVISA. *RDC 259/2002*. Regulamento Técnico sobre Rotulagem de Alimentos Embalados. Disponível em: bvsms.saude.gov.br/bvs/saudelegis/ANVISA/2002/rdc0259_20_09_2002.html. Acesso em: 06 dez. 2021.

ANVISA. *RDC 26/2015*. Dispõe sobre os Requisitos para Rotulagem Obrigatória dos Principais Alimentos que Causam Alergias Alimentares. Disponível em: www.gov.

br/ANVISA/pt-br/assuntos/regulamentacao/legislacao/bibliotecas-tematicas/arquivos/ biblioteca-de-alimentos. Acesso em: 09 dez. 2021.

ANVISA. *RDC nº 31/2012.* Incorpora ao Ordenamento Jurídico Nacional a Resolução Gmc Mercosul nº 40/2011, que dispõe sobre Rotulagem Nutricional de Bebidas Não Alcoólicas Comercializadas em Embalagens Retornáveis e dá outras providências. Disponível em: www.gov.br/ANVISA/pt-br/assuntos/regulamentacao/legislacao/bibliotecas-tematicas/ arquivos/biblioteca-de-alimentos. Acesso em: 13 nov. 2021.

ANVISA. *RDC 34/2011.* Dispõe sobre a Extensão de Prazo Estabelecido pela Resolução da Diretoria Colegiada RDC nº 360/2003 e prorrogado pela Resolução – RDC nº 36/2007 para adequação da rotulagem nutricional das bebidas não alcoólicas comercializadas em embalagens retornáveis até 1º de março de 2012. Disponível em: www.gov.br/ANVISA/ pt-br/assuntos/regulamentacao/legislacao/bibliotecas-tematicas/arquivos/biblioteca-de-alimentos. Acesso em: 13 nov. 2021.

ANVISA. *RDC 359/2003.* Regulamento Técnico de Porções de Alimentos Embalados para Fins de Rotulagem Nutricional. Disponível em: www.gov.br/ANVISA/pt-br/assuntos/ regulamentacao/legislacao/bibliotecas-tematicas/arquivos/biblioteca-de-alimentos. Acesso em: 12 dez. 2021.

ANVISA. *RDC 36/2007.* Estende o Prazo Estabelecido pela Resolução da Diretoria Colegiada – RDC nº 360/2003, para adequação da rotulagem nutricional das bebidas não alcoólicas comercializadas em embalagens retornáveis até 1º de agosto de 2011. Disponível em: www.gov.br/ANVISA/pt-br/assuntos/regulamentacao/legislacao/ bibliotecas-tematicas/arquivos/biblioteca-de-alimentos. Acesso em: 13 nov. 2021.

ANVISA. *RDC 360/2003.* Regulamento Técnico sobre Rotulagem Nutricional de Alimentos Embalados. Disponível em: www.gov.br/ANVISA/pt-br/assuntos/regulamentacao/ legislacao/bibliotecas-tematicas/arquivos/biblioteca-de-alimentos. Acesso em: 07 nov. 2021.

ANVISA. *RDC 39/2001.* Tabela de Valores de Referência para Porções de Alimentos e Bebidas Embalados para Fins de Rotulagem Nutricional. Disponível em: bvsms.saude. gov.br/bvs/saudelegis/ANVISA/2001/rdc0039_21_03_2001.html. Acesso em: 18 dez. 2021.

ANVISA. *RDC 40/2001.* Regulamento Técnico para Rotulagem Nutricional Obrigatória de Alimentos e Bebidas Embalados. Disponível em: bvsms.saude.gov.br/bvs/saudelegis/ ANVISA/2001/rdc0040_21_03_2001.html. Acesso em: 18 dez. 2021.

ANVISA. *RDC 429/2020.* Dispõe sobre a rotulagem nutricional dos alimentos embalados. Disponível em: antigo.ANVISA.gov.br/documents/10181/3882585/RDC_429_2020_. pdf/9dc15f3a-db4c-4d3f-90d8-ef4b80537380. Acesso em: 06 dez. 2021.

ANVISA. *RDC 48/2010.* Dispõe sobre o Fator de Conversão para o Cálculo do Valor Energético do Eritritol. Disponível em: www.gov.br/ANVISA/pt-br/assuntos/ regulamentacao/legislacao/bibliotecas-tematicas/arquivos/biblioteca-de-alimentos. Acesso em: 13 nov. 2021.

ANVISA. *RDC 54/2012.* Dispõe sobre o Regulamento Técnico sobre Informação Nutricional Complementar. Disponível em: www.gov.br/ANVISA/pt-br/assuntos/ regulamentacao/legislacao/bibliotecas-tematicas/arquivos/biblioteca-de-alimentos. Acesso em: 13 nov. 2021.

ANVISA. *RDC 94/2000.* Regulamento Técnico para Rotulagem Nutricional Obrigatória de Alimentos e Bebidas Embalados. Disponível em: bvsms.saude.gov.br/bvs/saudelegis/ ANVISA/2000/rdc0094_01_11_2000.html. Acesso em: 08 nov. 2021.

ANVISA. *Relatório de Análise de Impacto Regulatório sobre Rotulagem Nutricional.* Brasília: ANVISA, 2019. Disponível em: www.gov.br/ANVISA/pt-br/assuntos/regulamentacao/air/analises-de-impacto-regulatorio/2019/relatorio-de-analise-de-impacto-regulatorio-sobre-rotulagem-nutricional.pdf/view. Acesso em: 18 dez. 2021.

ANVISA. *Relatório de Consolidação das Consultas Públicas 707 e 708/2019*: rotulagem nutricional de alimentos embalados. Disponível em: antigo.ANVISA.gov.br/documents/10181/3882585/Relat%C3%B3rio+de+An%C3%A1lise+das+Contribui%C3%A7%C3%B5es+%28RAC%29+-+CP++707+e+708/9097e99f-4090-4196-8f3a-77d12c0830ad. Acesso em: 06 dez. 2021.

ANVISA. *Relatório Preliminar de Análise de Impacto Regulatório sobre Rotulagem Nutricional.* Disponível em: www.gov.br/ANVISA/pt-br/assuntos/regulamentacao/air/analises-de-impacto-regulatorio/2019/relatorio-de-analise-de-impacto-regulatorio-sobre-rotulagem-nutricional.pdf/view/. Acesso em: 06 dez. 2021.

ANVISA. *Tomada Pública de Subsídios (TPS) 1/2018.* Disponível em: www.gov.br/ANVISA/pt-br/assuntos/regulamentacao/participacao-social/tomada-publica-de-subsidios/tomada-publica-de-subsidios-no-1-de-21-05-2018. Acesso em: 18 dez. 2021.

BRASIL. *CHAMADA CNPQ/ANVISA 17/2017*. Pesquisa em Vigilância Sanitária. CNPQ e ANVISA. CNPQ e ANVISA. Brasília, 2017. Disponível em: www.sbeb.org.br/site/wp-content/uploads/Chamada_Pesquisa_em_Vigilancia_Sanitaria_-_17-2017.pdf. Acesso em: 18 dez. 2021.

BRASIL. *Decreto 4.680, de 24 de abril de 2003.* Regulamenta o direito à informação, assegurado pela Lei 8.078, de 11 de setembro de 1990, quanto aos alimentos e ingredientes alimentares destinados ao consumo humano ou animal que contenham ou sejam produzidos a partir de organismos geneticamente modificados. Disponível em: www.gov.br/ANVISA/pt-br/assuntos/regulamentacao/legislacao/bibliotecas-tematicas/arquivos/biblioteca-de-alimentos. Acesso em: 09 dez. 2021.

BRASIL. *Decreto-Lei 986, de 21 de outubro de 1969.* Institui normas básicas sobre alimentos. Disponível em: www.planalto.gov.br/ccivil_03/decreto-lei/del0986.htm. Acesso em: 25 maio 2021.

BRASIL. *Lei 10.674, de 16 de maio de 2003.* Obriga a que os produtos alimentícios comercializados informem sobre a presença de glúten, como medida preventiva e de controle da doença celíaca. Disponível em: www.planalto.gov.br/ccivil_03/leis/2003/l10.674.htm. Acesso em: 09 dez. 2021.

BRASIL. *Lei 13.305, de 04 de julho de 2016.* Acrescenta art. 19-A ao Decreto-Lei 986, de 21 de outubro de 1969, que "institui normas básicas sobre alimentos", para dispor sobre a rotulagem de alimentos que contenham lactose. Disponível em: www.planalto.gov.br/ccivil_03/_ato2015-2018/2016/lei/l13305.htm. Acesso em: 18 dez. 2021.

BRASIL. *Lei 9.782, de 26 de janeiro de 1999.* Define o Sistema Nacional de Vigilância Sanitária, cria a Agência Nacional de Vigilância Sanitária, e dá outras providências. Disponível em: www.planalto.gov.br/ccivil_03/leis/l9782.htm. Acesso em: 06 dez. 2021.

BRASIL. Ministério da Saúde. *Plano de Ações Estratégicas para o Enfrentamento das Doenças Crônicas não Transmissíveis (Dcnt) no Brasil 2011-2022.* Disponível em: bvsms.saude.gov.br/bvs/publicacoes/plano_acoes_enfrent_dcnt_2011.pdf. Acesso em: 08 nov. 2021.

BRASIL. Ministério da Saúde. *Plano de Ações Estratégicas para o Enfrentamento das Doenças Crônicas e Agravos não Transmissíveis no Brasil 2021-2030.* Brasília: Ministério da Saúde, 2011.

BRASIL. Ministério da Saúde. *Política Nacional de Alimentação e Nutrição (Pnan)*. Portaria 710/1999. Disponível em: bvsms.saude.gov.br/bvs/publicacoes/politica_nacional_ alimentacao_nutricao.pdf. Acesso em: 18 dez. 2021. Revogada pela PRT GM/MS 2.715 de 17 de novembro de 2011.

BRASIL. Ministério da Saúde. *Política Nacional de Alimentação e Nutrição (Pnan)*. Brasília: Ministério da Saúde, 2013. Disponível em: bvsms.saude.gov.br/bvs/publicacoes/politica_ nacional_alimentacao_nutricao.pdf. Acesso em: 18 dez. 2021.

BRASIL. Ministério da Saúde. *Vigitel Brasil 2019*: vigilância de fatores de risco e proteção para doenças crônicas por inquérito telefônico. Disponível em: bvsms.saude.gov.br/bvs/ publicacoes/vigitel_brasil_2019_vigilancia_fatores_risco.pdf. Acesso em: 18 dez. 2021.

CÂMARA, M.C.C. et al. A produção acadêmica sobre a rotulagem de alimentos no Brasil. *Revista Panamericana de Salud Pública*, Washington, v. 23, p. 52-58, 2008.

CAMPOS, S. et al. Nutrition labels on pre-packaged foods: a systematic review. *Public Health Nutrition*, Cambridge, n. 14, a. 8, p. 1496-1506, 2011.

FAO. *Codex Alimentarius*. Disponível em: www.fao.org/fao-who-codexalimentarius/ about-codex/history/pt/. Acesso em: 07 nov. 2021.

FAO. *Codex Alimentarius*. Guidelines for Use of Nutrition and Health Claims. CAC/GL. Disponível em: www.fao.org/ag/humannutrition/32444-09f5545b8abe9a0c3baf01a4502a c36e4.pdf. Acesso em: 18 dez. 2021.

FAO. *Codex Alimentarius*. Guidelines on Nutrition Labelling CAC/GL 2-1985. Revised in 2013, 2015, 2016 and 2017. Disponível em: www.fao.org/fao-who-codexalimentarius/sh-proxy/es/?lnk=1&url=https%253A%252F%252Fworkspace.fao.org%252Fsites%252Fcode x%252FStandards%252FCXG%2B2-1985%252FCXG_002e.pdf. Acesso em: 18 dez. 2021.

FAO. *Codex Alimentarius*. Nutrition and Labelling. Key Facts. Disponível em: www.fao. org/fao-who-codexalimentarius/thematic-areas/nutrition-labelling/jp/. Acesso em: 18 dez. 2021.

HAWKES, C. et al. Smart food policies for obesity prevention. *The Lancet*, Londres, v. 385, nº 9985, p. 2410-2421, 2015.

IBOPE INTELIGÊNCIA & CONFEDERAÇÃO NACIONAL DAS INDÚSTRIAS, 2017 apud ANVISA. *Relatório Preliminar de Análise de Impacto Regulatório sobre Rotulagem Nutricional*. Brasília: ANVISA, 2018.

IDEC. *População não entende rótulos, diz pesquisa*. Disponível em: idec.org.br/idec-na-imprensa/populacao-nao-entende-rotulos-diz-pesquisa. Acesso em: 18 dez. 2021.

IDEC. *Rotulagem de Alimentos e Doenças Crônicas*: percepção do consumidor no Brasil. Cadernos IDEC – Série Alimentos, São Paulo: IDEC, 2014, v. 3.

LIMA, M. et al. Effectiveness of traffic light system on brazilian consumers perception of food healthfulness food science and human wellness. *Science Direct*, Amsterdam, v. 8, n. 4, p. 368-374, 2019.

LIMA, M. *et al.* It is not all about information! Sensory experience overrides the impact of nutrition information on consumers' choice of sugar-reduced drinks. *Food Quality and Preference*, Amsterdam, v. 74, p. 1-9, 2019.

LIMA, M.; Ares, G. How do front of pack nutrition labels affect healthfulness perception of foods targeted at children? Insights from brazilian children and parents. *Food Quality and Preference*, Amsterdam, v. 64, p. 111-119, 2018.

MANDLE, J. et al. Nutrition labelling: a review of research on consumer and industry response in the global South. *Glob Health Action*, Londres, nº 8, a. 1, 2015.

MARINS, B.R. *et al*. Avaliação qualitativa do hábito de leitura e entendimento: recepção das informações de produtos alimentícios. *Food Science and Technology*, São Paulo, v. 28, p. 579-585, 2008.

MERCOSUL. *Mercosul/RMS/ACORDO no 03/18*. Princípios no Mercosul para a rotulagem frontal de alimentos com conteúdo excessivo de gorduras, sódio e açúcares. 2018. Disponível em: www.gov.br/saude/pt-br/centrais-de-conteudo/arquivos/acuerdo-rotulado-frontal-pdf. Acesso em: 18 dez. 2021.

MERCOSUL. *MERCOSUR/SGT 3/ACTA 01/12*. XLVI Reunión Ordinaria del Subgrupo de Trabajo n. 3: Reglamentos Técnicos y Evaluación de la Conformidad. Argentina, 2012. Disponível em: www.alimentosargentinos.gob.ar/contenido/marco/Mercosur/normativa/2012_01_XLVI_CA_Acta.pdf. Acesso em: 06 abr. 2022.

OPAS. *HACCP*: Ferramenta Essencial para a Inocuidade dos Alimentos. Disponível em: https://iris.paho.org/bitstream/handle/10665.2/51873/9507100962_por.pdf?sequence=1&isAllowed=y. Acesso em: 08 nov. 2021.

OPAS. *Modelo de perfil nutricional da Organização Pan-Americana da Saúde*. Washington: OPAS, 2016. Disponível em: https://iris.paho.org/handle/10665.2/18723. Acesso em: 18 dez. 2021.

WORLD HEALTH ORGANIZATION. Obesity: preventing and managing the global epidemic. *World Health Organization*, Geneva, v. 894, p. 1-253, 2000. GBD 2015.

VVAA. Health effects of overweight and obesity in 195 countries over 25 years. *The New England Journal of Medicine*, Massachusetts, v. 377, n. 1, p. 13-27, 2017.

ZARKIN, G.A. et al. Potential health benefits of nutrition label changes. *American Journal of Public Health*, Washington, v. 83, n. 5, p. 717-724, 1993.

Informação bibliográfica deste texto, conforme a NBR 6023:2018 da Associação Brasileira de Normas Técnicas (ABNT):

MAGALHÃES, Simone; MARTINS, Amanda Mattos Dias. Aprimoramento da rotulagem nutricional de alimentos como instrumento de informação ao consumidor. *In*: TRENTINI, Flavia; BRANCO, Patrícia; CATALAN, Marcos (coord.). *Direito e comida*: do campo à mesa: cidadania, consumo, saúde e exclusão social. Belo Horizonte: Fórum Social, 2023. p. 161-190. ISBN 978-65-5518-511-9.

(RE)ESCREVENDO A HISTÓRIA DA (IN)SEGURANÇA ALIMENTAR DO CONSUMIDOR CELÍACO NO BRASIL

Cléa Mara Coutinho Bento

1 Introdução

A alimentação é fundamental para a saúde e sobrevivência humana, e sua adequada realização envolve aspectos econômicos, culturais e sociais, sendo esse o enfoque das chamadas dimensões ou eixos diretivos das políticas públicas de segurança alimentar.

Para os consumidores celíacos, grupo formado por pessoas com a Doença Celíaca (DC),[1] a alimentação adequada parte da premissa do acesso aos alimentos 'sem glúten'. Vale dizer que esses alimentos não devem conter a presença de trigo, centeio, cevada e aveia na sua composição, ou precisam atender ao limite seguro de partículas por milhão (PPM) dessa proteína, ou seja, que os alimentos sejam aptos ao atendimento das suas necessidades nutricionais e da efetiva saúde e qualidade de vida.

---

[1] BRASIL. MINISTÉRIO DA SAÚDE. *Portaria nº 1149, de 11 de novembro de 2015*. Protocolo Clínico da Doença Celíaca. Disponível em: http://portalarquivos2.saude.gov.br/images/pdf/2015/novembro/13/Portaria-SAS-MS---1149-de-11-de-2015.pdf. Acesso em: 28 fev. 2018. [...] "uma enteropatia crônica do intestino delgado, de caráter autoimune, desencadeada pela exposição ao glúten" "[...] Uma vez não tratada, a DC está 'associada a significante aumento na morbidade e mortalidade. [...] A dieta 'sem glúten', portanto, reduz os riscos de morbidade e mortalidade aos mesmos níveis da população não portadora da enfermidade [...]".

A hipervulnerabilidade[2] das pessoas celíacas nas relações de consumo junto ao segmento alimentício[3] justifica-se pelo do fato de formarem uma minoria, não apenas por ser um grupo quantitativamente pequeno de consumidores, uma vez que a incidência da DC, consoante Fasano e outros,[4] é em torno de 1:100 da população mundial, mas, sobretudo, porque necessitam de acesso aos alimentos isentos de glúten, com a segurança adequada, aptos à dieta alimentar restritiva que precisam adotar rigorosamente e pela vida toda.

Desta feita, a presente pesquisa objetiva, através de uma revisão bibliográfica e documental, analisar a insegurança alimentar dos consumidores celíacos no Brasil, identificando os principais empecilhos ou problemas, sob o enfoque jurídico, para propor a (re)escritura da (in)segurança alimentar desse grupo de consumidores.

Na proteção jurídica específica da segurança alimentar do consumidor celíaco, no âmbito nacional, encontra-se vigente a Lei nº 10.674, de 16 de maio de 2003, conhecida como Lei do Glúten,[5] que como medida preventiva e de controle da doença celíaca, obriga que os produtos alimentícios industrializados informem sobre a presença ou não de glúten, através da rotulagem das expressões: "contém glúten" ou "não contém glúten".

A Lei do Glúten não estabeleceu nenhum percentual mínimo de presença de glúten para a rotulagem "não contém glúten" nos produtos industrializados, e não existe regulamentação administrativa da ANVISA acerca da quantidade mínima de partículas de glúten nos produtos alimentícios que autorizam a inscrição "não contém glúten".

---

[2] SCHIMITT, C.H. *Consumidores hipervulneráveis*: a proteção do idoso no mercado de consumo. São Paulo: Atlas, 2014, p. 217-218. "O prefixo hiper deriva do termo grego hypér e serve para designar um alto grau, ou aquilo que excede ao normal. Uma vez acrescentado a este a palavra vulnerabilidade, obtém-se uma situação de intensa fragilidade, que supera os limites do que seria uma situação de fraqueza".

[3] BRASIL. *Decreto Lei nº 986, de 21 de outubro de 1969*. Institui normas básicas sobre alimentos. Disponível em: http://www6.senado.gov.br/legislacao/ListaTextoIntegral.action?id=94280. Acesso em: 06 abr. 2019. "[...] Segmento alimentício, compreende: agronegócio, plantio, beneficiamento, processamento, industrialização, circulação de bens e serviços de alimentação [...]".

[4] FASANO, A. et al. Federation of International Societies of Pediatric Gastroenterology, Hepatology, and Nutrition Consensus Report on Celiac Disease. *Journal of Pediatric Gastroenterology and Nutrition*, Bethesda, v. 47, n. 2, p. 214-219, 2008.

[5] BRASIL. *Lei nº 10.674, de 16 de maio de 2003*. Obriga a que os produtos alimentícios comercializados informem sobre a presença de glúten, como medida preventiva e de controle da doença celíaca. Disponível em: http://www.planalto.gov.br/CCivil_03/leis2003/l10.674.htm. Acesso em: 28 fev. 2018.

Com efeito, as inscrições 'contém glúten' e 'não contém glúten' nas embalagens dos produtos alimentícios definem a atual avaliação do risco quanto à aquisição ou não dos produtos ofertados ao público celíaco.

No âmbito do Poder Judiciário, o Superior Tribunal de Justiça (STJ) reconheceu a hipervulnerabilidade do consumidor celíaco[6] e ampliou o dever informacional do conteúdo (contém glúten) para a "necessidade de complementação com a Informação-Advertência sobre os riscos do glúten à saúde dos doentes celíacos".[7]

No Brasil, inexiste política pública de incentivo à produção de alimentos isentos de glúten, ou de incentivo a práticas de prevenção e precaução de contaminação cruzada por glúten, ou mesmo protocolo que permita a rastreabilidade da cadeia produtiva do produto de origem naturalmente isenta de glúten.

Assim, a acessibilidade alimentar desse grupo e, por conseguinte, sua segurança alimentar, se torna um desafio, na medida em que exige manejo de boas práticas de produção em toda a cadeia produtiva, lendo-se, práticas de prevenção e de precaução da contaminação cruzada dos alimentos 'sem glúten', o que engloba os produtos e serviços especiais voltados ao público celíaco, bem como a oferta segura dos produtos e serviços não especializados, mas que são de origem naturalmente isenta de glúten.

---

[6] BRASIL. Superior Tribunal de Justiça. *Recurso Especial n° 586316*. Relator Ministro Herman Benjamin Recorrente: Ministério Público do Estado de Minas Gerais. Recorrido: Associação Brasileira das Indústrias da alimentação – ABIA. 17 de abril de 2007. *DJe*: 19/03/2009. Quanto ao reconhecimento do consumidor hipervulnerável, no mesmo sentido REsp n° 122.76/RJ; REsp n° 691.738/SC; REsp n° 989.380/RN, entre outros. Essa terminologia encontra-se sedimentada na jurisprudência do Superior Tribunal de Justiça (STJ), inclusive, no que se refere ao dever informacional acerca da presença do glúten nas embalagens dos produtos alimentícios: Ao Estado Social "[...] importam não só os vulneráveis, mas, sobretudo, os hipervulneráveis, [...] exatamente por serem minoritários e amiúde [...] mais sofrem com a massificação do consumo e a 'pasteurização' das diferenças que caracterizam e enriquecem a sociedade moderna". É importante notar que a jurisprudência se valeu da proibição constitucional da discriminação para ligar a tutela dos hipervulneráveis diretamente ao valor da dignidade da pessoa humana.

[7] BRASIL. Superior Tribunal de Justiça. *Embargos de Divergência em Recurso Especial n° 1515895/MS*. Relator: Ministro Humberto Martins, Brasília, 20 set. 2007. *DJe* de 27 de set. 2017. Processo Civil. Processo coletivo. Direito do Consumidor. Ação Coletiva. Direito à Informação. Dever de Informar. Rotulagem de Produtos Alimentícios. Presença de Glúten. Prejuízos à Saúde dos doentes celíacos. Insuficiência da Informação-Conteúdo "Contém Glúten". Necessidade de Complementação com a Informação-Advertência sobre os riscos do glúten à saúde dos doentes celíacos. Integração entre a Lei do Glúten (Lei Especial) e o Código de Defesa do Consumidor (Lei Geral)".

2 Construção de um conceito jurídico de segurança alimentar para o consumidor celíaco

Josué de Castro, grande teórico da segurança alimentar no mundo, expôs a questão da fome para além do aspecto quantitativo da falta de gêneros alimentícios, inserindo a reflexão de que ela ultrapassa os limites do acesso físico, inaugurando a teorização dos aspectos político, social, cultural e econômico que circunscreve a segurança alimentar e nutricional atual.[8] Essa perspectiva social da fome qualitativa apontada por Castro[9] foi sistematizada na obra de Mahieu.[10] Na visão da autora, a sociedade de alimentação pode ser explicada a partir da compreensão da existência de três eixos de risco alimentar: o eixo econômico, articulado com o comércio mundial agroalimentar (produção física de alimentos e regulação do comércio); o eixo securitário, relacionado à segurança sanitária dos alimentos; e o eixo social, pelo qual se justifica as escolhas efetuadas pelas indústrias frente ao público consumidor.

A complexidade da sociedade de alimentação levou Grassi Neto a defender que a questão da insegurança alimentar ultrapassou as barreiras da escassez física de alimentos, muito embora a ausência do alimento ainda seja um problema da contemporaneidade. Sustenta o autor que a escassez física de alimentos não justifica subtrair a importância da qualidade e a adequação nutricional nas políticas públicas voltadas ao combate à fome e à insegurança alimentar, muito embora a fome se constitua como a situação mais extrema da insegurança alimentar.[11]

Essa realidade de exigências nutricionais ou mesmo necessidades especiais do público consumidor, como é o caso das pessoas celíacas, objeto específico deste estudo, se justifica no reconhecimento do eixo social da sociedade de alimentação. Grassi Neto, inclusive, propõe um novo conceito de segurança alimentar, em que prestigia todas as dimensões, incluindo o respeito às restrições alimentares.[12]

---

[8] CASTRO, J. *Geografia da fome:* o dilema brasileiro. 6. ed. Rio de Janeiro: Civilização Brasileira, 2006. A primeira edição da obra Geografia da fome é datada de 1946.
[9] *Id.*
[10] MAHIEU, S. *Le droit de la société d'alimentation.* Bruxelles: De Boeck & Lacier, 2007.
[11] GRASSI NETO, R. *Segurança alimentar*: da produção agrária à proteção do consumidor. São Paulo: Saraiva, 2013.
[12] *Id.*, p. 167. O autor define Segurança Alimentar como: "A situação na qual todas as pessoas, regular e permanentemente, têm acesso físico, social e econômico a alimentos suficientes para o atendimento das necessidades básicas e que, além de terem sido produzidos de modo sustentável e mediante respeito às restrições dietéticas especiais ou às características

A segurança alimentar do celíaco perpassa pela quebra do 'tabu' ou da invisibilidade da 'fome qualitativa,' denunciada ainda, em 1946, por Castro[13] e resgatada na obra de Mahieu,[14] na medida em que exige não só o acesso físico aos alimentos "sem glúten," mas que esse acesso ocorra de forma facilitada e adequada, com controle da contaminação cruzada, para o que pressupõe a adoção de boas práticas, informação adequada e transparência em toda a cadeia produtiva (rastreabilidade), além da viabilidade econômica.

2.1 Risco alimentar do consumidor celíaco na sociedade global de alimentação

A sociedade de risco[15] é pautada em uma relação paradoxal entre o desenvolvimento tecnológico e seus notáveis benefícios à sociedade humana e os danos decorrentes ou produzidos pelas novas tecnologias. Essa dicotomia de custo/benefício, ou de efeitos colaterais dos avanços científicos dentro da sociedade contemporânea, leva o Direito a uma dinâmica de contínua reinvenção na tutela jurídica e defesa de direitos básicos e essenciais, como o direito à saúde e à vida. Busca-se minimizar os riscos e controlar o medo e a insegurança na sociedade, de modo que a máxima iluminista de "mais conhecimento, mais controle"[16] é superada, na medida em que os avanços tecnológicos são marcados de uma certa invisibilidade ou mesmo visibilidade perceptível apenas aos olhares 'experts', dentro de um grau de irrealidade, de forma que podem ser ignorados, desprezados ou subvalorizados, de acordo com as escolhas normativas das sociedades.

Na produção e oferta de alimentos surge o "risco alimentar global"[17] presente em toda a cadeia produtiva, na medida em que o processo de produção e industrialização de alimentos ultrapassaram as fronteiras soberanas dos Estados, além das várias inovações tecnológicas

---

culturais de cada povo, apresentem-se saudáveis, nutritivos, isentos de riscos, assim se preservando até sua ingestão pelo consumidor".

[13] CASTRO, J. *Geografia da fome*: o dilema brasileiro. 6. ed. Rio de Janeiro: Civilização Brasileira, 2006.
[14] MAHIEU, S. *Le droit de la société d'alimentation*. Bruxelles: De Boeck & Lacier, 2007.
[15] BECK, U. *La sociedad del riesgo global*. Trad. Jesús Alborés Rey. Madrid: Siglo 21, 2006.
[16] GIDDENS, A. *A transformação da intimidade*. Trad. Magda Lopes. São Paulo: UNESP, 1994, p. 38.
[17] VAZ, C. *Direito do consumidor à segurança alimentar e responsabilidade civil*. Porto Alegre: LAEL, 2015, p. 27

nos manejos de produção, caracterizadas pela indeterminação e real intensidade dos seus efeitos.

Na perspectiva de produção e consumo globalizados, o gerenciamento do risco alimentar passou a preocupar governos, organismos internacionais e a população, por ocasião do século XX, e deu início à discussão da necessidade de controlar ou minimizar a ameaça ou crise ecológica global.

Tocou ao Estado o dever de intervir através de um conjunto normativo de proteção e gestão de riscos, que abrange desde o controle do risco sanitário, através de um sistema regulatório preventivo e repressivo, até o reconhecimento da inserção dessa análise nas relações de consumo, exigindo que o agente econômico privado, enquanto fornecedor, seja responsável pelo controle dos riscos nos produtos e serviços ofertados, sobretudo quanto à proteção dos direitos extrapatrimoniais do consumidor, como o direito à segurança, à saúde e à vida.

2.2 Controle do risco sanitário dos alimentos pela Agência Nacional de Vigilância Sanitária

As definições de alimentos e gêneros alimentícios no ordenamento nacional estão no Decreto-Lei nº 986, de 21 de outubro de 1969,[18] que também trata de aditivos, rotulagem, padrões de identidade e qualidade (PIQ) e estabelece a competência para fiscalização de alimentos no âmbito nacional entre a União, Estados e Municípios.

A Portaria SVS/MS nº 1.428,[19] da Secretaria da Vigilância Sanitária no âmbito do Ministério de Estado da Saúde, de 26 de novembro de 1993, introduziu a sistemática de fiscalização dos órgãos sanitários, com vistas a avaliar as empresas produtoras e prestadoras de serviços quanto à garantia da qualidade dos alimentos oferecidos à população.

---

[18] BRASIL. *Decreto Lei nº 986, de 21 de outubro de 1969*. Institui normas básicas sobre alimentos. Disponível em: http://www6.senado.gov.br/legislacao/ListaTextoIntegral.action?id=94260. Acesso em: 06 abr. 2019. "[...] I – "Alimento: toda substância ou mistura de substâncias, no estado sólido, líquido, pastoso ou qualquer outra forma adequada, destinadas a fornecer ao organismo humano os elementos normais à sua formação, manutenção e desenvolvimento; [...] X – Produto alimentício: todo alimento derivado de matéria-prima alimentar ou de alimento in natura, ou não, de outras substâncias permitidas, obtido por processo tecnológico adequado [...]".

[19] BRASIL. Ministério da Saúde. *Portaria nº 1. 428/SVS/MS, de 26 de novembro de 1993*. Disponível em: http://www.anvisa.gov.br/legis/portarias/1428_93.htm. Acesso em: 11 fev. 2019.

Por conseguinte, criou o Sistema de Avaliação dos Perigos em Pontos Críticos de Controle (APPCC), observando as recomendações da Organização Mundial de Saúde (OMS) em conjunto com a Organização das Nações Unidas para Alimentação e Agricultura (FAO/ONU), com orientações de Boas Práticas e avaliação de eficácia de controle de risco.[20] No Brasil, o Ministério da Saúde e o Ministério da Agricultura e Abastecimento já têm ações que objetivam a adoção do Sistema APPCC pelas indústrias alimentícias, mas ainda não há indícios de aplicação para controle de contaminação por glúten em alimentos que não deveriam contê-lo.

A implementação da APPCC é bastante complexa e envolve boas práticas tangentes às condições ambientais, instalações, saneamento, equipamentos, utensílios, recursos humanos, tecnologia empregada, controle de qualidade, garantia de qualidade, armazenagem, transporte, informações ao consumidor; exposição e comercialização, e o plano de sanitização, através da desinfecção e desinfestação, criando ainda estratégias de articulação conjunta entre os serviços de vigilância sanitária das três esferas federativas, com as associações industriais que atuam na área de alimentos, Ministério Público e entidades de Defesa do Consumidor.

O conceito de boas práticas objetiva a *'garantia de qualidade'* e estabelece critérios que se aplicam a toda a cadeia alimentar, nos mais variados ramos de empresas alimentícias, buscando assegurar produtos de qualidade e sem contaminação ao consumidor.

Posteriormente, a Secretaria de Vigilância Sanitária do Ministério de Estado da Saúde editou a Portaria nº 326, de 30 de julho de 1997 – Portaria nº 326/SVS/MS/97,[21] que aprovou o Regulamento Técnico sobre as Condições Higiênico-Sanitárias e de Boas Práticas de Fabricação para Estabelecimentos Produtores/Industrializadores de Alimentos, fornecendo conceitos essenciais acerca do que é contaminação direta e indireta de alimentos como "a presença de substâncias ou agentes estranhos, de origem biológica, química ou física que sejam considerados nocivos ou não para a saúde humana". Consoante acima, a

---

[20] ORGANIZAÇÃO DAS NAÇÕES UNIDAS PARA AGRICULTURA E ALIMENTAÇÃO. *Codex Alimentarius*. Hazard analysis and critical control point (haccp) system and guidelines for its applicationh. Disponível em: ttp://www.fao.org/3/y1579e/y1579e03.htm. Acesso em: 10 maio 2020. "O sistema de Análise de Perigos e Pontos Críticos de Controle (APPCC) faz parte da padronização realizada pelo Codex Alimentarius".

[21] BRASIL. Ministério da Saúde. *Portaria nº 326/SVS/MS, de 30 de julho de 1997*. Disponível em: http://www.anvisa.gov.br/legis/portarias/326_97.htm. Acesso em: 10 fev. 2019.

definição de contaminação de alimentos apresentada pela Portaria nº SVS/MS 326/97 é bastante ampla, abrangendo agentes de natureza diversa, maléficos ou não ao organismo humano.

Por fim, em 21 de outubro de 2002, adveio a RDC nº 275,[22] da ANVISA, que passou a complementar a Portaria MS nº 1.428/1993 e a Portaria nº 326 SVS/MS/97, na medida em que criou o Regulamento Técnico dos Procedimentos Operacionais Padronizados (POPs) aplicados aos Estabelecimentos Produtores/Industrializadores de Alimentos e a Lista de Verificação das Boas Práticas de Fabricação, que por sua vez, funciona como um *checklist*, facilitando o controle sanitário e assegurando maior qualidade aos produtos alimentícios.

As BPFs foram elaboradas para evitar a contaminação microbiológica dos alimentos, além dos POPs, a utilização do Sistema de APPCC, que considera Ponto Crítico de Controle qualquer etapa de atuação, equipamento do processo ou procedimento de preparação do produto, em que se aplicam medidas preventivas de controle sobre um ou mais fatores que possam contaminar o produto, com o objetivo de prevenir, reduzir a limites aceitáveis ou eliminar os perigos (perigos: físicos, químicos ou biológicos) de contaminação identificados nos processos. Para os celíacos, por exemplo, um dos pontos críticos de controle seria o perigo físico da contaminação dos alimentos por glúten.

Desta feita, as Boas Práticas na Fabricação (BPF) no Brasil se encontram regulamentadas pelas Portaria SVS/MS nºs 1428/93 e 326/1997 e a Resolução ANVISA/RDC nº 275/2002 para a produção de alimentos da indústria geral, não existindo nenhuma regulamentação específica sobre a produção de alimentos "sem glúten" aptos para o público celíaco.

No ano de 2016 entrou em vigência a Resolução ANVISA/RDC nº 26, de 02 de julho de 2015 (Resolução dos Alergênicos),[23] que elencou, entre outros alimentos, o trigo, o centeio, a cevada e a aveia como

---

[22] BRASIL. Agência Nacional de Vigilância Sanitária. *RDC nº 275, de 21 de outubro de 2002*. Dispõe sobre o Regulamento Técnico de Procedimentos Operacionais Padronizados aplicados aos Estabelecimentos Produtores/Industrializadores de Alimentos e a Lista de Verificação das Boas Práticas de Fabricação em Estabelecimentos Produtores/Industrializadores de Alimentos. Disponível em: http://portal.anvisa.gov.br/documents/10181/2718376/RDC_275_2002_COMP.pdf/fce9dac0-ae57-4de2-8cf9-e286a383f254. Acesso em: 11 fev. 2019.

[23] BRASIL. Agência Nacional de Vigilância Sanitária. *RDC nº 26, de 02 de julho de 2015*. Dispõe sobre os requisitos para rotulagem obrigatória dos principais alimentos que causam alergias alimentares. Disponível em: http://adcon.rn.gov.br/ACERVO/Suvisa/doc/DOC000000000083199.PDF. Acesso em: 28 fev. 2018.

alimentos alergênicos, de forma que estão acobertados pela referida normativa administrativa, que alterou o sistema de informação nas embalagens sobre produtos alergênicos no Brasil e deu origem ao Programa de Controle de Alergênicos (PCAL)[24] que acabou atingindo substancialmente a relação de consumo dos celíacos com o segmento alimentício.

2.3 Contaminação cruzada dos alimentos "sem glúten" e insegurança alimentar do consumidor celíaco

Um complicador no contexto da segurança alimentar do consumidor celíaco decorre do fato de o trigo, um dos grãos proibidos na dieta alimentar da pessoa celíaca, ser muito utilizado pelo segmento alimentício, a ponto de ocupar lugar de destaque na produção mundial de grãos. A popularidade do trigo é decorrente da sua versatilidade, sendo, desse modo, maior fator de risco de contaminação dos alimentos naturalmente isentos de glúten.[25]

A contaminação cruzada por glúten consiste na transferência de traços ou partículas de glúten, direta ou indiretamente para o alimento isento de glúten, podendo ocorrer na área de manipulação de alimentos, mas também durante plantio, colheita, armazenamento, beneficiamento, industrialização, transporte e comercialização.

O estudo da nutricionista Rovedo sobre contaminação cruzada por glúten afirma a existência do risco de contaminação cruzada dos alimentos sem glúten desde o plantio (agricultura), a exemplo dos rodízios de culturas, entre outras, do arroz, trigo, milho, soja, aveia, feijão, que apontam para o risco concreto "de resíduos no solo, podendo ser carreados na próxima colheita de um grão distinto".[26]

---

[24] BRASIL. Agência Nacional de Vigilância Sanitária. *Perguntas e respostas sobre rotulagem de alimentos alergênicos*: gerência de avaliação de risco e eficácia para alegações gerência geral de alimentos. Disponível em: http://portal.anvisa.gov.br/documents/10181/2694583/Perguntas%2Be%2BRespostas%2Bsobre%2BRotulagem%2Bde%2BAlergênicos.pdf/01ae0d19-0c17-4b79-b554-ae7244f65406. Acesso em: 05 maio 2020.

[25] SCHEUER, P.M. *et al.* Trigo: características e utilização na panificação. *Revista Brasileira de Produtos Agroindustriais*, Campina Grande, v. 13, n. 2, p. 211-222, 2011.

[26] ROVEDO, M. *Contaminação cruzada na indústria de alimentos*: como ajudar os celíacos. 2018. Disponível em: http://www.riosemgluten.com/contaminacao_cruzada_gluten_mariane_rovedo_2018.pdf. Acesso em: 07 abr. 2019. Alerta que o trigo pode ser utilizado nas fórmulas de substratos de fertilizantes ou defensivos agrícolas, sobretudo nas culturas dos alimentos orgânicos. Exemplificando a "calda bordalesa, como uma mistura de cal, cobre e trigo, utilizado como defensivo agrícola em diversos cultivos".

Para a pesquisadora, a segurança das matérias-primas para a produção de alimentos considerados aptos para consumidores celíacos deveria se basear no modelo de plantio exclusivo de grãos permitidos na dieta isenta de glúten, exigindo a adoção de boas práticas, com rastreamento da cadeia produtiva e a emissão de laudos técnicos obrigatórios, como ferramentas de controle de qualidade das matérias-primas (grãos, farinhas e produtos) ofertadas ao grupo de consumidores celíacos.

Cabe salientar que na oferta de alimentos *in natura*, de forma geral, o modelo de controle de qualidade por rastreamento existe na Lei nº 10.831, de 23 de dezembro de 2003 (Lei dos Orgânicos),[27] mas o protocolo só afere a segurança em relação à classificação dos alimentos como orgânicos, não havendo nenhuma regulamentação que imponha a análise de risco de contaminação por glúten também nos alimentos.

No âmbito do Ministério da Agricultura, Pecuária e Abastecimento (MAPA) não existe regulamentação de boas práticas ou de gestão de riscos acerca da prevenção ou mesmo precaução de contaminação cruzada dos grãos naturalmente isentos de glúten. Os protocolos de boas práticas adotados são os da ANVISA, que não são voltados ao cultivo agrário, transporte ou armazenamento, não abordam a questão da produção de alimentos sem glúten, além de serem voltadas para as unidades produtivas e fornecedoras finais dos produtos ou de serviços do segmento alimentício geral.

Os serviços de alimentação, por sua vez, são regulamentados pela RDC/ANVISA nº 216, de 15 de setembro de 2004, que dispõe sobre o regulamento técnico de Boas Práticas para Serviços de Alimentação (BPSA).[28] Os tópicos abordados são os mesmos das BPF das indústrias, obviamente adaptados para o ambiente dos serviços de alimentação. As orientações também se referem às questões higiênicas (controle sanitário) voltadas para a manipulação e preparo de alimentos em geral, não existindo protocolo específico para a manipulação e preparo de alimentos sem glúten e, por consequência os consumidores celíacos dependem das ações exclusivas dos prestadores de serviços do segmento de alimentação.

---

[27] BRASIL. *Lei nº 10.831, de 23 de dezembro de 2003*. Dispõe sobre a agricultura orgânica e dá outras providências. Disponível em: http://www.planalto.gov.br/ccivil_03/leis/2003/l10.831.htm. Acesso em: 19 de 2020.

[28] BRASIL. Agência Nacional de Vigilância Sanitária. *RDC nº 216, de 15 de setembro de 2004*. Dispõe sobre Regulamento Técnico de Boas Práticas para Serviços de Alimentação. Disponível em: http://portal.anvisa.gov.br. Acesso em: 10 maio 2020.

A ausência das Boas Práticas de Fabricação (BPF) e rastreamento adequado da matéria prima no âmbito da produção agrícola compromete os insumos que as unidades produtivas de alimentos adquirem e, por conseguinte, dos serviços de alimentação, ampliando a insegurança alimentar desse grupo de consumidores, privando-os da realização do direito fundamental à alimentação adequada.

3 Caminhos para a acessibilidade alimentar do consumidor celíaco e 'cidadania empresarial'

Ao propor a (re)escritura da história da (in)segurança alimentar do consumidor celíaco em busca da realização do direito fundamental à alimentação adequada, se convoca para discussão os institutos Função Social e a Responsabilidade Social da empresa e, como ponto de partida, o entendimento constitucional de que o exercício do direito de propriedade deve atender às suas finalidades econômicas e sociais, inferindo a sustentabilidade e à utilidade benéfica em respeito à vida em qualquer uma de suas dimensões.

Cabe ao Estado como regulador fazer uso do interesse público como ferramenta para exigir da empresa privada o exercício de sua função social, mitigando a liberdade privada, para evitar que a empresa, no desenvolvimento de suas atividades e consecução de seus fins, infrinja ou impacte negativamente os Direitos Humanos, com a operacionalização de medidas abusivas surgidas do arbítrio individual da propriedade.

Com a atuação das intervenções do Estado (mesmo incipientes) e do comportamento experimentado por algumas empresas privadas, tem se constatado que, além da função social, é cada vez mais necessária a convocação da responsabilidade social da empresa, que ocupa lugar de destaque. Essa postura, em parte, é advinda do nível de comprometimento da sociedade, dos movimentos sociais e muito das orientações dos documentos internacionais (propostos pela ONU) e da busca por uma *'identidade'* de que a ação ética imprime uma diferenciação positiva no produto ou serviço ofertado no mercado.

Na verdade, a empresa que pratica responsabilidade social não abre mão de lucros e muito menos de sua autonomia e liberdade de iniciativa, apenas se '(re)cria' para dar espaço à contemplação do direito à vida em sua supremacia, assumindo o papel de agente social de transformações e de mudanças positivas, por meio da efetivação da '*cidadania empresarial,*' em que a empresa assume a responsabilidade em relação à operacionalização de práticas de uso sustentável dos recursos naturais e de respeito à vida.

Isso se justificaria em decorrência de a proteção dos mais fracos no direito privado ser uma das finalidades do direito atual. A igualdade horizontal é difícil, pois passa da igualdade na lei e perante a lei, para uma igualdade de tratamento e igualdade de chances. Essa diretiva de solidariedade e responsabilidade conjunta inerente aos direitos sociais repercute na empresa como agente privado que atua no mercado. Assim, a responsabilidade social da empresa é o exercício da '*cidadania empresarial.*'

Godoy e Mello compreendem 'a pessoa' como a finalidade da empresa, seja o empresário ou a sociedade empresária (pessoa jurídica), no que se refere à geração de riqueza e ao lucro; o consumidor (que necessita dos bens ou serviços produzidos); o que dela depende economicamente (empregados diretos e indiretos), o que para ele fornece (cadeia de distribuição e fornecedores) e a até para aquele que fiscaliza (Estado no exercício de poder de regulação, fiscalização e arrecadação de tributos)[29].

Essas intercessões resultam na ampliação do dever de função social da empresa, a ponto de atrair (magnetizar) novos arranjos de responsabilidades nessa teia de relações intrínsecas que circunda a empresa, levando Marques e Miragem[30] a defenderem que a "igualdade é uma das grandes 'metanarrativas' da modernidade, a 'pós-modernidade' tende a destacar o que há de 'diferente' e 'privilegiador' nesses novos direitos humanos, permitindo a desigualdade formal para atingir a igualdade material".

---

[29] GODOY, A.S.M.; MELLO, P.P.C. A titularidade dos direitos fundamentais por parte de pessoas jurídicas. A empresa como agente de efetivação dos direitos sociais: notas introdutórias ao direito empresarial constitucional, *Revista Brasileira de Políticas Públicas*, Brasília, v. 6, n. 3, p. 99-119, 2016. Os autores relatam: "O fim da empresa, além do lucro do empresário, é, também a pessoa humana que nela trabalha, ou que dela compra, ou que dela depende, ou que para ela fornece, ou que a ela fiscaliza, deve o modelo propiciar meios para que esses fins sejam alcançados". Essa ideia coaduna com as três instâncias indissociáveis das pessoas defendidas por Mor*in*: o indivíduo-sociedade-espécie, explicando que todo olhar sobre a ética deve perceber que o ato moral é um ato de religação: "religação com o outro, religação com uma comunidade, religação com uma sociedade e no limite, religação com a espécie humana".

[30] MARQUES, C.L.; MIRAGEM, B. *O novo direito privado e a proteção dos vulneráveis*. São Paulo: RT, 2012, p. 125-127. Em resumo, "igualdade pode se dizer natural do homem [...]". Mas, a verdade "é que na experiência histórica, a sociedade sempre destruiu essa igualdade".

Assim, a característica central, seria o direito à diferença, a manter-se diferente, ser igual mesmo na diferença. O pluralismo aparece como resultado dessa visão de diferença, um apelo, um novo paradigma no direito privado, 'o paradigma da diferença' o que exige a defesa do princípio da equidade como o principal dos princípios, na medida em que o pleito da igualdade ultrapassou a ideia de igualdade na lei e por meio das leis, para outros anseios de igualdade, a exemplo da igualdade de *'chances'*, ou a da igualdade de *'armas'*, com vistas a manter a diversidade pretendida.

3.1 O problema da rotulagem "contém glúten" e "não contém glúten" no Brasil

O acesso ao alimento totalmente isento de glúten, no modelo atual de produção, como explicitado anteriormente, é praticamente impossível. Uma, porque o trigo é um dos grãos mais produzidos no mundo; duas, por ser muito utilizado na cultura alimentar; três, porque o glúten extraído do trigo tem grande versatilidade na industrialização de produtos.[31]

Nesse contexto, o *Codex Alimentarius*,[32] documento elaborado pela FAO/OMS, indica o teste *Enzyme-linked Immunoassay (ELISA) R5 Mendez Method* e estabelece como segura a quantidade menor que 20 PPM de glúten nos produtos ofertados ao público celíaco (naturalmente isentos) e até 20 PPM para os produtos especiais (processados especialmente). Sendo essa a linha de corte na União Europeia e dos Estados Unidos da América para os fornecedores de alimentos indicarem na rotulagem que o produto é isento de glúten, apto ao consumo das pessoas celíacas.

---

[31] TAKEITI, C.Y. Trigo. *In*. AGÊNCIA EMBRAPA DE INFORMAÇÃO TECNOLÓGICA. Árvore do conhecimento – tecnologia de alimentos. Disponível em: www.agencia.cnptia.embrapa.br/gestor/tecnologia_de_alimentos/arvore/CONT000girlwnqt02wx5ok05vadr1qrnof0m.html. Acesso em: 22 fev. 2020.

[32] ORGANIZAÇÃO DAS NAÇÕES UNIDAS PARA AGRICULTURA E ALIMENTAÇÃO. *Codex Alimentarius*. Standard for foods for special dietary use for persons intolerant to gluten CXS 118-1979. Disponível em: Fontes do Codex http://www.fao.org/fao-who-codexalimentarius/sh-proxy/en/?lnk=1&url=https%253A%252F%252Fworkspace.fao.org%252Fsites%252Fcodex%252FStandards%252FCXS%2B118-1979%252FCXS_118e_2015.pdf. Acesso em: 09 abr. 2020. V. ainda, ORGANIZAÇÃO DAS NAÇÕES UNIDAS PARA AGRICULTURA E ALIMENTAÇÃO. *Codex Alimentarius*. Draft revised standard for gluten-free foods. Disponível em: http://www.fao.org/input/download/report/34/al04_26e.pdf. Acesso em: 10 maio 2020.

Sucede que o *Codex* Europeu não tem condão vinculativo no ordenamento jurídico nacional, e a Lei do Glúten vigente não especifica a quantidade mínima de PPM de glúten para a linha de corte da rotulagem "contém glúten" e "não contém glúten", ficando à escolha do fornecedor a aferição do percentual da presença do glúten nos produtos ofertados,

Por sua vez, a Resolução de Alergênico[33] estabeleceu que os fornecedores de alimentos industrializados passassem a ter que, necessariamente, destacar a presença de alimentos considerados alergênicos, através das expressões: ALÉRGICOS CONTÉM (em caso de algum alimento alergênico na composição) ou ALÉRGICOS PODE CONTER (em caso de risco de contaminação cruzada do alimento com algum dos alergênicos arrolados na resolução), lançando, em seguida, um Programa de Controle de Alergênicos (PCAL), com sugestões para as empresas que possuírem interesse na adoção de práticas preventivas na produção e oferta de alimentos alergênicos, introduzindo novas regras na rotulagem, com vistas ao atendimento das necessidades das pessoas alérgicas, inclusive ao trigo, centeio, cevada e a aveia.

Com efeito, a rotulagem duvidosa, no sentido de alertar sobre a possibilidade de contaminação por glúten, é que tem adquirido maior aceitação dos fornecedores, agravando o estado de insegurança alimentar do grupo de consumidores celíacos, uma vez que amplia a restrição aos alimentos seguros.

Embora a Resolução de Alergênicos não tenha expressamente indicado como garantir a consistência entre a rotulagem de alergênicos e o alerta sobre a presença do glúten, a ANVISA apontou qual a interpretação que melhor se adapta à legislação que cuida da proteção dos direitos do consumidor:[34] "havendo a inclusão de advertência sobre a possibilidade de um alimento conter cereal que contém glúten, o rótulo deve incluir a advertência 'CONTÉM GLÚTEN.'"

---

[33] BRASIL. Agência Nacional de Vigilância Sanitária. *RDC nº 26, de 02 de julho de 2015*. Dispõe sobre os requisitos para rotulagem obrigatória dos principais alimentos que causam alergias alimentares. Disponível em: http://adcon.rn.gov.br/ACERVO/Suvisa/doc/DOC000000000083199.PDF. Acesso em: 28 fev. 2018.

[34] BRASIL. Agência Nacional de Vigilância Sanitária. *Perguntas e respostas sobre rotulagem de alimentos alergênicos*: gerência de avaliação de risco e eficácia para alegações gerência geral de alimentos. Disponível em: http://portal.anvisa.gov.br/documents/10181/2694583/Perguntas%2Be%2BRespostas%2Bsobre%2BRotulagem%2Bde%2BAlergênicos.pdf/01ae0d19-0c17-4b79-b554-ae7244f65406. Acesso em: 05 maio 2020

O fato é que essa orientação da ANVISA, por mais que seja adequada para alérgicos, não o é para celíacos, uma vez que reforça a desobrigação de laudos acerca da presença ou não do glúten, agravando a inconsistência das informações nas rotulagens para os consumidores celíacos, ampliando a restrição alimentar e, por conseguinte, aumentando a insegurança alimentar desse grupo de consumidores.

Ribeiro-Furtini e Abreu apontam que a aplicação da ferramenta APPCC na produção de alimentos 'sem glúten' protegeria o celíaco e ampliaria a oferta de alimentos seguros para o seu consumo e inibiria a prática de rotulagem com informações duvidosas.[35]

3.2 Busca de um modelo de ampliação da acessibilidade alimentar aos consumidores celíacos

Alimentação adequada para o consumidor celíaco implica exatamente o acesso aos alimentos isentos de glúten, o que significa disponibilidade, adequação, acessibilidade e estabilidade do acesso aos alimentos produzidos, de forma que essa estabilidade está relacionada à instabilidade da oferta de alimentos isentos de glúten para a dieta celíaca, reduzindo a realidade da síndrome da *"gôndola vazia"*[36] enfrentada

---

[35] RIBEIRO-FURTINI, L.L.; ABREU, L.R. Utilização de APPCC na Indústria de Alimentos. *Ciência e Agrotecnologia*, Lavras, v. 30, n. 2, p. 358-363, 2006. Isso "a) evitaria a contaminação por glúten em qualquer etapa da produção do alimento pela consolidação do efetivo controle de produção desse alimento (evitando contaminação direta ou indireta, seja oriunda de alimentos que contém glúten ou de adição desnecessária de ingredientes com glúten); b) consolidaria o limite máximo aceitável de glúten em preparações consideradas naturalmente isentas de glúten, conforme as orientações do Codex Alimentarius; c) garantiria a observância em realização contínua de Ficha Técnica de Preparo (FTP) para as preparações isentas de glúten; d) sistematizaria a operacionalização de ações corretivas, evitando desvio nos limites críticos ou na faixa de segurança garantindo ao consumidor celíaco de 10pppm; e) sedimentaria a cultura de informação exigindo que no balcão de distribuição de produtos alimentícios ou cardápio se indicasse a presença de glúten nas preparações; f) fortaleceria a responsabilidade da autoverificação (avaliação contínua, como testes periódicos para constatação da isenção do glúten ou até 10ppm em cada etapa de produção e, até mesmo, implantação de novos procedimentos), permitindo revisão de adequação de PPC para total segurança do processo de produção do alimento; g) permitiria o conhecimento e o controle do consumo diário de glúten tolerável pelo portador de DC já que toda a cadeia produtiva é documentada e permite reavaliação constante e também para subsidiar o DC de parâmetro de glúten ingerido porque na sociedade de risco a contaminação exposta é frequente".

[36] GRASSI NETO, R. *Segurança alimentar*: da produção agrária à proteção do consumidor. São Paulo: Saraiva, 2013, p. 52. O autor se vale dos estudos de Madeleine Ferrières. A denominada 'síndrome da gôndola vazia' é a expressão contemporânea que corresponde ao antigo estresse alimentar (medo alimentar).

frequentemente pelos consumidores celíacos, diante da realidade de escassez, ao ver os alimentos aptos a sua dieta desaparecerem das prateleiras por ausência de oferta segura pelo segmento alimentício geral.

Outro entrave à segurança alimentar do celíaco é a questão da economicidade dos produtos especialmente elaborados para o grupo celíaco, identificadas, a título de exemplo, nos rótulos das Figuras 1 a 2.

Com efeito, a inacessibilidade econômica dos produtos elaborados pela indústria especializada, que são em média 300% (trezentos por cento) mais caros do que os produtos similares da indústria geral, agrava a insegurança alimentar, evidenciando tanto a necessidade de subsídios estatais, quanto ações do segmento alimentício na oferta segura dos alimentos naturalmente isentos de glúten (da indústria geral), que são economicamente mais acessíveis.

Figura 1 – Rótulo de produto elaborado especialmente para o público de consumidores celíacos – Inacessibilidade econômica

Fonte: Material produzido na pesquisa de rótulos – produto da indústria especializada.

Figura 2 – Rótulo de produto elaborado especialmente para o público de consumidores celíacos – Inacessibilidade econômica

Fonte: Material produzido na pesquisa de rótulos – produto da indústria especializada.

Assim, a realização do direito à alimentação do consumidor celíaco exige a ruptura com o maniqueísmo,[37] na medida em que reclama que ambos, Estado e sociedade, aqui representada pela empresa, assumam papéis distintos e complementares perante esse grupo de consumidores.

3.3 Modelos e propostas de ampliação da segurança alimentar do consumidor celíaco

O sistema nacional desenvolvido pela Argentina em defesa da segurança alimentar do consumidor celíaco merece destaque, inicialmente pelo reconhecimento da questão da oferta dos alimentos

---

[37] DRÈZE, J.; SEN, A. Introduction. In: DRÉZE, J.; SEN, A. (org.). *The political economy and hunger*: Entitlement and well-being, Oxford: Clarendon Press, 1990, v. 1.

livres de glúten e, por conseguinte, a segurança e adequação dessa oferta para o público de consumidores celíacos como de interesse nacional, estabelecendo normativamente um conjunto de obrigações para o Estado e para o segmento alimentício (produção e serviços de alimentação), entre os quais:

Figura 3 – Símbolos gráficos para rotulagem obrigatória da legenda 'Sin TACC' (trigo, aveia, centeio e cevada)

Fonte: www.argentina.gob.ar/normativa/nacional/. Acesso em: 18 maio 2020.

É obrigatória a rotulagem da legenda 'Sin TACC' (trigo, aveia, centeio e cevada), acompanhada de respectivo símbolo gráfico (Figura 4) para todos os produtos alimentares e medicamentos que sejam aptos para a dieta celíaca. A Lei Nacional[38] prevê ainda que o percentual de

---

[38] ARGENTINA. *Lei nº 26.588, 24 de dezembro de 2009*. Disponível em: http://servicios.infoleg.gob.ar/infolegInternet/anexos/160000-164999/162428/texact.htm. Acesso 18 maio 2020. Elencou entre as infrações sanitárias: (a) O descumprimento de boas práticas de fabricação de alimentos 'Sin T.A.C.C"; (b) Impressão das legendas "Sem glúten" (Sin T.A.C.C) ou "Este medicamento contém glúten" na embalagem ou embalagem de produtos alimentícios e medicamentos que não cumpram o disposto no artigo 3 desta lei; (c) O não cumprimento das boas práticas de fabricação estabelecidas para a preparação e controle de produtos alimentícios e medicamentos comercializados no país e que cumpram a obrigação legal;(d) Qualquer forma de divulgação, publicidade ou promoção, como 'Sin T.A.C.C', de alimentos e medicamentos que não atendam ao disposto na lei; (e) Ocultação ou negação das informações exigidas pela autoridade de execução em sua função de controle; (f) A falta de oferta de opções ou menus de alimentos sem glúten, de acordo com o disposto na lei; (g) Ações ou omissões em qualquer uma das obrigações estabelecidas, cometidas em violação a esta lei e seus regulamentos que não sejam mencionados nos parágrafos anteriores. [...] Em caso de infrações sanitárias ou violações da lei previu as seguintes sanções: (a) um aviso; Publicação da resolução que prevê a sanção em meios de comunicação de massa, conforme determinado pelo regulamento; (b) Uma multa que deve ser atualizada anualmente pelo Poder Executivo nacional, de acordo com o índice

PMM deverá ser reduzido, na medida em que as técnicas de detecção evoluírem, comportando ao Ministério da Saúde essa função, adotando na atualidade o percentual de menor ou igual a 10 (PPM) na oferta final ao consumidor (menor do que o recomendado pelo Codex Alimentarius FAO/OMS).

Ademais, obriga a oferta segura e adequada (nutricionalmente) no mínimo de *"um menu"* ou opção de alimento *'Sin TACC'* nos: (1) estabelecimentos prisionais; (2) estabelecimentos hospitalares (público ou privado); (3) cantinas ou restaurantes escolares; (4) restaurantes e bares; (5) empresas de transporte aéreo, terrestre e aquático; (6) quiosques, empresas de 'fast food' e similares.

Por fim, incumbe ao Estado, através da Autoridade de Alimentação e Medicamentos (órgão de execução) o dever de capacitação das empresas do segmento alimentício, no que se refere a boas práticas na produção de alimentos *'Sin T.A.C.C.'*, bem como a fiscalização e aplicação de sanções disciplinares.

No âmbito da União Europeia, merece destaque o modelo adotado pela Espanha, que consiste num trabalho desenvolvido pela Agência Española de Seguridad Alimentaria em conjunto com a FACE (associação representativa dos celíacos).[39]

A Espanha não fornece subsídio financeiro aos celíacos, mas adota as recomendações do *Codex Alimentarius* quanto ao máximo de glúten permitido para rotulagem *"sin gluten"*, que é de menor que 20 (PPM) e, quanto ao sistema de APPCC no controle da produção e oferta desses segmentos, minimizando a contaminação cruzada, mantendo ainda a divulgação de lista de produtos seguros.

Ademais, os produtos específicos para celíacos (pão, farinha, macarrão, biscoitos, doces etc.) devem ser certificados pelo Sistema Europeu de Licenças ELS ou "Barred Spike" ou indicar a menção "sin gluten" (<20 PPM) para garantir a ausência de glúten, além do símbolo (elemento gráfico) acima.

---

oficial de preços do Instituto Nacional de Estatística e Censos – INDEC –, de mil pesos (US $ 1.000) a um milhão de pesos (US $ 1.000.000), sujeito a ser aumentado para dez vezes em caso de reincidência; (c) Suspensão do estabelecimento por um período de até 1 (um) ano; (d) Encerramento do estabelecimento de 1 (um) a 5 (cinco) anos; e (e) Suspensão da publicidade até sua adaptação ao disposto nesta lei. A Lei Nacional Argentina foi replicada na cidade de Buenos Aires e províncias, sendo adotada em todo o território argentino, incorporando à rotina do segmento alimentício (bens e serviços), de forma a ampliar consideravelmente a acessibilidade alimentar dos celíacos".

[39] ESPANHA. Federação de Associações de Celíacos da Espanha (FACE). Disponível em: // celiacos.org/. Acesso em: 19 maio 2020.

Figura 4 – Símbolo gráfico – Espiga Barrada – internacionalmente reconhecido que indica que um alimento é seguro para o consumo de pessoas celíacas *'sin gluten'*

Fonte: https://celiacos.org.

Grassi Neto destaca a atuação da Autoridade Europeia (Aesa) e da Agência Americana (FDA) como instrumentos para modelos inclusivos, no que se refere: (a) ao sistema de controle de cadeia produtiva; (b) à adoção do percentual menor do que 20(PPM) para rotulagem dos produtos 'gluten free' (Codex Alimentarius FAO/OMS); (c) à adoção do sistema APPCC para controle de contaminação cruzada (*Codex Alimentarius* FAO/OMS)[40].

Quanto ao Brasil, o modelo de rotulagem de alimentos especiais, sem lactose ou baixo teor de lactose, representado pela Lei nº 13.305, de 04 de julho de 2016 (Lei da Lactose)[41] e pela RDC n° 61, de 3 de fevereiro de 2016,[42] pode ser visto como modelo inclusivo, pois inaugura um sistema de controle de contaminação e informação especial sobre o

---

[40] GRASSI NETO, R. *Segurança alimentar*: da produção agrária à proteção do consumidor. São Paulo: Saraiva, 2013.

[41] BRASIL. *Lei nº 13.305, de 04 de julho de 2016*. Acrescenta art. 19-A ao Decreto-Lei nº 986, de 21 de outubro de 1969, que "institui normas básicas sobre alimentos", para dispor sobre a rotulagem de alimentos que contenham lactose. Disponível em: http://www.planalto.gov.br/ccivil_03/_ato2015-2018/2016/lei/L13305.htm. Acesso em: 18 maio 2020.

[42] BRASIL. Agência Nacional de Vigilância Sanitária. *RDC n° 61, de 3 de fevereiro de 2016*. Disponível em: http://portal.anvisa.gov.br/documents/281258/281284/Regimento+Interno+da+Anvisa+-+RDC+nº+61+de+2016/07ccbb20-f3b3-4209-bf84-f520a1a29eab. Acesso em: 18 maio 2020. "O descumprimento das disposições contidas nesta Resolução constitui infração sanitária, nos termos da Lei nº 6.437, de 20 de agosto de 1977, sem prejuízo das responsabilidades civil, administrativa e penal cabíveis".

teor de lactose nos produtos especiais (elaborados para o público com intolerância alimentar à lactose).

Na forma da lei, os rótulos de alimentos que contenham lactose deverão indicar a presença da substância, informando, inclusive o teor de lactose remanescente, conforme as disposições do regulamento, de forma que os alimentos para dietas com restrição de lactose são classificados como:

> *Isentos de lactose*: alimentos para dietas com restrição de lactose que contêm quantidade de lactose igual ou menor a 100 (cem) miligramas por 100 (cem) gramas ou mililitros do alimento pronto para o consumo, de acordo com as instruções de preparo do fabricante, devendo declarar na rotulagem a declaração: "isento de lactose", "zero lactose", "0% lactose", "sem lactose" ou "não contém lactose", próxima à denominação de venda do alimento.
>
> *Baixo teor de lactose*: alimentos para dietas com restrição de lactose que contêm quantidade de lactose maior que 100 (cem) miligramas por 100 (cem) gramas ou mililitros e igual ou menor do que 1 (um) grama por 100 (cem) gramas ou mililitros do alimento pronto para o consumo, de acordo com as instruções de preparo do fabricante, devendo declarar na rotulagem: a declaração "baixo teor de lactose" ou "baixo em lactose," próxima à denominação de venda do alimento".

Com efeito, a Lei da Lactose surge como um modelo de ampliação da acessibilidade alimentar aos grupos de consumidores alérgicos ou com intolerância alimentar à lactose, e poderia servir de paradigma na construção de uma política de acessibilidade aos consumidores celíacos.

4 Considerações finais

O estudo partiu da premissa de que a Segurança Alimentar é dever do Estado, que, entre outras obrigações, assume a de promover ou prover a alimentação adequada a grupos vulneráveis e minorias, seja pela facilitação na produção e aquisição dos alimentos essenciais, seja pela provisão destes, através de um sistema público de distribuição de alimentos, ou mesmo de distribuição equitativa de renda, que permita autonomia na aquisição.

Constatou ser inegável o risco exponencialmente maior a que os consumidores celíacos se expõem, ao se relacionarem com o segmento alimentício e propôs que a segurança alimentar do celíaco perpasse pela quebra do 'tabu' ou da invisibilidade da "fome qualitativa", na medida em que exige não só o acesso físico aos alimentos "sem glúten", mas que esse acesso ocorra de forma facilitada e adequada, com controle da contaminação cruzada, o que pressupõe a adoção de boas práticas, informação adequada e transparência em toda cadeia produtiva (rastreabilidade), além da viabilidade econômica.

Destacou que a resolução de alergênicos da ANVISA não é adequada para celíacos, uma vez que acaba retirando das empresas a obrigação de atender aos protocolos de boas práticas de fabricação (BPF), agravando a inconsistência das informações nas rotulagens para os consumidores celíacos, ampliando a restrição alimentar e, por conseguinte, aumentando a insegurança alimentar desse grupo de consumidores.

Apontou que os caminhos geradores de segurança alimentar relatados no estudo poderão servir como instrumento da transformação social e da realização do Direto à Segurança Alimentar do Consumidor Celíaco, sendo necessário que o Estado (Brasil) promova mudanças normativas, estruturais e operacionais manifestadas na complexa articulação entre economia e avanços sociais.

Identificou que os modelos inclusivos apontados dependem tanto de subsídios estatais quanto das ações de *'cidadania empresarial'* do segmento alimentício, exigindo a ruptura com o maniqueísmo na medida em que reclama que ambos, Estado e empresa, assumam papéis distintos e complementares perante esse grupo de consumidores.

Conclui-se que a (re)escritura da segurança alimentar do consumidor celíaco reclama a necessidade de um modelo normativo mais eficiente, que fomente a produção segura de alimentos "sem glúten," com boas práticas e certificação que permita uma informação consistente quanto à quantidade de PPM de glúten presentes na oferta final aos consumidores e economicamente acessíveis.

Referências

ARGENTINA. *Lei nº 26.588, 24 de dezembro de 2009*. Disponível em: http://servicios.infoleg.gob.ar/infolegInternet/anexos/160000-164999/162428/texact.htm. Acesso 18 maio 2020.

BECK, U. *La sociedade del riesgo global*. Trad. Jesús Alborés Rey. Madrid: Siglo 21, 2006.

BRASIL. Agência Nacional de Vigilância Sanitária. *Perguntas e respostas sobre rotulagem de alimentos alergênicos*: gerência de avaliação de risco e eficácia para alegações gerência geral de alimentos. Disponível em: http://portal.anvisa.gov.br/documents/10181/2694583/Perg untas%2Be%2BRespostas%2Bsobre%2BRotulagem%2Bde%2BAlergênicos.pdf/01ae0d19-0c17-4b79-b554-ae7244f65406. Acesso em: 05 maio 2020

BRASIL. Agência Nacional de Vigilância Sanitária. *RDC nº 26, de 02 de julho de 2015*. Dispõe sobre os requisitos para rotulagem obrigatória dos principais alimentos que causam alergias alimentares. Disponível em: http://adcon.rn.gov.br/ACERVO/Suvisa/doc/DOC000000000083199.PDF. Acesso em: 28 fev. 2018.

BRASIL. Agência Nacional de Vigilância Sanitária. *RDC nº 275, de 21 de outubro de 2002*. Dispõe sobre o Regulamento Técnico de Procedimentos Operacionais Padronizados aplicados aos Estabelecimentos Produtores/Industrializadores de Alimentos e a Lista de Verificação das Boas Práticas de Fabricação em Estabelecimentos Produtores/Industrializadores de Alimentos. Disponível em: http://portal.anvisa.gov.br/documents/10181/2718376/RDC_275_2002_COMP.pdf/fce9dac0-ae57-4de2-8cf9-e286a383f254. Acesso em: 11 fev. 2019.

BRASIL. Agência Nacional de Vigilância Sanitária. *RDC n° 216, de 15 de setembro de 2004*. Dispõe sobre Regulamento Técnico de Boas Práticas para Serviços de Alimentação. Disponível em: http://portal.anvisa.gov.br. Acesso em: 10 maio 2020.

BRASIL. Agência Nacional de Vigilância Sanitária. *RDC n° 61, de 3 de fevereiro de 2016*. Disponível em: http://portal.anvisa.gov.br/documents/281258/281284/Regimento+Interno+da+Anvisa+-+RDC+nº+61+de+2016/07ccbb20-f3b3-4209-bf84-f520a1a29eab. Acesso em 18 maio 2020.

BRASIL. *Decreto Lei nº 986, de 21 de outubro de 1969*. Institui normas básicas sobre alimentos. Disponível em: http://www6.senado.gov.br/legislacao/ListaTextoIntegral.action?id=94660. Acesso em: 06 abr. 2019.

BRASIL. *Decreto Lei nº 986, de 21 de outubro de 1969*. Institui normas básicas sobre alimentos. Disponível em: http://www6.senado.gov.br/legislacao/ListaTextoIntegral.action?id=94660. Acesso em: 06 abr. 2019.

BRASIL. *Lei nº 10.674, de 16 de maio de 2003*. Obriga a que os produtos alimentícios comercializados informem sobre a presença de glúten, como medida preventiva e de controle da doença celíaca. Disponível em: http://www.planalto.gov.br/CCivil_03/leis2003/l10.674.htm. Acesso em: 28 fev. 2018.

BRASIL. *Lei nº 10.831, de 23 de dezembro de 2003*. Dispõe sobre a agricultura orgânica e dá outras providências. Disponível em: http://www.planalto.gov.br/ccivil_03/leis/2003/l10.831.htm. Acesso em 19 de maio de 2020.

BRASIL. *Lei nº 13.305, de 04 de julho de 2016*. Acrescenta art. 19-A ao Decreto-Lei nº 986, de 21 de outubro de 1969, que "institui normas básicas sobre alimentos", para dispor sobre a rotulagem de alimentos que contenham lactose. Disponível em: http://www.planalto.gov.br/ccivil_03/_ato2015-2018/2016/lei/L13305.htm. Acesso em 18 maio 2020.

BRASIL. Ministério da Saúde. *Portaria nº 1. 428/SVS/MS, de 26 de novembro de 1993*. Disponível em: http://www.anvisa.gov.br/legis/portarias/1428_93.htm. Acesso em: 11 fev. 2019.

BRASIL. MINISTÉRIO DA SAÚDE. *Portaria nº 1149, de 11 de novembro de 2015*. Protocolo Clínico da Doença Celíaca. Disponível em: http://portalarquivos2.saude.gov.br/images/pdf/2015/novembro/13/Portaria-SAS-MS---1149-de-11-de-2015.pdf. Acesso em: 28 fev. 2018.

BRASIL. Ministério da Saúde. *Portaria nº 326/SVS/MS, de 30 de julho de 1997*. Disponível em: http://www.anvisa.gov.br/legis/portarias/326_97.htm. Acesso em: 10 fev. 2019.

BRASIL. Superior Tribunal de Justiça. *Embargos de Divergência em Recurso Especial nº 1515895/MS*. Relator: Ministro Humberto Martins, Brasília, 20 set. 2007. DJe de 27 de set. 2017.

BRASIL. Superior Tribunal de Justiça. *Recurso Especial nº 586316*. Relator Ministro Herman Benjamin, Brasília, 17 de abril de 2007. DJe: 19/03/2009.

CASTRO, J. *Geografia da fome* – o dilema brasileiro. 6ª ed. Rio de Janeiro: Civilização Brasileira, 2006.

DRÈZE, J.; SEN, A. Introduction. *In:* DRÉZE, J.; SEN, A. (org.). *The political economy and hunger*: Entitlement and well-being, Oxford: Clarendon Press, 1990, v. 1.

ESPANHA. Federação de Associações de Celíacos da Espanha (FACE). Disponível em: //celiacos.org/. Acesso em 19 maio 2020.

FASANO, A. et al. Federation of International Societies of Pediatric Gastroenterology, Hepatology, and Nutrition Consensus Report on Celiac Disease. *Journal of Pediatric Gastroenterology and Nutrition*, Bethesda, v. 47, n. 2, p. 214-219, 2008.

GIDDENS, A. *A transformação da intimidade*. Trad. Magda Lopes. São Paulo: UNESP, 1994.

GODOY, A.S.M.; MELLO, P.P.C. A titularidade dos direitos fundamentais por parte de pessoas jurídicas. A empresa como agente de efetivação dos direitos sociais: notas introdutórias ao direito empresarial constitucional, *Revista Brasileira de Políticas Públicas*, Brasília, v. 6, n. 3, p. 99-119, 2016.

GRASSI NETO, R. *Segurança alimentar*: da produção agrária à proteção do consumidor. São Paulo: Saraiva, 2013.

MAHIEU, S. *Le droit de la société d'alimentation*. Bruxelles: De Boeck & Lacier, 2007.

MARQUES, C.L.; MIRAGEM, B. *O novo direito privado e a proteção dos vulneráveis*. São Paulo: RT, 2012.

ORGANIZAÇÃO DAS NAÇÕES UNIDAS PARA AGRICULTURA E ALIMENTAÇÃO. *Codex Alimentarius*. Hazard analysis and critical control point (haccp) system and guidelines for its applicationh. Disponível em: ttp://www.fao.org/3/y1579e/y1579e03.htm. Acesso em 10 maio 2020.

ORGANIZAÇÃO DAS NAÇÕES UNIDAS PARA AGRICULTURA E ALIMENTAÇÃO. *Codex Alimentarius*. Standard for foods for special dietary use for persons intolerant to gluten CXS 118-1979. Disponível em: http://www.fao.org/fao-who-codexalimentarius/sh-proxy/en/?lnk=1&url=https%253A%252F%252Fworkspace.fao.org%252Fsites%252Fcodex%252FStandards%252FCXS%2B118-1979%252FCXS_118e_2015.pdf. Acesso em: 09 abr. 2020.

ORGANIZAÇÃO DAS NAÇÕES UNIDAS PARA AGRICULTURA E ALIMENTAÇÃO. *Codex Alimentarius*. Draft revised standard for gluten-free foods. Disponível em: http://www.fao.org/input/download/report/34/al04_26e.pdf. Consulta em 10 maio 2020.

RIBEIRO-FURTINI, L.L.; ABREU, L.R. Utilização de APPCC na Indústria de Alimentos. *Ciência e Agrotecnologia*, Lavras, v. 30, n. 2, p. 358-363, 2006.

ROVEDO, M. *Contaminação cruzada na indústria de alimentos*: como ajudar os celíacos. 2018. Disponível em: http://www.riosemgluten.com/contaminacao_cruzada_gluten_mariane_rovedo_2018.pdf. Acesso em: 07 abr. 2019.

SCHEUER, P.M. et al. Trigo: características e utilização na panificação. *Revista Brasileira de Produtos Agroindustriais*, Campina Grande, v. 13, n. 2, p. 211-222, 2011.

SCHIMITT, C.H. *Consumidores hipervulneráveis*: a proteção do idoso no mercado de consumo. São Paulo: Atlas, 2014.

TAKEITI, C.Y. Trigo. *In*. AGÊNCIA EMBRAPA DE INFORMAÇÃO TECNOLÓGICA. Árvore *do conhecimento* – tecnologia de alimentos. Disponível em: www.agencia.cnptia.embrapa. br/gestor/tecnologia_de_alimentos/arvore/CONT000girlwnqt02wx5ok05vadr1qrnof0m. html. Acesso em: 22 fev. 2020.

VAZ, C. *Direito do consumidor* à *segurança alimentar e responsabilidade civil*. Porto Alegre: LAEL, 2015.

Informação bibliográfica deste texto, conforme a NBR 6023:2018 da Associação Brasileira de Normas Técnicas (ABNT):

BENTO, Cléa Mara Coutinho. (Re)Escrevendo a história da (in)segurança alimentar do consumidor celíaco no Brasil. *In*: TRENTINI, Flavia; BRANCO, Patrícia; CATALAN, Marcos (coord.). *Direito e comida*: do campo à mesa: cidadania, consumo, saúde e exclusão social. Belo Horizonte: Fórum Social, 2023. p. 191-215. ISBN 978-65-5518-511-9.

OS DESAFIOS REGULATÓRIOS E SOCIOAMBIENTAIS NO ATUAL CONTEXTO ALIMENTAR: UM ENSAIO SOBRE COMO ENFRENTAR UM PAÍS OBESO E FAMINTO

Eleonora Jotz Fortin

Raquel Von Hohendorff[1]

> *En los períodos de disturbios y de guerras corre el rumor de que el enemigo ha envenenado los pozos; en nuestra seguridad alimentaria moderna, paradójicamente, la sospecha surge de nuevo. Se concentra en los productos que elabora la industria fuera de nuestra vista, en dudosos calderos. Aditivos, colorantes, diferentes focos contaminantes resucitan o perpetúan inquietudes inmemoriales.*
>
> (Fischler)

---

[1] Resultado parcial das investigações desenvolvidas no Projeto Transdisciplinaridade e Direito: construindo alternativas jurídicas para os desafios trazidos pelas novas tecnologias com apoio financeiro concedido pela Fundação de Amparo à Pesquisa no Estado do Rio Grande do Sul (FAPERGS), Edital 04/2019 Auxílio Recém-Doutor.

1 Introdução

Como garantir comida suficiente para todos? A pergunta que marca as incertezas e a penúria das sociedades tradicionais no processo de obtenção de alimento contrasta com o excesso produtivo experimentado na atualidade.[2] Em que pese a quantidade de comida produzida no mundo seja suficiente para alimentar toda sua população,[3] pelo menos dois bilhões de pessoas padeciam de fome ou não tinham acesso regular e/ou suficiente a alimentos em 2019.[4] Essa realidade se agravou durante a pandemia de coronavírus,[5] como reflexo do desequilíbrio histórico na distribuição da produção de alimentos.

Se a insegurança alimentar gerada pela ausência, irregularidade e/ou insuficiência de alimentos vem sendo motivo de preocupação, a má nutrição por excesso adquire níveis epidêmicos: pelo menos 44% dos adultos no mundo (mais de dois bilhões de pessoas) apresentam sobrepeso ou obesidade.[6] A coexistência deste *double standard* de desnutrição, aparentemente contraditório, deve ser inserido em um contexto muito mais amplo, que urge repensar a maneira como produzimos e consumimos comida.[7]

---

[2] FISCHLER, C. *El (h)omnívoro*: el gusto, la cocina y el cuerpo. Trad. Mario Merlin. Barcelona: Anagrama, 1990.

[3] ORGANIZACIÓN DE LAS NACIONES UNIDAS. ¿Podemos alimentar al mundo entero y garantizar que nadie pase hambre?. 2019. Disponível em: https://news.un.org/es/story/2019/10/1463701. Acesso em: 9 nov. 2021.

[4] ORGANIZACIÓN DE LAS NACIONES UNIDAS PARA LA ALIMENTACIÓN Y LA AGRICULTURA. *El estado de la seguridad alimentaria y la nutrición en el mundo*: transformación de los sistemas alimentarios para que promuevan dietas asequibles y saludables. Roma: FAO, 2020. Disponível em: https://www.fao.org/3/ca9692es/ca9692es.pdf. Acesso em: 9 nov. 2021.

[5] ORGANIZACIÓN DE LAS NACIONES UNIDAS PARA LA ALIMENTACIÓN Y LA AGRICULTURA. *El estado de la seguridad alimentaria y la nutrición en el mundo*: transformación de los sistemas alimentarios en aras de la seguridad alimentaria, una nutrición mejorada y dietas asequibles y saludables para todos. Roma: FAO, 2021. Disponível em: https://www.fao.org/3/cb4474es/cb4474es.pdf. Acesso em: 9 nov. 2021. ORGANIZACIÓN DE LAS NACIONES UNIDAS PARA LA ALIMENTACIÓN Y LA AGRICULTURA. *Sistemas alimentarios en América Latina y el Caribe*: desafíos en un escenario pospandemia. Panamá: FAO; CIDES, 2021. Disponível em: https://doi.org/10.4060/cb5441es. Acesso em: 17 nov. 2021.

[6] EBERWEIN, J.D. *et al*. Prevalence and trends. *In*: SHEKAR, M.; POPKIN, B. (ed.). *Obesity*: health and economic consequences of an impending global challenge. Washington, DC: World Bank Publications, 2020.

[7] KLEINERT, S.; HORTON, R. Obesity needs to be put into a much wider context. *The Lancet*, London, v. 393, p. 724-725, feb. 2019.

O contínuo crescimento da má nutrição por excesso no mundo tem estreita relação com a produção e consumo de alimentos ultraprocessados (UPF).[8] Na próxima seção (1), investigar-se-á como as novas tendências de alimentação afetam diretamente as dimensões da sustentabilidade e da segurança alimentar. Os principais fatores que levam ao cenário alimentar atual são reforçados na segunda seção (2), no qual também se identifica o papel regulatório do direito na reversão desse quadro. Para finalizar este ensaio, será feita uma breve análise sobre a situação alimentar do Brasil (3).

2 Os impulsores do sistema alimentar e seus impactos socioambientais

A crise climática desatada nos últimos anos, que tem a ação humana como principal propulsor, fomentou um debate mundial sobre as medidas que incumbe a cada país no seu combate. Em 2015, as Nações Unidas elaboraram junto às nações-membro 17 objetivos para atingir o desenvolvimento sustentável. Dentre eles, está acabar com a fome, alcançar a segurança alimentar e melhoria da nutrição e promover a agricultura sustentável (ODS 2). Considerando a importância do sistema alimentar[9] para alcançar esta meta, analisar-se-á sua evolução e os impactos sofridos a partir do: (i) consumo e demanda; (ii) produção e suprimento; (iii) distribuição e comércio de alimentos.[10]

A ascensão das inovações tecnocientíficas permitiram transformações profundas na maneira como a sociedade vive, trabalha, se transporta, se relaciona e consome. Os hábitos de consumo se modificam com o ritmo acelerado da cidade (urbanização), que faz reduzir a

---

[8] Abreviatura em inglês de "Ultra-Processed Food".
[9] ORGANIZACIÓN DE LAS NACIONES UNIDAS PARA LA ALIMENTACIÓN Y LA AGRICULTURA. *El estado de la seguridad alimentaria y la nutrición en el mundo*: transformación de los sistemas alimentarios en aras de la seguridad alimentaria, una nutrición mejorada y dietas asequibles y saludables para todos. Roma: FAO, 2021. Disponível em: https://www.fao.org/3/cb4474es/cb4474es.pdf. Acesso em: 9 nov. 2021. Caracterizado por abranger "todos os elementos (meio ambiente, pessoas, insumos, processos, infraestrutura, instituições, etc.) e atividades relacionadas à produção, processamento, distribuição, preparação e consumo de alimentos, bem como os produtos dessas atividades, inclusive socioeconômicos e ambientais". Inclui as cadeias de abastecimento alimentar, presente desde a produção até o consumo de alimentos, o entorno alimentário, traduzido no contexto físico, econômico, político e sociocultural que enquadra a interação dos consumidores com o sistema alimentar, e o comportamento dos consumidores sobre os alimentos que se adquirem, armazenam e preparam.
[10] BÉNÉ, C. *et al.* Understanding food systems drivers: A critical review of the literature. *Global Security*, Amsterdam, v. 23, p. 149-159, dez. 2019.

percepção do tempo.¹¹ Graças às tecnologias modernas, menos energia é utilizada para realizar tarefas domésticas e se mobilizar, tornando possível a comunicação de longas distâncias.¹² As mudanças nos papéis de gênero e o enfraquecimento das tradições fortaleceram a individualização da gestão alimentar (que, outrora, incumbia à esposa/mãe) e ampliaram a liberdade de escolha sobre quando, onde e o que comer.¹³

Junto à urbanização, houve um aumento do poder aquisitivo do consumidor no final do século XIX em países de baixa e média renda. Isso estimulou o investimento privado no setor alimentício, além de revolucionar a composição dietética da classe média.¹⁴ Para atender as novas necessidades do ser humano moderno, cresce a demanda por alimentos ultraprocessados (UPF),¹⁵ que costumam apresentar alto teor de calorias, sódio, açúcares livres, gorduras saturadas e totais, além de aditivos químicos e conservantes.¹⁶ Estudos apontam sólida correlação entre a inclusão destes produtos à dieta familiar e a preponderância das DNCTs.¹⁷

---

[11] POULAIN, J. *Sociologías de la alimentación*: los comensales y el espacio social alimentario. Barcelona: UOC, 2019.

[12] SCHNEIDER, P. *et al*. Health and economic impacts of overweight/obesity. *In*: SHEKAR, M.; POPKIN, B. (ed.). *Obesity*: health and economic consequences of an impending global challenge. Washington, DC: World Bank Publications, 2020.

[13] FISCHLER, C. *El (h)omnívoro*: el gusto, la cocina y el cuerpo. Trad. Mario Merlin. Barcelona: Anagrama, 1990. LAUDAN, R. A plea for culinary modernism: why we should love new, fast, processed food. *Gastronomica*, California, v. 1, n. 1, p. 36-44, 2001.

[14] POPKIN, B.M.; CORVALAN, C.; GRUMMER-STRAWN, L.M. Dinámica de la doble carga de la malnutrición y la cambiante realidad nutricional. *The Lancet*, [S.l.], v. 395, n. 10217, p. 65–74, jan. 2020. BÉNÉ, C. *et al*. Understanding food systems drivers: A critical review of the literature. *Global Security*, Amsterdam, v. 23, p. 149-159, dez. 2019.

[15] FORTIN, E.J.P. *O acesso à informação nutricional no rótulo de alimentos e bebidas ultraprocessados e seus impactos sobre a produção e o consumo conscientes, seguros e sustentáveis*: uma análise jurídico comparativa entre o Brasil e o Chile. 2020. Trabalho de Conclusão de Curso (Bacharelado em Direito) – Universidade do Vale do Rio dos Sinos, São Leopoldo, 2020, p. 20. "Assim nasce, em 2009, a classificação "NOVA", que distingue os alimentos conforme seu grau de processamento. Dividem-se em: (1) alimentos in natura ou minimamente processados (pela fervura, fracionamento, congelamento, etc.); (2) condimentos para a preparação culinária, como óleo, manteiga, açúcar e sal; (3) alimentos processados, como produtos enlatados ou em conserva, queijos, pães frescos, constituídos por ingredientes do grupo 1 e 2; (4) alimentos ultraprocessados (UPF), feito de substâncias isoladas de alimento e acrescidas de aditivos".

[16] ORGANIZACIÓN PAN AMERICANA DE LA SALUD. *Alimentos y bebidas ultraprocesados en América Latina*: ventas, fuentes, perfiles de nutrientes e implicaciones. Washington, DC: OPAS, 2019. Disponível em: https://cutt.ly/Suatje7. Acesso em: 17 nov. 2021.

[17] POPKIN, B.; EBERWEIN, J.D.; OKAMURA, K.S. Fators affecting overweight/obesity prevalence. *In*: SHEKAR, M.; POPKIN, B. (ed.). *Obesity*: health and economic consequences of an impending global challenge. Washington, DC: World Bank Publications, 2020.

As dinâmicas de produção sofreram uma revolução ainda maior. Se, durante a maior parte da história humana, garantir comida suficiente para toda a população era o principal desafio relativo à alimentação,[18] as novas técnicas de processamento tornam o alimento muito mais acessível.[19] Isso porque "além de assegurar a conservação e durabilidade do alimento (para ser transportado a longas distâncias), livrá-lo de toxinas e torná-lo mais digesto e apetitoso, [o processamento] também otimizou o tempo dedicado à cozinha (desincumbindo a mulher dessa tarefa) [...]".[20]

A invasão tecnológica no setor agrícola ampliou sobremaneira seu rendimento, o que possibilitou a homogeneização e a intensificação da produção[21] e, como consequência, a degradação dos solos e a redução da biodiversidade. Para a produção massiva de UPF, são necessárias monoculturas que exigem fortes insumos agrícolas (inseticidas, fertilizantes, pesticidas), alto consumo energético, e o uso excessivo de água e terra.[22] Este impacto, porém, não supera os efeitos nocivos da atividade pecuária em expansão. Ainda assim, alimentos com alto teor de açúcar/gordura/sal e pratos mistos contribuem com cerca de 23% da emissão de gases de efeito estufa.[23]

A respeito da distribuição e comércio, percebe-se que está bem documentada a forte tendência de "supermercaditização", traduzida na rápida expansão dos mercados, que chegam a ocupar 75% das vendas de varejo de alimentos no Brasil.[24]

A maior parte dos supermercados foi adquirida por enormes redes multinacionais que monopolizam a venda de alimentos embalados

---

[18] FISCHLER, C. *El (h)omnívoro*: el gusto, la cocina y el cuerpo. Trad. Mario Merlin. Barcelona: Anagrama, 1990. KJÆRNES, U.; HARVEY, M.; WARD, A. *Trust in food*: a comparative and institutional analysis. New York: Pallgrave Mcmillan, 2007.

[19] A respeito de como o acesso ao alimento, por muito tempo, estava restrito às camadas mais privilegiadas da sociedade, *v.* LAUDAN, R. A plea for culinary modernism: why we should love new, fast, processed food. *Gastronomica*, California, v. 1, n. 1, p. 36-44, 2001.

[20] FORTIN, E.J.P. *O acesso à informação nutricional no rótulo de alimentos e bebidas ultraprocessados e seus impactos sobre a produção e o consumo conscientes, seguros e sustentáveis*: uma análise jurídico comparativa entre o Brasil e o Chile. 2020. Trabalho de Conclusão de Curso (Bacharelado em Direito) – Universidade do Vale do Rio dos Sinos, São Leopoldo, 2020.

[21] BÉNÉ, C. *et al.* Understanding food systems drivers: A critical review of the literature. *Global Security*, Amsterdam, v. 23, p. 149-159, dez. 2019.

[22] FARDET, A.; ROCK, E. Ultra-processed foods and food system sustainability: what are the links? *Sustainability*, Basel, v. 12, n. 15, p. 1-29, aug. 2020.

[23] *Id.*

[24] REARDON, T. *et al.* The rise of supermarkets in Africa, Asia, and Latin America. *American Journal of Agricultural Economics*, [S.l.], v. 85, n. 5, p. 1140-1146, 2003.

e de UPF,²⁵ possibilitando a baixa dos preços desses produtos. Alimentos mais saudáveis e locais não alcançam preços competitivos, o que gera consequências ao consumidor (explicando a existência de "dupla carga" de desnutrição) e para o pequeno produtor, que não logra a competir com as grandes corporações subsidiadas pelos governos.²⁶

Nesses três processos, os alimentos ultraprocessados (UPF) aparecem como elemento-chave relacionado à insustentabilidade do sistema alimentar e à má nutrição por excesso. Durante a pandemia, não houve redução de seu consumo, apesar da tendência de aumento de preço pela inflação generalizada.²⁷

Considerando esta nova realidade, urge repensar a regulamentação desses alimentos visando estimular práticas de produção, distribuição, venda e consumo seguros e sustentáveis. O direito exerce, assim, um papel fundamental na promoção de alimentação saudável, permanente e acessível a todas as pessoas.

3 O papel regulatório na promoção do consumo consciente, seguro e sustentável

As transformações que tomaram lugar na sociedade moderna impõem a sustentabilidade como fio condutor ao tratamento de questões alimentares e de novas tecnologias,²⁸ o que se soma às peculiaridades de ordem socioeconômica, ambiental e de saúde.

Nesta seção, discorrer-se-á sobre os elementos que debilitaram a segurança alimentar nos últimos anos, reiterando seu caráter de

---

[25] *Id.*

[26] FARDET, A.; ROCK, E. Ultra-processed foods and food system sustainability: what are the links? *Sustainability*, Basel, v. 12, n. 15, p. 1-29, aug. 2020. POPKIN, B.M.; CORVALAN, C.; GRUMMER-STRAWN, L.M. Dinámica de la doble carga de la malnutrición y la cambiante realidad nutricional. *The Lancet*, [S.l.], v. 395, n. 10217, p. 65–74, jan. 2020.

[27] ORGANIZACIÓN DE LAS NACIONES UNIDAS PARA LA ALIMENTACIÓN Y LA AGRICULTURA. *El estado de la seguridad alimentaria y la nutrición en el mundo*: transformación de los sistemas alimentarios en aras de la seguridad alimentaria, una nutrición mejorada y dietas asequibles y saludables para todos. Roma: FAO, 2021. Disponível em: https://www.fao.org/3/cb4474es/cb4474es.pdf. Acesso em: 9 nov. 2021. JOSEPHS, J. El jefe de Kraft Heinz advierte que hay que acostumbrarse a que la comida sea más cara. *BBC News*, [S.l.], 12 out. 2021. Disponível em: https://www.bbc.com/mundo/noticias-58879311. Acesso em: 7 nov. 2021.

[28] HOHENDORFF, R. V. *A contribuição do safe by design na estruturação autorregulatória da gestão dos riscos nanotecnológicos*: lidando com a improbabilidade da comunicação intersistêmica entre o direito e a ciência em busca de mecanismos para concretar os objetivos de sustentabilidade do milênio. 2018. Tese (Doutorado em Direito) – Universidade do Vale do Rio dos Sinos, São Leopoldo, 2018.

direito do consumidor e reforçando o papel do direito na promoção de câmbios reais, que promovam um sistema alimentar mais responsável, seguro e sustentável.

São várias as dimensões que abarcam a segurança alimentar. Após diversas modificações no seu conceito, cento e oitenta países acordam, na Cumbre Mundial da Alimentação (1996), que o gozo da segurança alimentar está pautado no acesso físico, econômico e social, em todo o momento, a uma quantidade suficiente de alimentos inócuos e nutritivos para satisfazer as necessidades e preferências individuais (e culturais), além de fomentar uma vida saudável e ativa.[29] A base de sua efetivação está no acesso, na utilização e na disponibilidade de alimentos, além da estabilidade dessas condições.

Dentre os elementos considerados importantes para o aumento da insegurança alimentar, estão o aumento da intensidade de conflitos, das mutações climáticas e do debilitamento da economia, junto à chegada da pandemia de covid-19.[30]

Também são fatores-chave a desigualdade econômica no acesso a alimentos saudáveis e a pobreza extrema. Como mostra a Figura 1, o sistema alimentar é impulsionado por motores biofísicos e ambientais, de inovação e infraestrutura, políticos e econômicos, socioculturais e demográficos. Seu funcionamento repercute na cultura e nos hábitos alimentares da população, que necessita de alimentos em quantidade e qualidade adequadas e permanentes.[31]

---

[29] RAPALLO, R. Hambre, inseguridad alimentaria, malnutrición y sistemas alimentarios en América Latina y el Caribe. *In*: ORGANIZACIÓN DE LAS NACIONES UNIDAS PARA LA ALIMENTACIÓN Y LA AGRICULTURA. *Sistemas alimentarios en América Latina y el Caribe*: desafíos en un escenario pospandemia. Panamá: FAO; CIDES, 2021, p. 53-70. Disponível em: https://doi.org/10.4060/cb5441es. Acesso em: 17 nov. 2021.

[30] ORGANIZACIÓN DE LAS NACIONES UNIDAS PARA LA ALIMENTACIÓN Y LA AGRICULTURA. *El estado de la seguridad alimentaria y la nutrición en el mundo*: transformación de los sistemas alimentarios en aras de la seguridad alimentaria, una nutrición mejorada y dietas asequibles y saludables para todos. Roma: FAO, 2021. Disponível em: https://www.fao.org/3/cb4474es/cb4474es.pdf. Acesso em: 9 nov. 2021.

[31] MALUF, R.S.; MENEZES, F. *Caderno 'segurança alimentar'*. Brasília: AGEITEC, 2002. Disponível em: https://cutt.ly/WgEvTBX. Acesso em: 6 out. 2021.

Figura 1 – O funcionamento de um sistema alimentar

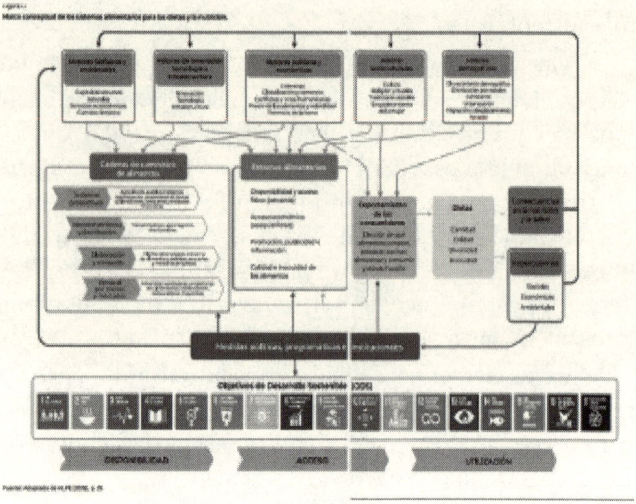

Fonte: https://www.fao.org/3/cb4474es/cb4474es.pdf. Acesso em: 9 nov. 2021.

Uma visão clara de como o sistema alimentar é impactado pela multiplicidade de fatores apresentados na Figura 1 é obtida pelos efeitos observados a partir do novo coronavírus. A desvalorização do dólar e o término de estoques estratégicos na China incentivaram o crescimento das exportações e a redução dos preços de importação. O confinamento, por outro lado, incentivou a preparação culinária em casa, outrora olvidada em grandes centros urbanos, e a comercialização on-line de alimentos como meio de enfrentamento à pandemia.[32]

Com muito mais força, os efeitos negativos se fizeram notar: a inflação de alimentos essenciais, o comprometimento da distribuição de produtos frescos pelas novas exigências sanitárias, a drástica redução de renda dos agricultores e da classe mais pobre, além da brusca interrupção dos programas de almoços escolares, que provocaram uma deterioração na alimentação de crianças e adolescentes. A tendência de aumento no consumo de UPF coincide com os números crescentes de

---

[32] ORGANIZACIÓN DE LAS NACIONES UNIDAS PARA LA ALIMENTACIÓN Y LA AGRICULTURA. *Sistemas alimentarios en América Latina y el Caribe*: desafíos en un escenario pospandemia. Panamá: FAO; CIDES, 2021. Disponível em: https://doi.org/10.4060/cb5441es. Acesso em: 17 nov. 2021.

sobrepeso e obesidade em todas as regiões, ainda durante a pandemia. A fome, que já vinha aumentando,[33] toma um salto em 2020 (aumento de 118 milhões) junto aos níveis de insegurança alimentar que atingem, sobretudo, os grupos mais vulneráveis, a exemplo de pessoas pobres, mulheres, crianças e adolescentes.[34]

A Figura 1 revela, ainda, que no pano de fundo de todo este processo alimentar, que envolve a produção, o armazenamento, a distribuição, a venda e promoção de alimentos, está o consumidor. Esta categoria nem sempre foi reconhecida ao longo da história. No ano de 1962, em resposta às rápidas mudanças que tomavam conta da sociedade,[35] John Kennedy envia uma carta ao Congresso dos Estados Unidos rogando pelos direitos mais básicos do consumidor, quais sejam: (i) à segurança contra a publicidade de bens nocivos à saúde; (ii) à informação, evitando práticas fraudulentas, enganosas e omissões grosseiras; (iii) à escolha, garantindo o acesso a uma variedade de alimentos de qualidade e a preços competitivos; (iv) e a ser ouvido, especialmente na formulação de políticas públicas.[36]

A escolha do consumidor é, porém, dificultada pela "cacofonia" de prescrições médicas e publicitárias, que ora incentivam o prazer, ora

---

[33] ORGANIZACIÓN DE LAS NACIONES UNIDAS PARA LA ALIMENTACIÓN Y LA AGRICULTURA. *El estado de la seguridad alimentaria y la nutrición en el mundo*: transformación de los sistemas alimentarios para que promuevan dietas asequibles y saludables. Roma: FAO, 2020. Disponível em: https://www.fao.org/3/ca9692es/ca9692es. pdf. Acesso em: 9 nov. 2021. De 2014 a 2019, houve um aumento de 7,4% da fome em escala global.

[34] ORGANIZACIÓN DE LAS NACIONES UNIDAS PARA LA ALIMENTACIÓN Y LA AGRICULTURA. *El estado de la seguridad alimentaria y la nutrición en el mundo*: transformación de los sistemas alimentarios en aras de la seguridad alimentaria, una nutrición mejorada y dietas asequibles y saludables para todos. Roma: FAO, 2021. Disponível em: https:// www.fao.org/3/cb4474es/cb4474es.pdf. Acesso em: 9 nov. 2021. ORGANIZACIÓN DE LAS NACIONES UNIDAS PARA LA ALIMENTACIÓN Y LA AGRICULTURA. *Sistemas alimentarios en América Latina y el Caribe*: desafíos en un escenario pospandemia. Panamá: FAO; CIDES, 2021. Disponível em: https://doi.org/10.4060/cb5441es. Acesso em: 17 nov. 2021.

[35] A exemplo das inovações tecnológicas, intensificação e homogeneização do setor agrícola, expansão do comércio internacional, aumento populacional, etc. V. BÉNÉ, C. *et al*. Understanding food systems drivers: A critical review of the literature. *Global Security*, Amsterdam, v. 23, p. 149-159, dez. 2019.

[36] KENNEDY, J. Special message to the congress on protecting the consumer interest. *The American Presidency Project*, Santa Barbara, 1962. Disponível em: https://cutt.ly/eulMa4h. Acesso em: 15 jun. 2020. "Se aos consumidores são oferecidos produtos inferiores, se os preços forem exorbitantes, se os medicamentos não forem seguros ou eficazes, se o consumidor for incapaz de escolher de maneira informada, então seu dinheiro é desperdiçado, sua saúde e segurança podem ser ameaçadas, e o interesse nacional sofre". Tradução própria.

reiteram as advertências de saúde.[37] No final dos anos 80, a preocupação médica acerca das "enfermidades da civilização" relacionadas à dieta alimentar, somadas ao avanço das publicidades e estratégias de *marketing* de produtos processados gera uma multiplicidade de discursos sobre a alimentação.[38] Isso prejudica o juízo do consumidor que, sem ter ideia clara do que deve ser sua alimentação, vê que "o próprio exercício da 'liberdade' plena, tida como uma verdade irrefutável, está adstrito às circunstâncias fáticas a que se insere".[39]

Assim, fortalecer os entornos alimentares e mudar o comportamento dos consumidores para promover hábitos saudáveis é uma das seis vias apontadas pela FAO[40] para reabilitar a segurança alimentar e a nutrição popular. O direito detém o dever fundamental de intervir em prol do acesso à saúde e à informação pelo consumidor, ademais de lhe garantir uma alimentação inofensiva, suficiente e, sobretudo, de qualidade. Uma vez que a situação sindêmica de obesidade, má nutrição e de crise climática se deve a uma responsabilidade compartilhada entre o setor alimentar, o governo e o próprio consumidor.[41] As medidas a serem adotadas possuem múltiplas facetas.

O primeiro passo, que será trabalhado brevemente neste apartado, é modificar o entorno alimentar.[42] Entre as principais ações que

---

[37] KJÆRNES, U.; HARVEY, M.; WARD, A. *Trust in food*: a comparative and institutional analysis. New York: Pallgrave Mcmillan, 2007.

[38] FISCHLER, C. *El (h)omnívoro*: el gusto, la cocina y el cuerpo. Trad. Mario Merlin. Barcelona: Anagrama, 1990.

[39] FORTIN, E.J.P. *O acesso à informação nutricional no rótulo de alimentos e bebidas ultraprocessados e seus impactos sobre a produção e o consumo conscientes, seguros e sustentáveis*: uma análise jurídico comparativa entre o Brasil e o Chile. 2020. Trabalho de Conclusão de Curso (Bacharelado em Direito) – Universidade do Vale do Rio dos Sinos, São Leopoldo, 2020.

[40] ORGANIZACIÓN DE LAS NACIONES UNIDAS PARA LA ALIMENTACIÓN Y LA AGRICULTURA. *El estado de la seguridad alimentaria y la nutrición en el mundo*: transformación de los sistemas alimentarios en aras de la seguridad alimentaria, una nutrición mejorada y dietas asequibles y saludables para todos. Roma: FAO, 2021. Disponível em: https://www.fao.org/3/cb4474es/cb4474es.pdf. Acesso em: 9 nov. 2021.

[41] SWINBURN, B.A. et al. The global syndemic of obesity, undernutrition, and climate change: the Lancet Commission report. *The Lancet*, [S.l.], v. 39, n. 10173, p. 791-846, 2019.

[42] ORGANIZACIÓN DE LAS NACIONES UNIDAS PARA LA ALIMENTACIÓN Y LA AGRICULTURA. *El estado de la seguridad alimentaria y la nutrición en el mundo*: transformación de los sistemas alimentarios en aras de la seguridad alimentaria, una nutrición mejorada y dietas asequibles y saludables para todos. Roma: FAO, 2021. Disponível em: https://www.fao.org/3/cb4474es/cb4474es.pdf. "El entorno alimentario consta de: "puntos de entrada de los alimentos", esto es, los espacios físicos en los que se obtienen los alimentos; el entorno edificado que permite que los consumidores accedan a estos espacios; los determinantes personales de las elecciones alimentarias (como los ingresos, la educación, los valores o las aptitudes); y las normas políticas, sociales y culturales en las que se apoyan estas interacciones".

podem ser tomadas nesse âmbito, se destacam o fornecimento de alimentos saudáveis nas escolas e instituições públicas, ampliando seu acesso às pessoas de baixa renda; a aplicação de impostos a comidas calóricas, com elevado consumo de açúcares, gorduras e sal e a subvenção de produtos considerados nutritivos; a promulgação de leis que controlem a publicidade de alimentos não saudáveis; a contenção na produção industrial de gorduras trans; e a regulamentação de normas de rotulagem, de modo a desestimular uma compra irrefletida e a incentivar a reformulação de alimentos e bebidas não saudáveis.

Sublinha-se a atuação do Chile no cumprimento das ações recomendadas pela FAO.[43] Frente à "publicidad personalizada, segmentada, relevante y efectiva a niveles nunca vistos",[44] ao avanço do neuromarketing e a instauração do que Girard chama de "economia do comportamento",[45] o consumidor se torna ainda mais vulnerável aos estímulos de seu entorno. Somado ao aumento das vendas e do consumo de UPF, houve um deterioro na qualidade da alimentação, em especial das crianças e adolescentes naquele país. Em resposta, a *Ley Chilena de Composición Nutricional de Alimentos* (Lei nº 20.606/2012) – complementada pela Lei de Publicidade (20.869/2015)[46] – introduz uma rotulagem frontal em formato octogonal, de advertência cor preta e contorno branco, aplicada em alimentos com níveis exorbitantes de açúcares, sódio, gorduras saturadas e calorias. Sua iconografia pode ser conferida na Figura 2.

---

[43] *Id.*
[44] GIRARDI, G. La Ley chilena de etiquetado nutricional: un primer paso contra una pandemia silenciada. *In*: ORGANIZACIÓN DE LAS NACIONES UNIDAS PARA LA ALIMENTACIÓN Y LA AGRICULTURA. *Sistemas alimentarios en América Latina y el Caribe*: desafíos en un escenario pospandemia. Panamá: FAO; CIDES, 2021, p. 95-120. Disponível em: https://doi.org/10.4060/cb5441es. Acesso em: 28 nov. 2021.
[45] *Id.*
[46] As especificações legais foram acrescidas no Reglamento Sanitario de Alimentos (Decreto nº 977/1996).

Figura 2 – Modelo "Advertência" de rotulagem frontal regulado pelo Chile

Fonte: https://cutt.ly/2fZiIM3.

Os rótulos exibidos na Figura 2, que soma ao impedimento de agregar propriedades nutricionais simultâneas à sua aplicação, buscam superar as barreiras técnicas e educacionais que poderiam estar ofuscando a avaliação do consumidor a respeito da qualidade nutricional do alimento. Seu formato octogonal remete ao sinal de trânsito "Pare", e sua cor negra com contornos brancos lhe concede especial destaque, no intuito de ser captado em milésimos de segundo. O potencial persuasivo desse modelo de advertência foi reiterado por diversos estudos, como o de Machín,[47] Arrúa[48] e Ares.[49] No que diz respeito à publicidade, é vedado realizar divulgação de alimentos com selo dirigida a menores de 14 anos (com personagens, desenhos, animações, jogos ou músicas

---

[47] MACHÍN, L. et al. Do nutritional warnings do their work?: results from a choice experiment involving snack products. *Food Quality and Preference*, Amsterdam, v. 77, p. 159–165, 2019.

[48] ARRÚA, A. et al. Impact of front-of-pack nutrition information and label design on children's choice of two snack foods: Comparison of warnings and the traffic-light system. *Appetite*, Amsterdam, v. 116, n. 1, p. 139-146, sept. 2017.

[49] ARES, G. et al. Comparative performance of three interpretative front-of-pack nutrition labelling schemes: insights for policy making. *Food Quality and Preference*, Amsterdam, v. 68, p. 215-225, 2018.

infantis) e os anúncios televisivos e cinematográficos desses produtos só poderão ocorrer entre as 22 h e 6 h.[50] Essa medida legal restritiva e de baixo custo obteve resultados surpreendentes. Em relação à sua compreensão e percepção, 92,9% dos residentes no Chile declararam entender os selos e 79,1% disseram que estes influenciam em sua compra. Em relação ao consumo e exposição a esses produtos, houve uma diminuição de 14% nas compras de cereais, de 23,7% de bebidas açucaradas e de 17% de sobremesas embaladas. Estima-se que houve uma redução na exposição desses alimentos a crianças e adolescentes entre 42 e 62%.[51] O papel regulatório, além de ser eficaz nos objetivos que se propõe, tem uma função preventiva fundamental na segurança alimentar de futuras gerações.

4 Comentários finais: "Em que pé anda" o Brasil?

O primeiro semestre de 2021 divulga dados desconcertantes sobre o Brasil: 55% das famílias residentes no terceiro maior produtor de alimentos do mundo passam por algum tipo de insegurança alimentar.[52] Em terras onde a fome nunca foi totalmente superada, abriga-se um número de obesos equivalente a 19% da população, um aumento de 67% em pouco mais de dez anos. Frente às recomendações e medidas tomadas no âmbito internacional, pergunta-se o que o Brasil tem feito para promover dietas mais saudáveis, em paralelo aos seus esforços para combater a desnutrição.

Entre os êxitos alcançados pela política alimentar brasileira, cita-se o Programa Fome Zero (2003-2010), que reuniu um conjunto de ações (a curto e longo prazo) para acabar com a fome. Entre elas está a criação do Programa de Aquisição de Alimentos (PAA), que tratou de realizar doações de alimentos a famílias com insegurança alimentar, adquirindo-os a partir de produtos vendidos por agricultores locais.

---

[50] CHILE. *Decreto 977, de 06 de agosto de 1996*. Aprueba Reglamento Sanitario de los Alimentos. Santiago de Chile: Presidencia de la Republica, 1997. Disponível em: https://cutt.ly/2fZiIM3. Acesso em: 18 nov. 2021.

[51] GIRARDI, G. La Ley chilena de etiquetado nutricional: un primer paso contra una pandemia silenciada. *In*: ORGANIZACIÓN DE LAS NACIONES UNIDAS PARA LA ALIMENTACIÓN Y LA AGRICULTURA. *Sistemas alimentarios en América Latina y el Caribe*: desafíos en un escenario pospandemia. Panamá: FAO; CIDES, 2021, p. 95-120. Disponível em: https://doi.org/10.4060/cb5441es. Acesso em: 28 nov. 2021.

[52] MACÁRIO, C. Enquanto o Brasil bate recordes de produção no campo, brasileiros comem pouco e mal. *Folha de São Paulo*, São Paulo, 26 jul. 2021. Disponível em: https://piaui.folha.uol.com.br/lupa/2021/07/26/brasileiros-comem-pouco-e-mal/. Acesso em: 18 nov. 2021.

A agricultura familiar local também passa a compor 30% das comidas escolares no âmbito do Programa Nacional de Alimentação Escolar (PNAE).[53] Por outro lado, a Política Nacional de Alimentação e Nutrição (PNAN) e a posterior criação de um Sistema Nacional de Segurança Alimentar e Nutricional (SISAN) compõem "um arcabouço político e legal que é exemplo para o mundo".[54]

Sobre as medidas que visam à conscientização do consumidor, ressalta-se a elaboração do Guia Alimentar para a População Brasileira (2014), de conteúdo simples, extensivo, acompanhado de imagens ilustrativas. É pioneiro em classificar os alimentos e estabelecer recomendações a partir do seu grau de seu processamento.[55] Acompanhando, ainda, a tendência internacional de regulamentar produtos não saudáveis, a ANVISA celebrou a implementação de um novo modelo de rotulagem frontal em alimentos embalados. O novo "selo", de forma retangular, contém uma lupa em seu interior imediatamente ao lado de "alto em" (de fundo branco) e seguido de "açúcares adicionados", "sódio" e/ou "gordura saturada" (estes últimos de fundo negro), como mostra a Figura 3.

---

[53] DEL GROSSI, M. Análisis de las principales tendencias en las regulaciones y políticas alimentarias en América Latina y el Caribe. Estudio de caso: Brasil. *In*: ORGANIZACIÓN DE LAS NACIONES UNIDAS PARA LA ALIMENTACIÓN Y LA AGRICULTURA. *Sistemas alimentarios en América Latina y el Caribe*: desafíos en un escenario pospandemia. Panamá: FAO; CIDES, 2021, p. 121-138. Disponível em: https://doi.org/10.4060/cb5441es. Acesso em: 17 nov. 2021.

[54] ORGANIZAÇÃO DAS NAÇÕES UNIDAS. *Documentos temáticos*: objetivos do desenvolvimento sustentável 1, 2, 3, 5, 9, 14. Brasília: ONU Brasil, 2017. Disponível em: https://cutt.ly/LgEsmnl. Acesso em: 9 nov. 2021.

[55] MONTEIRO, C. *et al*. The UN Decade of Nutrition, the NOVA food classification and the trouble with ultra-processing. *Public Health Nutrition*, Cambridge, v. 21, n. 1, p. 6-10, 2018.

Figura 3 – Modelo de rotulagem frontal aprovado pela ANVISA

a) Modelos com alto teor de um nutriente

b) Modelos com alto teor de dois nutrientes

c) Modelos com alto teor de três nutrientes

Fonte: https://cutt.ly/fgKVobs.

Apesar do modelo exibido na Figura 3 e de outras inovações introduzidas na embalagem de alimentos, muitos são os desafios para alcançar a segurança alimentar. Passados meses de discussão sobre a introdução de um rótulo frontal que elucide a (falta de) qualidade nutricional do alimento, a preferência pela adoção de um modelo muito similar ao chileno não prosperou. No seu lugar, optou-se por uma opção "com a cara do brasileiro", que não impõe "medo", apesar de não dotar de respaldo científico na sua aplicação.[56] Embora o "transplante" jurídico não seja, certamente, obra de um processo automático, como afirma Ferrante, "el afán de innovar necesariamente puede conducir a

---

[56] AGÊNCIA NACIONAL DE VIGILÂNCIA SANITÁRIA – ANVISA. *Relatório de análise de impacto regulatório sobre rotulagem nutricional*. Brasília: ANVISA, 2019, p. 110-111. Disponível em: https://cutt.ly/PgKwnSP. Acesso em: 23 out. 2021.

resultados jurídicos no apropiados".⁵⁷ Isso, porém, não parece ser obra do descuido: muitas são as razões pelos tímidos passos realizados em direção à segurança alimentar.

Não se pode ignorar o grande obstáculo que representam as grandes empresas na concretização de um sistema alimentar seguro e sustentável. Em um mundo em que grande parte das riquezas se concentra em um grupo cada vez mais reduzido de pessoas,⁵⁸ o corporativismo é mais forte do que nunca. Apenas seis firmas controlam 75% do mercado global de sementes e agroquímicos, e apenas quatro controlam mais de 70% do comércio mundial de grãos.⁵⁹ O oligopólio formado por estas empresas lhes concedeu um inestimável capital financeiro⁶⁰ e, também, político.⁶¹ Isso fortalece a resistência empresarial frente a propostas mais efetivas para limitar a promoção de alimentos não saudáveis, seja pela via judicial⁶² ou por pressão política,⁶³ ademais do intenso *lobby* produzido na esfera legislativa.⁶⁴

---

[57] FERRANTE, A. El etiquetado frontal en los alimentos y la iconografía jurídica: un ejemplo para la comprensión del trasplante jurídico y del nuevo paradigma latinoamerican. *Revista de la Facultad de Derecho*, Lima, n. 87, p. 141-181, dec. 2021.

[58] INGLEHART, R; NORRIS, P. Trump and the populist authoritarian parties: the silent revolution in reverse. *Perspective on Politics*, Cambridge, v. 15, n. 2, p. 443-454, nov. 2017.

[59] CLAPP, J. The Mekong offers a preview of the analytical possibilities that inhere in a sociolegal approach to water politics. Book Review. *In*: HOWARD, P.H. *Concentration and power in the food system*: who controls what we eat? New York: Bloomsbury Academic, 2016. LAPPÉ, F.M. The food movement: its power and possibilities. *The Nation*, New York, 14 sept. 2011. Disponível em: https://www.thenation.com/article/archive/food-movement-its-power-and-possibilities/. Acesso em: 8 out. 2021.

[60] V. BELIK, W. *Estudo sobre a cadeia de alimentos*. Piracicaba: Imaflora, 2020. No Brasil, os três maiores grupos de mercado (Carrefour, Walmart e Cencosud), considerando todas as categorias de produtos (não só a de alimentos) representam 41,7% do faturamento de todos os supermercados.

[61] HOWARD, P.H. *Concentration and power in the food system*: who controls what we eat? New York: Bloomsbury Academic, 2016. Disponível em: https://cutt.ly/xTO5CP2. Acesso em: 14 nov. 2021. INGLEHART, R; NORRIS, P. Trump and the populist authoritarian parties: the silent revolution in reverse. *Perspective on Politics*, Cambridge, v. 15, n. 2, p. 443-454, nov. 2017. FISCHLER, C. *El (h)omnívoro*: el gusto, la cocina y el cuerpo. Trad. Mario Merlin. Barcelona: Anagrama, 1990.

[62] DEL GROSSI, M. Análisis de las principales tendencias en las regulaciones y políticas alimentarias en América Latina y el Caribe. Estudio de caso: Brasil. *In*: ORGANIZACIÓN DE LAS NACIONES UNIDAS PARA LA ALIMENTACIÓN Y LA AGRICULTURA. *Sistemas alimentarios en América Latina y el Caribe*: desafíos en un escenario pospandemia. Panamá: FAO; CIDES, 2021, p. 121-138. Disponível em: https://doi.org/10.4060/cb5441es. Acesso em: 17 nov. 2021. Em 2010, a ANVISA publicou uma Resolução nº 24 que promovia restrições na oferta, propaganda, publicidade e outras práticas correlatas cujo objetivo seja a promoção comercial dos alimentos com quantidade elevada de açúcar, gorduras saturadas, gorduras trans, sódio e de bebidas com baixo teor nutricional.

Nesse sentido, "talvez seja ingênuo ignorar que algumas das escolhas ora criticadas nada mais são que ações estratégica e intencionalmente dissimuladas entremeio às sombras da normalidade, iniciativas políticas que, ainda assim, parecem minar alguns dos pilares sobre os quais fora estruturado o Direito do Consumidor no Brasil".[65] Frente ao *double standard* em ascensão no Brasil, uma regulamentação norteada pela escuta do consumidor, que pede por saúde e transparência, se faz urgente ao consumo responsável e à garantia de ações seguras e éticas na produção, distribuição e venda de alimentos industrializados.

Referências

AGÊNCIA NACIONAL DE VIGILÂNCIA SANITÁRIA – ANVISA. *Relatório de análise de impacto regulatório sobre rotulagem nutricional*. Brasília: ANVISA, 2019, p. 110-111. Disponível em: https://cutt.ly/PgKwnSP. Acesso em: 23 out. 2021.

ARES, G. *et al*. Comparative performance of three interpretative front-of-pack nutrition labelling schemes: insights for policy making. *Food Quality and Preference*, Amsterdam, v. 68, p. 215-225, 2018.

ARRÚA, A. *et al*. Impact of front-of-pack nutrition information and label design on children's choice of two snack foods: Comparison of warnings and the traffic-light system. *Appetite*, Amsterdam, v. 116, n. 1, p. 139-146, sept. 2017.

Essa resolução foi suspensa em razão de demanda judicial apresentada por representantes da indústria. *V.* ainda, PERES, J. Indústria de junk food levou Anvisa na lábia para seguir bombando Danoninho. *The Intercept Brasil* [S.l.], 12 mar. 2021. Disponível em: https://theintercept.com/2021/03/12/anvisa-junk-food-seguir-bombando-danoninho/.

[63] Acerca de influência de interesses corporativos a nível nacional (na nova regulamentação de rotulagem pela ANVISA) como a nível internacional (na definição da Agenda da Cumbre sobre os Sistemas Alimentares da ONU em 2021), vide: PERES, J. Indústria de junk food levou ANVISA na lábia para seguir bombando Danoninho. *The Intercept Brasil* [S.l.], 12 mar. 2021. Disponível em: https://theintercept.com/2021/03/12/anvisa-junk-food-seguir-bombando-danoninho/ e MONSALVE, S. El secuestro corporativo de la cumbre de la ONU sobre los alimentos. *El País*. [S.l.], 23 sep. 2021. Disponível em: https://elpais.com/planeta-futuro/red-de-expertos/2021-09-23/el-secuestro-corporativo-de-la-cumbre-de-la-onu-sobre-los-alimentos.html. Acesso em: 17 nov. 2021.

[64] DEL GROSSI, M. Análisis de las principales tendencias en las regulaciones y políticas alimentarias en América Latina y el Caribe. Estudio de caso: Brasil. *In*: ORGANIZACIÓN DE LAS NACIONES UNIDAS PARA LA ALIMENTACIÓN Y LA AGRICULTURA. *Sistemas alimentarios en América Latina y el Caribe*: desafíos en un escenario pospandemia. Panamá: FAO; CIDES, 2021, p. 121-138. Disponível em: https://doi.org/10.4060/cb5441es. Acesso em: 17 nov. 2021. Nota-se a insistência de projetos de lei refratários, que buscam retroceder em direitos já alcançados, como na obrigatoriedade de selos com símbolo "T" quando o produto é de origem transgênica.

[65] CATALAN, M. Uma reflexão frugal acerca do recém-aprovado modelo de rotulagem de alimentos e bebidas no Brasil. *Revista Eletrônica Direito e Sociedades*, Canoas, v. 8, n. 3, p. 9-15, 2020.

BELIK, W. *Estudo sobre a cadeia de alimentos*. Piracicaba: Imaflora, 2020.

BÉNÉ, C. et al. Understanding food systems drivers: A critical review of the literature. *Global Security*, Amsterdam, v. 23, p. 149-159, dez. 2019.

CATALAN, M. Uma reflexão frugal acerca do recém-aprovado modelo de rotulagem de alimentos e bebidas no Brasil. *Revista Eletrônica Direito e Sociedades*, Canoas, v. 8, n. 3, p. 9-15, 2020.

CHILE. *Decreto 977, de 06 de agosto de 1996*. Aprueba Reglamento Sanitario de los Alimentos. Santiago de Chile: Presidencia de la Republica, 1997. Disponível em: https://cutt.ly/2fZiIM3. Acesso em: 18 nov. 2021.

CLAPP, J. The Mekong offers a preview of the analytical possibilities that inhere in a sociolegal approach to water politics. Book Review. *In*: HOWARD, P.H. *Concentration and power in the food system*: who controls what we eat? New York: Bloomsbury Academic, 2016.

DEL GROSSI, M. Análisis de las principales tendencias en las regulaciones y políticas alimentarias en América Latina y el Caribe. Estudio de caso: Brasil. *In*: ORGANIZACIÓN DE LAS NACIONES UNIDAS PARA LA ALIMENTACIÓN Y LA AGRICULTURA. *Sistemas alimentarios en América Latina y el Caribe*: desafíos en un escenario pospandemia. Panamá: FAO; CIDES, 2021. p. 121-138. Disponível em: https://doi.org/10.4060/cb5441es. Acesso em: 17 nov. 2021.

EBERWEIN, J.D. et al. Prevalence and trends. *In*: SHEKAR, M.; POPKIN, B. (ed.). *Obesity*: health and economic consequences of an impending global challenge. Washington, DC: World Bank Publications, 2020.

FARDET, A.; ROCK, E. Ultra-processed foods and food system sustainability: what are the links? *Sustainability*, Basel, v. 12, n. 15, p. 1-29, aug. 2020.

FERRANTE, A. El etiquetado frontal en los alimentos y la iconografía jurídica: un ejemplo para la comprensión del trasplante jurídico y del nuevo paradigma latinoamericano. *Revista de la Facultad de Derecho*, Lima, n. 87, p. 141-181, dec. 2021.

FISCHLER, C. *El (h)omnívoro*: el gusto, la cocina y el cuerpo. Trad. Mario Merlino. Barcelona: Anagrama, 1990.

FORTIN, E.J.P. *O acesso à informação nutricional no rótulo de alimentos e bebidas ultraprocessados e seus impactos sobre a produção e o consumo conscientes, seguros e sustentáveis*: uma análise jurídico comparativa entre o Brasil e o Chile. 2020. Trabalho de Conclusão de Curso (Bacharelado em Direito) – Universidade do Vale do Rio dos Sinos, São Leopoldo, 2020.

GIRARDI, G. La Ley chilena de etiquetado nutricional: un primer paso contra una pandemia silenciada. *In*: ORGANIZACIÓN DE LAS NACIONES UNIDAS PARA LA ALIMENTACIÓN Y LA AGRICULTURA. *Sistemas alimentarios en América Latina y el Caribe*: desafíos en un escenario pospandemia. Panamá: FAO; CIDES, 2021. p. 95-120. Disponível em: https://doi.org/10.4060/cb5441es. Acesso em: 28 nov. 2021.

HOHENDORFF, R. V. *A contribuição do safe by design na estruturação autorregulatória da gestão dos riscos nanotecnológicos*: lidando com a improbabilidade da comunicação inter-sistêmica entre o direito e a ciência em busca de mecanismos para concretar os objetivos de sustentabilidade do milênio. 2018. Tese (Doutorado em Direito) – Universidade do Vale do Rio dos Sinos, São Leopoldo, 2018.

HOWARD, P.H. *Concentration and power in the food system*: who controls what we eat? New York: Bloomsbury Academic, 2016. Disponível em: https://cutt.ly/xTO5CP2. Acesso em: 14 nov. 2021.

INGLEHART, R; NORRIS, P. Trump and the populist authoritarian parties: the silent revolution in reverse. *Perspective on Politics*, Cambridge, v. 15, n. 2, p. 443-454, nov. 2017.

JOSEPHS, J. El jefe de Kraft Heinz advierte que hay que acostumbrarse a que la comida sea más cara. *BBC News*, [S.l.], 12 out. 2021. Disponível em: https://www.bbc.com/mundo/noticias-58879311. Acesso em: 7 nov. 2021.

KENNEDY, J. Special message to the congress on protecting the consumer interest. *The American Presidency Project*, Santa Barbara, 1962. Disponível em: https://cutt.ly/eulMa4h. Acesso em: 15 jun. 2020.

KJÆRNES, U.; HARVEY, M.; WARD, A. *Trust in food*: a comparative and institutional analysis. New York: Pallgrave Mcmillan, 2007.

KLEINERT, S.; HORTON, R. Obesity needs to be put into a much wider context. *The Lancet*, London, v. 393, p. 724-725, feb. 2019.

LAPPÉ, F.M. The food movement: its power and possibilities. *The Nation*, New York, 14 sept. 2011. Disponível em: https://www.thenation.com/article/archive/food-movement-its-power-and-possibilities/. Acesso em: 8 out. 2021.

LAUDAN, R. A plea for culinary modernism: why we should love new, fast, processed food. *Gastronomica*, California, v. 1, n. 1, p. 36-44, 2001.

MACÁRIO, C. Enquanto o Brasil bate recordes de produção no campo, brasileiros comem pouco e mal. *Folha de São Paulo*, São Paulo, 26 jul. 2021. Disponível em: https://piaui.folha.uol.com.br/lupa/2021/07/26/brasileiros-comem-pouco-e-mal/. Acesso em: 18 nov. 2021.

MACHÍN, L. et al. Do nutritional warnings do their work?: results from a choice experiment involving snack products. *Food Quality and Preference*, Amsterdam, v. 77, p. 159–165, 2019.

MALUF, R.S.; MENEZES, F. *Caderno 'segurança alimentar'*. Brasília: AGEITEC, 2002. Disponível em: https://cutt.ly/WgEvTBX. Acesso em: 6 out. 2021.

MONSALVE, S. El secuestro corporativo de la cumbre de la ONU sobre los alimentos. *El País*. [S.l.], 23 sep. 2021. Disponível em: https://elpais.com/planeta-futuro/red-de-expertos/2021-09-23/el-secuestro-corporativo-de-la-cumbre-de-la-onu-sobre-los-alimentos.html. Acesso 17 nov. 2021.

MONTEIRO, C. et al. The UN Decade of Nutrition, the NOVA food classification and the trouble with ultra-processing. *Public Health Nutrition*, Cambridge, v. 21, n. 1, p. 6-10, 2018.

ORGANIZAÇÃO DAS NAÇÕES UNIDAS. *Documentos temáticos*: objetivos do desenvolvimento sustentável 1, 2, 3, 5, 9, 14. Brasília: ONU Brasil, 2017. Disponível em: https://cutt.ly/LgEsmnl. Acesso em: 9 nov. 2021.

ORGANIZACIÓN DE LAS NACIONES UNIDAS PARA LA ALIMENTACIÓN Y LA AGRICULTURA. *El estado de la seguridad alimentaria y la nutrición en el mundo*: transformación de los sistemas alimentarios para que promuevan dietas asequibles y saludables. Roma: FAO, 2020. Disponível em: https://www.fao.org/3/ca9692es/ca9692es.pdf. Acesso em: 9 nov. 2021.

ORGANIZACIÓN DE LAS NACIONES UNIDAS PARA LA ALIMENTACIÓN Y LA AGRICULTURA. *El estado de la seguridad alimentaria y la nutrición en el mundo*: transformación de los sistemas alimentarios en aras de la seguridad alimentaria, una nutrición mejorada y dietas asequibles y saludables para todos. Roma: FAO, 2021. Disponível em: https://www.fao.org/3/cb4474es/cb4474es.pdf. Acesso em: 9 nov. 2021.

ORGANIZACIÓN DE LAS NACIONES UNIDAS PARA LA ALIMENTACIÓN Y LA AGRICULTURA. *Sistemas alimentarios en América Latina y el Caribe*: desafíos en un escenario pospandemia. Panamá: FAO; CIDES, 2021. Disponível em: https://doi.org/10.4060/cb5441es. Acesso em: 17 nov. 2021.

ORGANIZACIÓN DE LAS NACIONES UNIDAS. ¿Podemos alimentar al mundo entero y garantizar que nadie pase hambre?. 2019. Disponível em: https://news.un.org/es/story/2019/10/1463701. Acesso em: 9 nov. 2021.

ORGANIZACIÓN PAN AMERICANA DE LA SALUD. *Alimentos y bebidas ultraprocesados en América Latina*: ventas, fuentes, perfiles de nutrientes e implicaciones. Washington, DC: OPAS, 2019. Disponível em: https://cutt.ly/Suatje7. Acesso em: 17 nov. 2021.

PERES, J. Indústria de junk food levou ANVISA na lábia para seguir bombando Danoninho. *The Intercept Brasil* [S.l.], 12 mar. 2021. Disponível em: https://theintercept.com/2021/03/12/anvisa-junk-food-seguir-bombando-danoninho/. Acesso 17 nov. 2021.

POPKIN, B.; EBERWEIN, J.D.; OKAMURA, K.S. Fators affecting overweight/obesity prevalence. *In*: SHEKAR, M.; POPKIN, B. (ed.). *Obesity*: health and economic consequences of an impending global challenge. Washington, DC: World Bank Publications, 2020.

POPKIN, B.M.; CORVALAN, C.; GRUMMER-STRAWN, L.M. Dinámica de la doble carga de la malnutrición y la cambiante realidad nutricional. *The Lancet*, [S.l.], v. 395, n. 10217, p. 65–74, jan. 2020.

POULAIN, J. *Sociologías de la alimentación*: los comensales y el espacio social alimentario. Barcelona: UOC, 2019.

RAPALLO, R. Hambre, inseguridad alimentaria, malnutrición y sistemas alimentarios en América Latina y el Caribe. *In*: ORGANIZACIÓN DE LAS NACIONES UNIDAS PARA LA ALIMENTACIÓN Y LA AGRICULTURA. *Sistemas alimentarios en América Latina y el Caribe*: desafíos en un escenario pospandemia. Panamá: FAO; CIDES, 2021. p. 53-70. Disponível em: https://doi.org/10.4060/cb5441es. Acesso em: 17 nov. 2021.

REARDON, T. *et al.* The rise of supermarkets in Africa, Asia, and Latin America. *American Journal of Agricultural Economics*, [S.l.], v. 85, n. 5, p. 1140-1146, 2003.

SCHNEIDER, P. *et al.* Health and economic impacts of overweight/obesity. *In*: SHEKAR, M.; POPKIN, B. (ed.). *Obesity*: health and economic consequences of an impending global challenge. Washington, DC: World Bank Publications, 2020.

SWINBURN, B.A. *et al.* The global syndemic of obesity, undernutrition, and climate change: the Lancet Commission report. *The Lancet*, [S.l.], v. 39, n. 10173, p. 791-846, 2019.

Informação bibliográfica deste texto, conforme a NBR 6023:2018 da Associação Brasileira de Normas Técnicas (ABNT):

FORTIN, Eleonora Jotz; HOHENDORFF, Raquel Von. Os desafios regulatórios e socioambientais no atual contexto alimentar: um ensaio sobre como enfrentar um país obeso e faminto. *In*: TRENTINI, Flavia; BRANCO, Patrícia; CATALAN, Marcos (coord.). *Direito e comida*: do campo à mesa: cidadania, consumo, saúde e exclusão social. Belo Horizonte: Fórum Social, 2023. p. 217-236. ISBN 978-65-5518-511-9.

A ALIMENTAÇÃO ESCOLAR COMO OBJETO DE POLÍTICA PÚBLICA PARA A PROMOÇÃO DE SEGURANÇA E SOBERANIA ALIMENTAR

Luciana de Almeida Gomes

Rabah Belaidi

1 Introdução

A fome, a desnutrição e a má nutrição apresentam características de "universalidade", em geral, proporcionalmente às riquezas das nações. Os Estados procuram assegurar suas seguranças em torno de quatro eixos: segurança alimentar, energética, hídrica e de defesa nacional. Pode-se dizer simplesmente que dessas quatro exigências, a do alimento é condição *sine qua non* para a vida humana e, por tanto, da própria existência dos Estados.

E, muito embora exista abundância de alimentos em termos de produção, estima-se que atualmente há cerca de 1 bilhão de pessoas em situação de insegurança alimentar, colocando o problema em termo de oferta/acesso ao alimento. Chegando em situações absurdas, como disse Marés, "seria irônico, se não fosse marcado por uma tragédia humana, o fato de que os que produzem os frutos da terra não disponham de alimentos para seus filhos".[1]

---

[1] MARÉS, C.F. *A função social da terra*. Porto Alegre: SAFE, 2003, p. 112.

Além disso, apesar de a oferta de alimentos (que não se confunde com o acesso, conforme se verá), cabe consignar que muitos deles não são saudáveis, acarretando uma dieta irregular que impacta na saúde dos indivíduos, causando diversas doenças, como obesidade, câncer, diabetes, entre outras. Portanto, a segurança alimentar se declina em torno de dois eixos: o quantitativo e o qualitativo (*food security/food safety*).

Localizada na base da hierarquia das necessidades/pirâmide de Maslow,[2] a alimentação adequada, portanto, revela-se uma necessidade fundamental do ser humano, imprescindível ao alcance das demais outras. Ainda, corresponde a um direito fundamental, à luz do seu art. 5º, §2º, da Constituição Federal brasileira.

E, como ter uma vida digna é poder se alimentar, de maneira segura e com suprimento das necessidades nutricionais diárias, tem-se que o direito à alimentação é um direito fundamental decorrente do próprio direito à vida, ligado à preservação da dignidade da pessoa humana.

No entanto, é importante frisar que a alimentação abrange outros aspectos, além do biológico, que precisam ser considerados, como a socialização, a cultura, a espiritualidade, a religiosidade e (por que não) o carinho e o amor.[3]

Por consequência, o que se entende como alimentação adequada vai muito além da dimensão do alimento nutricionalmente balanceado (nutrição vital mínima), mas corresponde àquela que concorre para a formação de indivíduos saudáveis e que têm consciência de seus direitos e deveres como cidadãos.

Destarte, num contexto de fome, desigualdade, má distribuição dos alimentos, baixa qualidade da alimentação, imperioso se falar

---

[2] MASLOW, A.H. A theory of human motivation. *Psychological Review*, Washington, n. 50, p. 370-396, 1943. A Hierarquia das Necessidades ou *Hierarchy of Needs* consiste em uma teoria proposta pelo psicólogo e professor norte-americano Abraham Harold Maslow que escala um conjunto de necessidades em que a pessoa deve hierarquicamente cumprir até atingir a realização pessoal. Maslow definiu como *deficiency needs* ou necessidades fundamentais as primeiras quatro camadas a partir da base: necessidade fisiológicas, de segurança, sociais e estima; a quinta necessidade proposta, por sua vez, trata-se da realização pessoal (grau máximo de potencial que uma pessoa pode atingir). Sendo assim, a primeira necessidade basilar a ser satisfeita é a fisiológica, como a comida (alimentação), água (hidratação) e ar (respiração) – que são fundamentais para o bom funcionamento do metabolismo e sem as quais seria impossível se preocupar com segurança, relações sociais e estima, necessidades próximas, quiçá se alcançar a realização pessoal.

[3] VALENTE, F.L.S. *Direito à alimentação*: desafios e conquistas. São Paulo: Cortez, 2002.

e, sobretudo, se promover a segurança alimentar e nutricional e a soberania alimentar.

Inicialmente, cabe esclarecer que, apesar de a segurança e a soberania alimentar interpretarem o direito e suas implicações de formas diferentes, ambas são propostas que compartilham o propósito geral de garantir o "direito fundamental de todas as pessoas a estarem ao abrigo da fome", consagrado no artigo 25 da Declaração Universal dos Direitos Humanos, em 1948, e reiterado no artigo 11 do Pacto Internacional sobre Direitos Econômicos, Sociais e Culturais, de 1966.[4]

Dito isso, sublinha-se que a segurança alimentar se relaciona à garantia de poder aquisitivo da população ao crescimento econômico, à distribuição de renda e à diminuição da miséria. Assim, o acesso aos alimentos pelos seres humanos assume um caráter fundamental para esse instituto, para além da sua própria disponibilidade. Isso porque é insuficiente que um estado produza alimentos em quantidade para toda sua população, mas é imprescindível que todos tenham possibilidade de acessar tais gêneros.

Dessa maneira, a segurança alimentar exige do poder público participação ativa, que se inicia pela produção do alimento, perpassando pelo preparo e findando no seu consumo.

A soberania alimentar, por sua vez, corresponde ao direito dos povos nacionais de produzirem de acordo com seus hábitos culturais, em consonância com a diversidade produtiva da localidade, sem ingerência do poder imperial estrangeiro nessas relações.[5]

Outrossim, se formos considerar que comer, alimentar-se, é um ato político, é necessário que a produção e o fornecimento de gêneros alimentícios à população integrem as políticas públicas do Estado, com vistas a desempenhar o seu mister de materializar o direito fundamental à alimentação adequada.

Nesse cenário, em 1955, foi desenvolvido o Programa Nacional de Alimentação Escolar (PNAE), cuja pretensão era oportunizar aos alunos do ensino básico uma boa alimentação, em complementação à fornecida em suas casas. O PNAE representa, portanto, uma unificação entre a educação e a nutrição no combate à fome e à desnutrição, a fim de garantir a saúde e melhor qualidade de vida aos beneficiários.

---

[4] D'AGOSTINI, A.; HOYOS, C.J.C. Segurança alimentar e soberania alimentar: convergências e divergências. *Revista Nera*. Presidente Prudente, n. 35, p. 174-198, 2017.

[5] MACHADO, L.C.P.; MACHADO FILHO, L.C.P. *A dialética da agroecologia:* contribuição para um mundo com alimentos sem veneno. São Paulo: Expressão Popular, 2014.

Atualmente, o programa é regulamentado pela Lei nº 11.947, de 16 de junho de 2009, que estabelece em seu art. 14 que, no mínimo, 30% do valor recebido do Fundo Nacional de Desenvolvimento da Educação (FNDE) deve ser destinado à obtenção de alimentos provindos da agricultura familiar.[6] Medida de extrema relevância para desenvolver o aprimoramento da alimentação escolar e incentivar a agricultura familiar.

Isso posto, pretende-se revelar o papel da supramencionada política pública federal estruturante, denominada PNAE, na promoção da segurança e da soberania alimentar.

No intuito de alcançar o objetivo proposto, seguimos o método da revisão bibliográfica. Em vista disso, foram utilizados os registros disponíveis, decorrentes de pesquisas anteriores sobre o tema, em documentos impressos ou digitais.

Para tal fim, este capítulo organiza-se em quatro seções. Em primeiro lugar (parte II), disserta-se acerca da segurança alimentar, a partir de uma breve retomada histórica, seguida da conceituação do instituto; ainda, fala-se sobre a segurança alimentar e nutricional (SAN) e sua definição trazida pela Lei Orgânica de Segurança Alimentar e Nutricional (LOSAN).[7] A parte III discorre sobre a soberania alimentar, nos mesmos moldes técnicos da seção anterior (perspectiva histórica e conceituação). Na sequência, na parte IV, discorre-se sobre o PNAE como objeto de política pública. E, por fim, a parte V dedica-se à análise do papel do PNAE na promoção da segurança e da soberania alimentar.

Ao final do capítulo, é possível concluir que o PNAE atua ativamente na promoção da segurança e da soberania alimentar, na medida em que, a partir das aquisições da agricultura familiar pelo programa, os alunos têm acesso regular a produtos de maior qualidade, com procedência conhecida, produzidos com mais sustentabilidade e práticas ambientais adequadas. Outro ponto relevante é o respeito aos hábitos alimentares, cultura e tradição alimentar da localidade, no que tange à produção e ao consumo, conforme preceitua o referido

---

[6] BRASIL. *Lei 11.947/2009*. Dispõe sobre o atendimento da alimentação escolar e do Programa Dinheiro Direto na Escola aos alunos da educação básica. Disponível em http://www.planalto.gov.br/ccivil_03/_ato2007-2010/2009/lei/l11947.htm. Acesso em 03 set. 2019.

[7] BRASIL. *Lei 11.346/2006*. Cria o Sistema Nacional de Segurança Alimentar e Nutricional – SISAN com vistas em assegurar o direito humano à alimentação adequada e dá outras providências. Disponível em http://www.planalto.gov.br/ccivil_03/_Ato2004-2006/2006/Lei/L11346.htm. Acesso em 03 set. 2019.

art. 14 da Lei nº 11.947, de 16 de junho de 2009.⁸ Há ainda que se falar na valorização da produção local, em detrimento à interferência do poder hegemônico internacional.

2 A segurança alimentar

O tema segurança alimentar irrompeu-se como grande obstáculo para a população, no pós-Segunda Guerra Mundial, mais precisamente na Europa, entrando na agenda dos poderes públicos. Nessa ocasião, foram estabelecidas políticas no intuito de assegurar a aquisição de alimentos inclusive durante confrontos internacionais.⁹

Pontua-se, todavia, que a expressão em análise já era empregada logo após a Primeira Guerra, diante da possibilidade de domínio dos países (uns pelos outros) pela supressão de gêneros alimentícios, o que poderia ser um importante artifício se submetido aos países menos desenvolvidos e sem recursos para satisfazer suas próprias necessidades.

Assim, o fornecimento de alimentos alcançou uma acepção maior, de segurança, reforçando a noção de que a soberania de um estado se subordinava a sua aptidão de *autoprover* alimentos e matérias-primas.

No ano de 1945, no âmbito da ONU, criou-se a Organização das Nações Unidas para a Agricultura e Alimentação (FAO) - organismo cuja finalidade é alçar o grau de nutrição e de desenvolvimento rural e atingir a segurança alimentar para todos os indivíduos. Tudo isso com vistas a assegurar que a população obtenha, de forma regular, alimentos de alta qualidade e em quantidade suficiente para que possa viver de forma ativa e saudável.

No contexto da FAO, *a priori*, a definição de segurança alimentar estava adstrita sobretudo à produção de gêneros alimentícios. A conceituação clássica do instituto, empregada pelo referido organismo, estipulava que a segurança alimentar retrata um estado em que todos os indivíduos, ao longo de sua existência, tenham acesso (físico, social e econômico) a uma alimentação suficiente, segura e nutritiva, que

---

⁸ BRASIL. *Lei 11.947/2009*. Dispõe sobre o atendimento da alimentação escolar e do Programa Dinheiro Direto na Escola aos alunos da educação básica. Disponível em http://www.planalto.gov.br/ccivil_03/_ato2007-2010/2009/lei/l11947.htm. Disponível em 03 set. 2019.
⁹ FELICIELLO, D.; GARCIA, R.W.D. Cidadania e solidariedade: as ações contra a miséria. *In*: GALEAZZI, M.A.M. *Segurança alimentar e cidadania*: a contribuição das universidades paulistas. Campinas: Mercados das Letras, 1996, p. 215-231.

satisfaça às suas necessidades e preferências alimentares para uma vida ativa e saudável.[10]

Por certo, trata-se de concepção em continuado aperfeiçoamento e transformação. Isso porque tal conceito é extremamente vasto, comportando elementos que acometem não apenas a disponibilidade de alimentos, mas abarcam ainda sua qualidade nutritiva, colocando a segurança alimentar (e nutricional) como condição basilar de cidadania.

A contar de 1974, a FAO introduziu novos componentes à temática de segurança alimentar. Nesse cenário de progresso, minimizou-se a perspectiva reduzida apenas à qualidade do alimento em si (*safety food*), atentando-se mais ao *food security* – que corresponde aos meios de acesso (produção e distribuição dos alimentos).[11]

Na sequência, no ano de 1983, a FAO atualizou a definição do instituto em tela, baseando-se em três vultosos objetivos, quais sejam, oferta adequada dos alimentos, estabilidade de oferta e de mercado de alimentos e segurança no acesso dos alimentos que foram ofertados.[12]

À vista disso, o acesso dos alimentos pela população ultrapassa a própria noção de disponibilidade, ostentando um caráter fundamental para a segurança alimentar. Por consequência, esse instituto vincula-se da mesma forma à garantia do poder aquisitivo dos indivíduos, ao crescimento econômico da população, bem como à redistribuição de renda e à redução da pobreza. Em resumo, mais do que produzir alimentos em quantidade para toda a população, é primordial que todos tenham acesso a tais gêneros.

Assim, no final dos anos 80 e início dos anos 90, foram introduzidas sucessivamente outras noções ao conceito de Segurança Alimentar:

---

[10] HIRAI, W.G.; ANJOS, F.S. Estado e segurança alimentar: alcances e limitações de políticas públicas no Brasil. *Textos & Contextos*. Porto Alegre, v. 6, n. 2, p. 335-353, 2007.

[11] ESTORNINHO, M.J. *Direito da alimentação*. Lisboa: AAFDL, 2013, p. 40. "Por um lado, utilizam-se a expressão *food safety* quando se referem às questões de higiene, salubridade e inocuidade dos alimentos. Nesta vertente, os instrumentos passam, entre outros: pela emissão de normas jurídicas que determinem a composição de certos alimentos e que imponham deveres de higiene e salubridade ao longo da cadeia alimentar, pela existência de sistemas de rastreabilidade e de rotulagem; pela efetividade dos sistemas de controle e de aplicação de sanções em caso de prevaricação. Por outro lado, utilizam a expressão *food security* para se referirem às questões que se prendem com a garantia do direito à alimentação, de modo a que as pessoas não vivam em estado de fome. Nesta vertente, os instrumentos passam sobretudo por políticas alimentares, políticas de educação, programas de cooperação e de ajuda alimentar, combate à pobreza e à fome".

[12] VALENTE, F.L.S. *A evolução, conceito e o quadro da segurança alimentar dos anos 90 no mundo e no Brasil*. Disponível em www.sept.pr.gov.br/conselhos/consea/artigos. Acesso em 13 mar. 2021.

Passa-se também a considerar a questão da equidade e da justiça, especialmente no que tange às relações éticas entre a geração atual e as futuras gerações, o uso adequado e sustentável dos recursos naturais, do meio ambiente e do tipo de desenvolvimento adotado. Entrou em pauta a discussão dos modos-de-vida sustentáveis. O direito à alimentação passou a se inserir no contexto do direito à vida, à dignidade, à autodeterminação e à satisfação de outras necessidades básicas.[13]

Ainda sobre o tema, sabe-se que o Pacto Internacional dos Direitos Civis e Políticos, datado de 1992, e o Pacto Internacional sobre os Direitos Econômicos, Sociais e Culturais, datado de 1996, foram formulados a partir da Declaração Universal dos Direitos Humanos, tendo nela sua base. E, em supramencionados documentos, subtende-se que é dever do Estado o respeito, a proteção e o zelo da capacidade dos indivíduos, família ou comunidade de produzir o seu alimento ou mesmo de auferir os recursos financeiros hábeis para obter alimentação apropriada.

Pressupostos tais que também deram origem ao conceito de segurança alimentar que, por sua vez, envolve a qualidade dos alimentos. Isso porque a alimentação disponível à população não pode estar exposta a contaminações, problemas de apodrecimento ou prazo fora da validade. Assim, a qualidade dos alimentos correlaciona-se à possibilidade de os indivíduos alimentarem-se de maneira digna em consonância com as normas de segurança alimentar e de higiene.[14]

Nesse contexto, a segurança alimentar visa a garantir um alto padrão de preservação da saúde humana e dos consumidores no decorrer da cadeia alimentar, manifestando o sentido de proteção e materializando o controle de riscos.[15]

---

[13] *Id.*
[14] BELIK, W. Perspectivas para segurança alimentar e nutricional no Brasil. *Saúde e Sociedade*, Campinas, v. 12, n. 1, p. 12-20, 2003.
[15] BECK, U. *Risk society*. Towards a new modernity. Londres: Sage Publications, 1992. Ao se falar em "controle de riscos", cabe fazer alusão ao conceito de sociedade de risco, cunhado pelo alemão Ulrich Beck em sua obra *A Sociedade do Risco: Rumo a uma nova Modernidade*. De acordo com mencionado autor, a partir de meados do século passado, os recentes desenvolvimentos ocorridos no âmbito global aniquilaram a estrutura da sociedade industrial clássica em vigor, dando origem à sociedade industrial do risco. Essa, por sua vez, em virtude da exploração desenfreada e ilimitada dos recursos naturais e do desenvolvimento tecnológico, culminou em desastres de proporções vultuosas. Destarte, o reconhecimento de que a exploração insustentável ocasiona graves desastres gerou o clamor social por novas formas de controle – não só do perigo, mas sobretudo do risco. Assim, reconhecido como uma forma de ameaça em níveis diversos – como alimentar,

Outra dimensão relevante impregnada na noção de segurança alimentar versa sobre a regularidade do já mencionado acesso aos alimentos, que se difere da própria disponibilidade – visto que, ainda que os alimentos estejam ao dispor de todos, diversas pessoas menos favorecidas economicamente, por inúmeras razões, não têm acesso a eles.[16]

Inclusive, em 1994, com a realização pelo Brasil da primeira Conferência Nacional de Segurança Alimentar, que por sua vez resultou na criação de uma Política Nacional de Segurança Alimentar e Nutricional (PNSAN), fora incluído ao instituto ora em discussão o acesso regular de alimentos de qualidade e em quantidade necessária à garantia da nutrição saudável à população. Assim, Segurança Alimentar passou a ser definida como a garantia de condições de acesso a alimentos básicos, seguros e de qualidade, em quantidade suficiente, de maneira permanente e sem comprometer o acesso a outras necessidades essenciais, com base em práticas alimentares saudáveis e com vistas a contribuir para uma existência digna.[17]

Ainda, foram incorporadas outras noções no conceito atualmente em vigor de segurança alimentar, tais como: alimento seguro (aquele livre de contaminação química ou biológica); qualidade do alimento (que se refere às particularidades atinentes aos aspectos nutricionais, biológicos e da qualidade de produção alimentar); bem como dieta balanceada, esclarecimento e opções culturais – tendo em conta os hábitos alimentares da população-alvo das políticas públicas.

2.1 A Segurança Alimentar e Nutricional (SAN)

No Brasil, a construção teórica da SAN é oriunda das Conferências Nacionais de Segurança Alimentar e da mobilização da sociedade civil.

Ela é definida pelo Conselho Nacional de Segurança Alimentar e Nutricional (CONSEA) como a garantia de todos de condições de acesso

---

ambiental e à saúde –, o risco deve ser previamente destituído. Dito isso, no que tange aos perigos alimentares, sabe-se que somos constantemente expostos a novos riscos juridicamente relevantes, o que demanda a intercessão dos poderes públicos em matéria de segurança alimentar.

[16] BELIK, W. Perspectivas para segurança alimentar e nutricional no Brasil. *Saúde e Sociedade*, Campinas, v. 12, n. 1, p. 12-20, 2003.

[17] SILVA, T.H.C. *et al.* Pensando a segurança e a soberania alimentar: análise da participação da agricultura familiar no PNAE em diferentes regiões do Brasil. *Revista de Estudos Sociais*, Cuiabá, v. 22, n. 44, p. 168-200, 2020.

a alimentos básicos (que inclui a água), de qualidade, em quantidade suficiente, de modo permanente, sustentável e sem comprometer outras necessidades básicas (como a saúde, a educação, a moradia, o trabalho, o lazer etc.). Tudo isso fundado em práticas alimentares que respeitem a soberania alimentar do país e que contribuam para uma existência digna num contexto de desenvolvimento integral da pessoa humana.

Nada obstante, o marco inicial do direito à alimentação adequada é datado de 2006, com a promulgação da Lei nº 11.346, Lei Brasileira de Segurança Alimentar e Nutricional, também conhecida como LOSAN.[18]

Supramencionado marco normativo cria o Sistema Nacional de Segurança Alimentar e Nutricional (SISAN), cujo principal objetivo é elaborar políticas públicas em conjunto com a sociedade civil, bem como supervisionar a execução das mesmas e as mudanças provocadas por elas.[19]

Dito isso, conforme se verá, no âmbito da educação, o PNAE trata-se de uma das estratégias públicas voltada ao combate à fome e à promoção da Segurança Alimentar.[20]

No que se refere precisamente à alimentação adequada, o artigo 2º da LOSAN dispõe que:

> Art. 2º A alimentação adequada é direito fundamental do ser humano, inerente à dignidade da pessoa humana e indispensável à realização dos direitos consagrados na Constituição Federal, devendo o poder público adotar as políticas e ações que se façam necessárias para promover e garantir a segurança alimentar e nutricional da população.
>
> § 1º A adoção dessas políticas e ações deverá levar em conta as dimensões ambientais, culturais, econômicas, regionais e sociais.
>
> § 2º É dever do poder público respeitar, proteger, promover, prover, informar, monitorar, fiscalizar e avaliar a realização do direito humano à alimentação adequada, bem como garantir os mecanismos para sua exigibilidade.

---

[18] FONSECA E MELO, L. A ilicitude do ato de destruir alimentos: a função social aplicada aos gêneros alimentícios. In: NEVES, H.T. (coord.). *Direito à alimentação e segurança alimentar*. Curitiba: Juruá, 2017, p. 195.

[19] *Id.*, p. 195.

[20] MANIGLIA, E. *As interfaces do direito agrário e dos direitos humanos e a segurança alimentar*. São Paulo: Cultura Acadêmica, 2009, p. 281.

Em continuidade, o art. 3º conceitua segurança alimentar e nutricional:

> Art. 3º A segurança alimentar e nutricional consiste na realização do direito de todos ao acesso regular e permanente a alimentos de qualidade, em quantidade suficiente, sem comprometer o acesso a outras necessidades essenciais, tendo como base práticas alimentares promotoras de saúde que respeitem a diversidade cultural e que sejam ambiental, cultural, econômica e socialmente sustentáveis.

Assim, a Lei nº 11.346/2006 se revela como a primeira legislação pátria que evidencia a alimentação como um direito fundamental, inerente à dignidade da pessoa humana e indispensável à realização dos direitos consagrados na Constituição Federal.

Sobre o tema, Rocha disserta: "Mais do que simples conceitos, os artigos da Losan são parâmetros assumidos pelo Estado brasileiro. Servem como diretrizes para a formulação de políticas públicas; limites para a ação do mercado; e referências para a atuação de cada cidadão e ator da sociedade civil na defesa por maior efetividade do direito à alimentação".[21]

Com a LOSAN, a garantia do direito à alimentação torna-se mais que uma reivindicação social: transforma-se em um compromisso estatal, sendo dever do Estado efetivá-lo.[22]

Dessarte, o acesso dos alimentos pela população assume um caráter fundamental para a segurança alimentar, relacionando-se à redução da pobreza, redistribuição de renda e até mesmo à garantia do poder aquisitivo da população. Ora, mais importante que se produzir alimentos em quantidade para todos é a capacidade de que todos tenham acesso a tais produtos.

3 A soberania alimentar

O conceito de soberania alimentar foi designado pela Via Campesina, em 1996, durante a Cúpula Mundial de Alimentação, como uma nova maneira de pensar, segundo a qual, para um povo ser

---

[21] ROCHA, E.G. A construção democrática do direito à alimentação adequada e a regulação de alimentos. *Revista de Direito Sanitário*, São Paulo, v. 17, n. 3, p. 107-112, 2017, p. 108.
[22] Id, p. 111.

considerado livre, ele precisava também ser soberano. Soberania essa que perpassa a alimentação.

E, em 2011, tal formulação recebeu sua última definição, que evidencia a magnitude da autonomia alimentar dos povos, em observância da cultura e costumes de cada país, relacionando-se à menor dependência das importações e flutuações de preços do mercado externo e, sobretudo, à criação de emprego.[23]

Outrossim, soberania alimentar pode ser caracterizada como:

> O direito dos povos à alimentação saudável e culturalmente adequada produzida através de métodos sustentáveis, e seu direito de definir seus próprios sistemas agrícolas e alimentares. Desenvolver um modelo de produção agrícola sustentável, que favorece as comunidades e seu ambiente. A Soberania Alimentar coloca as aspirações, as necessidades e estilos de vida daqueles que produzem, distribuem e consomem alimentos no coração dos sistemas alimentares e políticas alimentares à frente das demandas dos mercados e corporações.[24]

Destarte, faz-se imprescindível a admissão de que a soberania alimentar traduz o direito dos indivíduos de estabelecer suas próprias políticas e estratégias de produção, distribuição e consumo de alimentos. Ações essas que acautelem e viabilizem o direito à alimentação para todos os sujeitos, alicerçado na pequena e média produção, em consonância com a diversidade cultural e as crenças comunitárias.[25]

Nesse sentido, Diniz Santos e Isaguirre-Torres ponderam que o direito à alimentação "transcende o 'comer para viver', pois é uma necessidade para a vida saudável e apropriada, que deve condizer aos aspectos culturais de cada região, aos padrões de qualidade que propiciem nutrição, segurança e prazer".[26]

---

[23] MALUF, R.S. O novo contexto internacional do abastecimento e da segurança alimentar. *In*: BELIK. W.; MALUF, R. (org.). *Abastecimento e segurança alimentar*. Campinas: Unicamp, 2000, p. 37-63.

[24] LA VIA CAMPESINA. *The international peasant's voice*. Zimbabwe, 2011. Disponível em: http://viacampesina.org. Acesso em 12 mar. 2021.

[25] SILIPRANDI, E. É possível garantir a soberania alimentar a todos os povos no mundo de hoje? *Revista Agroecologia e Desenvolvimento Rural Sustentável*, Porto Alegre, v. 2, p. 16-18, 2001.

[26] DINIZ SANTOS, T.G.; ISAGUIRRE-TORRES, K.R. Previdência social, desenvolvimento e soberania alimentar no campo brasileiro. *Revista da Faculdade de Direito da UFG*, Goiânia, v. 42, n. 2, p. 222-253, 2019.

Dito isso, cabe salientar que a soberania alimentar, mais do que uma abstração, é um modo de vida que não se limita apenas aos camponeses, mas abarca a orientação de vários sujeitos do campo que se empenham para produzir de forma autônoma e para gerir suas produções em conformidade com os saberes populares. Refere-se a um processo coletivo e participativo, e não a uma proposta institucional ou patrimônio de qualquer organização.[27]

Sabe-se que as formas de produção estabelecidas sobretudo durante as décadas de 1960 e 1970, na época da Revolução Verde,[28] contrapunham-se aos princípios fundamentais de soberania alimentar relacionados à população. Assim, apesar de sua real contribuição no que tange ao crescimento da produção em massa e ao desenvolvimento do agronegócio, a Revolução Verde não se mostrou apta a resolver os problemas da pobreza e da fome. Pelo contrário: tais mazelas intensificaram-se, além de contribuir efetivamente para o êxodo rural e afetar a saúde das pessoas.

Nesse sentido: "É importante perceber que a soberania alimentar constitui bandeira de movimentos sociais ligados à reforma agrária, ao se rebelarem contra a lógica do capital, que se impõe à produção agropecuária dos países em desenvolvimento, determinando o que e como produzir, não para quem tem fome, mas para quem tem dinheiro".[29]

Portanto, a noção de soberania alimentar caminha na contramão do estabelecido durante a Revolução Verde, por considerar a qualidade dos alimentos e a saúde dos indivíduos que os consomem e lavoram a terra.

Nesse diapasão, ela se revela como mecanismo de resistência ao modelo neoliberal de "desenvolvimento",[30] o qual prioriza a ascensão

---

[27] MCMICHAEL, P. *Regimes alimentares e questões agrárias*. Estudos camponeses e mudança agrária. [s.c.]: UNESP / UFRGS, 2016.

[28] Durante mencionado período, foram elaboradas novas práticas agropecuárias, que incorporavam o uso de semente geneticamente modificadas, o emprego descomedido de insumos químicos (como fertilizantes e agrotóxicos) e a mecanização intensiva da produção agrícola.

[29] CUSTÓDIO, M.B. *et al.* Segurança alimentar e nutricional e a construção de sua política: uma visão histórica. *Segurança Alimentar e Nutricional*, Campinas, v. 18, n. 1, p. 1-10, 2011.

[30] DINIZ SANTOS, T.G.; ISAGUIRRE-TORRES, K.R. Previdência social, desenvolvimento e soberania alimentar no campo brasileiro. *Revista da Faculdade de Direito da UFG*, Goiânia, v. 42, n. 2, p. 222–253, 2019. Questiona-se tal noção dentro do modelo neoliberal, notadamente porque o desenvolvimento equilibrado é aquele que conjuga "geração de renda, planejamento, controle da atividade econômica, bem-estar social, justiça e, muito importante, meio ambiente".

do capital nas relações sociais e na própria forma de produção no campo, em contraposição à agricultura camponesa e seus saberes.

Dessa forma, ao invés de se importar insumos manufaturados fora das fronteiras nacionais, a partir da ideia de soberania alimentar, reafirma-se o direito que os indivíduos possuem de cultivar os alimentos no interior de seus territórios, com vistas a fornecer a alimentação básica à população e com respeito à diversidade produtiva local.

Por consequência, ela se mostra até mesmo como uma premissa à soberania política dos países, que não ficam submetidos à obrigação de importar produtos provenientes dos impérios alimentares. Assim, ao possuir autonomia para produzir internamente, há uma desassociação do(s) país(es) dos movimentos desenvolvimentistas econômicos que dominam a forma de consumo e de produção mundial de alimentos.[31]

Muito mais do que mercadorias, através da soberania alimentar, os alimentos passam a ser vistos como fundamentos de resistência, luta e emancipação política, ao reforçar as culturas e modos de (re)produção de vida dos sujeitos do campo, garantindo sua autonomia e liberdade.

Infere-se, então, que a alimentação (adequada) incorpora diversos outros aspectos importantes, que ultrapassam o caráter biológico do alimento: ela concorre para a constituição de indivíduos saudáveis e que possuem consciência de seus direitos enquanto cidadãos.

No cenário nacional, ainda que o Brasil se trate de país politicamente soberano, a situação é incerta e delicada quando a pauta é alimentação. Notadamente porque as políticas públicas internas existentes, na grande maioria das vezes, atendem aos interesses dos conglomerados agroalimentares externos, em detrimento das necessidades nacionais – em evidente ameaça à soberania alimentar e política.

Isso revela uma situação (no mínimo) paradoxal: apesar de, no país, o agronegócio ser a atividade mais lucrativa economicamente falando, as políticas públicas[32] que prevalecem são as de incentivo ao controle do mercado econômico brasileiro por essas empresas agrárias

---

[31] MACHADO, L.C.P.; MACHADO FILHO, L.C.P. A dialética da agroecologia: contribuição para um mundo com alimentos sem veneno. São Paulo: Expressão Popular, 2014.

[32] Id. No que tange às referidas políticas públicas que beneficiam o agronegócio/empresas agrárias internacionais, cita-se: a Lei Kandir, que desobriga o recolhimento de impostos das transações financeiras das transnacionais; os créditos que são subsidiados pelo BNDES às empresas estrangeiras; e a instância colegiada multidisciplinar denominada CNTBIO, comissão técnica relativa à biossegurança, que viabiliza o registro e o uso de insumos químicos proibidos.

internacionais. Empresas que, por suas vezes, visam somente ao lucro, desconsiderando a soberania e o direito de autodeterminação dos povos locais.

E, tendo em vista que a "ética" de mercado está voltada apenas ao lucro, os impérios alimentares, sob o pretexto de alimentar toda a população, utilizam-se da superprodução e da agroexportação. É o que se chama de discurso da segurança alimentar neoliberal, no qual os alimentos são vistos como objetos politizados e de *commodity*, e não como direito dos povos,[33] o que paradoxalmente desemboca no aumento das desigualdades sociais e na fome. Ela atua, dessa forma, de maneira destrutiva e violenta (nos níveis político, ecológico, social e cultural).

Nesse cenário, onde não há acesso físico e econômico de todas as pessoas aos alimentos e aos recursos, reforça-se a importância de que se pratiquem formas de produção que verdadeiramente respeitem a cultura e os hábitos alimentares dos povos, sem interferência de outras nações, das demandas do mercado e das corporações.

4 O Programa Nacional de Alimentação Escolar (PNAE)

Consoante já consignado, a promoção da segurança alimentar e nutricional, aliada ao conceito de soberania alimentar, trata-se de responsabilidade da coletividade, comum entre os setores público e privado. O que resulta na articulação de políticas públicas, programas e ações aptas a assegurar a execução do Direito Humano à Alimentação Adequada (DHAA)[34] a todos os indivíduos.

Assim, com vistas a averiguar se a segurança alimentar e nutricional e a soberania alimentar estão inseridas no Programa Nacional de Alimentação Escolar (PNAE), fundamental conceituar e tecer algumas considerações sobre a mencionada política pública federal.

Iniciado em 1955 (por meio do Decreto n. 37.106) e, atualmente, regulamentado pela Lei n. 11.947 de 16 de junho de 2009, o Programa Nacional de Alimentação Escolar (PNAE) além de ser a política pública de alimentação mais antiga do Brasil, revela-se como um dos maiores programas de alimentação escolar em nível mundial.

---

[33] MCMICHAEL, P. *Regimes alimentares e questões agrárias*. Estudos camponeses e mudança agrária. [s.c.]: UNESP / UFRGS, 2016.

[34] No Brasil, o DHAA é previsto entre os direitos sociais da Constituição desde a aprovação da Emenda Constitucional n. 64, de fevereiro de 2010. Ele existe para viabilizar o acesso ao trabalho, educação, liberdade, saúde, moradia, dentre outros direitos humanos, sendo seu alcance relacionado à promoção da Segurança Alimentar e Nutricional (SAN).

No contexto (sempre atual) da fome e desnutrição, tal programa oferece alimentação escolar e ações de educação alimentar e nutricional a alunos de todas as etapas da educação básica matriculados em escolas públicas, filantrópicas e em entidades comunitárias que possuem convênios com o poder público.

Trata-se de política pública emancipatória, concebida com a participação da sociedade civil, por intermédio do Conselho Nacional de Segurança Alimentar e Nutricional (CONSEA).

E, gerido pelo Fundo Nacional de Desenvolvimento da Educação (FNDE), do Ministério da Educação (MEC), o PNAE possui como objetivos atender, no mínimo, 20% das necessidades nutricionais dos estudantes que frequentam as instituições educacionais em período parcial, além de reduzir a evasão escolar, juntamente com a formação de bons hábitos alimentares, o que impacta diretamente na capacidade de aprendizagem dos beneficiados.[35]

No que se refere precisamente à forma de aquisição de alimento, a Lei nº 11.947/2009, que "dispõe sobre o atendimento da alimentação escolar e do Programa Dinheiro Direto na Escola aos alunos da educação básica", preceitua que:

> Art. 14. Do total dos recursos financeiros repassados pelo FNDE, no âmbito do PNAE, no mínimo 30% (trinta por cento) deverão ser utilizados na aquisição de gêneros alimentícios diretamente da agricultura familiar e do empreendedor familiar rural ou de suas organizações, priorizando-se os assentamentos da reforma agrária, as comunidades tradicionais indígenas e comunidades quilombolas.

Assim, entre outros objetivos, o PNAE "propõe desburocratizar o processo de aquisição dos produtos provenientes da agricultura camponesa e garantir a produção de cultivares alimentícios".[36]

Observa-se que mencionada política pública atua estrategicamente: como garantia de alimentação adequada aos alunos e como vetor de desenvolvimento dos agricultores familiares (carentes,

---

[35] FNDE. *Programas de Alimentação Escolar*, Brasil, 2021. Disponível em http://www.fnde.gov.br/index.php/programas-alimentacao-escolar. Acesso em 25 nov. 2021.
[36] VINHA, J.F.S.C.; SCHIAVINATTO, M. Soberania alimentar e territórios camponeses: uma análise do Programa de Aquisição de Alimentos (PAA). *Revista Nera*, Presidente Prudente, v. 26, p. 183-203, 2015, p. 188.

historicamente subalternizados e excluídos). Além de proporcionar uma melhor alimentação estudantil, o recurso designado à agricultura familiar colabora com a manutenção dos agricultores familiares na sua atividade, assentando os sujeitos no campo e propiciando, dentre outras coisas, a continuação de sua maneira de se relacionar com a terra – perpetuada de geração em geração.

O mercado institucional do PNAE trata-se, pois, de relevante mecanismo de revitalização da economia local, sobretudo para a agricultura familiar/camponesa, por meio da aquisição de produtos para a alimentação escolar.[37]

Outra disposição importante trazida pela Lei nº 11.947/2009 encontra-se no seu art. 12, *in verbis*: "Os cardápios da alimentação escolar deverão ser elaborados pelo nutricionista responsável com utilização de gêneros alimentícios básicos, respeitando-se as referências nutricionais, os hábitos alimentares, a cultura e a tradição alimentar da localidade, pautando-se na sustentabilidade e diversificação agrícola da região, na alimentação saudável e adequada".

Outrossim, na execução da política pública do PNAE, também há a preocupação com o respeito aos hábitos alimentares, cultura e tradição alimentar da localidade, posto que a aquisição de produtores locais está relacionada a alimentos regionais que compõem uma alimentação saudável, diversificada, equilibrada e com alto poder nutricional.

5 A contribuição do PNAE para a segurança e a soberania alimentar

Inicialmente, anote-se que o Estado é o único detentor de instrumentos políticos e jurídicos específicos para a exigibilidade de ações imediatas para a proteção contra a fome.[38]

Nesse diapasão, políticas públicas coerentes devem atuar com vistas a permitir uma participação ativa das instituições, no sentido de criar condições para que o diálogo entre atores sociais se estabeleça.

---

[37] SZINWELSKI, N.K. *et al.* Implicações do Programa Nacional de Alimentação Escolar (PNAE) na renda e organização de agricultores familiares. *Revista Brasileira de Políticas Públicas*, Brasília, v. 5, p. 221-239, 2016.
[38] D'AGOSTINI, A.; HOYOS, C.J.C. Segurança alimentar e soberania alimentar: convergências e divergências. *Revista Nera*. Presidente Prudente, n. 35, p. 174-198, 2017.

Dito isso, consoante Castro e Bombardi,[39] o PNAE foi criado com vistas a garantir a segurança alimentar e nutricional dos estudantes da rede pública de ensino básico do país.

E, conforme já exposto, a Lei nº 11.947/2009 dispõe que, da verba repassada pelo FNDE, pelo menos 30% dela deve ser utilizada na compra de gêneros alimentícios provenientes da agricultura familiar, do empreendedor rural ou suas organizações, dando prioridade aos assentamentos de reforma agrária, às comunidades tradicionais indígenas e às comunidades quilombolas.

Desse modo, com a publicação da supramencionada lei, o PNAE transformou-se em marco legal para as políticas públicas de Segurança Alimentar e Nutricional (SAN), promovendo o Direito Humano à Alimentação Adequada (DHAA) na comunidade escolar, a partir da inclusão de agricultores familiares como fornecedores de alimentos.

E, pautado na LOSAN, o Plano Nacional de Segurança Alimentar e Nutricional (PLANSAN) faz parte do conjunto de ações orientadas à produção, fortalecimento da agricultura familiar, abastecimento alimentar e promoção da alimentação saudável e adequada.

Ainda que enfrente eventuais dificuldades na sua infraestrutura e na execução dos seus objetivos, o PNAE figura como porta de entrada para a consecução de diversas metas do PLANSAN, sendo considerado como estratégia política e instrumento legal apto a oportunizar a melhoria da alimentação escolar.

Essa forma de aquisição possibilita, portanto, a segurança alimentar, visto que os agricultores familiares, normalmente, são numerosos e possuem produção diversificada. E, por não serem capazes de possuir um estoque vultuoso, esses produtores acabam mantendo a oferta sempre regular e com diversidade de gêneros.

E, para além dos benefícios ambientais promovidos pela agricultura familiar, relacionados às práticas sustentáveis, que se consolidam em princípios que preconizam uma relação harmoniosa do homem com a natureza, a compra institucional em discussão contribui para a produção de alimentos mais saudáveis sem o uso de agrotóxicos e outros produtos químicos.

Assim, o Estado, por meio da política pública do PNAE, promove o acesso dos alunos beneficiados a alimentos com a qualidade que

---

[39] CASTRO, T.P.; BOMBARDI, L.M. *Programa nacional de alimentação escolar – PNAE*: o elo entre educação e agricultura. São Paulo: USP, 2012.

precisam para a sua nutrição vital mínima, concretizando a previsão do direito constitucional fundamental à alimentação. Outrossim, mostra-se evidente o fomento da segurança alimentar, a qual pressupõe as seguintes vertentes: que seja garantido o acesso a alimentos e que tais alimentos sejam inócuos e saudáveis.[40]

Quanto à soberania alimentar, conforme visto, trata-se de conceito amplo e que compreende diversas acepções que se entremeiam, cujos elementos estão assegurados, fazendo parte das diretrizes principais que delineiam a operacionalização do PNAE.

Notadamente porque as diretrizes e objetivos do programa dão especial importância à compra (de produtores locais) e ao preparo de alimentos que respeitem a cultura e os hábitos alimentares dos beneficiários do programa, em conformidade com a heterogeneidade de produção da região, seus modos de vida e sem interferência do poder imperial internacional (impérios alimentares).

Ou seja, o programa vai na contramão dos ideais de globalização contemporânea, que tem como componente essencial o cultivo do uniforme, o qual pressupõe a homogeneidade e a destruição da diversidade social e da natureza.[41]

Assim, os alunos têm acesso a produtos de maior qualidade, com procedência conhecida, em harmonia com os hábitos alimentares, cultura e tradição da localidade, conforme preceitua o art. 14 da Lei nº 11.947, de 16 de junho de 2009.

A aquisição de produtores locais, portanto, está relacionada a alimentos regionais que compõem uma alimentação saudável, diversificada, equilibrada e com alto poder nutricional – o que é de suma importância. Tudo isso acaba contribuindo tanto para a saúde quanto para o aprendizado do estudante.

Ainda, há evidente incentivo ao desenvolvimento sustentável que, por sua vez, é aquele com capacidade para nutrir as necessidades atuais, mas sem comprometer sua aptidão de atender as necessidades das futuras gerações – que abarca tanto o conceito de soberania alimentar quanto da já mencionada segurança alimentar.

À vista disso, importa à política pública em questão a promoção da sustentabilidade, a utilização de recursos conscientemente e em

---

[40] ESTORNINHO, M.J. *Direito da Alimentação*. Lisboa: AAFDL, 2013.
[41] RUBIO, D.S.; ALFARO, N.J.S. Introdución. *In*: RUBIO, D.S.; ALFARO, N.J.S.; CID, I.V.L. (org.). *Nuevos colonialismos del capital*: propiedad intelectual, biodiversidad y derechos de los pueblos. Barcelona: Icaria, 2004.

respeito à natureza, em detrimento à produção em massa, que consome e esgota os recursos naturais, causando prejuízos irreparáveis.

Dessa maneira, ao adquirir gêneros alimentícios dos agricultores familiares, a gestão do PNAE também contribui para a regulação do mercado (devido à diminuição do preço dos alimentos e das matérias-primas agropecuárias) e para a transferência de renda para outros setores (visto que os agricultores empregam minimamente sua remuneração e patrimônio, proporcionando investimentos em outras áreas de produção).

6 Conclusão

A fome é um problema social estrutural que afeta principalmente a classe trabalhadora; todavia, as estratégias para a sua eliminação tem sido de cunho conjuntural e não estrutural.

Sendo assim, compreende-se que tanto a proposta da segurança alimentar quanto a da soberania alimentar compartilham o propósito geral de garantir o direito à alimentação aos indivíduos, partindo do pressuposto de que a fome mundial pode ser eliminada.

Conforme visto, a noção de segurança alimentar relaciona-se à regularidade de acesso da população a alimentos de maneira digna, com vistas a garantir a preservação da saúde humana e dos consumidores no decorrer da cadeia alimentar. Noutros termos: não basta que se produzam alimentos em quantidade para toda sua população, mas é imprescindível que todos consigam acessar tais gêneros.

Cabe também mencionar o desenvolvimento sustentável do meio rural, a partir da intensificação da demanda de gêneros alimentícios produzidos e fornecidos pelos agricultores familiares.

E, por tudo isso, a segurança alimentar requer participação ativa do poder público para iniciar a produção do alimento, perpassando pelo preparo e findando no seu consumo.

Por seu turno, a soberania alimentar refere-se ao direito dos povos nacionais de produzirem de acordo com seus hábitos culturais, em consonância com a diversidade produtiva da localidade, sem intervenção do poder imperial externo. Relaciona-se a admitir a construção da territorialidade desvinculada do *modus operandi* do sistema econômico hegemônico.

Resguardar a soberania alimentar remete, ainda, à defesa de alimentos de qualidade que proporcionam saúde, através da utilização de tecnologias adequadas à preservação ambiental. Além disso, alude à valorização do trabalho decente, em que os sujeitos são remunerados de forma adequada, a fim de contribuir para o consumo de alimentos.

Dito isso, demonstrou-se que, no Brasil, as orientações elaboradas pela proposta de segurança e soberania alimentar encontram abrigo em políticas públicas (de combate à fome e à desnutrição), dentre as quais se destaca o Programa Nacional de Alimentação Escolar, institucionalizado pela Lei nº 11.947/2009.

Em poucas linhas, ao fixar que, no mínimo, 30% do valor recebido do FNDE para a obtenção de alimentos devem ser provindos da agricultura familiar, contribui-se para o acesso regular de alimentos saudáveis e com qualidade pelos estudantes beneficiados. E, por consequência, fala-se em efetivação da segurança alimentar, em razão da forma de aquisição estabelecida pelo programa.

Referida política pública de alimentação também fomenta a soberania alimentar, em decorrência do incentivo da produção local da agricultura familiar, fortalecendo o seu desenvolvimento, sem influências internacionais dos impérios alimentares. Além disso, há incremento das formas de cultivo sustentáveis, em harmonia com a natureza.

Assim, o programa se mostra como uma alternativa de produção e de comercialização de alimentos pelos agricultores familiares, através de relações produtivas de não exploração.

Isso posto, no atual cenário, evidencia-se a importância do Programa Nacional de Alimentação Escolar, que merece ser valorizado, expandido e, sobretudo, repensado. Tudo isso com vistas a obter seu melhor alcance e aproveitamento, bem como garantir as soberanias dos indivíduos envolvidos e melhores patamares de segurança alimentar à população nacional.

Referências

BECK, U. *Risk society*. Towards a new modernity. Londres: Sage Publications, 1992.

BELIK, W. Perspectivas para segurança alimentar e nutricional no Brasil. *Saúde e Sociedade*, Campinas, v. 12, n. 1, p. 12-20, 2003.

BRASIL. *Lei 11.346/2006*. Cria o Sistema Nacional de Segurança Alimentar e Nutricional – SISAN com vistas em assegurar o direito humano à alimentação adequada e dá outras providências. Disponível em http://www.planalto.gov.br/ccivil_03/_Ato2004-2006/2006/Lei/L11346.htm. Acesso em 03 set. 2019.

BRASIL. *Lei 11.947/2009*. Dispõe sobre o atendimento da alimentação escolar e do Programa Dinheiro Direto na Escola aos alunos da educação básica. Disponível em http://www.planalto.gov.br/ccivil_03/_ato2007-2010/2009/lei/l11947.htm. Acesso em 03 set. 2019.

CASTRO, T.P.; BOMBARDI, L.M. *Programa nacional de alimentação escolar – PNAE*: o elo entre educação e agricultura. São Paulo: USP, 2012.

CUSTÓDIO, M.B. et al. Segurança alimentar e nutricional e a construção de sua política: uma visão histórica. *Segurança Alimentar e Nutricional*, Campinas, v. 18, n. 1, p. 1-10, 2011.

D'AGOSTINI, A.; HOYOS, C.J.C. Segurança alimentar e soberania alimentar: convergências e divergências. *Revista Nera*. Presidente Prudente, n. 35, p. 174-198, 2017.

DINIZ SANTOS, T.G.; ISAGUIRRE-TORRES, K.R. Previdência social, desenvolvimento e soberania alimentar no campo brasileiro. *Revista da Faculdade de Direito da UFG*, Goiânia, v. 42, n. 2, p. 222-253, 2019.

ESTORNINHO, M.J. *Direito da Alimentação*. Lisboa: AAFDL, 2013.

FELICIELLO, D.; GARCIA, R.W.D. Cidadania e solidariedade: as ações contra a miséria. *In*: GALEAZZI, M.A.M. *Segurança alimentar e cidadania*: a contribuição das universidades paulistas. Campinas: Mercados das Letras, 1996.

FNDE. *Programas de Alimentação Escolar*, Brasil, 2021. Disponível em http://www.fnde.gov.br/index.php/programas-alimentacao-escolar. Acesso em 25 nov. 2021.

FONSECA E MELO, L. A ilicitude do ato de destruir alimentos: a função social aplicada aos gêneros alimentícios. *In*: NEVES, H.T. (coord.). *Direito à alimentação e segurança alimentar*. Curitiba: Juruá, 2017.

HIRAI, W.G.; ANJOS, F.S. Estado e segurança alimentar: alcances e limitações de políticas públicas no Brasil. *Textos & Contextos*. Porto Alegre, v. 6, n. 2, p. 335-353, 2007.

LA VIA CAMPESINA. *The international peasant's voice*. Zimbabwe, 2011. Disponível em http://viacampesina.org. Acesso em 12 mar. 2021.

MACHADO, L.C.P.; MACHADO FILHO, L.C.P. *A dialética da agroecologia*. Contribuição para um mundo com alimentos sem veneno. São Paulo: Expressão Popular, 2014.

MALUF, R.S. O novo contexto internacional do abastecimento e da segurança alimentar. *In*: BELIK. W.; MALUF, R. (org.). *Abastecimento e segurança alimentar*. Campinas: Unicamp, 2000.

MANIGLIA, E. *As interfaces do direito agrário e dos direitos humanos e a segurança alimentar*. São Paulo: Cultura Acadêmica, 2009.

MARÉS, C.F. *A função social da terra*. Porto Alegre: SAFE, 2003.

MASLOW, A.H. A theory of human motivation. *Psychological Review*, Washington, n. 50, p. 370-396, 1943.

MCMICHAEL, P. *Regimes alimentares e questões agrárias. Estudos camponeses e mudança agrária*. [s.c.]: UNESP / UFRGS, 2016.

ROCHA, E.G. A construção democrática do direito à alimentação adequada e a regulação de alimentos. *Revista de Direito Sanitário*, São Paulo, v. 17, n. 3, p. 107-112, 2017.

RUBIO, D.S.; ALFARO, N.J.S. Introdución. *In*: RUBIO, D.S.; ALFARO, N.J.S.; CID, I.V.L. (org.). *Nuevos colonialismos del capital*: propiedad intelectual, biodiversidad y derechos de los pueblos. Barcelona: Icaria, 2004.

SILIPRANDI, E. É possível garantir a soberania alimentar a todos os povos no mundo de hoje? *Revista Agroecologia e Desenvolvimento Rural Sustentável*, Porto Alegre, v. 2, p. 16-18, 2001.

SILVA, T.H.C. *et al*. Pensando a segurança e a soberania alimentar: análise da participação da agricultura familiar no PNAE em diferentes regiões do Brasil. *Revista de Estudos Sociais*, Cuiabá, v. 22, n. 44, p. 168-200, 2020.

SZINWELSKI, N.K. et al. Implicações do Programa Nacional de Alimentação Escolar (PNAE) na renda e organização de agricultores familiares. *Revista Brasileira de Políticas Públicas*, Brasília, v. 5, p. 221-239, 2016.

VALENTE, F.L.S. *A evolução, conceito e o quadro da segurança alimentar dos anos 90 no mundo e no Brasil*. Disponível em www.sept.pr.gov.br/conselhos/consea/artigos. Acesso em 13 mar. 2021.

VALENTE, F.L.S. *Direito à alimentação*: desafios e conquistas. São Paulo: Cortez, 2002.

VINHA, J.F.S.C.; SCHIAVINATTO, M. Soberania alimentar e territórios camponeses: uma análise do Programa de Aquisição de Alimentos (PAA). *Revista Nera*, Presidente Prudente, v. 26, p. 183-203, 2015.

Informação bibliográfica deste texto, conforme a NBR 6023:2018 da Associação Brasileira de Normas Técnicas (ABNT):

GOMES, Luciana de Almeida; BELAIDI, Rabah. A alimentação escolar como objeto de política pública para a promoção de segurança e soberania alimentar. *In*: TRENTINI, Flavia; BRANCO, Patrícia; CATALAN, Marcos (coord.). *Direito e comida*: do campo à mesa: cidadania, consumo, saúde e exclusão social. Belo Horizonte: Fórum Social, 2023. p. 237-258. ISBN 978-65-5518-511-9.

COMPETÊNCIA DA AGÊNCIA NACIONAL DE VIGILÂNCIA SANITÁRIA PARA REGULAR A PUBLICIDADE DE ALIMENTOS NA VISÃO DOS TRIBUNAIS SUPERIORES: UMA ANÁLISE DA JURISPRUDÊNCIA DO SUPERIOR TRIBUNAL DE JUSTIÇA E DO SUPREMO TRIBUNAL FEDERAL

Maria Cecília Cury Chaddad

1 Introdução

Trata-se de estudo da jurisprudência do Supremo Tribunal Federal (STF) e do Superior Tribunal de Justiça (STJ) (juntos, os "Tribunais Superiores") a respeito da competência da Agência Nacional de Vigilância Sanitária (Anvisa) para regular a publicidade de alimentos, que visa discutir, a partir da apresentação e reflexão sobre o marco normativo aplicável a essa temática, os desdobramentos desse debate.

A relevância dessa discussão se justifica em razão de leis aprovadas em países latino-americanos que trouxeram limites claros à publicidade de alimentos, a exemplo da Lei nº 20.606/12 do Chile, que proíbe qualquer tipo de publicidade dirigida a menores de 14 anos relativa a alimentos que contenham alto teor calórico, gordura, sódio ou açúcar, vedando o uso de personagens, animais, figuras infantis, desenhos, brincadeiras, música infantil ou qualquer outro elemento que possa atrair o interesse das crianças, e da Lei nº 30.021/13 do Peru, que veda o uso de testemunhos de personagens reais ou fictícios conhecidos ou admirados pelas crianças e adolescentes que lhes possa induzir ao consumo, leis que serviram de inspiração para a inclusão de disposições semelhantes em projetos de lei na Colômbia e na Argentina, em fase final de aprovação.[1]

2 Marco normativo

O debate sobre o papel da Anvisa em relação à publicidade de alimentos – seus limites e potencialidades – passa necessariamente pelo conhecimento e compreensão do marco normativo incidente sobre o tema, destacando-se as normas que cuidam dos direitos à saúde e à alimentação adequada, assim como do direito à livre iniciativa, que inclui o direito de ofertar o produto (e de fazer publicidade).

Em uma análise superficial, esses direitos, que têm assento na Constituição Federal do Brasil, proteção em tratados internacionais e, ainda, em legislação infraconstitucional, poderiam parecer contraditórios, mas a ideia de unidade da Constituição[2] convoca-nos a realizar uma interpretação sistêmica do texto constitucional, de modo a compatibilizar todas as suas normas, conferindo-lhes a denominada "interpretação ótima", isto é, "aquela que consegue concretizar de forma excelente o sentido (Sinn) da proposição normativa"[3] – de todas elas, vale registrar. O intérprete deve, assim, levar em conta toda a tessitura constitucional – e não realizar apenas mera e pontual análise de um ou outro dispositivo, de maneira fracionada, em tiras.

2.1 Direito à saúde

A Constituição Federal brasileira insere o direito à saúde entre os direitos sociais, ao lado do direito à alimentação, à moradia e ao trabalho (art. 6º), e, no artigo 196, dispõe ser a saúde direito de todos e dever do Estado, direito que deve ser garantido por meio de políticas sociais e econômicas que visem à redução do risco de doença e de outros

---

[1] Em novembro de 2021, esses projetos aguardavam sanção presidencial, condição para posterior regulamentação pelas autoridades competentes.
[2] SILVA, V.A. *Direito constitucional brasileiro*. São Paulo: USP, 2021, p. 55; CANOTILHO. J.J.G. *Direito constitucional e teoria da Constituição*. 5. ed. Coimbra: Almedina, 2002, p. 1096-1097.
[3] HESSE, K. *A força normativa da Constituição*. Trad. Gilmar Ferreira Mendes. Porto Alegre: SAFE, 1991, p. 22-23.

agravos, assim como por meio do acesso universal e igualitário às ações e serviços para sua promoção, proteção e recuperação.

Relevante pontuar que a tutela do direito à saúde demanda a consideração "das condições que cercam o indivíduo e a coletividade",[4] sendo equivocada a sua apreciação apenas sob a ótica individual; há que se tutelar também os aspectos de interesse difuso, coletivo e individual homogêneo, do que resulta o dever constitucional do Estado de "garantir, mediante políticas sociais e econômicas que visem à redução do risco de doenças e outros agravos".[5]

No âmbito internacional, a Declaração Universal dos Direitos Humanos (DUDH) realça que o direito à saúde vai muito além do direito de não ficar doente, ao atrelá-lo ao bem-estar, dispondo que "toda pessoa tem direito a um padrão de vida capaz de assegurar a si e a sua família saúde e bem-estar" (art. XXV, item 1).

Ao seu turno, o Pacto Internacional dos Direitos Econômicos, Sociais e Culturais (PIDESC), também adotando essa visão mais robusta do direto à saúde, prevê que "toda pessoa tem direito à saúde, entendida como o gozo do mais alto nível de bem-estar físico, mental e social", sendo dever do Estado, nos termos da alínea "c", atentar para "a prevenção e tratamento das doenças epidêmicas, endêmicas, profissionais e outras, bem como a luta contra essas doenças" (art. 12).

Na esfera interamericana, o tema vem tutelado no âmbito do Protocolo Adicional à Convenção Americana sobre Direitos Humanos em Matéria de Direitos Econômicos, Sociais e Culturais, concluído em 17 de novembro de 1988, ("Protocolo de São Salvador"), o qual prevê que a implementação do direito à saúde demanda, entre outras medidas: (i) a prevenção e tratamento das doenças endêmicas; (ii) a educação da população sobre prevenção e tratamento dos problemas da saúde; e (iii) a satisfação das necessidades de saúde dos grupos de mais alto risco e que, por sua situação de pobreza, sejam mais vulneráveis (art. 10).

Nota-se, de todo o exposto, que a tutela do direito à saúde, que engloba o bem-estar físico, mental e, no âmbito interamericano, também o social, é obrigação assumida e reafirmada pelo Brasil no âmbito interno e internacional e que, por isso, o Estado deve tomar todas as medidas que estiverem ao seu alcance para salvaguardar esse direito.

---

[4] SANTOS, L. Direito à saúde e qualidade de vida. *In:* SANTOS, L. (org.). *Direito da saúde no Brasil.* Campinas: Saberes, 2010.
[5] SILVA, J.A. *Curso de direito constitucional positivo.* 27. ed. São Paulo: Malheiros, 2006.

Esse contexto normativo é o pano de fundo – e sustentáculo – de diversas leis infraconstitucionais, a exemplo da Lei nº 8.080/90 (Lei da Saúde), a qual reitera o dever de o "Estado prover as condições indispensáveis ao seu [a saúde] pleno exercício" (art. 2º) – e o atrela ao acesso à alimentação (art. 3º), direito autônomo, pelo previsto no artigo 6º da Constituição, mas com especial correlação com o direito à saúde, a exemplo da Lei nº 8.078/80, que instituiu o Código de Defesa do Consumidor, e da Lei nº 9.782/99, que definiu o Sistema Nacional de Vigilância Sanitária e criou a Anvisa (Lei da Anvisa).

2.2 Direito à alimentação adequada

Consoante já apontado acima, o direito à alimentação adequada é reconhecido constitucionalmente como um direito social (art. 6º), merecendo, portanto, ações concretas por parte do Estado para a sua devida promoção e proteção.

Na esfera internacional, a DUDH trata do direito à alimentação como algo inerente ao direito à saúde e bem-estar (art. XXV), ao passo que o PIDESC prescreve que a alimentação é *conditio sine qua non* para que uma pessoa tenha nível de vida adequado, o que abrange o dever de os Estados-parte adotarem medidas para melhorar os métodos de produção, conservação e distribuição de gêneros alimentícios, dentre outras questões, pela plena utilização dos conhecimentos técnicos e científicos e pela difusão de princípios de educação nutricional (art. 11).

Importante realçar que, de acordo com o entendimento atual da Organização das Nações Unidas (ONU) acerca do tema, o direito à alimentação abrange três elementos: (i) disponibilidade; (ii) adequação; e (iii) acessibilidade. Para o Comitê, o acesso à alimentação adequada demanda mais que a garantia de um pacote de calorias, proteínas e outros nutrientes (item 6); é indispensável que seja considerada não apenas a quantidade de alimento, mas sua qualidade, a fim de garantir as necessidades dietéticas de uma dada população (item 8), pelo que propugna a adoção de medidas que visem manter, adaptar e reforçar as diversidades dietéticas (item 9). O alimento disponibilizado deve, ainda, estar livre de substâncias adversas, inclusive daquelas decorrentes do manejo inapropriado durante a cadeia produtiva (item 10) e ser adequado às pessoas vulneráveis (item 13). Cabe aos Estados-parte, portanto, tomarem as medidas necessárias para respeitar, proteger e implementar o direito à alimentação (item 15), sendo certo que a omissão em regular tal direito de forma efetiva é vista como violação à Declaração Universal dos Direitos Humanos (item 19). Essas importantes orientações estão previstas no Comentário Geral nº 12 do Comitê de Direitos Econômicos, Sociais e Culturais (ECOSOC) da ONU.

No âmbito do Sistema Interamericano, o Protocolo de São Salvador estatui que "toda pessoa tem direito a nutrição adequada, que lhe assegure a possibilidade de gozar do mais alto nível de desenvolvimento físico, emocional e intelectual" (art. 12).

No plano infraconstitucional brasileiro, além da já mencionada Lei da Saúde, registra-se a aprovação da Lei nº 11.346/06, regulamentada pelo Decreto nº 7.272/10, que criou o Sistema Nacional de Segurança Alimentar e Nutricional (SISAN), com vistas a assegurar o direito humano à alimentação adequada. O artigo 2º da SISAN prevê, na mesma linha do que consta do comentário do ECOSOC supramencionado, que o direito à "alimentação adequada é direito fundamental do ser humano, inerente à dignidade da pessoa humana e indispensável à realização dos direitos consagrados na Constituição Federal".

Resta claro, do quadro exposto, que o Estado tem o dever de adotar as políticas e ações que se façam necessárias para promover e garantir a segurança alimentar e nutricional da população e, via de consequência, a promoção e proteção do direito à saúde, direitos que são tutelados de maneira robusta no plano normativo interno e internacional e cuja relevância os confere o papel de parâmetro para outros direitos e meta para o Estado.

2.3 Direito à livre-iniciativa

A avaliação do alcance da liberdade publicitária no Brasil deve ter como parâmetro a Constituição Federal brasileira – sendo equivocada a referência à legislação e à experiência norte-americana como guias, tendo em vista que, nos Estados Unidos, diferentemente do que ocorre no Brasil, a publicidade é vista como uma das facetas da liberdade de expressão.

No sistema brasileiro, a liberdade publicitária é um direito periférico, atrelado especialmente aos referenciais constitucionais aplicáveis à livre-iniciativa. O delineamento jurídico da livre-iniciativa, um dos fundamentos da República brasileira (art. 1º, IV), é dado pelo *caput* do artigo 170 da Constituição, segundo o qual a ordem econômica deve estar fundada na valorização do trabalho humano e na livre iniciativa, e deve ter por finalidade "assegurar a todos existência digna, conforme os ditames da justiça social".

O mencionado artigo 170 indica uma série de princípios a serem observados como condição para tal liberdade de iniciativa, a exemplo da soberania nacional, da propriedade privada (e de sua função social), da livre concorrência, da defesa do consumidor e do meio ambiente, da redução de desigualdades regionais e sociais, da busca do pleno emprego e do tratamento favorecido para as empresas de pequeno porte constituídas sob as leis brasileiras e que tenham sua sede e administração no país. Mostra-se evidente, portanto, que a proteção constitucional da atividade empresarial traz em si, desde a sua raiz, a noção de "função social" da ordem econômica, condicionando-a ao propósito de atingir os objetivos indicados no texto constitucional.

Portanto, para além de outros limites que advêm da interpretação sistemática da Constituição, a simples análise literal do dispositivo constitucional que trata da liberdade de iniciativa já indica que se trata de direito que nasce condicionado, limitado.

Em sendo a liberdade publicitária direito periférico, que decorre da livre-iniciativa, *a fortiore ratione* as limitações à livre-iniciativa são aplicáveis à publicidade, que também está condicionada ao disposto no artigo 170 da Constituição. Acrescente-se que o *caput* do artigo 220 da Constituição, que cuida da liberdade publicitária, reforça o óbvio ao prever que a liberdade publicitária está condicionada à observância ao disposto na Constituição.

Não bastasse a indicação genérica (e um tanto óbvia, intrinsicamente relacionada ao regime aplicável à livre-iniciativa) do dever de observar o disposto na Constituição, os parágrafos do artigo 220 realçam a gênese limitada da liberdade publicitária ao trazer duas categorias de restrições a essa liberdade: uma, de caráter vinculante, relacionada a produtos que o constituinte presumiu como potencialmente nocivos (tabaco, bebidas alcoólicas, agrotóxicos, medicamentos e terapias), e outra aberta, por meio da qual o constituinte apontou a possibilidade de o legislador infraconstitucional identificar a necessidade de proteção ao meio ambiente e/ou à saúde.[6]

A primeira hipótese, que denomino de *limitação por nocividade presumida*, está abarcada pelo §4º do artigo 220, o qual previu que "a propaganda comercial de tabaco, bebidas alcoólicas, agrotóxicos, medicamentos e terapias estará sujeita a restrições legais, nos termos

---

[6] CHADDAD, M.C.C. Constitucionalidade da restrição à publicidade de alimentos. *Revista de Direito do Consumidor*, São Paulo, ano 27, v. 102, p. 41-75, 2018, p. 61.

do inciso II do parágrafo anterior, e que, sempre que necessário, tratará da necessidade de veiculação de advertência sobre os malefícios decorrentes de seu uso", o que deveria ser realizado no prazo de até 12 meses, nos termos do artigo 65 do Ato das Disposições Constitucionais Transitórias.

A outra hipótese, que denomino de *limitação por nocividade revelada*, está prevista no §3º, inciso II, do artigo 220, segundo o qual o legislador infraconstitucional poderá limitar a publicidade caso identifique a necessidade de criar meios para que as pessoas e as famílias possam se defender da propaganda, práticas e serviços com potencial nocividade à saúde e/ou ao meio ambiente.

Quisesse o constituinte limitar a liberdade publicitária tão somente às hipóteses de nocividade presumida (art. 220, §4º), a Constituição não traria a possibilidade de restrição, por meio de lei federal, caso fosse identificada a necessidade de impedir a propaganda "de produtos, práticas e serviços que possam ser nocivos à saúde e ao meio ambiente" (art. 220, §3º) –, tampouco teria sido feita expressa referência cruzada entre os seus parágrafos ao indicar que a hipótese de restrição a publicidade deve ser indicada por lei federal.

Ainda que complementares, são situações diversas, com consequências distintas: na limitação por nocividade revelada, diferentemente do que ocorre nas situações de nocividade presumida, ao identificar o risco de dano à saúde e/ou ao meio ambiente, o legislador tem o ônus de fundamentar a limitação pretendida na situação de nocividade revelada.[7]

Resta demonstrado que a liberdade publicitária não é absoluta, irrestringível; ao contrário, como relembra Gilmar Ferreira Mendes, fosse ilimitada, "outros valores, igualmente relevantes, quedariam esvaziados diante de um direito avassalador, absoluto e insuscetível de restrição".[8]

Um bom exemplo de exercício, pelo legislador infraconstitucional, da competência baseada na *limitação por nocividade revelada* é a proibição, pelo Código de Defesa do Consumidor, da publicidade

---

[7] SILVA, V.A. *Parecer*. A constitucionalidade da restrição da publicidade de alimentos e de bebidas não alcoólicas voltadas ao público infantil. São Paulo: Instituto Alana, 2012. Disponível em: http://biblioteca.alana.org.br/banco_arquivos/arquivos/Parecer_Virgilio_Afonso_6_7_12.pdf. Acesso em: 08 ago. 2021.

[8] MENDES, G.F. Colisão de direitos fundamentais. *In:* CLÈVE, C.M. (org.). *Direito constitucional:* direitos e garantias fundamentais. São Paulo: RT, 2015, p. 480.

enganosa e abusiva (art. 37, CDC), lei aprovada com vistas a promover a proteção dos consumidores, com fulcro no artigo 5º, XXXII, da Constituição, combinado com o artigo 48 do Ato das Disposições Constitucionais Transitórias.

Vale registrar que o dever constitucional de proteção dos consumidores tem como fundamento o dever de promover e proteger diversos direitos fundamentais das pessoas, a exemplo do direito à vida, segurança e saúde, condicionando a liberdade de mercado à observância dos limites impostos na legislação consumerista, a qual retira seu fundamento, frise-se, do disposto na Constituição.

Feitas tais considerações, mostra-se relevante enfrentar os contornos jurídicos da competência da Anvisa para a proteção e promoção dos direitos mencionados nos itens acima, em especial em razão de sua competência para regular a produção e comercialização de alimentos.

2.4 Considerações sobre a competência reguladora da Anvisa

À luz do inciso XII do artigo 24 do texto constitucional, a competência legislativa para a proteção e defesa da saúde é concorrente entre os entes da federação, o que significa dizer que a Constituição indicou que cabe a todos os entes da federação, simultaneamente, instituir normas para proteger e defender a saúde. Nos termos do §1º do mencionado artigo, a competência da União limitar-se-á a estabelecer normas gerais, cabendo aos demais entes da federação o detalhamento das diretrizes federais, adequando a regra geral às especificidades e necessidades de cada qual das esferas de competência.

Ainda que se faça um recorte dessa competência a partir do campo de atuação da União, a questão segue complexa, na medida em que os papéis da União em relação à promoção e proteção da saúde não são desempenhados por uma única fonte e, por vezes, há certa sobreposição de entes competentes.

Analisando pelo prisma da competência para tratar de rotulagem de alimentos (que engloba aspectos de publicidade), por exemplo, há regras que são postas por leis federais, aprovadas pelo Poder Legislativo, decretos emitidos pela Presidência da República, outras por resoluções da Diretoria Colegiada da Anvisa, instruções normativas do Ministério da Agricultura, Pecuária e Abastecimento (Mapa), portarias do Ministério da Justiçado ou, ainda, regulamento técnico do Instituto Nacional de Metrologia, Qualidade e Tecnologia (Inmetro).

Evidentemente que a atuação de cada qual dessas fontes depende da estrita observância dos limites de suas respectivas competências, os quais são estabelecidos, de modo mais amplo, pela Constituição Federal e, de maneira mais específica, pela legislação infraconstitucional, a exemplo da Lei nº 13.844/19, que estabelece a organização básica dos órgãos da Presidência da República, incluindo o Mapa, e da Lei da Anvisa.

Diante desse emaranhado de normas, não é difícil compreender por que, na prática, há tantas dúvidas e debates sobre os limites da competência de cada qual das fontes autorizadas, sendo esse um questionamento comumente levado ao Poder Judiciário quando do questionamento de normas que afetam a atuação do setor produtivo, a exemplo daquelas que visam estabelecer parâmetros para a rotulagem e limites à publicidade em alimentos.

Trazendo atenção para o tema ao qual essa análise se propõe, relativa à competência da Anvisa para definir limites à publicidade de alimentos, temos que o artigo 6º da Lei da Anvisa dispõe que a "Agência terá por finalidade institucional promover a proteção da saúde da população, por intermédio do controle sanitário da produção e da comercialização de produtos e serviços submetidos à vigilância sanitária, inclusive dos ambientes, dos processos, dos insumos e das tecnologias a eles relacionados, bem como o controle de portos, aeroportos e de fronteiras".

No artigo 8º da lei referenciada, está disposto que incumbe à Agência "regulamentar, controlar e fiscalizar os produtos e serviços que envolvam risco à saúde pública", observada a legislação em vigor, o que inclui, entre outras tantas, a Constituição Federal, o Código de Defesa do Consumidor e a Lei da Saúde, instrumentos que devem servir, ao mesmo tempo, de lastro e de norte para a atuação da Anvisa nas ações que visem obstar risco à saúde pública.

Nesse ponto, é relevante esclarecer que, nos termos do inciso II do §1º do mencionado artigo 8º, os alimentos, incluindo as bebidas, as águas envasadas, seus insumos, embalagens, aditivos alimentares, limites de contaminantes orgânicos, resíduos de agrotóxicos e de medicamentos veterinários, são considerados bens e produtos submetidos ao controle e fiscalização sanitária pela Agência.

A lei assume, portanto, que o alimento e tudo que com ele se relaciona, dos insumos à embalagem, são produtos que envolvem risco à saúde, premissa que encontra respaldo no fato do inquestionável papel da alimentação na vida das pessoas e do risco que uma alimentação inadequada representa à saúde e ao bem-estar dos indivíduos.

Ademais, de acordo com o inciso XXVI do artigo 7º da Lei da Anvisa, compete à Agência "controlar, fiscalizar e acompanhar, sob o prisma da legislação sanitária, a propaganda e publicidade de produtos submetidos ao regime de vigilância sanitária", cabendo-lhe, à luz dos incisos III e VII do artigo 2º da mencionada Lei, "normatizar, controlar e fiscalizar produtos, substâncias e serviços de interesse para a saúde" e "atuar em circunstâncias especiais de risco à saúde".

Assim, com base na competência definida na sua lei de criação e no dever imposto pela Lei da Saúde de, na condição de agente do Sistema Único de Saúde, prover condições indispensáveis ao pleno exercício da saúde, que engloba aspectos relativos ao bem-estar, assim como o dever de promover ações para prevenção de doenças e agravos, espera-se da Anvisa uma atuação atenta e efetiva em matéria de delimitação da publicidade de alimentos, de modo a impedir práticas enganosas, que são vedadas pelo Código de Defesa do Consumidor e que expõem a risco os direitos à saúde a à alimentação adequada dos consumidores, hipóteses de aplicação do poder de limitação da publicidade por nocividade revelada.

Apesar do quanto apontado acima, em mais de uma ocasião houve questionamento da competência da Anvisa na delimitação da publicidade de alimentos, como no emblemático e controverso caso da judicialização da RDC nº 24/10 da Anvisa,[9] que dispunha sobre a oferta,

---

[9] Foram 11 demandas apresentadas em distintas subseções da Justiça Federal, a saber: (i) processo movido pela ABIA – Associação Brasileira da Indústria de Alimentos perante a 16ª Vara Federal do Distrito Federal (42882-45.2010.4.01.3400); (ii) processo movido pela Associação Brasileira das Indústrias de Refrigerantes e de Bebidas não Alcoólicas (ABIR) perante a 13ª Vara Federal do Distrito Federal (0055190-16.2010.4.01.3400); (iii) processo movido pela Associação Brasileira da Indústria de Chocolates, Amendoim e Balas – ABICAB perante a 7ª Vara Federal do Distrito Federal (0057288-71.2010.4.01.3400); (iv) processo movido pela CNTur – Confederação Nacional do Turismo perante a 2ª Vara Federal do Distrito Federal (47480-42.2010.4.01.3400); (v) processo movido pelo Sindicato da Indústria do Milho, Soja e seus Derivados no Estado de São Paulo – SINDMILHO perante a 6ª Vara Federal do Distrito Federal (0059486-81.2010.4.01.3400); (vi) processo movido pela ABIMA – Associação Brasileira das Indústrias de Massas Alimentícias perante a 20ª Vara Federal do Distrito Federal (0021946-62.2011.4.01.3400); (vii) processo movido pela ANIB – Associação Nacional das Indústrias de Biscoito perante a 21ª Vara Federal do Distrito Federal (15965-52.2011.4.01.3400); (viii) processo movido pela Abresi – Associação Brasileira de Gastronomia, Hospedagem e Turismo perante a 22ª Vara Federal do Distrito Federal (0015873-74.2011.4.01.3400); (ix) processo movido pela ANR – Associação Nacional de Restaurantes perante a 8ª Vara Federal de São Paulo (0022116-

propaganda, publicidade, informação e outras práticas correlatas, a qual teve como objetivo delimitar a divulgação e a promoção comercial de alimentos considerados com quantidades elevadas de açúcar, de gordura saturada, de gordura trans, de sódio, e de bebidas com baixo teor nutricional, de modo a reduzir a vulnerabilidade informacional dos consumidores ao coibir práticas excessivas que levassem o público, em especial o público infantil, a padrões de consumo incompatíveis com a saúde e que violassem seu direito à alimentação adequada.

É nesse contexto e diante da existência de demanda para que a Anvisa cumpra com seu mister de proteger os direitos à saúde e à alimentação adequada da população brasileira que se mostra relevante avaliar qual o entendimento do STF e do STJ sobre a competência da Anvisa para regular a publicidade desses produtos e discutir quais as normas que devem iluminar o Judiciário em sua avaliação acerca desse tema.

3 A visão dos tribunais superiores acerca da competência da Anvisa em matéria de publicidade de alimentos

3.1 Recorte metodológico

A pesquisa de julgados se deu a partir de coleta realizada no mês de julho de 2021 nos sítios eletrônicos dos Tribunais Superiores,[10] usando as seguintes palavras-chave na busca: Anvisa + publicidade + alimento; Anvisa + publicidade + alimentos; Anvisa + propaganda + alimento; e Anvisa + propaganda + alimentos. A fim de ampliar as chances de identificar casos relacionados ao tema da competência da Anvisa na regulamentação da publicidade de alimentos, acrescentou-se a busca pelas palavras Anvisa + publicidade + saúde e Anvisa + propaganda + saúde.

Há que se registrar que a busca realizada por meio das ferramentas disponíveis nos sítios eletrônicos dos Tribunais Superiores pode não representar a totalidade das decisões que cuidam dos temas objeto da pesquisa, existindo a possibilidade de o universo de decisões sobre

---

62.2010.4.03.6100); (x) processo movido pela ABF – Associação Brasileira de Franchising perante a 9ª Vara Federal de São Paulo (00069-9994.2011.4.03.6100); e (xi) processo movido pela Afrebras – Associação dos Fabricantes de Refrigerantes do Brasil perante a 6ª Vara Federal do Paraná (5024208.14.2010.404.7000).

[10] Os seguintes *links* de busca foram consultados: https://jurisprudencia.stf.jus.br/pages/search e http://www.stj.jus.br/SCON/pesquisar.jsp.

as temáticas ser mais amplo do que o que está indicado no presente documento.

3.2 Casos identificados no Supremo Tribunal Federal

A pesquisa realizada com as palavras "Anvisa + publicidade + alimento(s)" e "Anvisa + propaganda + alimentos(s)" trouxe, em todas as buscas, seja com a palavra alimento no singular ou plural, o mesmo resultado: nenhum acórdão, 2 decisões monocráticas e 5 referências às palavras-chave em informativos. Usando os termos "Anvisa + publicidade + saúde", foram encontrados 3 acórdãos, 16 decisões monocráticas e 11 referências em informativos, ao passo que o uso dos termos "Anvisa + propaganda + saúde" não trouxe acórdãos, mas retornou 10 decisões monocráticas e 5 referências em informativo.

Desses resultados, a grande maioria tratou de discussões que, embora tenham referência aos termos pesquisados, fogem ao escopo, como a competência da Anvisa no que toca ao controle dos produtos derivados do tabaco, referência ao banimento do agrotóxico paraquate pela Anvisa, menção ao papel da Agência no enfrentamento da pandemia do coronavírus.

A única decisão da amostra que guarda conexão com o objeto de estudo é a decisão monocrática do Ministro Luiz Fux no âmbito do RE nº 909.358/PR, no qual a AFREBRAS – Associação dos Fabricantes de Refrigerantes do Brasil buscou discutir, em sede de recurso extraordinário, a competência da Anvisa para regular a publicidade de alimentos dirigida a crianças e, via de consequência, a legalidade da RDC nº 24/10 da Anvisa. Como causa de pedir, a AFREBRAS indicou que a manutenção da RDC nº 24/10 representaria violação à Constituição, em especial ao artigo 5º, II (princípio da legalidade), ao artigo 93, IX (princípio da motivação), e ao artigo 220, §3º e §4º (limites à propaganda comercial).

Ao analisar o recurso, o Ministro Luiz Fux ponderou que o acórdão recorrido teria negado seguimento à apelação da AFREBRAS por entender que a norma aprovada pela Anvisa teria fundamento na Lei da Saúde, e na Lei da Anvisa, e que esse assunto não poderia ser objeto de recurso extraordinário, porque a análise de eventual violação às normas constitucionais indicadas se daria por ofensa indireta à Constituição, situação que não se admite no Brasil. Embora não mencionada na decisão, trata-se da aplicação da Súmula nº 636, segundo a qual "não cabe recurso extraordinário por contrariedade ao princípio constitucional da legalidade, quando a sua verificação pressuponha rever a interpretação dada a normas infraconstitucionais pela decisão recorrida".

Embora o recurso tenha sido inadmitido pela aplicação do entendimento sumulado, o relator acrescentou que não haveria violação ao princípio da motivação. Em suas palavras, "os fundamentos infraconstitucionais utilizados pelo Tribunal a quo são suficientes para a manutenção do acórdão ora impugnado" e, para o relator, o fato de não ter havido a apreciação da demanda pelo STJ em sede de recurso especial implicava o trânsito em julgado da decisão, sendo descabida, assim, a interposição de recurso extraordinário "quando a decisão recorrida assenta em mais de um fundamento suficiente e o recurso não abrange todos ele" (Súmula nº 283 do STF).

Essa decisão, que foi publicada no Diário Oficial em 03.05.2019, transitou em julgado em 25.05.2019, resultando na manutenção da decisão proferida pelo Tribunal Regional Federal da 4ª Região, que havia convalidado a competência da Anvisa com base na Constituição, na Lei da Anvisa, que conferiu poderes à Anvisa para tomar as medidas concretas necessárias para alcançar sua finalidade de promover a proteção da saúde da população, e na Lei da Saúde, segundo a qual a vigilância sanitária compreenderia "o controle de bens de consumo que, direta ou indiretamente, se relacionem com a saúde, compreendidas todas as etapas e processos, da produção ao consumo", restando claro o dever – e, portanto, a competência – de proteger a população de questões nocivas à saúde.

Entre as referências em informativos, nenhuma teve sintonia com o tema em tela, sendo boa parte relacionada a julgados afetos às medidas para enfrentamento da pandemia. Registre-se que em um dos informativos, os termos pesquisados apareceram em situações distintas, a saber: enfrentamento ao covid-19 e, noutro tópico, referência à decisão do STF que validou a norma do Estado da Bahia que proibia toda e qualquer atividade de comunicação comercial dirigida às crianças nos estabelecimentos de educação básica.

Nota-se, do exposto, que, apesar de ter existido um caso versando sobre a discussão da competência da Anvisa para regulamentar a publicidade de alimentos, o STF não enfrentou o mérito da ação, e, portanto, não há dados para indicar qual seria a interpretação da Corte Constitucional acerca do alcance do disposto nos parágrafos 3º e 4º do art. 220 da Constituição à esfera de atuação da Anvisa.

3.3 Casos identificados no Superior Tribunal de Justiça

No âmbito do STJ, as buscas trouxeram um volume maior de resultados, os quais variaram conforme as palavras-chave inseridas. No sistema de busca do Tribunal, a palavra alimento no singular trouxe alguns resultados diversos dos encontrados com a palavra no plural. Parte dos julgados apresentados nos resultados se repetiu ao longo das buscas com os demais conjuntos de palavras.

A busca usando as palavras "Anvisa + publicidade + alimento" resultou em 1 acordão e 6 decisões monocráticas; usando as palavras "Anvisa + publicidade + alimentos", nenhum acordão foi encontrado, mas houve a indicação de 4 decisões monocráticas; com as palavras "Anvisa + propaganda + alimento", não houve retorno de acórdãos, mas foram indicadas 5 decisões monocráticas; com as palavras "Anvisa + propaganda + alimentos", nenhum acordão e 10 as decisões monocráticas; com as palavras "Anvisa + publicidade + saúde", foram apresentados nos resultados 2 acórdãos e 147 decisões monocráticas; ao passo que, com as palavras "Anvisa + propaganda + saúde", os resultados foram 1 acórdão e 144 decisões monocráticas.

Apesar de apresentarem os termos pesquisados, boa parte dos resultados encontrados toca em temas que não são pertinentes para a presente análise, como discussões sobre oferta de produtos para saúde ou medicamentos em desacordo com a legislação sanitária, limites à publicidade de produtos à base de tabaco, tipos penais relacionados ao comércio de produtos derivados de tabaco, discussão sobre a necessidade de rotulagem de cosméticos e produtos de higiene ser em língua portuguesa, assim como debates de natureza tributária, e que, portanto, não foram analisados na íntegra e não serão detalhados nesse texto.

Feitas as exclusões dos resultados impertinentes e dos resultados repetidos, restaram seis julgados relacionados diretamente com alimentos: (i) discussão a respeito de informações sobre percentual de grãos integrais nos rótulos (REsp nº 1.510.541); (ii) debate sobre o uso alegações relacionadas à ausência de lactose nos produtos (REsp nº 1.679.468); (iii) necessidade de indicação, no rótulo, de aviso sobre a possível variação em mais ou menos 20% nas informações nutricionais apresentadas nos rótulos (REsp nº 1.537.571); e (iv) o debate sobre a legalidade da RDC nº 24/10 diante da competência da Anvisa, objeto de três das decisões (REsp nº 1.387.730/PR, REsp nº 1.409.519/DF e REsp nº 1.584.256/SP).

Dessas todas, as que guardam relação com o objeto dessa análise, isto é, o papel da Anvisa na definição de contornos à publicidade de alimentos, são justamente essas últimas mencionadas (necessidade de detalhamento de informações nutricionais e discussão sobre a legalidade da RDC nº 24/10).

Especificamente em relação à validade da RDC nº 24/10, nenhum dos julgados analisados resultou na análise do mérito sobre a competência da Anvisa para a edição de referida resolução, em razão da identificação de limites de ordem processual.

O REsp nº 1.387.730/PR cuidou da discussão já mencionada no tópico anterior, na qual a AFREBRAS questionou a decisão do Tribunal Regional Federal da 4ª Região, que confirmará a competência da Anvisa para regular a publicidade de alimentos, afirmando que essa decisão teria violado o disposto no artigo 535 do Código de Processo Civil, por alegada omissão no enfrentamento das teses de violação ao art. 220, §§3º, II, e 4º, da CF e de inovação indevida no ordenamento jurídico pela Anvisa, e o previsto nos artigos 126 e 335 do Código de Processo Civil e 4º da Lei de Introdução ao Direito Brasileiro, sustentando que o juízo havia agido de modo discricionário ao aplicar "as regras de experiência e os ideais do senso comum em vez de perfilhar a necessária subsunção do fato à norma".

Ao apreciar o recurso especial apresentado pela AFREBRAS, o ministro relator, Benedito Gonçalves, apontou que o órgão julgador não estaria obrigado a rebater, individualmente, a todos os argumentos trazidos pelas partes, "sendo suficiente e adequado o enfrentamento das questões relevantes e imprescindíveis ao respectivo julgamento". No seu entender, o Tribunal *a quo* teria fundamentado a sua decisão de modo claro e suficiente, sendo descabida a alegação de violação ao artigo 535 do Código de Processo Civil.

No tocante à segunda alegação, o relator registrou que a tese teria sido suscitada somente em grau de recurso especial, não tendo, portanto, ocorrido o necessário prequestionamento, pelo que aplicou a Súmula nº 211 do STJ, que dispõe ser "inadmissível recurso especial quanto à questão que, a despeito da oposição de embargos declaratórios, não foi apreciada pelo tribunal a quo".

Foi interposto Agravo Regimental pela AFREBRAS, improvido por unanimidade da Primeira Turma do STJ, o que também aconteceu com os embargos de declaração opostos na sequência, resultando, em 20.05.15, no trânsito em julgado da decisão que inadmitiu o Recurso Especial.

O debate sobre a validade da RDC nº 24/10 também chegou ao STJ por intermédio de recurso especial apresentado pela Anvisa, o REsp nº 1.409.519/DF, por meio do qual a Agência objetivava reverter a suspensão da vigência da norma em questão determinada em sede de tutela antecipada pelo juízo do Distrito Federal no âmbito da discussão promovida pela ABIA e confirmada pelo Tribunal Regional da 1ª Região (Processo nº 0042882-45.2010.4.01.3400). A Anvisa fundamentou o seu recurso nos artigos 2º, III, 6º, 7º, *caput* e incisos III e XXVI, e 8º da Lei da Anvisa; e art. 1º e 2º do Decreto-Lei nº 986/69 (o "Código Alimentar"), o qual institui normas básicas sobre alimentos, que tratam das competências da Agência, incluindo o dever de defesa e a proteção da saúde individual ou coletiva, no tocante a alimentos, desde a sua obtenção até o seu consumo. No momento da apreciação do recurso especial, o relator, Ministro Gurgel de Faria, identificou que a sentença de mérito na ação principal e o acórdão já haviam sido proferidos e, seguindo a orientação a Corte a esse respeito, julgou o recurso prejudicado pela falta de interesse de agir, decisão que transitou em julgado em 12.05.2016.

Ao seu turno, o REsp nº 1.584.256/SP enfrentou recurso especial apresentado pela ANR visando reformar a decisão do Tribunal Regional da 3ª Região, que entendeu que a RDC nº 24/10 não afrontaria o ordenamento jurídico ao regulamentar a publicidade e a propaganda dos alimentos e bebidas, tendo em vista a competência prevista nas já mencionadas Leis da Anvisa e da Saúde, as quais atenderiam à exigência prevista no §3º do art. 220 da Constituição Federal.

Em suas razões de recurso, além de questionar a multa que lhe foi aplicada pela oposição de Embargos de Declaração pelo Tribunal *a quo*, a ANR aduziu que teria havido violação do art. 535 do Código de Processo Civil pela falta de apreciação da matéria ventilada nos Embargos de Declaração, assim como por alegadas ofensas ao inciso XXVI do art. 7º da Lei da Anvisa e ao princípio da reserva legal, na medida em que o art. 220, §3º, da Constituição demandaria que eventual restrição se desse por intermédio de lei federal (e não por resolução da Anvisa).

O Ministro Herman Benjamin, relator nesse recurso, verificou que o Tribunal *a quo* havia decidido a questão pelas óticas constitucional e infraconstitucional e que, em não tendo havido a interposição de recurso extraordinário, o recurso especial restaria prejudicado, nos termos da Súmula nº 126 do STJ, segundo a qual não se admite o recurso especial quando o acórdão recorrido tiver fundamentos constitucional e infraconstitucional, qualquer deles suficiente para mantê-lo devidamente fundamentado e a parte vencida não apresentar recurso extraordinário. Entretanto, digno registrar que, apesar da já identificada inadmissibilidade do recurso especial, o relator acrescentou, em sua decisão, que o Tribunal *a quo* teria fundamentado a competência da Anvisa na Lei da Saúde e no artigo 6º do Código de Defesa do Consumidor, temas que não foram objeto de questionamento pela ANR em seu recurso especial, o que resultaria na deficiência na fundamentação do Recurso Especial, atraindo, na sua compreensão, por analogia, as Súmulas nºs 283 e 284 do STF, que dispõem ser inadmissível o recurso no caso de ele não abranger a toda fundamentação da decisão recorrida e quando "a deficiência na sua fundamentação não permitir a exata compreensão da controvérsia". Essa decisão transitou em julgado em 01.07.2020.

Diante do quadro apresentado, tal qual ocorreu no âmbito do STF, também no STJ questões de ordem processual impediram a apreciação do mérito pelo Tribunal da Cidadania – ainda que tenha havido uma leve referência do Ministro Herman Benjamin ao papel da Anvisa e de sua atuação lastreada pelas Leis da Anvisa e da Saúde.

3.4 Discussão

A pesquisa apontou que poucos casos relacionados ao papel da Anvisa em relação à publicidade de alimentos alcançaram os tribunais superiores e que os debates ficaram restritos a aspectos de ordem processual, resultando na aplicação de súmulas vinculantes que resultaram na ausência de análise de mérito nos recursos apresentados a cada qual dos tribunais superiores.

Chama a atenção o fato de que, no caso do debate sobre a validade da RDC nº 24/10, foram identificadas duas decisões favoráveis em segunda instância, ainda que com fundamentos um pouco diversos, à tese de que a Anvisa teria competência para regular a publicidade infantil por intermédio da RDC nº 24/10 e apenas uma decisão colegiada contrária à atuação da Anvisa. Todavia, pela falta de sucesso na continuidade do debate em ao menos um dos outros dois casos, esse único divergente acabou por suspender a vigência da norma no território nacional e, com isso, não foi possível avançar na proteção da saúde e alimentação das crianças, que era o intuito da RDC nº 24/10.

Registre-se que, por motivo que não foi possível identificar no presente levantamento, não houve a interposição de recurso especial lastreado na alínea "c" do inciso II do artigo 105 da Constituição Federal, que confere ao STJ o papel de uniformizar a interpretação da legislação federal. Por tal razão, na discussão sobre a validade da RDC nº 24/10 não ocorreu a consolidação jurisprudencial, sendo inviável conhecer a posição do STJ a respeito da competência da Anvisa para regular e limitar a publicidade de alimentos e, no caso de reconhecimento de tal atribuição, por qual(is) fundamento(s) se daria.

No que toca ao STF, embora não tenha havido, com as buscas realizadas, um retorno que permitisse a identificação de qual seria a compreensão acerca do papel da Anvisa no âmbito da vigilância de alimentos, há um precedente que não apareceu entre os resultados da pesquisa realizada, mas que merece ser referenciado.

Trata-se do pedido de suspensão de tutela provisória requerido pela Anvisa ao STF (STP nº 124/SP) em razão de decisão proferida pelo Tribunal Regional da 3ª Região no bojo de Ação Civil Pública movida pelo Ministério Público Federal de São Paulo em face da Anvisa, em 2005. Passados nove anos da propositura da demanda em questão, o Tribunal referenciado confirmou a decisão do juízo de primeiro grau, que havia condenado a Anvisa a expedir, no prazo de 30 dias, ato normativo exigindo que os rótulos dos alimentos que contivessem o corante amarelo tartrazina trouxessem, de forma claramente visível e destacada, o alerta: "Este produto contém o corante amarelo tartrazina, que pode causar reações de natureza alérgica, entre as quais asma brônquica, especialmente em pessoas alérgicas ao Ácido Acetilsalicílico" (Processo nº 0008841-22.2005.4.03.6100).

Ocorre que a decisão do Tribunal demorou a ser proferida e, passada quase uma década do início da discussão, os conhecimentos científicos em relação aos impactos à saúde causados pelo corante tartrazina evoluíram, passando a ser rechaçada a hipótese de que esse corante causaria asma,[11] assim como a ideia de que haveria reação cruzada com drogas inibidoras da ciclo-oxigenase.[12]

Assim, diante do risco de ter de cumprir com uma decisão baseada em evidências ultrapassadas, com informações que não estariam

---

[11] ELHKIM, M. O. *et al*. New considerations regarding the risk assessment on Tartrazine: an update toxicological assessment, intolerance reactions and maximum theoretical daily intake in France. *Regul Toxicol Pharmacol*, Bethesda. v. 47, n. 3, p. 308-316, 2007.

[12] SOLÉ, D. *et al*. Consenso brasileiro sobre alergia alimentar: 2018 – parte 2 – Diagnóstico, tratamento e prevenção. Documento conjunto elaborado pela Sociedade Brasileira de Pediatria e Associação Brasileira de Alergia e Imunologia. *Arquivos de Asma, Alergia e Imunologia*, São Paulo, v. 2, n. 1, p. 39-82, 2018.

corretas, e do possível engessamento na busca por futura atualização dos dizeres, a Anvisa apresentou o mencionado pedido de suspensão de tutela provisória ao STF, na expectativa de que fosse liberada de tal obrigação.

Em 25.09.19, o Presidente do STF à época, Ministro Dias Toffoli, ponderou que a decisão proferida pelo Tribunal Regional Federal da 3ª Região interferira no poder decisório da Anvisa, "com potencial impacto lesivo ao interesse público, na acepção econômica e de saúde, bem como à ordem administrativa", decidindo por deferir o pedido de suspensão em razão do exíguo prazo para cumprimento da decisão proferida pelo Tribunal Regional da 3ª Região.

Um aspecto relevante da decisão do Ministro Dias Toffoli no pedido de suspensão em questão foi a referência a outro precedente do STF, a ADI nº 4.874/DF, de relatoria da Ministra Rosa Weber, no qual a Corte, ao debater a validade da RDC nº 14/12, que definiu limites máximos de alcatrão, nicotina e monóxido de carbono no cigarro e restringindo o uso dos denominados aditivos nos produtos fumígenos derivados do tabaco, reconheceu o papel institucional das agências reguladoras na gestão do interesse público, sobressaindo a criação dessas entidades a fim de atender à demanda cada vez mais plural e dinâmica da sociedade, possibilitando ao Estado atuar com maior celeridade e especialização técnica na regulação de atividades sociais e econômicas relevantes para a realização de direitos elencados como fundamentais.

Diante desse caso, o Pleno do STF entendeu, em decisão publicada em 07.10.19, por seguir a orientação dada pelo Ministro Dias Toffoli, destacando os limites da interferência do Poder Judiciário e do Ministério Público no exercício da atribuição institucional da Anvisa. Embora não trate de tema afeto à publicidade, esse caso ilustra a compreensão do STF acerca do papel da Anvisa no controle sanitário da produção e da comercialização de substâncias que apresentem risco à saúde e à qualidade de vida da população.

4 Considerações finais

A liberdade publicitária, direito relacionado à livre-iniciativa, encontra limites definidos na Constituição Federal, seja como consequência das condições e parâmetros constitucionais que conformam a própria livre-iniciativa (art. 170), seja por força das limitações por nocividade presumida ou revelada, cujas hipóteses estão descritas nos §§3º e 4º do artigo 220, as quais fundamentam-se sobretudo no dever de proteção e promoção do direito à saúde e de proteção ao meio ambiente, valores reconhecidos pelo constituinte com relevância maior do que tem a liberdade publicitária, um direito de natureza periférica.

Especificamente no que toca ao direito à saúde, o constituinte o inseriu no capítulo que cuida dos direitos e garantias fundamentais, compondo, ao lado do direito à alimentação adequada, o rol dos direitos sociais (art. 6º). Adicionalmente, a Seção II do capítulo que cuida da Seguridade Social indica que as ações do Estado em relação ao direito à saúde devem ser guiadas não apenas pelo prisma individual, de foco na recuperação diante do enfretamento de doenças, mas também pela ótica da prevenção de risco de doenças (art. 196).

Para além da robusta proteção constitucional, o Brasil também se comprometeu com a proteção e promoção do direito à saúde e à alimentação adequada na órbita internacional, tendo celebrado diversos tratados relacionados a esses assuntos, os quais também devem iluminar o intérprete no momento da avaliação de medidas que visem à limitação da publicidade de alimentos.

É conhecida a interdependência de todos os direitos fundamentais, mas há direitos cuja correlação é ainda maior, caso dos direitos à saúde e à alimentação adequada: o acesso a uma alimentação diversificada, equilibrada, em quantidade suficiente, a um preço razoável, acessível a qualquer pessoa e a qualquer tempo é condição para a boa saúde das pessoas – aqui incluída a ideia de bem-estar.

Frise-se que a transgressão ao direito à alimentação adequada pode se dar não apenas em caso da falta de acesso, advinda de eventual contaminação biológica, física ou química, mas também quando o alimento disponível é ofertado de modo que induz o consumidor a erro ou engano, utilizando mensagens que sinalizam como saudável um produto com perfil nutricional desfavorável à saúde dos consumidores.

Assim, sob pena de violação ao dever de garantir o acesso a uma alimentação nutricionalmente adequada, o Estado deve estabelecer estratégias que viabilizem que as pessoas (e famílias, para usar o binômio trazido pelo já mencionado §3º do artigo 220 da Constituição) defendam-se da propaganda de produtos e práticas que possam ser nocivos à sua saúde, o que inclui o estabelecimento de limites à publicidade que os induza a erro ou engano quanto à natureza, características, qualidade, quantidade ou propriedades do alimento ofertado.

É com fundamento nesse dever de proteção à saúde (e vida) dos consumidores e lastreado pelo referenciado §3º do artigo 220 da Constituição Federal, que o Código de Defesa do Consumidor veda a publicidade enganosa, revelando, no artigo 37, as situações de nocividade autorizadoras da limitação da liberdade publicitária; uma vez reveladas as hipóteses de enganosidade, advém o dever do Estado de impor restrições à publicidade de modo a garantir a proteção da saúde das pessoas e de suas famílias.

Em vista de seu dever de promover a proteção e promoção dos direitos à saúde e à alimentação adequada, fruto do que impõem a Constituição e os tratados internacionais celebrados pelo Brasil nessa temática, assim como do quanto disposto na Lei da Anvisa e na Lei da Saúde, compete à Anvisa estabelecer parâmetros para que o exercício da liberdade publicitária não resulte em violação aos direitos à saúde e à alimentação adequada da população.

Importante realçar que não se trata de impedir a oferta de alimentos com perfis nutricionais menos vantajosos, mas obstar que a publicidade ilimitada, desregulada, leve o consumidor a agir de modo desfavorável à sua saúde por ter sido induzido a erro ou engano quanto à adequação do alimento do ponto de vista nutricional.

Dada a relevância desse assunto e a necessidade de se ter segurança jurídica acerca do alcance do marco regulatório aplicável à Anvisa, buscou-se o entendimento dos Tribunais Superiores acerca da competência da Anvisa em matéria de publicidade de alimentos, pesquisa que trouxe como resultado o dado de que, apesar de terem sido provocados, por razões de ordem processual, o STF e o STJ não chegaram a avaliar o mérito dos recursos.

O STF reconheceu, em outras demandas, o papel institucional da Anvisa na gestão do interesse público, a exemplo do encaminhamento dado no âmbito das discussões relacionadas à advertência da presença da tartrazina e à definição de limites máximos de alcatrão, nicotina e monóxido de carbono no cigarro, e a restrição do uso dos denominados aditivos nos produtos fumígenos derivados do tabaco. São precedentes relevantes, que podem inspirar futuros debates, mas que não resultam na possibilidade de extrapolação das conclusões formuladas naqueles casos para a hipótese de questionamento sobre o papel da Anvisa na limitação da publicidade de alimentos.

Referências

CANOTILHO. J.J.G. *Direito constitucional e teoria da Constituição*. 5. ed. Coimbra: Almedina, 2002.

CHADDAD, M.C.C. Constitucionalidade da restrição à publicidade de alimentos. *Revista de Direito do Consumidor*, São Paulo, a. 27, v. 102, p. i-f, 2018.

ELHKIM, M. O. et al. New considerations regarding the risk assessment on Tartrazine: an update toxicological assessment, intolerance reactions and maximum theoretical daily intake in France. *Regul Toxicol Pharmacol*, Bethesda. v. 47, n. 3, p. 308-316, 2007.

HESSE, K. *A força normativa da Constituição*. Trad. Gilmar Ferreira Mendes. Porto Alegre: SAFE, 1991.

MENDES, G.F. Colisão de direitos fundamentais. *In*: CLÈVE, C.M. (org.). *Direito constitucional*: direitos e garantias fundamentais. São Paulo: RT, 2015.

SANTOS, L. Direito à saúde e qualidade de vida. *In*: SANTOS, L. (org.). *Direito da saúde no Brasil*. Campinas: Saberes, 2010.

SILVA, J.A. *Curso de direito constitucional positivo*. 27. ed. São Paulo: Malheiros, 2006.

SILVA, V.A. *Direito constitucional brasileiro*. São Paulo: USP, 2021.

SILVA, V.A. *Parecer*. A constitucionalidade da restrição da publicidade de alimentos e de bebidas não alcoólicas voltadas ao público infantil. São Paulo: Instituto Alana, 2012. Disponível em: http://biblioteca.alana.org.br/banco_arquivos/arquivos/Parecer_Virgilio_Afonso_6_7_12.pdf. Acesso em: 08 ago. 2021.

SOLÉ, D. *et al*. Consenso brasileiro sobre alergia alimentar: 2018 – parte 2 – Diagnóstico, tratamento e prevenção. Documento conjunto elaborado pela Sociedade Brasileira de Pediatria e Associação Brasileira de Alergia e Imunologia. *Arquivos de Asma, Alergia e Imunologia*, São Paulo, v. 2, n. 1, p. 39-82, 2018.

Informação bibliográfica deste texto, conforme a NBR 6023:2018 da Associação Brasileira de Normas Técnicas (ABNT):

CHADDAD, Maria Cecília Cury. Competência da Agência Nacional de Vigilância Sanitária para regular a publicidade de alimentos na visão dos tribunais superiores: uma análise da jurisprudência do Superior Tribunal de Justiça e do Supremo Tribunal Federal. *In*: TRENTINI, Flavia; BRANCO, Patrícia; CATALAN, Marcos (coord.). *Direito e comida*: do campo à mesa: cidadania, consumo, saúde e exclusão social. Belo Horizonte: Fórum Social, 2023. p. 259-280. ISBN 978-65-5518-511-9.

CERTIFICAÇÃO DE ALIMENTOS ORGÂNICOS BRASILEIROS E O MODELO DA AGRICULTURA SUSTENTÁVEL

Flavia Trentini

Teresa Gomes Cafolla

1 Introdução

O consumo de alimentos orgânicos no Brasil aumenta expressivamente a cada ano.[1] Esse fato está diretamente relacionado à preocupação da população com alimentação, saúde e sustentabilidade, aspectos que são comercialmente relacionados a esses produtos. A visibilidade da certificação dos alimentos orgânicos, assim, é um fator decisivo para a sua aquisição pelo consumidor, pois a marca lhe transmite a credibilidade da garantia que o alimento a ser adquirido contém as qualidades intrínsecas e exclusivas advindas de um sistema orgânico. Nesse cenário, as intenções mercadológicas, ou preceitos normativos descuidados podem distorcer parâmetros que definem a qualidade

---

[1] ALMEIDA, A. Oito fatos sobre o consumo de orgânicos no Brasil. *Globo Rural*. 4 fev. 2022. "É o que mostra a pesquisa 'Panorama do consumo de orgânicos no Brasil', desenvolvida pela Associação de Promoção dos Orgânicos (organis), junto à empresa Brain Inteligência Estratégica e à iniciativa Unir Orgânicos [...], em 2021, 31% dos entrevistados afirmou que consumiu no período de um mês – 30 dias – pelo menos um produto orgânico. Em comparação aos anos anteriores, esse número era equivalente a 19% em 2019 e 15% em 2017. O crescimento de 2019 para 2021 foi um salto 2,4 vezes maior que aquele percebido entre 2017 e 2019; e, em comparação ao percentual registrado em 2017 e 2021, houve um aumento significativo de cerca de 106%.

denominada orgânica, de maneira a comprometer a confiabilidade posta pela certificação, bem como a impressão inicial dos consumidores sobre os alimentos em questão. A busca por alimentos sustentáveis requer, portanto, uma análise criteriosa quanto às particularidades dos produtos originários da agricultura orgânica, bem como de suas especificações jurídicas.

Em boa medida, o tema da sustentabilidade permeia as pesquisas acadêmicas atuais, em razão de seu potencial de resposta para a urgência de questões sociais, ambientais e econômicas. O Direito Agrário não escapa a esse cenário, e requer aprofundamentos no tópico do desenvolvimento rural sustentável. Sob esse prisma, a certificação de alimentos orgânicos se destaca como um possível instrumento de sustentabilidade. Logo, apresenta-se a seguinte problemática de pesquisa: a certificação dos orgânicos do Brasil tem critérios e mecanismos de controle para promoção da agricultura orgânica sustentável?

Nesse sentido, este artigo realiza um apanhado teórico e uma pesquisa documental em textos normativos, para analisar quais os preceitos intrínsecos que caracterizam os produtos derivados de sistemas orgânicos, e a sua compatibilidade com os critérios legais que moldam a qualidade para a sua certificação. Inicia-se a pesquisa com a exposição da conexão entre agricultura, alimentação e desenvolvimento sustentável. Segue-se a apresentação da agroecologia como um modelo alternativo harmônico às exigências da sustentabilidade. A partir disso, estudam-se os pilares do principal sistema fundado nessa metodologia, a agricultura orgânica. Posteriormente, evidencia-se o conceito de certificação, bem como os critérios e seus mecanismos de controle. Por fim, investiga-se o alinhamento entre os *standards* de sustentabilidade com os critérios e estrutura normativa brasileira para a certificação dos produtos orgânicos.

2 Agricultura sustentável

A expansão econômica e as vanguardas sociais influenciam, direta ou indiretamente, o desenvolvimento agrícola. Posto isso, o direito agrário não deve estar limitado a analisar as questões de acesso e uso da terra, de relações trabalhistas do campo e de conflitos sociais. Seu campo de pesquisa deve refletir as mudanças de concepção do desenvolvimento agrário, as quais exigem maior contemplação do desenvolvimento sustentável e seus vínculos com associações e cooperativas rurais a rede do agronegócio, agroindústria, a atuação estatal[2] e ainda a outras esferas jurídicas.[3]

Para Jock Anderson, um sistema agrícola pode ser definido como sustentável quando satisfizer a demanda por alimentos com custos financeiros e ambientais socialmente aceitáveis tanto na exploração agrícola quanto para além dela, e ao mesmo tempo propiciar equidade social.[4] A sustentabilidade agrícola, assim, é vista como o meio de alimentar adequadamente o mundo.[5]

Nesse sentido, o *Guia alimentar para a população brasileira* estabelece como um dos pilares para se consagrar a alimentação adequada e saudável: um "sistema alimentar socialmente e ambientalmente sustentável".[6] Dessa forma, verifica-se que há uma intersecção obrigatória entre os campos de pesquisa sobre alimentos sustentáveis e agricultura sustentável.

Ademais, Belinda Cunha e Nálbia Maia advertem que o desenvolvimento sustentável não deve ser minimizado a mercadorias classificadas como sustentáveis, ou reparações financeiras destinadas a compensar danos difusos à sociedade. O efetivo desenvolvimento sustentável requer a manutenção de uma sustentabilidade crítica, isto é, dimensionar e integrar as diversas formas de desenvolvimento a fim de atingir um equilíbrio pleno e, por conseguinte, assegurar simultaneamente progressos econômicos e a efetivação da segurança alimentar.[7] A concretização da agricultura e alimentação sustentável, assim, não é possível por si só, pois é afetada pela interseccionalidade do

---

[2] CUNHA, B.P.; COSTA, N.R.A.; MAMEDE, A.J.S. O estado socioambiental do direito agrário e o trabalho rural ecologicamente equilibrado. *In:* CUNHA, B.P.; MAIA, F.J.F. (org.). *Direito agrário ambiental*. Recife: Edufrpe, 2016, p. 205.

[3] *Id.*, p. 214. Cunha e Maia compreendem a sustentabilidade ambiental como uma profunda revolução em todas as esferas do direito. Os autores enfocam a sustentabilidade socioambiental dentro do direito do trabalho, sugerindo que, por exemplo, nos plantios de cana-de-açúcar haja a eliminação da terceirização do corte manual da cana de açúcar, o crescimento da transparência nas relações trabalhistas, bem como o esforço das usinas em oferecer qualificação aos boias-frias a fim de realocá-los na colheita mecânica ou na área industrial.

[4] ANDERSON, J. R. Concepts of food sustainability. *Encyclopedia of Food Security and Sustainability*, v. 3, 1 jan. 2019, p. 2.

[5] *Id.*, p. 5.

[6] BRASIL. Ministério da Saúde. *Guia alimentar para a população brasileira*. 2. ed. Brasília: Ministério da Saúde, 2014, p. 26.

[7] CUNHA, B.P.; COSTA, N.R.A.; MAMEDE, A.J.S. O estado socioambiental do direito agrário e o trabalho rural ecologicamente equilibrado. *In:* CUNHA, B.P.; MAIA, F.J.F. (org.). *Direito agrário ambiental*. Recife: Edufrpe, 2016, p. 209.

desenvolvimento sustentável, a qual abarca três principais dimensões: econômica, social e ambiental.[8]

Superada a apresentação dos vínculos entre agricultura, alimentação sustentável, e desenvolvimento sustentável, reconduz-se o foco da discussão para os aspectos peculiares da agricultura sustentável. A complexa relação entre produção agrícola e o meio ambiente dificulta a determinação de quais práticas e técnicas agrícolas podem ser consideradas ambientalmente e socialmente sustentáveis. A sustentabilidade ambiental pode ser identificada quando há gestão sustentável dos recursos naturais, simultaneamente com a manutenção da sua capacidade produtiva ao longo do tempo. Porém, essa identificação ainda está sujeita às peculiaridades do contexto em que a técnica é usada, de maneira que a técnica sustentável tem como variáveis o tempo e o espaço.[9] Já a socialmente sustentável, observa-se tanto na esfera do produtor rural quanto na da sociedade como um todo. Na primeira, preocupa-se com a inserção sustentável do agricultor no mercado econômico, com a salubridade do ambiente de trabalho, o acesso do produtor a recursos e bens, valorização e regeneração do saber local. Na segunda, exige-se o alcance a alimentos adequados e seguros, o acesso à informação, fomento à cultura regional, a garantia de um ambiente saudável, bem como a promoção da saúde e bem-estar das futuras gerações.

Em busca de uma solução, os debates internacionais com foco em problemas ambientais, desenvolvimento sustentável e segurança alimentar propõem implementação da agroecologia na agenda política.[10] A agroecologia é uma abordagem metodológica aplicada à agricultura que incorpora cuidados especiais relativos ao ambiente, aos problemas sociais e à sustentabilidade ecológica dos seus sistemas de produção. Trata-se de uma ciência estruturada por diversas áreas do conhecimento que busca compreender as interações existentes entre os processos agronômicos, econômicos e sociais a fim de construir um

---

[8] Conforme a Agenda 2030 para o Desenvolvimento Sustentável, assentado pela ONU, o alcance do desenvolvimento sustentável pleno requer a integralização, indissociabilidade e equilíbrio entre as suas três dimensões: economia, social e ambiental.
[9] RIGBY, D.; CÁCERES, D.M. Organic farming and the sustainability of agricultural systems. *Agricultural Systems*, Amsterdã, v. 68, p. 21-40, 2001, p. 23.
[10] SCHMITT, C.J. As políticas em favor da agroecologia na trajetória do Ministério do Desenvolvimento Agrário: uma mirada retrospectiva. *In*: MALUF, R.S. FLEXOR, G. (org.). *Questões agrárias, agrícolas e rurais*: conjunturas e políticas públicas. Rio de Janeiro: E-Papers, 2017, p. 288.

desenvolvimento rural sustentável. Nas palavras de Rodrigo M. Moreira e Maristela S. do Carmo:

> O enfoque agroecológico corresponde à aplicação interativa de conceitos e princípios da Ecologia, da Agronomia, da Sociologia, da Antropologia, da Comunicação, da Economia Ecológica e de outras áreas do conhecimento científico, no redesenho e remanejo de agroecossistemas que sejam sustentáveis ao longo do tempo, configurando-se como um campo de conhecimento híbrido, para apoiar o processo de desenvolvimento rural sustentável.[11]

A agroecologia é o guia teórico para diversos movimentos de agricultura alternativa, que se contrapõem ao uso abusivo de insumos agrícolas industrializados, ao desaparecimento do conhecimento tradicional e da deterioração da base social de produção de alimentos,[12] traços característicos do modelo convencional agrário. Sob esse ângulo, ela não deve ser considerada como uma prática agrícola, mas sim uma abordagem científica que busca compreender a lavoura como um ecossistema, sob o qual há diversas relações ecológicas entre os organismos ali presentes, e observar sua interação com o ser humano, este emergido em sua cultura, hábitos e tradições. Assim, atribui-se ao sistema agrícola a preocupação com a preservação do meio ambiente, o compromisso social tanto com os agricultores quanto com os consumidores, e fixando uma base sustentável do sistema produtivo.[13] Ainda, como ressalta Stephen R. Gliessman, ela "é um agente para as mudanças sociais e ecológicas complexas que tenham necessidade de ocorrer no futuro a fim de levar a agricultura para uma base verdadeiramente sustentável".[14]

Atualmente, entre os sistemas de produção de base agroecológica, a agricultura orgânica tem maior destaque no mercado. Ela surge como uma forma de contraposição à convencional industrialização da agricultura. Nesses termos, exige-se o emprego mínimo de características

---

[11] MOREIRA, R.M.; CARMO, M.S. Agroecologia na construção do desenvolvimento rural sustentável. *Revista de Economia Agrícola*, São Paulo, v. 51, n. 2, p. 37-56, 2004, p. 47.
[12] ASSIS, R.L.; ROMEIRO, A.R. Agroecologia e agricultura orgânica: controvérsias e tendências. *Desenvolvimento e Meio Ambiente*, Curitiba, v. 6, n. 21, p. 67-80, 2002, p. 67-71.
[13] CAMPANHOLA, C.; VALARINI, P.J. A agricultura orgânica e seu potencial para o pequeno agricultor. *Cadernos de Ciência e Tecnologia*, Brasília, v. 18, n. 1, p. 69-101, 2001, p. 71.
[14] GLIESSMAN, S.R. *Agroecologia*: processos ecológicos em agricultura sustentável. 4. ed. Porto Alegre: UFRGS, 2009, p. 58.

advindas da tecnificação, como uso de pesticidas, antibióticos e aditivos de alimentos processados, resultando em uma fonte alternativa de alimentos livres da contaminação de resíduos químicos, prejudiciais tanto para o meio ambiente quanto para a saúde humana.[15]

Com efeito, a informação de seus benefícios com sua maior presença no mercado, em relação a outras espécies de produção agroecológica conduz muitas vezes à confusão entre os conceitos de agricultura orgânica e da agroecologia. Assim, Renato Assis e Ademar Romeiro frisam a importância de diferenciar ambos os conceitos, pois embora tenham origens sobrepostas e aspectos afins, não podem ser considerados como sinônimos. Enquanto o primeiro é uma ciência, com limitações precisas no campo teórico, que busca uma unidade necessária entre diversas disciplinas a fim de encontrar caminhos para uma agricultura sustentável, a segunda é uma prática agrícola, isto é, desdobramento de um processo social pertencente ao mundo fático, o qual está propenso a determinadas preferências tecnológicas e introdução ao mercado em função do contexto social inserido, cujo grau de respeito aos limites da agroecologia é variável.[16]

Contudo, a Lei nº 10. 831/2003 estabelece, em seu art. 1º, §2º, que o conceito normativo de agricultura orgânica incorpora outros sistemas agroecológicos como ecológico, biodinâmico, natural, regenerativo, biológico, agroecológicos, permacultura e demais que atendam os princípios estabelecidos na mencionada lei. Nesse sentido, Luciano Z. P. Candiotto afirma que, embora cada técnica tenha suas peculiaridades, elas são similares no propósito da não utilização de pesticidas e da produção de alimentos saudáveis.[17]

Por fim, direciona-se a análise da agricultura sustentável para o contexto brasileiro. Eric Sabourin e Paulo Niederle afirmam que o desenvolvimento de políticas públicas especificamente voltadas para a agroecologia ainda é um desafio. Segundo os autores, o Estado brasileiro tem promovido ações indiretas relacionadas ao tema, como políticas públicas de crédito, infraestrutura e desenvolvimento territorial. Nesse

---

[15] BORGUINI, R.G.; TORRES, E.A.F.S. Alimentos orgânicos: qualidade nutritiva e segurança do alimento. *Segurança Alimentar e Nutricional*, Campinas, v. 13, n. 2, p. 64-75, 2015, p. 65.
[16] ASSIS, R.L.; ROMEIRO, A.R. Agroecologia e agricultura orgânica: controvérsias e tendências. *Desenvolvimento e Meio Ambiente*, Curitiba, v. 6, n. 21, p. 67-80, 2002, p. 67-80.
[17] CANDIOTTO, L.Z.P. et al. Organic products policy in Brazil. *Land Use Policy*, [s.l.], v. 71, p. 422-430, fev. 2018, p. 426.

cenário, as políticas de Segurança Alimentar Nutricional (SAN)[18] são as que têm repercutido com maior evidência o desenvolvimento da produção de alimentos agroecológicos.[19] Todavia, não pode deixar de mencionar as inovações no panorama político brasileiro com a criação de ações diretas, por meio da Política Nacional de Agroecologia e Produção Orgânica no Brasil (PNAPO),[20] bem como Programa Nacional de Fortalecimento da Agricultura Familiar (PRONAF),[21] e as edições da Lei Orgânica de SAN (Lei nº 11.346/2006),[22] da Lei da Agricultura Orgânica (Lei nº 10.831), bem como de seu decreto regulamentador (Decreto nº 6.323).

É inevitável, assim, a incorporação da temática da agricultura sustentável ao campo de pesquisa do Direito. Para tanto, não se pode negar a relação obrigatória entre a agricultura sustentável e a produção de alimentos sustentáveis, bem como sua observância às dimensões

---

[18] Política de Segurança Alimentar brasileira é composta por um conjunto de ações articuladas referentes à produção agroalimentar, comercialização, distribuição, sanidade e qualidade dos alimentos, estímulo a práticas alimentares saudáveis, preservação do meio ambiente, geração de emprego e renda, distribuição de terras, crédito para ampliação da oferta rural, e valorização da cultura local. Dentro desse portfólio, as políticas de incentivo à agricultura familiar e de promoção da agroecologia se fortaleceram como um recurso estratégico para o aprimoramento da soberania e da segurança alimentar e nutricional.

[19] SABOURIN, E.; NIEDERLE, P. Agricultura familiar na América Latina: das políticas agrícolas diferenciadas aos instrumentos de promoção da soberania e segurança alimentar e nutricional e da agroecologia. In: MALUF, R.S.; FLEXOR, G. (org.). *Questões Agrárias, agrícolas e rurais*: conjunturas e políticas públicas. Rio de Janeiro: E-Papers, 2017, p. 281.

[20] BRASIL. *Decreto nº 7.794, de 20 de agosto de 2012*. Institui a Política Nacional de Agroecologia e Produção Orgânica. Brasília. O PNAPO visa, conforme art. 1º do mencionado Decreto, "integrar, articular e adequar políticas, programas e ações indutoras da transição agroecológica e da produção orgânica e de base agroecológica, contribuindo para o desenvolvimento sustentável e a qualidade de vida da população, por meio do uso sustentável dos recursos naturais e da oferta e consumo de alimentos saudáveis".

[21] BRASIL. *Decreto nº 1.946, de 28 de julho de 1996*. Cria o Programa Nacional de Fortalecimento da Agricultura Familiar – PRONAF, e dá outras providências. Brasília. O PRONAF é um marco referencial de inserção de pequenos produtores nas cadeias de agroindústria brasileira, bem como de desenvolvimento sustentável na área rural. O art. 1º do Decreto Nº 1.946, que institui o programa, dispõe: "Fica criado o Programa Nacional de Fortalecimento da Agricultura Familiar – PRONAF, com a finalidade de promover o desenvolvimento sustentável do segmento rural constituído pelos agricultores familiares, de modo a propiciar-lhes o aumento da capacidade produtiva, a geração de empregos e a melhoria de renda".

[22] BRASIL. *Decreto nº 6.323, de 27 de dezembro de 2007*. Regulamenta a Lei nº 10.831, de 23 de dezembro de 2003, que dispõe sobre a agricultura orgânica, e dá outras providências. Brasília. A promoção da SAN, conforme dispõe o art. 3º da lei, "consiste na realização do direito de todos ao acesso regular e permanente a alimentos de qualidade, em quantidade suficiente, sem comprometer o acesso a outras necessidades essenciais, tendo como base práticas alimentares promotoras de saúde que respeitem a diversidade cultural e que sejam ambiental, cultural, econômica e socialmente sustentáveis".

econômica, social e ambiental. Nesse sentido, a ciência da agroecologia deve ser vista como uma aliada na busca da construção do desenvolvimento rural sustentável. Diante disso, observa-se a necessidade de analisar tal concepção no panorama político e normativo brasileiro. Logo, requer-se uma análise sobre a agricultura orgânica no contexto brasileiro.

3 Agricultura orgânica

Como mencionado anteriormente, a agricultura orgânica é um dos sistemas agroecológicos com maior reconhecimento no mercado, fato que contribui para o aumento de sua produção e consumo. Segundo o Censo Agropecuário de 2017, houve um crescimento de mais de mil por cento de estabelecimentos rurais produtores agrícolas e pecuários orgânicos certificados.[23] Esse aumento exponencial resulta da alta demanda dos consumidores por alimentos mais saudáveis e sustentáveis. Logo, é mister compreender o conceito de agricultura orgânica, seus princípios, sua relação com a SAN e com a sustentabilidade, bem como seu panorama jurídico brasileiro.

O *Guia alimentar da população brasileira* define os alimentos orgânicos ou de base agroecológica como

> Alimentos de origem vegetal ou animal oriundos de sistemas que promovem o uso sustentável dos recursos naturais, que produzem alimentos livres de contaminantes, que protegem a biodiversidade, que contribuem para a desconcentração das terras produtivas e para a criação de trabalho e que, ao mesmo tempo, respeitam e aperfeiçoam saberes e formas de produção tradicionais.[24]

---

[23] IBGE. Instituto Brasileiro de Geografia e Estatística. *Censo Agropecuário 2017*. Rio de Janeiro: IBGE, 2018, p. 62. "No Censo Agropecuário 2006 foi indagado se no estabelecimento se fazia agricultura orgânica, para este questionamento, 90 498 produtores responderam que sim, após se a resposta foi positiva era feita outra pergunta se a produção era certificada por entidade credenciada, para esta segunda pergunta responderam positivamente 5 106 produtores. No Censo Agropecuário 2017, a pergunta era se o produtor fazia agricultura ou pecuária orgânica certificada, no estabelecimento, foi obtido como resposta que 64 690 faziam e que deste universo, 36 689 só faziam agricultura orgânica, 17 612 só para produção animal e 10 389 faziam tanto para vegetal como para pecuária".

[24] BRASIL. Ministério da Saúde. *Guia alimentar para a população brasileira*. 2. ed. Brasília: Ministério da Saúde, 2014, p. 32.

De maneira mais detalhada e precisa, a Lei nº 10.831, que dispõe sobre agricultura orgânica, prescreve a seguinte conceituação:

> Considera-se sistema orgânico de produção agropecuária todo aquele em que se adotam técnicas específicas, mediante a otimização do uso dos recursos naturais e socioeconômicos disponíveis e o respeito à integridade cultural das comunidades rurais, tendo por objetivo a sustentabilidade econômica e ecológica, a maximização dos benefícios sociais, a minimização da dependência de energia não-renovável, empregando, sempre que possível, métodos culturais, biológicos e mecânicos, em contraposição ao uso de materiais sintéticos, a eliminação do uso de organismos geneticamente modificados e radiações ionizantes, em qualquer fase do processo de produção, processamento, armazenamento, distribuição e comercialização, e a proteção do meio ambiente.[25]

Nota-se, a partir das citadas conceituações, a presença de quatro princípios basilares desse sistema agrícola:[26] (1) princípio da saúde; (2) princípio da ecologia; (3) princípio da equidade; e (4) princípio do cuidado, os quais podem ser conectados com os 4 pilares da SAN: distribuição, acesso, estabilidade e utilização.

O princípio da saúde aspira garantir a saúde do solo, vegetal, animal e humana, como se fossem indissociáveis. Renato L. Assis e Ademar R. Romeiro afirmam que o sucesso de um sistema agroecológico está na preocupação com a recuperação e a manutenção do equilíbrio biológico do solo.[27] Nesse mesmo sentido, Maria Fernanda de A. C. Fonseca afirma que o ponto de partida para a construção de uma vida humana e animal saudável é um solo saudável, pois, sendo principal substrato para a produção de alimentos, tem grande potencial influenciador sobre toda a comunidade, a qual, por sua vez, não pode ser considerada de maneira apartada do ecossistema onde está inserida.[28] Essa preocupação fica explícita nas diretrizes da agricultura orgânica enunciadas nos incisos IX, XI e XII do art. 3º do Decreto nº 6.323:

---

[25] BRASIL. *Lei nº 10.831, de 23 de dezembro de 2003*. Dispõe sobre a agricultura orgânica e dá outras providências. Brasília.

[26] FAO. *International conference on organic agriculture and food security*: Organic agriculture and food security. Italy, 3-5 maio, 2007, p. 4.

[27] ASSIS, R.L.; Romeiro, A.R. Agroecologia e agricultura orgânica: controvérsias e tendências. *Desenvolvimento e Meio Ambiente*, Curitiba, v. 6, n. 21, p. 67-80, 2002, p. 73.

[28] FONSECA, M.F.A.C. *Agricultura orgânica*: regulamentos técnicos e acesso aos mercados dos produtos orgânicos no Brasil. Niterói: PESAGRO-RIO, 2007, p. 39.

IX – oferta de produtos saudáveis, isentos de contaminantes, oriundos do emprego intencional de produtos e processos que possam gerá-los e que ponham em risco o meio ambiente e a saúde do produtor, do trabalhador ou do consumidor;

[...]

XI – adoção de práticas na unidade de produção que contemplem o uso saudável do solo, da água e do ar, de modo a reduzir ao mínimo todas as formas de contaminação e desperdícios desses elementos;

XII – utilização de práticas de manejo produtivo que preservem as condições de bem-estar dos animais.[29]

Assim, a prática da agricultura orgânica se conecta à estabilidade da SAN, pois permite a reabilitação de solos mais saudáveis e com maior contenção de matérias orgânicas, fato que também permite uma maior eficiência hídrica devido a sua maior drenagem e retenção de água.[30] Além de ser uma fonte alternativa de alimentos livres da contaminação de resíduos químicos, a alimentação sustentada por produtos advindos dessa prática se contrapõe a dieta embasada em alimentos ultraprocessados, com altos níveis calóricos e carentes em nutrientes, típica da sociedade urbana, uma vez que privilegia alimentos *in natura* ou minimamente processados, estando harmônico também com o pilar da utilização da SAN.

Atinente ao princípio da ecologia, a agricultura orgânica tem como objetivo ser um alicerce para ciclos biológicos, e, dessa forma, resguardar ciclos ecológicos. Todas as etapas, desde o manejo, produção, comercialização, distribuição e consumo devem ser alinhados aos ciclos e balanços ecológicos da natureza e se esforçar para preservar os recursos naturais (a paisagem, o clima, a biodiversidade, o ar, a água, entre outros), bem como o ser humano e os animais.[31] O princípio da ecologia é transportado para o texto normativo por meio das diretrizes estabelecidas nos incisos do Decreto nº 6.323:[32]

---

[29] BRASIL. *Decreto nº 6.323, de 27 de dezembro de 2007.* Regulamenta a Lei nº 10.831, de 23 de dezembro de 2003, que dispõe sobre a agricultura orgânica, e dá outras providências. Brasília.

[30] FAO. *International conference on organic agriculture and food security*: Organic agriculture and food security. Italy, 3-5 maio, 2007, p. 8.

[31] FONSECA, M.F.A.C. *Agricultura orgânica*: regulamentos técnicos e acesso aos mercados dos produtos orgânicos no Brasil. Niterói: PESAGRO-RIO, 2007, p. 40.

[32] BRASIL. *Decreto nº 7.794, de 20 de agosto de 2012.* Institui a Política Nacional de Agroecologia e Produção Orgânica. Brasília. As diretrizes do Decreto nº. 6.323 podem ser somadas às

III – desenvolvimento de sistemas agropecuários baseados em recursos renováveis e organizados localmente; (...)

V – inclusão de práticas sustentáveis em todo o seu processo, desde a escolha do produto a ser cultivado até sua colocação no mercado, incluindo o manejo dos sistemas de produção e dos resíduos gerados;

VI – preservação da diversidade biológica dos ecossistemas naturais e a recomposição ou incremento da diversidade biológica dos ecossistemas modificados em que se insere o sistema de produção, com especial atenção às espécies ameaçadas de extinção; (...)

XV – reciclagem de resíduos de origem orgânica, reduzindo ao mínimo o emprego de recursos não-renováveis.[33]

Em razão da dependência direta do meio ambiente, a agricultura é comprometida quando há desequilíbrios ecológicos. A limitação de recursos para a manutenção da cadeia agroalimentar, como escassez de água, crise de combustíveis fósseis (dos quais derivam majoritariamente os insumos químicos), êxodo rural (diminuição da mão de obra rural) e a corrosão dos sistemas alimentares locais por sistemas globais desestabilizam a produção em quantidades suficientes de alimentos adequados.[34] A dedicação para proteger o patrimônio natural, assim, ampara a diretriz da disponibilidade da SAN. Ainda, ao dispensar o uso de insumos derivados de combustíveis fósseis, a agricultura orgânica colabora diretamente para a diminuição dos impactos ao meio ambiente, eficiência energética e para o apoio ao trabalho do campo.

Quanto ao princípio da equidade, Maria Fernanda de A. C. Fonseca o caracteriza pela presença de "igualdade, respeito, justiça e gestão responsável do mundo compartilhado, tanto entre os seres

---

do Decreto nº. 7.794: "II – conservação dos ecossistemas naturais e recomposição dos ecossistemas modificados, por meio de sistemas de produção agrícola e de extrativismo florestal baseados em recursos renováveis, com a adoção de métodos e práticas culturais, biológicas e mecânicas, que reduzam resíduos poluentes e a dependência de insumos externos para a produção; (...) V – valorização da agrobiodiversidade e dos produtos da sociobiodiversidade e estímulo às experiências locais de uso e conservação dos recursos genéticos vegetais e animais, especialmente àquelas que envolvam o manejo de raças e variedades locais, tradicionais ou crioulas".

[33] BRASIL. *Decreto nº 6.323, de 27 de dezembro de 2007*. Regulamenta a Lei nº 10.831, de 23 de dezembro de 2003, que dispõe sobre a agricultura orgânica, e dá outras providências. Brasília.

[34] FAO. *International conference on organic agriculture and food security*: Organic agriculture and food security. Italy, 3-5 maio, 2007, p. 4.

humanos como nas relações com os outros seres vivos" nas relações de todos os envolvidos na cadeia agroalimentar.³⁵ O Decreto nº 6.323 traduz esse princípio nos seguintes propósitos:³⁶

> II – manutenção de esforços contínuos da rede de produção orgânica no cumprimento da legislação ambiental e trabalhista pertinentes na unidade de produção, considerada na sua totalidade;
> (...)
> VII – relações de trabalho baseadas no tratamento com justiça, dignidade e eqüidade, independentemente das formas de contrato de trabalho;³⁷
> VIII – consumo responsável, comércio justo e solidário baseados em procedimentos éticos.³⁸

Destaca-se, assim, o caráter socioambiental sustentável da agricultura orgânica, pois se concentra em questões diversas, como trabalho e direitos humanos, envolvimento e desenvolvimento da comunidade, desenvolvimento de tecnologia e recursos humanos, preocupações do consumidor e responsabilidade do produto, ao mesmo tempo que propõe

---

[35] FONSECA, M.F.A.C. *Agricultura orgânica*: regulamentos técnicos e acesso aos mercados dos produtos orgânicos no Brasil. Niterói: PESAGRO-RIO, 2007, p. 40

[36] BRASIL. *Decreto nº 7.794, de 20 de agosto de 2012*. Institui a Política Nacional de Agroecologia e Produção Orgânica. Brasília. Pode-se somar as diretrizes de equidade do Decreto nº. 6.323, os seguintes objetivos do Plano Nacional de Agroecologia e Agricultura Orgânica (PNAPO): "II – promoção do uso sustentável dos recursos naturais, observadas as disposições que regulem as relações de trabalho e favoreçam o bem-estar de proprietários e trabalhadores; (...) IV – promoção de sistemas justos e sustentáveis de produção, distribuição e consumo de alimentos, que aperfeiçoem as funções econômica, social e ambiental da agricultura e do extrativismo florestal, e priorizem o apoio institucional aos beneficiários da Lei nº 11.326, de 2006; (...) VII – contribuição na redução das desigualdades de gênero, por meio de ações e programas que promovam a autonomia econômica das mulheres".

[37] O decreto reforça esse princípio em Capítulo I – Das relações de trabalho: "Art. 4º Devem ser respeitados a tradição, a cultura e os mecanismos de organização social nas relações de trabalho em condições especiais, quando em comunidades locais tradicionais. Art. 5º Nas unidades de produção orgânica deve ser observado o acesso dos trabalhadores aos serviços básicos, em ambiente de trabalho com segurança, salubridade, ordem e limpeza".

[38] BRASIL. *Decreto nº 6.323, de 27 de dezembro de 2007*. Regulamenta a Lei nº 10.831, de 23 de dezembro de 2003, que dispõe sobre a agricultura orgânica, e dá outras providências. Brasília.

criar sistemas de produção integrados, humanos, ambiental e economicamente sustentáveis, que maximizem a dependência dos recursos renováveis derivados da agricultura e a gestão dos processos e interações ecológicas e biológicas, de modo a proporcionar níveis aceitáveis de cultura, gado e nutrição humana, proteção contra pragas e doenças, e um retorno adequado para os seres humanos e outros recursos empregados.[39]

Nessa linha de raciocínio, Eduardo Sevilla Guzmán defende que os sistemas agroecológicos, como a agricultura orgânica, são uma forma sustentável de gerir os recursos naturais por meio de ações coletivas, como solução para a atual crise civilizatória. As práticas de agroecologia têm o potencial de fomentar estruturas rurais locais a partir de suas articulações na esfera local. A valorização de circuitos curtos, por sua vez, regenera sistemas de conhecimento regionais de grupos historicamente subordinados, os quais podem fornecer estratégias específicas compatíveis com concepção de agroecologia.[40] Ademais, as cadeias curtas de abastecimento fortalecem a agricultura urbana e redes rurais-urbanas de abastecimento direto de alimentos, tendo impactos positivos na economia rural e na segurança alimentar regionais, em consonância com a diretriz de disponibilidade da SAN.

Não obstante, o aspecto socioambiental se filia ao princípio do acesso da SAN. A instabilidade desse pilar se deve principalmente à distribuição desigual de alimentos ou de bens de produção alimentícia e a indissociável relação entre o ambiente rural e os serviços ambientais. A agricultura orgânica, em contrapartida, ao promover independência do produtor dos insumos químicos, pois requerem insumos locais, contribui para a diminuição das despesas de produção, o que tenciona a diminuição do endividamento rural pelos pequenos agricultores. Aliadas a tal vantagem estão as técnicas de baixo custo, como rotação, culturas mistas, polinização e reciclagem de nutrientes. Para seu manuseio, exige-se uma alta demanda por mão de obra, o que pode ser uma vantagem no aspecto de geração de empregos. Somado a isso, a certificação dos alimentos orgânicos proporciona maior rentabilidade às famílias produtoras, embora o sistema de garantia participativa

---

[39] LAMPKIN, N.H. Organic farming: sustainable agriculture in practice. In: LAMPKIN, N.H.; PADEL, S. (ed.). *The economics of organic farming*: an international perspective. Wallingford: Cab International, 1994, p. 5. Tradução nossa.

[40] SEVILLA-GUZMÁN, E. *La agroecologia como estrategia metodológica de transformación social*. Córdoba: STUDER, 2006, p. 1.

possua alguns entraves.[41] A rentabilidade também é promovida pelo desenvolvimento de outras atividades conjuntas como a agroindústria e o agroturismo.[42] Em um contexto em que a fome atinge majoritariamente a população rural dos países em desenvolvimentos, essas qualidades garantem aos seus produtores recursos para ter acesso a alimentos adequados.

O princípio do cuidado, por fim, remete-se a gestão e produção responsáveis e cautelosas, a fim de proteger a saúde e o bem-estar da geração presente e das gerações futuras, bem como a qualidade do ambiente.[43] Esse ditame é estabelecido na norma jurídica pelos incisos I, XIII, XIV e XVI do Decreto nº 6.323:

> I – contribuição da rede de produção orgânica ao desenvolvimento local, social e econômico sustentáveis; (...)
>
> XIII – incremento dos meios necessários ao desenvolvimento e equilíbrio da atividade biológica do solo;
>
> XIV – emprego de produtos e processos que mantenham ou incrementem a fertilidade do solo em longo prazo; (...)
>
> XVI – conversão progressiva de toda a unidade de produção para o sistema orgânico.[44]

Assim como a diretriz da estabilidade da SAN, esse pilar é afetado por alterações climáticas, erosão dos serviços ambientais, reformas comerciais e a sazonalidade de preços e quantidades. Como

---

[41] CAMPANHOLA, C.; VALARINI, P.J. A agricultura orgânica e seu potencial para o pequeno agricultor. *Cadernos de Ciência e Tecnologia*, Brasília, v. 18, n. 1, p. 69-101, 2001, p. 76-77. Campanhola e Valarini destacam cinco vantagens da agricultura orgânica aos pequenos produtores rurais: a) comparativamente a agricultura convencional, a agricultura orgânica tem menores custos, maior relação custo benefício, maiores rendas efetivas; b) mercado consumidor seleto disposto a pagar maiores preços; c) selo de qualidade permite a inserção no mercado nacional e internacional; d) menor competitividade, em razão da oferta de produtos especializados, não interessantes aos grandes empresários do agronegócio; e) diversificação da produção, com menor dependência de insumos agrícolas, associados ao manejo dos sistemas com recursos da própria propriedade ("fertilizantes orgânicos, produtos naturais para controle fitossanitário, controle biológico natural, tração animal, combustíveis não-fósseis, etc.").

[42] FAO. *International conference on organic agriculture and food security*: organic agriculture and food security. Italy, 3-5 maio, 2007, p. 7.

[43] FONSECA, M.F.A.C. *Agricultura orgânica*: regulamentos técnicos e acesso aos mercados dos produtos orgânicos no Brasil. Niterói: PESAGRO-RIO, 2007, p. 41.

[44] BRASIL. *Decreto nº 6.323, de 27 de dezembro de 2007*. Regulamenta a Lei nº 10.831, de 23 de dezembro de 2003, que dispõe sobre a agricultura orgânica, e dá outras providências. Brasília.

um estabilizador, a agricultura orgânica colabora como um elemento preventivo aos efeitos climáticos[45] e como restauradora dos serviços ambientais. A rotação de cultura obrigatória permite simultaneamente controlar de maneira sustentável pragas e doenças, e promover a agrobiodiversidade. Sua utilização colabora para a minimização de riscos dentro da SAN, uma vez que sua maior incidência promoveria maior autossuficiência de família em países menos desenvolvidos, diminuiria a sua dependência de importados.[46]

Em suma, observa-se que o ordenamento jurídico oficializou a incorporação dos quatro princípios da agricultura orgânica: saúde, ecologia, equidade e cuidado. Contudo, resta analisar se tais diretrizes expostas são cumpridas dentro do processo de certificação.

4 Certificação dos orgânicos

Para compreensão do tema das certificações e tendo por finalidade um estudo introdutório, apresenta-se o conceito de marca de certificação fornecido pela Organização Mundial de Propriedade Intelectual, o qual inspirou o preceito fixado pelo ordenamento brasileiro.[47]

---

[45] FAO. *International conference on organic agriculture and food security*: organic agriculture and food security. Italy, 3-5 maio, 2007, p. 8. "Os sistemas de agricultura orgânica contribuem para a redução do consumo de energia dos combustíveis fósseis (especialmente fertilizantes azotados), redução das emissões de dióxido de carbono (48 a 60 por cento menos, exceto para culturas muito intensivas), redução do dióxido nitroso (devido a menos concentrações móveis de azoto e boa estrutura do solo), redução da erosão do solo e aumento das reservas de carbono, especialmente em solos já degradados. O consumo de energia em sistemas orgânicos é reduzido de 10 a 70 por cento nos países europeus e de 28 a 32 por cento nos EUA, em comparação com os sistemas de alta produção, exceto para culturas difíceis como a batata ou a maçã, onde a utilização de energia é igual ou mesmo superior. O potencial de aquecimento do efeito estufa nos sistemas orgânicos é 29 a 37 por cento mais baixo, numa base por hectare, devido à omissão de fertilizantes sintéticos e pesticidas, bem como a uma menor utilização de alimentos de alta energia. As emissões de metano do arroz e dos ruminantes orgânicos são iguais às dos sistemas convencionais, mas o aumento da longevidade do gado orgânico é favorável às emissões de metano. A eficiência de sequestro de carbono dos sistemas orgânicos em climas temperados é quase o dobro (575-700 kg de carbono por hectare por ano) em comparação com os solos convencionais, principalmente devido à utilização de trevos de erva para alimentação e de culturas de cobertura em rotações orgânicas". Tradução nossa.

[46] *Id.*, p. 8.

[47] BRASIL. *Lei nº 9.279, de 14 de maio de 1996*. Regula direitos e obrigações relativos à propriedade industrial. Brasília. Art. 123, inciso II. "Marca de certificação: aquela usada para atestar a conformidade de um produto ou serviço com determinadas normas ou especificações técnicas, notadamente quanto à qualidade, natureza, material utilizado e metodologia empregada".

Uma marca de certificação é geralmente entendida como uma marca usada para produtos ou serviços de qualquer empreendimento, geralmente diferente do proprietário da marca, que está em conformidade com certas características ou padrões comuns. Assim, uma marca de certificação serve para garantir alguma característica particular dos produtos ou serviços para os quais a marca é usada, como origem geográfica, um determinado conteúdo de material, modo de fabricação, qualidade, conformidade com certas normas de segurança ou outras características.[48]

Por sua vez, o conceito elaborado pela doutrina, na voz de Elena Bellisario,[49] consiste na avaliação, verificação e constatação por um organismo terceiro e independente (organismo de certificação) da conformidade a determinados *standards* qualitativos de um produto ou serviço, de um sistema produtivo ou do pessoal da empresa (empresa certificada). O resultado positivo desse controle é encerrado por meio da emissão de um atestado de certificação e/ou de uma licença de autorização de uso de uma marca normalmente representada por um símbolo ou sigla. Sob o prisma do direito agrário, as certificações de qualidade há algum tempo têm ganhado notoriedade, principalmente em produtos destinados à alimentação, por exemplo, produtos orgânicos. Na maioria deles, a conformidade do procedimento de certificação dá o direito ao uso de uma marca, e esta, em alguns países como o Brasil, é o principal objeto de tutela, ou seja, a marca de certificação.

Citada autora[50] também estabelece a divisão das certificações em cogentes (obrigatórias ou reguladas) e voluntárias. As certificações cogentes têm como base *standards* normativos, já as segundas baseiam-se em *standards* voluntários. E, ainda que as certificações obrigatórias não criem vantagem competitiva, e sim constituam uma *conditio sine qua non* para operar no mercado, as certificações voluntárias são adotadas exclusivamente por exigência e objetivos comerciais. Assim reconhece que, apesar das diferenças relevantes entre o cogente e o voluntário,

---

[48] WORLD INTELLECTUAL PROPERTY ORGANIZATION. *The role of industrial property in the protection of consumers*. WIPO: Genebra, 1983. Tradução nossa.
[49] BELLISARIO, E. Lo stralcio delle disposizioni sulle certificazioni di qualità dal codice del consumo: un'occasione mancata. *Diritti Nazionale e Comparazione*, Milão, n. 4, p. 1045-1085, 2005, p. 1051.
[50] BELLISARIO, E. *Certificazioni di qualità e responsabilità civile*. Milão: Giuffrè, 2011, p. 22.

muitas vezes os dois tipos de certificação representam "face de uma mesma moeda", pois apresentam numerosos elementos comuns. Ao analisar as certificações dos orgânicos sob a classificação sugerida anteriormente, optou-se por enquadrá-las nos tipos regulados e voluntários. Para tal conclusão, observam-se dois aspectos do instituto: a impraticabilidade da certificação na venda direta e o atributo de qualidade comercial. O primeiro se remete a uma forma de comercialização do produto orgânico, na qual há uma relação direta, sem a intervenção de intermediários entre produtor e consumidor, como ocorre em feiras orgânicas. Nessa modalidade, a utilização da marca de certificação é facultativa, desde que haja a vinculação do produtor a uma organização com controle social cadastrada no Ministério da Agricultura, Pecuária e Armazenamento (MAPA).[51] O segundo aspecto também afasta a espécie de certificação obrigatória. A qualidade orgânica não é uma exigência para a entrada de determinado produto no mercado, posto que apenas lhe atribui uma característica distintiva em comparação aos demais disponíveis no mercado. A fim de resultar em uma melhor compreensão, pode-se compará-la com as certificações sanitárias exigidas para mercadorias de frigoríficos. Enquanto o sinal sanitário é um imperativo para entrada e circulação dessas últimas no mercado, a certificação orgânica é uma submissão espontânea do produtor às normas técnicas com a finalidade de obter uma vantagem competitiva.

Priscilla Altili[52] acrescenta que, na hipótese das certificações obrigatórias e regulamentadas, subsiste uma "atestação da conformidade de um produto ou (sistema de gestão empresarial) a um complexo sistema de normas técnicas uniformemente fixadas por um ente nacional ou internacional", ou seja, um processo no qual a terceira parte acreditada assegura que um produto, processo ou serviço está conforme ao *standard* pré-fixado. Nos orgânicos, o sistema de certificação,[53] isto é, conjunto de

---

[51] BRASIL. *Decreto nº 6.323, de 27 de dezembro de 2007*. Regulamenta a Lei nº 10.831, de 23 de dezembro de 2003, que dispõe sobre a agricultura orgânica, e dá outras providências. Brasília. Art. 26, *caput*. "Para que possam comercializar diretamente ao consumidor, sem certificação, os agricultores familiares deverão estar vinculados a uma organização com controle social cadastrada no Ministério da Agricultura, Pecuária e Abastecimento ou em outro órgão fiscalizador federal, estadual ou distrital conveniado".

[52] ALTILI, P. Certificazione: nuova disciplina in materia di accreditamento e di organismi del controllo. *Agricoltura Istituzioni Mercati*, Milão, n. 1, p. 95-105, 2012, p. 96.

[53] O ordenamento jurídico, por meio do art. 2º, inciso XV do Decreto nº 6.323, define sistema de certificação como: "conjunto de regras e procedimentos adotados por uma entidade certificadora, que, por meio de auditoria, avalia a conformidade de um produto, processo ou serviço, objetivando a sua certificação".

regras e procedimentos utilizados para avaliar e identificar a qualidade orgânica de determinado produto, é assentado pelas citadas diretrizes estabelecidas no artigo 3º do Decreto nº 6.323/2007, e detalhado pelas instruções normativas do MAPA.

Portanto, verifica-se que a certificação é resultado da adesão a determinadas normas técnicas, denominadas *standards*, cuja acessão atribui uma qualidade específica ao produto. Assim, a função essencial desse instituto é informar ao consumidor a garantia de cumprimento de requisitos específicos que são atribuídos àquela qualidade. No caso dos produtos advindos da agricultura orgânica, deve-se observar se o conteúdo dos *standards* que os caracterizam como tal estão alinhados com os seus princípios, bem como com o desenvolvimento rural sustentável, uma vez que a qualidade orgânica é definida legalmente por "qualidade que traz, vinculada a ela, os princípios da produção orgânica relacionados a questões sanitárias, ambientais e sociais".[54] Para tanto, interessa compreender como os standards desse sistema devem ser construídos.

A priori, ressalta-se a importância da introdução de critérios normativos que vislumbram a sustentabilidade. Nesse sentido, Evgenia Pavlovskaia[55] considera que os *standards* de sustentabilidade em um quadro normativo possuem o potencial de estabelecer uma proteção ambiental mais profunda e cientificamente fundamentada; oferecem medidas de controle e avaliação mais eficazes; oferecem oportunidades mais seguras para o planejamento futuro e também promovem e protegem investimentos. Por outro lado, alerta que os critérios de sustentabilidade nos quadros normativos são menos flexíveis às mudanças tecnológicas e de mercado, e podem ser uma alternativa cara. A diferença de implementação e de abordagem entre os atores envolvidos e o desenvolvimento de quadros normativos de sobreposição fraca podem também servir de empecilho a sua boa aplicação. Conclui a autora que esses argumentos devem ser considerados, para se escolher qual a forma mais apropriada de utilizar critérios de sustentabilidade.

Atinente aos produtos orgânicos brasileiros, esse conjunto de regras e procedimentos para a verificação de conformidade dos produtores, comerciantes, transportadores, armazenadores, entre outros,

---

[54] BRASIL. *Decreto nº 6.323, de 27 de dezembro de 2007*. Regulamenta a Lei nº 10.831, de 23 de dezembro de 2003, que dispõe sobre a agricultura orgânica, e dá outras providências. Brasília.

[55] PAVLOVSKAIA, E. Using sustainability criteria in law. *International Journal of Environmental Protection and Policy*, Lund, v. 1, n. 4, p. 76-78, nov. 2013, p. 76.

é elaborado pelo MAPA, conforme estabelece o art. 9º do Decreto nº 6.323/2007.[56] Para tanto, o Ministério se utiliza de diversas Instruções Normativas (IN) para definir os *standards* dos diversos setores[57] produtivos, as quais são formuladas e revisadas pela Coordenação de Agroecologia, uma Comissão Nacional da Produção Orgânica (CNPOrg).[58]

Dessa forma, o conteúdo dos *standards* dos orgânicos é definido conforme os setores produtivos. A exemplo da IN nº 46/2011,[59] o critério de bem-estar animal para a produção pecuária orgânica é cumprido quando houver: preferência por animais de raças adaptadas às condições climáticas e ao tipo do manejo empregado, e serem respeitadas simultaneamente suas: liberdade nutricional (os animais devem estar livres de sede, fome e desnutrição); liberdade sanitária (os animais devem estar livres de feridas e enfermidades), liberdade de comportamento (os animais devem ter liberdade para expressar os comportamentos naturais da espécie), liberdade psicológica (os animais devem estar livres de sensação de medo e de ansiedade), liberdade ambiental (os animais devem ter liberdade de movimentos em instalações que sejam adequadas a sua espécie). Já a exemplo da essência do critério de solo saudável dentro da produção vegetal, depende da utilização de insumos previamente autorizados pela lei.

---

[56] BRASIL. *Decreto nº 6.323, de 27 de dezembro de 2007*. Regulamenta a Lei nº 10.831, de 23 de dezembro de 2003, que dispõe sobre a agricultura orgânica, e dá outras providências. Brasília. "Art. 9º Caberá ao Ministério da Agricultura, Pecuária e Abastecimento, de forma isolada ou em conjunto com outros Ministérios, o estabelecimento de normas técnicas para a obtenção do produto orgânico".

[57] BRASIL. *Decreto nº 6.323, de 27 de dezembro de 2007*. Regulamenta a Lei nº 10.831, de 23 de dezembro de 2003, que dispõe sobre a agricultura orgânica, e dá outras providências. Brasília. Segundo o Art. 2º, inciso V do Decreto n. 6.323, considera-se escopo: "segmento produtivo objeto da avaliação da conformidade orgânica, tais como produção primária animal, produção primária vegetal, extrativismo, processamento de produtos de origem animal, processamento de produtos de origem vegetal, entre outros definidos pela regulamentação oficial de produção orgânica em vigor".

[58] *Id.*. Regulamenta a Lei nº 10.831, de 23 de dezembro de 2003, que dispõe sobre a agricultura orgânica, e dá outras providências. Brasília. Dispõe o art. 34 do Decreto nº 6.323: "São atribuições da CNPOrg: I – emitir parecer sobre regulamentos que tratem da produção orgânica, considerando as manifestações enviadas pelas CPOrg-UF; II – propor regulamentos que tenham por finalidade o aperfeiçoamento da rede de produção orgânica no âmbito nacional e internacional, considerando as propostas enviadas pelas CPOrg-UF".

[59] BRASIL. Ministério da Agricultura, Pecuária e Abastecimento. *Instrução Normativa nº 46*, de 6 de outubro de 2011. Brasília: Gabinete do Ministério, 2011. Estabelece o Regulamento Técnico para os Sistemas Orgânicos de Produção, bem como as listas de substâncias e práticas permitidas para uso nos Sistemas Orgânicos de Produção.

Contudo, observa-se que os dispositivos legais reguladores da qualidade orgânica apresentam características muito específicas que não contemplam todos os setores existentes no mundo fático. Essa minuciosidade pode provocar o distanciamento entre *standards* e as diretrizes legais estabelecidas nos incisos do art. 3º do decreto. Por conseguinte, o longo processo de certificação se torna propício a extraviar os principais atributos intrínsecos à qualidade orgânica. Ademais, a especificação para cada setor produtivo cria um óbice para setores não regulamentados pelas instruções normativas, e que anseiam pelo seu ingresso no mercado de orgânicos. Sob esse diapasão, entende-se que os meridionais fixados no mencionado dispositivo sejam considerados *meta-standards*. Dessa forma, há simplificação dos processos de certificação, bem como de harmonização dos critérios da qualidade orgânica, fato que contribui para desenvolver uma lista mais funcional de critérios da qualidade orgânica utilizadas pelos mecanismos de controle. Com tal medida, atenta-se para a constância das diretrizes durante todo o processo de certificação, além de permitir a abrangência de outros escopos produtivos orgânicos, não disciplinados por instruções normativas, por meio de critérios abstratos.

O desenvolvimento de um quadro jurídico ou de um padrão de sustentabilidade com *standards* deve incluir uma estrutura organizacional e um conjunto mínimo de itens. Um quadro normativo com *standards* de sustentabilidade deve estar relacionado com seus mecanismos de controle, por exemplo. Dessa forma, ensina Evgenia Pavlovskaia[60] que os *standards* de sustentabilidade podem ser incluídos em um quadro normativo com a possibilidade de se tornarem obrigatórios. Mas também podem fazer parte de uma certificação de qualidade voluntária (privada ou pública).

Portanto, é importante que, uma vez inseridos os *standards* de sustentabilidade nos quadros normativos, estes sejam revisados e avaliados principalmente sobre seus padrões e metas. Um mecanismo relevante no controle para o cumprimento dos critérios de sustentabilidade pode ser a obrigação de os atores envolvidos elaborarem relatórios e auditorias. Porém, a elaboração do relatório deve ser prevista nos textos normativos, bem como as questões que devem ser abordadas por este.[61]

---

[60] PAVLOVSKAIA, E. Legal analysis of the European Union sustainability for biofuels. *Journal of Sustainable Development Law and Policy*, Ado Ekiti, v. 3, n. 1, p. 4-21, 2014, p. 21.
[61] PAVLOVSKAIA, E. Using sustainability criteria in law. *International Journal of Environmental Protection and Policy*, Lund, v. 1, n. 4, p. 76-78, nov. 2013, p. 76.

No caso dos mecanismos de controle de produção orgânica brasileira, esse papel recai sobre um conjunto de entidades. Primeiramente, cabe ao produtor promover e manter a sua regularização.[62] Em segundo lugar, os organismos privados de avaliação da conformidade devidamente credenciados no MAPA realizam a verificação da submissão de uma produção ou processo candidato ao sistema de certificação (fornecido pelo MAPA), e garantem por escrito que este foi metodicamente avaliado e está em conformidade com as normas de produção orgânica vigentes. Para tanto, as certificadoras devem estabelecer prazos e periodicidade para elaboração de relatórios de inspeção e auditoria e decisões de certificação, bem como manuais de procedimentos contendo obrigatoriamente:

> I – todas as etapas do processo de certificação, desde a análise da solicitação inicial até a certificação final; II – mecanismos de registro da situação de todas as unidades de produção e comercialização certificadas e seus produtos, ao longo do processo de certificação; e III – procedimentos para certificação de novos produtos dentro das unidades de produção e comercialização certificadas.[63]

Por fim, cabe ao MAPA a fiscalização e inspeção tanto dos produtores[64] quanto dos órgãos de avaliação credenciados,[65] as quais devem

---

[62] BRASIL. *Decreto nº 6.323, de 27 de dezembro de 2007*. Regulamenta a Lei nº 10.831, de 23 de dezembro de 2003, que dispõe sobre a agricultura orgânica, e dá outras providências. Brasília. Art. 27, §1º do Decreto 6.323: "§1º Os produtores são responsáveis por: I – seguir os regulamentos técnicos; II – consentir com a realização de auditorias, incluindo as realizadas pelo organismo de avaliação da conformidade orgânica credenciado; III – fornecer informações precisas e no prazo determinado; IV – fornecer informações sobre sua participação em outras atividades referentes ao escopo, não incluídas no processo de certificação; e V – informar o organismo de avaliação da conformidade orgânica credenciado sobre quaisquer alterações no seu sistema de produção e comercialização".

[63] BRASIL. Ministério da Agricultura, Pecuária e Abastecimento. *Instrução Normativa nº 19, de 28 de maio de 2009*. Dispõe sobre os mecanismos de controle e informação da qualidade orgânica.

[64] BRASIL. *Decreto nº 6.323, de 27 de dezembro de 2007*. Regulamenta a Lei nº 10.831, de 23 de dezembro de 2003, que dispõe sobre a agricultura orgânica, e dá outras providências. Brasília. "Art. 32. O Ministério da Agricultura, Pecuária e Abastecimento, em articulação com os demais órgãos responsáveis pelo registro de produtos identificados como orgânicos, será responsável pela fiscalização do cumprimento das normas regulamentadas para a produção orgânica nos estabelecimentos produtores registrados".

[65] Id. Decreto nº. 6.323: Art. 31. Parágrafo único. Caberá ao Ministério da Agricultura, Pecuária e Abastecimento o credenciamento, o acompanhamento e a fiscalização dos organismos de avaliação da conformidade orgânica.

ocorrer de forma permanente e continuada, por meio das atribuições concedidas ao agente fiscalizador pelo art. 63 do Decreto nº 6.323.[66]

Na prática, o processo de verificação de *standards* é peça-chave para o cumprimento da legislação e está fundamentado fortemente no desempenho de um ator privado. No contexto dos sistemas voluntários de certificação, uma vez que as verificações são realizadas por empresas privadas, há uma dependência dos auditores no esquema de sustentabilidade e no contexto da verificação externa, a qual é exigida tanto no âmbito dos regimes voluntários quanto no âmbito dos sistemas nacionais de certificação, visto que os auditores são também atores privados.[67] A transferência aos atores privados da verificação dos *standards* tem como pressuposto a confiança na experiência privada de certificação e é justificada na perspectiva de eficiência, pois é justamente a forma de legitimar a participação privada, enfatizando o papel da experiência privada.

---

[66] *Id.* "Art. 63. Os agentes fiscalizadores no exercício de suas funções terão acesso aos meios de produção, beneficiamento, manipulação, transformação, embalagem, armazenamento, transporte, distribuição, comércio e avaliação da conformidade orgânica dos produtos abrangidos por este Decreto, para a execução das seguintes atribuições: I – realizar auditorias técnicas em métodos e processos de produção e processos de avaliação da conformidade orgânica; II – colher amostras necessárias e efetuar determinações microbiológicas, biológicas, físicas e químicas de matéria-prima, insumos, subprodutos, resíduos de produção, beneficiamento e transformação de produtos orgânicos, assim como de solo, água, tecidos vegetais e animais e de produto acabado, lavrando o respectivo termo; III – realizar inspeções rotineiras para apuração da prática de infrações, ou de eventos que tornem os produtos passíveis de alteração, verificando a adequação de processos de produção, beneficiamento, manipulação, transformação, embalagem, armazenamento, transporte, distribuição, comércio e avaliação da conformidade orgânica, e lavrando os respectivos termos; IV – verificar o atendimento das condições relativas à qualidade ambiental e à regularidade das relações de trabalho, notificando ao órgão competente quando for o caso; V – verificar a procedência e condições de produtos, quando expostos à venda; VI – promover, na forma disciplinada neste Decreto, a aplicação das penalidades decorrentes dos processos administrativos, nos termos do julgamento, bem como dar destinação à matéria-prima, insumos, produtos, subprodutos ou resíduos de produção, beneficiamento ou industrialização, lavrando o respectivo termo; VII – proceder à apreensão de produto, insumo, matéria-prima ou de qualquer substância, encontrados nos locais de produção, manipulação, transporte, armazenamento, distribuição e comercialização, sem observância a este Decreto, principalmente nos casos de indício de fraude, falsificação, alteração, deterioração ou de perigo à saúde humana, lavrando o respectivo termo; VIII – acompanhar as fases de recebimento, conservação, manipulação, preparação, acondicionamento, transporte e estocagem de produtos; IX – examinar embalagem e rotulagem de produtos; X – lavrar auto de infração; e XI – intimar, no âmbito de sua competência, para a adoção de providências corretivas e apresentação de documentos necessários à instrução dos processos de investigação ou apuração de adulteração, fraude ou falsificação".

[67] ROMPPANEN, S. Legitimacy and eu Biofuel Governance: In Search of Greater Coherence. *Climate Law*, Cidade, v. 4, p. 239-266, 2014, p. 103.

Também sobre esse ponto, Nicolae Scarlat e Jean-Francois Dallemand[68] ressaltam que diferentes requisitos de monitoramento e auditoria podem resultar também em diferentes níveis de credibilidade e falta de coerência entre as iniciativas. Um ponto-chave da implementação é a qualidade do controle dos esquemas de certificação. A certificação tem o potencial de assegurar certos objetivos de sustentabilidade por meio de mecanismos adequados de fiscalização e auditoria. Para além dos critérios de sustentabilidade fortes e exequíveis, devem ser estabelecidos requisitos rigorosos relativamente à estrutura e ao funcionamento dos sistemas de certificação, a fim de evitar práticas de implementação e auditorias fracas, ou seja, requerem um conjunto detalhado de procedimentos a serem desenvolvidos e implementados como parte do padrão de sustentabilidade. No mesmo sentido, Stefano Ponte[69] pontua que as certificações são reconhecidas, independentemente do grau de rigor das suas normas (para além do conjunto mínimo de normas estabelecido na diretiva) e transparência das suas estruturas de governança, e forneceram pouca ou nenhuma orientação sobre boas práticas de governança.

No contexto brasileiro, para garantir uma confiança no exercício da entidade privada para verificar os *standards* de um sistema orgânico, o órgão é submetido a um processo de credenciamento. Na parte inicial, o ente passa por um processo de apreciação realizado pelo Instituto Nacional de Metrologia, Qualidade e Tecnologia (Inmetro), a fim de reconhecer sua competência técnica.[70] Posteriormente, requer-se uma auditoria de credenciamento realizada pelo MAPA, para verificar a conformidade com o regulamento oficial.[71] Em seguida, há

---

[68] SCARLAT, N.; DALLEMAND, J.F. Recent developments of biofuels/bioenergy sustainability certification: a global overview. *Energy Policy*, Amsterdam, v. 39, p. 1630-1646, 2011, p. 1644.

[69] PONTE, S. 'Roundtabling' sustainability: Lessons from the biofuel industry. *Geoforum*, Amsterdam, n. 54, p. 261-271, jul. 2014, p. 4.

[70] BRASIL. *Decreto nº 6.323, de 27 de dezembro de 2007*. Regulamenta a Lei nº 10.831, de 23 de dezembro de 2003, que dispõe sobre a agricultura orgânica, e dá outras providências. Brasília. "Art. 49. O credenciamento junto ao Ministério da Agricultura, Pecuária e Abastecimento será precedido de etapa prévia de acreditação das certificadoras, a ser realizada pelo Inmetro. §1º Para os fins de que trata o caput, o Inmetro publicará ato específico estabelecendo as exigências técnicas e os procedimentos necessários ao processo de acreditação, utilizando critérios reconhecidos internacionalmente para organismos certificadores, acrescidos dos requisitos específicos estabelecidos em normas técnicas brasileiras de produção orgânica".

[71] *Id*. "Art. 50. Concluído o processo de acreditação pelo Inmetro, o interessado solicitará o credenciamento como organismo de avaliação da conformidade orgânica junto ao Ministério da Agricultura, Pecuária e Abastecimento".

uma deliberação, na qual se reconhece e habilita o credenciamento por um ano. Ainda, durante o período de habilitação, a entidade será acompanhada e fiscalizada pelo MAPA.

A recepção da função de controle, originária da administração pública, por um ente privado o cóloca como peça-chave para a verificação do cumprimento dos *standards* orgânicos. Logo, é necessário averiguar se tanto os critérios utilizados pela administração pública brasileira para autorizar uma agência a adquirir essa incumbência, como os critérios de conformidade dessa instituição ao autenticar determinado produto como orgânico são adequados. Pelo exposto, constata-se que o ordenamento jurídico brasileiro apresenta uma estrutura inicial para o credenciamento do ente privado como organismo de avaliação da conformidade, bem como exigências sistemáticas de procedimentos de verificação a serem utilizados pela agência credenciada ao exercer a tarefa estatal.

Para ganhar a confiança dos consumidores, as iniciativas de certificação de sustentabilidade devem ser sempre credíveis e incorporar um rastreamento transparente e mecanismos de verificação que asseguram que eles sejam seguidos ao longo de toda a cadeia de fornecimento. É imperativo transformar nosso sistema de produção de alimentos em uma agricultura sustentável, tanto local quanto globalmente.[72] As iniciativas de certificação de sustentabilidade devem estar alinhadas com as Metas de Desenvolvimento Sustentável das Nações Unidas (MDS), incluindo o fim da fome global, assegurando que água limpa esteja disponível para todos, promovendo o consumo e a produção sustentáveis, assegurando o crescimento econômico sustentável e o emprego produtivo, e revertendo a degradação da Terra.[73]

Logo, a interpretação do conceito de certificação emana da necessidade de informar o consumidor sobre o processo de verificação ao qual o produto foi submetido, o que lhe garante determinada qualidade. Assim, a certificação de produtos oriundos da agricultura orgânica requer uma análise sobre a compatibilidade de seus *standards*, que definem a qualidade orgânica, com os princípios desse sistema, entre os quais se destaca a sustentabilidade. Observa-se que o ordenamento jurídico brasileiro se esforça para construir um sistema

---

[72] AZHAR, B.; PRIDEAUX, M.; RAZI, N. Sustainability Certification of Food. *Encyclopedia of food security and sustainability*, [s.l.]: Elsevier, 2019, p. 543.
[73] Id.

de certificação pormenorizado para cada tipo de empreendimento orgânico, por meio da fixação dos critérios das Instruções Normativas do MAPA, bem como tenta estabelecer um procedimento confiável para revestir determinado ente privado com a competência de autorizar a utilização do certificado.

5 Conclusão

Investigou-se a compatibilidade entre as premissas teóricas intrínsecas à sustentabilidade e aos alimentos orgânicos e os parâmetros jurídicos que definem a qualidade orgânica por meio da certificação. Partiu-se da inevitabilidade atualização do Direito Agrário quanto à demanda pela concepção do desenvolvimento agrário sustentável, o qual abrange uma interseccionalidade da produção alimentar, do meio ambiente, da economia, e dos fatores sociais. Para tanto, aponta-se a agroecologia como um caminho, uma vez que ela propõe uma metodologia científica multidisciplinar com o objetivo de elucidar as diversas relações existentes e construir um modelo de sustentabilidade agrário.

Entre os sistemas de produção adeptos dessa ciência, a agricultura orgânica tem se destacado no mercado. Esse modelo de produção tem como princípios basilares a saúde, a ecologia, a equidade e o cuidado, os quais estão oficializados no ordenamento jurídico brasileiro pelo Decreto nº 6.323/2007 e cooperam com as proposições teóricas da segurança alimentar e nutricional (SAN) e da sustentabilidade. Posto isso, analisa-se se tais fundamentos basilares são respeitados no processo de certificação.

A certificação de alimentos orgânicos brasileiros pode ser classificada como regulada ou voluntária, pois atribui à mercadoria um diferencial competitivo, que atesta aos consumidores a garantia de cumprimento aos *standards* da qualidade orgânica. Nesse ponto, observa-se que os *standards* estabelecidos pela legislação brasileira requerem aprimoramento. A atual estrutura de avaliação de conformidade orgânica apresenta uma especificação de critérios direcionados a determinados setores produtivos, fator dificultador do estabelecimento de normas abstratas que abrangem todos os possíveis escopos. Ademais, ressalta-se a importância de entes privados nesse processo, uma vez que atuam com a função de controle, originária da Administração Pública, ainda que de maneira parcial sobre a verificação do cumprimento dos *standards*. Diante da importância das certificações dos alimentos orgânicos para as demandas sociais, ambientais, e econômicas, é mister construir um processo de certificação coeso à sustentabilidade e à segurança alimentar e nutricional.

Referências

ALMEIDA, A. Oito fatos sobre o consumo de orgânicos no Brasil. *Globo Rural*. 4 fev. 2022.

ALTILI, P. Certificazione: nuova disciplina in materia di accreditamento e di organismi del controllo. *Agricoltura Istituzioni Mercati*, Milão, n. 1, p. 95-105, 2012.

ANDERSON, J. R. Concepts of food sustainability. *Encyclopedia of Food Security and Sustainability*, v. 3, 1 jan. 2019.

ASSIS, R.L.; ROMEIRO, A.R. Agroecologia e agricultura orgânica: controvérsias e tendências. *Desenvolvimento e Meio Ambiente*, Curitiba, v. 6, n. 21, p. 67-80, 2002.

AZHAR, B.; PRIDEAUX, M.; RAZI, N. Sustainability Certification of Food. *Encyclopedia of food security and sustainability*, [s.l.]: Elsevier, 2019.

BELLISARIO, E. *Certificazioni di qualità e responsabilità civile*. Milão: Giuffrè, 2011.

BELLISARIO, E. Lo stralcio delle disposizioni sulle certificazioni di qualità dal codice del consumo: un'occasione mancata. *Diritti Nazionale e Comparazione*, Milão, n. 4, p. 1045-1085, 2005.

BORGUINI, R.G.; TORRES, E.A.F.S. Alimentos orgânicos: qualidade nutritiva e segurança do alimento. *Segurança Alimentar e Nutricional*, Campinas, v. 13, n. 2, p. 64-75, 2015.

BRASIL. *Decreto nº 1.946, de 28 de julho de 1996*. Cria o Programa Nacional de Fortalecimento da Agricultura Familiar – PRONAF, e dá outras providências. Brasília.

BRASIL. *Decreto nº 6.323, de 27 de dezembro de 2007*. Regulamenta a *Lei nº 10.831*, de 23 de dezembro de 2003, que dispõe sobre a agricultura orgânica, e dá outras providências. Brasília.

BRASIL. *Decreto nº 7.794, de 20 de agosto de 2012*. Institui a Política Nacional de Agroecologia e Produção Orgânica. Brasília.

BRASIL. *Lei nº 10.831, de 23 de dezembro de 2003*. Dispõe sobre a agricultura orgânica e dá outras providências. Brasília.

BRASIL. *Lei nº 9.279, de 14 de maio de 1996*. Regula direitos e obrigações relativos à propriedade industrial. Brasília.

BRASIL. Ministério da Agricultura, Pecuária e Abastecimento. *Instrução Normativa nº 46*, de 6 de outubro de 2011. Brasília: Gabinete do Ministério, 2011. Estabelece o Regulamento Técnico para os Sistemas Orgânicos de Produção, bem como as listas de substâncias e práticas permitidas para uso nos Sistemas Orgânicos de Produção.

BRASIL. Ministério da Agricultura, Pecuária e Abastecimento. *Instrução Normativa nº 19, de 28 de maio de 2009*. Dispõe sobre os mecanismos de controle e informação da qualidade orgânica.

BRASIL. Ministério da Saúde. *Guia alimentar para a população brasileira*. 2. ed. Brasília: Ministério da Saúde, 2014.

CAMPANHOLA, C.; VALARINI, P.J. A agricultura orgânica e seu potencial para o pequeno agricultor. *Cadernos de Ciência e Tecnologia*, Brasília, v. 18, n. 1, p. 69-101, 2001.

CANDIOTTO, L.Z.P. et al. Organic products policy in Brazil. *Land Use Policy*, [s.l.], v. 71, p. 422-430, fev. 2018.

CUNHA, B.P.; COSTA, N.R.A.; MAMEDE, A.J.S. O estado socioambiental do direito agrário e o trabalho rural ecologicamente equilibrado. *In*: CUNHA, B.P.; MAIA, F.J.F. (org.). *Direito agrário ambiental*. Recife: Edufrpe, 2016.

FAO. *International conference on organic agriculture and food security*: Organic agriculture and food security. Italy, 3-5 maio, 2007.

FONSECA, M.F.A.C. *Agricultura orgânica*: regulamentos técnicos e acesso aos mercados dos produtos orgânicos no Brasil. Niterói: PESAGRO-RIO, 2007.

GLIESSMAN, S.R. *Agroecologia*: processos ecológicos em agricultura sustentável. 4. ed. Porto Alegre: UFRGS, 2009.

IBGE. Instituto Brasileiro de Geografia e Estatística. *Censo Agropecuário 2017*. Rio de Janeiro: IBGE, 2018.

LAMPKIN, N.H. Organic farming: sustainable agriculture in practice. *In*: LAMPKIN, N.H.; PADEL, S. (ed.). *The economics of organic farming*: an international perspective. Wallingford: Cab International, 1994.

MOREIRA, R.M.; CARMO, M.S. Agroecologia na construção do desenvolvimento rural sustentável. *Revista de Economia Agrícola, São Paulo*, v. 51, n. 2, p. 37-56, 2004.

PAVLOVSKAIA, E. Legal analysis of the European Union sustainability for biofuels. *Journal of Sustainable Development Law and Policy*, Ado Ekiti, v. 3, n. 1, p. 4-21, 2014.

PAVLOVSKAIA, E. Using sustainability criteria in law. *International Journal of Environmental Protection and Policy*, Lund, v. 1, n. 4, p. 76-78, nov. 2013.

PONTE, S. 'Roundtabling' sustainability: Lessons from the biofuel industry. *Geoforum*, Amsterdan, n. 54, p. 261-271, jul. 2014.

RIGBY, D.; CÁCERES, D.M. Organic farming and the sustainability of agricultural systems. *Agricultural Systems, Amsterdã*, v. 68, p. 21-40, 2001.

ROMPPANEN, S. Legitimacy and eu Biofuel Governance: In Search of Greater Coherence. *Climate Law*, Cidade, v. 4, p. 239-266, 2014.

SABOURIN, E.; NIEDERLE, P. Agricultura familiar na América Latina: das políticas agrícolas diferenciadas aos instrumentos de promoção da soberania e segurança alimentar e nutricional e da agroecologia. *In*: MALUF, R.S.; FLEXOR, G. (org.). *Questões Agrárias, agrícolas e rurais*: conjunturas e políticas públicas. Rio de Janeiro: E-Papers, 2017.

SCARLAT, N.; DALLEMAND, J.F. Recent developments of biofuels/bioenergy sustainability certification: a global overview. *Energy Policy*, Amsterdan, v. 39, p. 1630-1646, 2011.

SCHMITT, C.J. As políticas em favor da agroecologia na trajetória do Ministério do Desenvolvimento Agrário: uma mirada retrospectiva. *In*: MALUF, R.S. FLEXOR, G. (org.). *Questões agrárias, agrícolas e rurais*: conjunturas e políticas públicas. Rio de Janeiro: E-Papers, 2017.

SEVILLA-GUZMÁN, E. *La agroecologia como estrategia metodológica de transformación social*. Córdoba: STUDER, 2006.

WORLD INTELLECTUAL PROPERTY ORGANIZATION. *The role of industrial property in the protection of consumers*. WIPO: Genebra, 1983.

Informação bibliográfica deste texto, conforme a NBR 6023:2018 da Associação Brasileira de Normas Técnicas (ABNT):

TRENTINI, Flavia; CAFOLLA, Teresa Gomes. Certificação de alimentos orgânicos brasileiros e o modelo da agricultura sustentável. *In*: TRENTINI, Flavia; BRANCO, Patrícia; CATALAN, Marcos (coord.). *Direito e comida*: do campo à mesa: cidadania, consumo, saúde e exclusão social. Belo Horizonte: Fórum Social, 2023. p. 281-308. ISBN 978-65-5518-511-9.

SOBERANIA ALIMENTAR E AUTONOMIA NA TEIA DOS POVOS

Paulo Dimas Rocha de Menezes

Joelson Ferreira de Oliveira

> *A tradição dos oprimidos nos ensina que o "estado de exceção" em que vivemos é na verdade a regra geral. Precisamos construir um conceito de história que corresponda a essa verdade. Nesse momento, perceberemos que nossa tarefa é originar um verdadeiro estado de exceção; com isso, nossa posição ficará mais forte na luta contra o fascismo.*[1]

1 Abertura – Contexto

A relação entre comida e direito é imanente ao conceito de autonomia, que, por sua vez, se vincula, politicamente, à reflexão sobre liberdade e soberania. Não é possível abordar a questão do direito à autonomia dos povos indígenas e comunidades tradicionais – ou "povos

---

[1] BENJAMIN, W. *Magia e técnica, arte e política*: ensaios sobre literatura e história da cultura. Trad. Sérgio Paulo Rouanet. São Paulo: Brasiliense, 1994, p. 226.

indígenas e tribais", na forma utilizada pela Convenção nº 169 da Organização Internacional do Trabalho[2] – sem tratar simultaneamente da questão da *soberania alimentar*, tal como adotada por movimentos populares e camponeses. Por outro lado, a vinculação teórica entre as ideias de autonomia, soberania e povo não se apresenta de forma tão consistente no pensamento ocidental quanto se manifesta na práxis de vários povos e movimentos sociais na chamada América Latina.

Neste texto não pretendemos elaborar uma revisão extensa desses conceitos, mas demonstrar a existência de uma ponte conceitual possível entre essas ideias e uma *práxis*, proposta pela Teia dos Povos: a caminhada para retomada, requalificação e defesa de parte das terras e territórios ocupados por colonizadores e seus descendentes no continente a que nomearam América.[3] Essa requalificação se baseia nas práticas de uma *agroecologia popular*, através do resgate de saberes tradicionais enxertados pelos conhecimentos científicos que venham a se comprometer com essas lutas.

A Teia dos Povos é uma articulação de povos originários, comunidades tradicionais, organizações e grupos *territorializados*. A esses *núcleos de base*, componentes principais da Teia, se conectam os *elos* – coletivos, organizações e pessoas *desterritorializadas* – que participam como articuladores e apoiadores, mas não como lideranças da articulação, pois "[...] quem já organizou seu território é que pode dirigir quem ainda não se organizou. É do território que emergem as lideranças capazes de organizar nossos povos".[4]

A conjuntura na qual a Teia dos Povos foi criada, se não difere das que constituem a regra na geografia-história do continente, traz um perigo novo para todas as humanidades. O avanço do fascismo social, que intenta perenizar tanto a linha abissal entre os mundos da

---

[2] BRASIL. *Decreto nº 5.051, de 19 de abril de 2004.* Promulga a Convenção nº 169 da Organização Internacional do Trabalho – OIT sobre Povos Indígenas e Tribais.

[3] A Teia dos Povos foi criada em 2012, durante a primeira Jornada de Agroecologia da Bahia, realizada no Assentamento Terra Vista, do MST, no município de Arataca, Sul da Bahia. Com cerca de 2.000 pessoas, este encontro reuniu, pela primeira vez, camponeses em luta pela terra, membros dos três povos indígenas da região (Tupinambá, Pataxó e Pataxó Hãhãhãe), comunidades quilombolas e ribeirinhas, pescadores e pescadoras, povos de terreiro, mestres e mestras dos saberes tradicionais, organizações de periferias urbanas, educadores, estudantes e crianças. Desde então foram organizadas outras cinco Jornadas de Agroecologia, além de inúmeras pré-jornadas, encontros e mutirões. Hoje a Teia dos Povos extravasa as fronteiras da Bahia e se conecta com outros povos e iniciativas semelhantes em outros estados do Brasil e países vizinhos.

[4] FERREIRA, J.; FELÍCIO, E. *Por terra e território*: caminhos da revolução dos povos no Brasil. Arataca: Teia dos Povos, 2021.

regulação/emancipação e da apropriação/violência⁵ quanto o estado de exceção como estrutura permanente da democracia no ocidente,⁶ amplia os efeitos de uma nova crise do capitalismo. A novidade pode ser o caráter terminal dessa crise, ante um possível colapso sistêmico – climático-ambiental, econômico-financeiro e político-social – que coloca em risco, não apenas o modo ocidental de habitar o mundo, mas todos os mundos alternativos que ainda resistem ao modelo hegemônico orientado pelo (e para o) Norte global.

No âmbito regional, a derrota política de governos de centro-esquerda e a ascensão de governos de direita e extrema direita, no Brasil e países vizinhos, por vias eleitorais associadas ou não a golpes institucionais, demonstrou a existência de uma parcela considerável da sociedade nesse continente que apoia explicitamente a continuidade dos processos de expropriação e violência colonial do estado nacional contra a maioria de seus povos, para não dizer a maioria de sua própria população. Tão ou mais grave é a percepção de que governos nacionais e regionais de centro-esquerda no Brasil já adotavam – e adotam – uma agenda semelhante, na qual acordos políticos com setores do agronegócio, mineração e turismo, aliados à violência policial e de milícias privadas, mantêm forte pressão sobre territórios originários, enquanto avança contra populações vulneráveis no meio rural e periferias urbanas, dirigindo essa violência especialmente contra jovens negros e lideranças indígenas.⁷

É nesse contexto espaço-temporal adverso que a Teia dos Povos se prepara para outra retomada: a reconstrução da tradição revolucionária da aliança preta, indígena e popular na luta anticolonial pela autonomia dos povos desse lado do mundo, contra a imposição violenta de nacionalidades únicas que ainda avançam perigosamente

---

⁵ SANTOS, B.S. Para além do pensamento abissal: das linhas globais a uma ecologia dos saberes. *Revista Crítica de Ciências Sociais*, Coimbra, n. 78, p. 3-46, out. 2007.
⁶ AGAMBEN, G. *Estado de exceção*. Trad. Iraci Poleti. São Paulo: Boitempo, 2004.
⁷ ALARCON, D.F. Retomadas de terras e ocupação militar: a disputa pela aldeia Tupinambá de Serra do Padeiro, Bahia. *Anais da 29ª Reunião Brasileira de Antropologia*, Natal, ABA, 2014. Se na gestão do presidente Jair Bolsonaro garimpeiros e madeireiros têm passe livre de fato para invadir territórios indígenas, em 2013, sob o governo da presidenta Dilma Roussef, a Força Nacional de Segurança e o exército invadiram do território Tupinambá, sendo o Cacique Babau, principal liderança deste povo, mantido prisioneiro sem julgamento no ano seguinte. Também sob os governos "progressistas" do Maranhão e da Bahia, a violência do estado avança sobre jovens negros e povos indígenas, *v.* ROS – REDE DE OBSERVATÓRIOS DA SEGURANÇA. *A cor da violência policial*: a bala não erra o alvo. Rio de Janeiro: CESEC, 2020.

por sobre os corpos dos antepassados e parentes daqueles que hoje redesenham essa aliança.

> O perigo ameaça tanto a existência da tradição como os que a recebem. Para ambos, o perigo é o mesmo: entregar-se às classes dominantes, como seu instrumento. Em cada época, é preciso arrancar a tradição ao conformismo, que quer apoderar-se dela. [...] O dom de despertar no passado as centelhas da esperança é privilégio exclusivo do historiador convencido de que também os mortos não estarão em segurança se o inimigo vencer. E esse inimigo não tem cessado de vencer.[8]

Diante da ameaça do fascismo (e do conformismo), a necessidade de autodefesa se impõe como prioridade para as organizações e comunidades territorializadas da Teia. Essa visão, entretanto, não se baseia na criação de estruturas físicas de defesa e grupos armados. Antes, trata-se de construir as condições de viabilidade para autonomia desses povos e comunidades, a partir de ações que promovam diferentes *soberanias*, na qual a *soberania alimentar* cumpre um papel axial.[9] Antes de prosseguir na explicitação desse rumo, propomos uma reflexão inicial para determinar alguns dos conceitos centrais que servirão para iluminar esta caminhada.

2 Povos – Autonomia e soberania

A ambiguidade do conceito de *povo* está na origem do pensamento político do ocidente. A leitura que Jacques Rancière faz de Platão e Aristóteles, no nascimento da filosofia política – *contra* a política, segundo o autor – identifica, na base da democracia, uma incongruência original no conceito de *demos* (povo) que tenderia a se manter com um duplo significado na história do ocidente. Demos significaria, ao mesmo tempo, aqueles que, no regime democrático, têm direitos iguais à liberdade e aqueles que, destituídos de bens, riquezas ou quaisquer

---

[8] BENJAMIN, W. *Magia e técnica, arte e política*: ensaios sobre literatura e história da cultura. Trad. Sérgio Paulo Rouanet. São Paulo: Brasiliense, 1994, p. 224-225.

[9] Muitas das ideias abordadas neste texto foram registradas no livro-manifesto Por Terra e Território: caminhos da revolução dos povos no Brasil, de Joelson Ferreira e Erahsto Felício, editado pela Teia dos Povos em 2021. Algumas delas foram também construídas coletivamente (ou reveladas) nos encontros de núcleos e elos, bem como nas Jornadas de Agroecologia da Teia, tendo como referência o pensamento de mestres e mestras dos saberes tradicionais e populares, iluminados pelos encantados de seus povos.

outras qualidades que não seja a própria igualdade, continuariam sendo "desiguais" por definição.[10] Esse "dano fundamental", gerador do *desentendimento* original, seria o fundamento da política e da democracia. A mesma ambiguidade vai ser assinalada por Giorgio Agamben ao verificar o significado de "povo" nas diversas vertentes linguísticas da Europa:

> Toda interpretação do significado do termo "povo" deve partir do fato singular de que, nas línguas europeias modernas, ele sempre indica também as pobres, os deserdados, os excluídos. Um mesmo termo denomina, assim, tanto o sujeito político constitutivo quanto a classe que, de fato, se não de direito, é excluída da política. O italiano *popolo*, o francês *peuple*, o espanhol *pueblo* (assim como os adjetivos correspondentes *"popolare"*, *"populaire"*, *"popular"* e o latim tardio *populus* e *popularis*, de que todos derivam) designam, tanto na língua comum como no léxico político seja o complexo dos cidadãos como corpo político unitário (como em *"popolo italiano"* ou em *"giudice popolare"*), seja os pertencentes as classes inferiores (como em *homme du peuple*, *rione popolare*, *front populaire*). Até mesmo o inglês *people*, que tem um sentido mais indiferenciado, conserva, porém, o significado de *ordinary people* em oposição aos ricos e à nobreza.[11]

Ora, essa ambiguidade, que a princípio parece possuir um caráter universal (porque europeu), não faz nenhum sentido fora da noção de desigualdade, também imposta aos demais povos do mundo, como se tratasse de uma maldição incontornável da única condição humana possível. É de se supor, portanto, que não faça nenhum sentido para povos originários que, tendo conhecido regimes de desigualdade, mesmo antes da conquista europeia, optaram por refutá-los através de mecanismos que impediam o surgimento da autoridade política, isto é,

---

[10] RANCIÈRE, J. *O desentendimento*: política e filosofia. Trad. Ângela Leite Lopes. São Paulo: ed. 34, 1996, p. 24. "O demos atribui-se, como sua parcela própria, a igualdade que pertence a todos os cidadãos. E, com isso, essa parte que não é parte identifica sua propriedade imprópria com o princípio exclusivo da comunidade, e identifica seu nome — o nome da massa indistinta dos homens sem qualidade — com o nome da própria comunidade. Isso porque a liberdade — que é simplesmente a qualidade daqueles que não têm nenhuma outra (nem mérito, nem riqueza) — é ao mesmo tempo contada como a virtude comum. Ela permite ao demos — ou seja, o ajuntamento factual dos homens sem qualidade, desses homens que, como nos diz Aristóteles, 'não tomavam parte em nada' — identificar-se por homonímia com o todo da comunidade".

[11] AGAMBEN, G. *Homo sacer*: o poder soberano e a vida nua. Trad. Henrique Burigo. Belo Horizonte: UFMG, 2002, p. 183.

do *soberano* e da organização que o sustenta e é por ele representado, o Estado.¹² Um exemplo desse estranhamento foi registrado por Michel de Montaigne, ainda em 1562, na ocasião da visita de indígenas Tupinambá à corte de Carlos IX, na Normandia.

> Três dentre eles [...] foram a Rouen no tempo em que o falecido rei Carlos IX lá estava. [...] alguém perguntou-lhes sua opinião, e quis saber deles o que haviam achado de mais admirável [...]. Disseram [...] (eles tem um tal jeito de linguagem que chamam os homens de "metade" uns dos outros) que haviam percebido que existiam entre nós homens repletos e empanturrados de toda espécie de regalias, e que suas metades estavam mendigando-lhes nas portas, descarnados de fome e pobreza; e achavam estranho como essas metades [...] podiam suportar tal injustiça sem agarrar os outros pelo pescoço ou atear fogo em suas casas.¹³

De repente, aflorava ali a diferença *política* dessas sociedades em relação às europeias: a ausência da função de mando, da sujeição de todos a um poder supremo e à violência da desigualdade, da pobreza e da fome. Da mesma forma parece não fazer sentido, para sociedades submissas a um soberano, a existência de regimes de liberdade, em que a necessidade de uma estrutura externa e superior às comunidades, responsável pela criação de normas de procedimento coletivo e individual, não se faz presente.

> somos sociedades que naturalmente nos organizamos de uma maneira contra o Estado. [...] não tem nenhuma ideologia nisso, somos contra naturalmente, assim como o vento vai fazendo o caminho dele, assim como a água do rio faz o seu caminho, nós naturalmente fazemos um caminho que não afirma essas instituições como fundamentais para a nossa saúde, educação e felicidade.¹⁴

Ailton Krenak, por ocasião dos quinhentos anos da invasão europeia para invenção do Brasil, refletindo sobre o choque dos

---

12 CLASTRES, P. *A sociedade contra o estado*: pesquisas de antropologia política. Trad. Theo Santiago. São Paulo: Cosac Naify, 2003.
13 MONTAIGNE, M. *Os ensaios*. Livro 1. Trad. Rosemary Costhek Abílio. São Paulo: Martins Fontes, 2000, p. 319-320.
14 KRENAK, A. O eterno retorno do encontro. *In:* NOVAES, A. (org.). *A outra margem do Ocidente*. São Paulo: Minc-Funarte/Companhia Das Letras, 1999, p. 30.

mundos, nos chamava a atenção para a necessidade de se escrever um novo roteiro desse encontro, em que o reconhecimento da diversidade das culturas deveria ser acompanhado "[...] principalmente [pela] educação para a liberdade".[15] O espanto com a ausência de igualdade e de liberdade nas sociedades estruturadas ao modo europeu se mantém vivo na contemporaneidade, sendo proporcional àquele dos herdeiros de europeus frente à liberdade com que conduzem a vida os povos indígenas, desde a infância.

A observação desse choque nos leva a perceber a distância abissal entre a ideia de autonomia, essencialmente vinculada a uma ideia de liberdade coletiva, plenamente compreensível para diversos povos em diversos mundos, e a estrutura regulatória do atual sistema jurídico internacional, baseada na ideia de soberania e na divisão do planeta em países soberanos. Não será difícil, portanto, compreender a indeterminação ou ausência do conceito de autonomia no direito internacional.

> "Autonomia" não é um termo técnico no direito internacional ou constitucional. [... A] autonomia pessoal e política é, em certo sentido, o direito de ser diferente e de ser deixado em paz, para preservar, proteger e promover valores que estão além do alcance legítimo do resto da sociedade.[16]

A definição de uma autonomia que se assenta no direito individual à diferença e à privacidade não é estranha ao sistema político e jurídico do ocidente. Entretanto, a tentativa de aplicação a coletivos, comunidades e outros povos, que se reconhecem dessa forma mesmo, esbarra nas fronteiras do conceito de soberania estritamente vinculado à noção de Estado Nacional. Fora dessa configuração teremos, supostamente, uma relação de dependência daquelas comunidades que pleiteiam autonomia de fato em relação àqueles que se apresentam como únicos capazes de exercê-la por direito.

---

[15] *Id., p.* 28.
[16] HANNUM, H. *Autonomy, sovereignity and self-determination*: the accommodation of conflicting rights. Philadelphia: University of Pennsylvania, 1996, p. 4. No original: "Autonomy" is not a term of art in international or constitutional law. [...] Personal and political autonomy is in some real sense the right to be diferente and to be left alone; to preserve, protect and promote values which are beyond the legitimate reach of the rest of Society. (tradução do autor).

Artigo 1. O Estado como pessoa de Direito Internacional deve reunir os seguintes requisitos: I. População permanente. II. Território determinado. III. Govêrno. IV. Capacidade de entrar em relações com os demais Estados.

Artigo 2. O Estado federal constitui uma só pessoa ante o Direito Internacional. [...]

Artigo 9. A jurisdição dos Estados, dentro dos limites do território nacional, aplica-se a todos os habitantes. Os nacionais e estrangeiros encontram-se sob a mesma proteção da legislação e das autoridades nacionais e os estrangeiros não poderão pretender direitos diferentes, nem mais extensos que os dos nacionais.[17]

A Convenção de Montevidéu, por ocasião da Sétima Conferência Internacional Americana da então União Panamericana, na década de 1930, terminou por riscar do mapa todos os povos e nações existentes no continente para consolidar a organização colonial e as fronteiras do estado nacional como único sujeito legítimo do direito coletivo à autonomia. Com o apagamento cultural e o não reconhecimento da própria existência, povos originários que se consideram autônomos passam a se situar no limbo da lei, não sendo nem nacionais ou estrangeiros, a não ser que renunciem a suas identidades e optem pela redução forçada a uma única nação, herdeira da metrópole colonial, a mesma que mantém a ocupação e expropriação de seus territórios.

Cerca de oito décadas antes, por meio da Lei de Terras de 1850, o Estado brasileiro, se apossara dos territórios indígenas e das terras comuns, ocupadas por comunidades autônomas – hoje definidas como quilombolas e comunidades tradicionais – passando a considerá-las "terras devolutas do Império".[18] Ao determinar a validade exclusiva de títulos privados comprados ao Estado, o então império brasileiro impediu, na prática, o acesso legalizado à terra ainda ocupada pela maioria dos habitantes, descendentes dos indígenas e africanos escravizados. Ao mesmo tempo incentiva a migração de colonos europeus, com acesso facilitado a essas terras, a quem o Estado repassava a responsabilidade da guerra aos nativos e comunidades livres.

---

[17] BRASIL. *Decreto nº 1.570, de 13 de abril de 1937*. Promulga as Convenções sobre direitos e deveres dos Estados e sobre Asilo político, assinadas em Montevideo a 26 de dezembro de 1933, por ocasião da Sétima Conferencia internacional americana.

[18] BRASIL. *Lei nº 601, de 18 de setembro de 1850*. Dispõe sobre as terras devolutas do Império.

Se na constituição brasileira da redemocratização[19] houve reconhecimento do direito originário à ocupação de territórios tradicionais na forma jurídica de *Terras Indígenas*, (permanecendo a titularidade da propriedade nas mãos do Estado, como já definida na constituição da ditadura militar de 1967), a não utilização dos termos território, povos ou nações é intencional, como demonstram as palavras do ministro Carlos Ayres Britto, do Supremo Tribunal Federal do Brasil, em seu voto relativo à demarcação da Terra Indígena Raposa do Sol, em 2009.

> se trata de uma diferenciação fundamental – essa entre terras indígenas e território –, pois somente o território é que se põe como o preciso âmbito espacial de incidência de uma dada Ordem Jurídica soberana, ou, então, autônoma [...,] lócus por excelência das primárias relações entre governantes e governados, que são relações de natureza política. [...] Já o substantivo "terras" [...] é termo que assume compostura nitidamente sócio-cultural. Não política. [... O] certo é que tais grupamentos não formam [...] instância espacial que se orne de dimensão política.[20]

A desconsideração do caráter político da organização de povos originários e comunidades tradicionais retira, em tese, toda possibilidade jurídica de autonomia coletiva, ou de uma *ordem jurídica soberana*, nas palavras do ministro. Entretanto esses povos e comunidades, que não admitem ser governados por outros em seus próprios territórios (quando não a própria existência de governantes e governados), continuam a praticar sua autonomia de fato, o que não deixa de ser um paradoxo – perigoso e violento. A violência ressurge na forma da guerra permanente de colonos contra colonizados, caracterizados como "conflitos étnicos", no contexto de uma *etnopolítica*[21] ou política étnica.[22]

---

[19] BRASIL. *Constituição da República Federativa do Brasil de 1988*.
[20] BRASIL. Supremo Tribunal Federal. *Ação Popular no 3.388*. Rel. Min. Carlos Ayres Britto. 2009.
[21] FERREIRA, A. C. Etnopolítica e Estado: centralização e descentralização no movimento indígena brasileiro. *Anuário Antropológico*, Brasília, v. 42, n. 1, p. 195-226, 2017.
[22] HANNUM, H. *Autonomy, sovereignity and self-determination*: the accommodation of conflicting rights. Philadelphia: University of Pennsylvania, 1996, p. 10. Interessante notar que a tentativa de apagamento de povos e nações autônomas no interior das sociedades e estados nacionais é reforçada, mesmo nas teorias empáticas em relação aos povos nativos, pela desvalorização epistêmica de seus conhecimentos pelo qualificador étnico. Seria uma forma de manter uma suposta superioridade dos conhecimentos ocidentais — a medicina, a matemática, a astronomia, a política... — sobre seus correspondentes exóticos:

A persistência do paradoxo da existência de *povos autônomos sem Estado* no interior de *estados soberanos*, bem como da violência decorrente, justifica a tentativa de uma solução pacificadora no direito internacional, tal como a encontramos na Convenção nº 169 da OIT – Organização Internacional do Trabalho, sobre *povos indígenas e tribais*, adotada em Genebra em 1989 e promulgada no Brasil em 2004.

> Reconhecendo as aspirações desses povos a assumir o controle de suas próprias instituições e formas de vida [...] dentro do âmbito dos Estados onde moram; [...] 1. A presente convenção aplica-se: a) aos povos tribais em países independentes, cujas condições sociais, culturais e econômicas os distingam de outros setores da coletividade nacional, e que estejam regidos, total ou parcialmente, por seus próprios costumes ou tradições [...] b) aos povos em países independentes, considerados indígenas pelo fato de descenderem de populações que habitavam o país [...] na época da conquista ou da colonização ou do estabelecimento das atuais fronteiras estatais e que [...] conservam todas as suas próprias instituições sociais, econômicas, culturais e políticas, ou parte delas.[23]

A caracterização como *tribais* dos povos sem Estado, coerente com o qualificador étnico, não consegue esconder sua origem na matriz colonial. Se o direito internacional, através da Convenção nº 169 da OIT *concede* a povos em conflito com interesses do Estado o direito à *consulta prévia, livre e informada*, tal direito não é capaz de conter a invasão dos territórios originários, a continuidade de uma guerra colonial não declarada e tampouco serve para superar o paradoxo da *autonomia* dos povos em conflito com a *soberania* do Estado, mantendo clara a estrutura da submissão jurídica: "A utilização do termo "povos" na presente Convenção não deverá ser interpretada no sentido de ter implicação alguma no que se refere aos direitos que possam ser conferidos a esse termo no direito internacional".[24]

---

etnomedicina, etnomatemática, etnoastronomia, etnopolítica... Entretanto, tais manobras não conseguem esconder o verdadeiro sentido de uma guerra entre povos e nações, de fato autônomas, no interior dos estados nacionais: "A política étnica geralmente ataca os próprios alicerces do Estado [...]".

[23] BRASIL. *Decreto nº 5.051*, de 19 de abril de 2004. Promulga a Convenção nº 169 da Organização Internacional do Trabalho – OIT sobre Povos Indígenas e Tribais.

[24] *Id.*

A própria ideia de soberania das nações traz uma indeterminação, se não um vício de origem, por indefinição de seu sentido mesmo. Compreende-se que o Estado é soberano perante os demais, por não reconhecer nenhum poder acima de si, mas aqui o sentido de *soberania* se confunde com o de *autonomia*, conceito que se explicita pela própria etimologia: a capacidade de regular a si mesmo, de formular suas leis. Mas não é disso que trata a soberania. Nas teorias clássicas a ela se vincula, em um território determinado, a um indivíduo, grupo ou classe que exerce o poder supremo, acima do qual não existe nenhum outro. Daí a necessidade de determinação desse termo, do sujeito desse poder, *o soberano*. Nesse sentido, Giorgio Agamben nos apresenta uma definição preciosa, retirada da leitura de Carl Schmitt, na forma de um paradoxo: "o paradoxo da soberania se enuncia: 'O soberano está, ao mesmo tempo, dentro e fora do ordenamento jurídico'. Se o soberano é, de fato, aquele no qual o ordenamento jurídico reconhece o poder de proclamar o estado de exceção e de suspender [...] a validade do ordenamento, então [...] o soberano [...] coloca-se legalmente fora da lei".[25]

A violência contínua e a guerra colonial permanente contra povos indígenas, o povo preto e seus descendentes permite a interpretação de que sempre viveram nesse estado de sítio – que o autor prevê como regra a se expandir para todos os cidadãos do ocidente, incluindo dessa vez os descendentes de colonos. Nesse caso, cabe aqui a pergunta: quem é esse soberano fora da lei, que decreta a suspensão da lei para a maior parte dos habitantes de um país colonizado? O direito constitucional moderno dirá que é *o povo*, mas quem é o soberano de fato, escondido por trás do conceito jurídico? E qual ou quais dispositivos de legitimidade utiliza para fazer valer sua soberania de fato? Quando um texto de uma organização fundada em Oxford afirma que "[...] o patrimônio de apenas oito homens é igual ao da metade mais pobre do mundo [...]", e demanda a construção de uma economia para 99% da população mundial,[26] identificamos uma tendência de percepção: a de vivermos em uma plutocracia global, tendo a casta dos bilionários assumido a posição do soberano – os nossos *senhores*.

Sobre a questão da legitimidade, encontramos na reflexão de Michel de Foucault, na passagem do "poder jurídico-soberano" para o

---

[25] AGAMBEN, G. *Homo sacer*: o poder soberano e a vida nua. Trad. Henrique Burigo. Belo Horizonte: UFMG, 2002, p. 23.

[26] HARDOON, D. Uma economia para os 99%. *Boletim eletrônico da OXFAM Brasil*, São Paulo: OXFAM, 2017.

biopoder, uma tese plausível. O autor constata que, nas teorias clássicas, a soberania não trataria de um direito pleno sobre a vida e a morte dos súditos, mas de um "direito à espada", isto é, o de determinar apenas *a morte* dos súditos: "[...] é porque o soberano pode matar que ele exerce seu direito à vida. [...] É o direito de fazer morrer ou de deixar viver [...]", e passagem do poder soberano clássico ao biopoder moderno se daria através de "[...] uma espécie de estatização do biológico".[27] Chama atenção o dispositivo pelo qual essa passagem se realiza.

> Foi nesse momento que o racismo se inseriu como mecanismo fundamental do poder, tal como se exerce nos Estados modernos, e que faz com que quase não haja funcionamento moderno do Estado que, em certo momento, em certo limite e em certas condições, não passe pelo racismo. Com efeito, que é o racismo? É, primeiro, o meio de introduzir [...] um corte: o corte entre o que deve viver e o que deve morrer. [...] De outro lado, o racismo terá sua segunda função: terá como papel permitir uma relação [...] do tipo: [...] "quanto mais você deixar morrer, mais, por isso mesmo, você viverá". Eu diria que essa relação ("se você quer viver, é preciso que você faça morrer, é preciso que você possa matar") afinal não foi o racismo, nem o Estado moderno, que inventou. É a relação guerreira: "para viver, é preciso que você massacre seus inimigos.[28]

Aqui encontramos o fundamento último da guerra que se trava entre os Estados nacionais modernos, herdeiros das metrópoles coloniais, e os povos e nações autônomas que existem e resistem no interior de suas fronteiras, determinadas em total desconsideração das existências originárias. Não é diferente do fundamento do direito internacional que não admite a existência *plena* desses povos, para além de sua diversidade cultural, por não reconhecerem sua personalidade política. A guerra colonial continuada, perpetrada pelos estados soberanos, encontra sua justificativa oculta em uma *vontade de extermínio*, em total coerência com o direito soberano de matar.

> A função assassina do Estado só pode ser assegurada, desde que o Estado funcione no modo do biopoder, pelo racismo. Vocês compreendem, em consequência, [...] a importância vital do

---

[27] FOUCAULT, M. *Em defesa da sociedade*: Curso no Collège de France (1975-1976). Trad. Maria Ermantina Galvão. São Paulo: Martins Fontes, 2000, p. 286-287.
[28] *Id.*, p. 304-305.

racismo no exercício de um poder assim: é a condição para que se possa exercer o direito de matar. Se o poder de normalização [ou biopoder] quer exercer o velho direito soberano de matar, ele tem de passar pelo racismo.[29]

3 A caminhada para a autonomia: soberanias

> O passado traz consigo um índice misterioso, que o impele à redenção. Pois não somos tocados por um sopro do ar que foi respirado antes? Não existem, nas vozes que escutamos, ecos de vozes que emudeceram? [...] Se é assim, existe um encontro secreto, marcado entre as gerações precedentes e a nossa. Alguém na terra está a nossa espera. Nesse caso, como a cada geração, foi-nos concedida uma frágil força messiânica, para a qual o passado dirige um apelo. Esse apelo não pode ser rejeitado impunemente.[30]

As comunidades, grupos e territórios aliados na Teia dos Povos sabem que estão em guerra, sabem que o racismo é seu fundamento, sabem que o direito e as instituições estatais são aliados dos senhores na tentativa de extermínio. Não aceitar e resistir ao direito de matar do Estado soberano é o único meio para garantia de sua existência no estado de exceção permanente. Essa consciência demandou a construção de seus próprios conceitos de soberania e autonomia, capazes do enfrentamento aos senhores também no campo das ideias. Tais conceitos não surgem do campo jurídico ou do debate político partidário, mas da própria materialidade da existência, das necessidades cotidianas, quando não da terra, dos seres e formas de vida que habitam os territórios originários. Tampouco passam pelas soluções advindas das teorias revolucionárias ou reformistas que pregam a tomada do Estado ou a transformação de suas instituições.

> A tarefa de destruir o capitalismo, o racismo e o patriarcado ainda está por se realizar. Nossa sociedade segue em uma violenta crise capitalista cada dia mais excluindo os povos da possibilidade de viver, seja pela superexploração, seja porque agora atacam

---

[29] *Id.*, p. 306.
[30] BENJAMIN, W. *Magia e técnica, arte e política*: ensaios sobre literatura e história da cultura. Trad. Sérgio Paulo Rouanet. São Paulo: Brasiliense, 1994, p. 223.

ainda mais os rios, florestas, serras e mares, nos tirando a vida em sua forma natureza. Não acreditamos mais na possibilidade de solucionar o problema dos povos, combater a miséria, a desigualdade e as violências por meio das engrenagens do Estado burguês. [...] Estamos falando de povos que perderam seus rios para hidrelétricas, por mineradoras, por empreendimentos do agronegócio [...]. Mas também estamos falando de povos [...] sofrendo genocídio por armas de fogo nas periferias. Então, tomar o Estado pela via, pelas regras que os brancos burgueses criaram, não nos interessa.[31]

Essa consciência de guerra faz com que os povos da Teia identifiquem a terra e o território como o centro da disputa, o campo efetivo onde as principais batalhas estão sendo agora mesmo travadas. Em um processo reverso da colonização, a conquista e ocupação de terras é a primeira e mais importante luta dos povos, para retomada e conservação do mais importante dos meios de produção da vida, aquele capaz de garantir água, alimento e habitação para uma vida digna. Mas esse passo é insuficiente se não for acompanhado por uma visão e ações "para além da cerca".

> Porque uma coisa é você viver num lote de 10 hectares de terra, outra coisa é você viver num território com matas, lajedos, rios, lagos etc. Quando pensamos em território, não estamos falando de um quadrado ou de uma demarcação com determinado aspecto. Estamos falando de um lugar cheio de símbolos de pertencimento alicerçados na abundância da vida. [...] Então, não basta que alguém conceda terra como hoje fazem mediante distribuição de títulos individuais, que depois serão comprados pelo agronegócio, para depois essa terra se converter em máquina de destruição de vidas. O que queremos são territórios, lugares com vida, com comunidade, onde rios, matas, animais, poços, nascentes, tudo possa ser respeitado e cuidado.[32]

Se não vem das teorias revolucionárias e reformistas, a inspiração da Teia dos Povos vem de um tempo-lugar que conhecem de perto e de longe, de histórias repassadas entre gerações, que, pelos corpos dos mais velhos e espiritualidades ancestrais, chegam ao presente,

---

[31] FERREIRA, J.; FELÍCIO, E. *Por terra e território*: caminhos da revolução dos povos no Brasil. Arataca: Teia dos Povos, 2021, p. 29-30.
[32] *Id.*, p. 43-44.

de experiências não consideradas com o devido valor na história hegemônica do ocidente. Essa desconsideração leva o debate acadêmico sobre teorias revolucionárias a partir do século XIX a não perceber, por exemplo, a importância da experiência revolucionária da Confederação de Palmares no sertão de Pernambuco e Alagoas (anterior à revolução haitiana), bem como a potência da aliança dos povos originários para a luta anticapitalista nesse continente.

> Palmares sobreviveu entre os séculos XVI e XVIII, por um total de 130 anos – uma experiência de resistência ao capitalismo mais longeva do que a União Soviética ou a China Popular. A ciência por trás dessa longevidade, e de sua capacidade rebelde, está na aliança dos povos. A federação de quilombos que impôs por tantos anos derrotas às potências imperiais de sua época – Portugal e Holanda – era formada por pretos e indígenas, assim como por brancos pobres e marginalizados. A cultura material encontrada em Palmares pela arqueologia atesta que os povos indígenas da região de Alagoas e Pernambuco ensinaram àqueles pretos sua cerâmica, sua culinária, seu fabrico de instrumentos. Palmares era uma verdadeira federação dos de baixo, com registros de judeus e muçulmanos confederados.[33]

A mesma aliança é hoje invocada como inspiração pelos herdeiros de alguns dos povos que ali lutaram séculos atrás. Palmares também é lembrada, na Teia dos Povos, como um modo possível de ocupação e gestão política-territorial – uma confederação sem Estado – na qual cada território mantém sua autonomia quanto a normas e forma de organização. Esse modelo de insurgência e organização política é semelhante ao proposto, neste século, pelo movimento Zapatista, do povo Maia,[34] pelo Confederalismo Democrático, tal como proposto por Abdullah Öcalan[35] para o povo curdo e povos vizinhos, ou "[...] do levante Minga, que reúne indígenas, pretos e campesinos na

---

[33] FERREIRA, J.; FELÍCIO, E. Paz entre nós, guerra aos senhores: uma tradição rebelde de alianças, *Jacobin Brasil*, 02 jul. 2020. Disponível em: https://jacobin.com.br/2020/07/paz-entre-nos-guerra-aos-senhores-uma-tradicao-rebelde-de-aliancas/. Acesso em: 30.03.2022. Talvez não seja uma coincidência que os povos de língua tupi, que ocupavam o litoral e as matas de Alagoas e Pernambuco quando da chegada dos europeus, denominassem seu território como Pyndorama, cujo sentido é Terra das Palmeiras — o mesmo significado de Palmares.

[34] BASCHET, J. *A experiência zapatista*. São Paulo: N1, 2021.

[35] ÖCALAN, A. *Democratic confederalism*. Morrisville: Lulu Press, 2015.

Colômbia [...]".³⁶ Trata-se de experiências ancestrais, que confrontam a organização do Estado capitalista com formas originárias de organização, que não abrem mão de seus modos de ver, sentir e viver seus mundos, compartilhados com os outros seres que ali habitam.

> Somos filhas e filhos de povos que viviam em comunidades com a conexão espiritual com as plantas, lagos, marés... Então, seguimos uma tradição histórica no Brasil, que combate o latifúndio a partir de alianças comunitárias para tomar território. Estamos falando das alianças dos Tamoios a Canudos, passando pela experiência poderosíssima e longeva de Palmares. O princípio é, portanto, a terra, a luta por se manter nela, ou retornar para ela. O fim, nosso objetivo final, é o território descolonizado do capitalismo, do racismo e do patriarcado. Ou seja, a superação dessas formas de dominação violentas a que fomos submetidos até agora. O meio para [...] obter essa vitória está nos próprios territórios, produzindo alimentos, nos dando autonomia, organizando as pessoas e protegendo a vida, pois, se não tomarmos os territórios agora, talvez não exista vida para disputar no futuro.³⁷

Para esses povos, portanto, os sentidos da autonomia nascem da terra e se vinculam originalmente ao conceito de território, sendo este uma categoria espacial de vida plena, antes e mais que uma unidade espacial determinada principalmente pela política,³⁸ sem deixar de sê-lo. Também é possível intuir que o conceito de soberano, tão caro às metrópoles coloniais, não encontra lugar confortável para se estabelecer no seio de povos que, historicamente, manifestam sua recusa a serem governados, que rejeitam a condição de súditos, através de práticas cotidianas de insubordinação, associadas a uma *filosofia natural*, como lembrou Ailton Krenak, de respeito à autonomia de cada aliado.

> Para nós, a organização interna de cada movimento, povo, organização ou território é um debate que compete às pessoas que ali se organizam. Podemos falar de concepções e práticas que consideramos virtuosas, porém não queremos [...] pautar o

---

[36] FERREIRA, J.; FELÍCIO, E. *Por terra e território*: caminhos da revolução dos povos no Brasil. Arataca: Teia dos Povos, 2021, p. 136.

[37] *Id*, p. 45.

[38] SOUZA, M.L. O território: sobre espaço e poder, autonomia e desenvolvimento. *In*: CASTRO, I.E.; GOMES, P.C.C.; CORRÊA, R.L. (org.). *Geografia*: conceitos e temas. Rio de Janeiro: Bertrand Brasil, 1995, p. 77-116.

processo organizativo interno de quem anda conosco. Há que respeitar as diferenças que são ideológicas, de tradição de luta e, por vezes, de ancestralidade. Assim, um terreiro possui uma liderança referendada espiritualmente e não por uma assembleia. Há comunidades em que a linhagem ancestral tem mantido um predomínio nas lideranças. Outras definiram politicamente que o comando é de mulheres. Tem quem eleja a sua liderança, tem outros lugares onde são os mais velhos que definem isso.[39]

Assim, perante a inexistência interna de um sistema centralizado de poder e dominação que cumpra esse papel, o soberano é visto antes como *o inimigo* na guerra, geralmente identificado na figura coletiva dos latifundiários – os *senhores de terra* – e seus aliados, as instituições do Estado nacional. Daí surge espaço para o aparecimento de outro conceito de soberania, que parece cumprir um papel subalterno de vinculação ao conceito de autonomia, característico de uma estrutura federalista. Não se trata, da mesma forma, de um conceito absoluto e autossuficiente, mas condicionado por uma qualificação, como vimos surgir na categoria camponesa de *soberania alimentar*.

> O conceito foi introduzido em 1996 pela Via Campesina, no contexto da Cúpula Mundial sobre a Alimentação (CMA) realizada em Roma pela FAO. O debate oficial girava em torno da noção de segurança alimentar, reafirmando-a como "o direito de toda pessoa a ter acesso a alimentos sadios e nutritivos, em consonância [...] com o direito fundamental de não passar fome". As organizações camponesas contrapuseram então ao conceito de segurança alimentar o de Soberania Alimentar. [...] Assim, soberania significa que além de ter acesso aos alimentos, o povo, as populações de cada país, tem o direito de produzi-los. E será isso que lhes garantirá a soberania sobre suas existências.[40]

Encontramos a mesma intenção no conceito de *soberania hídrica* em documentos recentes de organizações camponesas, como no caso do MPA – Movimento dos Pequenos Agricultores do Brasil, que a define como uma necessidade de cada comunidade não apenas ao acesso à

---

[39] FERREIRA, J.; FELÍCIO, E. *Por terra e território*: caminhos da revolução dos povos no Brasil. Arataca: Teia dos Povos, 2021, p. 37.
[40] STEDILE, J. P.; CARVALHO, H.M. Soberania alimentar: uma necessidade dos povos. *In*. BRASIL. Ministério do Desenvolvimento Social e Combate à Fome. *Fome zero*: uma história brasileira. Brasília: MDS, 2010, v. 3, p. 151.

"[...] água de qualidade para o consumo humano, para a produção de alimentos saudáveis e agroecológicos, para a criação de animais [... e] desenvolvimento da agricultura familiar camponesa", uma vez que vincula essa demanda "[...] a um processo mais amplo que requer desde a produção da água até o seu acesso e uso".[41] Trata-se aqui de superar a condição de dependência para o acesso – casos da segurança alimentar e hídrica – para assumirem o controle da produção e distribuição – em outras palavras, como dispositivo de consolidação da autonomia dos territórios.

Avançando com o mesmo procedimento, a Teia dos Povos, além de adotar as duas anteriores, propõe uma ampliação desse dispositivo, ao propor *outras soberanias* e processos de caminhadas para uma *transição autonômica*, correspondente à *transição agroecológica* nesses territórios. Nesse sentido, "caminhar para a soberania energética" pressupõe a construção de sistemas autônomos de produção de energia; "caminhar para a soberania pedagógica" prevê uma transformação da educação e de suas escolas; "caminhar para o trabalho e renda" aposta na construção de uma "economia própria", anticapitalista; "construir uma política de cuidado com os nossos" para superar a violência interna nas famílias e comunidades; e "caminhar para a autodefesa", de forma a garantir a permanência segura nos territórios retomados, ocupados e transformados. O reconhecimento do estado de guerra em curso e a constatação da autodefesa como requisito essencial da autonomia, entretanto, não pressupõe necessariamente a criação de um sistema de defesa armada nesses territórios.

> Quando vamos ocupar uma terra e enfrentar o latifúndio, muita gente acha que o mais imprescindível é ter condições bélicas para fazer frente às armas dos jagunços. Isso não é verdade. A história de nossas lutas tem nos ensinado que o principal elemento num processo de ocupação é a quantidade de pessoas dispostas a resistir naquela terra. [...] Com isso queremos explicar-lhes que as armas de fogo não são o aspecto central da autodefesa [...], não são a nossa urgência. [...] Por isso, sugerimos que as pessoas tirem da cabeça essa alienação de pensar a rebeldia a partir apenas da violência. Não é esse o caminho vitorioso. [...] estamos falando

---

[41] OLIVEIRA, Erica Anne. Água é um direito, não é mercadoria. 22 de março, Dia Mundial da Água, *MPA*, 22 mar. 2021. Disponível em: https://mpabrasil.org.br/noticias/a-luta-por-soberania-hidrica-assumida-pelo-mpa-no-semiarido-e-em-todo-o-pais/. Acesso em: 30 mar. 2022.

da importância do camponês como sujeito revolucionário, mas também como aquele que pode controlar a produção de alimentos que chegam às mesas das grandes cidades.[42]

A soberania alimentar – o controle sobre a produção e distribuição de alimentos nas terras conquistadas – se revela aqui o principal instrumento de ocupação, resistência e autodefesa dos territórios, o pilar central sem o qual o edifício da autonomia, composto por um conjunto de soberanias, não se sustenta.

Mais que isso: junto com a soberania pedagógica – o processo de educação e reeducação dos indivíduos e coletivos para a construção rebelde de um mundo não capitalista – a soberania alimentar compõe o núcleo mesmo da estratégia revolucionária para a qual a Teia dirige o seu chamado aos demais Povos.

> Para nós, é fundamental pensar a estratégia geral do campesinato no processo de luta. Ter maior gestão sobre a geração de alimentos é uma das grandes armas de defesa que devemos promover nesse processo. [... É] tendo muita comida que se consegue fazer ocupações e tomar o latifúndio. O tempo de conquista de uma terra é longevo e, nem sempre, é possível manter-se produzindo em uma área ocupada, por conta das reintegrações de posse, das investidas militares ou paramilitares [...], a perversão do sistema de justiça faz com que policiais destruam as roças que o povo construiu ali [...]. Então a Teia precisa ter muita comida para garantir a defesa de cada ocupação de terra e para alimentar o povo que ainda não esteja produzindo em uma área de sua posse. Não ter comida na ocupação afasta as pessoas dessa terra e, quanto menos gente na terra, maior é a chance de tomada do latifúndio.[43]

4 A concluir

A concepção de revolução chamada pela Teia dos Povos se afasta das teorias e doutrinas revolucionárias que se fazem (ou faziam) presentes nos debates acadêmicos e político-partidários nos dois últimos

---

[42] FERREIRA, J.; FELÍCIO, E. *Por terra e território*: caminhos da revolução dos povos no Brasil. Arataca: Teia dos Povos, 2021, p. 99-100.
[43] *Id., p.* 102.

séculos até hoje.⁴⁴ Trata-se, antes, de um processo revolucionário de longo prazo, iniciado por gerações passadas, que renasce da terra, se funda nas sementes, nas águas, na produção de alimentos e se baseia na ação coletiva, nos cuidados com as pessoas, nas coisas simples e necessárias ensinadas pelos ancestrais encantados desses povos, "por meio da autonomia e da construção de territórios":

> Nossa jornada, nossa grande luta, é contra o racismo, o capitalismo e o patriarcado. Todos os nossos caminhos [...] são para que triunfemos na derrota da branquitude colonial, das classes dominantes e da subjugação das mulheres pelos homens. [...] O que chamamos de jornada é o devir mais amplo, o grande projeto [...]. As caminhadas são as etapas necessárias para percorrer esta jornada. Há ainda os passos, que são as tarefas necessárias para lograr êxito em cada caminhada. A jornada é o esforço de manter em nosso horizonte que tudo que fazemos, fazemos para que triunfem os povos e se libertem das amarras raciais, do capital e do gênero. isso é o que chamaríamos de "estratégico" [...]. Mas falamos jornada para que as pessoas entendam que, mesmo quando estamos fazendo um mutirão para dar manutenção em uma agrofloresta, estamos lutando contra o capitalismo e o faremos de modo a avançarmos no combate ao racismo e ao machismo. Então, é isso: não se pode perder a dimensão de que há uma grande luta, uma revolução que trilhamos num ritmo muito próprio de nossos povos.⁴⁵

Do ponto de vista do direito, é possível afirmar que a jornada revolucionária da Teia dos Povos se manifesta como um poder que é verbo: uma ação, trans-histórica e rebelde, que deixa de existir quando os sujeitos não agem, quando os povos não caminham – mas que retorna sempre que as vozes e apelos dos antepassados são ouvidos pelas gerações presentes. Esse poder-verbo se torna constituinte quando *declara* o direito permanente à autonomia dos povos, expropriada pelos Estados coloniais e pelo direito internacional colonialista, ao mesmo

---

⁴⁴ CASTORIADIS, C. *Revolução e autonomia*: um perfil de Cornelius Castoriadis. Belo Horizonte: COPEC, 1981. p. 57. Pode-se considerar como possível exceção o pensamento teórico de Cornelius Castoriadis (também uma referência para o Zapatismo) que propõe a autonomia como fim e como meio de qualquer revolução: "[...] para nós o conteúdo do projeto revolucionário é que os homens se tornem capazes de assumir seus próprios negócios e que [...] o único meio para que eles se tornem capazes de assumir seus próprios negócios é que os assumam, e isso cada vez mais".

⁴⁵ FERREIRA, J.; FELÍCIO, E. *Por terra e território*: caminhos da revolução dos povos no Brasil. Arataca: Teia dos Povos, 2021. p. 30-31.

tempo em que *se rebela* contra o poder-substantivo – as instituições jurídicas, militares e paramilitares que os sustentam.

O poder-ação e o direito à autonomia autodeclarada não necessitam do soberano como princípio fundador, na figura de um novo senhor, garantidor de suas existências. A garantia vem, antes, das soberanias plurais – a soberania alimentar no centro do tabuleiro – como fins intermediários, submetidos ao princípio da terra-e-território e ao meio-e-fim da autonomia. Por isso não se propõe a tomada do Estado ou a fundação de outro, mas a adoção da fórmula simples – e historicamente testada, nesse e em outros continentes[46] – da confederação, tal como em Palmares. O desafio de construção dessa aliança e união dos povos, mantendo a diversidade e a complexidade com que se manifestam, se traduz na mensagem final da Teia dos Povos em todos seus comunicados, chamados e convocações.

O que nos une é maior do que o que nos separa.

Paz entre nós, guerra aos senhores.

Referências

AGAMBEN, G. *Estado de exceção*. Trad. Iraci Poleti. São Paulo: Boitempo, 2004.

AGAMBEN, G. *Homo sacer*: o poder soberano e a vida nua. Trad. Henrique Burigo. Belo Horizonte: UFMG, 2002.

ALARCON, D.F. Retomadas de terras e ocupação militar: a disputa pela aldeia Tupinambá de Serra do Padeiro, Bahia. *Anais da 29ª Reunião Brasileira de Antropologia*, Natal, ABA, 2014.

BASCHET, J. *A experiência zapatista*. São Paulo: N1, 2021.

BENJAMIN, W. *Magia e técnica, arte e política*: ensaios sobre literatura e história da cultura. Trad. Sérgio Paulo Rouanet. São Paulo: Brasiliense, 1994.

BRASIL. *Constituição da República Federativa do Brasil de 1988*.

BRASIL. *Decreto nº 1.570, de 13 de abril de 1937*. Promulga as Convenções sobre direitos e deveres dos Estados e sobre Asilo político, assinadas em Montevideo a 26 de dezembro de 1933, por ocasião da Sétima Conferencia internacional americana.

BRASIL. *Decreto nº 5.051, de 19 de abril de 2004*. Promulga a Convenção nº 169 da Organização Internacional do Trabalho – OIT sobre Povos Indígenas e Tribais.

BRASIL. *Lei nº 601*, de 18 de setembro de 1850. Dispõe sobre as terras devolutas do Império.

BRASIL. Supremo Tribunal Federal. *Ação Popular no 3.388*. Rel. Min. Carlos Ayres Britto. 2009.

---

[46] ÖKALAN, A. *Democratic confederalism*. Morrisville: Lulu Press, 2015.

CASTORIADIS, C. *Revolução e autonomia*: um perfil de Cornelius Castoriadis. Belo Horizonte: COPEC, 1981.

CLASTRES, P. *A sociedade contra o estado*: pesquisas de antropologia política. Trad. Theo Santiago. São Paulo: Cosac Naify, 2003.

FERREIRA, A. C. Etnopolítica e Estado: centralização e descentralização no movimento indígena brasileiro. *Anuário Antropológico*, Brasília, v. 42, n. 1, p. 195-226, 2017.

FERREIRA, J.; FELÍCIO, E. Paz entre nós, guerra aos senhores: uma tradição rebelde de alianças, *Jacobin Brasil*, 02 jul. 2020. Disponível em: https://jacobin.com.br/2020/07/paz-entre-nos-guerra-aos-senhores-uma-tradicao-rebelde-de-aliancas/. Acesso em: 30 mar. 2022.

FERREIRA, J.; FELÍCIO, E. *Por terra e território*: caminhos da revolução dos povos no Brasil. Arataca: Teia dos Povos, 2021.

FOUCAULT, M. *Em defesa da sociedade*: Curso no Collège de France (1975-1976). Trad. Maria Ermantina Galvão. São Paulo: Martins Fontes, 2000.

HANNUM, H. *Autonomy, sovereignity and self-determination*: the accommodation of conflicting rights. Philadelphia: University of Pennsylvania, 1996.

HARDOON, D. Uma economia para os 99%. *Boletim eletrônico da OXFAM Brasil*, São Paulo: OXFAM, 2017.

KRENAK, A. O eterno retorno do encontro. In: NOVAES, A. (org.). *A outra margem do Ocidente*. São Paulo: Minc-Funarte/Companhia Das Letras, 1999.

MONTAIGNE, M. *Os ensaios*. Livro 1. Trad. Rosemary Costhek Abílio. São Paulo: Martins Fontes, 2000.

ÖCALAN, A. *Democratic confederalism*. Morrisville: Lulu Press, 2015.

OLIVEIRA, Erica Anne. Água é um direito, não é mercadoria. 22 de março, Dia Mundial da Água, *MPA*, 22 mar. 2021. Disponível em: https://mpabrasil.org.br/noticias/a-luta-por-soberania-hidrica-assumida-pelo-mpa-no-semiarido-e-em-todo-o-pais/. Acesso em 30.03.2022.

RANCIÈRE, J. *O desentendimento*: política e filosofia. Trad. Ângela Leite Lopes. São Paulo: ed. 34, 1996.

ROS – REDE DE OBSERVATÓRIOS DA SEGURANÇA. *A cor da violência policial*: a bala não erra o alvo. Rio de Janeiro: CESEC, 2020.

SANTOS, B.S. Para além do pensamento abissal: das linhas globais a uma ecologia dos saberes. *Revista Crítica de Ciências Sociais*, Coimbra, n. 78, p. 3-46, out. 2007.

SOUZA, M.L. O território: sobre espaço e poder, autonomia e desenvolvimento. *In*: CASTRO, I.E.; GOMES, P.C.C.; CORRÊA, R.L. (org.). *Geografia*: conceitos e temas. Rio de Janeiro: Bertrand Brasil, 1995.

STEDILE, J. P.; CARVALHO, H.M. Soberania alimentar: uma necessidade dos povos. *In*. BRASIL. Ministério do Desenvolvimento Social e Combate à Fome. *Fome zero*: uma história brasileira. Brasília: MDS, 2010, v. 3.

Informação bibliográfica desse texto, conforme a NBR 6023:2018 da Associação Brasileira de Normas Técnicas (ABNT):

MENEZES, Paulo Dimas Rocha de; OLIVEIRA, Joelson Ferreira de. Soberania alimentar e autonomia na Teia dos Povos. *In*: TRENTINI, Flavia; BRANCO, Patrícia; CATALAN, Marcos (coord.). *Direito e comida*: do campo à mesa: cidadania, consumo, saúde e exclusão social. Belo Horizonte: Fórum Social, 2023. p. 309-331. ISBN 978-65-5518-511-9.

PRIMAVERA PÚRPURA: UM BREVE OLHAR SOBRE ECOFEMINISMO, AGROECOLOGIA E A LUTA PELA BOA COMIDA

Silvana Beline Tavares

Sofia Alves Valle Ornelas

1 Introdução

As propostas reincidentes do modelo de desenvolvimento capitalista globalizado nas questões ambientais e de gênero que destrói o meio ambiente e que causa assimetrias de gênero passou a ser pauta de discussões aumentando consideravelmente a apreensão com os problemas ecológicos e ambientais. Nos últimos anos, apesar dos silêncios interessados nas questões ambientais, setores cada vez maiores da população mundial entendem o problema como crise ecológica. "Diante de uma degradação dos ecossistemas que torna a vida cotidiana ainda mais difícil para os mais pobres nos países 'em desenvolvimento', os direitos humanos e a proteção ambiental começaram a ser vinculados; o ideal de justiça foi estendido à ecojustiça".[1] Os movimentos feministas e de mulheres têm se atentado e se posicionado frente a essas propostas e seus efeitos a partir do ecofeminismo, da agroecologia e da busca pela soberania alimentar.

---

[1] PULEO, A.H. Liberdad, igualdad, sostenibilidad. Por um ecofeminismo ilustrado. *Isegoría*, Madrid, v. 39, p. 39-59, 2008, p. 39.

Desde a década de 1970, a destruição do meio ambiente tem sido discutida por feministas que associam as formas de dominação e opressão às mulheres no panorama de ampliação da política capitalista. A relação entre gênero e desenvolvimento sustentável na questão das mulheres busca levantar aspectos inerentes à situação que se estabelece entre a necessidade de subsistência e os atributos culturais e ecológicos da sustentabilidade.

Um enfoque de gênero na perspectiva de Garcia e Abramovay[2] não se refere unicamente às medidas que visam incorporar a mulher no processo de desenvolvimento, e também relativo ao desenvolvimento sustentável, mas questionam o referido conceito, o fim e o conteúdo do desenvolvimento, ressaltando a necessidade de buscas de novas políticas que alterem as estruturas de desigualdades e o uso sustentável do meio ambiente. Para as autoras, o desenvolvimento será sustentável e sem assimetrias quando homens e mulheres participarem de forma mais igualitária, em todos os níveis, do processo de tomada de decisões. Deve-se, então, pensar relações de gênero e meio ambiente entendendo que:

> A equação gênero e meio ambiente trouxe, ademais, questões criativas e provocadoras para o debate contemporâneo sobre crise de paradigma, ou seja, sobre o conhecimento ocidental, como a reterritorialização do espaço e do ambiente, referindo-se ao corpo, à saúde, à sexualidade, ao prazer e ao telúrico. Tal equação questiona sentidos da economia política para a igualdade de vida dos indivíduos, considerando a pluralidade de ser/estar neste mundo, ultrapassa célebres dicotomias entre indivíduo e sociedade e entre natureza e cultura, dicotomias tão caras ao pensamento ocidental, defendendo o equilíbrio dos direitos dos seres humanos em sua diversidade, e o direito à casa desses seres humanos, o seu corpo e o planeta.[3]

As inquietações suscitadas pelas questões ambientais e relações de gênero tão bem equacionadas pelas autoras em referência e a experiência que tivemos em um projeto com uma mulher do Movimento de Mulheres Camponesas (MMC), Rosangela Piovizani, no documentário *Primavera púrpura* (2021) geraram a necessidade de se

---

[2] CASTRO, M.G.; ABRAMOVAY, M. *Gênero e meio ambiente*. 2 ed. São Paulo: Brasília: Cortez, 2005, p. 38.
[3] *Id.*, p. 38.

discutir estas questões. Tal documentário retrata sua vida e luta por conquista e manutenção de direitos de mulheres trabalhadoras das florestas, dos campos e das águas.

Este trabalho tem por objetivo elaborar uma discussão sobre a apreensão de sentidos atribuídos à mulher e à natureza e como as mulheres têm buscado alterar as violências contra a natureza e contra elas a partir dos pontos de vista ecofeminista crítico, da agroecologia e da busca pela soberania alimentar.

Utilizamos para elaboração deste trabalho a pesquisa exploratória e qualitativa, buscando para tanto uma abordagem interdisciplinar, por privilegiar algumas técnicas que coadjuvam com o estudo dos fenômenos sem pressupor a obrigatoriedade de utilização de técnica única. A pesquisa bibliográfica auxiliou num movimento dialético para a construção do trabalho por oferecer meios de compreensão da realidade. As interconexões entre cinema, gênero, ecofeminismo e direito a alimentação possibilitaram reflexões sobre as relações estabelecidas entre mulheres e natureza. A direção do documentário *Primavera púrpura* (2021), que retrata a trajetória de luta de Rosangela Piovezani, mulher camponesa, que tem sua trajetória marcada por ações que visam aos direitos das mulheres do campo, das florestas e das águas, a exercerem a cidadania plena, inclusive ao direito a alimentação, contribuiu pela observação participante a partir do contato direto durante as filmagens, em que se pôde recolher informações dos atores e atrizes em seu contexto original, seus pontos de vista e suas perspectivas. Cabe ressaltar que, "a pesquisa por ser ação, a própria forma ou maneira de fazer a investigação da realidade gera processo de ação das pessoas envolvidas no projeto. O modo de fazer o estudo, o conhecimento da realidade já é ação; ação de organização, de mobilização, sensibilização e de conscientização".[4]

Ações que nos instigaram durante o processo de pesquisa e levantamento de dados para se pensar o filme, assim como nos engajaram sociopoliticamente a questões ecofeministas, agroecológicas e também relativas à soberania alimentar, além de ter nos provocado a escrita desse texto.

---

[4] BALDISSERA, A. *Pesquisa-ação*: uma metodologia do "conhecer" e do "agir" coletivo. Pelotas: Sociedade em Debate, 2001, p. 08.

2 Ecofeminismo: desconstruindo as opressões ecológicas e de gênero

As feministas desafiaram e desafiam a prática de excluir mulheres da cidadania, com o argumento de que as diferenças de sexo não sinalizavam maior ou menor capacidade social, intelectual e política.[5] As perspectivas feministas tem buscado a redefinição de um conjunto de direitos humanos no século XXI, pois, "o conceito de direitos humanos não é um conceito estático ou propriedade de um só grupo, mais ainda, seu significado se amplia no tempo que a cidadania redefine suas necessidades e seus desejos na relação com eles".[6] Combinar a crítica às suposições do discurso pelos direitos com uma permanente contextualização deles nos sistemas de relações sociais, especialmente de gênero, seria uma saída estratégica política para fazer a constante adequação de direitos no que se refere às mulheres em suas diversas diferenças.[7]

Para Saffioti, o gênero como um aparelho semiótico ou matriz atribuidora de sentido faz pensar que a multiplicidade do sujeito apresenta o reconhecimento, aceitação e defesa das diferenças. Portanto, "a tripla constituição do sujeito-gênero, raça/etnia e classe afasta a idéia de sua unicidade. Ao contrário, ele é múltiplo e contraditório, mas não fragmentado. Com efeito, esses três antagonismos constituem um nó que potencia o efeito dessas contradições tomadas, cada um per si, isoladamente".[8]

Essas compreensões das relações de gênero devem ser pensadas a partir da perspectiva interseccional, pois vivemos em estruturas que distribuem poder e privilégios em diferentes graus, afetando diretamente as mulheres pelos marcadores de gênero, raça, classe, etnia, além das questões etárias e o contexto em que estão inseridas que modelam e remodelam as relações.

A partir das múltiplas vertentes dos Movimentos Feministas contemporâneos e na busca de compreender fatores geradores da

---

[5] SCOTT, J. *A cidadã paradoxal*: as feministas francesas e os direitos do homem. Florianópolis: Mulheres, 2002, p. 2002.
[6] FOUGUERA, P. La equidad de gênero en el marco internacional y europeo. *In:* DEL VALLE, T. *Mujeres, globalización y derechos humanos*. Madrid: Cátedra, 2006, p. 89.
[7] JELIN, E. Mulheres e direitos humanos. *Estudos Feministas*, Florianópolis, v. 2, n. 3, p. 117-149, 1994, p. 126.
[8] SAFFIOTI, H. *Gênero, patriarcado, violência*. São Paulo: Fundação Perseu Abramo, 2004, p. 37.

dominação feminina, surge o movimento chamado *Ecofemismo*. Movimento que nas suas mais diferentes interpretações e tendências tem colaborado ao coligar os debates feministas às questões de preservação e manutenção da vida saudável e digna, em todas as suas formas. Movimentos ecofeministas e ecológicos convergem em vias que além de buscar uma melhor convivência no planeta, traz a necessidade de desconstrução da exploração capitalista e patriarcal do ecossistema e das mulheres.[9]

Manoela Tavares elabora um breve histórico[10] do surgimento do Ecofeminismo, mostrando que, em 1974, Françoise d'Eaubonne[11] constituía a primeira relação entre ecologia e libertação das mulheres ao afirmar que estas tinham de ter o poder de controlar a sua fertilidade para que, desse modo, se pudesse salvar o planeta da sobrepopulação. Usa-se pela primeira vez a palavra ecofeminismo, e assim se constitui um movimento político pela defesa do ambiente e do feminismo, associando a opressão das mulheres à opressão da natureza. O ecofeminismo tornou-se mais conhecido na conjuntura das lutas contra os resíduos tóxicos, contra centrais nucleares e bases militares.

Para Connell e Pearse,[12] Françoise d'Eaubonne mostrava a força do controle patriarcal sobre a sexualidade feminina com reflexões voltadas à opressão às mulheres e à natureza em uma perspectiva que provocasse uma nova estrutura que contemplasse gênero e meio ambiente.

---

[9] ANGELIN, R. Mulheres, ecofeminismo e desenvolvimento sustentável diante das perspectivas de redistribuição e reconhecimento de gênero. Estamos preparados?. *Revista Eletrônica Direito e Política*, Itajaí, v. 9, n. 3, p. 1569-1597, 2014, p. 14.

[10] SILIPRANDI, E. Um olhar ecofeminista sobre as lutas por sustentabilidade no mundo rural. In: PETERSEN, P. (org.). *Agricultura familiar camponesa na construção do future*. Rio de Janeiro: AS-PTA, 2009, p. 141. "O feminismo chegou aos temas ecológicos já nos anos 60 do século passado. Esse não foi um encontro fortuito. Havia muitos elementos em comum entre a crise ambiental, que se avizinhava com o avanço da industrialização e da urbanização, e a percepção dos movimentos feministas sobre o lugar destinado às mulheres nessas sociedades emergentes. Os problemas decorrentes das guerras e do militarismo e a consciência da exclusão das mulheres do mundo público trouxeram à tona que a sua opressão se reproduzia em outras esferas, inclusive e, sobretudo, nos lares. Daí o lema do feminismo daquele período: o pessoal é político".

[11] FLORES, B.N.; TREVIZAN, S.D.P. Ecofeminismo e comunidade sustentável. *Revista Estudos Feministas*, Florianópolis, v. 23, n. 1, p. 11-34, abr. 2015, p. 12. O termo ecofeminismo teria sido utilizado pela primeira vez em 1974, por Françoise d'Eaubonne, que, em 1978, fundou, na França, o movimento Ecologia e Feminismo.

[12] CONNELL, R.; PEARSE, R. *Gênero*: uma perspectiva global. São Paulo: Versos, 2015.

Em março de 1980, em Amherst nos EUA, ocorreu a 1ª Conferência Ecofeminista "Mulheres e vida na terra" onde foi alegado por Ynestra King, uma das organizadoras, que a destruição da Terra pelas grandes empresas e pelas ameaças nucleares das potências militares era um problema feminista. Buscava-se identificar que a postura de violações sobre a terra teria uma mentalidade masculina que também buscava negar direito às mulheres relativamente ao corpo e à sexualidade, estabelecendo uma relação entre a violência patriarcal contra as mulheres e a Natureza.

Em Colónia, na Alemanha, em 1987, foi realizado o congresso "Mulheres e ecologia", em que Angeline Birk e Irene Stoehr ressaltaram a contradição entre a lógica da emancipação surgida no Século das Luzes, com a sua grande valorização da Ciência e da Tecnologia, e a destruição ecológica. Lembrando, assim, que o conceito de emancipação conceberia o domínio sobre as mulheres e a natureza.

Em 1992, Carolyn Merchant, no livro *Radical Ecology: The Search for a Liveable World,* afirma que o ecofeminismo é mais próximo do feminismo cultural e estabelece uma associação histórica e cultural entre as mulheres e a natureza, considerando assim que estas podem libertar-se a elas próprias e à natureza através do ativismo ambiental. Faz ainda uma associação entre a biologia das mulheres e a natureza como fontes. Associa ainda a biologia das mulheres e a natureza como mananciais de poder para resistir à "tecnologia masculina". Logo, estavam lançadas as bases para a contestação do ecofeminismo pelo seu essencialismo por parte de outras correntes feministas. Para Flores e Trevizan,

> A relação entre ciência, mulher e natureza estaria entre as primeiras preocupações do movimento ecofeminista. Destaca-se no movimento que ecologia é um assunto feminista, mas que as semelhanças entre feminismo e ecologia têm sido esquecidas pela ciência ecológica, e essa vertente do movimento feminista, unindo o movimento das mulheres com o movimento ecológico, traz uma nova visão de mundo, desvinculada da concepção socioeconômica e de dominação.[13]

---

[13] FLORES, B.N.; TREVIZAN, S.D.P. Ecofeminismo e comunidade sustentável. *Revista Estudos Feministas*, Florianópolis, v. 23, n. 1, p. 11- 34, abr. 2015, p. 12.

O Ecofeminismo,[14] ao integrar ecologia e feminismo, compreende a ideia da opressão das mulheres e a destruição da natureza como duas questões intimamente ligadas, em uma lógica que se contrapõe à teoria de gênero que busca desnaturalizar a associação entre mulher, natureza e procriação. Para a autora, no contexto da segunda onda do feminismo, a partir do final dos anos de 1950, o Ecofeminismo recupera as críticas feitas por Beauvoir, sobre a forma biologizante, inferior e irracional que era caracterizada a mulher, porém, trouxe uma nova valorização para a relação feminino/natureza. Para ela, "o Ecofeminismo contando com distintas significações, compõe uma ideia fundamental, que é a existência de uma interconexão entre a dominação da natureza pelos seres humanos e a sujeição feminina aos homens, expressando a predominância de formas patriarcais na estruturação ocidental, que remete o papel da mulher apenas à reprodução social".[15]

Pode-se perceber que a proposta do movimento analisa os impactos que as mulheres destituídas de capital material e simbólico sofrem a partir da destruição do meio ambiente e a impossibilidade de relações sociais e exercício de uma cidadania plena. Para Siliprandi (2006), a predominância de formas patriarcais na estruturação ocidental, que remete o papel da mulher apenas à reprodução social, seria estabelecida porque, como discutem algumas autoras ecofeministas, tanto as mulheres quanto o meio ambiente são vistos pelo patriarcalismo como objetos de consumo e exploração. Assim, para Flores e Trevizan,

> O ecofeminismo identifica no sistema patriarcal a origem da catástrofe ecológica atual, tendo sido a natureza e as mulheres, ambas associadas à reprodução da vida, o alvo das agressões desse sistema. Nessa perspectiva, o patriarcado se exprime com a mesma lógica do poder machista, opressor e totalitário da agroindústria, atacando os fundamentos da vida, na sua

---

[14] SOUZA, I.P.; RAMÍREZ-GÁLVEZ, M.C. Os sentidos e representações do ecofeminsimo da contemporaneidade. *In:* DONAT, M.; IVANO, R. *ANAIS DO VII SEPECH*. Londrina: Eduel, 2008, p. 5. O Ecofeminismo se apresenta a partir dos movimentos feminista da década de 1970 e receberam contribuições de diversos movimentos antimilitaristas, antinucleares e pacifistas que eclodiram nos EUA e Europa durante 1960, que originaram os movimentos ambientalistas atuais. Caracterizando de forma geral a esses movimentos, Barbara Holland-Cunz identifica a "utopia ecofeminista primitiva" "que se desenvolve através de ações específicas: lutando pela superação da dominação patriarcal nas relações entre os gêneros; procurando por tecnologias que não agridam o meio ambiente; possuindo ideais de democracia direta, descentralização e o fim das hierarquias; e apoiando economias de subsistência rural como modelo de desenvolvimento".

[15] *Id.*, p. 06.

expressão simbólica mais profunda: a fecundidade do ser vivo. Daí a luta de feministas pela libertação da mulher oprimida, na relação de gênero, estar associada ao movimento ecofeminista de libertação da mulher e da natureza, ambas exploradas.[16]

Siliprandi[17] afirma que de forma genérica, o pensamento ecofeminista possui três pressupostos: o primeiro sob o ponto de vista Econômico, no qual se percebe que a mulher e a natureza são tidas como recursos ilimitados que proporcionam a acumulação do capital; o segundo sob o aspecto político traz a identificação da mulher com a natureza e o homem com a cultura, perpetuando a hierarquização dos últimos (homem e cultura) para legitimar a opressão da mulher e da natureza; E, por fim, o enfoque científico e tecnológico ressalta a exclusão das mulheres do campo científico, revelando não haver neutralidade quanto ao gênero no que se refere à atuação científica e tecnológica para o desenvolvimento econômico moderno. Puleo[18] divide o Ecofeminismo em três tendências:

> O *Ecofeminismo clássico* assinala que a tentativa de naturalização da mulher como um dos mecanismos de legitimação do patriarcado juntamente com a obsessão dos homens pelo poder que tem levado o mundo a guerras suicidas, ao envenenamento e à destruição do planeta. Argumenta que neste contexto, a ética feminina de proteção dos seres vivos se opõe à essência agressiva masculina, abalizada por distinções femininas igualitárias e maternais que as predispõe ao pacifismo e à conservação da natureza, enquanto os homens seriam naturalmente propensos à competição e à destruição.
>
> O *Ecofeminismo espiritualista do Terceiro Mundo* é originário dos países do sul, sob a influência dos princípios religiosos de Ghandi, na Ásia, e da Teologia da Libertação, na América Latina. Esta tendência assevera que o desenvolvimento da sociedade gera um processo de violência contra a mulher e o meio ambiente, tendo, portanto, suas raízes nas concepções patriarcais de dominação e centralização do poder. Caracteriza-se também pela atitude crítica contra a dominação, pela luta relativa à raça,

---

[16] FLORES, B.N.; TREVIZAN, S.D.P. Ecofeminismo e comunidade sustentável. *Revista Estudos Feministas*, Florianópolis, v. 23, n. 1, p. 11- 34, abr. 2015, p. 12.

[17] SILIPRANDI, E. *Ecofeminismos*: mulher, natureza e outros tipos de opressão. Encontro Fazendo Gênero 7 –Simpósio Temático n. 31. Florianópolis: UFSC, 2006.

[18] PULEO, A.H. Libertad, igualdad, sostenibilidad. Por um ecofeminismo ilustrado. *Isegoría*, Madrid, v. 39, p. 39-59, 2008, p. 37-39.

classe, gênero e etnia. Esta vertente traz Vandana Shiva como representante da cosmologia Hindu e vinculada as tendências místicas do ecofeminismo primordial, como realizadora de uma séria crítica do desenvolvimento técnico ocidental que tem colonizado o mundo todo, e por ser fonte de violência contra a mulher e natureza tendo suas raízes em postulados patriarcais de homogeneidade, dominação e centralização que fundamentam as estruturas de pensamento e estratégias de desenvolvimento dominante, chamado por ela de mal desenvolvimento. Em seus livros pode-se perceber que existem movimentos de resistência[19] ao mal desenvolvimento, embora os meios de comunicação silenciem. Na América Latina,[20] com a Teologia da libertação tem início a elaboração de um pensamento teológico ecofeminista que privilegia seu interesse às mulheres pobres, e na defensa dos povos indígenas vítimas da destruição da natureza.

No Ecofeminismo construtivista há uma divergência relativa às tendências anteriores, não se identificando nem com o essencialismo, nem com as fontes religiosas espirituais das correntes anteriores embora compartilhem, de acordo com os casos, algumas de suas posições como antirracismo, antiantropocentrismo e anti-elitismo. Defende que a relação da maioria das mulheres com a natureza é desconexa a características próprias do sexo feminino, mas oriunda de suas responsabilidades de gênero na economia familiar, cunhadas por meio da divisão social do trabalho, da distribuição do poder e da propriedade. Bina Agarwal é um exemplo de feminista Constructivista com formação em Economia, que embora seja também da India critica Vandana Shiva por esta atribuir a atividade protetora da natureza das mulheres do seu país para o princípio feminino de sua cosmologia. Para Agarwal, o vínculo que algumas mulheres sentem com a natureza decorre de suas responsabilidades na economia familiar. Pensam de forma holística e em termos de prioridade comunitária e realidade material em que se encontram. Não são características afetivas ou cognitivas próprias de seu sexo, mas a sua interação com o ambiente que favorece a sua consciência ecológica. A sensibilidade ou não com o meio ambiente decorre da divisão sexual do trabalho e das divisões de poder e propriedade de acordo com a classe, gênero, raça e também de casta.

---

[19] *Id.,* p. 38. Um dos movimentos de resistência ao mal desenvolvimento é o das mulheres Chipko do qual Vandana Shiva é porta-voz. Estas mulheres influenciadas pelo princípio feminino da natureza da cosmologia da Índia e da não violência influenciada por Gandhi conseguiram deter o desmatamento total do Himalaia, adquiriram consciência de grupo e continuaram lutando contra a violência doméstica e pela participação política.

[20] *Id.*

Val Plumwood, filósofa australiana e crítica construtivista, tem insistido no caráter histórico, construído da racionalidade masculina dominadora e na necessidade de superação dos dualismos hierárquicos como natureza/cultura, mulheres/homens, corpo/razão/emoção, matéria/espírito.

Flores e Trevizan,[21] apontam que as referidas tendências, ainda que partam de pressupostos conflitantes, de forma particular na abordagem clássica e na construtivista, presume-se, nas três, uma forte relação entre mulher/feminilidade – natureza, mais intensa do que a relação homem/masculinidade-natureza, perpetrando a mulher como mais cautelosa. Ressaltam que,

> o que difere nas três abordagens é a origem dessa relação: enquanto na tendência clássica a explicação das diferenças está na própria natureza do homem/masculino ser agressivo e destrutivo, na tendência espiritualista, a explicação das diferenças encontra-se no processo do desenvolvimento "selvagem", que teria descuidado da finitude e capacidade de resiliência da natureza, e, na tendência construtivista, a explicação é cultural, produto da divisão social do trabalho e de uma estrutura social marcada pela desigualdade.[22]

Lembram os autores que, não obstante as tendências espiritualista e construtivista recusem a relação de gênero com o meio ambiente como um fenômeno natural, como incide na abordagem clássica, nas três, independentemente do discurso de cada abordagem com seus mitos e realidades, todas aceitam haver uma forte relação do ecofeminismo com a proteção do meio ambiente. Em relação ao ecofeminismo em sua tendência construtivista, Siliprandi, ressalta que esta "tenta recuperar tanto a análise das condições concretas de vida das mulheres como os condicionantes ideológicos integrantes do sistema sexo-gênero que marcam a construção das subjetividades masculina e feminina e que devem ser desmontados para poder se avançar em direção a propostas de transformação social ecologistas e com igualdade de gênero".[23]

---

[21] FLORES, B.N.; TREVIZAN, S.D.P. Ecofeminismo e comunidade sustentável. *Revista Estudos Feministas*, Florianópolis, v. 23, n. 1, p. 11-34, abr. 2015, p. 12.

[22] *Id.*, p. 12.

[23] SILIPRANDI, E. Um olhar ecofeminista sobre as lutas por sustentabilidade no mundo rural. *In*: PETERSEN, P. (org.). *Agricultura familiar camponesa na construção do future*. Rio de Janeiro: AS-PTA, 2009, p. 142.

Assim, a necessidade da organização da mulher enquanto sujeito político que tem especificidades nas lutas sociais e, nas questões ambientais, contemplando-se da mesma forma os demais sujeitos coletivos oprimidos são propostas da tendência construtivista que ainda retoma a linguagem dos direitos e da igualdade como norteadora dessa luta, não permitindo nenhum espaço para qualquer tipo de essencialismo ontologizante.

Importante lembrar que tanto as mulheres quanto a natureza são categorias socialmente construídas, podendo ser alteradas em cada condição dada. Afirmar que as mulheres possuem conexão especial com a natureza "não permite perceber que tanto elas quanto os homens das diferentes sociedades podem olhar e experimentar as coisas de diversas formas, até porque as relações das mulheres com a natureza variam segundo a classe, a raça, a etnia, a nacionalidade, a idade, entre outros aspectos".[24]

No contexto da globalização neoliberal, do elevado índice de agrotóxicos presentes nos alimentos, nas águas, no ar, no solo e subsolo e da superindustrialização na produção de alimentos, do consumismo e de uma série de outros problemas sociais, ambientais, econômicos e de saúde, a agroecologia se propõe como um modo de vida mais saudável e sustentável para produtores e consumidores, no campo e na cidade.[25]

Buscando-se uma consciência acerca do significado da produção e ressignificação do consumo e de alimentos saudáveis, a agroecologia vai se organizando em novas concepções e visões de mundo. Entendendo a agroecologia como estratégia de luta em prol da justiça socioambiental, nos anos de 2000, alguns movimentos sociais, como a Via Campesina, Movimento dos Trabalhadores Rurais Sem Terra e o Movimento de Pequenos Agricultores vêm incorporando questões ambientais nas suas pautas de reivindicações e passam a assumir discursos e práticas integradas da agroecologia como uma de suas principais bandeiras, visando à redução do impacto socioambiental da produção de alimentos, assim, os conhecimentos tradicionais e o campesinato como sujeito de organização social.[26]

---

[24] HERNANDEZ, C.O. Gênero e meio ambiente: a construção do discurso para o desenvolvimento sustentável. *Ambiente y desarrollo*, Bogotá, v. XIV, n. 26, p. 13-33, ene./jun. 2010, p. 23.
[25] BENINCÁ, D. BONATTI, L.C. Agroecologia: uma opção de sustentabilidade no campo e na cidade. *Revista Brasileira de Agroecologia*, [S.l.] v. 15, n. 5, p. 191-203, 2020.
[26] COSTA, M.G. Agroecologia, ecofeminismos e bem viver: emergências decoloniais no movimento ambientalista brasileiro. *In:* HOLLANDA, H.B. (org.). *Pensamento feminista hoje:* perspectivas decoloniais. Rio de Janeiro: Bazar do Tempo, 2020, p. 336.

O debate feminista terá um lugar central na construção do movimento agroecológico a partir do momento em que as mulheres, principalmente as mulheres do campo, indígenas, negras e de populações tradicionais, começam a trazer suas pautas, demandas e necessidade de reconhecimento dentro do movimento, partindo da ideia de que sem "feminismo, não há agroecologia", construindo assim uma nova agenda para o movimento ambiental no Brasil e em toda a América latina.[27]

Pode-se perceber que, na narrativa trazida pelo documentário *Primavera púrpura* (2021), a força desses movimentos se une para a elaboração e concretização da Marcha das Margaridas 2019, pelo movimento de Mulheres camponesas (MMC),[28] representado por Rosangela Piovizani, além de outros grupos que se mobilizaram para que as pautas em defesa das mulheres e seus direitos se tornassem visíveis e que chamasse a atenção não somente dos poderes públicos como de toda a sociedade.

A Marcha das Margaridas,[29] cujo nome é uma homenagem à líder sindical rural Margarida Maria Alves, aconteceu pela primeira vez em agosto do ano 2000, como uma ação em adesão à Marcha Mundial de

---

[27] *Id.*, p. 345-346.

[28] BONI, V. Movimento de mulheres camponesas, feminismo e segurança alimentar. *In:* TEDESCO, J.C.; SEMINOTTI, J.J.; ROCHA, H.J. (ed.) *Movimentos e lutas sociais pela terra no sul do Brasil*: questões contemporâneas [online]. Chapecó: UFFS, 2018, p. 124-144. "O Movimento das Mulheres Camponesas (MMC) foi criado oficialmente em 2004. De forma isolada nos estados brasileiros, as organizações de mulheres existiam desde a década de 1980, como o Movimento de Mulheres Agricultoras (MMA) em Santa Catarina, Movimento de Mulheres Trabalhadoras Rurais (MMTR) no Rio Grande do Sul e no Paraná e das extrativistas no norte e nordeste do Brasil, as quebradeiras de coco de babaçu, entre outras organizações de mulheres. Na década de 1990 esses movimentos se juntaram e, assim, criaram a Articulação Nacional de Mulheres Trabalhadoras Rurais (ANMTR), resultando, atualmente, no MMC".

[29] AGUIAR, V.V.P. Mulheres rurais, movimento social e participação: reflexões a partir da marcha das margaridas. *Política & Sociedade*, Florianópolis, v. 15, p. 261-295, 2016. "A coordenação geral da Marcha é exercida pela Secretaria de Mulheres da CONTAG (organização mista), identificada como sua principal organizadora e promotora. Entretanto, é possível observar que ela apresenta um formato organizativo que difere daquele tradicionalmente apresentado pelo movimento sindical, com característica organizacional, metas e estratégias significativamente diferentes. Do ponto de vista de sua estrutura organizacional, ela é composta por um conjunto de movimentos de mulheres, movimentos feministas, associações, centrais sindicais e entidades, articuladas com o objetivo de reivindicar, propor e garantir às mulheres do campo e da floresta direitos sociais, econômicos, políticos, sexuais e reprodutivos, mobilizando e aglutinando em torno de sua pauta de reivindicações uma diversidade de sujeitos. [...] A Marcha das Margaridas é aqui considerada um movimento de mulheres do campo e da floresta, que se expressa numa manifestação pública, um ritual político que assume a forma de uma marcha, caminhada, expressão ativa desse movimento, que busca dar visibilidade às

Mulheres. Então considerada uma das maiores manifestações públicas de mulheres trabalhadoras ocorridas na capital do Brasil, a marcha, decorrente de um amplo processo de mobilização nacional, com eventos regionais e municipais em todo o país, reuniu em Brasília cerca de 20 mil mulheres procedentes de várias regiões brasileiras. Lembrando que em 2019 a marcha conseguiu levar para Brasília aproximadamente 120.000 mulheres. Inicialmente, "as margaridas" surgiram no espaço público como trabalhadoras rurais, sendo identificadas como tal, mas a partir da marcha de 2007, atendendo a uma reivindicação das mulheres extrativistas, elas passaram a se nomear "mulheres do campo e da floresta" e, na marcha de 2015, a denominação "mulheres das águas" foi incluída, procurando, assim, abarcar o conjunto formado por mulheres rurais agricultoras familiares, camponesas, sem-terra, acampadas, assentadas, assalariadas, trabalhadoras rurais, artesãs, extrativistas, quebradeiras de coco, seringueiras, pescadoras, ribeirinhas, quilombolas, indígenas e tantas outras identidades construídas nos diversos territórios do país. Trata-se, portanto, de uma categoria identitária negociada.

Pode-se perceber pelas falas da personagem Rosângela na Marcha (2019), assim como na de outras mulheres que estão no documentário, a força do discurso agroecológico como potência que visa alterar as perspectivas das pessoas em relação à comida, ao processo educativo e suas relações com a terra e aos espaços em que vivem. Reconhecem e denunciam a situação de vulnerabilidade e insegurança alimentar que atinge grande número de mulheres.

A vulnerabilidade denunciada é evidente, pois há uma discrepância entre os domicílios chefiados por mulheres e homens relativamente à segurança alimentar, que é mais frequente nos domicílios que contam com um único responsável do sexo masculino (40,0%), do que nos de mulheres como única responsável (26,2%). Acentuando-se quando os domicílios são chefiados por mulheres, que sofrem o dobro de insegurança alimentar grave, (25,5%) em relação aos chefiados

---

demandas dessas mulheres e estabelecer processos de diálogo e negociação com o Estado. Fruto de uma articulação coordenada pelo Movimento de Mulheres Trabalhadoras Rurais (MMTR) da Confederação Nacional dos Trabalhadores na Agricultura (CONTAG), a Marcha envolve várias organizações, entre as quais as organizações feministas, movimentos de mulheres e centrais sindicais, mobilizando mulheres de vários segmentos sociais (agricultoras, camponesas, extrativistas, ribeirinhas, pescadoras artesanais, acampadas, assentadas, quilombolas, indígenas, quebradeiras de coco babaçu, catadoras de mangaba etc.)".

por homens (13,3 %). Pelos marcadores de raça/cor a situação de insegurança alimentar grave alcança os percentuais de 23,4% entre domicílios cujos responsáveis são pessoas pretas e 18,9% nos domicílios cujos responsáveis são da raça ou cor parda.[30]

O documentário também prioriza os encontros e reuniões pautados pelas perspectivas feministas e agroecológicas com as jovens do Movimento de Mulheres Camponesas (MMC) de todas as regiões do Brasil ali representadas, além de diversos movimentos e coletivos pela luta por direitos de mulheres em suas diversas representações e identidades. Mulheres com mais experiências no movimento falam às mais jovens de suas experiências, suas lutas, perdas e conquistas ao longo de suas trajetórias. Cabe lembrar a presença extremamente marcante e representativa de Daniela Cordeiro, uma menina de 6 anos e neta de Rosangela Piovizani, que tem presença marcante e marcada em quase todas as ações, desde a lida diária na chácara autossustentável dos avós, alimentando galinhas e coelhos, até as manifestações na esplanada dos ministérios em cima do caminhão que conclamava a Marcha das Margaridas, 2019, abalizando a relevância da presença das crianças no processo formativo de novas gerações e cultivando a possibilidade de um novo modelo de sociedade.[31]

Em uma das cenas do documentário, que privilegia o encontro da juventude do Movimento de Mulheres Camponesas (MMC), Rosangela Piovizani, em um diálogo com uma das jovens, nos mostra os sentidos políticos na construção de significados relativos à comida, ao apresentar cogumelos variados de sua produção e valoriza a necessidade da boa alimentação como questão primordial à soberania e segurança alimentar. A segurança alimentar e nutricional consiste na realização do direito de todos ao acesso regular e permanente a alimentos de qualidade, em quantidade suficiente, sem comprometer o acesso a outras necessidades essenciais, tendo como base práticas alimentares

---

[30] GALINDO, E. *et al*. Efeitos da pandemia na alimentação e na situação da segurança alimentar no Brasil. *Food for Justice Working Paper Series*, n. 4. Berlim: Food for Justice: Power, Politics, and Food Inequalities in a Bioeconomy, 2021, p. 24-25.

[31] Cabe lembrar que a história de Margarida Maria Alves não pode ser esquecida pelas próximas gerações. Ela era uma trabalhadora rural, sindicalista e defensora dos direitos humanos foi uma das primeiras mulheres a exercer um cargo de direção sindical no país e ocupou por 12 anos, a presidência do Sindicato dos Trabalhadores Rurais de Alagoa Grande, na Paraíba. Margarida incentivava a luta por direitos de trabalhadoras e trabalhadores rurais, sendo assassinada na porta de sua residência por um matador de aluguel em 12 de agosto de 1983. Seu nome e sua história de luta inspiraram e inspiram a Marcha das Margaridas, que foi criada em 2000.

promotoras de saúde que respeitem a diversidade cultural e que sejam ambiental, cultural, econômica e socialmente sustentáveis. Siliprandi aponta as principais decisões do Fórum Mundial sobre Soberania Alimentar, ocorrido em Havana, em 2001 no qual estabeleceu:

> A soberania alimentar é o direito dos povos de definir suas próprias políticas e estratégias sustentáveis de produção, distribuição e consumo de alimentos, que garantam o direito à alimentação para toda a sua população, com base na pequena e média produção, respeitando as próprias culturas e a diversidade dos modos camponeses, pesqueiros e indígenas de produção agropecuária, de comercialização e de gestão dos espaços rurais, nos quais as mulheres desempenham um papel fundamental. [...] pressupõe uma Reforma Agrária radical, e o apoio às agriculturas familiares, em que as mulheres tenham igualdade de oportunidades e de acesso aos meios de produção. [...] Para se obter soberania alimentar, são necessários sistemas produtivos sustentáveis, em que se valorize a soberania e as culturas locais e, em especial, os hábitos alimentares.[32]

O documentário retrata o grupo das jovens do Movimento após uma reunião onde a história foi retomada, comendo juntas com as lideranças mais antigas ao redor de uma mesa farta de alimentos orgânicos ressaltando que

> "O comer junto" é um fator de sociabilidade, além de ser uma forma de chamar a atenção para a importância da alimentação consciente para aqueles que ainda não aderiram a produção e ao consumo de produtos agroecológicos. (...) sendo que os rituais de comensalidade são mecanismos para a consolidação da solidariedade grupal, pois envolvem a partilha não só de alimentos, mas de significados.[33]

Boni ressalta que o MMC discute muito as questões ligadas à segurança alimentar, ao cultivo de alimentos saudáveis e ao modelo de agricultura agroecológica e, também, ao feminismo, ressignificando

---

[32] SILIPRANDI, E. É possível garantir a soberania alimentar a todos os povos no mundo de hoje? *Revista Agroecologia e Desenvolvimento Rural Sustentável*, Porto Alegre, v. 2, p. 16-19, 2001, p. 18.

[33] COSTA, M.G. Agroecologia, ecofeminismos e bem viver: emergências decoloniais no movimento ambientalista brasileiro. In: HOLLANDA, H.B. (org.). *Pensamento feminista hoje:* perspectivas decoloniais. Rio de Janeiro: Bazar do Tempo, 2020, p. 337.

tanto o conceito de campesinato, quanto de feminismo ganhando contornos do ecofeminismo, muito embora o MMC não tenha se assumido em seus discursos como um movimento ecofeminista. De acordo com a autora,

> A interface com o feminismo aparece claramente no discurso atual do MMC. Se no início houve receio em mostrar que o movimento era feminista, agora essa postura não só não é mais negada, como também é vista positivamente. A noção de feminismo vem associada ao modelo de agricultura camponesa proposta pelo movimento. É um modelo de feminismo que se adaptam às necessidades que são sentidas pelas camponesas, de luta por espaço dentro da propriedade, nas relações sociais, um feminismo que busca mais do que direitos para as mulheres: almeja Movimento e Lutas Sociais, transformações de relações que vão além das diferenças de gênero. São transformações políticas.[34]

Importante lembrar que a noção de segurança alimentar assumida como alimentação saudável pelas mulheres segundo a autora em referência tem relação estreita com o ecofeminismo ou com o feminismo camponês, como elas definem. Lembra também que para o Movimento de Mulheres Camponesas esses conceitos devem ser entendidos como complementares e têm sido utilizados conjuntamente os termos "agroecologia" e "feminismo" na luta para o alcance de uma sociedade mais justa e igualitária, sem a utilização de agrotóxicos e com segurança e soberania alimentar.

As mulheres camponesas, ao defenderem o direito de definirem suas próprias políticas e estratégias sustentáveis de produção, distribuição e consumo de alimentos, que garantam o direito à alimentação livres de transgênicos e agrotóxicos, pautados por sistemas produtivos sustentáveis, valorizam a soberania alimentar, preservam o meio ambiente e se mostram em consonância com o ecofeminismo crítico.

3 Conclusão

Movimentos feministas e de mulheres ao redor do mundo,

---

[34] BONI, V. Movimento de mulheres camponesas, feminismo e segurança alimentar. In: TEDESCO, J.C.; SEMINOTTI, J.J.; ROCHA, H.J. (ed.). *Movimentos e lutas sociais pela terra no sul do Brasil*: questões contemporâneas [online]. Chapecó: UFFS, 2018, p. 133.

assim como no Brasil, têm sido protagonistas em ações de resistências, graves, enfrentamentos a várias instâncias de poder, fóruns de debate e marchas, como as que foram retratadas no documentário *Primavera púrpura* (2021). O ecofeminismo, a agroecologia e a busca pela soberania e segurança alimentar é percebida na/pela auto-organização dos movimentos que têm produzido sentidos e avançado expressivamente na luta pela garantia dos direitos das mulheres em vários espaços e campos de forças, em uma tentativa constante e incansável para desconstruir não somente o patriarcalismo como também os projetos neoliberais.

O documentário mostra as contribuições do Movimento de Mulheres Camponesas pelas ações sustentáveis que dialogam com o ecofeminismo em uma perspectiva de valorização da vida saudável, do direito à alimentação sem transgênicos e agrotóxicos, à preservação do meio ambiente e à dignidade da vida em todos os sentidos, defendendo o bem comum e a desconstrução das assimetrias de gênero para todas as mulheres, principalmente as do campo, das florestas e das águas.

Referências

AGUIAR, V.V.P. Mulheres rurais, movimento social e participação: reflexões a partir da marcha das margaridas. *Política & Sociedade*, Florianópolis, v. 15, p. 261-295, 2016.

ANGELIN, R. Mulheres, ecofeminismo e desenvolvimento sustentável diante das perspectivas de redistribuição e reconhecimento de gênero. Estamos preparados?. *Revista Eletrônica Direito e Política*, Itajaí, v. 9, n. 3, p. 1569-1597, 2014.

BALDISSERA, A. *Pesquisa-ação*: uma metodologia do "conhecer" e do "agir" coletivo. Pelotas: Sociedade em Debate, 2001.

BENINCÁ, D. BONATTI, L.C. Agroecologia: uma opção de sustentabilidade no campo e na cidade. *Revista Brasileira de Agroecologia*, [s.l.] v. 15, n. 5, p. 191-203, 2020.

BONI, V. Movimento de mulheres camponesas, feminismo e segurança alimentar. *In*: TEDESCO, J.C.; SEMINOTTI, J.J.; ROCHA, H.J. (ed.) *Movimentos e lutas sociais pela terra no sul do Brasil*: questões contemporâneas [online]. Chapecó: UFFS, 2018.

CASTRO, M.G.; ABRAMOVAY, M. *Gênero e meio ambiente*. 2 ed. São Paulo: Brasília: Cortez, 2005.

CONNELL, R.; PEARSE, R. *Gênero*: uma perspectiva global. São Paulo: Versos, 2015.

COSTA, M.G. Agroecologia, ecofeminismos e bem viver: emergências decoloniais no movimento ambientalista brasileiro. *In*: HOLLANDA, H.B. (Org). *Pensamento feminista hoje*: perspectivas decoloniais. Rio de Janeiro: Bazar do Tempo, 2020.

FLORES, B.N.; TREVIZAN, S.D.P. Ecofeminismo e comunidade sustentável. *Revista Estudos Feministas*, Florianópolis, v. 23, n. 1, p. 11- 34, abr. 2015.

FOUGUERA, P. La equidad de género en el marco internacional y europeo. *In*: DEL

VALE, T. *Mujeres, globalización y derechos humanos*. Madrid: Cátedra, 2006.

GALINDO, E. et al. *Efeitos da pandemia na alimentação e na situação da segurança alimentar no Brasil*. Food for Justice Working Paper Series, no. 4. Berlim: Food for Justice: Power, Politics, and Food Inequalities in a Bioeconomy, 2021.

HERNANDEZ, C.O. Gênero e meio ambiente: a construção do discurso para o desenvolvimento sustentável. *Ambiente y desarrollo*, Bogotá, v. XIV, n. 26, p. 13-33, ene./jun. 2010.

JELIN, E. Mulheres e direitos humanos. *Estudos Feministas*, Florianópolis, v. 2, n. 3, p. 117-149, 1994.

PULEO, A.H. Liberdad, igualdad, sostenibilidad. Por um ecofeminismo ilustrado. *Isegoría*, Madrid, v. 39, p. 39-59, 2008.

SAFFIOTI, Heleieth. *Gênero, patriarcado, violência*. São Paulo: Fundação Perseu Abramo, 2004.

SCOTT, J. *A cidadã paradoxal*: as feministas francesas e os direitos do homem. Florianópolis: Mulheres, 2002.

SILIPRANDI, E. É possível garantir a soberania alimentar a todos os povos no mundo de hoje? *Revista Agroecologia e Desenvolvimento Rural Sustentável*, Porto Alegre, v. 2, p. 16-19, 2001.

SILIPRANDI, E. *Ecofeminismos*: mulher, natureza e outros tipos de opressão. Encontro Fazendo Gênero 7 – Simpósio Temático n. 31. Florianópolis: UFSC, 2006.

SILIPRANDI, E. Um olhar ecofeminista sobre as lutas por sustentabilidade no mundo rural. *In*: PETERSEN, P. (Org). *Agricultura familiar camponesa na construção do future*. Rio de Janeiro: AS-PTA, 2009.

SOUZA, I.P.; RAMÍREZ-GÁLVEZ, M.C. Os sentidos e representações do ecofeminsimo da contemporaneidade. *In*: DONAT, M.; IVANO, R. *ANAIS DO VII SEPECH*. Londrina: Eduel, 2008.

Informação bibliográfica deste texto, conforme a NBR 6023:2018 da Associação Brasileira de Normas Técnicas (ABNT):

TAVARES, Silvana Beline; ORNELAS, Sofia Alves Valle. Primavera púrpura: um breve olhar sobre ecofeminismo, agroecologia e a luta pela boa comida. *In*: TRENTINI, Flavia; BRANCO, Patrícia; CATALAN, Marcos (coord.). *Direito e comida*: do campo à mesa: cidadania, consumo, saúde e exclusão social. Belo Horizonte: Fórum Social, 2023. p. 333-350. ISBN 978-65-5518-511-9.

DE CAMPONESES A TRABALHADORES E VICE-VERSA? DEBATENDO A CENTRALIDADE DO TRABALHO NA ALIMENTAÇÃO EM PORTUGAL E NA ROMÊNIA[1]

Irina Velicu

Irina Castro

Rita Calvário

Anastasia Oprea

Andreea Ogrezeanu

---

[1] Este trabalho foi realizado no âmbito do projeto "JUSTFOOD – Das Redes Alimentares Alternativas à Justiça Ambiental", coordenado por Irina Velicu, financiado por FEDER – Fundo Europeu de Desenvolvimento Regional por meio do COMPETE 2020 – Programa Operacional Competitividade e Internacionalização "POCI-01-0145-FEDER-029355" e por fundos nacionais por meio do FCT – Fundação para a Ciência e a Tecnologia, no âmbito do projeto PTDC/GES-AMB/29355/2017. O trabalho de campo e a análise preliminar dos dados recolhidos foi realizado pelas coautoras Rita Calvário (caso português) e Andreea Ogrezeanu (caso romeno). A concetualização, argumento e conclusão são da responsabilidade das autoras Irina Velicu, Irina Castro e Anastasia Oprea. Todas as autoras contribuíram na revisão da literatura e análise empírica.

Irina Velicu teve apoio da Fundação para Ciência e Tecnologia no âmbito do Programa de Estímulo ao Emprego Científico do Centro de Estudos Sociais. Coimbra, Referência DL 572016/CP1341/CT0022.

Rita Calvário teve apoio do projeto JUSTFOOD e ainda do Programa Maria Zambrano, financiado pela União Europeia-Next Generation EU e o Ministerio de Universidades de Espanha.

> *Há um problema na agricultura europeia – o problema da tendência para a concentração e aumento da produção, que se quer cada vez maior e maior (...). Pequenas e médias explorações agrícolas não são competitivas perante estas grandes, por vezes gigantes, produções. Este tipo de crescimento tem consequências negativas para o desenvolvimento sustentável.[2]*

> *As pequenas explorações agrícolas são um elemento crucial do sistema agrícola europeu. São elas quem produz a maior parte de alimentos saudáveis e garantem a diversidade de alimentos que ingerimos todos os dias, promovendo o emprego local, e sustentando as atividades rurais que garantem a resiliência do nosso sistema alimentar. Apesar de tudo, os as pequenas explorações estão a desaparecer.[3]*

1 Introdução

Entre 2005 e 2016, a União Europeia (UE) perdeu 4,2 milhões de explorações agrícolas (25%), das quais 85% eram explorações de

---

[2] Janusz Wojciechowski, Comissário Europeu para a Agricultura e Desenvolvimento Rural, em entrevista a Derek Meijers e Gaston Moonen para a *ECA Journal*, n. 2, 2021. Disponível em: https://www.eca.europa.eu/Lists/ECADocuments/JOURNAL21_02/JOURNAL21_02.pdf. Acesso em: 23 mar. 2022.
[3] FIENITZ, M. *Small Farms in Europe: Viable but Underestimated*. Eco Ruralis. April. 2017. Disponível em: https://www.google.com/url?sa=t&rct=j&q=&esrc=s&source=web&cd=&ved=2ahUKEwj9i8bU_tz2AhX9i_0HHcJVDNoQFnoECAMQAQ&url=https%3A%2F%2Fwww.accesstoland.eu%2FIMG%2Fpdf%2Fsmall_farms_in_europe_-_viable_but_underestimated.pdf&usg=AOvVaw05lpHbNf5r6XaVvcC7IGZ0. Acesso em: 23 mar. 2021.

caráter familiar e de pequena dimensão.[4] Esta perda aconteceu em paralelo com o aumento das explorações agrícolas industriais de grande escala,[5] explorações estas que fazem parte de um sistema de cadeia de abastecimento de alimentos liderada por um par de atores corporativos.[6] Perante esta transição agrária, cujo resultado tem custos negativos para a economia, sociedade e ambiente, pouco ou nada fazem as instituições europeias. Apesar destas reconhecerem a agricultura familiar de pequena e média escala como a espinha dorsal da agricultura europeia,[7] continuam a fomentar um modelo agrícola, via Política Agrícola Comum (PAC), que contribui para o desaparecimento desse tipo de produção, ao invés de a proteger e evitar o seu desaparecimento.[8] Essa crítica é também tecida por vários estudos sobre agricultura e produção alimentar, apontando para os resultados nocivos da modernidade agrícola e as suas consequências, nomeadamente no aumento da marginalização, deslocamento e pobreza da população camponesa e dos pequenos produtores agrícolas.[9] Os mesmos estudos críticos apontam, ainda, para os processos e conflitos associados com a "desagrarização", "descamponização" e "semiproletarização",[10] reconhecendo, por seu lado, a capacidade dos camponeses de persistir, "agarrando-se lá" e

---

[4] EUROSTAT. Farms and farmland in the European Union – statistics. Eurostat Statistics Explained. Disponível em: https://ec.europa.eu/eurostat/statistics-explained/index.php?title=Farms_and_farmland_in_the_European_Union_-_statistics#The_evolution_of_farms_and_farmland_from_2005_to_2016. Acesso em: 23 mar. 2021.

[5] IPES-Food. *From uniformity to diversity: a paradigm shift from industrial agriculture to diversified agroecological systems*. International Panel of Experts on Sustainable Food systems. 2016.

[6] IPES-Food. *What makes urban food policy happen? Insights from five case studies*. International Panel of Experts on Sustainable Food Systems. 2017.

[7] MATTHEWS, A. Promoting family farming: the european union. *GREAT Insights*, [S.l.] v. 3, n. 1. Dec. 2013 – Jan. 2014. Disponível em: https://ecdpm.org/great-insights/family-farming-and-food-security/promoting-family-farming-european-union/. Acesso em: 23 out. 2021.

[8] ALBERDI, G.; BEGIRISTAIN ZUBILLAGA, M.; BRENT, Z.; CHOPLIN, G.; CLAEYS, P.; CONTI, M.; CORRADO, A.; DUNCAN, J.; FERRANDO, T.; MCKEON, N.; DE MARINIS, P.; MILGROOM, J.; MOELLER, N.; NICOL, P.; ONORATI, A.; PLANK, C.; VAN DER PLOEG, J.D.; RIVERA-FERRE, M.G.; SHARMA, D.; SOTIROPOULOU, I.; TORGNAGHI, C.; VAN DYCK, B. A Collective response from food sovereignty scholars on the EU"s Farm to Fork Strategy. 2020. Disponível em: https://edepot.wur.nl/524949. Acesso em: 25 mar.2022

[9] DE SCHUTTER, O. *International human rights law*: cases, materials, commentary. 3 ed. Cambridge: Cambridge University Press, 2019.

[10] BERNSTEIN, H. Food sovereignty via the "peasant way": a sceptical view. *The Journal of Peasant Studies*, v. 41, n. 6, p. 1031-1063, 2 nov. 2014; BORGHESI, R. Peasant resistances. *Scienze del Territorio*, [S.l.], v. 2, p. 147-158, 2014. MAGNAGHI, A. *Il progetto locale*: verso la coscienza di luogo. Torino: Bollati Boringhieri, 2010.

resistindo ao "apelo desenfreado para a modernização".[11] Nesse sentido, tanto a academia crítica como ativistas afirmam que um dos principais problemas é a maneira como a política da UE sistematicamente transforma as questões de interesse público e social em tomadas de decisão técnicas, revestidas de neutralidade científica, despolitizando as questões alimentares, ambientais e agrícolas, tal como indica o conceito de "agriculturização". A "agriculturização" é uma abordagem que esconde as relações estruturais de poder entre quem ganha e quem perde nos processos de reestruturação agrícola dos sistemas alimentares.[12]

O surgimento do movimento agrário transnacional, La Via Campesina (LVC), com forte representação na Europa, remodelou camponeses como sujeitos políticos, reivindicando os seus direitos e lutando por um sistema alimentar mais igualitário, democrático e ecológico. Tal como os nossos casos irão ilustrar, as lutas camponesas na Europa estão inseridas nas lutas pela soberania alimentar global, construindo futuros (alimentares) globais mais justos e sustentáveis. No entanto, e apesar da reconhecida importância que tem o recente surgimento de economias alternativas e o seu potencial para a mudança social radical,[13] menor atenção se tem dado às lutas de camponeses e camponesas e de pequenos produtores agrícolas por justiça, incluindo a sua visão de justiça alimentar no contexto europeu. Argumentamos assim, neste capítulo, que reconhecer essas pessoas como "produtores essenciais de alimentos e sementes" é a chave para a construção de sistemas alimentares mais justos e sustentáveis.

A nossa pesquisa baseia-se em metodologias qualitativas (entrevistas, observação, observação participativa, etc.) desenvolvida em colaboração com organizações filiadas à Coordenação Europeia da Via Campesina (ECVC). Nomeadamente a nossa pesquisa contou com a colaboração da Confederação Nacional da Agricultura (CNA) em Portugal e Eco Ruralis na Roménia. Escolhemos colocar o foco sobre Portugal e a Roménia, pois em ambos os países as famílias

---

[11] BOLTVINIK, J. *Peasant poverty and persistence in the 21st century*: theories, debates, realities and policies. Londres: Zed Books, 2016; BORGHESI, R. Peasant resistances. *Scienze del Territorio*, [S.l.], v. 2, p. 147-158, 2014.

[12] KOVACH, I. LEADER, a new social order, and the Central-and East-European Countries. *Sociologia Ruralis*, v. 40, n. 2, p. 181-189. 2000

[13] HOLT-GIMÉNEZ, E.; SHATTUCK, A. Food crises, food regimes and food movements: rumblings of reform or tides of transformation? *The Journal of Peasant Studies*, [S.l.], v. 38, n. 1, p. 109-144, jan. 2011.

que se dedicam à pequena exploração agrícola, incluindo a familiar, representam parte importante da população rural. Além desse fator, tomamos ainda em conta a influência da PAC em ambos os casos. Ou seja, considerando a influência da PAC nos processos de reestruturação agrícolas, e tomando ambos os países como estudos de caso, é possível avaliar os impactos diferenciados da implementação e objetivos da PAC, desde 1992. Atualmente, cerca de metade do campesinato europeu vive na Roménia: mais de três milhões de explorações agrícolas familiares de pequena escala[14] ocupam cerca de 50% do total das terras agrícolas.[15] Mais de 30% da população romena são agricultores familiares, correspondendo a cerca de 6 milhões de pessoas. Em Portugal, mais de meio milhão de pessoas (5,6%) são pequenos agricultores familiares.[16] Enquanto a Roménia aderiu à UE em 2007, Portugal aderiu em 1986.

O trabalho de investigação sob o qual nos debruçamos para promover o presente debate foi realizado entre 2018-2019, em Portugal, e 2019-2020, na Roménia. No total, realizaram-se 68 entrevistas semiestruturadas, bem como observação participante ativa em eventos relevantes, incluindo *workshops*, conferências, reuniões de grupos, assembleias gerais, protestos e reuniões de zoom. As entrevistas em ambos os estudos de caso foram estruturadas seguindo um roteiro de entrevista que operacionalizou os seguintes temas: práticas cotidianas, controle e acesso aos meios de produção, autonomia e autossuficiência, participação em Redes Alternativas de Alimentação (RAA) e percepções sobre alimentação e justiça socioambiental, desigualdades e identidades.

---

[14] VARGA, M. Resistant to change? Smallholder response to World Bank-sponsored "commercialisation" in Romania and Ukraine. *Canadian Journal of Development Studies*, v. 40, n. 4, p. 528-545. 2019.

[15] Institutul Național de Statistică. Recensământul general agricol runda 2020 – date provizorii. 2022. Acessível em: https://insse.ro/cms/sites/default/files/com_presa/com_pdf/rga_2020r.pdf. Acesso em: 25 mar. 2022.

[16] INE (2017). *Inquérito à Estrutura das Explorações Agrícolas 2016*. Lisboa: Instituto Nacional de Estatística.

2 Os estudos sobre alimentação na Europa: o elo perdido da justiça

> *Sem um foco na criação de justiça social, os sistemas alimentares locais podem incorporar a mesma dinâmica de poder dos sistemas alimentares globais. (...) Esforços agroalimentares alternativos podem apenas criar espaços marginais e seguros para os já privilegiados.*[17]

Na Europa, os debates acadêmicos e políticos sobre agricultura transitaram de um paradigma de desenvolvimento centrado no produtivismo para uma visão de multifuncionalidade. Para enfrentar os muitos problemas decorrentes do desenvolvimento de uma "agricultura intensiva e expansionista, impulsionada pela indústria com apoio do Estado",[18] a abordagem multifuncional destacou as muitas contribuições da agricultura fora da produção industrial de alimentos. Esta abordagem entende a pluriatividade, diversificação agrícola, cadeias curtas de abastecimento, produtos alimentares de qualidade e redes alternativas de alimentação como estratégias-chave para sustentar as ecologias locais, renovar as relações produtor-consumidor e beneficiar as explorações agrícolas camponesas, bem como as comunidades rurais.[19]

A "descamponização" é, nesse sentido, uma questão de justiça socioambiental, representando o "enfraquecimento, erosão ou mesmo o desaparecimento das práticas camponesas e da racionalidade associada"[20] devido ao aumento da mecanização da agricultura,

---

[17] ALLEN, P. Mining for justice in the food system: perceptions, practices, and possibilities. *Agriculture and Human Values*, v. 25, n. 2, 157-161. 2008.

[18] LOWE, P. et al. Regulating the new rural spaces: the uneven development of land. *Journal of rural studies*, v. 9, n. 3, p. 205-222. 1993.

[19] VAN DER PLOEG, J. D. Revitalizing agriculture: farming economically as starting ground for rural development. *Sociologia ruralis*, [S.l.], v. 40, n. 4, p. 497-511, 2000. VAN DER PLOEG, J. D.; ROEP, D. Multifunctionality and rural development: the actual situation in Europe. *In*: VAN HUYLENBROEK, G.; DURAND G. (ed.). *Multifunctional agriculture*: a new paradigm for European agriculture and rural development. Aldershot: Ashgate, 2003. p. 37-54.

[20] VAN DER PLOEG, J. D. *Camponeses e impérios alimentares*: lutas por autonomia e sustentabilidade na era da globalização. Porto Alegre: UFRGS, 2008. p. 35.

apropriação de terras, endividamento e exposição a preços voláteis devido à liberalização do comércio.[21] Na atual natureza globalizada dos alimentos, o seu carácter é mercantil e está desconectado das relações socioecológicas locais.[22] Nesse cenário globalizado, as pequenas explorações agrícolas familiares são menos capazes de competir.[23] Tal como expressa a Via Campesina: a democratização dos sistemas alimentares implica colocar os produtores e consumidores no centro da governação alimentar.[24] Nesse contexto, a agroecologia e a "recamponização" emergem como novos movimentos globais investidos na esperança de reduzir a dependência dos mercados globais[25] e focados na promoção de diversas alternativas alimentares autônomas, locais, e em pequena escala.[26] Assim, a "recamponização" é um movimento que tenta continuamente agregar valor a uma base limitada de recursos, atendendo a uma gama de necessidades (não apenas econômicas) e lutando pela autonomia "em um contexto de relações de dependência, marginalização e privação".[27] É nesse sentido que os estudos críticos veem no recente surgimento de economias alternativas um potencial para mudança social radical,[28] com a formação de uma nova cultura econômica[29] ou tecido social.[30]

---

[21] HOLT-GIMÉNEZ, E.; ALTIERI, M. A. Agroecology, food sovereignty, and the new green revolution. *Agroecology and sustainable food systems*, [S.l.], v. 37, n. 1, p. 90-102, Dec. 2015.

[22] MCMICHAEL, P. "Food sovereignty, social reproduction and the agrarian question". In Peasants and globalisation. Political economy, rural transformation and the agrarian question, Edited by: Akram-Lodhi, A. H. and Kay, C. 288-311. London: Routledge. 2008.

[23] VAN DER PLOEG, J. D. *Camponeses e impérios alimentares*: lutas por autonomia e sustentabilidade na era da globalização. Porto Alegre: UFRGS Editora, 2008.

[24] DESMARAIS, A.A. *La Vía Campesina*: globalization and the power of peasants. Halifax and London: Fernwood Publishing and Pluto Books, 2007.

[25] VAN DER PLOEG, J. D. The peasantries of the twenty-first century: the commoditisation debate revisited. *The Journal of Peasant Studies*, [S.l.], v. 37, n. 1, p. 1-30, 1 jan. 2010.

[26] ALTIERI, M. A.; TOLEDO, V. M. The agroecological revolution in Latin America: rescuing nature, ensuring food sovereignty and empowering peasants. *The Journal of Peasant Studies*, v. 38, n. 3, p. 587-612, 1 jul. 2011. ROSSET, P. M.; MARTÍNEZ-TORRES, M. E. Rural social movements and agroecology: context, theory, and process. *Ecology and Society*, [S.l.] v. 17, n. 3, 2012.

[27] VAN DER PLOEG, J. D. The peasantries of the twenty-first century: the commoditisation debate revisited. *The Journal of Peasant Studies*, [S.l.], v. 37, n. 1, p. 1-30, 1 jan. 2010.

[28] HOLT-GIMÉNEZ, E.; ALTIERI, M. A. Agroecology, food sovereignty, and the new green revolution. *Agroecology and sustainable Food systems*, [S.l.], v. 37, n. 1, p. 90-102, dec. 2015.

[29] CASTELLS, M. The Crisis of Global Capitalism. Toward a New Economic Culture? IN Calhoun, C., Derluguian, G. (ed.). Business as Usual. The Roots of the Global Financial Meltdown, p. 185-209. New York: New York University Press. 2011.

[30] DE ANGELIS, M. Social Revolution and the Commons. *South Atlantic Quarterly*. V. 113, n. 2, p. 299-311. 2014.

Apesar de tudo, os mesmos estudos críticos destacaram que as abordagens de multifuncionalidade muitas vezes incorporam uma visão benevolente, idealizada, normativa e acrítica,[31] ocultando a complexidade, diversidade e hibridez dos caminhos de desenvolvimento agrário.[32] Estudos mostram que as abordagens da multifuncionalidade prestam menor atenção às desigualdades rurais, dentro e fora das explorações agrícolas.[33] Além disso, práticas como agricultura orgânica, sistemas alimentares locais e cadeias de abastecimento curtas podem ser problemáticos ou adversos em termos socioeconômicos, ambientais e políticos.[34]

Falta, pois, abordar a questão agrícola desde uma lente de justiça alimentar, o que implica dar atenção aos problemas estruturais das comunidades rurais, como a pobreza monetária, o trabalho e até mesmo as estruturas de propriedade e desigualdades de gênero. Por exemplo, a experiência da Europa Ocidental, com redes alternativas de alimentação, tem sido criticada por se ter transformado em mais uma forma de relocalização liderada pelo mercado, e inspirada pelos imaginários rurais neopopulistas que promovem a reificação do global *vs.* local em que a "ontologia do local é considerada como adquirida (...). Neste contexto as RAAs são concebidas como elementos integrantes de uma eco Europa; imaginário social, que se articula politicamente por reivindicações do excepcionalismo cultural rural, e encontra expressões institucionais como o "multifuncionalidade" na política de desenvolvimento rural da UE e nas negociações comerciais agrícolas internacionais".[35]

É por esse motivo que os estudos críticos destacam que na Europa o conceito de multifuncionalidade marginaliza ainda mais camponeses e pequenos agricultores em benefício dos "superagricultores", levando-os a abandonar parcialmente a produção de alimentos e a substituir as atividades agropastoris por regimes de gestão simplificados e de

---

[31] GOODMAN, D. (2004). Rural Europe Redux ? Reflections on Alternative Agro-Food Networks and Paradigm Change. *Sociologia Ruralis*, v. 44, n. 1, p. 3.16. 2004.

[32] SONNINO, R.; MARSDEN, T. Beyond the divide: rethinking relationships between alternative and conventional food networks in Europe. Journal of economic geography, v. 6, n. 2. p. 181-199. 2006.

[33] GOODMAN, D. (2004). Rural Europe Redux ? Reflections on Alternative Agro-Food Networks and Paradigm Change. *Sociologia Ruralis*, v. 44, n. 1, p. 3-16. 2004

[34] GOODMAN, D.; DUPUIS, E.M.; GOODMAN, M.K. *Alternative food networks*: knowledge, practice, and politics. New York: Routlege, 2012.

[35] *Id.*, p. 8-9.

baixo custo.³⁶ Por outro lado, também as explorações multifuncionais dependem cada vez mais de trabalho migrante precário e mal pago, tornado invisível nas histórias de sucesso do novo "agricultor virtuoso". Nesse sentido, mais do que olhar a quem ganha e quem perde nas abordagens da multifuncionalidade, apelamos à pesquisa que dá atenção aos camponeses e pequenos agricultores. À pesquisa que centra a atenção nas atividades agrícolas e ao papel dessas pessoas enquanto trabalhadores rurais. Partimos assim da premissa de que a alimentação é uma questão de justiça socioambiental porque a maioria dos impactos negativos associados à produção de alimentos – desde a contaminação por herbicidas e pesticidas até a perda de terras tradicionais e meios de subsistência ou má nutrição – afetam desproporcionalmente as populações vulneráveis das áreas rurais.³⁷ Por outro lado, realçamos que as novas corridas ao ouro, carvão e gás de xistos ocorrem além das regiões industriais e têm entrando em terras residenciais e agrícolas, com impactos negativos sobre os meios de subsistências das pessoas.³⁸ Legitimadas pela urgência da "recuperação econômica" ou pela necessidade de "segurança dos recursos".³⁹ Essas atividades extrativistas entram em conflito com o campesinato, que se transforma, então, em manifestante e membro de movimentos sociais mais amplos.⁴⁰

---

[36] LÓPEZ-I-GELATS, F. Is mountain farming no longer viable? In: MANN, S. (ed.). The future of mountain agriculture. [S.l.]: Springer Berlin Heidelberg, p. 89-104, 2013. MORAGUES-FAUS, A. Revisiting food studies from a political ecology perspective: lessons from Mediterranean agri-food systems. In: IORIS, A. A. R. (ed.). Agriculture, Environment and Development: International Perspectives on Water, Land and Politics. Cham: Palgrave Macmillan, 2016. p. 59-90.

[37] ALKON, A. H.; AGYEMAN, J. Cultivating the fertile field of food justice. In: ALKON, A. H.; AGYEMAN, J. (ed.). Cultivating food justice: race, class, and sustainability. [S.l.]: The MIT Press, 2011. p. 331-348.

[38] VESALON L.; CREȚAN, R. "We are not the Wild West": anti-fracking protests in Romania. Environmental Politics, [S.l.], v. 24, n. 2, p. 288-307, mar. 2011. VELICU, I. Prospective environmental injustice: insights from anti-mining struggles in Romania and Bulgaria. Environmental Politics, [S.l.], v. 29, n. 3, p. 414-434, 15 abr. 2020.

[39] GOLDTHAU A.; SOVACOOL, B. K. Energy technology, politics, and interpretive frames: shale gas fracking in Eastern Europe. Global Environmental Politics, [S.l.], v. 16, n. 4, p. 50-69, nov. 2016.

[40] DESMARAIS, A. A. La Vía Campesina: globalization and the power of peasants. Halifax and London: Fernwood Publishing and Pluto Books, 2007; VAN DER PLOEG, J. D. The peasantries of the twenty-first century: the commoditisation debate revisited. The Journal of Peasant Studies, [S.l.], v. 37, n. 1, p. 1-30, 1 jan. 2010. ROSSET, P. M.; MARTÍNEZ-TORRES, M. E. Rural social movements and agroecology: context, theory, and process. Ecology and Society, [S.l.] v. 17, n. 3, 2012. Disponível em: http://dx.doi.org/10.5751/ES-05000-170317. Acesso em: 23 out. 2021.

3 Os camponeses reivindicam o seu papel como produtores essenciais de alimentos e sementes

Uma análise comparativa entre Portugal e Romênia permite realizar um exercício de espelhos. Isto é, a Romênia reflete hoje um passado de Portugal, ao passo que Portugal reflete um possível futuro para a Romênia em nível do sistema agrícola e alimentar. Paralelamente às reflexões entre estes, em ambos, o campesinato e a agricultura de pequena escala prevalecem, enfrentando enormes dificuldades para manter os meios de subsistência e recursos produtivos (terra, sementes, etc.), lutando para sobreviver e ajustando-se a diversos tipos de recursos autoritários ou transições neoliberais. Gera-se, assim, uma dinâmica de subordinação, caracterizada também pela sua geografia, no sentido que ambos os países estão localizados em duas regiões periféricas diferentes da Europa, o sul e o leste da Europa, e onde a dinâmica e as políticas agrárias seguiram os paradigmas construídos no norte europeu, inspirados pela mudança agrícola promovida pelo norte global, amplamente inadequada para as estruturas agrárias, comunidades rurais e condições ecológicas locais.[41]

Do nosso trabalho comparativo foi possível verificar que camponeses em ambos os países compartilham muitas dificuldades para assegurar os seus meios de subsistência. Dificuldades que resultam das abordagens nacionais da PAC que persistentemente falham em reconhecer os camponeses como produtores de alimentos essenciais e a agricultura familiar como estruturas essenciais para a vitalidade das áreas rurais. Em ambos os estudos de caso, camponeses foram historicamente desqualificados como atores políticos e econômicos, sem oportunidade de definir os termos do debate público sobre sua própria vida.[42] Em relação a essas políticas, camponeses organizam-se e lutam coletivamente pela soberania alimentar como um apelo à justiça. As formas de organização da resistência, apesar de coordenada internacionalmente, são diferenciadas conforme as particularidades dos contextos nacionais.

---

[41] MORAGUES-FAUS, A. Revisiting food studies from a political ecology perspective: lessons from Mediterranean agri-food systems. *In*: IORIS, A. A. R. (ed.). *Agriculture, Environment and Development*: International Perspectives on Water, Land and Politics. Cham: Palgrave Macmillan, 2016, p. 59-90.

[42] VELICU, I. Prospective environmental injustice: insights from anti-mining struggles in Romania and Bulgaria. *Environmental Politics*, [S.l.], v. 29, n. 3, p. 414-434, 15 abr. 2020.

3.1 "Não temos mais autorização para produzir alimentos"

Os camponeses e pequenos agricultores revelam um sentimento generalizado de exclusão e maltrato, por parte dos políticos, acadêmicos e pela sociedade em geral. Um dirigente da CNA compartilhou que todos os governos, "quer da esquerda, quer da direita, agem como se os camponeses não merecessem um tratamento justo". "Os camponeses sentem falta de um senso básico de justiça", conclui.

Sua marginalização e exclusão estão relacionadas com a liberalização do comércio, a discriminação nas políticas nacionais da PAC e a concentração do mercado do agronegócio. Em ambos os países o campesinato é sistematicamente excluído dos subsídios da PAC porque o tamanho das suas explorações não está nos limites definidos institucionalmente para o que é considerado uma exploração agrícola viável. Além disso, o aumento da complexidade, burocracia e "linguagem" tecnocrática das políticas e regulamentos apenas é acessível aos agricultores empreendedores mais instruídos, excluindo uma população camponesa mais idosa, sem escolaridade e de baixos rendimentos. Em Portugal, mesmo que alguns tenham acesso a um pequeno subsídio, este só compensa os "preços baixíssimos" a que vendem a sua produção. Como afirma um dos nossos entrevistados da CNA, "os subsídios tiram a nossa dignidade".

Em Portugal, camponeses partilham uma lógica econômica de ganhar a vida do seu trabalho na terra, não de subsídios. Reivindicam por isso o direito a um sustento digno, a poder produzir e vender em condições que lhes garantam uma vida digna. Mas para tal ser possível, necessitam de outros tipos de apoio. Por exemplo, pequenas explorações têm que cumprir as mesmas regras das grandes explorações, embora seus recursos financeiros sejam muito diferentes. Uma das nossas entrevistadas que trabalha numa associação que é membro da CNA, disse-nos que "as grandes explorações agrícolas podem pagar técnicos ou ferramentas ITI, enquanto os pequenos produtores não têm dinheiro para isso". É precisamente o apoio das organizações de base camponesa e o fornecimento desses serviços diários que lhes permitem persistir.

Além disso, a crescente perda de locais de venda nos mercados locais, essenciais para o fornecimento de alimentos frescos, saudáveis e acessíveis para muitos consumidores de baixo e médio rendimento, agravou as dificuldades econômicas dos camponeses. Em ambos os países, as políticas nacionais do CAP têm levado o campesinato a "intensificar, diversificar ou morrer", negando sistematicamente o seu papel como produtores de alimentos e sementes e corre o risco de promover a perda de meios de subsistência para grupos significativos de produtores e o desaparecimento desse tipo de agricultura familiar. Como comenta um dos membros da Eco Ruralis, "Não temos mais autorização para produzir alimentos". Acrescentando que, "para as grandes empresas que vendem no supermercado é o paraíso na terra que um pequeno produtor de pão, salsichas, queijo deixe de existir".

3.2 "A comida é algo que nos mantém vivos"

Alguns conceitos-chave que podem ser usados para abordar tais pontos de vista são a economia moral, a reprodução social, os bens comuns, a autonomia, a sabedoria coletiva e o trabalho, convívio e reciprocidade, a nutrição e a saúde.

Para a população camponesa, a produção de alimentos não é uma mera mercadoria com fins lucrativos. Ser camponês e trabalhar a terra é um modo de vida que traz um sentido de autorrealização, de pertencer a um território e à comunidade local, de se reconectar com a "natureza" cuidando do solo, da paisagem, da casa e da cultura. Ser camponês é também uma forma de cumprir a função social da terra, ou seja, de prover alimentos para toda a população. Como conta um agricultor agroecológico em Portugal, "socialmente, [os camponeses] praticam uma ação social, porque temos um produto de qualidade, saudável, trabalhado com muito esforço. [...] É melhor comer menos e nutritivo". Para uma promotora da cadeia curta, pertencente a uma associação de entrega direta na Romênia, "[a] Comida não é algo que é fixe de se ter, é algo que nos mantém vivos, algo que garante a nossa espécie. Não é apenas a sobrevivência, mas a autoatualização ou o que seja, em que níveis queremos atingir". Para ambos, políticas como a PAC deveriam considerar a função social e cultural da produção camponesa de alimentos, em vez de negar esses vínculos pela promoção da agricultura ou modelos de diversificação agrícola que contornam as atividades dos camponeses e suas formas de ver o mundo.

Como detalharemos a seguir, camponeses e pequenos agricultores estão cientes dos diversos benefícios sociais e ambientais de seu trabalho, motivos pelos quais eram vistos como "guardiões do bem comum": cuidar do solo, preservar o patrimônio genético e cultural e reproduzindo sementes, mantendo os saberes e sabedorias ancestrais, produzindo alimentos saudáveis e acessíveis, mantendo a diversidade e vitalidade rurais, evitando o abandono de terras e os incêndios florestais.

3.3 "O campesinato como Guardiões da Natureza"

É no cotidiano, nas práticas do dia a dia, que camponeses e pequenos produtores tentam recuperar o orgulho do que significa ser um "agricultor virtuoso". Ao fazê-lo, contestam e desafiam os preconceitos sociais que os consideram "atrasados", bem como questionam as abordagens industriais e empresariais da agricultura.

Nas nossas entrevistas, a maioria considera serem aqueles que "protegem a natureza", "guardadores de sementes", "preservam a biodiversidade e o meio ambiente", "mantêm os territórios rurais vivos", "previnem incêndios florestais" e "produzem alimentos naturais de qualidade". As motivações para se tornar um produtor ou persistir na agricultura são econômicas, sociais e culturais. Juntamente com os fins de subsistência, a agricultura também é vista por muitos como uma forma de "estar bem com a vida", "aliviar o estresse", "ter uma vida mais saudável" e "proteger a terra" e "estar conectado com a terra". Assim, a multifuncionalidade não é vista como empreendedorismo, mas sim em relação com as múltiplas funções sociais e ambientais da agricultura enquanto produção de alimentos.

Muitos dos sistemas agrícolas camponeses e de pequena produção combinam práticas tradicionais com tecnologias modernas, e podem ser considerados mais ecológicos do que a agricultura industrial em grande escala. No entanto, para ser possível manter as práticas de agricultura ecológica, camponeses e pequenos produtores reclamam condições adequadas, tais como acesso aos mercados locais para venda dos seus produtos a preços justos, bem como políticas que apoiem a agricultura agroecológica e camponesa "tradicional". Para a maioria das pessoas entrevistadas, a agroecologia não equivale à agricultura orgânica. Uma jovem produtora a tempo parcial referiu-nos que "em Portugal, a agricultura biológica é só para os negócios [...] e apenas mais uma forma de abusar dos agricultores".

Para os camponeses e pequenos agricultores dos dois países, rótulos como agricultura orgânica ou agroecologia devem ser problematizados e considerados mais como debates políticos do que soluções técnicas – quem pode tirar proveito dessas novas soluções técnicas? Que conhecimento contam? Assim, abordar as condições que promovem ou restringem as suas atividades é crucial para o avanço de qualquer transição agroecológica "justa". Além disso, abordar o lado cultural e o estilo de vida da agroecologia também é relevante, pois para muitos, "trabalhar junto com a natureza ajudará a ter a abundância e a vida saudável que nós [como produtores] desejamos", como disse um produtor na Romênia.

3.4 "A associação tornou-me mais forte"

Em ambos os países, camponeses têm vindo a se associar às diversas associações de direitos camponeses locais, nacionais e transnacionais e associações de soberania alimentar, visando reivindicar direitos e interesses em escalas múltiplas e entrecruzadas, e construir uma visão de como promover uma sustentabilidade justa no sistema alimentar. Em Portugal, a CNA defende uma visão de justiça para "promover" o desenvolvimento que coloque camponeses e pequenos agricultores no centro de uma política alimentar direcionada para a garantia das necessidades sociais da produção alimentar. Isso envolve a relocalização dos sistemas alimentares, o reconhecimento do direito à alimentação e os incentivos à produção de alimentos saudáveis a preços justos para produtores e consumidores. É uma visão que se baseia no reconhecimento dos camponeses como produtores de alimentos essenciais para a construção de um sistema alimentar mais justo e sustentável. Camponeses e pequenos agricultores devem, portanto, ser incluídos como elementos centrais em qualquer política agrícola e alimentar, em vez de serem acusados de serem um problema de política social. Essa inclusão está longe da perspectiva empresarial promovida pela atual PAC sobre a multifuncionalidade da agricultura.

Nesse sentido, fazer parte de uma organização coletiva, seja ela nacional ou transnacional (como, por exemplo, redes internacionais contra as agroindústrias extrativas e outras) ajuda camponeses e pequenos agricultores a obterem apoio prático para lidar com as muitas dificuldades e problemas diários (inclusive emocionais) que enfrentam, para recuperar um sentido de pertença e lugar, de dignidade; promovendo a construção de uma identidade coletiva baseada nas relações de solidariedade entre produtores, bem como com outras lutas socioambientais locais ou não.

Para as pessoas entrevistadas, pertencer a uma organização como a CNA é fundamental por diversos motivos, tanto políticos como práticos. Para um dos nossos entrevistados, a CNA tem o "papel de intervir para pressionar os governos, liderar as pessoas e as políticas de defesa do setor". A um nível mais local, comentou que, na sua região, camponeses aderem à organização da CNA porque ao fazerem "recuperam o sentido de serem respeitados, principalmente por aqueles que querem que eles desapareçam". O trabalho das organizações da CNA na assessoria técnica e nos serviços de apoio é muito valorizado pelos nossos entrevistados e é considerado fundamental para a sua persistência na agricultura. Para uma agricultora a tempo parcial e membro da CNA, "[na CNA] sempre há alguém disponível para nos ajudar nas nossas dificuldades ou preocupações". Além disso, pertencer a uma organização é um meio de "ser ouvido, de ouvir os outros e ter consciência de que não estamos sós, que outros têm realidades semelhantes", sublinhou uma outra entrevistada.

A europeização da política agrícola e a abertura à globalização neoliberal levaram à necessidade de ampliar as solidariedades camponesas. Em 1992, por exemplo, a CNA juntou-se à Coordenação Camponesa Europeia (CCE) e participou na fundação do movimento agrário internacional La Via Campesina (LVC) em 1993. Atualmente, a CNA é membro ativo da Coordenação Europeia da LVC e defende a "soberania alimentar" como o "direito das nações" e o "direito das pessoas" de decidir sobre seus próprios sistemas alimentares e agrícolas.

Em Portugal, a CNA tem estado envolvida na estratégia política de construção de alianças com outras forças sociais, por meio de campanhas, plataformas e movimentos (principalmente de curta duração) desde meados da década de 1990, sobre os tópicos de desenvolvimento rural, água pública gratuita, sementes gratuitas, e anti-OGM. Mais recentemente, ajudou a criar a Rede Portuguesa para a Soberania Alimentar e Segurança Alimentar e Nutricional – Realimentar (2012), que se dedica a um trabalho de advocacia de políticas para o "direito à alimentação" e teve um papel importante na introdução desses tópicos na agenda pública e política. O trabalho de construção de alianças "dá mais força às lutas camponesas, em vez de lutar sozinho", comentou um dos nossos entrevistados. Essas ações ajudam a recuperar um sentido de identidade camponesa coletiva, divergente e oposta a uma visão liberal centrada no interesse individual, na competição e no conflito.

No caso das pessoas que vivem na Roménia, a situação é semelhante. Muitos têm aderido como membros da EcoRuralis, que embora constituída muito mais recentemente do que a CNA (em 2009), funciona tanto como uma catálise para a reivindicação dos seus direitos enquanto camponeses, quanto como um importante impulsionador e apoio para a (re)produção e distribuição de sementes, uma das suas principais atividades. Para as pessoas entrevistadas a associação promove um sentimento de pertença, que fortalece o sentimento de que 'Vês, não estás sozinho neste mundo'. Há por isso, um forte componente emocional e motivacional que lhes permite afirmar 'Não estou a ficar louco', empoderando as suas ações e resistência. Os momentos coletivos promovidos pela associação são também fundamentais para criar uma consciência crítica sobre a situação atual da agricultura camponesa e da soberania alimentar, resgatando uma identidade camponesa positiva e revalorizando as práticas, bem como os meios de subsistência que lhes permitem seguir produzindo alimentos no país de forma sustentável:

> Ao descobrir a associação, percebi plenamente a importância das sementes, da terra, da água e da soberania alimentar. A associação tornou-me mais forte e orgulhoso da minha ocupação e identidade de camponês, de guardador de sementes (...) Estou feliz e comovido pelo facto de sermos tantos camponeses reunidos aqui para o nosso 10º aniversário (choro e sorridente). (Entrevistado romeno)

4 Conclusão: trabalhadores essenciais ou produtores essenciais?

"Vemos a necessidade de sonhar com uma mudança mais radical do que a política contemporânea oferece."[43] Acadêmicos ativistas que apoiam esses movimentos estão preocupados com a crescente classe de trabalhadores rurais e camponeses que são ainda mais despojados e precários, mesmo quando reconhecidos como "trabalhadores essenciais".[44] Reivindicar a soberania alimentar, sobre as sementes ou

---

[43] PATEL, R.; MOORE, J. W. *A history of the world in seven cheap things*. [S.l.]: University of California Press, 2017. p. 41.
[44] ALTIERI, M. A.; TOLEDO, V. M. The agroecological revolution in Latin America: rescuing nature, ensuring food sovereignty and empowering peasants. *The Journal of Peasant Studies*, [S.l.], v. 38, n. 3, p. 587-612, 1 jul. 2011. BORRAS, S.; FRANCO, J. Towards a broader view of the politics of global land grab: rethinking land issues, reframing resistance. *Initiatives in Critical Agrarian Studies Working Paper Series*, [S.l.], n. 1, p. 1-39, 2010. EDELMAN, M. *What is a peasant? What are peasantries? A briefing paper on issues of definition.* [S.l.], Geneva, jul. 2013. Disponível em: http://www.ohchr.org/Documents/HRBodies/HRCouncil/WGPleasants/Edelman.pdf. Acesso em: 10 jun. 2015. PATEL, R.; MOORE, J. W. *A history of the world in seven cheap things*. [S.l.]: University of California Press, 2017. WITTMAN,

a terra, é descrito como um projeto político democrático para qualquer agência política e econômica camponesa, com o crédito de "esfriar o planeta", revertendo o desemprego urbano, a migração ou a fome, revalorizando o campo e construindo a resiliência do ecossistema.[45] Rejeitando a visão que os caracteriza como historicamente anacrônicos, camponeses investem em construir um papel político crucial promotor de uma nova racionalidade agroecológica ou de fundação da civilização.[46]

Como parte da estratégia de legitimação do movimento, as comunidades agrárias, reivindicam papel de "guardiãs dos bens comuns"[47] e de "portadoras do conhecimento indígena",[48] e, assim, apresentam-se enquanto atores fundamentais para as estratégias de combate ao aquecimento global e preservação do patrimônio comum do nosso planeta.[49]

Durante a ação, "Unido na diversidade", a LVC enfatizou a promulgação de novas identidades coletivas unidas livremente em torno da ideia sobre o trabalho e a terra, e promoveu diversas ações de partilha de sementes, trabalho e sonhos cooperativos. Nesse paradigma que tentam construir, a soberania alimentar atravessa a divisão urbanorural podendo atender às necessidades de populações urbanas ao mesmo tempo que realizam práticas sustentáveis para a agricultura.[50]

H.; DESMARAIS, A. A.; WIEBE, N. (ed.). *Food sovereignty*: reconnecting food, nature and community. Halifax: Fernwood Publishing, 2010.

[45] MCMICHAEL, Philip. Historicizing food sovereignty. Journal of peasant studies, v. 41, n. 6, p. 933-957. 2014.

[46] WITTMAN, H.; DESMARAIS, A. A.; WIEBE, N. (ed.). *Food sovereignty*: reconnecting food, nature and community. Halifax: Fernwood Publishing, 2010.

[47] MCMICHAEL, P. Food sovereignty in movement: addressing the triple crisis In: WITTMAN, H.; DESMARAIS, A. A.; WIEBE, N. (ed.). *Food Sovereignty. Reconnecting Food, Nature and Community*, p. 168-185. 2010

[48] ALTIERI, M. A.; TOLEDO, V. M. The agroecological revolution in Latin America: rescuing nature, ensuring food sovereignty and empowering peasants. *The Journal of Peasant Studies*, v. 38, n. 3, p. 587-612, 1 jul. 2011.

[49] BORRAS, S.; FRANCO, J. Towards a broader view of the politics of global land grab: rethinking land issues, reframing resistance. *Initiatives in Critical Agrarian Studies Working Paper Series*, [S.l.], n. 1, p. 1-39, 2010. PATEL, R.; MOORE, J. W. *A history of the world in seven cheap things*. [S.l.]: University of California Press, 2017. EDELMAN, M. *What is a peasant? What are peasantries? A briefing paper on issues of definition*. [s.n.], Geneva, jul. 2013. Disponível em: http://www.ohchr.org/Documents/HRBodies/HRCouncil/WGPleasants/Edelman.pdf. Acesso em: 10 jun. 2015. WITTMAN, H.; DESMARAIS, A. A.; WIEBE, N. (ed.). *Food sovereignty*: reconnecting food, nature and community. Halifax: Fernwood Publishing, 2010.

[50] MCMICHAEL, Philip. Historicizing food sovereignty. Journal of peasant studies, v. 41, n. 6, p. 933-957. 2014.

Os valores ético-políticos propostos pelo movimento pela soberania alimentar contrariam, assim, os discursos tecnocráticos e sustentam uma alternativa à agricultura capitalista, provêm a autonomia em frente da crescente dependência, e recorrem na prática à diversificação frente aos modelos de padronização e especialização da agricultura. Esse movimento promove ainda a cooperação e a reciprocidade como alternativa à competição, a suficiência frente à eficiência e a soberania contra a mercantilização da vida.[51]

A construção de uma identidade coletiva camponesa realiza-se também por um trabalho reflexivo associado com as reivindicações mais institucionais sobre os seus direitos. A recente Declaração da ONU sobre os direitos de camponeses e outros trabalhadores rurais[52] reflete o sucesso de décadas de ativismo pelos direitos à terra e outros recursos naturais, em estreita articulação com uma conceção alternativa de direitos humanos; menos individualista ou liberal, menos antropocêntrica, não ocidental e mais coletiva, cosmopolita e multicultural.[53] Essa declaração segue caminhos semelhantes à reivindicação ao direito de autonomia reconhecido na Declaração Internacional dos Direitos dos Povos Indígenas.[54] Como o próprio nome indica, UNDROP é um bom exemplo do desafio que temos pela frente. O desafio de não apenas defender e garantir os direitos dos camponeses e produtores de alimentos e seus recursos, mas também de se manter a posição de titular de tais direitos para quem quer que adote a identidade de camponês.

---

[51] BERNSTEIN, H. Food sovereignty via the "peasant way": a sceptical view. *The Journal of Peasant Studies*, [S.l.], v. 41, n. 6, p. 1031-1063, 2 nov. 2014. WITTMAN, H.; DESMARAIS, A. A.; WIEBE, N. (ed.). *Food sovereignty*: reconnecting food, nature and community. Halifax: Fernwood Publishing, 2010.

[52] UNDROP. United Nations Declaration on the Rights of Peasants. Disponível em: https://digitallibrary.un.org/record/1650694. Acesso em: 23 mar. 2022.

[53] CLAEYS, P. The rise of new rights for peasants. From reliance on NGO intermediaries to direct representation. *Transnational Legal Theory*, [S.l.], v. 9, n. 3-4, p. 386-399, jan. 2018.

[54] GOLAY, C.; ÖZDEN, M. The right of peoples to self-determination and to permanent sovereignty over their natural resources seen from a Human Rights perspective. Series of the Human Rights Programme of the Europe-Third World Centre (CETIM). 2010. Disponível em: https://www.cetim.ch/legacy/en/documents/bro12-auto1-A4-an.pdf. Acesso em: 25 mar. 2022.

Referências

ALLEN, P. Mining for justice in the food system: perceptions, practices, and possibilities. *Agriculture and Human Values*, v. 25, n. 2, p. 157-161. 2008.

ALKON, A. H.; AGYEMAN, J. Cultivating the fertile field of food justice. In: ALKON, A. H.; AGYEMAN, J. (ed.). *Cultivating food justice*: race, class, and sustainability. [S.l.]: The MIT Press, 2011, p. 331-348.

ALTIERI, M. A.; TOLEDO, V. M. The agroecological revolution in Latin America: rescuing nature, ensuring food sovereignty and empowering peasants. *The Journal of Peasant Studies*, [S.l.], v. 38, n. 3, p. 587-612, 1 jul. 2011.

BERNSTEIN, H. Food sovereignty via the "peasant way": a sceptical view. *The Journal of Peasant Studies*, [S.l.], v. 41, n. 6, p. 1031-1063, 2 nov. 2014.

BOLTVINIK, J. *Peasant poverty and persistence in the 21st century*: theories, debates, realities and policies. Londres: Zed Books, 2016.

BORGHESI, R. Peasant resistances. *Scienze del Territorio*, [S.l.], v. 2, p. 147-158, 2014.

BORRAS, S.; FRANCO, J. Towards a broader view of the politics of global land grab: rethinking land issues, reframing resistance. *Initiatives in Critical Agrarian Studies Working Paper Series*, [S.l.], n. 1, p. 1-39, 2010.

CLAEYS, P. The of new rights for peasants. From reliance on NGO intermediaries to direct representation. *Transnational Legal Theory*, [S.l.], v. 9, n. 3-4, p. 386-399, jan. 2018.

DE SCHUTTER, O. *International human rights law*: cases, materials, commentary. 3. ed. Cambridge: Cambridge University Press, 2019.

DESMARAIS, A. A. *La Vía Campesina*: globalization and the power of peasants. Halifax and London: Fernwood Publishing and Pluto Books, 2007.

EDELMAN, M. *What is a peasant? What are peasantries? A briefing paper on issues of definition.* [s.n.], Geneva, jul. 2013. Disponível em: http://www.ohchr.org/Documents/HRBodies/HRCouncil/WGPleasants/Edelman.pdf. Acesso em: 10 jun. 2015.

GOLDTHAU A.; SOVACOOL, B. K. Energy technology, politics, and interpretative frames: shale gas fracking in Eastern Europe. *Global Environmental Politics*, [S.l.], v. 16, n. 4, p. 50-69, nov. 2016.

GOODMAN, D. (2004). Rural Europe Redux ? Reflections on Alternative Agro-Food Networks and Paradigm Change. *Sociologia Ruralis*, v. 44, n. 1, p. 3.16, 2004.

GOODMAN, D.; DUPUIS, E.M.; GOODMAN, M.K. *Alternative food networks*: knowledge, practice, and politics. New York: Routlege, 2012.

HOLT-GIMÉNEZ, E.; ALTIERI, M. A. Agroecology, food sovereignty, and the new green revolution. *Agroecology and sustainable Food systems*, [S.l.], v. 37, n. 1, p. 90-102, Dec. 2015.

HOLT-GIMÉNEZ, E.; SHATTUCK, A. Food crises, food regimes and food movements: rumblings of reform or tides of transformation? *The Journal of peasant studies*, [S.l.], v. 38, n. 1, p. 109-144, jan. 2011.

LOWE, P. *et al.* Regulating the new rural spaces: the uneven development of land. *Journal of rural studies*, v. 9, n. 3, p. 205-222, 1993.

LÓPEZ-I-GELATS, F. Is mountain farming no longer viable? In: MANN, S. (ed.). *The future of mountain agriculture*. [S.l.]: Springer Berlin Heidelberg, p. 89-104, 2013.

MAGNAGHI, A. *Il progetto locale*: verso la coscienza di luogo. Torino: Bollati Boringhieri, 2010.

MATTHEWS, A. Promoting family farming: the european union. *GREAT Insights*, [S.l.], v. 3, n. 1. dec. 2013 – jan. 2014.

MORAGUES-FAUS, A. Revisiting food studies from a political ecology perspective: lessons from Mediterranean agri-food systems. *In*: IORIS, A. A. R. (ed.). *Agriculture, Environment and Development*: International Perspectives on Water, Land and Politics. Cham: Palgrave Macmillan, 2016, p. 59-90.

PATEL, R.; MOORE, J. W. *A history of the world in seven cheap things*. [S.l.]: University of California Press, 2017.

ROSSET, P. M.; MARTÍNEZ-TORRES, M. E. Rural Social Movements and Agroecology: Context, Theory, and Process. *Ecology and Society*, [S.l.], v. 17, n. 3, 2012. Disponível em: http://dx.doi.org/10.5751/ES-05000-170317. Acesso em: 23 out. 2021.

VAN DER PLOEG, J. D. The peasantries of the twenty-first century: the commoditisation debate revisited. *The Journal of Peasant Studies*, [S.l.], v. 37, n. 1, p. 1-30, 1 jan. 2010.

VAN DER PLOEG, J. D. Revitalizing agriculture: farming economically as starting ground for rural development. *Sociologia ruralis*, [S.l.], v. 40, n. 4, p. 497-511, 2000.

VAN DER PLOEG, J. D. *Camponeses e Impérios Alimentares*: lutas por autonomia e sustentabilidade na era da globalização. Porto Alegre: UFRGS Editora, 2008.

VAN DER PLOEG, J. D.; ROEP, D. Multifunctionality and rural development: the actual situation in Europe. *In*: VAN HUYLENBROEK, G.; DURAND G. (ed.). *Multifunctional agriculture*: a new paradigm for European agriculture and rural development. Aldershot: Ashgate, 2003, p. 37-54.

VELICU, I. Prospective environmental injustice: insights from anti-mining struggles in Romania and Bulgaria. *Environmental Politics*, [S.l.], v. 29, n. 3, p. 414–434, 15 abr. 2020.

VESALON L.; CREȚAN, R. "We are not the Wild West": anti-fracking protests in Romania. *Environmental Politics*, [S.l.], v. 24, n. 2, p. 288-307, mar. 2011.

WITTMAN, H.; DESMARAIS, A. A.; WIEBE, N. (ed.). *Food sovereignty*: reconnecting food, nature and community. Halifax: Fernwood Publishing, 2010.

Informação bibliográfica deste texto, conforme a NBR 6023:2018 da Associação Brasileira de Normas Técnicas (ABNT):

VELICU, Irina; CASTRO, Irina; CALVÁRIO, Rita; OPREA, Anastasia; OGREZEANU, Andreea. De camponeses a trabalhadores e vice-versa?: debatendo a centralidade do trabalho na alimentação em Portugal e na Romênia. *In*: TRENTINI, Flavia; BRANCO, Patrícia; CATALAN, Marcos (coord.). *Direito e comida*: do campo à mesa: cidadania, consumo, saúde e exclusão social. Belo Horizonte: Fórum Social, 2023. p. 351-370. ISBN 978-65-5518-511-9.

COMIDA E REFUGIADOS: ENTRE *ENTITLEMENT* E *EMPOWERMENT*, PARA UMA MIGRAÇÃO FORÇADA SUSTENTÁVEL. O POTENCIAL DA EDUCAÇÃO GASTRONÔMICA NO SISTEMA DE ACOLHIMENTO ITALIANO

Maria Giovanna Onorati

> *Quando cheguei à Itália, sentia muito a falta da comida da minha terra. Tentei comer alguns pratos italianos, mas não consegui. Ao início foi-me muito difícil comer. Nos centros de acolhimento onde estive, na Sicília e em Cuneo, só nos davam pasta. Havia cozinhas comuns onde não tínhamos possibilidade de cozinhar, mas havia uma cozinheira que cozinhava para nós. Preparava pratos aos quais não estávamos habituados. Comíamos sempre pasta ou então couscous ou batatas.*
>
> (Efosa, Nigéria, refugiado. Chegou à Itália como menor não acompanhado)

> *A "minha" comida é o anjero. No meu país comemo-lo ao pequeno almoço. No centro como sempre sozinha, e quando como anjero sinto-me tranquila, sem preocupações.*

(Hodan, Somália, refugiada)

1 Introdução

O presente texto trata da importância da comida nos contextos de migração forçada e do impacto positivo do desenvolvimento de capacidades nutricionais nos processos de *empowerment* e inclusão social dos requerentes de asilo e refugiados.

O importante papel que a comida assume na experiência migratória é um tema caro aos *food studies*,[1] que evidenciam a fundamental função de ligação entre presente e passado e de reconstrução das identidades diaspóricas nos contextos de chegada.[2] Mais recentemente, e ainda pouco estudada, é, em vez disso, a função vital e regenerativa da comida nos processos de migração dita "forçada". Tratar da relação com a comida na experiência de *displacement* forçado implica não só avaliar a adequação dos processos de acolhimento, mas também ir ao seio de um direito fundamental, pilar da sustentabilidade social e dos sistemas alimentares de uma sociedade.

O desenvolvimento de *food skills* pode tornar-se um importante fator de resiliência e de participação social para os recém-chegados, e ainda um *empowerment* com efeitos regenerativos sobre os sistemas alimentares das sociedades de chegada.

---

[1] DINER, H. Hungering for America: Italian, Irish and Jewish Foodways in the Age of Migration. Cambridge: Harvard, 2002. GABACCIA, D.R. *We are what we eat*. Ethnic Food and the Making of America. Cambridge: Harvard, 1998. FROST, W.; LAING; J. Cuisine, Migration, colonialism and diasporicidentities. *In*: TIMOTHY, D. (ed.), *Heritage cuisines*. London/New York: Routledge, 2016, p. 37-52. CINOTTO, S. *The Italian American Table*. Urbana-Chicago-Springfield: University of Illinois, 2013.

[2] COHEN R. Diasporas and the state: from victims to challengers. *International Affairs*, London, v. 72, n. 3, p. 507-520, jul. 1996.

2 A "migração forçada" nas gramáticas da mobilidade

Com a expressão "migração forçada" as ciências sociais designam geralmente, e sob uma única definição, diversos tipos de movimentação *involuntária* de pessoas através das fronteiras internacionais. Para as ciências sociais, de fato, ainda hoje o conceito de migração se configura muito genericamente como o movimento de um indivíduo singular ou de um grupo de pessoas de uma área geográfica para outra.[3] Tendencialmente, trata-se de uma movimentação entre "sociedades nacionais",[4] diferente do projeto de quem escolhe deixar o próprio país e estabelecer-se, por um período médio-longo ou definitivamente, num outro Estado, onde, em geral, existe uma comunidade étnica de origem pronta a acolher os recém-chegados. Se bem que as razões que levam a um percurso migratório sejam sempre imperiosas, a migração configura-se normalmente como um processo voluntário, ditado pela procura de melhores condições econômicas e de outras tantas trajetórias; sendo, pois, um conceito muito distante das necessidades de proteção específica de que, por sua vez, carecem os refugiados, não tendo particulares implicações jurídicas. Por esse motivo, a UNHCR desaconselha o uso do termo "migração" para todas estas movimentações internacionais que implicam a requisição de asilo ou de proteção. Daí a necessidade de juntar o adjetivo "forçada" para distinguir a condição de extrema vulnerabilidade e de particular necessidade de proteção que diferencia o movimento de requerentes de asilo e refugiados. Estas são, assim, pessoas que se encontram em uma situação de particular perigo que requer ulteriores garantias, definidas juridicamente, com relação a outras tipologias de migrantes.

A condição de refugiado é estabelecida pelo direito internacional, que atribui aos Estados uma série bem definida e específica de obrigações legais de tutela. Ainda que o artigo 14 da Declaração Universal dos Direitos Humanos já declarasse desde 1948 que *todo ser humano, vítima de perseguição, tem o direito de procurar e de gozar asilo em outros países*, o conceito de asilo não era especificado. Foi preciso esperar pela Convenção das Nações Unidas de 1951, conhecida como Convenção de Genebra, para que fosse dada uma definição unívoca

---

[3] INTERNATIONAL ORGANIZATION FOR MIGRATION. *Glossary on Migration*. Geneva: IOM, 2019.
[4] GIDDENS A., SUTTON, P.W. *Essential concepts in sociology*. Polity: Cambridge, 2013. pos. 1400 (Kindle).

de refugiado e, assim, de asilo; assim como foi preciso esperar o Protocolo de 1967 para que fossem retiradas as limitações temporais e geográficas que circunscreviam as condições de conflito e de perigo que justificavam o pedido de proteção aos *eventos anteriores a janeiro de 1951*, e como tal implicitamente ligados aos eventos ocorridos na Europa antes daquela data.[5]

Nos termos do artigo 1A da mesma Convenção, um refugiado é uma pessoa que se encontra fora do seu país de origem, *mas não pode ou não quer regressar* devido a um *fundado temor de ser perseguido por motivos de raça, religião, nacionalidade, pertença a um particular grupo social ou de opinião política*. A situação é, na quase totalidade dos casos, de um perigo tal que a procura de segurança, na maior parte dos casos nos países vizinhos, ou de proteção por parte de um outro Estado constitui a única possibilidade de salvação. O asilo configura-se, assim, como um acolhimento do pedido de proteção, fundado em três princípios fundamentais enunciados na Convenção de Genebra: a não discriminação, a não penalização e o não afastamento. Este último é um princípio essencial do direito internacional, a partir do momento que a condição de vulnerabilidade do requerente de asilo é tal que a negação do mesmo pode ter consequências fatais.

Desse modo, segundo as gramáticas jurídicas, sociais e culturais da mobilidade humana, a deslocação do refugiado não é de modo algum enquadrável no mito da migração moderna, nem é representável como o mais antigo e mítico paradigma da sede de conhecimento encarnado na epopeia heroica de Ulisses. A própria definição de refugiado exclui do horizonte do percurso de mobilidade a componente da vontade, assim como a de desejo de conhecimento e de perspetiva de regresso. Essa, em vez disso, liga o *status* que caracteriza o afastamento forçado dos próprios lugares de origem à fragilidade das molduras existenciais conotadas com insegurança e medo, e condenadas à instabilidade na passagem entre Estados. Desse ponto de vista, mais do que à migração moderna, a mobilidade dos refugiados e dos requerentes de asilo parece-se com aquela dinâmica brutal que Sassen apelida de "expulsão": uma dinâmica que visa não tanto a impedir a entrada dos indivíduos num sistema, mas sobretudo a expelir aqueles que já se encontram no seio

---

[5] UNHCR. *Convention and Protocol Relating to the Status of Refugees*. Text of the 1951 Convention Relating to the Status of Refugees. Text of the 1967 Protocol Relating to the Status of Refugees. Resolution 2198 (XXI) adopted by the United Nations General Assembly. Geneva: UNHCR, [s.d.].

do sistema e acabam, de forma imprevista, por se encontrar no outro lado da linha,[6] acabando literalmente "armazenados" ('warehoused') por um tempo indefinido.

Ainda que a condição de refugiado seja definida a partir de quadros normativos supranacionais, o Estado-Nação continua a única fonte de direitos e de agência para estas pessoas em movimento. Tal constringe frequentemente os refugiados e os requerentes de asilo a viver no "gap entre estados"[7] por períodos de mobilidade forçada nos quais os direitos fundamentais são suspensos por tempo indefinido,[8] com resultados muitas vezes trágicos, como demonstra o que está neste momento a acontecer nas fronteiras entre a Polónia e a Bielorrússia. O foco deste texto é, precisamente, sobre a relação que se cria entre migrantes forçados e a comida durante trânsito, o que mostra os limites do "sedentarismo",[9] daquela abordagem dominante que concebe a integração como um processo sobretudo *top down*, "peculiarmente ligado a um só lugar", que se desenvolve exclusivamente num país, em uma sociedade, em uma economia, em uma cidade.[10]

Nestes últimos anos, a Itália contribuiu tristemente para a produção desse *gap* entre Estados, com expedientes normativos que catapultaram de um dia para o outro figuras já frágeis, como no caso os titulares de proteção humanitária, para fora das tutelas legais. De fato, e ainda que o asilo seja um dos direitos fundamentais, reconhecido no artigo 10, parágrafo terceiro, da Constituição italiana, nem sempre o quadro normativo vigente permitiu a sua atuação. Pense-se, por exemplo, no descuido do legislador que, com o D.L. nº 113/2018 convertido na Legge nº 132/2018, eliminou a proteção humanitária, privando a disciplina italiana em matéria de direitos da imigração de um instrumento concreto de atuação das existentes e persistentes obrigações constitucionais e internacionais.[11]

---

[6] SASSEN, S. *Expulsions*: brutality and complexity in the global economy. Belknap: Cambridge – London, 2014. pos. 70 (Kindle).
[7] HADDAD, E. *The refugee in international society*: between sovereigns. Cambridge: Cambridge University, 2008, p. 7.
[8] ONORATI, M.G. Enhancing food-related agency in refugees and asylum seekers: A driver to resilience and regenerative empowerment. *Mondi Migranti*, Milão, v. 2, p. 89-104, 2021.
[9] SHELLER, M.; URRY, J. The new mobilities paradigm. *Environment and Planning*, Thousand Oaks, v. 38, p. 207-226, 2006.
[10] MAVROMMATIS, G. Grasping the meaning of integration in an era of (forced)mobility: ethnographic insights from an informal refugee camp. *Mobilities*, Abingdon, v. 13, n. 6, p. 861-875; 2018, p. 865.
[11] ZORZELLA, N. La nuova protezione speciale introdotta dal d.l. 130/2020. Tra principio di flessibilità, resistenze amministrative e problematiche applicative. *Diritto, Immigrazione e Cittadinanza*, Florença, n. 2, p. 129-154, 2021.

Daqui deriva um enorme vazio normativo, superado apenas graças ao D.L. nº 130/2020 (depois convertido na Legge nº 173/2020) que introduziu uma nova proteção especial, permitindo à jurisprudência italiana voltar a atuar, ainda que no meio de muitos obstáculos, em matéria de reconhecimento do estatuto de refugiado. Mesmo sem reintroduzir a autorização de residência por razões humanitárias, voltou-se a alargar as malhas da proteção, levando ao aumento das concessões de proteção de 1% em 2019 aos atuais 9%, sem, todavia, regressar aos originários 28% de 2017, anteriores à Legge nº 132/2018. Os próprios tribunais puderam, assim, reconhecer situações de particular vulnerabilidade de pessoas "pertencentes a particulares grupos sociais", tais como crianças soldado, vítimas de tráfico para fins de exploração laboral, tratamentos desumanos em razão de homossexualidade, para além de uma avaliação de um concreto risco de *re-trafficking* para aqueles que venham a ser repatriados, o que aumentou de forma notável por efeitos da covid-19.[12] Na avaliação dos riscos e da vulnerabilidade desses resultantes, entra em jogo uma casuística de largo espectro, que passa de maneira cada vez mais capilar pela dimensão das relações sociais, familiares e culturais nas quais a pessoa se insere e/ou se possa vir a encontrar, independentemente da condição de isolamento e desenraizamento na qual se encontra no momento do pedido de proteção. Entendo esta última passagem normativa como um avanço significativo da parte do direito no que concerne a compreensão das necessidades específicas dos refugiados, frequentemente inseparáveis dos próprios contextos de atravessamento. A comida entra amplamente na configuração dessas necessidades e nas ausências que se produzem na passagem.

3 A comida na "migração forçada": as raízes de um êxodo

No final de 2020, entre os 82,4 milhões de indivíduos em mobilidade forçada no mundo, 4,1 milhões eram requerentes de asilo e 26,4 milhões eram refugiados.[13] Em relação a 2019, o número de pessoas que requerem proteção a um outro Estado aumentou em 1,4 milhões, o que significa que a pandemia de covid-19 não fez diminuir esses

---

[12] FLAMINI, M.; ZORZELLA, N. Asilo e protezione internazionale. *Diritto, Immigrazione e Cittadinanza*, Florença, n. 2, p. 129-154, 2021.

[13] UNHCR. *Figures at a glance*, 2020. Disponível em https://www.unhcr.org/figures-at-a-glance.html. Acesso em: 15 nov. 2021.

fluxos, apenas os direcionou para outras rotas e para outros países onde nem sempre os direitos e a dignidade das pessoas são garantidos, acabando por agudizar a insegurança e vulnerabilidade constitutivas desta tipologia de migrantes. Na Itália, em 2020, ano em que se deu a emergência da covid-19, houve 32.542 desembarques, em 2021 (mais precisamente entre 1 de janeiro e 26 de novembro) quase duplicaram, chegando a 62.236 (Ministero dell'Interno).

A pandemia abateu-se de forma violenta sobre esta tipologia de migrantes, os quais, recusados junto às fronteiras fechadas ou bloqueados em barcos em quarentena, tiveram de enfrentar situações de insegurança, *in primis* aquela alimentar, tendo como efeito uma geral debilitação do estado de saúde, muitas vezes com resultados fatais. Mesmo aqueles que encontraram proteção no solo de um Estado tiveram de enfrentar múltiplos problemas para aceder aos serviços de saúde e de proteção. Em tempos de covid-19, a questão do comprometimento da segurança alimentar necessita, pois, de particular atenção.[14]

A comida é, de fato, uma importante chave de leitura para compreender as dinâmicas de *exclusão* que transformam os cidadãos em fugitivos. Tal leva-nos, assim, às raízes de um êxodo, aquele determinado a partir da insegurança alimentar, ao mesmo tempo causa e efeito da migração. A partir da lente da comida é possível indicar, em particular, seja as específicas necessidades dos migrantes forçados, tornando os processos de acolhimento mais adequados, seja a importância do direito fundamental à alimentação, pilar da sustentabilidade social e dos sistemas alimentares de uma sociedade.

A montante das opressões, conflitos, violências, violações dos direitos humanos e sérios comprometimentos da ordem pública que, nos acordos internacionais, configuram as condições para um legítimo pedido de proteção a outro Estado, existe sempre uma grave crise alimentar.[15]

De fato, os principais países afetados pela insegurança alimentar, como a República Democrática do Congo, Afeganistão, Etiópia, Síria, Sudão e Sudão do Sul, Nigéria do Norte e Burundi,[16] são também os

---

[14] SHARMA, M. Conceptualizing the nexus of migration and foodsecurity during COVID-19. *Journal of Agriculture, Food Systems, and Community Development*, Michigan, v. 9, n. 4, p. 181-185, 2020.

[15] ONORATI, M. G. *Cibo per l'inclusione*: pratiche di gastronomia per l'accoglienza. Milano: Franco Angeli, 2020, p. 106.

[16] GUSTAFSON, Sara. Global report on food crises: 113 million people in 53 countries experienced acute hunger in 2018, *Food Security Portal*, 02 abr. 2019. Disponível em

principais países de onde provêm os refugiados do mundo. Ainda que nas dinâmicas iniciais que transformam os cidadãos em fugitivos haja sempre uma insegurança marcada pela fome, devido a um acesso restrito ou comprometido aos recursos primários de um país (água, comida, terra), não existe ainda um *status* para os "refugiados da fome".[17]

Nos últimos anos, às conhecidas dinâmicas da pobreza juntaram-se os efeitos devastantes das alterações climáticas. São cada vez mais os fatores não originariamente sociais ou políticos, mas ambientais, a produzir empobrecimento, crises de subsistência e de grave desestabilização das comunidades locais. Grande parte daquela miríade de seres humanos obrigados a fugir vive em *hotspot* climáticos, áreas geográficas que estão a aquecer mais rapidamente que outras[18] e onde o aquecimento global está a pesar sobre os ecossistemas, as produções agrícolas, a disponibilidade de recursos hídricos, e sobre o risco hidrogeológico, tornando os recursos cada vez mais escassos e os ambientes cada vez mais inóspitos. Basta pensar na grave e rápida crise humanitária que se verificou no último ano na região africana do Sahel, que é também um dos principais "hotspot" climáticos do planeta, ou nos 3,9 milhões de evacuados na Venezuela, um dos principais estados pelo qual se estende a Amazónia, um dos "hotspot" climáticos mais afetados.

4 As trajetórias da comida na "migração forçada": de *entitlement* a capital

> *Antes que rebentasse a guerra em Aleppo, pensava na comida como qualquer coisa que damos por certo ou, no máximo, como um prazer, mas com a guerra os recursos começaram a faltar, vi pessoas começarem a sofrer com a fome. Em Aleppo*

---

www.foodsecurityportal.org/global-report-food-crises-113-million-people-53-countries-experienced-acute-hunger-2018. Acesso em: 15 nov. 2021.

[17] MORAMARCO, S. Violenza politica, sicurezza alimentare e flussi migratori: l'arma letale della "fame". *Safety & Security Magazine*, 01.08.2018.

[18] TURCO, M. *et al.* Observed climate change hotspots, *Geophysical Research Letters*, [s.l.], v. 42, n. 9, p. 3521-3528, 2015.

era professora, vi as crianças a sofrer porque tinham perdido tudo, não tinham nada para comer. Quando cheguei a Itália pensei: o que posso fazer por eles? Posso começar a partir da comida e da educação.

(Nuha, Síria, refugiada)

Nos termos do artigo 25 da Declaração dos Direitos Universais, a alimentação configura-se como o direito fundamental à nutrição e ao bem-estar. Percebe-se, de imediato, na formulação de um direito universal, esta dupla função da alimentação de satisfazer seja as necessidades imediatas, como as nutricionais, seja as necessidades mediatas, cultural e socialmente definidas, de bem-estar. Presente na linha de fronteira entre corpo e mente, entre natureza e cultura, a comida assume uma duplicidade constitutiva intrínseca ao sentido de radicalidade que a alimentação assume na experiência humana. Não é por acaso que esta duplicidade que se encontra também na definição de *segurança alimentar* fornecida pela FAO, segundo a qual a segurança alimentar se realiza sempre que "todas as pessoas, em qualquer momento, tenham acesso físico, social e económico a alimentos suficientes, seguros e nutritivos que garantam as suas necessidades e preferências alimentares para conduzir uma vida ativa e saudável".[19] A condição do migrante forçado é paradigmática para compreender os múltiplos significados e funções assumidas pela comida na existência humana e as diversas dimensões resultantes da insegurança alimentar.

A insegurança alimentar é uma condição multidimensional, como o são todas as formas de pobreza,[20] e, independentemente de se configurar como falta de comida ou como insuficiente assunção de alimentos, ou como assunção de alimentos desadequados, interfere de diversos modos sobre a capacidade de agência dos indivíduos. Entre as múltiplas perdas enfrentadas pelo migrante forçado, a primeira é aquela do direito a nutrir-se e a estar bem, que preclude a perda de *status* em todas as suas formas. Não é por acaso, como evidencia

---

[19] FAO. *Rome Declaration on World Food Security*, World Food Summit 1996, Rome.
[20] HENDRIX, C.; BRINKMAN, H.J. Food insecurity and conflict dynamics: causal linkages and complex feedbacks. *Stability*, Londres, n. 2, v. 2, p. 1-18, 2013. HENDRIKS, S.L. The food security continuum: a novel tool for understanding food insecurity as a range of experiences. *Food Security*, Nova Iorque, v. 7, p. 609-619, 2015.

Amartya Sen,[21] que o *food entitlement* é um termómetro do estado de saúde de todos os outros direitos. A comida não é, pois, um simples bem, mas um *entitlement*, um *aver titolo* em nome de um princípio, e um estado de existência, que se carateriza como aquisição ou como perda, não necessariamente reconduzível ao que o sujeito faz, mas sim à capacidade de definição de funcionamento. A comida faz parte daqueles *entitlement* que criam as condições de existência dos indivíduos[22] e que define a capacidade de funcionamento entendida como possibilidade de realização de um potencial estado do sujeito. Os *entitlement* têm a ver com as possibilidades, social e politicamente reguladas, de aceder à provisão de bens e serviços materiais e imateriais. Estes últimos não são apenas disponibilidades, nem meros direitos, são sim condições de possibilidade que pressupõem a ativação do próprio sujeito no seio de um espaço social e favorecem a capacidade de mobilização participativa de forma a desenvolver um senso de pertença social.[23] Em uma tal perspetiva, o *entitlement* à alimentação é a condição arquimediana da capacidade dos indivíduos de funcionar no seio de um contexto, uma capacidade que é, nas palavras de Sen, "liberdade de adquirir o bem-estar".[24] Trata-se de uma liberdade que não é concebida como abstrata, nem como mera capacidade potencial daquilo que o agente quer fazer, mas como capacidade de funcionar concretamente graças a uma série de oportunidades, de condições de contexto que permitem ao sujeito traduzir aquelas oportunidades em exercícios concretos de liberdade.

À luz desta visão, na qual o sujeito funciona politicamente em conjunto e graças ao que o contexto é capaz de ativar, é possível identificar nos processos da migração forçada uma trajetória da comida de tipo parabólico,[25] que é a metáfora paradigmática do estado de saúde do *entitlement* e da *agency* do migrante forçado. Esta trajetória carateriza-se por uma fase inicial descendente devida a uma perda de agência alimentar, uma perda que começa durante as crises alimentares agudas que preanunciam os êxodos. A curva da agência alimentar desce e configura-se prevalentemente como falta de comida durante a fase

---

[21] SEN, A. *Inequality*. Reexamined. Oxford: Oxford Univeristy, 1992.

[22] SEN, A. *Poverty and famines*: an essay on entitlement and deprivation. Oxford: Clarendon, 1981.

[23] DAHRENDORF R. *The crisis of democracy*. London: Gibson Square Books, 2007.

[24] SEN, A. *Inequality*. Reexamined. Oxford: Oxford Univeristy, 1992.

[25] ONORATI, M.G. Enhancing food-related agency in refugees and asylum seekers: A driver to resilience and regenerative empowerment. *Mondi Migranti*, Milão, Cidade, v. 2, p. 89-104, 2021, p. 92.

de 'fuga', marcada pela fome, e começa a subir em concomitância com a renovação da capacidade de funcionamento nos estádios em que a distribuição de comida é assegurada; são estádios em que o acolhimento se insere sempre de maneira cada vez mais clara nas tutelas normativas de asilo, que correspondem a um acolhimento do migrante forçado como necessitante de proteção e, ainda que de forma temporária, de estabilização num país. Nesta segunda fase a insegurança alimentar revela-se como uma estrutura multidimensional, em que as variáveis não são apenas quantitativas (quantidade de comida), mas também qualitativas, referindo-se à adequação da comida, o que significa comida etnicamente aceitável, e ao modo como a comida é 'usada',[26] entrecruzando-se com fatores de tipo sociológico e psicológico.

Ora, se os *entitlement* nos levam a uma perspectiva de interação entre deveres de capacitação das estruturas e direitos de mobilitação dos indivíduos, não nos podemos esquecer que para os migrantes forçados a estrutura é um contexto frágil, transitório e imprevisível, e a *agency* é negada não tanto pelo fato de não ter os meios de acesso, mas sobretudo por não possuir um título que permita dispor de tais meios e que levem ao bem-estar.

De fato, se a falta de comida é uma constante nas trajetórias de expulsão que antecipam o êxodo e a fome esteja presente nas etapas iniciais, a insegurança alimentar persiste também nas fases sucessivas do acolhimento, como a falta de reconhecimento da importância da alimentação adequada, entendida também em termos de aceitação étnica, e da modalidade de distribuição das refeições. Este último é um importante revelador da capacidade de funcionamento do refugiado, daquela agência encarnada indispensável à manutenção da integridade da pessoa em trânsito. A comida faz parte de forma paradigmática daquele universo de objetos físicos experienciados sensorialmente pelos humanos nos seus trânsitos, que sustentam a memória e a integridade da pessoa na sequência de uma separação e da distância. É por isso que, segundo Urry,[27] os objetos destinados a serem experienciados sensorialmente durante o trânsito são o fulcro da *agência encarnada que carateriza a mobilidade*. O reconhecimento desta sua peculiar função é parte integrante daqueles *entitlement* que tornam possível a capacidade

---

[26] RENZAHO, A.M.N.; MELLOR, D. Food security measurement in cultural pluralism: missing the point or conceptual misunderstanding? *Nutrition*, Amsterdão, v. 26, p. 1-9, 2010.

[27] URRY J. *Mobilities*. Cambridge: Polity, 2007.

de funcionamento dos indivíduos na ausência de contextos estáveis e, consequentemente, o exercício da sua agência. Nas palavras de Urry:

> [...] a maior parte da mobilidade requer o desenvolvimento ativo e a performance da 'memória' de outras pessoas, dos lugares, especialmente dos encontros [...]. Todavia, uma vez que muita desta memória é feita de recordações privadas ou familiares, existe um desafio ainda maior que é o de entrar nestes mundos privados e escavar aqueles 'segredos familiares' que se referem especialmente aos lugares da perda e do desejo.[28]

A comida permite este trabalho de escavação, porque mesmo nas situações mais críticas, como aquela de *displacement*, o ato de comer não é apenas o de mera nutrição, como o ato de cozinhar não é apenas o da mera transformação material dos alimentos, mas é sim o de acesso àqueles segredos familiares que se referem em especial aos lugares de perda e de desejo. Sendo um ato de cura de si mesmo que opera também ao nível da imaginação e da memória, a preparação da comida dá à mesma, e a quem a consome naquela determinada maneira e forma, um espaço no mundo, tornando assim um elemento de identificação e de agência, e, nas fases mais avançadas da migração, um agente de mudança social.[29]

A partir de uma série de entrevistas realizadas com 39 refugiados em situação de acolhimento da região do Piemonte e envolvidos num projeto de educação gastronômica realizado pela Università di Scienze Gastronomiche de Pollenzo juntamente com o UNHCR,[30] emerge com clareza esta função crucial da comida seja nas dinâmicas de exclusão do acesso aos recursos nos países de origem, seja nas dinâmicas de resiliência, resistência, reparação, transformação, integração, regeneração nos países de trânsito e de chegada.[31]

---

[28] *Id.*

[29] FRANCHINI, C. La funzione del cibo nei processi di empowerment delle persone rifugiate. *In:* ONORATI M.G. (A cura di). *Cibo per l'inclusione*: Pratiche di gastronomia per l'accoglienza, Milano: Franco Angeli, 2020, p. 49.

[30] Cfr. www.foodforinclusion.com. A peculiaridade deste projeto foi a de ter dado vida a um piloto (com duração de 2 anos) de formação gastronómica dirigido a refugiados, baseado num modelo holístico, em que fossem ativamente envolvidos todos os atores da estrutura de acolhimento, desde o UNHCR, às ONGs, às cooperativas, aos sujeitos institucionais envolvidos na formação, aos entes locais, aos empregadores (produtores, restaurantes).

[31] ONORATI, M.G. *Cibo per l'inclusione*: pratiche di gastronomia per l'accoglienza. Milano: Franco Angeli, 2020. ONORATI, M.G. Enhancing food-related agency in refugees and asylum seekers: A driver to resilience and regenerative empowerment. *Mondi Migranti*,

Emerge, em particular, a questão de como a insegurança alimentar, a carência de comida nos países de proveniência, se transforme em desadequação da comida consumida exatamente naquele 'gap entre os Estados' que se produz nas fases anteriores ao acolhimento extraordinário. Daqui deriva um tipo de má nutrição diversa, sem fome, na qual o migrante forçado se encontra por tempo indefinido. Tais condições de complexo depauperamento do estado de saúde são bastante frequentes no continente europeu, como demonstram as pesquisas feitas seja em países onde o Estado de *Welfare* é bastante desenvolvido, como a Noruega,[32] seja em realidades menos virtuosas, como o acolhimento extraordinário em Itália,[33] ou em situações menos favoráveis, como os campos de refugiados na Grécia.[34]

Uma pesquisa feita sobre o sistema italiano de acolhimento, de identificação e de expulsão, conduzida em 2017 por uma Comissão Parlamentar, associa claramente o prolongar-se de situações de 'degradação, de défice físico, de má nutrição e desnutrição' a uma degeneração das condições gerais denominada efeito do 'migrante exausto'.[35] A tal propósito, vale a pena recordar que 2017 representou para a Itália o ponto mais alto de presenças nas estruturas, com 191.000 pessoas em situação de acolhimento, um pico que se reduziu em 60% em 2021, por efeito das leis restritivas emanadas em 2018, atingindo as atuais 76.000 pessoas. Destes, mais de 68% vive nos CAS, *Centri di Accoglienza Straordinaria*, grandes estruturas emergenciais geridas diretamente pelas prefeituras, pensadas mais para 'estocar' (para usar as palavras de Saskia Sassen) os elevados números de pessoas que chegam do que para gerir as fases sucessivas do acolhimento extraordinário, que em Itália segue, em vez disso, o eficaz modelo de acolhimento difuso. Para além disso, nas várias formas de acolhimento extraordinário presentes não só

Milão, v. 2, p. 89-104, 2021.

[32] TERRAGNI, L., HENJUM, S. Patire la fame nella culla del welfare: uno studio sulla sicurezza alimentare dei richiedenti asilo nei centri di accoglienza norvegesi. *Mondi Migranti*, Milão, v. 2, p. 73-88, 2021.

[33] ONORATI, M.G. *Cibo per l'inclusione*: pratiche di gastronomia per l'accoglienza. Milano: Franco Angeli, 2020.

[34] MAVROMMATIS, G. Grasping the meaning of integration in an era of (forced)mobility: ethnographic insights from an informal refugee camp. *Mobilities*, Abingdon, v. 13, n. 6, p. 861-875, 2018.

[35] CAMERA DEI DEPUTATI. Commissione parlamentare di inchiesta sul sistema di accoglienza, di identificazione ed espulsione, nonché sulle condizioni di trattenimento dei migranti e sulle risorse pubbliche impegnate. *Relazione sulla tutela della salute dei migranti e della popolazione residente*. Approvata dalla Commissione nella seduta dell 08 nov. 2017, p. 29.

em Itália, mas em toda a Europa, normalmente não existem cozinhas, pelo que a distribuição de comida aos acolhidos é feita a partir de fora. Neste caso, o efeito cumulativo da perda de saúde devido à inadequação configura-se não só como consequência da perda brusca dos hábitos alimentares devido a uma alimentação etnicamente desadequada, mas também como efeito da passivização dos 'expulsos' e dos 'estocados' e concomitante perda de papéis e funções fundamentais para a agência individual. A perda de acesso às cozinhas e à possibilidade de poder preparar a própria comida representa potencial perda de saúde, sendo a preparação da comida um ato de autodeterminação e de cura de si próprio. Tal privação recai sobretudo sobre as mulheres, as quais representaram, em 2020, cerca de 26% das chegadas na Europa e 6% das entradas em Itália,[36] e para as quais a preparação da comida representa uma das principais ocupações de que as mesmas se ocupavam nos países de origem.

> *Nos centros de acolhimento, tive muitas dificuldades com a comida. Para mim era tudo diferente, à parte o arroz, não conhecia o que me era dado a comer. Muitas vezes, quando nos davam pratos de pasta, tinha indigestões e não estava bem. Depois, aos poucos, fui-me habituando*
>
> (Ousmane, Guiné Conakry, requerente de asilo)

---

[36] UNHCR. *Figures at glance*, 2020.

5 A cozinha recuperada no acolhimento: as *food skills* e a educação gastronômica como fatores de *empowerment* regenerativo

> *Havia uma cozinha no edifício onde estávamos, mas não podíamos entrar: havia alguém que cozinhava para nós. Depois de Settimo estive no CAS de via Aquila, em Turim. Aqui estive algumas vezes doente, comia sempre pasta, não estava habituado. Sentia muito a falta da minha comida e da gastronomia do meu país.*
>
> (Ousmane, Costa do Marfim, proteção humanitária)

Na experiência de perdas múltiplas dos migrantes forçados, o desejo de ter não só uma refeição quente e adequada, mas também uma cozinha onde preparar a própria comida é um "pequeno ato de afirmação efémera",[37] mas fundamental no processo de reconstrução da própria identidade diaspórica.

No sistema de acolhimento italiano, este recuperar da agência alimentar é possível apenas para aqueles 32% que conseguem entrar no sistema de segundo acolhimento difuso. O acolhimento difuso foi repristinado em Itália com a instituição do *Sistema di Accoglienza Integrata* (SAI) através da L. nº 173/2020, que superou as limitações do *Sistema di Protezione Internazionale per Minori non Accompagnati* (SIPROIMI) instituído pelo Decreto Sicurezza em 2018, que por sua vez revogou o *Sistema di Protezione per Richiedenti Asilo e Rifugiati* (SPRAR), em vigor de 2012 a 2018. O SAI, ao qual podem aceder seja os requerentes de asilo seja os titulares das várias formas de proteção, seja os menores não acompanhados, retorna aos princípios do SPRAR, ou seja, a um

---

[37] MAVROMMATIS, G. Grasping the meaning of integration in an era of (forced)mobility: ethnographic insights from an informal refugee camp. *Mobilities*, Abingdon, v. 13, n. 6, p. 861-875, 2018, p. 867.

acolhimento dirigido a diversas tipologias de proteção mais orientado à integração social e à orientação laboral.

O sistema de segundo acolhimento difuso é um sistema descentralizado, gerido pelo Ministério em colaboração com a *Associazione Nazionale dei Comuni Italiani*; através desse acordo, as prefeituras recebem financiamentos para a realização de projetos concretos de formação e integração laboral, geridos por entes especializados. O princípio-guia de base deste modelo é a integração a 360 graus na comunidade local, a realizar-se através de atividades de inclusão social, escolar, laboral e cultural.

A fim de recuperar as capacidades de funcionamento alimentar, o aspecto mais relevante do sistema de segundo acolhimento difuso é a colocação em alojamentos, daqui o caráter de difusão desse modelo de integração. Os alojamentos são, em 85% dos casos, apartamentos, e em 6,5% dos casos em centros coletivos de pequenas dimensões (com cerca de 15 pessoas).

Isso permite ao 'migrante exausto' recuperar um espaço de gestão autónoma das refeições, já que os alojamentos estão dotados de cozinhas, às quais se pode aceder livremente. As práticas quotidianas em torno da alimentação, para além de favorecerem a criação de redes de proximidade e de vizinhança, destinam-se a consolidar e institucionalizar os processos rotineiros e informais, que geram familiaridade com os contextos e sentido de pertença, contribuindo para uma espécie de "multiculturalismo quotidiano".[38] Este modelo de segundo acolhimento difuso parece favorecer aqueles processos de "citadinização" invocados por Ambrosini (2016), como exemplos de cidadania a partir de baixo, antitéticos a um modelo de cidadania *down* dependente unicamente da concessão daquele estatuto, ou seja, fundado no princípio binário dentro/fora, que, como vimos, é uma das principais causas do "gap" entre os Estados.

É aqui que começa a fase ascendente da parábola da agência alimentar. Para utilizar o paradigma de Sen, uma vez repristinadas as condições sistémicas para que o indivíduo seja titulado a tomar conta de si,[39] a pessoa em acolhimento pode ativar-se para recuperar o seu

---

[38] COLOMBO E.; SEMI G. (A cura di). *Multiculturalismo quotidian*. Le pratiche della differenza, Franco Angeli: Milano, 2007.

[39] Nesta fase os requerentes de asilo recebem assistência material, jurídica, sanitária e linguística, os titulares de proteção têm também serviços especificamente dirigidos à integração e orientação laboral.

correto funcionamento alimentar. Ainda que, mesmo nas condições mais difíceis e precárias, a comida não fosse mais do que mera nutrição, é nesta fase que revela a sua natureza de recurso particularmente adequado a ser mobilizado para dar suporte material aos processos de adaptação no novo país,[40] contribuindo, através da experiência sensorial e criativa dos alimentos e ativação da memória, à redefinição da identidade pessoal e social dos migrantes. A falta de adequação que caracterizou a insegurança alimentar sem fome do primeiro acolhimento, configura-se agora como ausência de sabores e odores ligados a uma memória que é, ao mesmo tempo, perceptivo-sensorial (corporal), e psicoafetiva, mas que é agora suscetível de ser reintegrada e codividida nas práticas quotidianas das refeições.

A comida torna-se, assim, parte integrante da nostalgia que caracteriza as grandes diásporas,[41] uma dinâmica de recordações funcionais para a reconstrução do eu, que nos percursos dos migrantes forçados surge muito tarde. É de notar que, diferentemente de outras grandes formas de êxodo de massa conhecidas historicamente, os refugiados viajam sobretudo sozinhos, seguindo rotas imprevisíveis e extremamente fragmentárias; daí que, dificilmente, encontrem comunidades étnicas no seio das quais possam praticar um culto coletivo da memória culinária que suporte uma reconstrução identitária. Neste momento histórico, não existe a infraestrutura social que permite aos refugiados realizar aquela fase da diáspora que Cohen define como a de "empatia e solidariedade com os membros da mesma etnia".[42]

As "novas diásporas" caracterizam-se pelos migrantes forçados de origem difusa,[43] mas é mesmo por isso que as práticas alimentares divididas, em uma abordagem multiétnica, podem contribuir para a definição de um modelo mais flexível e aberto de identidade, que pode inspirar não só os novos chegados, mas também as sociedades de acolhimento.

Nesta fase, a comida, para além de ser um recurso maleável que evoca simbolicamente a identidade perdida, pode funcionar como

---

[40] GRECO MORASSO S., ZITTOUN T. The trajectory of food as a symbolic resource for international migrants. *Outlines*, Copenhaga, v. 15, n. 1, p. 28-48, 2014, p. 28.
[41] COHEN R. Diasporas and the state: from victims to challengers. *International Affairs*, London, v. 72, n. 3, p. 507-520, jul. 1996.
[42] *Id.*
[43] VAN HEAR N. Refugee diasporas or refugees in diaspora. In: EMBER, M.; EMBER, C.R.; SKOGGARD, I. (ed.). *Encyclopedia of Diasporas*, Boston, Springer, 2015, p. 580-589.

um verdadeiro capital, gerador de novos recursos, como benefícios sociais e vantagens econômicas. Restituir às pessoas em acolhimento a possibilidade de escolher, comprar, preparar a comida, adaptando os recursos disponíveis para satisfazer as diferentes exigências e desejos favorece uma percepção subjetiva de mudança, como resulta, claramente, das entrevistas efetuadas. Esta agência alimentar gera *empowerment*, favorece a produção de relações sociais, reativa saberes dormentes, que se remetem a circular e são conectados, até se tornarem ocasiões de uma verdadeira e radical mudança.

Como na sua definição clássica, qualquer recurso que atue como capital interage sempre com outras formas de capital.[44] O acesso recuperado às cozinhas no contexto de convivência do segundo acolhimento favorece o intercâmbio de conhecimentos gastronómicos e transforma aquele recurso maleável que é a comida num verdadeiro capital social, cultural e simbólico: os pratos tornam-se a ponte entre os vários países de origem, através de semelhanças culinárias descobrem-se origens comuns, para lá das pertenças nacionais, e ativam-se dinâmicas de reconhecimento recíproco, bem como de conhecimento e gratidão que produzem vínculos. A comida torna-se um fator de troca do qual derivam as formas de obrigação solidária, valores indivisos, um verdadeiro capital social,[45] que é um importante terreno de "citadinização".

> *Prefiro ser eu a preparar a comida, gosto mais, posso escolher o que comer, os ingredientes, sinto os sabores. Quando vivia em Turim, em casa com os meus amigos da Gâmbia, apercebemo-nos que os pratos dos nossos países são os mesmos, que conhecíamos aqueles pratos e podíamos prepará-los.*

(Alajie, Senegal, proteção subsidiária)

---

[44] BOURDIEU, P. *La distinction*. Les éditions de minuit: Paris, 1979.
[45] COLEMAN J.S. Social capital in the creation of human capital. *The American Journal of Sociology*, Chicago, v. 94, s95-s120, 1988. EDWARDS R. Social capital. *In:* RITZER G., Ryan J.M. (ed.). *Concise Blackwell Encylopedia of Sociology*, Oxford: Oxford University, 2011.

Daí a importância e a eficácia de prever, nesta fase do acolhimento, projetos de formação e integração centrados na gastronomia. Mesmo na ausência de redes étnicas, as aprendizagens de tipo gastronómico podem tornar-se agentes de mudança e de coesão social, sobretudo se fundados num modelo pedagógico inovativo, com vista ao desenvolvimento não só de *hard skills* úteis ao mercado, mas também de *soft skills* úteis ao próprio sujeito no processo de reconstrução da sua identidade pessoal, da autoestima, da capacidade de aspiração. As práticas gastronômicas que se ativam nas interações concretas cotidianas nos locais suspensos do acolhimento geram um clima moral e simbólico, feito de confiança (em si mesmo e nos outros), de reciprocidade e de representações compartilhadas.

Os profetas de educação gastronômica deveriam, todavia, ser concebidos não como simples cursos de cozinha, mas tornarem-se elos com o mundo do trabalho e com a sociedade civil. O potenciar esta ligação é visto como prioritário no *Piano Nazionale di Integrazione* dos titulares de proteção internacional, implementado em 2017 pelo *Ministero dell'Interno* em colaboração com o UNHCR, o qual, entre os seus objetivos, enfatizou a necessidade de transparência e de valorização das experiências anteriores das pessoas em acolhimento "para favorecer o encontro com as necessidades do mercado de trabalho".

Desse modo, um primeiro passo importante é o de reconhecer na gastronomia um possível terreno para valorizar os saberes de origem adquiridos informalmente pelas pessoas em acolhimento, os quais, como sabemos, fazem parte da nossa bagagem, e devem ser transformados em *food skills*. Esta formalização das competências daria também uma resposta a uma importante necessidade de reconhecimento a pessoas que, por muito tempo, viram as suas próprias alimentares serem ignoradas e assistiram a um empobrecimento das próprias condições de saúde e de bem-estar.

Outro aspeto fundamental é o de inserir estes percursos formativos dentro de redes feitas de múltiplos atores, de modo a sanar o *"refugee gap"*, ou seja, aquela desvantagem na inserção laboral que atinge os migrantes forçados não só quanto aos nacionais, mas também quando em confronto com outros tipos de migrantes.[46] Daí a importância de criar redes locais que favoreçam o *job matching*, de

---

[46] ONORATI, M.G. *Cibo per l'inclusione*: pratiche di gastronomia per l'accoglienza. Milano: Franco Angeli, 2020.

modo a sanar as faltas e as disparidades que normalmente atingem os refugiados, os quais, na maior parte dos casos, não dispõem de capital social ou de redes fiduciárias que possam facilitar as contratações. A facilitação do encontro entre demanda por parte das empresas e oferta de competências e de mão de obra por parte dos titulares de proteção internacional é um dos principais fatores de integração e de inclusão social. De fato, em 2018 o UNHCR realizou um acordo com a OCDE para a constituição de redes com múltiplos atores que incluem empregadores, refugiados, instituições e sociedade civil de modo a favorecer o emprego de refugiados.[47] Como demonstram os resultados das boas práticas realizadas em nível internacional,[48] quanto maior a extensão da fileira multinível e multilateral, acompanhada da sua coesão e qualidade, mais eficaz será no que concerne à integração sociolaboral dos refugiados.[49] Na Itália, desde 2016, o UNHCR apoia as empresas que promovem a inclusão social e laboral dos refugiados. São hoje 300 as empresas e associações privadas que se empenharam a promover a ocupação dos refugiados. Destas, mais de 50 operam no setor agrícola ou alimentar e de bebidas.[50]

Um dos passos fundamentais nos processos de integração de refugiados e de requerentes de asilo é a inserção laboral que satisfaça as exigências do mercado de trabalho, bem como as das pessoas migrantes, em uma abordagem que crie uma correspondência entre as necessidades dos empregadores e os *talentos* dos refugiados. Não é por acaso que os ambientes de produção de comida, da produção agrícola à restauração, estão entre os principais setores de emprego de refugiados. Em Itália, os estrangeiros contam 18,4% no mercado de trabalho ligado à agricultura (dos quais 1,6 são empresários agrícolas, e, destes, 63% são mulheres), e 16,1% no setor hoteleiro/restauração.[51]

As razões desta presença significativa devem procurar-se num mecanismo disfuncional que emprega nestes setores de mão de obra não qualificada e pouco remunerada, e não em uma bidirecionalidade virtuosa entre as necessidades do mercado de trabalho e aquelas dos

---

[47] OECD/UNHCR. *Engaging with employers in the hiring of refugees*, 2018.
[48] Vejam-se, por exemplo, as boas práticas constantes no "European Web Site on Integration". Disponível em: https://ec.europa.eu/migrant-integration. Acesso em: 28.03.2022.
[49] GNONE M. I partenariati strategiciper l'inserimento lavorativo dei titolari: di protezione internazionale:l'esperienza di food for inclusion. In: ONORATI, M.G. (A cura di). *Cibo per l'inclusione*: pratiche di gastronomia per l'accoglienza, Milano: Franco Angeli, 2020, p. 95.
[50] Cfr. https://www.unhcr.org/it/progetto-welcome/. Acesso em: 12.04.2022.
[51] IDOS. Centro Studi e Ricerche. *Dossier statistico immigrazione 2021*. Roma: IDOS, 2021.

refugiados. Uma abordagem holística da gastronomia e da migração é a chave para transformar este fenómeno em uma ocasião de mudança social dirigida à sustentabilidade.

Como nos ensinou Sen, uma abordagem holística parte da avaliação das condições sistémicas que tornam possível a realização de determinados objetivos de desenvolvimento e do impacto que a realização de tais objetivos exerce sobre a criação de um ecossistema harmonioso, de modo a permitir aos sujeitos envolvidos um melhor funcionamento. Nesta perspectiva, é indispensável, antes de mais, reconhecer a migração como um fator intrínseco e não obstaculizante da mudança social, o qual é por definição de natureza política e não linear. A mudança social pode ser vista como transformação apenas quando produz mudanças profundas, ao nível dos sistemas de valor e das estruturas de poder.[52]

A educação gastronômica das pessoas em acolhimento deve ser concebida nesta abordagem holística e ser integrada naquela trajetória da comida na migração forçada, reconhecendo o poder de cozinhar a realização do *entitlement* à aquisição do bem-estar e ao *saber* cozinhar. As *food skills* deveriam ser concebidas como forma de transformar o saber cozinhar, de capital culinário, sedimento de práticas culturais próprias das culturas de origem que se reativam com o readquirir dos próprios hábitos alimentares, em *capital gastronómico*, capacidade mais ampla no que concerne a comida, fonte de bem-estar e de construção de relações sociais, mas suscetível também de adaptação até se tornar ocasião de inovação. Saber cozinhar não significa simplesmente aprender a cozinhar a própria comida e a comida dos outros, mas *reaprender* a cozinhar a própria comida com os *recursos limitados* presentes no mundo dos outros. Aquilo que acontece no prato é, assim, condição de um *empowerment* regenerativo.

Para que tal suceda, é indispensável *reconhecer as caraterísticas e o valor dos conhecimentos precedentes de que os migrantes forçados são portadores*. É importante recordar que muitos refugiados provêm de zonas rurais e, portanto, têm competências que nos contextos urbanos e industrializados de chegada se perdem, e que, em vez disso, deveriam ser potencialmente mobilizados nos setores agrícola ou da pesca em uma perspectiva de sustentabilidade, de retorno a uma agricultura

---

[52] HAAS H.; FRANSEN S.; NATTER, K.; SCHEWEL, K., VEZZOLI, S. *Social Tranformation*. International Migration Institute. Working Paper n. 166, p. 1-45, 2020.

limpa, biológica, onde a inovação tecnológica entra em sinergia com os saberes tradicionais. No âmbito das transformações dos alimentos e das preparações culinárias, este *background* de saberes perdidos, para além de enriquecer a oferta culinária através das *misturas*, poderia traduzir-se em uma abordagem parcimoniosa dos recursos e introduzir as bases para uma gastronomia circular, da qual os países de chegada e as realidades produtivas só têm a ganhar em termos de inovação sustentável.

> *Durante o curso "Food for Inclusion", graças às narrativas culinárias dos nossos beneficiários [39 refugiados, requerentes de asilo e titulares de proteção humanitária] revisitarmos o "ceebujen", um prato tradicional senegalês e gambiano, substituindo um peixe seco com o qual é tradicionalmente cozinhado naquela área, mas não disponível em Itália, por anchovas, que têm um sabor semelhante e se encontram facilmente no Piemonte. Um outro exemplo foi o "Orovaz", uma salada armênia que mistura verduras e ervas frescas, mas que no curso foi preparada com um molho iraquiano de iogurte com ervas disponíveis naquele período do ano, e servido com pão indiano chapati, de modo a dar ao prato original um valor nutricional completo em uma ótica sustentável.*
>
> (Carol, cozinheira, gastronômica e docente do curso Food for Inclusion)

Concluo esta reflexão contando a história de Jamol e Basim, refugiados provenientes do Iraque e do Uganda, respetivamente, os quais frequentaram o curso "Food for Inclusion". Basim já era cozinheiro e estava inserido num projeto laboral no qual havia trabalhado na cozinha de uma cantina escolar, enquanto que para Jamol o curso "Food for Inclusion" representou a primeira ocasião de se avizinhar ao mundo da gastronomia. Depois de terem participado no curso, ambos criaram um prato a base de *couscous*, com o qual obtiveram um lugar entre os finalistas do popular concurso culinário mundial "The couscous festival" na Sicília. Deram ao seu prato o nome de "Kick the Wall", pois a receita é feita do encontro entre dois mundos culinários, aquele do médio-oriente de Basim, rico de verduras e de iogurte, e o outro da África centro-oriental de Jamol, rico de alimentos integrais e de sementes. Estes dois mundos, caracterizados por uma abordagem parcimoniosa das matérias-primas, encontraram-se em uma preparação que custa apenas um euro e setenta cêntimos (o *pocket money* diário de uma pessoa em acolhimento), é feita com um pedaço de carne de vaca, a tíbia, que no nosso mundo opulento é visto como um resíduo a descartar, necessitando de tempos de cozedura longos, e reutiliza os próprios resíduos vegetais para realizar o caldo saboroso no qual é cozinhado.

Como o seu nome sugere, esse prato abate muitos muros, une mundos e leva-nos a um tipo de cozinha simples e circular, onde económico não quer dizer pobre ou pouco nutritivo, mas sim sustentável e universal.

> *Posso comer o couscous "kick the wall" em todo o lado, no meu país, com a minha família, como em qualquer outro lugar do mundo onde me possa vir a encontrar como refugiado.*
>
> (Basim, Iraque, refugiado)

6 Conclusões

Vimos como ocupar-se da relação com a comida na experiência da migração forçada não significa apenas avaliar a adequação dos processos de acolhimento aos novos chegados, mas ir ao coração de um direito fundamental, pilar da sustentabilidade social e dos sistemas alimentares de uma sociedade. A adequação nutricional, que, no caso dos migrantes forçados em acolhimento quer dizer segurança no acesso a uma alimentação saudável e etnicamente aceitável, é uma condição indispensável à dimensão global da saúde humana. Em linha com a abordagem dos direitos teorizada por Amartya Sen, este capítulo sublinhou algumas das formas de insegurança alimentar que os migrantes forçados sofrem, seja nos países de origem, seja nos países de chegada, apresentando-a não como uma questão meramente técnica, a tratar através de instrumentos econômicos, mas sim como uma questão *política*, que coenvolve dinâmicas de reconhecimento em nível institucional, e, portanto, social. De fato, ao iluminar os processos de perda de agência alimentar a montante do êxodo e que se perpetuam na inadequação e nas dinâmicas de passivização durante o acolhimento, este capítulo abordou a comida dos refugiados como uma lente que mete ao centro a justiça social, a necessidade improrrogável de abordar a migração como um processo intrínseco à mudança social e o acesso a uma comida adequada como uma verdadeira e inerente agência alimentar.

É desse modo que a criação de redes de múltiplos atores, que mobilizem as instituições, o legislador, os sistemas de acolhimento, as agências de formação, as comunidades locais, os pequenos empresários do setor alimentar e da restauração dispostos a acolher nas suas atividades produtivas parte do *training on job* de uma formação gastronômica, pode tornar-se um ato de *democracia profunda*, aquela democracia "do sofrimento e da confiança [...] interiorizada nas *vísceras* das comunidades locais".[53] É assim que se pode dar vida a um *empowerment* regenerativo, onde a participação ativa dos migrantes forçados no universo gastronómico pode tornar concretos e mais sustentáveis não só os nossos sistemas de acolhimento, mas também os nossos sistemas alimentares.

Referências

APPADURAI, A. Deep democracy: urban governmentality and the horizonof politics. *Environment & Urbanization*, Thousand Oaks, v. 13, n. 2, p. 23-43, 2001.

BOURDIEU, P. *La distinction*. Les éditions de minuit: Paris, 1979.

CAMERA DEI DEPUTATI. Commissione parlamentare di inchiesta sul sistema di accoglienza, di identificazione ed espulsione, nonché sulle condizioni di trattenimento dei

---

[53] APPADURAI, A. Deep democracy: urban governmentality and the horizonof politics. *Environment & Urbanization*, Thousand Oaks, v. 13, n. 2, p. 23-43, 2001.

migranti e sulle risorse pubbliche impegnate. *Relazione sulla tutela della salute dei migranti e della popolazione residente*. Approvata dalla Commissione nella seduta dell 08 nov. 2017.

CINOTTO, S. *The Italian American Table*. Urbana-Chicago-Springfield: University of Illinois, 2013.

COHEN, R. Diasporas and the state: from victims to challengers. *International Affairs*, Londres, v. 72, n. 3, p. 507-520, jul. 1996.

COLEMAN, J.S. Social capital in the creation of human capital. *The American Journal of Sociology*, Chicago, v. 94, p. S95-S120, 1988.

COLOMBO, E.; SEMI, G. (A cura di). *Multiculturalismo quotidiano*. Le pratiche della differenza, Franco Angeli: Milano, 2007.

DAHRENDORF, R. *The crisis of democracy*. London: Gibson Square Books, 2007.

DINER, H. Hungering for America: Italian, Irish and Jewish Foodways in the Age of Migration. Cambridge: Harvard, 2002.

EDWARDS, R. Social capital. *In*: RITZER G., Ryan J.M. (ed.), *Concise Blackwell Encylopedia of Sociology*, Oxford: Oxford University, 2011.

FAO. *Rome Declaration on World Food Security*, World Food Summit 1996, Rome.

FLAMINI, M.; ZORZELLA, N. Asilo e protezione internazionale. *Diritto, Immigrazione e Cittadinanza*, Florença, n. 2, p. 129-154, 2021.

FRANCHINI, C. La funzione del cibo nei processidi empowerment delle persone rifugiate. ONORATI M.G. (A cura di). *Cibo per l'inclusione*: Pratiche di gastronomia per l'accoglienza, Milano: Franco Angeli, 2020.

FROST, W.; LAING; J. Cuisine, Migration, colonialism and diasporicidentities. *In:* TIMOTHY, D. (ed.), *Heritage cuisines*. London/New York: Routledge, 2016.

GABACCIA, D.R. *We are what we eat*. Ethnic Food and the Making of America. Cambridge: Harvard, 1998.

GIDDENS A., SUTTON, P.W. *Essential concepts in sociology*. Polity: Cambridge, 2013.

GNONE, M. I partenariati strategiciper l'inserimento lavorativo dei titolari: di protezione internazionale:l'esperienza di food for inclusion. *In:* ONORATI, M.G. (A cura di). *Cibo per l'inclusione:* pratiche di gastronomia per l'accoglienza, Milano: Franco Angeli, 2020.

GRECO MORASSO, S., ZITTOUN, T. The trajectory of food as a symbolic resource for international migrants. *Outlines*, Copenhaga, v. 15, n. 1, p. 28-48, 2014.

GUSTAFSON, Sara. Global report on food crises: 113 million people in 53 countries experienced acute hunger in 2018, *Food Security Portal*, 02 abr. 2019. Disponível em www.foodsecurityportal.org/global-report-food-crises-113-million-people-53-countries-experienced-acute-hunger-2018. Acesso em 15.11.2021.

HAAS, H.; FRANSEN S.; NATTER, K.; SCHEWEL, K., VEZZOLI, S. *Social Tranformation*. International Migration Institute. Working Paper n. 166, p. 1-45, 2020.

HADDAD, E. *The refugee in international society*: between sovereigns. Cambridge: Cambridge University, 2008.

HENDRIKS, S.L. The food security continuum: a novel tool for understanding food insecurity as a range of experiences. *Food Security*, Nova Iorque, v. 7, p. 609-619, 2015.

HENDRIX, C.; BRINKMAN, H.J. Food insecurity and conflict dynamics: causal linkages and complex feedbacks. *Stability*, Londres, n. 2., v. 2, p. 1-18, 2013.

IDOS. Centro Studi e Ricerche. *Dossier statistico immigrazione 2021*. Roma: IDOS, 2021.

INTERNATIONAL ORGANIZATION FOR MIGRATION. *Glossary on Migration*. Geneva: IOM, 2019.

MAVROMMATIS, G. Grasping the meaning of integration in an era of (forced)mobility: ethnographic insights from an informal refugee camp. *Mobilities*, Abingdon, v. 13, n. 6, p. 861-875; 2018.

MORAMARCO, S. Violenza politica, sicurezza alimentare e flussi migratori: l'arma letale della "fame". *Safety & Security Magazine*, 01.08.2018.

OECD/UNHCR. *Engaging with employers in the hiring of refugees*, 2018.

ONORATI, M. G. *Cibo per l'inclusione*: pratiche di gastronomia per l'accoglienza. Milano: Franco Angeli, 2020.

ONORATI, M.G. Enhancing food-related agency in refugees and asylum seekers: A driver to resilience and regenerative empowerment. *Mondi Migranti*, Milão, v. 2, p. 89-104, 2021.

RENZAHO, A.M.N.; MELLOR, D. Food security measurement in cultural pluralism: missing the point or conceptual misunderstanding? *Nutrition*, Amsterdão, v. 26, p. 1-9, 2010.

SASSEN, S. *Expulsions:* brutality and complexity in the global economy. Belknap: Cambridge – London, 2014.

SEN, A. *Inequality*. Reexamined. Oxford: Oxford Univeristy, 1992.

SEN, A. *Poverty and famines*: an essay on entitlement and deprivation. Oxford: Clarendon, 1981.

SHARMA, M. Conceptualizing the nexus of migration and foodsecurity during covid-19. *Journal of Agriculture, Food Systems, and Community Development*, Michigan, v. 9, n. 4, p. 181-185, 2020.

SHELLER, M.; URRY, J. The new mobilities paradigm. *Environment and Planning*, Thousand Oaks, v. 38, p. 207-226, 2006.

TERRAGNI, L., HENJUM, S. Patire la fame nella culla del welfare: uno studio sulla sicurezza alimentare dei richiedenti asilo nei centri di accoglienza norvegesi. *Mondi Migranti*, Milão, v. 2, p. 73-88, 2021.

TURCO, M. *et al*. Observed climate change hotspots, *Geophysical Research Letters*, [s.l.], v. 42, n. 9, p. 3521-3528, 2015.

UNHCR. *Convention and Protocol Relating to the Status of Refugees*. Text of the 1951 Convention Relating to the Status of Refugees. Text of the 1967 Protocol Relating to the Status of Refugees. Resolution 2198 (XXI) adopted by the United Nations General Assembly. Geneva: UNHCR, [s.d.].

UNHCR. *Figures at glance*, 2020.

URRY, J. *Mobilities*. Cambridge: Polity, 2007.

VAN HEAR, N. Refugee diasporas or refugees in diaspora. *In*: EMBER, M.; EMBER, C.R.; SKOGGARD, I. (ed.), *Encyclopedia of Diasporas*, Boston, Springer, 2015.

ZORZELLA, N. La nuova protezione speciale introdotta dal d.l. 130/2020. Tra principio di flessibilità, resistenze amministrative e problematiche applicative. *Diritto, Immigrazione e Cittadinanza*, Florença, n. 2, p. 129-154, 2021.

Informação bibliográfica deste texto, conforme a NBR 6023:2018 da Associação Brasileira de Normas Técnicas (ABNT):

ONORATI, Maria Giovanna. Comida e refugiados: entre *entitlement* e *empowerment*, para uma migração forçada sustentável: o potencial da educação gastronômica no sistema de acolhimento italiano. *In:* TRENTINI, Flavia; BRANCO, Patrícia; CATALAN, Marcos (coord.). *Direito e comida*: do campo à mesa: cidadania, consumo, saúde e exclusão social. Belo Horizonte: Fórum Social, 2023. p. 371-397. ISBN 978-65-5518-511-9.

DAS MARGENS AO CENTRO: A PREOCUPAÇÃO PÚBLICA COM O DESPERDÍCIO ALIMENTAR EM PORTUGAL, 2008-2021

Andrés Spognardi

Ana Raquel Matos

1 Introdução

As estimativas disponíveis indicam que cerca de um terço da produção mundial de alimentos é desperdiçada anualmente.[1] Autores da emergente sociologia do desperdício associam este fenómeno às características intrínsecas do regime alimentar que ganhou forma durante a segunda metade do século passado.[2] Após a Segunda Guerra Mundial, os rápidos avanços tecnológicos e o desenvolvimento do mercado global permitiram um aumento sem precedentes na produção de alimentos, criando uma sensação de abundância que fez com que o desperdício passasse despercebido.[3]

---

[1] GUSTAVSSON, J. (ed.). *Global food losses and food waste*: extent, causes and prevention. Rome: FAO, 2011.

[2] Sobre regimes alimentares, FRIEDMANN, H.; MCMICHAEL, P. Agriculture and the State System: The Rise and Decline of National Agricultures, 1870 to the Present. *Sociologia Ruralis*, Abingdon, v. 29, n. 2, p. 93-117, aug. 1989.

[3] CAMPBELL, H.; EVANS, D.; MURCOTT, A. A brief pre-history of food waste and the social sciences. *The Sociological Review*, Lancaster, v. 60, n. 2, p. 5-26, dec. 2012.

Durante a última década, contudo, a atitude da humanidade perante o problema mudou radicalmente. Depois de mais de meio século de invisibilidade, novos movimentos de contestação aos atuais e insustentáveis padrões de produção e consumo têm colocado a questão no centro da atenção pública. O desperdício alimentar ocupa hoje um lugar de destaque nas agendas de desenvolvimento das Nações Unidas (ONU) e da União Europeia (UE), mobilizando uma variedade de atores sociais, econômicos e políticos nos diferentes Estados-membros. Como afirmam Campbell e colegas, a humanidade está a atravessar um

> Momento histórico em que as práticas políticas e culturais que, sob o regime alimentar dominante, fizeram do desperdício alimentar um problema relativamente invisível, estão a ser questionadas pela abertura de novos espaços de ação política e cultural que desafiam (intencionalmente ou não) tal obscuridade.[4]

Além da existência de alguns elementos comuns, a dinâmica da ação política e cultural nos diferentes países apresenta particularidades idiossincráticas. Embora a redução do desperdício alimentar seja um objetivo transversal, as políticas implementadas e os atores empenhados na sua concretização podem variar consideravelmente. Partindo dessa constatação, neste capítulo procuramos atingir um duplo objetivo: por um lado, analisar a dinâmica do processo de ação política e cultural que colocou o desperdício alimentar no centro da agenda pública em Portugal; por outro, examinar as consequências concretas que advêm desse processo, materializadas na criação de novas instituições, instrumentos e normativas especificamente destinadas a reduzir o desperdício.

No prosseguimento desse duplo objetivo, dividimos o capítulo em quatro seções. A primeira analisa a fase inicial do processo, caracterizada pela articulação de esforços entre organizações da sociedade civil, empresas e autoridades políticas em nível local. A segunda seção descreve o desenvolvimento de instituições e instrumentos de política. A terceira traça um breve panorama do atual contexto da luta contra o desperdício alimentar, caracterizado pela formulação de um novo marco regulatório e pela emergência de vínculos inéditos de

---

[4] CAMPBELL, H.; EVANS, D.; MURCOTT, A. Measurability, austerity and edibility: introducing waste into food regime theory. *Journal of Rural Studies*, Amsterdam, v. 51, p. 168-177, apr. 2017.

cooperação entre atores públicos e privados em níveis local, nacional e supranacional. A quarta e última seção resume os aspetos mais salientes deste processo.

2 As primeiras iniciativas contra o desperdício alimentar

Em 2006, o presidente do Banco Alimentar Contra a Fome de Setúbal, Manuel Mendes Barata, explicava que a sua associação estava a lutar para "sensibilizar [a indústria agroalimentar, as grandes redes de distribuição, as cooperativas de fruta] para a utilidade dos excedentes alimentares no apoio a instituições que lidam com pessoas carenciadas".[5] A ação dos Bancos Alimentares Contra a Fome (BACF), no entanto, incluía outras esferas de atuação, sobretudo campanhas para a compra e doação de alimentos por parte de clientes de grandes superfícies comerciais. É possível afirmar que a centralidade deste tipo de campanhas reduziu a visibilidade das iniciativas para combater o desperdício alimentar, mantendo o problema longe da opinião pública e das preocupações da esfera governativa.

Como mostra a Figura 1, durante a primeira década do segundo milénio, a expressão "desperdício alimentar" apareceu esporadicamente em artigos de imprensa e nunca foi mencionada nos debates da Assembleia da República. O painel "a" mostra que as referências na imprensa escrita aumentaram significativamente a partir de 2008; nos debates parlamentares, contudo, a questão só aparece em 2011, ou seja, três anos mais tarde (painel b). Esse desfasamento temporal é um reflexo direto da dinâmica do processo que catapultou o desperdício alimentar para o topo da agenda pública e governativa. Como se discute seguidamente, a mobilização da sociedade civil, refletida nos meios de comunicação social, foi o fator determinante para o envolvimento das autoridades políticas.

---

[5] CÂMARA MUNICIPAL DE SETÚBAL. Nada se perde tudo se transforma. Disponível em: http://www.mun-setubal.pt/guiaeventos/Artigos/default.asp?tipo=12&Dia=1&Mes=12&Ano=2006.

Figura 1 – Referências ao tema do "desperdício alimentar" nos meios de comunicação social e Assembleia da República. Portugal, 2006-2020

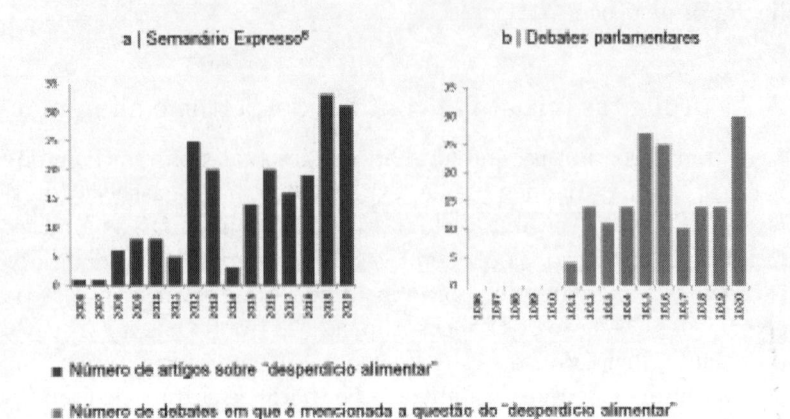

a | Semanário Expresso[6]

b | Debates parlamentares

■ Número de artigos sobre "desperdício alimentar"

■ Número de debates em que é mencionada a questão do "desperdício alimentar"

Fonte: Elaboração própria a partir de dados do *Jornal Expresso* (https://expresso.pt) e dos Debates Parlamentares (https://debates.parlamento.pt).

2.1 A mobilização da sociedade civil e a resposta das autoridades políticas

A primeira campanha contra o desperdício alimentar começou a ganhar formar no ano 2008, por iniciativa de um piloto da companhia aérea TAP Air Portugal, António Costa Pereira. A preocupação de Costa Pereira centrava-se na transposição para a legislação nacional da regulamentação europeia sobre segurança e higiene alimentar, a qual impedia a doação e a redistribuição de refeições confeccionadas por restaurantes e cantinas de empresas, escolas e universidades.[7] Com o objetivo de sensibilizar outras pessoas para o problema, o piloto da

---

[6] Notas: O Expresso é o mais importante semanário português. Com quase 400 mil cópias impressas e digitais vendidas em 2020, é a publicação com maior circulação no país. Cf. Associação Portuguesa para o Controlo da Tiragem e Circulação (APCT). "Análise simples". http://www.apct.pt/

[7] Em 2002, o Regulamento (CE) nº 178/2002, do Parlamento Europeu e do Conselho, de 28 de janeiro, criou a Autoridade Europeia para a Segurança Alimentar (EFSA), estabelecendo ao mesmo tempo os princípios e normas gerais da legislação alimentar, assim como os procedimentos em matéria de segurança de géneros alimentícios. Dois anos mais tarde, o Regulamento (CE) nº 852/2004 e o Regulamento (CE) nº 852/2004, do Parlamento Europeu e do Conselho, de 29 de abril, fixaram regras gerais destinadas aos operadores das empresas do setor alimentar em todas as fases da cadeia alimentar (produção, transformação e distribuição).

TAP criou o grupo "Acabar com o Desperdício Alimentar", na rede social Facebook. Pouco tempo depois, enviou cartas ao Presidente da República e a deputados de força política com representação parlamentar, mas ninguém respondeu ao seu pedido.[8] Perante a indiferença da esfera governativa, Costa Pereira decidiu recorrer a um dos mecanismos de participação direta previstos na Constituição da República Portuguesa (CRP),[9] lançando uma petição pública contra o desperdício alimentar através de uma plataforma *on-line* (Caixa 1).[10]

Caixa 1 – Petição pública contra o desperdício alimentar, Julho de 2010

> Tendo conhecimento que nos refeitórios de grandes empresas, todos os dias existem centenas de refeições em perfeitas condições que são deitadas fora (a isso obriga a Lei de Saúde Pública), como explicar isto a quem passa fome?
> Uma lei tem que ter um caráter minimamente humano, pois existe de e para os homens. Tem que se encontrar uma solução técnica, para que esta situação não continue a acontecer.
> Por e-mail, contactei há 2 anos atrás a Presidência da República que me respondeu que esse era um assunto do Governo; contactado o Governo, responderam-me que iam pensar no assunto.
> Entretanto, os meses foram passando e como não tive conhecimento de nada, enviei emails para deputados de 3 forças políticas diferentes, mas, nestes casos, nem resposta tive.
> Algo tem de ser feito, pois todos os dias esta situação se repete. Esperemos que através deste meio, muitas pessoas necessitadas possam beneficiar deste incrível desperdício.

Fonte: https://peticaopublica.com/.

---

[8] O Presidente da República redirecionou o assunto para o governo, que —sem se comprometer— se limitou a comentar que iria "estudar o assunto". TOMÁS, Carla. Movimento contra o desperdício. *Expresso*, 8 nov. 2010. Disponível em: https://expresso.pt/actualidade/movimento-contra-o-desperdicio=f61399.

[9] O direito de apresentar uma petição a um órgão de soberania (à exceção dos tribunais) ou a qualquer autoridade pública, no sentido de que tome, adote ou proponha determinadas medidas está previsto no artigo nº 52 da CRP e regulamentado pela Lei nº 43/90, de 10 de agosto. É um direito universal e gratuito, que pode ser exercido de maneira individual ou coletiva.

[10] Petição Pública é um serviço gratuito de petições online. Ao mobilizarem a população sobre temas relevantes, as petições online são frequentemente destacadas nos principais meios de comunicação social nacional, sensibilizando e exercendo pressão sobre organismos públicos, empresas e outras organizações. PETIÇÃO PÚBLICA: Serviço gratuito de petições online. Serviço gratuito de petições online. Disponível em: https://peticaopublica.com/.

Assinada por quase seis mil pessoas em menos de quatro meses, a petição despertou o interesse de um popular programa de televisão, que, ao dedicar espaço ao problema, abriu a porta ao diálogo com o poder político.[11] Com a atenção da opinião pública focada na questão do desperdício, em janeiro de 2011, a Autoridade de Segurança Alimentar e Econômica (ASAE) – órgão administrativo do Estado especializado na área da segurança alimentar – explicou, no seu boletim mensal, que nada impedia a doação de alimentos, desde que todo o processo (recolha, embalagem, conservação, refrigeração, transporte e distribuição) cumprisse as regras de rastreabilidade alimentar, tais como as normas mínimas de higiene e segurança alimentar.[12] Em suma, não era, afinal, necessário enviar a petição à Assembleia da República para alterar a legislação, mas simplesmente estabelecer protocolos de doação e redistribuição que garantissem o respeito pelas regras em vigor.

2.1.1 As primeiras organizações dedicadas à distribuição de excedentes alimentares

O esclarecimento das questões normativas abriu caminho para a institucionalização das primeiras iniciativas contra o desperdício alimentar. Num contexto de crise socioeconômica aguda,[13] nos primeiros meses de 2011, no distrito de Lisboa, surgiram duas associações sem fins lucrativos que, com abordagens diferentes, promoviam a recolha de excedentes alimentares gerados pelo setor da restauração e do comércio a retalho, e sua redistribuição gratuita entre pessoas necessitadas.

A primeira organização, denominada "Dariacordar, Associação para a Recuperação do Desperdício", foi formalmente constituída por Costa Pereira em janeiro de 2011, com a colaboração de alguns membros do grupo Facebook criado três anos antes. Tratando-se de uma associação pequena e com recursos escassos, os fundadores

---

[11] Em finais de 2010, Costa Pereira foi convidado a participar no programa "Prós e Contras", transmitido pela televisão pública. Três meses mais tarde, a petição pública online reunia cerca de setenta mil subscrições. COSTA, G. Nos limites da crise, *VER*, Piso, 16 mar. 2011. Disponível em: https://www.ver.pt/nos-limites-da-crise/. Acesso em 02 abr. 2022.

[12] OLIVEIRA, A. (org.). Doação de géneros alimentícios. *Newsletter da Autoridade de Segurança Alimentar e Económica*, Lisboa, v. 32, p. 1-4, jan. 2011. Disponível em: https://www.asae.gov.pt/publicacoes/edicoes-2011.aspx. Acesso em 02 abr. 2022.

[13] CARNEIRO, A.; PORTUGAL, P.; VAREJÃO, J. Catastrophic job destruction during the portuguese economic crisis. *Journal of Macroeconomics*, Amsterdam, v. 39, p. 444-457, mar. 2014.

propuseram-se concentrar os seus esforços na facilitação e coordenação de contactos entre potenciais doadores e receptores de excedentes, aproveitando, para isso, as redes e a capacidade logística das organizações já atuantes no território.[14]

Inicialmente, as operações de coordenação concentraram-se em alguns municípios da área metropolitana de Lisboa. Durante o seu segundo ano de atividade, a Dariacordar lançou uma campanha em nível nacional intitulada "Zero resíduos... Portugal não pode dar-se ao luxo de deitar fora". A difusão massiva desta iniciativa de sensibilização permitiu somar aderentes e voluntários, contribuindo para a expansão gradual das atividades a outras regiões do país.[15]

A segunda organização dedicada a combater o desperdício alimentar também partiu de uma iniciativa individual e iniciou informalmente as suas atividades pouco depois da fundação da Dariacordar. Em março de 2011, em uma bicicleta com dois cestos, o cidadão estadunidense Hunter Halder começou a recolher os excedentes alimentares produzidos por cerca de trinta estabelecimentos da freguesia de Nossa Senhora de Fátima, para entregá-los depois em uma igreja da zona, que se responsabilizava pela sua distribuição entre a população mais carenciada.[16]

Tal como no caso da Dariacordar, a divulgação dessa iniciativa nos meios de comunicação social rapidamente atraiu um número significativo de voluntários. Em julho de 2011, Halder estabeleceu

---

[14] ZERO desperdício: Nada se perde tudo se transforma. Disponível em: https://zerodesperdicio.pt/. Acesso em: 02 abr. 2022. Embora a Dariacordar tenha concentrado os seus esforços na recuperação do desperdício alimentar, os estatutos da organização postulam um objetivo mais amplo promover e contribuir para a recuperação de qualquer tipo de desperdício. No site do Movimento Zero Desperdício, coordenado pela Dariacordar, detalha-se que é missão da organização: "transformar o mundo através da prevenção de produção de resíduos em todas as áreas da indústria, comércio e consumo, e da adoção de comportamentos associados à responsabilidade ambiental: prevenção, recuperação, reutilização, reciclagem e inovação".

[15] LORENA, D.; PIRES, I. 15. Combating Food Waste in Portugal: A Case Study of a Civil Society Initiative". *In:* OLSSON, I. A. S.; ARAÚJO, S. M.; VIEIRA, M. F. (ed.). *Food futures:* ethics, science and culture. Porto: Wageningen Academic, 2016. p. 107-112.

[16] Diferentemente da Dariacordar, a Re-Food apresenta-se especificamente orientada para a "resolução do problema de insuficiência alimentar (...) através da recolha e da redistribuição indireta de excedentes e ou dádivas de produtos alimentares. Inicialmente, a organização restringiu a sua atividade ao distrito de Lisboa, com especial destaque para a paróquia de Nossa Senhora de Fátima". Posteriormente, os estatutos foram modificados, abrindo a possibilidade de estabelecer delegações noutras partes do país. Ver Art.º 3, ponto 1. Ata de constituição de associação, 18 de julho de 2011, com as alterações introduzidas a 15 de abril de 2013.

formalmente a "Re-Food 4 Good Associação", que nessa altura contava já com cerca de setenta colaboradores pro-bono, os quais contribuíram com duas horas de trabalho por semana na recolha, embalagem e distribuição das refeições recuperadas. Durante os meses seguintes, o número de voluntários continuou a aumentar e, por iniciativa de alguns, em setembro de 2012 a associação estendeu a sua ação ao bairro vizinho de Telheiras.[17]

2.2 As sinergias com os setores públicos e privado na etapa de expansão inicial

Em boa medida, o sucesso inicial da Dariacordar e da Re-Food pode ser atribuído às sinergias de cooperação entre um grupo heterogêneo de atores públicos e privados. Depois de reunir-se com Costa Pereira em finais de 2010,[18] a ASAE começou a trabalhar na definição de boas práticas para a recuperação, embalagem e redistribuição dos excedentes, o que acabou por resultar na elaboração de um protocolo de segurança e higiene para a doação de produtos alimentares.[19]

A existência desse protocolo criou condições favoráveis ao surgimento de iniciativas semelhantes. Como o próprio Hunter Halder reconhece, embora a ideia da Re-Food se tivesse desenvolvido de forma paralela e independente, a intervenção da ASAE abriu definitivamente caminho à sua implementação.[20] Por outro lado, o compromisso da ASAE em colaborar com iniciativas emergentes ajudou a construir a confiança necessária para o estabelecimento de parcerias com outros atores-chave: autoridades locais, organizações sem fins lucrativos e empresas do setor privado.[21]

---

[17] SOARES, M. et al. Re-Food chega a Telheiras, mas o seu fundador quer cobrir Lisboa inteira, *Público*, Lisboa, 17 set. 2012. Disponível em: https://www.publico.pt/2012/09/17/local/noticia/refood-chega-a-telheiras-mas-o-seu-fundador-quer-cobrir-lisboa-inteira-1563433. Acesso em: 02 abr. 2022.

[18] TOMÁS, C. Movimento contra o desperdício, *Expresso 2*, 8 nov. 2010. Disponível em: https://expresso.pt/actualidade/movimento-contra-o-desperdicio=f61399. Acesso em: 02 abr. 2022.

[19] AUTORIDADE DE SEGURANÇA ALIMENTAR E ECONÓMICA. *Nota Técnica n. 01/2014*. Doação de géneros alimentícios. Lisboa: Asae, 2014. Disponível em: https://www.asae.gov.pt/ficheiros-externos-2021/nota-tecnica-n-12014-doacao-de-generos-alimenticios-pdf.aspx. Acesso em: 02 abr. 2022.

[20] SOCIEDADE PONTO VERDA. *Solidariedade, o ingrediente secreto*. Disponível em: https://www.pontoverde.pt/recicla_detalhe.php?id=18&pagina=2&table=ecoempreendedores. Acesso em: 02 abr. 2022.

[21] No caso da Dariacordar, a ASAE realizou uma sessão de esclarecimento com potenciais parceiros para mostrar e explicar o alcance do projeto.

Nessa fase inicial, a Câmara Municipal de Lisboa tornou-se um dos municípios mais ativos. Em dezembro de 2010, quando o problema começava a ganhar notoriedade, a Assembleia Municipal aprovou uma recomendação que instava o executivo a "estabelecer os meios necessários para promover iniciativas de recuperação de excedentes alimentares". A proposta visava à colaboração com outras instituições públicas e privadas para alargar a escala das operações de recuperação e distribuição de sobras alimentares e, assim, chegar a "todas as famílias desprotegidas da cidade".[22]

Com base na experiência adquirida, em 2014 as autoridades de Lisboa fortaleceram a cooperação interinstitucional através da criação de um Comissariado Municipal de Combate ao Desperdício Alimentar, composto pelas juntas de freguesia, as forças políticas representadas na Assembleia Municipal e as organizações atuantes no terreno. Um ano depois, o Comissariado instituiu um "Plano Municipal de Combate ao Desperdício Alimentar", prevendo grupos de trabalho em cinco áreas-chave: sensibilização, voluntariado, estruturação da rede, segurança alimentar e gestão da recolha e distribuição – esta última coordenada pelo próprio Hunter Halder.[23]

O apoio da ASAE e da Câmara Municipal de Lisboa contribuiu para o processo de adesão de outras autarquias a esse movimento, permitindo um significativo aumento e diversificação do número de atores envolvidos.

Na Primavera de 2015, a Re-Food contava com mais de dois mil voluntários, que, distribuídos em 16 núcleos, recolhiam as sobras alimentares de mais de 700 estabelecimentos, embalando-as e distribuindo-as a mais de 1.600 pessoas carenciadas que viviam em comunidades de norte a sul do país.[24] À época, a Zero Desperdício contava com cerca de 180 entidades doadoras e receptoras e cerca de 250 voluntários distribuídos em dez municípios de diferentes regiões.[25]

---

[22] REPÚBLICA PORTUGUESA. *Moção nº 3, de 9 de dezembro de 2010*. Câmara Municipal de Lisboa: Suplemento ao Boletim Municipal, n. 878, 16 dez. 2010.

[23] REPÚBLICA PORTUGUESA (Município). *Deliberação nº 210, de 28 de maio de 2014*. Câmara Municipal de Lisboa, 29 maio 2014. v. 2, n. 1058.

[24] REBELO, R. Projecto re-food angaria voluntários e expande-se, Público, Lisboa, p. 1-2. 11 maio 2015. Disponível em: https://www.publico.pt/2015/05/11/local/noticia/voz-ativa-no-combate-a-fome-e-ao-desperdicio-alimentar-1695227. Acesso em: 02 abr. 2022.

[25] Lisboa, Loures, Sintra, Cascais, Porto, Loulé, Santo Tirso, Aveiro, Lagoa e Ponta Delgada.

De acordo com as suas próprias estimativas, em menos de cinco anos, a organização tinha conseguido recuperar 2,2 milhões de refeições, as quais foram entregues a cerca de 8.000 beneficiários.[26]

3 A institucionalização do combate ao desperdício alimentar

Quando Costa Pereira começou a sua campanha contra o desperdício alimentar não existiam estratégias ou normativas em nível europeu para lidar com o problema. Só em outubro de 2010, a Comissão Europeia (CE) concluiu um primeiro estudo preliminar sobre a questão. O relatório, publicado em 2011, estimava que a UE-27 produzia cerca de 89 milhões de toneladas de desperdício alimentar por ano, o equivalente a 179 quilos *per capita*.[27] Nesse ano, outro relatório emitido pela Organização das Nações Unidas para a Alimentação e a Agricultura (FAO) concluiu que o desperdício alimentar global equivalia a aproximadamente um terço da produção anual.[28]

3.1 O desperdício alimentar na estratégia da União Europeia

As estimativas alarmantes da CE e da FAO atuaram como catalisadores da atenção das instituições da UE e deram o pontapé de saída para o desenvolvimento de uma estratégia em nível continental. Em 2011, uma comunicação da CE mencionou pela primeira vez a questão do desperdício alimentar entre as prioridades das políticas públicas, convidando os diferentes Estados-membros a incluir a questão nos seus programas nacionais de prevenção do desperdício.[29] No ano seguinte, o Parlamento Europeu adotou uma resolução especificamente

---

[26] MOVIMENTO ZERO DESPERDÍCIO. Disponível em: http://www.dnpj.pt/wp-content/uploads/2016/01/Movimento-Zero-Desperd%C3%ADcio-PDF.pdf.

[27] EUROPEAN COMISSION. Directorate General for the Environment. *Preparatory Study on Food Waste across EU 27*: Final Report. LU: Publications Office, 2011.

[28] GUSTAVSSON, J. (ed.). *Global food losses and food waste*: extent, causes and prevention. Rome: FAO, 2011.

[29] COMISSÃO EUROPEIA. *Comunicação da Comissão ao Parlamento Europeu, ao Conselho, ao Comité Económico e Social Europeu e ao Comité das Regiões*: roteiro para uma Europa eficiente na utilização de recursos. Bruxelas, 2011. Disponível em: https://www.europarl.europa.eu/meetdocs/2009_2014/documents/com/com_com(2011)0571_/com_com(2011)0571_pt.pdf. Acesso em: 02 abr. 2022.

destinada a reduzir o desperdício alimentar, instando a CE a tomar medidas concretas e exortando os Estados-membros a desenvolverem e aplicarem políticas em nível nacional.[30] A mesma resolução também solicitava ao Conselho e à Comissão a proclamação de 2014 como o "Ano Europeu contra o Desperdício Alimentar", com o firme intuito de sensibilizar os cidadãos e os governos nacionais para o problema. No mesmo sentido, as celebrações do Dia Mundial do Ambiente, promovidas pela ONU em 2013, tiveram como tema central a campanha contra o desperdício alimentar "Pense, Coma, Conserve".[31] Ambas as iniciativas tiveram uma importante repercussão e contribuíram para que líderes políticos internacionais começassem a prestar atenção ao problema[32]

Preparando o terreno para a adoção de ações concretas de redução do desperdício, em 2012, a UE estabeleceu um Grupo de Trabalho sobre Perdas e Resíduos Alimentares, dependente do Grupo Consultivo da Cadeia Alimentar, da Saúde Animal e da Fitossanidade, seguido pela criação, em 2014, de um Grupo de Peritos sobre Perdas e Desperdícios Alimentares.[33] Em 2015, no âmbito dos Objetivos de Desenvolvimento Sustentável, as Nações Unidas adotaram como meta a redução para metade do desperdício alimentar *per capita* na venda a retalho e consumo, e a redução das perdas alimentares ao longo das cadeias de produção e abastecimento.[34] Em conformidade com este objetivo, no programa "Fechar o ciclo – Plano de ação da UE para a economia circular", lançado em dezembro do mesmo ano, a CE comprometeu-se a criar uma Plataforma Europeia para as Perdas e Desperdício Alimentares – um espaço que reúne instituições da UE,

---

[30] Resolução do Parlamento Europeu (2011/2175(INI)), de 19 de janeiro de 2012, sobre como evitar o desperdício de alimentos: estratégias para melhorar a eficiência da cadeia alimentar na UE.

[31] UNO ENVIRONMENT PROGRAMME. *Think. Eat. Save*: reduce your footprint. Reduce your footprint. Disponível em: https://www.unep.org/thinkeatsave. Acesso em: 02 abr. 2022.

[32] Em audiência geral, celebrada a 5 de junho de 2013, o Papa Francisco afirmou que "o alimento desperdiçado, é alimento roubado aos pobres". Cf. Il Papa: Il cibo sprecato è cibo rubato ai poveri, Il cibo sprecato è cibo rubato ai poveri, *Avvenire.It*, Milão, p. 1-2. 5 jun. 2013. Disponível em: https://www.avvenire.it/chiesa/pagine/udienza-del-mercoledi-papa-. Acesso em: 02 abr. 2022.

[33] EUROPEAN COMMISSION. EU actions against food waste. Disponível em: https://ec.europa.eu/food/safety/food-waste/eu-actions-against-food-waste_pt. Acesso em: 02 abr. 2022.

[34] UNITED NATIONS. *Sustainable Development*: the 17 goals. The 17 goals. Disponível em: https://sdgs.un.org/goals. Acesso em: 02 abr. 2022.

peritos dos Estados-membros e partes interessadas na cadeia alimentar, com o objetivo de trocar experiências e definir as medidas necessárias para prevenir o desperdício de alimentos e avaliar os progressos alcançados.[35]

3.2 O contexto português

O interesse das instituições comunitárias, juntamente com a crescente repercussão pública das iniciativas desenvolvidas pela sociedade civil, acabou por colocar a questão do desperdício alimentar ao nível da ação governativa nacional.[36] Com o apoio de instituições educativas, federações empresariais e outras organizações da sociedade civil, em outubro de 2014 o governo português publicou uma brochura informativa intitulada *Prevenir o desperdício alimentar: um compromisso de todos!*, na qual foi apresentada a ideia de criar uma "Plataforma Nacional de Conhecimento sobre o Desperdício Alimentar". Meses depois, em junho de 2015, a Assembleia da República declarou 2016 como o "Ano Nacional de Combate ao Desperdício Alimentar", recomendando ao governo a elaboração de "um programa de ação nacional que fixe objetivos e metas, anuais e plurianuais, para a redução do desperdício alimentar, e que seja construído num processo de participação ativa e colaborativa da sociedade".[37]

Seguindo as orientações estabelecidas pela Assembleia da República, no final de 2016, o governo criou a Comissão Nacional de Combate ao Desperdício Alimentar, um organismo interinstitucional composto por representantes da administração pública e da sociedade civil, com o objetivo de "promover iniciativas para combater o desperdício alimentar através de uma abordagem integrada e multidisciplinar".[38]

---

[35] EUROPEAN COMMISSION. EU Platform on Food Losses and Food Waste. Disponível em https://ec.europa.eu/food/safety/food-waste/eu-actions-against-food-waste/eu-platform-food-losses-and-food-waste_pt. Acesso em: 02 abr. 2022.

[36] Em 2012, o Projeto de Estudo e Reflexão sobre Desperdício Alimentar (PERDA), financiado por duas fundações privadas e desenvolvido através de uma parceria entre o grupo Cestras e o Centro de Estudos de Sociologia da Universidade Nova de Lisboa, forneceu alguns indicadores preliminares sobre o impacto do desperdício alimentar em Portugal. BAPTISTA, P. et al. *Do campo ao garfo*: desperdício alimentar. Lisboa: CESTRAS, 2012.

[37] REPÚBLICA PORTUGUESA. *Resolução da Assembleia da República nº 65, de 17 de junho de 2015*. Combater o desperdício alimentar para promover uma gestão eficiente dos alimentos. n. 116, Seção 1.

[38] REPÚBLICA PORTUGUESA. *Despacho nº 14202-B/2016 1*. Diário da República, 2.ª série, nº 227, de 25 de novembro de 2016. A CNCDA é composta por representantes de treze

Algumas semanas após a criação da CNCDA, a própria Assembleia da República aprovou uma resolução que encorajava o governo nacional – através do novo organismo – a convocar a participação de todos os interessados na elaboração das políticas.[39] Depois de consultar as partes interessadas, em novembro de 2017 a CNCDA apresentou uma Estratégia Nacional de Combate ao Desperdício Alimentar (ENCDA) assente em três objetivos estratégicos (prevenir, reduzir e monitorizar), desdobrados, por sua vez, em nove objetivos operacionais: (i) aumentar a sensibilização, (ii) formar a população em idade escolar na prevenção, (iii) aumentar a formação de agentes e operadores, (iv) promover uma política proactiva de comunicação de resultados, (v) inovar e potenciar as boas práticas, (vi) reduzir as barreiras administrativas, (vii) reforçar a cooperação entre agentes, (viii) implementar um sistema de medição nas diferentes fases da cadeia, e (ix) implementar um sistema de reporte nas diferentes fases da cadeia. Para cumprir estes objetivos, a CNCDA definiu um Plano de Ação de Combate ao Desperdício Alimentar (PACDA), com catorze medidas a realizar pelos diferentes organismos representados (Caixa 2).[40]

órgãos da administração pública central, das regiões autónomas, das federações de municípios e juntas de freguesia e da Federação Portuguesa dos Bancos Alimentares Contra a Fome. Funciona junto do Ministério da Agricultura, Florestas e Desenvolvimento Rural e é coordenada pelo Gabinete de Planeamento, Políticas e Administração Geral (GPP). Enquanto ente coordenador, o GPP representa Portugal na Plataforma da União Europeia sobre Perdas e Desperdício Alimentar.

[39] REPÚBLICA PORTUGUESA. *Projetos de Resolução n. 576/XIII (2.ª), 577/XIII (2.ª), 581/XIII (2.ª), 582/XIII (2.ª), 583/XIII (2.ª), de 16 diciembre de 2016*. Diário da Assembleia da República, II Série-A, nº 43, de 16 de dezembro de 2016. Cf. também Resolução da Assembleia da República nº 13/2017, de 16 dezembro, que "Recomenda ao Governo medidas de combate ao desperdício alimentar"; Diário da República, 1.ª série, nº 26, de 6 de fevereiro de 2017.

[40] Aprovados através da Resolução do Conselho de Ministros nº 46/2018, de 5 de abril. Diário da República, 1.ª série, nº 82, de 27 de abril de 2018. Tanto a estratégia como o plano de ação delineados pelo CNCDA integram o Plano de Ação para a Economia Circular em Portugal (PAEC), aprovado pelo governo português em finais de 2017. Este último programa traça sete "macro-ações" destinadas a reorganizar o modelo económico através da coordenação dos sistemas de produção e consumo em circuitos fechados. REPÚBLICA PORTUGUESA. *Resolução do Conselho de Ministros nº 190-A/2017, de 23 de novembro de 2017*. Diário da República, 1.ª série, nº 236, de 11 dezembro de 2017.

Caixa 2 – Medidas previstas no Plano de Ação de Combate ao Desperdício Alimentar(a,b)

1. Rever e difundir *guidelines* de orientação de segurança alimentar com vista ao combate ao desperdício alimentar (ASAE/ DGAV);
2. Promover ações de sensibilização junto do consumidor (DGC e entidades parceiras);
3. Desenvolver ações de sensibilização para a população em idade escolar (Agrupamentos de Escolas e DGEstE);
4. Desenvolver ações de formação específicas para diferentes segmentos da cadeia (DGAV/ASAE);
5. Publicar regularmente painel de estatísticas sobre níveis de desperdício alimentar, incluindo a criação, no portal das estatísticas oficiais, de uma área dedicada a este tema (INE);
6. Divulgar boas práticas (GPP/DGC);
7. Promover o desenvolvimento de processos inovadores (IAPMEI);
8. Facilitar e incentivar o regime de doação de gêneros alimentares (ASAE/DGAV);
9. Melhorar a articulação e envolvimento da administração do Estado na regulação europeia e internacional (GPP /APA INE/DGAV/ ASAE);
10. Implementar uma plataforma colaborativa que permita identificar disponibilidades por tipo de gêneros alimentares (GPP/APA);
11. Promover locais específicos para venda de produtos em risco de desperdício (DGAE/DGAV com parceiros do retalho agroalimentar);
12. Desenvolvimento da metodologia para o cálculo do desperdício alimentar nas diferentes fases da cadeia (INE);
13. Desenvolver projetos piloto na área da saúde e nutrição (Nutricionistas do PNPAS);
14. Elaborar relatórios periódicos para apresentação à tutela e divulgação geral (GPP).[41]

---

[41] Comissão Nacional de Combate ao Desperdício Alimentar. Nota: (a) Entre parêntesis encontram-se as siglas da(s) entidade(s) executantes; (b) APA: Agência Portuguesa do Ambiente; ASAE: Autoridade de Segurança Alimentar e Econômica; DGAV: Direção-Geral da Alimentação e Veterinária; DGC: Direção-Geral Consumidor; GPP: Gabinete de Planeamento, Políticas e Administração Geral; IAPMEI: Agência para a Competitividade e Inovação; INE: Instituto Nacional de Estatística; PNPAS: Programa Nacional de Promoção da Alimentação Saudável da Direção Geral da Saúde.

4 O atual contexto da luta contra o desperdício alimentar

As redes de colaboração surgidas a partir das experiências pioneiras da Dariacordar e da Re-Food, reforçadas pelo subsequente desenvolvimento de instituições e instrumentos políticos em nível nacional e europeu, contribuíram para o estabelecimento de novas articulações entre um número crescente e heterogêneo de atores locais, nacionais e internacionais, favorecendo a emergência de ulteriores e inovadoras experiências.

Correndo o risco de incorrer em uma simplificação excessiva, as novas iniciativas podem agrupar-se em duas grandes categorias. A primeira compreende organizações criadas com o propósito específico de combater o desperdício alimentar. Entre elas destaca-se a Cooperativa Fruta Feia, uma organização de consumidores que compra aos agricultores os frutos e produtos hortícolas rejeitados pela distribuição em grande escala por razões estéticas e os vende a preços reduzidos entre os seus associados.[42] Também existem algumas empresas com fins lucrativos, como o supermercado GoodAfter.com, que fornece a preços promocionais produtos próximos da sua data de validade, e duas aplicações para dispositivos móveis denominadas "Phenix" e "Too Good to Go", que facilitam o contacto entre restaurantes com excedentes alimentares e consumidores que procuram refeições a preços mais econômicos.[43]

As experiências da segunda categoria compreendem programas de combate ao desperdício alimentar desenvolvidos por organizações pré-existentes. Em alguns casos, os programas surgem de parcerias entre entidades públicas e privadas,[44] ou como projetos autónomos de

---

[42] REDE Fruta Feia. Disponível em: https://frutafeia.pt/pt/rede-ff. Acesso em: 02 abr. 2022.

[43] A empresa Phenix, que desenvolve soluções contra o desperdício alimentar para empresas, fabricantes e grandes retalhistas, instalou a sua filial em Portugal em 2016. Os aplicativos da Phenix e da Too Good to Go começaram a operar em 2019. Um ano antes, uma *start up* portuguesa, com sede no Parque da Ciência e da Tecnologia da Universidade do Porto, tinha criado um aplicativo similar, denominado FairMeals, mas que acabou descontinuado no início de 2020. Sobre as iniciativas, GoodAfter.com, To Good to Go, Phenix e Fairmeals, REPÚBLICA PORTUGUESA. Comissão Nacional de Combate ao Desperdício Alimentar. *Iniciativas Nacionais*: este espaço destina-se à divulgação de iniciativas de combate ao desperdício alimentar. Este espaço destina-se à divulgação de iniciativas de combate ao desperdício alimentar. Disponível em: https://www.cncda.gov.pt/index.php/ligacoes/certificacao-selo. Acesso em: 02 abr. 2022.

[44] ARGANIL Município. Alimentar + em Arganil. Disponível em https://www.cm-arganil.pt/municipio/areas-de-intervencao/acao-social/alimentar-em-arganil/. Acesso em: 02 abr. 2022.

responsabilidade social empresarial.[45] Noutros, resultam da cooperação entre entidades e empresas da economia social. Um dos principais exemplos é a Restolho, uma iniciativa que mobiliza voluntários para recolher produtos hortícolas que ficam nos campos (produtos com pequenos defeitos ou de baixo valor comercial) e promove a sua redistribuição a grupos sociais vulneráveis.[46]

4.1 Os vínculos institucionais e sinergias das principais iniciativas

Algumas das mais importantes organizações e iniciativas, a Re-Food, a Fruta Feia e a Restolho integram um painel consultivo da CNCDA que participa e acompanha a formulação, implementação e monitorização da estratégia e programa nacional de combate ao desperdício alimentar.[47] Juntamente com a CNCDA, a Re-Food e a Dariacordar também integram o Movimento Unidos contra o Desperdício (MUCD), um projeto de comunicação e sensibilização criado em finais de 2020, que reúne, ao abrigo de diferentes estatutos, centenas de empresas privadas (nacionais e multinacionais), organismos públicos e organizações da economia social.[48]

Paralelamente, a crescente disponibilidade de fundos para a realização de projetos de investigação e ação no domínio do desenvolvimento sustentável tem promovido a criação de vínculos inéditos

---

[45] SONAE, Transformar-te. Disponível em https://www.sonae.pt/pt/inovacao/projetos/transformar-te/. Acesso em: 02 abr. 2022.

[46] Surgida em 2013, a Restolho resultou da colaboração entre duas organizações de solidariedade social (a Federação Portuguesa dos Bancos Alimentares e a Associação para o Apoio a Instituições de Solidariedade Social "Entreajuda"), uma cooperativa agrícola (Agromais) e uma união de pequenos e médios produtores (Agrotejo). RESTOLHO. *Uma segunda colheita para que nada se perca*: Um projeto diferente!. Disponível em: https://www.restolho.org/projeto. Acesso em: 02 abr. 2022.

[47] O painel consultivo também está integrado por representantes das organizações representativas da produção, da indústria agroalimentar, da distribuição, da restauração, da economia social, do consumidor, das autarquias e das universidades. CNCDA. *Painel consultivo*. Disponível em https://www.cncda.gov.pt/index.php/a-cncda/painelconsultivo. Acesso em: 02 abr. 2022.

[48] O movimento foi fundado por dez organizações: a Associação da Hotelaria, Restauração e Similares de Portugal (AHRESP), a Associação Portuguesa de Empresas de Distribuição (APED), a Associação Portuguesa de Logística (APLOG), a Câmara Municipal de Lisboa no âmbito da Lisboa Capital Verde Europeia 2020 (CML), a Confederação dos Agricultores de Portugal (CAP), a Confederação Empresarial de Portugal (CIP), a Comissão Nacional de Combate ao Desperdício Alimentar, a Dariacordar, a Federação Portuguesa dos Bancos Alimentares (FPBA) e a Re-Food. Unidos contra o desperdício. Manifesto. Disponível em https://www.unidoscontraodesperdicio.pt/omovimento. Acesso em: 02 abr. 2022.

entre algumas iniciativas de combate ao desperdício alimentar e uma multiplicidade de atores nacionais e estrangeiros. Juntamente com a Câmara Municipal de Lisboa e o Departamento de Mecânica do Instituto Superior Técnico da Universidade de Lisboa, a Cooperativa Fruta Feia participou na implementação do FLAW4LIFE: Spreading Ugly Fruit Against Food Waste (2015-2018), um projeto cofinanciado com fundos europeus que visava replicar e divulgar o modelo da cooperativa em nível nacional e internacional.[49] A Dariacordar, por seu lado, participa atualmente do FORCE: Cities Cooperating for a Circular Economy, um projeto cofinanciado pelo Programa Horizonte 2020 da UE, que visa desenvolver estratégias de economia circular para a redução de diferentes tipos de resíduos (plásticos, metais, madeira e resíduos orgânicos, incluindo resíduos alimentares),[50] envolvendo autarquias, universidades, empresas e organizações sociais de várias cidades europeias.[51]

4.2 A pandemia de covid-19 e o novo marco regulatório

No início de 2020, as restrições à circulação de pessoas e bens, adotadas para mitigar os efeitos da pandemia covid-19, criaram uma forte pressão sobre o funcionamento da cadeia de abastecimento alimentar, originando uma mudança nas práticas e nos comportamentos que, em princípio, poderiam exacerbar o problema do desperdício.[52] A hipótese de uma relação entre os dois fenómenos conferiu um dinamismo renovado às ações do governo e derivou na apresentação de várias propostas legislativas sobre desperdício alimentar.[53]

---

[49] Flaw4life – Spreading Ugly Fruit Against Food Waste. *Projecto*. Disponível em https://www.flaw4life.com/pt/content/projecto. Acesso em: 02 abr. 2022.

[50] FORCE Project. *FORCE material streams and activities*. Disponível em http://www.ce-force.eu/.

[51] No âmbito deste projeto, a Dariacordar desenvolveu uma ferramenta digital para a gestão de diferentes circuitos de resíduos a nível local (ZERO WASTE 360), capaz de assegurar a rastreabilidade das doações e de medir, em tempo real, os principais impactos sociais, financeiros e ambientais do processo económico circular. ZERO desperdício 360. *Plataforma de economia circular e colaborativa*. Disponível em https://360.zerodesperdicio.pt/. Acesso em: 02 abr. 2022.

[52] Com o objetivo de medir os impactos da pandemia sobre a produção de desperdício, em meados de 2020 a CNCDA elaborou um questionário dirigido aos diferentes atores do setor agroalimentar. Comissão Nacional de Combate ao Desperdício Alimentar. *10ª reunião plenária da CNCDA*. Disponível em: https://www.cncda.gov.pt/index.php/documentos-e-legislacao/reuniao-plenaria.

[53] O Partido Ecologista "Os Verdes" apresentou um projeto de lei que visava a realização de um inquérito nacional sobre desperdício alimentar, o qual foi aprovado em finais de

A iniciativa mais importante, submetida pelos deputados do partido "Pessoas, Animais e Natureza" (PAN) em setembro de 2020, visava a regulamentar a doação de excedentes alimentares e a sua redistribuição para fins de solidariedade social.[54] O projeto foi objeto de um longo processo legislativo, que incluiu discussões em comissão entre as diferentes forças políticas e audições com os diversos atores envolvidos na luta contra o desperdício alimentar. Dessas discussões resultou a elaboração de uma proposta consensual, que foi aprovada pela Assembleia da República em finais de julho de 2021.[55]

O novo marco regulatório estabelece que é dever do Estado contribuir para a redução do desperdício alimentar, outorgando força de lei às metas quantitativas fixadas nos Objetivos de Desenvolvimento Sustentável da ONU e na Diretiva (UE) 2018/851 do Parlamento Europeu e do Conselho, de 30 de maio de 2018. Para cumprir com esses ambiciosos objetivos, a lei promove a implementação de três medidas principais. A primeira prevê a integração da componente educativa para a sustentabilidade nos currículos escolares, com referência específica à questão do desperdício alimentar. A segunda medida estabelece que as autarquias devem elaborar e executar um plano municipal de combate ao desperdício alimentar, o que eleva as autoridades governativas locais a ator-chave na luta contra o desperdício alimentar. Finalmente, a norma obriga as maiores empresas agroalimentares (aquelas com um volume de negócios anual superior a 50 milhões de euros ou que empreguem 250 ou mais pessoas) a doar às instituições de solidariedade social os alimentos que, embora não sendo suscetíveis de prejudicar a saúde do consumidor, tenham perdido a sua condição de comercialização.[56]

---

julho de 2021. Cf. Lei nº 51/2021, de 30 de julho. Diário da República, 1.ª série, nº 147, de 30 de julho de 2021. O Partido Comunista Português apresentou outra proposta para criar medidas de promoção para o escoamento de bens alimentares da pequena agricultura e agricultura familiar que, de maneira indireta, visava também a combater o desperdício alimentar. REPÚBLICA PORTUGUESA. *Projeto nº 537/XIV/2ª*. Diário da Assembleia da República, II série A, nº 6, de 25 de setembro de 2020.

[54] Um projeto com características parecidas (que previa a obrigatoriedade da doação de excedentes e a concessão de isenções fiscais), também apresentado pelo PAN, tinha sido rejeitado em outubro de 2016 com o voto contra de todas as forças políticas com representação parlamentar. REPÚBLICA PORTUGUESA. *Projeto de Lei 266/XIII/1*. Diário da Assembleia da República, II série A, nº 94, de 8 de junho de 2016.

[55] REPÚBLICA PORTUGUESA. *Lei nº 62/2021, de 19 de agosto*. Diário da República, 1.ª série, nº 161, de 19 de agosto de 2021.

[56] A proposta de lei também previa isenções fiscais para as empresas que efetuassem tais doações, as quais foram recusadas pelas principais forças políticas durante as discussões na Comissão de Agricultura e Mar.

5 Observações conclusivas

Treze anos depois de Costa Pereira ter iniciado a sua campanha para modificar a interpretação de um regulamento que impedia a doação de excedentes alimentares, o parlamento português estabeleceu a obrigatoriedade de doar tais excedentes. De uma forma sintética (e, portanto, necessariamente incompleta), neste capítulo esboçámos em grandes traços a dinâmica do processo que derivou nessa substancial transformação do quadro normativo.

Como discutido na primeira parte deste capítulo, a mobilização da opinião pública através das redes sociais, mas especialmente através dos meios de comunicação social, foi um fator determinante para o envolvimento das autoridades governativas, a clarificação de normas em matéria de segurança e higiene alimentar e o subsequente surgimento das primeiras iniciativas de recuperação e redistribuição de excedentes alimentares à escala local. Quase simultaneamente, as recomendações da UE encorajaram o desenvolvimento de novas instituições e instrumentos políticos para lidar com o problema do desperdício alimentar à escala nacional. Neste sentido, é possível afirmar que, em Portugal, o atual contexto socioinstitucional de combate ao desperdício alimentar é fruto da combinação de dois movimentos políticos diferentes – um movimento ascendente, impulsionado por empreendedores sociais, voluntários e organizações da sociedade civil; e um movimento descendente, impulsionado por organizações supranacionais e Estados soberanos. Como discutido na última parte deste trabalho, esses movimentos combinaram-se num processo de fertilização cruzada, que tem favorecido tanto o crescimento e replicação de iniciativas locais, como a criação de espaços para a formulação participativa de políticas públicas e de legislação conducente à redução do desperdício alimentar.

Referências

ARGANIL Município. Alimentar + em Arganil. Disponível em https://www.cm-arganil.pt/municipio/areas-de-intervencao/acao-social/alimentar-em-arganil/. Acesso em: 02 abr. 2022.

AUTORIDADE DE SEGURANÇA ALIMENTAR E ECONÓMICA. *Nota Técnica n 01/2014*. Doação de géneros alimentícios. Lisboa: Asae, 2014. Disponível em: https://www.asae.gov.pt/ficheiros-externos-2021/nota-tecnica-n-12014-doacao-de-generos-alimenticios-pdf.aspx. Acesso em: 02 abr. 2022.

BAPTISTA, P. et al. *Do campo ao garfo*: desperdício alimentar. Lisboa: CESTRAS, 2012.

CÂMARA MUNICIPAL DE SETÚBAL. Nada se perde tudo se transforma. Disponível em: http://www.mun-setubal.pt/guiaeventos/Artigos/default.asp?tipo=12&Dia=1&Mes=12&Ano=2006.

CAMPBELL, H.; EVANS, D.; MURCOTT, A. A brief pre-history of food waste and the social sciences. *The Sociological Review*, Lancaster, v. 60, n. 2, p. 5-26, dec. 2012.

CAMPBELL, H.; EVANS, D.; MURCOTT, A. Measurability, austerity and edibility: introducing waste into food regime theory. *Journal of Rural Studies*, Amsterdam, v. 51, p. 168-177, apr. 2017.

CARNEIRO, A.; PORTUGAL, P.; VAREJÃO, J. Catastrophic job destruction during the portuguese economic crisis. *Journal of Macroeconomics*, Amsterdam, v. 39, p. 444-457, mar. 2014.

CNCDA. *"Painel consultivo"*. Disponível em https://www.cncda.gov.pt/index.php/a-cncda/painelconsultivo. Acesso em: 02 abr. 2022.

COMISSÃO EUROPEIA. *COMUNICAÇÃO DA COMISSÃO AO PARLAMENTO EUROPEU, AO CONSELHO, AO COMITÉ ECONÓMICO E SOCIAL EUROPEU E AO COMITÉ DAS REGIÕES*: roteiro para uma europa eficiente na utilização de recursos. Bruxelas, 2011. Disponível em: https://www.europarl.europa.eu/meetdocs/2009_2014/documents/com/com_com(2011)0571_/com_com(2011)0571_pt.pdf. Acesso em: 02 abr. 2022.

COSTA, G. Nos limites da crise, *VER*, Piso, 16 mar. 2011. Disponível em: https://www.ver.pt/nos-limites-da-crise/. Acesso em 02 abr. 2022.

EUROPEAN COMISSION. Directorate General for the Environment. *Preparatory Study on Food Waste across EU 27:* Final Report. LU: Publications Office, 2011.

EUROPEAN COMMISSION. EU actions against food waste. Disponível em: https://ec.europa.eu/food/safety/food-waste/eu-actions-against-food-waste_pt. Acesso em: 02 abr. 2022.

EUROPEAN COMMISSION. EU Platform on Food Losses and Food Waste. Disponível em https://ec.europa.eu/food/safety/food-waste/eu-actions-against-food-waste/eu-platform-food-losses-and-food-waste_pt. Acesso em: 02 abr. 2022.

Flaw4life – Spreading Ugly Fruit Against Food Waste. *Projecto*. Disponível em https://www.flaw4life.com/pt/content/projecto. Acesso em: 02 abr. 2022.

FORCE Project. *FORCE material streams and activities*. Disponível em http://www.ce-force.eu/.

FRIEDMANN, H.; MCMICHAEL, P. Agriculture and the State System: The Rise and Decline of National Agricultures, 1870 to the Present. *Sociologia Ruralis*, Abingdon, v. 29, n. 2, p. 93-117, aug. 1989.

GUSTAVSSON, J. (ed.). *Global food losses and food waste: extent, causes and prevention*. Rome: FAO, 2011.

Il Papa: Il cibo sprecato è cibo rubato ai poveri. Il cibo sprecato è cibo rubato ai poveri, *AvvenireIt*, Milão, p. 1-2. 5 jun. 2013. Disponível em: https://www.avvenire.it/chiesa/pagine/udienza-del-mercoledi-papa-. Acesso em: 02 abr. 2022.

LORENA, D.; PIRES, I. 15. Combating Food Waste in Portugal: A Case Study of a Civil Society Initiative. *In*: OLSSON, I. A. S.; ARAÚJO, S. M.; VIEIRA, M. F. (ed.). *Food futures*: ethics, science and culture. Porto: Wageningen Academic, 2016.

MOVIMENTO ZERO DESPERDÍCIO. Disponível em: http://www.dnpj.pt/wp-content/uploads/2016/01/Movimento-Zero-Desperd%C3%ADcio-PDF.pdf.

OLIVEIRA, A. (org.). Doação de géneros alimentícios. *Newsletter da Autoridade de Segurança Alimentar e Económica*, Lisboa, v. 32, p. 1-4, jan. 2011. Disponível em: https://www.asae.gov.pt/publicacoes/edicoes-2011.aspx. Acesso em 02 abr. 2022.

REBELO, R. Projecto re-food angaria voluntários e expande-se, *Público*, Lisboa, p. 1-2. 11 maio 2015. Disponível em: https://www.publico.pt/2015/05/11/local/noticia/voz-ativa-no-combate-a-fome-e-ao-desperdicio-alimentar-1695227. Acesso em: 02 abr. 2022.

REDE Fruta Feia. Disponível em: https://frutafeia.pt/pt/rede-ff. Acesso em: 02 abr. 2022.

REPÚBLICA PORTUGUESA (Município). *Deliberação nº 210, de 28 de maio de 2014*. Câmara Municipal de Lisboa, 29 maio 2014. v. 2, n. 1058.

REPÚBLICA PORTUGUESA. Comissão Nacional de Combate ao Desperdício Alimentar. *10ª reunião plenária da CNCDA*. Disponível em https://www.cncda.gov.pt/index.php/documentos-e-legislacao/reuniao-plenaria

REPÚBLICA PORTUGUESA. *Despacho nº 14202-B/2016 1*. Diário da República, 2.ª série, nº 227, de 25 de novembro de 2016.

REPÚBLICA PORTUGUESA. *Lei nº 62/2021, de 19 de agosto*. Diário da República, 1.ª série, nº 161, de 19 de agosto de 2021.

REPÚBLICA PORTUGUESA. *Moção nº 3, de 9 de dezembro de 2010*. Câmara Municipal de Lisboa: Suplemento ao Boletim Municipal, 16 dez. 2010. n. 878.

REPÚBLICA PORTUGUESA. *Projeto de Lei 266/XIII/1*. Diário da Assembleia da República, II série A, nº 94, de 8 de junho de 2016.

REPÚBLICA PORTUGUESA. *Projeto nº 537/XIV/2ª*. Diário da Assembleia da República, II série A, nº 6, de 25 de setembro de 2020.

REPÚBLICA PORTUGUESA. *Projetos de Resolução n 576/XIII (2ª), 577/XIII (2ª), 581/XIII (2ª), 582/XIII (2ª), 583/XIII (2ª), de 16 diciembre de 2016* Diário da Assembleia da República, II Série-A, nº 43, de 16 de dezembro de 2016. Cf. também Resolução da Assembleia da República nº 13/2017, de 16 dezembro, que "Recomenda ao Governo medidas de combate ao desperdício alimentar"; Diário da República, 1.ª série, nº 26, de 6 de fevereiro de 2017.

REPÚBLICA PORTUGUESA. *Resolução da Assembleia da República nº 65, de 17 de junho de 2015*. Combater o desperdício alimentar para promover uma gestão eficiente dos alimentos. n. 116, Seção 1.

REPÚBLICA PORTUGUESA. *Resolução do Conselho de Ministros nº 190-A/2017, de 23 de novembro de 2017*. Diário da República, 1.ª série, nº 236, de 11 dezembro de 2017.

RESTOLHO. *Uma segunda colheita para que nada se perca*: Um projeto diferente!. Disponível em: https://www.restolho.org/projeto. Acesso em: 02 abr. 2022.

SOARES, M. *et al.* Re-Food chega a Telheiras, mas o seu fundador quer cobrir Lisboa inteira, *Público*, Lisboa, 17 set. 2012. Disponível em: https://www.publico.pt/2012/09/17/local/noticia/refood-chega-a-telheiras-mas-o-seu-fundador-quer-cobrir-lisboa-inteira-1563383. Acesso em: 02 abr. 2022.

SOCIEDADE PONTO VERDA. *Solidariedade, o ingrediente secreto*. Disponível em: https://www.pontoverde.pt/recicla_detalhe.php?id=18&pagina=2&table=ecoempreendedores. Acesso em: 02 abr. 2022.

SONAE, Transformar-te. Disponível em https://www.sonae.pt/pt/inovacao/projetos/transformar-te/. Acesso em: 02 abr. 2022.

TOMÁS, Carla. Movimento contra o desperdício. *Expresso*, 8 nov. 2010. Disponível em: https://expresso.pt/actualidade/movimento-contra-o-desperdicio=f61399

UNITED NATIONS. *Sustainable Development*: the 17 goals. The 17 goals. Disponível em: https://sdgs.un.org/goals. Acesso em: 02 abr. 2022.

UNO ENVIRONMENT PROGRAMME. *Think Eat Save*: reduce your footprint. Reduce your footprint. Disponível em: https://www.unep.org/thinkeatsave. Acesso em: 02 abr. 2022.

ZERO desperdício 360. *Plataforma de economia circular e colaborativa*. Disponível em https://360.zerodesperdicio.pt/. Acesso em: 02 abr. 2022.

ZERO desperdício: Nada se perde tudo se transforma. Disponível em: https://zerodesperdicio.pt/. Acesso em: 02 abr. 2022.

Informação bibliográfica deste texto, conforme a NBR 6023:2018 da Associação Brasileira de Normas Técnicas (ABNT):

SPOGNARDI, Andrés; MATOS, Ana Raquel. Das margens ao centro: a preocupação pública com o desperdício alimentar em Portugal, 2008-2021. *In*: TRENTINI, Flavia; BRANCO, Patrícia; CATALAN, Marcos (coord.). *Direito e comida*: do campo à mesa: cidadania, consumo, saúde e exclusão social. Belo Horizonte: Fórum Social, 2023. p. 399-420. ISBN 978-65-5518-511-9.

QUANDO TODO O RESTO DESAPARECE: SOBRE A LIBERDADE RELIGIOSA ALIMENTAR NA PRISÃO

Giovanni Blando

1 Introdução

A atenção do jurista às práticas alimentares de tipo religioso aumentou de forma notável nos últimos anos.[1] Esse interesse renovado por uma temática que antes era pouco explorada pode ser visto como sintoma daquele "novo constitucionalismo" de que falava Stefano Rodotà e que "põe em primeiro plano a materialidade das situações e das necessidades do ser humano".[2] Entre essas necessidades genuinamente humanas, a religião continua a ocupar um lugar importante,[3] modificada, certamente, pelos processos de secularização que a transformaram em "uma de entre outras possibilidades humanas",[4] mas que foi também reforçada pela consolidação normativa de um direito fundamental como o da liberdade religiosa. O longo processo que

---

[1] Em particular, CHIZZONITI, A.G. La tutela della diversità: cibo, diritto e religione. *In:* CHIZZONITI, A.G.; TALLACCHINI, M. (A cura di). *Cibo e religione.* Diritto e diritti, Roma: Libellula, 2010 e FUCCILLO, A. *Il cibo degli dei.* Diritto, religioni, mercati alimentari. Torino: Giappichelli, 2015.

[2] RODOTÀ, S. *Il diritto di avere diritti.* Roma-Bari: Laterza, 2012, p. 7.

[3] Como evidencia GINER, S. *El porvenir de la religión.* Fe, humanismo y razón. Barcelona: Herder, 2016, p. 16. "Enquanto houver humanidade, haverá religião. A fé dará certeza e consolo aos crentes. Moverá o homem à fraternidade e ao altruísmo, mas justificará também o mal, o dano intencional, a sanha".

[4] TAYLOR, C. *L'età secolare.* Milão: Feltrinelli, 2009, p. 14.

conduziu ao reconhecimento difuso da liberdade religiosa[5] permite hoje a inclusão dessa necessidade juridificada e particularmente articulada entre os vários aspectos constitutivos da identidade pessoal, pelo que se pode entender uma verdadeira e própria "identidade religiosa" como "o conjunto de crenças, de valores, de pertenças que um indivíduo possui em matérias especificamente religiosas". Na formação e afirmação dessa identidade religiosa a normatividade das religiões joga um papel fundamental que inclui sempre um conjunto de "regras prescritivas de conduta" para os fiéis, entre as quais assumem particular relevância as relativas à alimentação.[6] O jurista é então chamado a compreender o seu conteúdo, uma vez que, tal como para outras prescrições de tipo religioso, também as regras alimentares se arriscam a gerar conflitos práticos aos crentes, que se podem encontrar diante de difíceis – às vezes, trágicas – escolhas acerca das regras a seguir, se aquelas jurídicas ou se as religiosas. Tais situações devem ser evitadas o máximo possível, já que é tarefa do Direito encarregar-se desse processo de construção e de afirmação da identidade, que passa muitas vezes também pela necessidade que o crente sente de respeitar determinadas prescrições alimentares.

Essa necessidade pode tornar-se problemática em muitos contextos. Pense-se nas cada vez mais frequentes demandas de menus diferenciados por questões religiosas nas cantinas escolares;[7] ou ainda nos importantes problemas institucionais, éticos e políticos que podem gerar algumas formas de produção de alimentos, como acontece, por exemplo, nos casos do chamado "abate ritual", um conjunto de prescrições fundamentais para o consumo de carne nas religiões islâmica e hebraica. Mas existe um contexto em que o exercício do direito à liberdade religiosa e a necessidade de seguir as regras alimentares que desse derivam podem tornar-se particularmente complicados: refiro-me ao contexto prisional, em que a condição de vulnerabilidade do recluso pode influir negativamente no exercício de tal direito.

---

[5] Sobre o qual não me posso agora deter por razões de espaço. Para um enquadramento breve dos acontecimentos que levaram à afirmação do direito à liberdade religiosa, v. STARCK, C. Raíces históricas de la libertad religiosa moderna. *Revista Española de Derecho Constitucional*, Madrid, n. 47, p. 9-27, 1996.

[6] PINO, G. Sulla rilevanza giuridica e costituzionale dell'identità religiosa. *Ragion pratica*, Bolonha, n. 45, p. 369-383, dic. 2015, p. 370-374.

[7] Sobre este ponto, v. DEL BÒ, C. Le regole alimentari religiose e i menu delle mense scolastiche: una sfida per la laicità?. *Stato, Chiese e pluralismo confessionale*, Milão, n. 1, p. 1-14, 2019.

Nas próximas páginas irei tentar esclarecer o conteúdo do *direito à liberdade religiosa*, prestando particular atenção às modalidades por meio das quais a sua dimensão *"prática"* e *"prescritiva"* contribui para a construção e afirmação da identidade do crente. Uma vez esclarecido no que consiste tal dimensão, irei considerar uma especial tipologia de regras prescritivas elaboradas pelas religiões – as regras alimentares – que se incluem naquela especificação do direito à liberdade religiosa representada pela assim chamada *liberdade religiosa alimentar*. Por fim, irei analisar um particular contexto no qual a liberdade religiosa alimentar pode ser invocada como direito individual, aquele das instituições prisionais. Em particular, depois de esclarecer brevemente que o recluso, independentemente da situação de vulnerabilidade em que se encontra, mantém uma série de direitos que tutelam a sua identidade, chamarei à colação quatro decisões do Tribunal Europeu dos Direitos Humanos que tratam da questão da liberdade religiosa alimentar.

2 A dimensão 'prática' da liberdade religiosa

O direito à liberdade religiosa representa um dispositivo normativo que tutela aquela "preciosa faculdade interior" que cada pessoa tem, a consciência, e que lhe permite "procurar a base ética da vida e o seu significado último".[8] Muitas distinções foram propostas entre consciência e religião, e assim entre "esfera da consciência" e "identidade religiosa", entendendo-se na parte dos casos a segunda como "um aspeto específico da primeira".[9] De fato, muitas são as questões postas pela consciência que podem procurar (e encontrar) respostas, também, em conteúdos diversos dos normativos e heterônomos de tipo religioso, atendendo à "pacífica afirmação de uma consciência não necessariamente qualificada em sentido religioso".[10] A dimensão da escolha individual tem um papel fundamental nesse sentido, pois a construção de uma "identidade religiosa" é fruto de uma opção entre aqueles que Peter L. Berger definiu, eficazmente, como "os muitos altares da modernidade", gerados pela modernização científica, tecnológica, e, de forma geral, por uma mudança racionalística, que

---

[8] NUSSBAUM, M. *Libertà di coscienza e religione*. Trad. it. F. Lelli. Bologna: il Mulino, 2009, p. 27.
[9] PINO, G. Sulla rilevanza giuridica e costituzionale dell'identità religiosa. *Ragion pratica*, Bolonha, n. 45, p. 369-383, dic. 2015, p. 370.
[10] CONSORTI, P. *Diritto e religione*. Roma-Bari: Laterza, 2014, p. 54.

conduziu a uma "imensa transformação da condição humana", que se traduz na passagem "do destino à possibilidade de escolha".[11]

Essa possibilidade, de que os indivíduos tomaram consciência lentamente, impõe, todavia, que hoje se atente nas relações entre consciência e religião de uma forma renovada, tentando evidenciar não só os elementos que os tornam diferentes, mas também aqueles que têm em comum. Tal tentativa foi feita por Ronald Dworkin, que, em um livro publicado postumamente, *Religião sem Deus*, tentou encontrar esse mínimo denominador comum, indicando-o na "convicção que cada pessoa tenha a responsabilidade intrínseca e iniludível de fazer com que a própria vida tenha êxito", responsabilidade que representa, em sua opinião, uma "expressão religiosa" no que concerne a vida partilhada, seja pelos crentes, ou pelos ateus.[12] Curiosamente, porém, para separar as convicções profundas das pessoas de concepções meramente teísticas, Dworkin acaba por indicar como "religiosas" quase todas as escolhas éticas.[13] A qualificação como religiosa de qualquer escolha ética, mesmo na sua formulação provocatória, serve paradoxalmente para dar conta da já partilhada assunção da "consciência como um dado unitário, que não deve", todavia, "ter necessariamente fins religiosamente significativos".[14] Se, porém, todas as escolhas de consciência, e não somente as religiosas, são importantes, coloca-se ao Direito um problema prático sério.

Não é tanto o momento da escolha inicial a pôr hoje problemas ao jurista,[15] mas, sobretudo, aquele das consequências práticas que tal escolha pode gerar ao nível público. É bastante frequente, de fato, que a escolha de aderir a uma determinada concepção ética ou religiosa venha acompanhada da necessidade de seguir regras de conduta que, às vezes, podem contrastar com as estabelecidas pelo Direito,

---

[11] BERGER, P.L. *I molti altari della modernità*. Le religioni al tempo del pluralismo. Bologna: EMI, 2017.

[12] DWORKIN, R. *Religione senza dio*. Trad. it. V. Ottonelli. Bolonha: Il Mulino, 2014, p. 95.

[13] É importante esclarecer que Dworkin opera uma espécie de inversão conceptual entre as categorias de ética e moral no que respeita ao uso que delas é comum fazer-se, como se pode ler em DWORKIN, R. *Justice for hedgehogs*. Cambridge: Harvard University, 2011, p. 191: "*I use the terms "ethical" and "moral" in what might seem a special way. Moral standards prescribe how we ought to treat others; ethical standards, how we ought to live ourselves*".

[14] CONSORTI, P. *Diritto e religione*. Roma-Bari: Laterza, 2014, p. 58.

[15] Decerto não podem ser descurados também os problemas de liberdade da religião nos contextos nos quais se verifica em concreto a necessidade de sublinhar que o sujeito é livre de não aderir a determinadas visões religiosas do mundo. Sobre a matéria v., entre outros, SCHARFFS, B.G.; MAOZ, A.; ISAACSON WOOLLEY, A. (ed.). *Religious freedom and the law*. Emerging contexts for freedom for and from religion. Londres: Routledge, 2018.

gerando assim "conflitos práticos"[16] ou verdadeiros e próprios "dilemas morais".[17] Se ao fato que já a adesão a uma particular religião comporta em muitas ocasiões o surgimento de tais conflitos, soma-se a esses a importância atribuída não só às escolhas alimentares, mas também àquelas de tipo não teístico que são, de todo o modo, baseadas em motivos de consciência, pelo que se põe o risco de estarmos perante uma "liberdade fora do controle" dos indivíduos. Como também assinalado por Dworkin, "uma vez rompida a conexão entre convicção religiosa e teísmo ortodoxo, parece não haver mais nenhuma modalidade segura capaz de excluir a excentricidade mais louca da categoria da fé a tutelar".[18] Compete, então, ao jurista pensar em novas estratégias para a resolução de tais conflitos, demarcando-se daquela visão positivista que se limita a procurar a origem da pertença das regras religiosas ou, em geral, de consciência, em sistemas normativos diferentes ou outros relativamente ao jurídico. As prescrições que o indivíduo entende dever seguir para construir e afirmar a própria identidade entraram a fazer plenamente parte do direito exatamente por meio daquelas normas que lhe permitem submeter-se autonomamente. E o jurista não pode aplicar uma exegese acrítica de tais normas, mas deve ter em conta aqueles conceitos que as justificam de um ponto de vista axiológico, como a dignidade, a autonomia, e, antes ainda, a identidade.

Carlos Santiago Nino constatou com grande perspicácia esse problema, fazendo notar que a liberdade religiosa não pode ser justificada com base em uma elaboração e especificação conceitual do valor da "autonomia individual". Essa liberdade, de fato, baseia-se na "pressuposição no discurso moral do valor que deve orientar a nossa conduta por meio de princípios livremente aceites", valor que contrasta, obviamente, seja a ideia de que ao sujeito possam ser impostas determinadas "concessões acerca do significado da vida", seja aquela – consequencial – por meio da qual um governo pode basear as próprias decisões fundamentando-as em uma determinada concepção

---

[16] ZUCCA, L. *A Secular Europe*. Law and religion in the european constitutional landscape. Oxford: Oxford University, 2012, p. 46. O texto define os conflitos práticos como "those conflicts that deal with the issue of how to behave under certain circumstances", especificando que "the core case of practical conflict is when a norm states an obligation to do something and another norm states an obligation not to do that very thing".

[17] Sobre a complexidade teórica e semântica desta categoria filosófica v. NITRATO IZZO, V. *Dilemmi e ragionamento giuridico. Il diritto di fronte ai casi tragici*. Nápoles: Editoriale Scientifica, 2019, p. 19 e ss.

[18] DWORKIN, R. *Religione senza dio*. Trad. it. V. Ottonelli. Bolonha: il Mulino, 2014, p. 101.

da vida em detrimento de outras.[19] O conflito entre as regras que cada indivíduo decide autoimpor-se e aquelas impostas heteronomamente pelo direito revela-se, assim, aparente e pode ser resolvido no seio de um sistema jurídico cada vez mais complexo dada a referência a valores que justificam determinadas normas, nos quais se insere o da autonomia individual que se exprime – como sugerido por Nino – tanto na escolha de uma determinada concepção do bem (incluindo uma escolha de tipo religioso) quanto na possibilidade de "materializá-la".

Muito menos aparente é, todavia, o conflito que pode gerar-se entre indivíduos detentores de identidades diferentes. Nesse sentido é verdadeira a afirmação de Zygmunt Bauman, para quem "no nosso mundo de 'individualização' crescente, as identidades são cruz e delícia".[20] E esse é um ulterior problema de que se deve encarregar o Direito, evitando que essas identidades se construam com base em interesses puramente egoísticos e, nessa esteira, desrespeitosos, em qualquer modo, das identidades outras. Uma das estratégias possíveis para evitar o risco de uma fragmentação ingerível do ponto de vista social, político e jurídico pode ser aquela de colocar o acento no necessário coenvolvimento do outro na construção da própria identidade. Um coenvolvimento que implica, antes de mais, um "sair de si" como "aquele traço de abertura em relação ao outro que caracteriza a pessoa humana".[21] Essa abertura ao outro não é, obviamente, isenta de riscos, pois pode conduzir não só ao "reconhecimento" da própria identidade, mas também a um "*des*reconhecimento das outras pessoas" em consequência do qual o indivíduo "pode sofrer um dano real, uma real distorção, se a pessoa ou a sociedade que o circundam refletem, como em um espelho, uma imagem de si que o diminui ou humilha".[22] O sujeito pode, então, fechar-se e, de forma totalmente desligada da relação com o outro, reivindicar o próprio direito a construir e afirmar

---

[19] NINO, C.S. *Fundamentos de derecho constitucional*. Análisis filósofico, jurídico y politológico de la práctica constitucional. Buenos Aires-Bogotá: Astrea, 2013, p. 280-293.

[20] BAUMAN, Z. *Intervista sull'identità*. A cura di B. Vecchi. Roma-Bari: Laterza, 2003, p. 34.

[21] PIETROSARA, S. Religione e sfera pubblica: per una articolazione narrativa delle differenze. In: FANCIULLACCI, R.; PEZZATO, M.; PIETROSARA, S. *L'etica pubblica in questione*. Cittadinanza, religione e vitaspettacolare. Nápoles-Salerno: Orthotes, 2014, p. 48.

[22] Sobre o problema filosófico-jurídico do "reconhecimento" v. a ampla reconstrução recentemente elaborada por SAVONA, P.F. *Diritto e riconoscimento*. La giuridicità come capacità umana. Nápoles: Editoriale Scientifica, 2020. V. ainda TAYLOR, C. La politica del riconoscimento. In: HABERMAS, J.; TAYLOR, C. *Multiculturalismo*. Lotte per il riconoscimento. Trad. it. L. Ceppa; G. Rigamonti: Milão: Feltrinelli, 2010.

a sua identidade. O Direito deve, então, evitar esse desreconhecimento seguindo uma "política de igual dignidade" capaz de transmitir a cada indivíduo a ideia de que todas as escolhas ético-religiosas serão tidas em devida consideração e igualmente respeitadas, desde que tal não viole os direitos fundamentais de outros.[23] Se o Direito deve favorecer a abertura ao outro, deve também proteger o outro de instrumentalizações.

O equilíbrio entre essas duas exigências pode, certamente, encontrar-se na "acomodação razoável" como instrumento de exceção relativamente a "normas legítimas de aplicação geral" que "podem por vezes discriminar certas pessoas com base nas suas caraterísticas".[24] Se um indivíduo considera dever seguir uma prescrição normativa de tipo ético-religioso que contrasta, de qualquer forma, com regras gerais de conduta, compete ao Direito a tarefa de superar esse potencial conflito prático, inserindo no prato da balança o interesse geral, expresso por meio de escolhas políticas que recaem sobre a totalidade dos coassociados, e os interesses individuais que, mesmo de maneira indireta, deveriam de toda a forma reentrar entre aqueles considerados em tais escolhas. O balanço entre esses interesses pode levar a uma exceção que demonstra, no fundo, a vontade do direito de levar seriamente em conta a identidade de alguns sujeitos. De outra parte – como escreve Dworkin – "se se pode gerir uma exceção sem qualquer dano significativo para a política em questão, então poderia ser irrazoável não conceder tal exceção".[25] E o jurista não se pode permitir renunciar a esse raciocínio refugiando-se em leituras absolutizadas do instrumento normativo, porque as razões conexas à identidade individual reclamam hoje mais do que nunca serem incluídas entre aquelas que fundamentam as decisões públicas, impondo ao operador jurídico um exame atento das "consequências práticas que tal implicaria para o contexto social, caraterizado por mutações bem mais rápidas do que aquelas que se verificam no sistema jurídico".[26]

---

[23] TAYLOR, C. La politica del riconoscimento. In: HABERMAS, J.; TAYLOR, C. Multiculturalismo. Lotte per il riconoscimento. Trad. it. L. Ceppa; G. Rigamonti: Milão: Feltrinelli, 2010.
[24] MACLURE, J. L'accomodamento ragionevole e la concezione soggettiva della libertà di coscienza". Iride, Bolonha, n. 2, p. 349-367, 2012, p. 351.
[25] DWORKIN, R. Religione senza dio. Trad. it. V. Ottonelli. Bolonha: il Mulino, 2014, p. 110.
[26] VIOLA, F.; ZACCARIA, G. Diritto e interpretazione. Lineamenti di teoria ermeneutica del diritto, Roma-Bari: Laterza, 2004, p. 216.

3 As regras alimentares de tipo religioso

Entre as regras que o indivíduo pode seguir para construir e afirmar a própria identidade integram-se as de tipo religioso. Como disse, as religiões incluem quase sempre regras prescritivas de conduta e entre essas encontramos, frequentemente, regras sobre a alimentação que, em muitos casos, formam verdadeiros e próprios "códigos alimentares".[27] Entre as várias regras prescritivas de conduta, aquelas alimentares são vistas pelo crente como particularmente imperativas, e isto pela basilar e óbvia razão que essas incidem sobre uma necessidade primária e sobretudo humana, ou seja, a de alimentar-se, ou dito de outra forma, de "suportar a própria existência física por meio da assimilação peródica de coisas potáveis/comestíveis, quais porções do mundo externo, existentes em estado líquido e sólido, na natureza, no mundo mineral, vegetal e animal, isto é o resultado da prodrômica manipulação humana, mais ou menos complexa".[28] Mas existe uma outra razão que torna as regras alimentares religiosas muito importantes e que se encontra no valor cultural da comida, como bem definiu o histórico das religiões Giovanni Filoramo:

> a nutrição faz parte do conjunto de símbolos que constituem o sistema cultural próprio de um grupo. Cada cultura estabelece um código de conduta alimentar que privilegia certos elementos, proibindo outros, distinguindo entre o que é lícito e o que não o é, entre o que é puro e o que é impuro. Regras e práticas alimentares relativas à comida constituem uma linguagem que exprime os valores que uma cultura ensina no que concerne a natureza, as fontes da autoridade social, os objetivos da vida. Os códigos alimentares servem, pois, à autodefinição de um grupo, contribuindo para estabelecer o modo como esse é percebido no exterior; nesse sentido, servem para definir os confins da sua etnicidade e a construir a sua identidade.[29]

---

[27] Assim os define ROCCA, M. Sapore, sapere del mondo. Tradizioni religiose e traduzione dei codici alimentari. *Quaderni di diritto e politica ecclesiastica*, Bolonha, Dossiê especial, p. 33-66, 2016, p. 40.

[28] BELLIZZI DI SAN LORENZO, A. Il bene giuridico alimentare. *Diritto agroalimentare*, Milão, n. 3, p. 447-461, 2017, p. 447. Sobre o direito à alimentação como direito individual, *v.* PICIOCCHI, C. Le scelte alimentari come manifestazioni d'identità, nel rapporto con gli ordinamenti giuridici: una riflessione in prospettiva comparata. In: SCAFFARDI, L.; ZENO-ZENCOVICH, V. (ed.). *Cibo e diritto*. Una prospettiva comparata. Roma: Roma Tre, 2020.

[29] FILORAMO, G. A tavola con le religioni. *Quaderni di diritto e politica ecclesiastica*, Bolonha, Dossiê especial, p. 17-31, dic. 2014, p. 18.

Esse valor cultural da comida, que serve sobretudo para distinguir um grupo do outro, é certamente acentuado pelas religiões.[30] Essas, como indicado, tendem a torná-la obrigatória por meio da adoção de verdadeiros e próprios códigos alimentares que incidem não só sobre a autodefinição do grupo, mas também, e de maneira consequencial, sobre a construção da identidade pessoal e religiosa daqueles que se reconhecem em tal grupo. E trata-se de códigos alimentares que incluem as mais variadas regras, como mostrou Antonio G. Chizzoniti, que propôs um interessante mapeamento.

Em uma primeira categoria entram as regras que contêm "proibições objetivas" – aquelas de consumir determinados alimentos – e aquelas que contêm "proibições temporais" – identificadas substancialmente com regras que impõem o "jejum [...] em determinados períodos do ano religioso". Essas duas proibições podem combinar-se entre si, resultando em proibições de consumir alimentos específicos na ocasião de particulares períodos ou festividades. Pense-se nesse sentido no caso das proibições impostas pelo código de direito canônico (can. 1251), segundo o qual o fiel deve observar a "abstinência de carnes ou de outra comida, segundo as disposições da Conferência Episcopal, durante toda e qualquer sexta-feira do ano, exceto as que coincidirem com um dos dias elencados entre as solenidades", proibição que se torna mais dura nos dias que antecedem as festividades pascais impondo a "abstinência e o jejum [...] na quarta-feira de Cinzas e na sexta-feira da Paixão e Morte de Nosso Senhor Jesus Cristo". Na primeira categoria encontramos ainda as "obrigações de consumir alimentos específicos".[31]

---

[30] É muito indicativa nesse sentido a reconstrução do nascimento das regras alimentares na religião hebraica elaborada por FABIETTI, U. *Materia sacra*. Corpi, oggetti, immagini, feticcinella pratica religiosa. Milão: Raffaello Cortina, 2014, p. 245, "no mundo hebraico os tabus e as prescrições alimentares e de outro gênero multiplicaram-se depois do êxodo e aliança mosaica. Apareceram verdadeiros e próprios catálogos contendo os nomes dos alimentos lícitos (puros) e proibidos (impuros). O complexo de regras alimentares, como de outro tipo de comportamento, foi a consequência da atenção que os hebreus deram ao significado da sua aliança com Deus. A ideia de serem um povo de "puros" e de "santos" estava de acordo com a ideia de quererem manter-se distintos, "separados", dos próprios vizinhos, dos quais se distinguiam não só na crença num único deus, mas também numa série de interdições e de prescrições miradas a definir e a reafirmar a própria identidade/diversidade". De forma mais difusa sobre as prescrições alimentares na religião hebraica v. DAZZETTI, S. Le regole alimentari nella tradizione ebraica. *In*: CHIZZONITI, A.G.; TALLACCHINI, M. (A cura di). *Cibo e religione*. Diritto e diritti, Roma: Libellula, 2010, bem como, STRADELLA, E. Ebraismo e cibo: un binomio antico e nuove tendenze alla prova del multiculturalismo. *In*: SCAFFARDI, L.; ZENO-ZENCOVICH, V. (ed.). *Cibo e diritto*. Una prospettiva comparata. Roma: Roma Tre, 2020.

[31] CHIZZONITI, A.G. La tutela della diversità: cibo, diritto e religione. *In*: CHIZZONITI, A.G.; TALLACCHINI, M. (A cura di). *Cibo e religione*. Diritto e diritti, Roma: Libellula, 2010, p. 21.

Na segunda categoria, por sua vez, confluem todas as "regras ligadas ao uso ritual da comida". Pense-se, por exemplo, na utilização do pão e do vinho durante as celebrações eucarísticas dos católicos.[32]

Nessas duas categorias podem incluir-se não só as regras relativas ao consumo de alimentos, mas também aquelas que concernem à "produção" e à "preparação" dos alimentos. A recondução dessas últimas à primeira ou à segunda categoria depende da "dimensão de aplicação de tais ditames". Se compreendo bem a esquematização feita por Chizzoniti, na primeira incluir-se-iam as regras "disciplinares para a elaboração de alimentos", dirigidas não só ao fiel, individualmente, mas também às atividades – também industriais – que se ocupam exatamente da produção de alimentos conformes aos ditames de cada religião.[33]

Trata-se, no seu conjunto, de regras que constituem nada mais do que uma conotação num sentido orientado religiosamente do que Antonio Fuccillo definiu como "direito sobre a comida". Diferente do "direito à alimentação" – que serve a tutelar uma necessidade geral do ser humano a uma "alimentação saudável" e, assim, coincidente com aquela necessidade humana de alimentar-se que mencionei ao início – o "direito sobre a alimentação" – igualmente geral – é um "direito às escolhas alimentares", relativo, pois "ao que se deseja inferir", que deve ser tratado como escolha "de liberdade e de satisfação de um particular modo de ser e de viver". As regras alimentares religiosas tendem a introduzir-se nesse espaço de liberdade, estabelecendo interdições e obrigações vistas como essenciais pelo fiel e provocando uma espécie de inversão de prioridades. A necessidade religiosa torna-se uma prioridade em relação à qual o "direito à escolha alimentar" de que fala Fucillo se transforma um meio para a sua realização. Poucas linhas depois é o próprio Fucillo a falar de "direito a alimentar-se segundo

---

[32] *Id.*, p. 19. A distinção operada por Chizzoniti, em minha opinião, pode ser utilizada para dar conta de uma diferença importante, ou seja, aquela entre interdições e obrigações alimentares, por um lado, e o uso litúrgico dos alimentos, por outro lado. Menos convincente parece a justificação adotada pelo próprio Chizzoniti segundo o qual "enquanto as regras da primeira [categoria] são geralmente colocáveis entre as meras práticas religiosas, aquelas da segunda, interessando aspetos rituais, podem ser objeto de um distinto tratamento no âmbito das garantias oferecidas pelos ordenamentos nacionais ou supranacionais ao exercício do direito de liberdade religiosa". A formulação da justificação é no mínimo ambígua: não colocam também, e até de maneira mais acentuada, problemas relativos ao exercício da liberdade religiosa as regras pertencentes à primeira categoria?

[33] *Id.*, p. 21.

a própria fé" como "exercício do fundamental direito à liberdade religiosa" que torna possível a criação de uma nova categoria, ou seja, aquela da "liberdade religiosa alimentar".[34] Assim configurado, esse novo direito de liberdade, especificando o direito à liberdade religiosa, insere-se num amplo grupo de direitos reclamáveis pelo indivíduo, deixando ao jurista e aos operadores jurídicos a tarefa de criar esquemas regulativos capazes de congregar necessidades que, não raras vezes, se movem em direções opostas. Um dos indicadores a ter em consideração a criação desses esquemas, que servem, sobretudo, para evitar conflitos práticos e escolhas trágicas para o crente, é o *contexto* e, em particular, a posição que nele ocupa o indivíduo. Consoante o contexto em que a pretensão de garantia do direito à liberdade religiosa e, mais especificamente, o direito à liberdade religiosa alimentar, é avançada, o esquema regulativo muda de forma notável.

4 A liberdade religiosa alimentar do recluso

Um dos contextos de exercício do direito à liberdade religiosa alimentar mais problemáticos é, seguramente, o dos institutos penitenciários onde a liberdade religiosa em geral é posta à prova pelas "lógicas de vigilância, gestão da ordem e de temor especiais próprias de tais locais".[35] Mas – como afirmou o Tribunal Constitucional Italiano em uma bem conhecida sentença – "quem se encontra num estado de detenção, mesmo que privado da maior parte da sua liberdade, conserva sempre um resíduo, que é tanto mais precioso já que constitui o último âmbito no qual pode exprimir-se a sua liberdade individual".[36] Nesse sentido, o "resíduo de liberdade" que o recluso conserva é "duplamente precioso", pois, para lá do estado de detenção, existe uma outra condição que o torna particularmente vulnerável, ou seja, a "situação de dificuldade" que o mesmo vive muitas vezes "já antes da prisão".[37]

---

[34] FUCCILLO, A. *Il cibo degli dei*. Diritto, religioni, mercati alimentari. Turim: Giappichelli, 2015, p. VIII.

[35] OLIVITO, E. Se la montagna non viene a Maometto. La libertà religiosa in carcere alla prova del pluralismo e della laicità". *Costituzionalismo.it*, [s.l.], n. 2, [s.p.], 2015. Um sumário das várias problemáticas ligadas ao exercício da liberdade religiosa na prisão é feito por CAPASSO, S.I. La tutela della libertà religiosa nelle carceri. *Stato, Chiese e pluralismo confessionale*, Milão, a. 19, p. 1-17, 2016.

[36] ITALIA. Corte Costituzionale. *Sentença 349/1993*. Rel. G. U. 04/08/1993, n. 32. 1993.

[37] FLICK, G.M. I diritti dei detenuti nella giurisprudenza costituzionale. *Diritto e Società*, Nápoles, n. 1, p. 187-201, 2012, p. 195.

A prisão deve ser capaz de criar uma descontinuidade com essa situação de dificuldade colocando o recluso na condição de "exprimir a própria personalidade", reapropriando-se, assim, da própria vida.[38] Operação essa particularmente complicada se se considera que na maior parte dos casos a construção da identidade do recluso deve recomeçar a partir das ruínas que deixam atrás de si o crime e a pena. Mas – como afirma David Le Breton – "a cozinha constitui o último traço de uma fidelidade às próprias raízes *quando tudo o resto desaparece*".[39]

O respeito pelas regras alimentares do recluso pode, nesse sentido, representar a base a partir da qual é possível consentir-lhe reconstruir e reafirmar a própria identidade. Por meio do reconhecimento da sua identidade alimentar-religiosa – aquela porção de identidade preexistente que não deve ser tocada pela pena, mas que deve, pelo contrário, ser cultivada para reativar no recluso a consciência de existir e de viver em uma comunidade política que o respeita – pode abrir a porta a percursos de positiva consonância entre valores pessoais e valores jurídicos. Esse sinal de respeito relativamente aos hábitos alimentares do recluso pode contribuir, sim, a desmascarar a imagem estereotipada do código alimentar como um entre os tantos meios que servem para levar avante uma guerra entre culturas, transmitindo, em vez disso, a mensagem que é também por meio das práticas alimentares que se pode favorecer uma abertura em direção ao outro, de tipo "transcultural".[40]

As finalidades de reconhecimento do direito do recluso à liberdade alimentar, também de tipo religioso, foram enfrentadas com particular clareza por parte do Comité Nacional Italiano para a Bioética, que, no seu parecer de 17 de março de 2006, afirmou que

---

[38] RUOTOLO, M. Riflettendo sul senso della pena e sui diritti dei detenuti. *Ragion Pratica*, Bolonha, v. 43, p. 455-469, dic. 2014, p. 460.

[39] LE BRETON, D. *Il sapore del mondo*. Un'antropologia dei sensi. Trad. it. M. Gregorio. Milão: Raffaello Cortina, 2007, p. 382. Meu destaque.

[40] Sobre estes aspectos v. ROCCA, M. Sapore, sapere del mondo. Tradizioni religiose e traduzione dei codici alimentari. *Quaderni di diritto e politica ecclesiastica*, Bolonha, Dossiê especial, p. 33-66, 2016. Não posso deter-me sobre um outro aspeto muito interessante relativo àquelas análises sociológicas que evidenciam como os indivíduos que tiveram a possibilidade de cultivar a própria identidade religiosa na prisão sejam tendencialmente menos propensos a reincidir. Sobre a questão v. o recente estudo de STANSFIELD, R.; O'CONNOR, T.; DUNCAN, J. Religious identity and the long-term effects of religious development, orientation, and coping in prison. *Criminal Justice and Behavior*, Wilmington, n. 2, p. 337-354, 2019.

A consideração das exigências alimentares derivadas das tradições de um certo país ou das fés religiosas representa [...] um elemento de atenção a aspetos muito íntimos da vivência pessoal: configura-se, pois, como um modelo de relações intersubjetivas baseadas no acolhimento e no mútuo reconhecimento, contribuindo para reforçar, em todos os sujeitos envolvidos, a autoridade dos direitos fundamentais de que se declara portador o ordenamento jurídico.

e ainda que

no que concerne a peculiar realidade representada pela fase de execução de uma sanção penal, as prescrições [religiosas em matéria alimentar] devem ser entendidas como fator relevante em termos da consolidação, da parte do recluso, de todas as condições necessárias para expressão da sua identidade e para uma gestão madura da sua pessoa e das suas condutas, como também no que concerne a abertura a um estilo de vida de respeito e interesse pelas exigências inerentes à dignidade de qualquer outro indivíduo.[41]

O direito à liberdade alimentar religiosa foi tido em consideração pelos vários ordenamentos jurídicos nacionais, como testemunha, por exemplo, a recente alteração do artigo 9 da lei sobre o ordenamento penitenciário italiano, o qual prevê agora que "aos reclusos que a requererem é garantida, caso seja possível, uma alimentação que respeite o seu credo religioso".[42] Mas um enorme contributo para essa configuração foi dado também pelo Tribunal Europeu dos Direitos Humanos, convocado diversas vezes a pronunciar-se sobre "questões alimentares religiosas" a partir das provas de violação do artigo 9 da Convenção Europeia dos Direitos Humanos que tutela a "Liberdade de pensamento, de consciência e de religião".[43]

---

[41] O parecer pode ser consultado no seguinte endereço: https://bioetica.govern.it/media/3114/p72_2006_alimentazione_differenziata_it.pdf (último acesso 17/12/2021).

[42] Para um aprofundamento acerca das disposições normativas que regulam as práticas alimentares de tipo religioso na prisão no ordenamento jurídico italiano, vejam-se os trabalhos de CHIZZONITI, A.G. La tutela della diversità: cibo, diritto e religione. In: CHIZZONITI, A.G.; TALLACCHINI, M. (A cura di). *Cibo e religione*. Diritto e diritti, Roma: Libellula, 2010, e FUCCILLO, A. *Il cibo degli dei*. Diritto, religioni, mercati alimentari. Turim: Giappichelli, 2015, p. 109-120.

[43] "1. Qualquer pessoa tem direito à liberdade de pensamento, de consciência e de religião; este direito implica a liberdade de mudar de religião ou de crença, assim como a liberdade de manifestar a sua religião ou a sua crença, individual ou colectivamente, em público e

A sentença de 27 de junho de 2000, *Cha'are Shalom Ve Tsedek c. França*,⁴⁴ representa em certo sentido o *leading case* em matéria de liberdade religiosa alimentar. Uma das questões que o Tribunal teve de responder foi a de se o abate ritual faz ou parte das várias formas de manifestação do próprio credo religioso previstas no artigo 9, tais como o "culto", o "ensino", as "práticas" e a "celebração de ritos". De acordo com o Tribunal "não existem dúvidas de que o abate ritual [...] constitui um rito [...], cujo propósito é o de fornecer aos cidadãos de religião hebraica carne proveniente de animais abatidos de acordo com as prescrições religiosas, aspeto essencial da religião hebraica".⁴⁵

Essa passagem foi retomada em uma sentença que toma diretamente em consideração o problema da observância das práticas alimentares de tipo religioso na prisão. No caso *Jakóbski c. Polónia*, um recluso polaco de fé budista requereu várias vezes à autoridade penitenciária que lhe fosse concedido um menu sem carne, uma vez que um dos ensinamentos de Buda é o do vegetarianismo. Não atender tal pedido configuraria, de acordo com o recluso, uma grave violação da própria liberdade religiosa. As autoridades penitenciárias – caso raras exceções e por motivos relacionados com a saúde do recluso – rejeitam sempre os pedidos. Esgotados sem sucesso os recursos domésticos, o recluso dirigiu-se assim ao Tribunal Europeu dos Direitos

---

em privado, por meio do culto, do ensino, de práticas e da celebração de ritos. 2. A liberdade de manifestar a sua religião ou convicções, individual ou colectivamente, não pode ser objecto de outras restrições senão as que, previstas na lei, constituírem disposições necessárias, numa sociedade democrática, à segurança pública, à protecção da ordem, da saúde e moral públicas, ou à protecção dos direitos e liberdades de outrem".

⁴⁴ Os fatos foram os seguintes: Cha'are Shalom Ve Tsedek, associação de religião hebraica, para conformar-se às prescrições religiosas em matéria alimentar, requer, sem sucesso, às autoridades francesas a necessária autorização a habilitar os próprios sacrificadores a praticar o abate ritual de animais. Tal autorização foi concedida pelo governo francês em 1982 ao Consistoire israélite de Paris. Para a associação Cha'are as condições do abate ritual, tal como praticado pelos sacrificadores do Consistoire, não são integralmente conformes aos requisitos previstos no Levítico e codificados no Choulan Haroukh. De fato, os sacrificadores do Consistoire não procedem a um exame aprofundado dos pulmões dos animais abatidos, e, como tal, a carne não é perfeitamente pura do ponto de vista religioso. A 11 de fevereiro de 1987 a associação recorrente pediu ao Ministério da Administração Interna a autorização para praticar o abate ritual. O pedido foi rejeitado a 7 de maio de 1987, com base no fato de que a Cha'are Shalom não é suficientemente representativa da comunidade hebraica. Esgotados os recursos domésticos, a associação recorreu à Comissão Europeia dos Direitos humanos. Para uma análise mais aprofundada da sentença do Tribunal Europeu dos Direitos Humanos v. BLANDO, G. *Secolarizzazione e laicità*. Pratiche argomentative della CEDU. Nápoles: Editoriale Scientifica, 2019. p. 287 e ss.

⁴⁵ UE. TEDH. *Cha're Shalom Ve Tsedek c. Francia*, § 73. Rel. N. 27417/95, Corte EDU (Grande Câmera). 27 jun. 2000.

Humanos, que, rejeitando o argumento governativo segundo o qual o vegetarianismo não constituiria um aspeto essencial da religião budista,[46] considera "that the applicant's decision to adhere to a vegeterian diet can be regarded as motivated or inspired by a religion and was not unreasonable".[47] Partindo do pressuposto retirado do precedente *Cha'are Ve Tsedek* nos termos do qual "observing dietary rules can be considered a direct expression of beliefs in practice in the sense of Article 9", o Tribunal entende que a liberdade religiosa do recluso foi violada. No percurso argumentativo seguido, o Tribunal teve de enfrentar também o argumento governativo de que poderia resultar como economicamente gravoso para as instituições carcerárias garantir um cardápio específico para cada um dos crentes. Esse argumento é particularmente interessante, pois interliga-se com as considerações que fiz no final da segunda seção, relativas aos direitos de terceiros e ao balanço que deve ser feito entre estes e o direito à liberdade religiosa a fim de percorrer (ou não) a via da *acomodação razoável*. Nesse sentido, o Tribunal afirma que, mesmo estando disposto a admitir que a preparação de determinados alimentos pode efetivamente comportar ônus para a instituição carcerária e produzir potenciais disparidades de tratamento no seu seio,[48] tal não aconteceria no caso em apreço já que "the Court is not persuaded that the provision of a vegetarian diet to the applicant would have entailed any disruption to the management of the prison or to any decline in the standards of meals served to other prisoners".[49] Como tal, o Estado é obrigado a observar as "obrigações positivas" previstas no artigo 9, número 2, destinadas a tornar efetivas aquelas "convicções [religiosas] que alcancem um nível suficiente de obrigatoriedade, seriedade, coerência".[50]

Idênticas considerações fez o Tribunal no caso *Vartic c. Romania*. A situação é muito semelhante. O recluso Ghennadii Vargic requereu várias vezes às autoridades da prisão de Rahova que lhe fornecessem uma dieta vegetariana, fundamentado o pedido no próprio credo budista, dizendo ainda que uma dieta desse tipo é a mais indicada em casos de hepatite, doença de que padece. A recusa reiterada dos pedidos

---

[46] Argumento que, além do mais, foi construído, como se lê na sentença, a partir da entrada sobre budismo no sítio da Wikipédia!
[47] UE. TEDH. *Jakóbski c. Polonia*, §45. N. 18429/06, Corte EDU (Quarta Sezione). 07 dic. 2010.
[48] *Id.*, §50.
[49] *Id.*, §52.
[50] TOSCANO, M. *Il fattore religioso nella Convenzione Europea dei Diritti dell'Uomo. Itinerari giurisprudenziali*. Pisa: ETS, 2018, p. 206.

e o esgotamento de recursos domésticos convence Vargic a recorrer ao Tribunal de Estrasburgo, que novamente enquadra a questão no âmbito das "obrigações positivas" que competem ao Estado para tornar efetivo o direito à liberdade religiosa, considerando que não foram executadas e reafirmando que o fornecimento de um cardápio vegetariano não impactaria na gestão do instituto prisional.[51]

No caso *Erlich e Kastro c. Romania* o Tribunal de Estrasburgo foi chamado a pronunciar-se sobre o direito de dois reclusos de religião hebraica a receber alimentos "kosher".[52] Nehemia Erlich e Charli Kastro recorreram ao Tribunal de Bucareste devido à recusa da prisão de Rahova em fornecer-lhes refeições kosher. O Tribunal acolheu o seu recurso remarcando que, não dispondo das estruturas necessárias para a preparação ritual dessas refeições, a prisão deveria prover à sua predisposição mediante procedimentos de aquisição do serviço. Além disso, o Tribunal precisou que o recluso tem também a oportunidade de recorrer à jurisdição civil com o fim de obter o reembolso das despesas efetuadas para adquirir os produtos necessários à preparação dessas refeições. A prisão adequa-se à decisão do Tribunal, montando uma cozinha separada para a preparação de comida kosher, mas os dois reclusos consideram mesmo assim que a sua liberdade religiosa foi violada, pois não obstante a decisão judicial, a legislação romena não reconhece a religião hebraica e não garante medidas adequadas às exigências alimentares dos reclusos de fé hebraica. Dessa vez o Tribunal de Estrasburgo pronunciou-se em desfavor dos reclusos, entendendo ser suficientemente articulado o quadro normativo da

---

[51] UE. TEDH. *Vartic c. Romania*. Rel. N. 14150/08, Corte EDU (Terza Sezione). 17 dic. 2013.

[52] DAZZETTI, S. Le regole alimentari nella tradizione ebraica. *In:* CHIZZONITI, A.G.; TALLACCHINI, M. (A cura di). *Cibo e religione*. Diritto e diritti, Roma: Libellula, 2010, p. 90-96. "Na tradição hebraica o termo kaschér – ou koscher segundo a pronúncia askenazita – indica a idoneidade da comida a consumir ou a conformidade da sua preparação a determinadas regras alimentares, o conjunto das quais se costuma definir kascherút". Entre estas regras incluem-se as "disposições que estabelecem a separação entre animais proibidos e animais permitidos" e aquelas "proibições alimentares que concernem principalmente o consumo de algumas partes do animal (sangue, nervo ciático, gordura), a necessidade de não misturar as carnes com o leite e seus derivados e de não ingerir substâncias capazes de pôr em sério perigo a saúde ou mesmo a vida". Reveste-se, pois, de particular importância a *schechitāh* "técnica ritual de abate de todos os animais permitidos" consistente "no corte da traqueia e do esôfago com lâminas afiadíssimas que incidem de modo resoluto e sem pressão no pescoço do animal para que não sofra, provocando assim um sangramento rápido e abundante". O abate ritual é confiado a peritos (*schochèt*) que procederão a "inspeções acuradas, antes e depois do rito, destinadas a detetar a presença de eventuais malformações ou patologias" que tornariam o animal impuro e, assim, não comestível.

Romênia em matéria de liberdade religiosa no âmbito penitenciário. Além disso, o Tribunal acolheu favoravelmente a decisão do Tribunal de Bucareste e a consequente adequação operada pela prisão de Rahova ("ces mesures ont eu un caractère adéquat et [...] les autorités nationales ont fait tout ce qui pouvait *être* raisonnablement exigé d'elle pour respecter les convictions religieuses des requérants, d'autant que les repas casher doivent *être* préparés dans des conditions spéciales strictes"⁵³), evidenciando ainda que os recorrentes não desfrutaram da oportunidade que lhes foi concedida de requerer o reembolso das despesas efetuadas para a aquisição das matérias-primas.

Por fim, no caso *Neagu c. Romania* o Tribunal considera como provada a violação do artigo 9, ainda que a decisão seja acompanhada da opinião divergente dos juízes Paczolay e Grozev. Quando ingressou na prisão, o recluso M. Dănuţ Neagu declarou-se como cristão ortodoxo. Depois de três anos e da frequentação assídua de alguns reclusos muçulmanos, decide converter-se ao Islão e pede às autoridades prisionais que lhes sejam fornecidas refeições sem carne de suíno. Os pedidos são rejeitados com base na normativa interna segundo a qual, se no que concerne ao ingresso na prisão se entende como suficiente uma declaração do recluso sobre o próprio credo religioso, no caso de conversão exige a apresentação de um atestado decretado pelos representantes do novo culto. O recluso entende que a obrigação de apresentar esse documento é contrária ao artigo 9 da CEDH, sendo, para além disso, particularmente difícil de obter por parte de sujeitos em estado de reclusão. O Tribunal, ainda que afirme que os Estados nacionais gozam de uma ampla margem de apreciação na regulamentação do fenômeno religioso, dá razão a Neagu, reafirmando que a necessidade de um atestado de prova da conversão do recluso constitui uma medida desproporcionada.⁵⁴ No parágrafo 43 da sentença lê-se que "l'arrête su ministère de la Justice exigeant notamment une preuve *écrite* en cas de changement de religion au cours de la détention, les autorités nationales ont rompu le juste *équilibre* qu'elles devaient ménager entre les intérêts de l'établissement pénitentiaire, ceux des autres prisonniers et les intérêts particuliers du détenu concerné".⁵⁵ Nesse sentido, as

---

⁵³ UE. TEDH. *Erlich e Kastro c. Romania*, Rel. Nn. 23735/16, 23740/16, Corte EDU (Quarta Sezione). 9 jun. 2020, §43.

⁵⁴ Confirmando, além disso, uma orientação já expressa na sentença UE. TEDH. *Saran c. Romania*. Rel. Rel. N. 65993/16, Corte EDU (Quarta Sezione). 10 feb. 2021.

⁵⁵ UE. TEDH. *Neagu c. Romania*. Rel. N. 21969/15, Corte EDU (Quarta Sezione). 08 mar. 2021, §43.

autoridades prisionais deveriam fornecer um cardápio sem carne de suíno ao recluso, mesmo na ausência do documento requerido, considerado sobretudo que essa decisão não causou algum mal funcionamento na gestão da prisão e não teria comportado consequências negativas sobre os regimes alimentares dos outros reclusos. Os juízes Paczolay e Grozev discordam da decisão entendendo, ao contrário, a solicitação do atestado de conversão como absolutamente proporcionada, necessário "*à* permettre l'établissement de la sincerité et du sérieux de la conversion" e a consentir o correto funcionamento da prisão, de outra forma sujeito a "déclarations fréquentes et injustifiées de changement de confession sont de nature *à* mettre en difficulté l'administration pénitentiaire s'agissant de répondre aux besoins d'ordre religieux des détenus".[56]

5 Conclusões

Os percursos justificativos do Tribunal de Estrasburgo apresentados representam, em minha opinião, um mapa sobre o estado atual da discussão em torno da liberdade religiosa alimentar do recluso e um ótimo ponto de observação a partir do qual desenvolver algumas considerações finais sobre o problema. Quero fazê-lo partindo da reflexão que quase sempre se aninha no seio dos discursos relativos aos direitos humanos, ou seja, aquela relativa à sua dimensão egoística.

Anna Pintore refere-se, de forma notória, aos "direitos insaciáveis" para indicar aquela "tendência a fazer dos direitos um instrumento *insaciável*, devorador da democracia, do espaço político e, no final das contas, daquela tal autonomia moral a partir da qual os libertamos". Esse problema da insaciabilidade é muitas vezes o pressuposto – explícito ou implícito – das discussões em torno da liberdade religiosa e, de consequência, em torno da liberdade religiosa alimentar. E isso não por causa da ligação linguística indicativa entre insaciabilidade e comida, mas sim porque se tem dificuldade em compreender qual pode ser o limite às escolhas alimentares reconduzível ao direito à liberdade religiosa. Essas escolhas poderiam, de fato, multiplicar-se colocando graves problemas ao funcionamento e à estabilidade das instituições democráticas. Pode-se então sustentar que não é à "lógica, ou melhor à teoria" que compete a tarefa de "produzir o conteúdo dos direitos", mas

---

[56] *Id.*, Opinião dissidente do juiz Paczolay, § 3.

sim à "decisão" de uma "maioria política [...], provavelmente, incapaz e talvez arrogante, mas pelo menos eletiva e politicamente responsável".[57] E em vez de cumprir os esforços mais decisivos é exatamente à teoria, entendida como elaboração conceptual de modelos jurídicos adequados às mudanças reais que vivemos "onde o problema mais sério e atual é aquele da *legitimação* que preside ao reconhecimento do direito pelo sujeito atuante como um guia para sua ação".[58] Essa legitimação não se dá hoje somente por meio dos parlamentos nacionais, mas pode passar também pela argumentada contestação por parte dos indivíduos que cada vez mais frequentemente recorrem aos tribunais nacionais e supranacionais. Então é aos juízes que compete principalmente, ainda que não exclusivamente, essa tarefa de reelaboração conceptual do direito, com a intenção de absorver conflitos que antes eram tarefa exclusiva do decisor político, mantendo ao mesmo tempo um equilíbrio com os deveres impostos pela cidadania democrática.

O Tribunal Europeu dos Direitos Humanos assume nesse sentido um papel de absoluta centralidade e o modo como responde, em cada caso, às questões sobre a liberdade religiosa alimentar do recluso são disso testemunho.

Uma vez acertado que a escolha alimentar do recluso se baseia em uma convicção (religiosa ou não[59]) convincente, séria e coerente – construção teórica necessária para que a "voz da consciência" não se torne um "cânone arbitrário", mas esteja em todo o caso aberta ao iniludível confronto com o caso – será competência do Tribunal verificar se as autoridades nacionais fizeram tudo o que estava ao seu alcance para torná-la efetiva, pesando adequadamente o interesse individual do recluso e aquele coletivo do correto funcionamento do instituto prisional. Em muitos casos, como em *Jakobski c. Polonia*,

---

[57] PINTORE, A. *Democrazia e diritti*. Sette studi analitici. Pisa: ETS, 2010, p. 83-98.
[58] ABIGNENTE, A. *L'ordine e il molteplice*. Il ritmo dell'argomentazione giuridica. Nápoles: Scientifica, 2020, p. 24.
[59] Um problema, de fato, pode ser representado pelas escolhas alimentares do recluso baseadas em opções éticas de tipo não religioso, como, por exemplo, as particularmente consolidadas do veganismo e do vegetarianismo. Parece-me que o caminho seguido pelo Tribunal possa conduzir também ao reconhecimento de uma liberdade ética alimentar (e, portanto, não propriamente religiosa), fundada em convicções de todo o modo convincentes, sérias e coerentes. De outra parte, uma abordagem semelhante foi adotada noutros casos, reconduzível ao artigo 9, entre os quais o famoso Arrowsmith c. Regno Unido no qual se incluiu o "pacifismo" entre as convicções filosóficas coerentes e observadas de modo autêntico pelo indivíduo. V. Comissão Europeia dos Direitos Humanos, Arrowsmith c. Regno Unito, decisão, 16 maio de 1977.

Vartic c. Romania e *Neagu c. Romania*, a decisão do Tribunal sobre o funcionamento das instituições nacionais será negativa, mas em muitos outros não será assim. No caso *Erlich e Kastro c. Romaniai*, o Tribunal põe justamente um freio aos pedidos que se mostram espúrios e egoístas, desrespeitosos não só dos esforços operados pelo Tribunal de Bucareste e das autoridades prisionais de Rahova, mas, em geral, dos outros reclusos que indiretamente devam assumir esses esforços. A mensagem do Tribunal de Estrasburgo parece clara: também a tutela do direito à liberdade religiosa alimentar passa pela colaboração entre instituições nacionais e supranacionais, que não devem garantir aos reclusos a escolha de alimentos a partir de um "menu à la carte" mas consentir-lhes que se possam sentar a uma mesa na qual seja possível representar a própria identidade e compreender a dos outros, legitimando, desse modo, as "regras de comportamento social" que a convivência democrática lhes impõe.

Referências

ABIGNENTE, A. *L'ordine e il molteplice*. Il ritmo dell'argomentazione giuridica. Nápoles: Editoriale Scientifica, 2020.

BAUMAN, Z. *Intervista sull'identità*. A cura di B. Vecchi. Roma-Bari: Laterza, 2003.

BELLIZZI DI SAN LORENZO, A. Il bene giuridico alimentare. *Diritto agroalimentare*, Milão, n. 3, p. 447-461, 2017.

BERGER, P.L. *I molti altari della modernità*. Le religioni al tempo del pluralismo. Bologna: EMI, 2017.

BLANDO, G. *Secolarizzazione e laicità*. Pratiche argomentative della CEDU. Nápoles: Editoriale Scientifica, 2019.

CAPASSO, S.I. La tutela della libertà religiosa nelle carceri. *Stato, Chiese e pluralismo confessionale*, Milão, a. 19, p. 1-17, 2016.

CHIZZONITI, A.G. La tutela della diversità: cibo, diritto e religione. *In*: CHIZZONITI, A.G.; TALLACCHINI, M. (A cura di). *Cibo e religione*. Diritto e diritti, Roma: Libellula, 2010.

CONSORTI, P. *Diritto e religione*. Roma-Bari: Laterza, 2014.

DAZZETTI, S. Le regole alimentari nella tradizione ebraica. *In*: CHIZZONITI, A.G.; TALLACCHINI, M. (A cura di). *Cibo e religione*. Diritto e diritti, Roma: Libellula, 2010.

DEL BÒ, C. Le regole alimentari religiose e i menu delle mense scolastiche: una sfida per la laicità?. *Stato, Chiese e pluralismo confessionale*, Milão, n. 1, p. 1-14, 2019.

DWORKIN, R. *Justice for hedgehogs*. Cambridge: Harvard University, 2011.

DWORKIN, R. *Religione senza dio*. Trad. it. V. Ottonelli. Bolonha: il Mulino, 2014.

FABIETTI, U. *Materia sacra*. Corpi, oggetti, immagini, feticcinella pratica religiosa. Milão: Raffaello Cortina, 2014.

FILORAMO, G. A tavola con le religioni. *Quaderni di diritto e politica ecclesiastica*, Bolonha, Dossiê especial, p. 17-31, dic. 2014.

FLICK, G.M. I diritti dei detenuti nella giurisprudenza costituzionale. *Diritto e Società*, Nápoles, n. 1, p. 187-201, 2012.

FUCCILLO, A. *Il cibo degli dei*. Diritto, religioni, mercati alimentari. Torino: Giappichelli, 2015.

GINER, S. *El porvenir de la religión*. Fe, humanismo y razón. Barcelona: Herder, 2016.

ITALIA. Corte Costituzionale. *Sentença 349/1993*. Rel. G. U. 04/08/1993, n. 32. 1993.

LE BRETON, D. *Il sapore del mondo*. Un'antropologia dei sensi. Trad. it. M. Gregorio. Milão: Raffaello Cortina, 2007.

MACLURE, J. L'accomodamento ragionevole e la concezione soggettiva della libertà di coscienza". *Iride*, Bolonha, n. 2, p. 349-367, 2012.

NINO, C.S. *Fundamentos de derecho constitucional*. Análisis filósofico, jurídico y politológico de la práctica constitucional. Buenos Aires-Bogotá: Astrea, 2013.

NITRATO IZZO, V. *Dilemmi e ragionamento giuridico*. Il diritto di fronte ai casi tragici. Nápoles: Editoriale Scientifica, 2019.

NUSSBAUM, M. *Libertà di coscienza e religione*. Trad. it. F. Lelli. Bologna: il Mulino, 2009.

OLIVITO, E. Se la montagna non viene a Maometto. La libertà religiosa in carcere alla prova del pluralismo e della laicità". *Costituzionalismo.it*, [s.l.], n. 2, [s.p.], 2015.

PICIOCCHI, C. Le scelte alimentari come manifestazioni d'identità, nel rapporto con gli ordinamenti giuridici: una riflessione in prospettiva comparata. *In*: SCAFFARDI, L.; ZENO-ZENCOVICH, V. (ed.). *Cibo e diritto*. Una prospettiva comparata. Roma: Roma Tre, 2020.

PIETROSARA, S. Religione e sfera pubblica: per una articolazione narrativa delle differenze. *In:* FANCIULLACCI, R.; PEZZATO, M.; PIETROSARA, S. *L'etica pubblica in questione*. Cittadinanza, religione e vitaspettacolare. Nápoles-Salerno: Orthotes, 2014.

PINO, G. Sulla rilevanza giuridica e costituzionale dell'identità religiosa. *Ragion pratica*, Bolonha, n. 45, p. 369-383, dic. 2015.

PINTORE, A. *Democrazia e diritti*. Sette studi analitici. Pisa: ETS, 2010.

ROCCA, M. Sapore, sapere del mondo. Tradizioni religiose e traduzione dei codici alimentari. *Quaderni di diritto e politica ecclesiastica*, Bolonha, Dossiê especial, p. 33-66, 2016.

RODOTÀ, S. *Il diritto di avere diritti*. Roma-Bari: Laterza, 2012.

RUOTOLO, M. Riflettendo sul senso della pena e sui diritti dei detenuti. *Ragion Pratica*, Bolonha, v. 43, p. 455-469, dic. 2014.

SAVONA, P.F. *Diritto e riconoscimento*. La giuridicità come capacità umana. Nápoles: Editoriale Scientifica, 2020.

SCHARFFS, B.G.; MAOZ, A.; ISAACSON WOOLLEY, A. (ed.). *Religious freedom and the law*. Emerging contexts for freedom for and from religion. Londres: Routledge, 2018.

STANSFIELD, R.; O'CONNOR, T.; DUNCAN, J. Religious identity and the long-term effects of religious development, orientation, and coping in prison. *Criminal Justice and Behavior*, Wilmington, n. 2, p. 337-354, 2019.

STARCK, C. Raíces históricas de la libertad religiosa moderna. *Revista Española de Derecho Constitucional*, Madrid, n. 47, p. 9-27, 1996.

STRADELLA, E. Ebraismo e cibo: un binomio antico e nuove tendenze alla prova del multiculturalismo. *In*: SCAFFARDI, L.; ZENO-ZENCOVICH, V. (ed.). *Cibo e diritto*. Una prospettiva comparata. Roma: Roma Tre, 2020.

TAYLOR, C. *L'età secolare*. Milão: Feltrinelli, 2009.

TAYLOR, C. La politica del riconoscimento. *In:* HABERMAS, J.; TAYLOR, C. *Multiculturalismo*. Lotte per il riconoscimento. Trad. it. L. Ceppa; G. Rigamonti: Milão: Feltrinelli, 2010.

TOSCANO, M. *Il fattore religioso nella Convenzione Europea dei Diritti dell'Uomo*. Itinerari giurisprudenziali. Pisa: ETS, 2018.

UE. TEDH. *Cha're Shalom Ve Tsedek c. Francia*, § 73. Rel. N. 27417/95, Corte EDU (Grande Camera). 27 jun. 2000.

UE. TEDH. *Erlich e Kastro c. Romania*, Rel. Nn. 23735/16, 23740/16, Corte EDU (Quarta Sezione). 9 jun. 2020.

UE. TEDH. *Jakóbski c. Polonia*, §45. N. 18429/06, Corte EDU (Quarta Sezione). 07 dic. 2010.

UE. TEDH. *Neagu c. Romania*. Rel. N. 21969/15, Corte EDU (Quarta Sezione). 08 mar. 2021.

UE. TEDH. *Saran c. Romania*. Rel. Rel. N. 65993/16, Corte EDU (Quarta Sezione). 10 feb. 2021.

UE. TEDH. *Vartic c. Romania*. Rel. N. 14150/08, Corte EDU (Terza Sezione). 17 dic. 2013.

VIOLA, F.; ZACCARIA, G. *Diritto e interpretazione*. Lineamenti di teoria ermeneutica del diritto, Roma-Bari: Laterza, 2004.

ZUCCA, L. *A Secular Europe*. Law and religion in the european constitutional landscape. Oxford: Oxford University, 2012.

Informação bibliográfica deste texto, conforme a NBR 6023:2018 da Associação Brasileira de Normas Técnicas (ABNT):

BLANDO, Giovanni. Quando todo o resto desaparece: sobre a liberdade religiosa alimentar na prisão. *In*: TRENTINI, Flavia; BRANCO, Patrícia; CATALAN, Marcos (coord.). *Direito e comida*: do campo à mesa: cidadania, consumo, saúde e exclusão social. Belo Horizonte: Fórum Social, 2023. p. 421-442. ISBN 978-65-5518-511-9.

CRIME E COMIDA EM PORTUGAL: DA DESCRIMINALIZAÇÃO DO "FURTO DE FORMIGUEIRO" À CRIMINALIZAÇÃO DA "SEGURANÇA ALIMENTAR"

João Pedroso

Rui Caria

1 Introdução

Se há uma realidade mais ancestral que o direito penal – ou, pelo menos, tanto quanto ele –, é a comida. Esta tem persistido como uma constante no debate da punição, aparecendo coberta em diversas vestes. A maçã trincada foi o objeto do pecado original, punido com a expulsão do paraíso. Cláudio, Imperador Romano, conheceu a morte depois de Agripina lhe envenenar a comida. Com a falta de comida, durante a Grande Fome Chinesa, dezenas de milhões de pessoas morreram. Há também quem seja levado pela fome a roubar. Assim, seja como fundamento de incriminação, tipo objetivo de ilícito ou arma do crime, a comida abre o apetite ao direito penal.

Com o avançar do tempo, mudam os apetites do direito penal. As transformações que nele se vão operando enquanto acompanha o avançar da história não são algo de estranhar. Estas são reclamadas por fenómenos tão diversos como o aparecimento de novas condutas, que, por sua vez, colocam em causa a preservação de novos bens jurídicos; os contributos originários de novos desenvolvimentos das ciências que reclamam transformações na dogmática; o desenvolvimento global que carece de uma política criminal adequada à persecução do bem-estar coletivo.

O estranhar das transformações deverá – isso sim –, ser sucedido do pensamento crítico sobre a forma como estas são levadas a cabo, com que fundamento, e em obediência a que princípios. Essa cautela é particularmente exigida no que diz respeito aos bens jurídicos que se procuram tutelar no âmbito do chamado direito penal económico. Enquanto o direito penal clássico visa à tutela de bens jurídicos que concretizam os valores constitucionais ligados aos direitos, liberdades e garantias, o direito penal económico guia-se por uma tutela incidente sobre bens jurídicos que concretizam valores constitucionais ligados aos direitos sociais e à organização económica.[1] Na síntese de Figueiredo Dias: no primeiro, os bens jurídicos relacionam-se com o livre desenvolvimento da personalidade de *cada homem*, no segundo, relacionam-se com a atuação da personalidade do homem *enquanto fenómeno social*, em comunidade e em dependência recíproca dela.[2]

Significa isto que o direito penal económico não é estranho à essencial função do direito penal de proteção subsidiária de bens jurídicos.[3] Nessa medida, a criminalização de condutas nesse âmbito, tal como no direito penal clássico, deverá obedecer aos princípios da proporcionalidade e subsidiariedade, traduzidos dogmaticamente nas categorias da dignidade e necessidade de tutela penal, respetivamente.[4]

Um olhar crítico sobre a evolução da tutela dos bens jurídicos através do direito penal económico à luz dos princípios enunciados justifica-se por dois sentidos: em primeiro lugar, os bens jurídicos que se procuram tutelar partem das exigências decorrentes das transformações da sociedade tecnológica, globalizada e de risco, nessa medida

---

[1] FIGUEIREDO DIAS, J. O movimento de descriminalização e o ilícito de mera ordenação social. *In*: *Direito penal económico e europeu*: textos doutrinários. Coimbra: Coimbra, 1998, v. 1, p. 23.

[2] FIGUEIREDO DIAS, J. Breves considerações sobre o fundamento, o sentido e a aplicação das penas em direito penal económico. *In*: *Direito penal económico e europeu*: textos doutrinários. Coimbra: Coimbra, 1998, v. 1, p. 379.

[3] Sobre esta função: FIGUEIREDO DIAS, J. O "direito penal do bem jurídico" como princípio jurídico-constitucional implícito (à luz da jurisprudência constitucional portuguesa). *Revista de Legislação e de Jurisprudência*, Coimbra, a. 145, n. 3998, p. 250-266, 2016. V. ainda: ROXIN, C. O conceito de bem jurídico como padrão crítico da norma penal posto à prova. *Revista Portuguesa de Ciência Criminal*, Coimbra, a. 23, n. 1, p. 7-43, 2013, p. 25.

[4] V. COSTA ANDRADE, M. A «dignidade penal» e a «carência de tutela penal» como referências de uma doutrina teleológico-racional do crime. *Revista Portuguesa de Ciência Criminal*, Coimbra, a. 2, p. 173-205, 1992, p. 184 e ss.

constituindo tentativas de regulação cujos interesses extravasam o âmbito político-criminal e, por isso, nem sempre têm como prioridade o respeito pelos seus princípios; em segundo lugar, as expansões e contrações no direito penal económico encontram, por vezes, reflexos no direito penal clássico.

O estudo que se segue tratará de realçar a evolução da tutela penal sob a lente das suas relações com a comida, perspetivando-a em três dimensões: a evolução de um direito penal de proteção da propriedade para um direito penal de proteção da vulnerabilidade – assente na descriminalização; a evolução de direito penal de proteção da moral para um direito penal de proteção do desenvolvimento das crianças e da economia; e, por fim, o aparecimento do direito penal enquanto protetor do risco – nomeadamente, através da tutela da segurança alimentar.

São essas as coordenadas que irão guiar o nosso estudo, curando da evolução das formas de tutela sobre um elemento da nossa realidade tão velho como a nossa própria evolução, mas que, acompanhando-a, viu as suas relações connosco e com a nossa sociedade transformadas: a comida.

2 Do direito penal de proteção da propriedade ao direito penal de proteção da vulnerabilidade: o movimento de descriminalização e o furto formigueiro

A estruturação da punição através dos códigos penais sempre assentou, substancialmente, na tutela da propriedade. Enquanto violação das regras de circulação ou distribuição da riqueza, os crimes contra a propriedade, e a sua respetiva punição, ao longo da história, constituíram provas importantes da capacidade do estado, através do seu poder de soberania, garantir a proteção de um certo funcionamento da sociedade. A escassez de recursos e a cobiça humana acompanham a necessidade de intervenção do direito penal sobre a propriedade.

A emergência da criminologia crítica nos anos 60 fez-se acompanhar de observações sobre o sistema de justiça penal de que viriam resultar transformações significativas na forma como este opera. A perspetiva interacionista do comportamento delinquente veio destacar a forma como a delinquência é construída a partir de interações sociais guiadas por crenças, atitudes e valores sobre o que aquela deve ser, bem como sobre o que um delinquente é. Ao mesmo passo, de forma inovadora, privilegiou-se a explicação do crime através das interações entre as instâncias formais de controlo e os agentes de crimes, em favor das teorias que colocavam a sua explicação ao nível social ou individual.

Foi nesse panorama que se intensificou o escrutínio sobre o funcionamento do sistema de justiça penal e os seus diversos componentes. Na medida em que da interação entre o agente e as instâncias formais de controlo resultam consequências predominantemente negativas, consubstanciando, em última linha, um efeito criminógeno, tornou-se essencial reduzir a frequência dessas interações ao mínimo necessário.

Tal ideia encontrou ressonância no movimento político-criminal de descriminalização. Um dos campos indissociavelmente ligados a esse movimento são as condutas que se traduzem na pequena criminalidade patrimonial, mais concretamente o *shoplifting*.[5] A presença ubíqua dos supermercados na sociedade moderna oferece uma exposição nunca antes vista de diversos bens essenciais, o que ao mesmo tempo se constitui como uma oportunidade de mais facilmente alguém se apropriar deles. Nessa medida, os furtos de bens essenciais em estabelecimentos comerciais mostraram um crescimento acentuado.

Assim, são várias as razões que favorecem a descriminalização dessas condutas: o alívio seguro e eficaz da justiça criminal, derivado do carácter massivo desse tipo de criminalidade; o perfil criminológico dos *shoplifters* como delinquentes maioritariamente primários e que não praticam outras condutas para além desta; a capacidade de tutelar a propriedade através da proteção jurídico-civil.[6]

Nesse quadro que se pinta das relações entre o movimento de descriminalização e os crimes contra o património, é de analisar a evolução legislativa que se registou quanto ao crime de furto por necessidade e formigueiro.

O Decreto-Lei nº 400/82 de 23 de Setembro trouxe a vigência de um novo Código Penal no ordenamento jurídico nacional. A construção desse novo CP não foi alheia às novas conceções político-criminais influenciadas pelas ideias da criminologia crítica. Nessa medida, reconhece como uma das suas grandes tendências um "forte sentido de descriminalização".[7] Nessa linha, tem presente que a intervenção

---

[5] Neste sentido: FIGUEIREDO DIAS, J.; COSTA ANDRADE, M. *Criminologia*: o homem delinquente e a sociedade criminógena. Coimbra: Coimbra, 2013, p. 431.
[6] *Id.*, p. 432.
[7] PORTUGAL. *Decreto-Lei nº 400/82 de 23 de Setembro*. Código Penal Português. Preâmbulo. Ponto 23.

do estado nos conflitos através do *ius puniendi* deverá subordinar-se ao princípio da *ultima ratio*. A concretização dessa ideia, e na senda do movimento de descriminalização pelo qual o diploma se orientou, passou por fazer que o procedimento criminal, em relação à criminalidade menos grave, dependesse de queixa.[8]

Essa racionalização político-criminal teve os seus efeitos ao nível da forma como se tipificaram os crimes contra o património. Relativamente aos crimes de furto e roubo, foi eliminada a técnica de a moldura penal variar em função do montante do valor real do objeto da conduta, "(...) por incorrecta, ineficaz e susceptível de provocar injustiças relativas (...)".[9]

Ainda no âmbito dos crimes contra o património, sob influência do movimento de descriminalização, na forma de despenalização, foi tipificado o furto por necessidade e formigueiro no artigo 302º do CP. A tipificação incide sobre condutas em que haja subtração ou apropriação de coisa alheia de pequeno valor. Em nível das consequências jurídicas desse crime, prevê-se a prisão até 45 dias ou multa até 20 dias, mas também a possibilidade de o agente ser isento de pena pelo tribunal. É ainda de salientar que o procedimento criminal depende de queixa.

Contudo, e para o interesse do nosso estudo, o tipo legal abrange ainda, no seu nº 2, "objectos comestíveis, bebidas ou produtos agrícolas em pequena quantidade e de pequeno valor, para utilização imediata pelo agente, seu cônjuge, parentes ou afins até 3º grau". Aqui sobressai a tutela de uma conduta destinada à obtenção de comida no contexto de situações sociais precárias.

Os elementos do tipo compreendem alimentos que sejam furtados em pequenas quantidades, sejam de pequeno valor e cuja utilização por parte do agente – ou afins –, seja imediata.[10] É o caso do arguido que furtou dois queijos num hipermercado, "verifica-se que se trata de coisa comestível, em pequena quantidade e de pequeno valor, porquanto foram avaliados em 4000 escudos, presumindo-se a utilização pelo agente e a necessidade".[11]

---

[8] *Id.*, Preâmbulo. Ponto 24.
[9] *Id.*, Preâmbulo. Ponto 33.
[10] LISBOA. Tribunal da Relação. *Processo 0080315*. Rel. Sousa Nogueira. Acórdão de 21.03.1995.
[11] LISBOA. Tribunal da Relação. *Processo 0338853*. Re. Cotrim Mendes. Acórdão de 17.05.1995.

Este último elemento do acórdão citado indica-nos outro aspeto caracterizador da tutela do furto de formigueiro. Um olhar mais aprofundado revela a regulação de uma relação social com base na necessidade de um dos sujeitos. O crime de formigueiro abrange situações de agentes que praticam essa conduta numa tentativa de satisfazerem necessidades básicas, cuja satisfação lhes é negada como consequência da sua vulnerabilidade social.

Essa necessidade é tomada num sentido abrangente e desenvolvido casuisticamente. Não se circunscreve apenas à fome e sede, mas inclui, também, necessidades que se reportem "à condição pessoal do agente, aferida pelo circunstancialismo do caso concreto, desde que seja imediata, atual e satisfeita através do furto de coisa de diminuto valor".[12] É o caso do acórdão anteriormente citado, em que o agente se apropriou de um pacote de vinho no valor de 0,99€, sabendo-se que mantinha "hábitos de consumo imoderado e muito frequente de bebidas alcoólicas, adquirindo, com frequência diária, pacotes de vinho no referido supermercado, estando, no momento do crime, a sentir grande desconforto em razão da privação álcool".[13]

O crime de furto formigueiro continuou a sofrer transformações através das alterações legislativas que se sucederam ao Código Penal de 82. O Decreto-Lei nº 48/95, de 15 de Março, veio eliminar a autonomia típica do crime de furto por necessidade e formigueiro consagrado no artigo 302º do Código Penal de 82. Contudo, a ausência do tipo legal autónomo no diploma, não implicou a ausência de tutela da conduta. O furto de formigueiro conheceu uma formulação alternativa na alínea b) do nº 1 do artigo 207º, a respeito da acusação particular nos crimes de furto e abuso de confiança. A nova formulação é próxima da que anteriormente autonomizava a conduta, dizendo respeito a: "A coisa furtada ou ilegitimamente apropriada for de valor diminuto e destinada a utilização imediata e indispensável à satisfação de uma necessidade do agente ou de outra pessoa mencionada na alínea a)".

Apesar de já não se encontrar o nome de furto formigueiro na letra da lei, ela corresponde, precisamente, a essa conduta, sendo reconhecida como tal na jurisprudência.[14] Contrariamente à formulação

---

[12] PORTO. Tribunal da Relação. *Processo 174/14.3SJPRT.P1*. Rel. Renato Barroso. Acórdão de 25.11.2015.

[13] Id.

[14] PORTO. Tribunal da Relação. *Processo 0611764*. Rel. Jorge França. Acórdão de 26.04.2006. "O enquadramento do furto, na previsão do artigo 207º, b) CP (furto formigueiro) (...)".

anterior, em que se fazia depender o procedimento criminal de queixa, esse passou a depender de acusação particular. Por outras palavras, passou a exigir-se a constituição de assistente por parte do queixoso, bem como a formulação da acusação particular.

Regista-se nessa opção de tornar a conduta num crime particular um recuo da intervenção penal em relação aos casos por ela abrangidos. Se o princípio da oficialidade garante que a iniciativa de investigar a prática de uma infração cabe ao MP, os crimes particulares constituem-se como uma exceção a esse princípio, na medida em que a abertura do inquérito por parte do MP está dependente da apresentação da queixa do ofendido e da sua constituição como assistente.[15]

Numa formulação mais recente, oferecida pela Lei nº 8/2017, de 3 de Março, autonomizou-se a conduta do furto formigueiro ocorrido em estabelecimento comercial. Dispõe o artigo 207º, nº 2, que: "(...) o procedimento criminal depende de acusação particular quando a conduta ocorrer em estabelecimento comercial, durante o período de abertura ao público, relativamente à subtração de coisas móveis ou animais expostos de valor diminuto e desde que tenha havido recuperação imediata destas, salvo quando cometida por duas ou mais pessoas".

3 Do direito penal da moral à proteção do desenvolvimento das crianças e da economia

Independentemente da evolução das conceções relativas aos seus fins, ao longo do tempo sempre se verificam tentativas de utilização do direito penal para defender ou impor determinada moralidade. Essas tentativas fazem-se incidir sobre comportamentos de realidades diversas; desde o consumo de estupefacientes à interação com animais. Num primeiro olhar, poderia parecer difícil relacionar a moralidade com comida, mas basta pensar nas diversas tradições religiosas que se relacionam com o seu consumo. Na religião judaica proíbe-se o consumo de carne de porco, para os hindus as vacas são sagradas e os muçulmanos observam rigorosamente o Ramadão. Não é de estranhar, pois, que o direito penal tenha sido, em algumas ocasiões, utilizado para procurar regular comida contribuindo para a manutenção de uma moral dominante.

---

[15] ANTUNES, M.J. *Direito processual penal*, Coimbra: Almedina, 2016, p. 61.

3.1 O consumo de álcool por menores

O exemplo norte-americano é paradigmático nesse âmbito. Desde 1984, através do National Minimum Drinking Age Act (23 U.S.C.A. §158), todos os estados dos Estados Unidos da América estabeleceram os 21 anos como a idade abaixo da qual o consumo de álcool é considerado ilegal. Para os menores – aqueles que se encontram abaixo desse limiar etário –, a violação da lei ocorre com a simples posse de álcool. As consequências dessa violação vão desde multas e imposição de obrigações até à condenação a pena de prisão. Os estabelecimentos podem também ser responsabilizados criminalmente pela venda de bebidas alcoólicas a menores. Sucede ainda que a gravidade das sanções varia com a legislação de cada estado, podendo alguns menores enfrentar consequências mais prejudiciais para as suas vidas em função do espaço geográfico onde pratiquem o mesmo comportamento.

Em Portugal, as consequências do consumo de álcool por menores não ascendem à natureza penal, limitando-se ao domínio contraordenacional. Esses comportamentos são regulados pelo Decreto-Lei nº 50/2013, de 16 de Abril, que estabelece o regime de disponibilização, venda e consumo de bebidas alcoólicas em locais públicos e em locais abertos ao público, proibindo a prática dessas atividades relativamente a menores de idade. Para os efeitos do diploma, consideram-se bebidas alcoólicas: cerveja, vinhos, outras bebidas fermentadas, produtos intermédios, bebidas espirituosas ou equiparadas e bebidas não espirituosas.[16]

As proibições estabelecidas pelo diploma operam a três níveis distintos, sendo que, dois dizem respeito aos estabelecimentos e uma aos consumidores – do nosso interesse, os menores. Primeiramente, relativamente aos estabelecimentos, estabelece-se a proibição de facultar, vender ou colocar à disposição, em locais públicos ou locais abertos ao público, bebidas alcoólicas para menores.[17] Em segundo lugar, ainda no que diz respeito aos estabelecimentos, acrescem proibições de disponibilização venda e bebidas alcoólicas em: cantinas, bares e outros estabelecimentos de restauração, acessíveis ao público, localizados nos estabelecimentos de saúde; máquinas automáticas;

---

[16] PORTUGAL. *Decreto-Lei nº 50/2013, de 16 de Abril*. Estabelece o regime de disponibilização, venda e consumo de bebidas alcoólicas em locais públicos e em locais abertos ao público. Art. 2º, al. a).
[17] *Id.*, Art. 3º, nº 1, al. a).

postos de abastecimento de combustível localizados nas autoestradas ou fora das localidades; em qualquer estabelecimento, entre as 0 h às 8 h, com algumas exceções.[18] Por fim, proíbe-se o consumo de bebidas alcoólicas por menores em locais públicos ou abertos ao público.[19]

De igual modo, as sanções correspondentes às proibições indicadas desdobram-se entre sanções, por um lado, para os estabelecimentos, por outro lado, para os menores e os seus representantes legais. Os estabelecimentos podem ser encerrados temporariamente, por um período não superior a 12 horas, no decurso de uma fiscalização ou perante a deteção de uma infração em flagrante delito, ocorrendo perigo sério de continuação da atividade ilícita.[20] As violações das proibições indicadas por parte dos estabelecimentos constituem contraordenação económica muito grave nos termos do Regime Jurídico das Contraordenações Económicas,[21] sendo que, em função da gravidade e da reiteração da conduta, podem ser aplicadas, simultaneamente com a coima, sanções acessórias como: perda do produto da venda através da qual foi praticada a infração; interdição, até um período de dois anos, do exercício da atividade diretamente relacionada com a infração praticada.[22]

No que diz respeito à violação das proibições impostas aos menores, as consequências incluem a notificação da ocorrência aos seus representantes legais, caso evidenciem intoxicação alcoólica, assim como ao núcleo de apoio a crianças e jovens em risco, ou, em alternativa, às equipas de resposta aos problemas ligados ao álcool, nos casos de reincidência da situação de intoxicação alcoólica, ou de impossibilidade de notificação do representante legal.[23] Admite-se a possibilidade de solicitar a cooperação da Comissão de Proteção de Crianças e Jovens ou do representante do Ministério Público.[24]

No seu preâmbulo, o regime apoia-se no imperativo constitucional de proteção da saúde dos cidadãos, elencando um conjunto de consequências para a saúde que resulta do consumo de álcool por menores e jovens adultos. Esclarece que não pretende constituir-se como

---

[18] *Id.*, Art. 3º, nº 4.
[19] *Id.*, Art. 3º, nº 2.
[20] *Id.*, Art. 6º, nºs 2 e 3.
[21] *Id.*, Art. 8º.
[22] *Id.*, Art. 9º.
[23] *Id.*, Art. 7º, nº 1.
[24] *Id.*, Art. 7º, nº 5.

uma medida agressiva, mas progressiva. Nessa medida, o objetivo não é propriamente a penalização, mas sim as restrições progressivas ao consumo de álcool por menores.

Sendo essas as razões invocadas, e independentemente da natureza não penal das consequências que resultam desses comportamentos, colocam-se vários pontos de reflexão. Em primeiro lugar, será o fundamento da tutela verdadeiramente encontrado na proteção da saúde pública ou, de facto, tratar-se-á de uma forma de moralismo? Não se nega de maneira alguma as consequências nefastas do consumo de álcool, seja por menores ou maiores. Aliás, essas não se repercutem apenas ao nível da saúde, mas, frequentemente, desdobram-se também numa corrosão do tecido familiar e social. Alguns dos conflitos que advêm do consumo desmesurado de álcool são elencados no preâmbulo do regime: "(…) diminui a acuidade para a tomada de decisão consciente, facilitando comportamentos impulsivos e agressivos e alterando funções executivas (redução do juízo crítico, incapacidade em planear o futuro e gerir o presente). Por outro lado, o consumo de álcool produz efeitos ao nível da capacidade de atenção e do processamento de informação". Assim, apesar de se apoiar na proteção da saúde pública para justificar a tutela, essa, talvez, não seja a razão singular que justifica esse regime.

Em segundo lugar, não haverá outros alimentos igualmente prejudiciais para a saúde, mas cuja tutela não ascende sequer à "dignidade contraordenacional", como é o caso do *fast food*? Note-se, não dizemos que a venda de *fast food* deva ser alvo de contraordenação. Mas, uma vez que essa tutela se diz apoiar na saúde dos cidadãos, não se justificaria, portanto, a sua extensão a outros alimentos prejudiciais para a saúde; especialmente no diz que respeito às crianças? São conhecidos e divulgados amplamente os perigos da obesidade e outras condições que resultam do consumo reiterado e excessivo de *fast food*.

Por último, se de facto for de considerar tais intervenções como moralismos por parte do legislador – estejam no domínio penal ou contraordenacional –, uma vez que se trata de comportamentos praticados por menores, não se deveria pugnar por uma maior partilha de responsabilidade por parte dos pais, ao invés de se enfatizar a responsabilidade dos estabelecimentos? É verdade que são os estabelecimentos que oferecem as oportunidades para o consumo, mas essa oportunidade é igualmente criada pela omissão de supervisão parental adequada.

3.2 O crime de açambarcamento

As preocupações moralistas não se prendem apenas com o consumo, mas também com a disponibilização de certo tipo de comida. O artigo 28º do RIASP consagrou o crime de açambarcamento. Apesar das suas largas diferenças, de que iremos em seguida curar, o açambarcamento, tal como o furto formigueiro, contém uma preocupação com bens essenciais ou de primeira necessidade. As motivações dessa preocupação e racionalidade de proteção são, contudo, bastante diferentes. O furto formigueiro ocupa-se das necessidades do agente do crime e da sua satisfação imediata. O açambarcamento diz respeito a necessidades coletivas, nomeadamente situações de notória escassez e o abastecimento regular do mercado desses bens. Por outras palavras, apesar de ambos os tipos legais incidirem sobre condutas relacionadas com necessidades de bens essenciais, divergem no bem jurídico tutelado.

A evolução que descreveu o crime de açambarcamento até à sua configuração atual começa no século XIX, com o código penal de 1852, com a seguinte redacção do seu artigo 275º: "Todo o mercador que vender para uso do público géneros necessários ao sustento diário, se esconder as suas provisões ou recusar vendê-las a qualquer comprador, será punido com multa, conforme a sua renda, de um a seis meses".[25]

Essa formulação, apesar de restritiva quanto à abrangência de potenciais condutas que se lhe enquadrem, concentra-se na problemática da recusa de venda de bens essenciais, pelo que aí se localiza a origem do crime de açambarcamento. É ainda de notar que relativamente às consequências jurídicas previstas no tipo legal, comparativamente ao quadro das molduras penais do código da época, o açambarcamento constituía-se como uma bagatela "sem relevância ética autónoma".[26]

Atualmente a inserção sistemática do açambarcamento coloca-o na subsecção II do RIASP respeitante aos "crimes contra a economia". Na sua formulação atual, que se mantém desde os anos 80 até à data, o bem jurídico tutelado pelo crime de açambarcamento, no entendimento da doutrina, é o abastecimento regular do mercado de bens essenciais ou de primeira necessidade.[27]

---

[25] Sobre esta evolução legislativa, de forma aprofundada: FIGUEIREDO DIAS, J. Sobre o crime anti-económico de açambarcamento por recusa de venda. In: *Direito penal económico e europeu*: textos doutrinários. Coimbra: Coimbra, 1998, v. 2, p. 68.

[26] *Id.*, p. 69.

[27] COSTA ANDRADE, M. A nova lei dos crimes contra a economia (dec.-lei nº 28-84, de 20 de janeiro) à luz do conceito de «bem jurídico». In: *Direito penal económico e europeu*: textos doutrinários. Coimbra: Coimbra, 1998, v. 1, p. 408.

4 O direito penal enquanto regulador do risco: a neocriminalização e a segurança alimentar

4.1 Cresce o mercado, cresce o risco – A segurança alimentar como epicentro dos crimes alimentares

As desigualdades e vulnerabilidades acentuadas pela globalização podem ser utilizadas como fundamento de descriminalização, mas servem, igualmente, para justificar neocriminalizações. O movimento de descriminalização que enformou as transformações realizadas no Código Penal de 82 foi acompanhado também por opções de neocriminalização relativamente aos crimes de perigo comum.[28]

Essas opções são justificadas pela presença crescente da chamada sociedade de risco.[29] As novas tecnologias e funcionamento sofisticado da sociedade vulnerabilizam o indivíduo e a comunidade, resultando da interação entre eles, frequentemente, lesões. A complexidade de determinados domínios ofusca a certeza sobre os comportamentos a adotar. Essa incerteza pode dever-se à juventude desses domínios, ou às exigências de especialidade para a sua compreensão que são reclamadas pela sua complexidade.

Nesse panorama, quem tem conhecimento, tem vantagem. Por outro lado, quem se vê ofuscado pela complexidade está em desvantagem. Essa ignorância relativa, combinada com condições socioeconómicas inferiores que surgem como consequência da desigualdade, deixa uma parte substancial da população vulnerável relativamente às escolhas que fazem enquanto consumidores. Correndo, assim, o risco de serem vítimas da sociedade de risco.

O sector alimentar tem-se provado particularmente fecundo relativamente aos riscos para os consumidores. O próprio Ulrich Beck, na sua recente ampliação da lista de riscos, destaca os riscos sanitário-alimentares – contaminações, adulterações transgénicas, pestes de animais.[30] De tal forma que, paulatinamente, se têm vindo a desenvolver preocupações crescentes relacionadas com a *segurança alimentar*. A literatura criminológica constrói o conceito de "crime de comida" (*food crime*) em volta do conceito de segurança alimentar e a

---

[28] Cfr. PORTUGAL. *Decreto-Lei nº 400/82 de 23 de Setembro*. Código Penal Português. Preâmbulo. Ponto 23.
[29] Sobre este conceito, a obra incontornável: BECK, U. *Risk society*. London: Sage Publications, 1992.
[30] BECK, U.; WILLMS, J. *Conversations with Ulrich Beck*. Cambridge: Polity, 2003, p. 34.

respetiva prevenção de danos intencionalmente causados através da cadeia de produção alimentar.[31]

Os diversos instrumentos internacionais que tomam essa preocupação como seu objeto são prova da crescente consciência da sua importância. De acordo com a Organização Mundial de Saúde (OMS), a segurança alimentar diz respeito à limitação da presença de perigos crónicos ou agudos que possam tornar a comida perigosa para a saúde do consumidor.[32] Assim, garantir a segurança alimentar passa pela produção, manuseamento, armazenamento e produção da comida de maneira a prevenir infeções e contaminações na cadeia de produção.[33] A Organização das Nações Unidas para Alimentação e Agricultura (FAO) fez refletir as suas preocupações sobre o tema da segurança alimentar no Codex *Alimentarius*, que estabelece, precisamente, *standards, guidelines* e códigos de conduta para a segurança, qualidade e justiça do comércio alimentar internacional e proteger a saúde dos consumidores.[34]

A segurança alimentar é uma realidade em que se revelam particularmente os riscos estruturais potenciados pela globalização. Mais concretamente, o chamado "cheap capitalism", caracterizado por preços baixos, qualidade inferior e condições inseguras de produtos e serviços com vista a maximizar o lucro, cria riscos acrescidos relativamente aos crimes relacionados com segurança alimentar.[35] O impacto desses riscos é desigual, na medida em que os cidadãos de classes socioeconómicas inferiores são mais vulneráveis: por um lado, porque têm menos conhecimento relativamente aos riscos da comida; por outro lado, porque têm menos disponibilidade financeira para comprar produtos de qualidade.[36]

Apesar de os mais desfavorecidos serem os mais afetados, não quer dizer que os crimes relacionados com a segurança alimentar sejam praticados por uma elite que toma decisões deliberadas no sentido da

---

[31] Neste sentido: RIZZUTI, A. Food crime: a review of the UK institutional perception of illicit practices in the food sector. *Social Sciences*, Basel, v. 9, n. 112, p. 1-11, 2020, p. 4.

[32] OMS. *Food safety*: what you should know. New Delhi: SEARO, 2015, p. 5.

[33] *Id.*

[34] ABOUT Codex Alimentarius, *FAO*, [s.d.]. Disponível em: http://www.fao.org/fao-who-codexalimentarius/about-codex/en/#c453333. Acesso em 04.04.2022.

[35] V. CHENG, H. Cheap capitalism: a sociological study of food crime in China. British *Journal of Criminology*, London, v. 52, p. 254-273, 2012.

[36] CROALL, H. Food, crime, harm and regulation. *Centre for Crime and Justice Studies*, London, n. 90, p. 16-17, 2012, p. 16.

opressão. Ao invés, esses crimes resultam de uma complexa relação entre diversos fatores endógenos à própria indústria e ao funcionamento da sua cadeia de produção. Dentro desse sistema surgem oportunidades criminosas, fruto de uma organização interna que cria condições facilitativas para a prática de atos ilícitos e alberga uma cultura que legitima esses mesmos atos, integrando-os nas rotinas prosseguidas por atores legítimos, tudo com o fim de atingir os objetivos definidos por essa mesma organização.[37] Assim, a própria cultura que domina o sector pode estruturá-lo de tal forma que lhe permite oferecer oportunidades para condutas ilícitas. No caso, do sector alimentar, crimes relacionados com a segurança alimentar.

Dessa forma, e tendo em conta a extensão da cadeia de produção, os agentes de crimes relacionados com a segurança alimentar distribuem-se por vários níveis relativamente à sua posição nessa mesma cadeia: empresas internacionais; pequenas e médias empresas de produção; agricultores e produtores independentes no estrato mais baixo da cadeia.[38]

A ubiquidade de potenciais agentes de crimes alimentares nos diferentes patamares de um setor que é transversal a todos os consumidores, por si, justifica considerações acerca da tutela dessas condutas, a fim de prevenir os largos danos que podem causar.

4.2 A tutela da segurança alimentar

O crescimento da importância da segurança alimentar a nível internacional fez-se acompanhar, necessariamente, de uma necessidade de a tutelar de forma eficaz, de modo a proteger os interesses postos em causa pela violação dos seus padrões. Importará compreender de que forma é que essa tutela foi construída no ordenamento jurídico português, com destaque para a tutela penal em volta dos bens jurídicos correspondentes à segurança alimentar.

O Decreto-Lei de nº 28/84, de 20 de Janeiro, veio consagrar o regime das Infracções Antieconómicas e contra a Saúde Pública (RIASP). Esta surge no contexto do movimento de autonomização do

---

[37] Neste sentido: LORD, N.; ELIZONDO, CJF; SPENCER, J. The dynamics of food fraud: the interactions between criminal opportunity and market (dys)functionality in legitimate business. *Criminology & Criminal Justice*, [s.c.] v. 17, n. 5, p. 605-623, 2017, p. 607 e 609.

[38] *Id.*, p. 607 e 610.

direito penal económico, no âmbito do qual Portugal se destacou como sendo um dos primeiros a possuir uma lei dos delitos antieconómicos.[39] Ao mesmo tempo, constitui-se como a primeira tentativa sistemática e lograda de concretizar o artigo 88º, nº 1, da CRP: "As atividades delituosas contra a economia nacional serão definidas por lei e objecto de sanções adequadas à sua gravidade".[40]

A iniciar a subsecção dos crimes contra a economia no RIASP, surge tipificado o crime de fraude sobre mercadorias (art. 23º). Nessas mercadorias incluem-se, para o interesse do nosso estudo: comida. O anterior Decreto-Lei nº 41 204 fazia-lhe corresponder um crime de falsificação de géneros alimentícios dos quais pudesse resultar perigo para a saúde ou os tornasse impróprios para consumo, configurando, assim, uma infração contra a saúde pública. Ressaltam as diferenças relativamente ao bem jurídico que se procura tutelar em ambos os diplomas, salientando-se, dessa forma, as diferentes prioridades político-criminais das respetivas épocas: no caso do Decreto-Lei nº 41.204, com o crime de falsificação de géneros alimentícios, procurava-se tutelar a saúde pública; no caso do Decreto-Lei nº 28/84, com o crime de fraude sobre mercadorias, tutela-se a confiança dos operadores económicos na genuinidade e autenticidade dos produtos, a respeito de qualidade e quantidade, alargando-se consideravelmente a mancha de condutas incriminadas.[41]

Contudo, as normas que, por excelência, tutelam os crimes relacionados com a segurança alimentar correspondem ao artigo 24º do RIASP, onde se consagra o crime *contra a genuinidade, qualidade ou composição de géneros alimentícios e aditivos alimentares*, e o artigo 282º do Código Penal, que consagra o crime de *corrupção de substâncias alimentares ou medicinais*. No entendimento do artigo 81º, nº 1, a), do RIASP, um género alimentício é concebido como: *toda a substância, seja ou não tratada, destinada à alimentação humana, englobando as bebidas e os produtos do tipo das pastilhas elásticas, com todos os ingredientes utilizados no seu fabrico, preparação e tratamento.*

---

[39] Neste sentido: FIGUEIREDO DIAS, J. Breves considerações sobre o fundamento, o sentido e a aplicação das penas em direito penal económico. In: *Direito penal económico e europeu*: textos doutrinários. Coimbra: Coimbra, 1998, v. 1, p. 376.

[40] COSTA ANDRADE, M. A nova lei dos crimes contra a economia (dec.-lei nº 28-84, de 20 de janeiro) à luz do conceito de «bem jurídico». In: *Direito penal económico e europeu*: textos doutrinários. Coimbra: Coimbra, 1998, v. 1, p. 388.

[41] *Id.*, p. 408.

Ambos correspondem a crimes de perigo comum, com a diferença de que no primeiro caso o perigo é abstractamente considerado, enquanto no segundo o perigo é concreto.⁴² Significa isso que, no caso do artigo 282º do CP, tratando-se de um crime de perigo concreto, para se verificar o seu preenchimento, torna-se necessário "pôr em perigo concreto [a vida ou integridade física] de uma pessoa em particular".⁴³ Já no caso do artigo 23º do RIASP, tratando-se de um crime de perigo abstrato, para se verificar o seu preenchimento, basta que o perigo causado pela conduta do agente seja suscetível de adulterar a genuinidade, qualidade e composição dos géneros alimentícios.⁴⁴

A distinção do preenchimento desses crimes, e que se traduz, portanto, na sua respetiva gravidade, localiza-se na suscetibilidade de criarem, ou não, um perigo concreto para a vida, saúde ou integridade física de outrem. Diríamos que, a esse respeito, temos dois graus de tutela no que respeita à segurança alimentar, denotando interesses e fundamentos diferentes na base das respetivas tutelas, assim como bens jurídicos destintos a que se destinam.

Independentemente dessa graduação, ambas as condutas admitem como consequência jurídica do crime a pena privativa de liberdade, sendo que no caso do código penal a moldura máxima atinge os 8 anos, e no caso do RIASP pode, ainda assim, atingir os 3 anos. É de destacar, no entanto, as medidas de diversão oferecidas pelo RIASP. O artigo 26º admite a possibilidade de isenção de responsabilidade criminal. Esta verifica-se nos casos em que os agentes se antecipam à intervenção das autoridades, adoptando as medidas necessárias ao afastamento dos alimentos anómalos da circulação, informando ainda as autoridades do seu destino. O artigo 27º, por sua vez, admite a atenuação da pena por parte do tribunal se o agente, antes de os alimentos provocarem danos consideráveis, os remover voluntariamente do alcance dos consumidores.

A necessidade de tutela da segurança alimentar justificou a criação, em 2005, de uma entidade dedicada à sua proteção: a Autoridade de Segurança Alimentar e Económica (ASAE). Esta assume

---

⁴² COIMBRA. Tribunal da Relação. *Processo 557/04.7TAACB.C1*. Rel. Gabriel Catarino Acórdão de 02.05.2007.

⁴³ DAMIÃO DA CUNHA, J. Comentário ao artigo 282º. *In*: *Comentário conimbricense do código penal*: parte especial. Coimbra: Coimbra, 2012, t. 2, p. 999.

⁴⁴ COIMBRA. Tribunal da Relação. *Processo 557/04.7TAACB.C1*. Rel. Gabriel Catarino Acórdão de 02.05.2007.

como missão a fiscalização e prevenção do cumprimento da legislação reguladora do exercício das atividades económicas, nomeadamente, o setor alimentar, incluindo a avaliação e comunicação dos riscos na cadeira alimentar – tratando-se, assim, do organismo nacional com ligação às entidades congéneres a nível europeu e internacional.[45] Nessa medida, tem competência para, nomeadamente: promover ações de natureza preventiva e repressiva em matéria de infrações contra a qualidade, genuinidade, composição, aditivos alimentares e outras substâncias e rotulagem dos géneros alimentícios e dos alimentos para animais, incluindo a realização de perícias e a colheita de amostras no âmbito dos planos nacionais de controlo oficial.[46]

4.3 O fundamento da tutela da segurança alimentar

A tutela da segurança alimentar justifica-se por uma causalidade complexa da qual resulta, igualmente, diversos objetos de proteção. A própria ASAE admite que a consagração feita ao nível do código penal se destina à proteção da saúde pública, onde se inclui a vida, a saúde e a integridade física dos lesados, mas, a par disso, visa-se também proteger "os consumidores de condutas que colocam em crise a sua proteção da confiança nas relações negociais".[47]

A jurisprudência atribui ao artigo 24º do RIASP a natureza de crime contra a economia e não contra a saúde pública, afirmando que o bem jurídico em causa é a "confiança da colectividade na lisura do tráfico jurídico, concretamente na autenticidade e genuinidade dos produtos, entrecruzando-se nele interesses individuais e colectivos".[48] Do mesmo modo, o próprio RIASP é concebido tendo como fim "proteger directamente a confiança do consumidor e, reflexamente, o seu interesse patrimonial".[49]

Como sustentam Lord et al., uma conceção e tutela de fraude alimentar que se fundamentem somente na abordagem unidimensional

---

[45] PORTUGAL. *Decreto-Lei, nº 194/2012, de 23 de Agosto*. Institui a Lei Orgânica da Autoridade de Segurança Alimentar e Económica. Art. 2º, nº 1.
[46] *Id.*, Art. 2º, nº 2, b), vi).
[47] DELITOS contra Saúde Pública, *ASAE*, [s.d.]. Disponível em: https://www.asae.gov.pt/investigacao-criminal/delitos-contra-saude-publica.aspx. Acesso em 04.04.2022.
[48] PORTO. Tribunal da Relação. *Processo 0111349*. Rel. Costa Mortágua. Acórdão de 27.02.2002.
[49] LISBOA. Tribunal da Relação. *Processo 2593/15.9T9FNC.L1-3*. Rel. Jorge Raposo. Acórdão de 25.10.2017.

do fenómeno como motivado por motivos económico revela-se demasiado simplista, carecendo de desenvolvimento detalhado a nível criminológico.[50]

5 Conclusões

As relações entre o crime e a comida são um indicador da evolução da sociedade e dos seus valores. Nessa perspetiva, é possível registar uma evolução das prioridades relativamente à tutela de determinados bens jurídicos. Como se viu, essa evolução passou por um alívio da tutela da propriedade a favor de uma nova preocupação com a vulnerabilidade; a substituição do moralismo por uma tutela justificada por preocupações com o desenvolvimento integral das crianças e com a economia; e, por fim, neocriminalizações relacionadas com a nova face do direito penal enquanto regulador do risco. Muda-se a história, mudam-se os apetites do direito penal.

Referências

ANTUNES, M.J. *Direito processual penal*. Coimbra: Almedina, 2016.

BECK, U. *Risk society*. London: Sage Publications, 1992.

BECK, U.; WILLMS, J. *Conversations with Ulrich Beck*. Cambridge: Polity, 2003.

CHENG, H. Cheap capitalism: a sociological study of food crime in China. British *Journal of Criminology*, London, v. 52, p. 254-273, 2012.

COSTA ANDRADE, M. A «dignidade penal» e a «carência de tutela penal» como referências de uma doutrina teleológico-racional do crime. *Revista Portuguesa de Ciência Criminal*, Coimbra, a. 2, p. 173-205, 1992.

COSTA ANDRADE, M. A nova lei dos crimes contra a economia (dec.-lei nº 28-84, de 20 de janeiro) à luz do conceito de «bem jurídico». In: *Direito penal económico e europeu*: textos doutrinários. Coimbra: Coimbra, 1998, v. 1.

CROALL, H. Food, crime, harm and regulation. *Centre for Crime and Justice Studies*, London, n. 90, p. 16-17, 2012.

DAMIÃO DA CUNHA, J. Comentário ao artigo 282º. In: *Comentário conimbricense do código penal*: parte especial. Coimbra: Coimbra, 2012, t. 2.

---

[50] LORD, N.; ELIZONDO, CJF; SPENCER, J. The dynamics of food fraud: the interactions between criminal opportunity and market (dys)functionality in legitimate business. *Criminology & Criminal Justice*, [s.c.] v. 17, n. 5, p. 605-623, 2017, p. 607 e 619.

FIGUEIREDO DIAS, J. Breves considerações sobre o fundamento, o sentido e a aplicação das penas em direito penal económico. In: *Direito penal económico e europeu*: textos doutrinários. Coimbra: Coimbra, 1998, v. 1.

FIGUEIREDO DIAS, J. O "direito penal do bem jurídico" como princípio jurídico-constitucional implícito (à luz da jurisprudência constitucional portuguesa). *Revista de Legislação e de Jurisprudência*, Coimbra, a. 145, n. 3998, p. 250-266, 2016.

FIGUEIREDO DIAS, J. O movimento de descriminalização e o ilícito de mera ordenação social. In: *Direito penal económico e europeu*: textos doutrinários. Coimbra: Coimbra, 1998, v. 1.

FIGUEIREDO DIAS, J. Sobre o crime anti-económico de açambarcamento por recusa de venda. In: *Direito penal económico e europeu*: textos doutrinários. Coimbra: Coimbra, 1998, v. 2.

FIGUEIREDO DIAS, J.; COSTA ANDRADE, M. *Criminologia*: o homem delinquente e a sociedade criminógena. Coimbra: Coimbra, 2013.

LORD, N.; ELIZONDO, CJF; SPENCER, J. The dynamics of food fraud: the interactions between criminal opportunity and market (dys)functionality in legitimate business. *Criminology & Criminal Justice*, [s.c.] v. 17, n. 5, p. 605-623, 2017.

OMS. *Food safety*: what you should know. New Delhi: SEARO, 2015.

ABOUT Codex Alimentarius, *FAO*, [s.d.]. Disponível em: http://www.fao.org/fao-who-codexalimentarius/about-codex/en/#c453333. Acesso em 04 abr. 2022.

RIZZUTI, A. Food crime: a review of the UK institutional perception of illicit practices in the food sector. *Social Sciences*, Basel, v. 9, n. 112, p. 1-11, 2020.

ROXIN, C. O conceito de bem jurídico como padrão crítico da norma penal posto à prova. *Revista Portuguesa de Ciência Criminal*, Coimbra, a. 23, n. 1, p. 7-43, 2013.

Informação bibliográfica deste texto, conforme a NBR 6023:2018 da Associação Brasileira de Normas Técnicas (ABNT):

PEDROSO, João; CARIA, Rui. Crime e comida em Portugal: da descriminalização do "furto de formigueiro" à criminalização da "segurança alimentar". In: TRENTINI, Flavia; BRANCO, Patrícia; CATALAN, Marcos (coord.). *Direito e comida*: do campo à mesa: cidadania, consumo, saúde e exclusão social. Belo Horizonte: Fórum Social, 2023. p. 443-461. ISBN 978-65-5518-511-9.

O CREME COMPENSA

Eroulths Cortiano Junior

A *Reinheitsgebot*, Lei da Pureza da Cerveja, desde a Baviera de 1516, proclama que a cerveja deve ser fabricada apenas com água, malte de cevada e lúpulo. A lei, que ilumina papos de botequim e orienta produções cervejeiras, somente comprova que é preciso cuidar bem da cerveja, inclusive a partir do Direito. Afinal, estamos diante da bebida alcoólica mais consumida no Brasil (ao que se sabe, no terreno das não alcoólicas, perde apenas para a água): com cerca de 1.400 cervejarias registradas no Ministério da Agricultura, somos o terceiro país do mundo em matéria de consumo absoluto (perdemos para China e EUA), ainda que no consumo *per capita* estejamos ranqueados apenas entre o 15º e 20º colocados. De qualquer maneira, bebe-se, e bastante, cerveja no Brasil.

Na Lei da Pureza, conforme nos mostra Conrad Seidl, Guilherme IV proclamou que, "em especial, desejamos que daqui em diante, em todas as nossas cidades, nas feiras e no campo, nenhuma cerveja contenha outra coisa além de cevada, lúpulo e água".[1] Mas no Brasil, a

---

[1] SEIDL, C. *O catecismo da cerveja*. Trad. Ingo Lütge e Flávio Quintilian. São Paulo: SENAC, 2003, p. 214-221. A Lei da Pureza é comemorada por traçar um padrão e um conceito para uma ideia e uma bebida (a cerveja), mas ela não tem só essa função. Antes, terá servido para atender os interesses de certos lobbys e nobres alemães. Ao proibir a fabricação da cerveja de trigo, beneficiou o próprio duque Guilherme, que reservou para si o monopólio

pureza cedeu à variedade. O Regulamento da Lei nº 8.918, de 14/07/1994, estabelece:

> Art. 36. Cerveja é a bebida resultante da fermentação, a partir da levedura cervejeira, do mosto de cevada malteada ou de extrato de malte, submetido previamente a um processo de cocção adicionado de lúpulo ou extrato de lúpulo, hipótese em que uma parte da cevada malteada ou do extrato de malte poderá ser substituída parcialmente por adjunto cervejeiro.
>
> §1º A cerveja poderá ser adicionada de ingrediente de origem vegetal, de ingrediente de origem animal, de coadjuvante de tecnologia e de aditivo a serem regulamentados em atos específicos.

A identidade e a qualidade dos produtos de cervejaria são reguladas pela Instrução Normativa nº 65/2019 do Ministério de Estado da Agricultura, Pecuária e Abastecimento. Por meio dela, cerveja é a bebida resultante da fermentação, a partir da levedura cervejeira, do mosto de cevada malteada ou de extrato de malte, submetido previamente a um processo de cocção adicionado de lúpulo ou extrato de lúpulo, hipótese em que uma parte da cevada malteada ou do extrato de malte poderá ser substituída parcialmente por adjunto cervejeiro. A pureza aqui permite adjuntos cervejeiros.

A IN nº 65/2019 estabelece alguns padrões de nomenclatura. Assim, a expressão "cerveja gruit" é permitida apenas para a cerveja na qual o lúpulo é totalmente substituído por outras ervas; "cerveja sem glúten" é a cerveja elaborada com cereais não fornecedores de glúten, ou que contenha teor de glúten abaixo do estabelecido em regulamento técnico específico; usa-se "cerveja de múltipla fermentação" apenas na cerveja que passa por outra fermentação, em garrafa, tanques ou em ambos; a expressão "cerveja light" é permitida apenas para a cerveja cujo valor energético apresente teor máximo de 35 kcal/100 ml; a expressão "chopp" ou "chope" é permitida apenas para a cerveja que não seja submetida a processo de pasteurização ou a outros tratamentos térmicos similares ou equivalentes; "cerveja Malzbier" é aquela adicionada de açúcares de origem vegetal exclusivamente para conferir sabor doce.

---

das cervejas Weiss. Ao forçar o emprego do lúpulo, teria banido a cerveja grut com seu rosmaninho selvagem, trazendo vantagens para a Baviera, grande produtora do lúpulo comum e com prejuízos para o norte da Alemanha, onde se encontrava bastante rosmaninho, que é um tipo de lavanda.

No que toca à proporção de matérias-primas, as cervejas passam a ser classificadas em:
- *Cerveja* (aquela elaborada a partir de mosto cujo extrato primitivo contenha no mínimo 55% em peso de cevada malteada e no máximo 45% de adjuntos cervejeiros); "cerveja 100% malte" ou "cerveja puro malte" (aquela elaborada a partir de mosto cujo extrato primitivo provenha exclusivamente de cevada malteada ou de extrato de malte).
- *Cerveja 100% malte de* [nome do cereal malteado]" ou "cerveja puro malte de [nome do cereal malteado]", (aquela elaborada a partir de mosto cujo extrato primitivo provenha exclusivamente de outro cereal malteado); e "cerveja de [nome do cereal ou dos cereais majoritários, malteado(s) ou não]" (aquela elaborada a partir de um mosto cujo extrato primitivo provenha majoritariamente de adjuntos cervejeiros).
- *Cerveja sem* álcool ou *cerveja desalcoolizada* é aquela cujo conteúdo alcoólico é inferior ou igual a 0,5% em volume; "cerveja com teor alcoólico reduzido" ou "cerveja com baixo teor alcoólico", é aquela cujo conteúdo alcoólico está entre 0,5% e 2,0% em volume; e "cerveja" é aquela cujo conteúdo alcoólico é superior a 2,0% em volume.

Tanta regulação – que existe não apenas para tratar do conteúdo, mas do continente das marcas, responsabilidades, comércio e transporte de cervejas – acaba, *of course*, em litígios. A casuística jurisprudencial é cheia de casos e causos de cervejas. Selecionei alguns deles.

Um dos temas mais debatidos do direito consumerista diz respeito à presença de corpo estranho encontrado em produto colocado no mercado.[2] O busílis jurídico é: para configuração do dano é preciso ter havido o consumo do corpo estranho ou apenas sua presença? Pois chegou no STJ um caso em que – pasmem! – foi encontrada uma carteira de cigarros em uma garrafa de cerveja (é possível compreender que o consumidor não tenha engolido a carteira, por mais borracho que estivesse, mas, que diabos, como uma carteira de cigarros foi parar dentro de uma garrafa?). O STJ cravou:

---

[2] Sobre o tema *v.* ARONNE, R.; CATALAN, M. Quando se imagina que antílopes possam devorar leões: oito ligeiras notas acerca de uma tese passageira. *Civilistica.com*, Rio de Janeiro, v. 7, p. 01-13, 2018.

> RECURSO ESPECIAL. DIREITO DO CONSUMIDOR. AÇÃO DE COMPENSAÇÃO POR DANO MORAL. AQUISIÇÃO DE CERVEJA COM CORPO ESTRANHO. NÃO INGESTÃO. EXPOSIÇÃO DO CONSUMIDOR A RISCO CONCRETO DE LESÃO À SUA SAÚDE E SEGURANÇA. FATO DO PRODUTO. EXISTÊNCIA DE DANO MORAL. VIOLAÇÃO DO DEVER DE NÃO ACARRETAR RISCOS AO CONSUMIDOR.[3]

Volta e meia, fabricantes e distribuidores de cervejas entram em conflito. Em um emblemático caso, o STJ teve que decidir se era justo ou injusto o rompimento unilateral de um contrato de distribuição que tinha cerca de 30 anos de vigência (e que teria, ao que consta dos autos, transformado a cerveja Antarctica em "Paixão Nacional"):

> RECURSO ESPECIAL. DIREITO CIVIL. AÇÃO INDENIZATÓRIA. CONTRATO DE DISTRIBUIÇÃO DE BEBIDAS. RESILIÇÃO UNILATERAL. DENÚNCIA MOTIVADA. JUSTA CAUSA. VALIDADE DE CLÁUSULAS CONTRATUAIS. ATO ILÍCITO. INEXISTÊNCIA. DEVER DE INDENIZAR. NÃO CONFIGURAÇÃO. LEI Nº 6.729/1973 (LEI FERRARI). INAPLICABILIDADE.
>
> 1. Ação indenizatória promovida por empresa distribuidora em desfavor da fabricante de bebidas objetivando reparação por danos materiais e morais supostamente suportados em virtude da ruptura unilateral do contrato de distribuição que mantinha com a recorrente (ou integrantes do mesmo grupo empresarial), de modo formal, desde junho de 1986.
>
> 2. Acórdão recorrido que, apesar de reconhecer que a rescisão foi feita nos exatos termos do contrato, de forma motivada e com antecedência de 60 (sessenta dias), concluiu pela procedência parcial do pleito autoral indenizatório, condenando a fabricante a reparar a distribuidora por parte de seu fundo de comércio, correspondente à captação de clientela.
>
> 3. Consoante a jurisprudência desta Corte Superior, é impossível aplicar, por analogia, as disposições contidas na Lei nº 6.729/1979 à hipótese de contrato de distribuição de bebidas, haja vista o grau de particularidade da referida norma, que, como consabido, estipula exclusiva e minuciosamente as obrigações do cedente e das concessionárias de veículos automotores de via terrestre, além de restringir de forma bastante grave a liberdade das partes contratantes em casos tais.

---

[3] BRASIL. Superior Tribunal de Justiça. *REsp 1.801.593*. 3ª T. Rel. Min. Nancy Andrighi. j. 13.08.2019.

4. A resilição unilateral de contrato de distribuição de bebidas e/ou alimentos, após expirado o termo final da avença, quando fundada em justa causa (inadimplemento contratual reiterado), não constitui ato ilícito gerador do dever de indenizar. Precedentes. 5. Recurso especial provido.[4]

Em julgados que se reproduziram em vários tribunais estaduais (por conta da repartição de competências tributárias), debateu-se se havia crime tributário na bonificação de venda que evitava tributação de ICMS. Algo assim: a cervejaria faz uma benesse para um comprador que leva 100 caixas de cervejas, 80 delas são faturadas completamente com todos os impostos, e 20 não teriam os impostos lançados, pois eram bonificadas para que houvesse condição de venda. Trata-se de uma estratégia de venda, já que as pequenas cervejarias precisam investir em preços mais baixos, que eram alcançados com a bonificação. Não há crime nisso disse, por exemplo, a 12ª Câmara Criminal do TJSP.[5] Cá entre nós, cervejeiros: como pensar em ser crime a bonificação de cervejas? Deus me livre tomar uma cerveja bonificada sabendo que seu produtor esteve em cana (e cana que não é a cachaça).

É um tipo de cerveja que se confunde com uma marca, ou vice-versa? O caso Helles é bem conhecido. Uma cervejaria registrou, como marca, a expressão helles e, a partir daí, tentou evitar que outras cervejarias utilizassem a expressão em seus produtos. Acontece que helles é um tipo de cerveja originada em Munique, nos barris da Spaten, muito semelhante à cerveja pilsener (e, por isso, muito consumida). Num primeiro momento, a cervejaria conseguiu impedir que uma concorrente fizesse constar Helles em seus rótulos. Depois, o uso foi liberado, afinal, nenhuma cervejaria pode ter exclusividade de uso do nome de um estilo de cerveja:

> AGRAVO DE INSTRUMENTO. PROPRIEDADE INDUSTRIAL E INTELECTUAL. AÇÃO PARA PROIBIÇÃO DE ATO ILÍCITO CUMULADA COM REPARAÇÃO DE DANOS. AUSÊNCIA DE EVIDENCIAM A PROBABILIDADE DO DIREITO DA AUTORA. NO CASO CONCRETO, A AGRAVANTE OBTEVE JUNTO AO INPI REGISTRO DA MARCA "HELLES". REFERIDA

---

[4] BRASIL. Superior Tribunal de Justiça. *REsp 1.320.870*. 3ª T. Rel. Min. Ricardo Villas Bôas Cueva. j. 27.06.2017.

[5] BRASIL. Tribunal de Justiça de São Paulo. *AC 0002450-81.2014.8.26.0047*. Rel. Heitor Donizete de Oliveira. j. 31.08.2021.

EXPRESSÃO CONSTITUI SINAL DE CARÁTER NECESSÁRIO, SENDO INCONGRUENTE A LIMITAÇÃO DE USO QUE A AUTORA PRETENDE. NO CASO, A MARCA DA AUTORA VALEU-SE DE NOME DE ESTILO DE CERVEJA, OU SEJA, UTILIZOU EXPRESSÃO NOMINATIVA INDISPENSÁVEL PARA DESIGNAR E REPRESENTAR O PRODUTO, NÃO PODENDO SER APROPRIADA COM EXCLUSIVIDADE POR NINGUÉM, JÁ QUE É DE USO COMUM NO MEIO CERVEJEIRO, INCLUSIVE SE CONFUNDINDO COM O PRODUTO EM SI, ALÉM DE DESPROVIDA DE ORIGINALIDADE. RECURSO PROVIDO. POR MAIORIA.[6]

Essas coisas de marca sempre dão conflito. O que dizer da briga Líder x Líber, que além de opor dois nomes parecidos, também contrapôs a cerveja com álcool e a cerveja sem álcool? Vejam no que deu:

RECURSO ESPECIAL. PROPRIEDADE INDUSTRIAL. AÇÃO DE NULIDADE DE MARCA. NEGATIVA DE PRESTAÇÃO JURISDICIONAL. NÃO OCORRÊNCIA. DIREITO DE EXCLUSIVIDADE. MITIGAÇÃO. MARCA FORMADA POR EXPRESSÃO DE USO COMUM.

1. Ação distribuída em 20/8/2009. Recurso especial interposto em 10/4/2015. Autos conclusos à Relatora em 16/2/2018.

2. O propósito recursal, além de examinar se houve negativa de prestação jurisdicional, é verificar a higidez do ato administrativo que concedeu o registro da marca LIBER à recorrente, ante eventual conflito com a marca LÍDER, concedida anteriormente à recorrida.

3. Inexistindo omissão, contradição ou obscuridade no acórdão recorrido, a rejeição dos embargos de declaração contra ele interpostos não configura negativa de prestação jurisdicional.

4. O âmbito de proteção de uma marca é delimitado, acima de tudo, pelo risco de confusão ou associação que o uso de outro sinal, designativo de produto ou serviço idêntico, semelhante ou afim, possa ser capaz de causar perante o consumidor.

5. Tratando-se, todavia, de marca que apresenta baixo grau de distintividade, por se constituir de expressão dicionarizada e de uso comum, como ocorre no particular, este Tribunal tem reconhecido que a exclusividade conferida ao titular do registro comporta mitigação, devendo ele suportar o ônus da convivência

---

[6] BRASIL. Tribunal de Justiça do Rio Grande do Sul. *AI 5005803-05.2019.8.21.7000*. 6ª C.C. Rel. Ney Wiedemann Neto. j. 05.12.2019.

com outras marcas semelhantes, afigurando-se descabida a alegação de anterioridade de registro quando o intuito da parte for o de assegurar o uso exclusivo de expressão dotada de baixo vigor inventivo. Precedentes.

6. Não sendo o recorrido reconhecido pelo público consumidor como fabricante do mesmo tipo de bebida identificado pela marca da recorrente (cerveja sem álcool), não se vislumbra situação fática apta a evidenciar a possibilidade de confusão ou associação indevida. RECURSO ESPECIAL PROVIDO.[7]

Algumas brigas não aconteceram, mas poderiam. A imprensa noticiou fartamente (como farto é o consumo de cerveja no período) que, no carnaval de 2020, a AMBEV teria contratado uma empresa para deslocar chuvas, evitando o aguaceiro nos locais de folia, o que poderia atrapalhar as pândegas momescas (de maneira que os foliões entrassem em outra água). A notícia carece de fundamentação, e talvez tenha sido apenas um golpe publicitário. É bem certo que se compreende semear chuvas para enfrentar crises hídricas, mas seria admissível bombear nuvens para refrescar o Carnaval com chuva num lugar e cerveja noutro?

Num outro caso, uma fabricante de bebidas foi considerada, pela 3ª Turma do STJ, solidariamente responsável pelo acidente causado por cacos de garrafas que uma de suas distribuidoras deixou em via pública. De acordo com os autos, o pedestre caminhava na calçada quando, ao perceber que um caminhão não identificado trafegava com uma das portas abertas, jogou-se ao chão para não ser atingido, mas acabou caindo em cima de várias garrafas quebradas. Os cacos haviam sido deixados na calçada após outro acidente, ocorrido durante o transporte das garrafas por uma das distribuidoras da fabricante de cerveja. O processo corre em segredo de justiça, conforme noticiou o próprio STJ.[8] Por que cacos um processo desses está em segredo?

O multicitado caso Zeca Pagodinho foi um dos que mais repercutiu no mundo jurídico, gerando discussões, traumas e dissertações. Temas comuns hoje, como a questão da tutela externa do crédito e a

---

[7] BRASIL. Superior Tribunal de Justiça. REsp 1.833.422. 3ª T. Rel. Min. Nancy Andrighi. j. 24.09.2019.
[8] FABRICANTE também responde por acidente causado por distribuidora que deixou garrafas de cerveja na rua. *Notícias*. Superior Tribunal de Justiça, 2018. Disponível em: https://www.stj.jus.br/sites/portalp/Paginas/Comunicacao/Noticias-antigas/2018/2018-08-09_06-58_Fabricante-tambem-responde-por-acidente-causado-por-distribuidora-que-deixou-garrafas-de-cerveja-na-rua.aspx. Acesso em: 18 jan. 22.

doutrina do terceiro cúmplice, encontraram ali farto material fático. O famoso sambista de Xerém firmou contrato com a cervejaria Nova Schin, com exclusividade para divulgar sua cerveja. "Ocorre que após estrelar anúncio publicitário da cerveja Nova Schin, o cantor Zeca Pagodinho estrelou campanha publicitária da cerveja Brahma, na qual entoava a seguinte canção: 'Fui provar outro sabor, eu sei. Mas não largo meu amor, voltei'".[9] O imbróglio rendeu pelos menos dois interessantes julgados.

> RECURSOS ESPECIAIS. RESPONSABILIDADE CIVIL. CONCORRÊNCIA DESLEAL. INTERVENÇÃO EM CONTRATO ALHEIO. TERCEIRO OFENSOR. VIOLAÇÃO À BOA-FÉ OBJETIVA. LEGITIMIDADE PASSIVA DO SÓCIO E CERCEAMENTO DE DEFESA. ÓBICE DA SÚMULA 7/STJ. INDENIZAÇÃO POR LUCROS CESSANTES. OBRIGAÇÃO ALTERNATIVA. APLICAÇÃO DO ART. 571 DO CPC. DANOS MORAIS. INOCORRÊNCIA NO CASO. PESSOA JURÍDICA. AUSÊNCIA DE OFENSA À HONRA OBJETIVA. HONORÁRIOS ADVOCATÍCIOS. VALOR FIXO. DESCABIMENTO. SENTENÇA CONDENATÓRIA. 1. Ação de reparação de danos em que se pleiteia indenização por prejuízos materiais e morais decorrentes da contratação do protagonista de campanha publicitária da agência autora pela agência concorrente, para promover produto de empresa concorrente. 2. Inocorrência de maltrato ao art. 535 do CPC quando o acórdão recorrido, ainda que de forma sucinta, aprecia com clareza as questões essenciais ao julgamento da lide, não estando o magistrado obrigado a rebater, um a um, os argumentos deduzidos pelas partes. 3. Inviabilidade do conhecimento de matéria não devolvida ao Tribunal de origem, ainda que suscitada em embargos de declaração. Hipótese de "pós-questionamento". Precedentes. 4. Inviabilidade de se contrastar, no âmbito desta Corte, a conclusão do Tribunal de origem acerca da ilegitimidade passiva do sócio da agência de publicidade e da inocorrência de cerceamento de defesa, em razão do óbice da Súmula 7/STJ. 5. Concorrência desleal caracterizada. 6. Aplicação dos ditames derivados do princípio da boa-fé objetiva ao comportamento do terceiro ofensor. 7. Cabimento da liquidação do julgado segundo ambos os critérios previstos no art. 210, incisos I e II, da Lei de Propriedade Industrial, para assegurar ao credor a possibilidade de escolha do critério que

---

[9] PINHEIRO, R.F.; GLITZ, F.E.Z. A tutela externa do crédito e a função social do contrato: possibilidades do caso "Zeca pagodinho". *In*: TEPEDINO, G.; FACHIN, L.E. (org.) *Diálogos sobre direito civil*. Rio de Janeiro: Renovar, 2008, v. 2, p. 323-344.

lhe seja mais favorável. Vencido o relator. 8. A pessoa jurídica pode sofrer dano moral (Súmula 227/STJ). 9. Ocorrência de dano moral à pessoa jurídica no caso concreto. Vencido o relator. 10. Arbitramento de honorários advocatícios em percentual da condenação. 11. RECURSO ESPECIAL DE ÁFRICA SÃO PAULO PUBLICIDADE LTDA DESPROVIDO E RECURSO ESPECIAL DE FISCHER AMÉRICA COMUNICAÇÃO TOTAL LTDA E ALL-E ESPORTES E ENTRETENIMENTO LTDA PROVIDO, EM PARTE.[10]

INDENIZAÇÃO POR DANOS MATERIAIS, MORAIS E À IMAGEM – Empresa-autora que foi prejudicada pelo aliciamento do principal artista de sua campanha publicitária por parte da ré – Improcedência da demanda – Inconformismo – Acolhimento parcial – Requerida que cooptou o cantor, na vigência do contrato existente entre este e a autora – Veiculação de posterior campanha publicitária pela ré com clara referência ao produto fabricado pela autora – Não observância do princípio da função social do contrato previsto no art. 421 do Código Civil – Concorrência desleal caracterizada – Inteligência do art. 209 da Lei nº 9.279/96 – Danos materiais devidos – Abrangência de todos os gastos com materiais publicitários inutilizados (encartes e folders) e com espaços publicitários comprovadamente adquiridos e não utilizados pela recorrente, tudo a ser apurado em liquidação – Dano moral – Possibilidade de a pessoa jurídica sofrer dano moral – Súmula 227 do Colendo Superior Tribunal de Justiça – Ato ilícito da requerida que gerou patente dano moral e à imagem da requerente – Sentença reformada – Ação procedente em parte – Recurso parcialmente provido.[11]

Vimos que a IN nº 65/2019 diz que somente se pode utilizar a expressão "chopp" ou "chope" para a cerveja que não seja submetida a processo de pasteurização ou a outros tratamentos térmicos similares ou equivalentes. A norma parece ter focado na questão do rótulo, com perdão pelo trocadilho. Pois os tribunais já foram instados a enfrentar tão instigante tema. Quem nunca pediu uma garrafa (ou lata) de cerveja Brahma Chopp? Opa, uma cerveja ou um chopp? O TRF3 teve que enfrentar a questão, para dizer que Brahma Chopp não é chope, é cerveja, e que quem bebe sabe bem disso:

---

[10] BRASIL. Superior Tribunal de Justiça. *REsp 1.316.149*. 3ª T. Rel. Min. Paulo de Tarso Sanseverin. j. 03.06.2014.

[11] BRASIL. Tribunal de Justiça de São Paulo. *Apelação 9112793-79.2007.8.26.0000*. 5ª C.D.P. Rel. Mônaco da Silva. j. 12.06.2013.

ADMINISTRATIVO. FISCALIZAÇÃO ADMINISTRATIVA. MAPA. RÓTULO "BRAHMA CHOPP". AGRAVO RETIDO ANALISADO NO MÉRITO. PRELIMINARES AFASTADAS. AUSÊNCIA DE MOTIVOS PARA CONCESSÃO DE EFEITO SUSPENSIVO. REGISTRO VIGENTE. PRODUTOS QUE NÃO SE CONFUNDEM. CONDENAÇÃO EM HONORÁRIOS E CUSTAS PROCESSUAIS MANTIDA. NÃO PROVIMENTO DA APELAÇÃO. 1. O agravo retido interposto em face da decisão de deferimento do pedido de antecipação dos efeitos da tutela confunde-se com o mérito da ação e com este será analisado. 2. As preliminares de incompetência absoluta e ilegitimidade ativa, não merecem acolhida, nos termos do artigo 109, §2º, da CF. 3. Não há indícios de lesão grave ou de difícil reparação que fundamentem o pedido de concessão de efeito suspensivo. A situação jurídica está amparada por decisão de antecipação dos efeitos da tutela e sentença de mérito que a confirmou. 4. Comprovação de registro e posteriores renovações da marca "Brahma Chopp" junto ao INPI, que se encontra vigente, sendo que o primeiro depósito se deu em 12/02/1982. 5. A apelada fabrica a cerveja "Brahma Chopp" desde a década de 1930 e é detentora da marca desde o início da década de 1980, sendo que, somente no ano de 2012, o MAPA realizou algumas intimações em diversos locais do país para que a empresa deixasse de utilizar a expressão "chopp" em seus rótulos. 6. Apesar de a empresa utilizar o termo "chopp" em seus rótulos de cerveja, comprovou-se que os consumidores não confundem os produtos, sendo a cerveja "Brahma Chopp" notoriamente conhecida há décadas como marca de renome, salientando-se que há diferença também no envase e modo de servir entre a cerveja e o chopp, o que é de senso comum. 7. Manutenção da condenação da União ao pagamento dos honorários advocatícios no valor de R$ 3.000,00, que é proporcional e razoável dentro do que dispõe o artigo 20, §4º, do CPC/73, e ao ressarcimento das custas processuais. 8. Apelo não provido.[12]

No acórdão, o relator foi bem no conhecimento popular, que é o que mais vale (até porque a Brahma Chopp está conosco desde os anos 30, sempre alimentando os cervejeiros):

> Assim, apesar de utilizar o termo "chopp" em seus rótulos de cerveja, comprovou-se (inclusive pela pesquisa de fls. 54/56 – que demonstrou que 94% das pessoas afirmaram que se tratava

---

[12] BRASIL. Tribunal Regional Federal da 3ª Região. *AC 0013562-70.2012.4.03.6100*. 6ª T. Rel. Johonson di Salvo. j. 07.06.2018.

de cerveja ao visualizar figuras de garrafa e lata da "Brahma Chopp") que os consumidores não confundem as bebidas, sendo a cerveja "Brahma Chopp" notoriamente conhecida há décadas como marca de renome, salientando-se que há diferença também no envase e modo de servir entre a cerveja e o chopp, o que é de senso comum.[13]

Ok, senso comum: chopp e cerveja são coisas distintas. Mas parece simplório dizer – é o que mais se escuta por aí – que a diferença entre eles seja apenas a pasteurização. Como bem disse o Desembargador Johonson di Salvo (que, com o perdão do trocadilho, salvou a rotulação da Brahma Chopp), os consumidores não os confundem. A pasteurização realmente é a marca principal da diferença, mas isso é uma questão técnica (e não se sabe que Pasteur era apreciador de cerveja). E, ademais e todavia, essa característica está sendo descaracterizada (não resisto a trocadilhos, ainda que infames como esse). Há, hoje, chopps pasteurizados (para aumentar a durabilidade) e cervejas vivas.

O importante, me parece, são as diferenças entre um e outro. O importante é aquilo que nós, bebedores, percebemos na ponta do copo, no estalo da língua, no primeiro gole, no balcão ou na mesa. A durabilidade, porque o chopp tem que ser consumido logo. A carbonatação, pois o chopp, por ser embarrilado, recebe mais gás carbônico. O próprio envasamento: lugar de chopp é no barril, enquanto as garrafas e latas (já se fala em garrafas de plástico pet!) ficam reservadas para as cervejas. Mas o que me define chopp é o modo de servir. A cerveja é derramada no copo pelas mãos do próprio consumidor, um ser humano normal. Mas o chopp não, ele é servido por um garçom, geralmente um especialista na arte de tirar chopp. O processo e o ritual – a espátula, o copo inclinado, a caneca gelada, o chopp escorrendo e molhando a bolacha – transformam o ambiente. Alegria, brindes, suspiros. Há, no chopp, uma descontração que dá um outro sabor à bebida, um outro astral ao momento, um outro significado à vida.

Um dos momentos mais relevantes do servir (e tomar) um chopp é o do capricho com o colarinho. Pois até este, o conhecido colarinho (ou creme) do chopp, já esteve na barra dos tribunais:

---

[13] *Id.*

EXECUÇÃO FISCAL. MULTA APLICADA PELO INMETRO. COMERCIALIZAÇÃO DO "CHOPP". INCLUSÃO DO COLARINHO NA SUA MEDIÇÃO. A medição realizada na bebida comercializada, denominada de "chopp," deve considerar o colarinho, pois este integra a própria bebida e é o próprio produto no estado "espuma" em função do processo de pressão a que é submetida a referida bebida.[14]

A relatora foi direto ao ponto, porque não há muito o que se falar sobre o assunto:

> É de ser provido o presente recurso, porque efetivamente há um desvio na interpretação efetuada pelo fiscal do INMETRO. Ora, o "chopp" sem colarinho não é "chopp", como conhecido nacionalmente. Aliás o colarinho integra a própria bebida e é o próprio produto no estado "espuma," em função do processo de pressão a que é submetida a bebida "chopp ". Portanto, entendo que a portaria do INMETRO em tela não se aplica ao "chopp", na forma em que mediu o fiscal, ou seja, o "chopp" é também o seu colarinho. Assim, a bebida servida pela parte embargante estava de acordo com as caracterizações necessárias.[15]

O TRF3 também teve que interagir com o tema do creme (que alguns insistem em chamar "espuma") do chopp:

> ADMINISTRATIVO. PROCESSUAL CIVIL. INFRAÇÃO À LEGISLAÇÃO METROLÓGICA. PORTARIA Nº 002/82 DO INMETRO. CHOPP. VOLUME MENOR. "COLARINHO". DESCONSTITUIÇÃO DO AUTO DE INFRAÇÃO. 1. Caso em que o autor restou autuado por servir chopp em volume inferior ao informado no cardápio, após a retirada do "colarinho", por processo químico. 2. A peculiaridade do produto não permite a aplicação da legislação sem que haja adaptação para esta espécie de bebida. 3. Precedente. 4. Apelações improvidas.[16]

Vale ler a argumentação do relator, que mostrou sapiência e traquejo na arte do chopp, coisa de quem sabe das coisas:

---

[14] BRASIL. Tribunal Regional Federal da 4ª Região. *AC 2003.72.05.000103-2*. 3ª T. Rel. Maria Lucia Luz Leiria. j. 23.09.2008.

[15] Id.

[16] BRASIL. Tribunal Regional Federal da 3ª Região. *Processo 2000.61.03.001175-0*. 3ª T. Rel. Roberto Jeuken. j. 11.12.2008.

Os apreciadores do chopp têm preferências variadas ao consumir a bebida, solicitando um "colarinho" maior ou menor, conforme o caso, sabendo que o recipiente será uma tulipa de 300 ml, geralmente o padrão adotado pelos estabelecimentos que servem esta bebida, independentemente de suas opções, a qual conterá o líquido em maior volume e a parte remanescente deste completada pelo colarinho. Nos dias atuais, aonde a área gastronômica vem se especializando para acompanhar as exigências dos consumidores, temos os baristas, voltados ao preparo do nosso cafezinho, o *sommelier* para servir o vinho adequado a este ou aquele tipo de refeição, a par das tradicionais figuras dos chefs e maitres, ou somente estes, nos estabelecimentos mais comuns, que constituem a maioria. E temos também os mestres cervejeiros, voltados ao serviço desta bebida, ao que consta originária da Alemanha, mas que, a exemplo da pizza, ganhou a preferência nacional. Neste contexto, importa ao consumidor, a textura do produto, mais ou menos cremoso, os diversos tipos das cervejas, hoje não mais restritas as tradicionais claras ou escuras, existindo as mais encorpadas, as mais leves e tantas outras, servidas em copos de diversos formatos, tamanhos e capacidade volumétrica, cada qual adequado a um tipo delas. E, acima de tudo isto, importa a temperatura em que vêm servidas. Afinal, ninguém merece um chopp quente. Embora possam parecer um tanto impertinentes, estas considerações têm sua razão de ser, pois todo consumidor afeito ao chopp sabe que uma temperatura inadequada implicará em um colarinho maior. Mas o tamanho deste é o que menos importa, até porque o estabelecimento sempre faz a substituição, quando o chopp servido está fora do desejo do consumidor. É uma praxe nacional, possibilitada pelo baixo custo da bebida, quando confrontada com as doses dos destilados e mesmo das cervejas importadas, onde a mesma conduta já não impera. Há consumidores, inclusive, que pedem o colarinho em dobro. Também devemos ter em conta que a sua presença tem a função de conservar as propriedades desta bebida. Tanto que atualmente, ao lado dos mestres temos as chopeiras utilizadas para servi-la, agora com uma terceira torneira na qual ao chopp é previamente adicionado o gás carbônico, com vistas a transformá-lo em uma cremosa espuma que formará o colarinho. Assim, após a tulipa descansar com líquido nela inserido, é completada não pela espuma advinda da pressão a que submetido o conteúdo do barril, pois após este tempo de espera a mesma já se liquefez, mas sim da referida mistura que lhe confere aquela cremosidade apreciada por muitos. Ademais, é preciso ressaltar que para a aferição do seu volume foi necessário utilizar um processo químico para "estourar" a espuma, demonstrando que o recipiente de 300 ml foi servido cheio, completo, não havendo má-fé do comerciante em lesar o consumidor, mas, como ressaltado, atenção às particularidades do produto, que levam a este resultado.[17]

Não, senhor Desembargador, o senhor não foi impertinente, mas sábio.

Para finalizar, relato o que o Jaguar testemunhou no Bar Léo em São Paulo. As palavras são do grande pasquinista, o nunca assaz citado Sérgio de Magalhães Gomes Jaguaribe: "E é o único bar que conheço que tem moral para recusar servir chope sem colarinho (argh!). Eu estava lá quando parou na porta do bar um xará, uma Jaguar do ano; enquanto o motorista esperava, duas figuras jurídicas, do alto de sua empáfia quatrocentona, pediram chopes sem colarinhos. 'Sinto muito' disse o cara do balcão, 'só servimos com o colarinho da casa: três dedos'. Eles botaram banca: 'Mas a gente tá pagando, vocês têm que servir como queremos, onde já se viu?' 'Está vendo aquele bar do outro lado da rua?', disse o garçom, 'Lá eles servem chope sem colarinho'".[18] Pois eu vi e testemunhei igual cena. Eu não estava com Jaguar, o que é uma pena, mas eu vi.

O chopp é também o seu colarinho, como bem disse a Desembargadora Federal Maria Lucia Luz Leiria no julgamento de Porto Alegre. E confiem: o creme compensa. Chopp tem que ter colarinho. Ponto final.

Referências

ARONNE, R.; CATALAN, M. Quando se imagina que antílopes possam devorar leões: oito ligeiras notas acerca de uma tese passageira. *Civilistica.com*, Rio de Janeiro, v. 7, p. 01-13, 2018.

BRASIL. Superior Tribunal de Justiça (3º Turma). *Recurso Especial nº 1.320.870 – SP*. Recurso Especial. Direito Civil. Ação Indenizatória. Contrato de distribuição de bebidas [...]. Relator: Min. Ricardo Villas Bôas Cueva, 27 jun. 2017. Disponível em: https://scon.stj.jus.br/SCON/GetInteiroTeorDoAcordao?num_registro=201200866524&dt_publicacao=30/06/2017. Acesso em: 15 out. 2021.

BRASIL. Superior Tribunal de Justiça (3º Turma). *Recurso Especial nº 1.801.593 – RS*. Recurso Especial. Direito do Consumidor. Ação de compensação por dano moral [...]. Relator: Min. Nancy Andrighi, 13 ago. 2019. Disponível em: https://scon.stj.jus.br/SCON/GetInteiroTeorDoAcordao?num_registro=201900616330&dt_publicacao=15/08/2019. Acesso em: 19 out. 2021.

---

[17] *Id.*
[18] JAGUAR. *Confesso que bebi*. Rio de Janeiro: Record, 2001, p. 127-128.

BRASIL. Superior Tribunal de Justiça (3º Turma). *Recurso Especial nº 1.833.422 – RJ*. Recurso Especial. Propriedade industrial. Ação de nulidade de marca [...]. Relator: Min. Nancy Andrighi, 24 set. 2019. Disponível em: https://scon.stj.jus.br/SCON/GetInteiroTeorDoAcordao?num_registro=201800190310&dt_publicacao=26/09/2019. Acesso em: 15 out. 2021.

BRASIL. Superior Tribunal de Justiça (3º Turma). *Recurso Especial nº 1.316.149 – SP*. Recursos Especiais. Responsabilidade Civil. Concorrência desleal [...]. Relator: Min. Paulo de Tarso Sanseverino, 03 jun. 2014. Disponível em: https://scon.stj.jus.br/SCON/GetInteiroTeorDoAcordao?num_registro=201200598840&dt_publicacao=27/06/2014. Acesso em: 15 out. 2021.

BRASIL. Tribunal de Justiça de São Paulo (5º Câmara de Direito Privado). *Apelação Cível nº 9112793-79.2007.8.26.0000*. Indenização por danos morais, materiais e à imagem [...]. Relator: Mônaco da Silva, 12 jun. 2013. Disponível em: https://esaj.tjsp.jus.br/cjsg/getArquivo.do?cdAcordao=6826170&cdForo=0. Acesso em: 20 out. 2021.

BRASIL. Tribunal de Justiça do Rio Grande do Sul (6º Câmara Cível). *Agravo de Instrumento nº 5005803-05.2019.8.21.7000*. Agravo de instrumento. Propriedade industrial e intelectual [...]. Relator: Ney Wiedemann Neto, 05 dez. 2019. Disponível em: https://www.conjur.com.br/dl/acordao-camara-civel-tj-rs-cassa.pdf. Acesso em: 22 out. 2021.

BRASIL. Tribunal Regional Federal (3ª Região, 6º Turma). *Apelação Cível nº 0013562-70.2012.4.03.6100*. Administrativo. Fiscalização Administrativa. Mapa [...]. Relator: Johonson di Salvo, 07 jun. 2018. Disponível em: http://web.trf3.jus.br/acordaos/Acordao/BuscarDocumentoGedpro/6830325. Acesso em: 16 nov. 2021.

BRASIL. Tribunal Regional Federal (3ª Região, 3º Turma). *Apelação Cível nº 2000.61.03.001175-0*. Administrativo. Processual Civil. Infração à legislação metrológica [...]. Relator: Roberto Jeuken, 11 dez. 2008. Disponível em: http://web.trf3.jus.br/base-textual/Home/ListaColecao/9?np=1. Acesso em: 15 nov. 2021.

BRASIL. Tribunal Regional Federal (4ª Região, 3º Turma). *Apelação Cível nº 2003.72.05.000103-2*. Execução Fiscal. Multa aplicada pelo Inmetro. Comercialização do "Chopp" [...]. Relator: Maria Lúcia Luz Leiria, 23 set. 2008. Disponível em: https://jurisprudencia.trf4.jus.br/pesquisa/inteiro_teor.php?orgao=1&documento=2470890. Acesso em: 14 nov. 2021.

FABRICANTE também responde por acidente causado por distribuidora que deixou garrafas de cerveja na rua. *Notícias*, Superior Tribunal de Justiça, 2018. https://www.stj.jus.br/sites/portalp/Paginas/Comunicacao/Noticias-antigas/2018/2018-08-09_06-58_Fabricante-tambem-responde-por-acidente-causado-por-distribuidora-que-deixou-garrafas-de-cerveja-na-rua.aspx. Acesso em: 18 jan. 22.

JAGUAR. *Confesso que bebi*. Rio de Janeiro: Record, 2001.

PINHEIRO, R. F.; GLITZ, F. E. Z. A tutela externa do crédito e a função social do contrato: possibilidades do caso "Zeca pagodinho". *In*: TEPEDINO, G.; FACHIN, L.E. (org.) *Diálogos sobre direito civil*. Rio de Janeiro: Renovar, v. 2, 2008.

SEIDL, C. *O catecismo da cerveja*. São Paulo: SENAC, 2003.

Informação bibliográfica deste texto, conforme a NBR 6023:2018 da Associação Brasileira de Normas Técnicas (ABNT):

CORTIANO JUNIOR, Eroulths. O creme compensa. *In*: TRENTINI, Flavia; BRANCO, Patrícia; CATALAN, Marcos (coord.). *Direito e comida*: do campo à mesa: cidadania, consumo, saúde e exclusão social. Belo Horizonte: Fórum Social, 2023. p. 463-478. ISBN 978-65-5518-511-9.

SOBRE OS AUTORES

Amanda Mattos Dias Martins
Doutora e mestra em Ciência e Tecnologia de Alimentos. Pesquisadora colaboradora externa do Grupo de Pesquisa em Ciência e Tecnologia de Cereais e Panificação (GPanTec) da Universidade Federal de São João del-Rei (UFSJ), *campus* Sete Lagoas. Diretora técnica da empresa Learning Foods Treinamentos e Consultoria Ltda. Fundadora do curso de Formação em Rotulagem de Alimentos Embalados. Engenheira de alimentos.

Ana Raquel Matos
Professora Auxiliar da Faculdade de Economia (FEUC) e investigadora do Centro de Estudos Sociais (CES) da Universidade de Coimbra.

Anastasia Oprea
Licenciada em Relações Internacionais e Estudos Europeus pela Universidade de Bucareste (2008) e mestre em Estudos Africanos pelo ISCTE-IUL (2013). É atualmente estudante de doutoramento no programa International Politics and Conflict Resolution, FEUC/CES.

Andreea Ogrezeanu
Doutora em Avaliação de Impacto Social, pela Universidade Politécnica de Bucareste (2019). Foi investigadora do CES no âmbito no projeto JUSTFOOD entre 2018 e 2021.

Andrés Spognardi
Investigador do Centro de Estudos Sociais (CES) e Professor Auxiliar Convidado no Programa de Doutoramento em Democracia no Século XXI (CES - Faculdade de Economia, Universidade de Coimbra).

Cléa Mara Coutinho Bento
Doutora em Direito pelo Centro Universitário de Brasília. Mestre em Direito Econômico e Internacional pela Universidade Católica de Brasília/DF.

Eleonora Jotz Fortin
Mestranda em Sociologia pela Pontifícia Universidade Católica de Chile (PUC-Chile) e Bacharela em Direito pela UNISINOS, com estudos parciais realizados na Université Lumière de Lyon 2, França.

Eroulths Cortiano Junior
Pós-doutor em Direito pelo Mediterranea International Center for Human Rights Research (2020-2021). Professor da Faculdade de Direito da Universidade Federal do Paraná. Advogado em Curitiba.

Flavia Trentini
Professora Associada da Universidade de São Paulo, Faculdade de Direito de Ribeirão Preto (SP). Doutora em Direito Civil (USP/FD). Livre-Docente em Direito Agrário (USP/FDRP).

Giovanni Blando
Doutor em Diritti Umani. Pesquisador no âmbito de Diritti Umani, Teoria, Storia e Prassi na Università degli Studi di Napoli Federico II, Itália.

Irina Castro
Licenciada em Ecologia Aplicada (2009) e mestre em Engenharia do Ambiente (2011), pela Universidade de Trás-os-Montes e Alto Douro. É atualmente estudante de doutoramento no programa Governação, Conhecimento e Inovação, FEUC/CES.

Irina Velicu
Doutora em Ciência Política pela Universidade do Havaí (2011). É investigadora do Centro de Estudos Sociais. Trabalha com conflitos socioambientais na Europa pós-comunista. Foi coordenadora do projeto JUSTFOOD.

João Pedroso
Professor da Faculdade de Economia da Universidade de Coimbra. Investigador do Centro de Estudos Sociais da Universidade de Coimbra.

Joelson Ferreira de Oliveira
Doutor por Notório Saber pela UFMG. Articulador da Teia dos Povos. Membro da Coordenação do Assentamento Terra Vista/MST (*núcleo de base* da Teia dos Povos).

Julieta Trivisonno
Mestre em Direito pela Universidade Tor Vergata. Professora Adjunta de Direito dos Contratos, Direito do Consumidor e Prática Profissional I na Faculdade de Direito da Universidade Nacional de Rosário, Argentina. Secretária e integrante do Centro de Investigaciones de Derecho Civil. Coordenadora do Mestrado em Direito Privado da Universidade Nacional de Rosário. Membro do Instituto Argentino de Direito do Consumidor.

Luciana de Almeida Gomes
Mestranda em Direito Agrário (UFG). Especialista em Direito Constitucional (Anhanguera/Uniderp). Especialista em Criminologia e Segurança Pública, com ênfase em Violência, Crime e Controle Social (UFG).

Marcos Catalan
Doutor *summa cum laude* pela Faculdade do Largo do São Francisco, Universidade de São Paulo. Mestre em Direito pela Universidade Estadual de Londrina. Professor no PPG em Direito e Sociedade da Universidade LaSalle. *Visiting Scholar* no Istituto Universitario di Architettura di Venezia (2015-2016). Estágio pós-doutoral na Facultat de Dret da Universitat de Barcelona (2015-2016). *Visiting researcher* no Mediterranea International Center for Human Rights Research (2020-2021). Cofundador da Rede de Pesquisas Agendas de Direito Civil Constitucional. Advogado.

María Adriana Victoria
Dra. en Ciencias Jurídicas y Sociales, Argentina.

Maria Cecília Cury Chaddad
Doutora e mestre em Direito Constitucional pela PUC-SP. Advogada.

Maria Giovanna Onorati
Professora na Università di Scienze Gastronomiche di Pollenzo, Itália.

Míriam Villamil Balestro Floriano
Pós-doutoranda no Centro de Estudos Sociais da Universidade de Coimbra. Promotora de Justiça aposentada MPRS. Diretora de Articulação da FIAN-Brasil. membro da Aliança Pela Alimentação Adequada e Saudável. Membro da Rede Brasileira de Pesquisa em Soberania e Segurança Alimentar e Nutricional.

Patrícia Branco
Investigadora do Centro de Estudos Sociais, Universidade de Coimbra, Portugal. Doutora em Sociologia do Direito, no âmbito do programa Direito, Justiça e Cidadania no Século XXI (2013). Professora nos programas de doutoramento Sociology of the State, Law and Justice e Pós-Colonialismos e Cidadania Global, no CES-UC/FEUC.

Paulo Dimas Rocha de Menezes
Doutor pela Universidade Federal de Minas Gerais (UFMG). Professor Adjunto da Universidade Federal do Sul da Bahia (UFSB). Grupo de Pesquisa Comunidades e(m) Autonomia (*elo* da Teia dos Povos).

Rabah Belaidi
Doutor em Direito pela Universidade Panthéon-Assas (Paris 2). Professor Titular da Faculdade de Direito da Universidade Federal de Goiás. Programa de Pós-Graduação em Direito Agrário.

Raquel Von Hohendorff
Doutora e mestra em Direito Público pelo Programa de Pós-Graduação em Direito (mestrado e doutorado) da Universidade do Vale do Rio dos Sinos. Professora e pesquisadora no Programa de Pós-Graduação em Direito – Mestrado e Doutorado – da Unisinos.

Rita Calvário
Doutora em Ciências Ambientais (2016) pela Universidade Autónoma de Barcelona. Foi investigadora de pós-doutoramento no projeto JUSTFOOD entre 2018-2021.

Rui Caria
Assistente convidado da Faculdade de Economia da Universidade de Coimbra. Bolseiro de doutoramento da Fundação Portuguesa para a Ciência e Tecnologia (FCT) (2021.08663.BD).

Silvana Beline Tavares
Professora Doutora Associada do Curso de Direito, *campus* Goiás, da Universidade Federal de Goiás (UFG).

Simone Magalhães
Mestre em Direito Constitucional pelo Instituto Brasileiro de Ensino, Desenvolvimento e Pesquisa (IDP). Diretora da Comissão Permanente de Acesso à Justiça do Instituto Brasileiro de Política e Direito do Consumidor (BRASILCON). Coordenadora do grupo de pesquisa O Consumidor e o Direito à Informação na Rotulagem de Alimentos, da pós-graduação *lato sensu* em Direito do CEUB Educação Superior. Advogada especializada em Direito do Consumidor.

Sofia Alves Valle Ornelas
Professora Doutora Adjunta do Curso de Direito, *campus* Goiás, da Universidade Federal de Goiás (UFG).

Teresa Gomes Cafolla
Pesquisadora do Programa Unificado de Bolsas de Estudos para Apoio e Formação de Estudantes de Graduação (PUB-USP), pela Faculdade de Direito de Ribeirão Preto (FDRP).

Esta obra foi composta em fonte Palatino Linotype, corpo 10
e impressa em papel Pólen Bold 70g (miolo) e Supremo 250g (capa)
pela Gráfica Formato, em Belo Horizonte/MG.